Frank Rainer Scheck • Johannes Odenthal

Syrien

Hochkulturen zwischen Mittelmeer und Arabischer Wüste

DUMONT KUNST REISEFÜHRER

Rolf Gabermann
August 1997

In der vorderen Umschlagklappe: Übersichtskarte Syrien

In der hinteren Umschlagklappe: Stadtplan Damaskus

Die wichtigsten Orte auf einen Blick

keine Sterne
sehenswert

☆
Umweg lohnt

☆☆
keinesfalls versäumen

Inhalt

Reiserouten in Syrien

Damaskus und Umgebung

Zwischen Damaskus und Aleppo

Küste und Küstengebirge

Aleppo und Umgebung

Die Toten Städte

Praktische Reise-Informationen

Verzeichnis der Karten und Pläne

Vorbemerkungen

»Oh, der Du vorübergehst,
du schreitest über unsere Gräber.
Geh leichten Schrittes, Freund!
Wühle diese Erde nicht auf!«

Verse des syrischen Dichters
Abu al-Ala al-Maarri (973-1058)

Syrien gehört zu den kulturgeschichtlich bedeutendsten und aufschlußreichsten Landstrichen der Erde. Die wechselvolle Geschichte ist bereits in der Natur des Raumes mit seinen sehr unterschiedlichen Regionen angelegt: die mediterranen Küstenebenen, die zum Regenfeldbau tauglichen Gebiete Mittelsyriens, die Basaltlandschaften im Süden und die östlichen Steppen- und Wüstengebiete; nicht zu vergessen die Flußoasen von Euphrat, Khabur und Balikh. Mit der Gliederung der natürlichen Landschaften fallen kulturelle Eigenentwicklungen zusammen. Fast alle erhaltenen historischen Bauwerke des südsyrischen Basaltplateaus datieren in die römische und frühchristliche Zeit, die Küstengebirge werden architektonisch vorwiegend vom mittelalterlichen Burgenbau bestimmt, das nordsyrische Kalksteinmassiv ist übersät mit byzantinischen Ruinenstätten des 5. und 6. Jh., in den fruchtbaren Ackerfluren der nordöstlichen Jezira wiederum bestimmen bronzezeitliche Siedlungshügel das Bild. Das soll nicht heißen, daß sich bestimmte historische Zeitabschnitte nur in einzelnen Regionen dokumentieren lassen, aber deutlich machen, welch unterschiedliche Schwerpunkte die alten Kulturlandschaften Syriens dem heutigen Besucher bieten.

Seine Lage zwischen dem Zweistromland, Anatolien und Ägypten spannte Syrien in den Wirkbereich der frühen Großmächte ein, und unweigerlich wurde hier, zwischen Mittelmeer und Orient, der Handel zum bestimmenden Wirtschaftsfaktor – mit allen politischen und kulturellen Konsequenzen. Daß der Nahe Osten jedoch nie bloße Arena auswärtiger Mächte war, erwies spätestens die Entdeckung von Ebla. An den Funden von Ebla, Mari und Ugarit fasziniert die Kraft kultureller, auch theologischer Neuschöpfung; wir nennen den bahnbrechenden Bautypus des Bit Hilani und die Erfindung des Keilschriftbuchstaben-Alphabets.

Politisch brachten das Seleukiden-Reich, Rom und Byzanz den Anschluß an die mediterrane Welt. Die damit verbundene wirtschaftliche und kulturelle Wandlung Syriens war immens. In einem so außergewöhnlichen Maße erfaßte die damalige Zivilisation die natürlichen Möglichkeiten des Landes, daß die Grundstrukturen der Landwirtschaft und des Städtebaus bis heute nachhaltig von ihr geprägt sind.

Als der Islam vor 1300 Jahren religiös wie auch kulturell gesiegt hatte, konnte der größte christliche Theologe der Zeit, Johannes von Damaskus, unbehelligt eine Streitschrift gegen den Islam veröffentlichen. Daß Johannes einer arabischen Familie entstammte, relativiert die Relevanz ethnischer Bestimmungen zugunsten religions- oder kulturgeschichtlicher. Die Grandezza, die der frühe Islam entfaltete, als die Omayyaden Syrien zum Zentrum eines neuen moslemischen Imperiums erhoben, zeigt sich tief beeinflußt durch die Pracht antiker Metropolen wie Damaskus, Apameia oder Palmyra, und während koptisch-christliche Architekten die ersten Moscheen erbauten, häufig genug mit Spolien römischer Tempel, stand manche Kirche des byzantinischen Orients noch beispielhaft aufrecht. Damit soll nicht die islamische Besonderheit bestritten, vielmehr das kulturhistorisch Verbindende hervorgehoben werden.

Als die beiden Autoren, teils gemeinsam, teils getrennt, vor 20 Jahren in monatelangen Reisen den Vorderen Orient erkundeten, sollten die Resultate ihrer Fahrten sich in einem gemeinsam verantworteten Kunst-Reiseführer »Syrien und Jordanien« niederschlagen. Angesichts der reichen Ernte wurden zwei Bände daraus, die 1983 (*Syrien;* Autor: Johannes Odenthal) und 1985 (*Jordanien;* Autor: Frank Rainer Scheck) erschienen und von den Verfassern danach jeweils eigenständig betreut und aktualisiert wurden.

Natürlich ist auch im vorliegenden Band das notorische Problem der Transkription arabischer Bezeichnungen und Eigennamen nicht überzeugend gelöst worden. Benutzt werden die in Syrien selbst gebräuchlichen, gelegentlich allerdings in sich uneinheitlichen anglisierenden Umschriften.

Nun machte die Neukonzeption der DuMont-Reihe eine veränderte Darbietung der kulturhistorischen Informationsfülle ebenso notwendig wie die rapide wachsenden Forschungsergebnisse zahlreicher in Syrien arbeitender archäologischer Expeditionen, die dem Wissensfundus Jahr für Jahr Aufregendes hinzufügen. Nach 20 Jahren den Kreis schließend, ergab sich daraus eine neue publizistische Zusammenarbeit der Reisepartner von einst. Manches wurde gestrafft oder ausgeschieden, sehr viel mehr aber noch ergänzt. Daß der Verlag eine so umfangreiche Darstellung des Kunstreichtum Syriens ermöglichte, sei ihm und namentlich seiner Programmleiterin Maria Anna Hälker herzlich gedankt.

Zugleich erinnern wir uns mit Respekt der vielen Anregungen von Michael Köhler, würdigen die Hilfen von Jörg Wittenberg (Hamburg) und Wolfgang Baumgart (Berlin) zum landeskundlichen Teil, danken den Mitarbeitern des Deutschen Archäologischen Instituts, Station Damaskus, für wertvolle Hinweise, dem Orientalistischen Institut der Universität Köln (Oppenheim-Stiftung; Friedrich Kaltz) für die Überlassung von Abbildungsvorlagen und sind Eva Carmen Szabó (Köln) für Ihre Hilfe bei der Literaturbeschaffung und die Erstellung des Registers verpflichtet. Der Geduld und der Korrektivkraft unseres Lektors Hans E. Latzke (Bielefeld) verdankt das Buch mehr als nur den letzten Schliff.

Köln und Berlin, im Juni 1998
Frank Rainer Scheck und Johannes Odenthal

Land und Geschichte

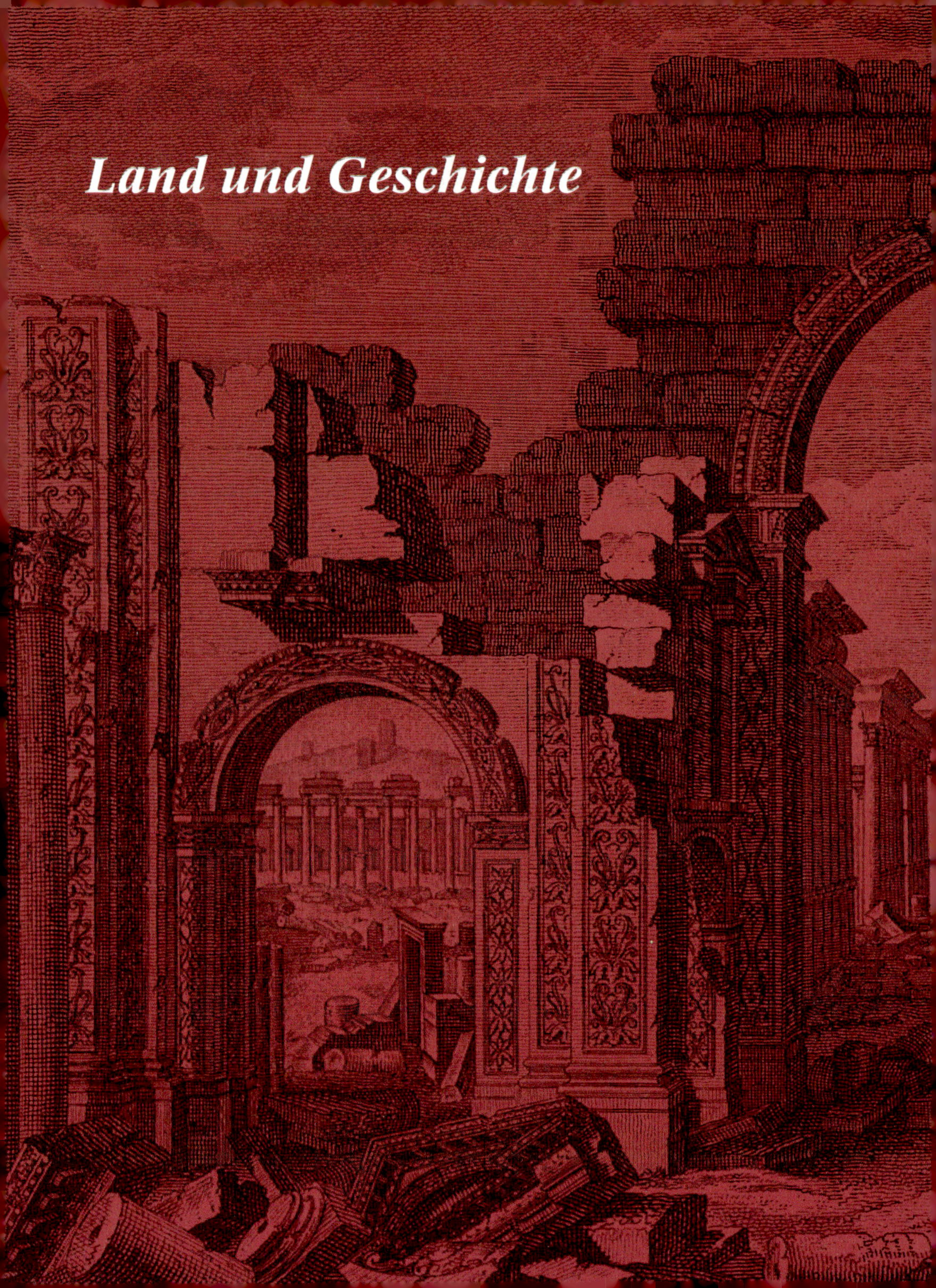

A
C
D

Syrien als Natur- und Lebensraum

Das Staatsgebiet

Die Syrische Arabische Republik (amtlich *al-Jumhuriya al-Arabiya as-Suriya,* umgangssprachlich *ash-Shams)* umfaßt eine **Bodenfläche** von 185 180 km², ist also etwa halb so groß wie Deutschland (356 959 km²), mehr als doppelt so groß wie Österreich (83 849 km²) und fünfmal so groß wie die Schweiz. Von Nord nach Süd beträgt die größte **Ausdehnung** 566 km, von West nach Ost 612 km. Im Norden grenzt Syrien an die Türkei (808 km Grenze), im Osten an den Irak (592 km), im Südosten und Süden an Jordanien (353 km), im Westen an den Libanon (278 km) und Israel (70 km). Zugang zum Mittelmeer schafft im Westen ein 175 km langer Küstenstreifen. Die Hauptstadt Damaskus *(Dimashq)* liegt fast auf der **geographischen Höhe** (34. Breitengrad) von Baghdad, Tokyo und Los Angeles.

Das heutige Staatsgebiet Syriens ist nicht identisch mit dem geschichtlich gewachsenen großsyrischen Raum, sondern ging aus der spätkolonialistischen Aufteilung der nahöstlichen Gebiete des untergegangenen Osmanen-Reiches hervor. Seit der Konferenz von San Remo (1920) wurde Syrien zum Herrschaftsgebiet der Mandatarmacht Frankreich, die den Libanon (dazu 1920-1936 auch ein Alawiten-Kleinreich im syrischen Nordwesten) als selbständiges Staatsterritorium abtrennte und 1939 den Sandschak von Alexandrette (das Küstengebiet um das heutige Antakya und Iskenderun), an die Türkei übergab. Die Niederlage der arabischen Streitkräfte im Nahostkrieg von 1967 führte zur Besetzung der wirtschaftlich und strategisch bedeutenden Golan-Höhen im äußersten Südwesten des Landes durch Israel.

Die Landschaften

Im Westen verläuft parallel zur **Mittelmeerküste** mit ihrem Sandstrand (nahe Ladiqiya) und ihrer Steilküste (bei Ras al-Basit) sowie einer schmalen Küstenebene das im Norden bis 1754 m hohe, teils bewaldete **Küstengebirge** (Jebel Anseriya, bekannt auch als Nussairier- oder Alawiten-Gebirge). 120 km lang und knapp 40 km breit, wird es im Norden und Osten vom Orontes (Nahr al-Asi) umfaßt.

Nach Süden hin geht das Küstengebirge nach einer Senke auf der Höhe der Stadt Homs (dem sogenannten Homs-Durchlaß) in die noch mächtigere Karstformation des **Anti-Libanon** (Jebel Lubnan ash-Sharqi) über, den auf der Höhe von Damaskus der Fluß Barada in den nördlichen Jebel Musa (Moses-Berg; bis 2659 m) und das südliche Hermon-Massiv (bis 2814 m) scheidet; der **Hermon** läuft, sich abflachend, in den **Golan-Höhen** (al-Jawlan) aus und fällt ins grüne Tal des Yarmuk ab.

◁ *Das große Tor der Säulenstraße von Palmyra; Stich von 1753*

Feldlandschaft bei Ain Dara (s. S. 274) in Nordsyrien

Als heutiges Kerngebiet Syriens erscheint das von den Arabern **al-Ghab** genannte fruchtbare Tal des Orontes, das den letzten Ausläufer des Jordan-Grabenbruchs bildet. Nördlich von Aleppo (Haleb) schließen daran das nordsyrische **Kalksteinmassiv,** südlich die **mittelsyrischen Ebenen** an. Den Südwesten des Landes nimmt das zwischen 400 und 800 m hohe, durch seine Lehm- und Lößböden teilweise sehr fruchtbare, bisweilen auch von den mittelmeerischen, regenführenden Winden erreichte Basaltplateau des **Hauran** mit dem vulkanischen Drusen-Gebirge (Jebel ad-Druz; bis 1803 m) ein.

Im Nordosten gehört die bis 400 m hohe Ebene **Jezira** (›Insel‹), das begünstigte, von den Flußtälern des Euphrat, Khabur und Balikh durchzogene Obermesopotamien zum Kulturbogen des Fruchtbaren Halbmond (s. S. 31). Der Osten – mehr als 60 % der Gesamtfläche – besteht aus **Wüste** oder unwirtlichen Wüstensteppen, den Ausläufern der Arabischen Wüste. Drei Gebirgszüge – der Qalamun (Jebel ar-Ruwaq), die Palmyrenischen Berge (Jebel Abu Rujmein) und der Jebel al-Bishri – setzen in dieser Ödnis von Südwest nach Nordost Höhenakzente. Der Bereich südöstlich der diagonal streichenden Wüstengebirge ist als Hamad bekannt. Unter dem Begriff Wüste darf man sich für Syrien übrigens keine malerischen, dünenwerfenden Sandwüsten vorstellen. »Kieswüste oder weite Lehmtennen mit Steinpflasterböden überwiegen« (Eugen Wirth).

Die Wasserläufe Syriens, sind, sieht man vom mittelmeerischen Küstenstreifen und der niederschlagsreichen Westseite des Küsten-

Der Euphrat-Nebenfluß Khabur ist die ›Schlagader‹ der Jezira, jenes obermesopotamischen Hochlands, das sich – als Teil des Fruchtbaren Halbmond – schon in vorgeschichtlicher Zeit zur Kornkammer Syriens entwickelt hat. Die Naura genannten Schöpfräder, bekannt vor allem aus Hama (s. S. 181), heben das Wasser – hier bei Buseira – aus dem Fluß in die Feldflur.

gebirges und des Hauran ab, die Lebensadern der Landwirtschaft. Längster und wichtigster Fluß ist der in der Türkei entspringende **Euphrat** (Nahr al-Furat), der dem Land, das er auf 675 km durchzieht, mehr als 80 % seiner Wasserressourcen schenkt. Die beiden wichtigsten Zuflüsse des Euphrat, der **Balikh** und der rein syrische **Khabur,** machen den Nordosten Syriens seit alters zu einer Kornkammer, aber auch zu einem bedeutenden Baumwollanbaugebiet. Ähnliche Bedeutung hat der etwa 500 km lange **Orontes** (Nahr al-Asi; s. S. 173; 181f), der gemächlich durch den Ghab-Graben mäandriert und dabei unzählige Kanäle speist. Der **Barada,** der im Anti-Libanon entspringt und sich in der östlichen Wüste bei den sogenannten Wiesenseen verliert, schuf kurz vor seiner Versickerungszone die Oase al-Ghuta: ein – untergründig – wasserreiches Areal, dem Damaskus seit alters seine Existenz verdankt. Den Südwesten des Hauran-Plateaus schließlich bewässern die kanalisierten Quellbäche des **Yarmuk.**

Das Klima

Syrien liegt im Übergangsbereich vom mediterranen zum Wüstenklima: Mit wachsender Entfernung vom Mittelmeer nehmen die Regenfälle und die jahreszeitlichen Temperaturunterschiede ab, herrscht kontinentales Wüstenklima vor.

Ein recht **ausgeglichenes Mittelmeerklima** mit milden Wintern und mäßig heißen Sommern bestimmt Syriens Küstenstreifen. Aber auch die Kämme der Küstengebirge sind winterfeucht und erhalten über 1000 mm Jahresniederschlag, der in den Wintermonaten teilweise als Schnee fällt. Im Regenschatten der Küstenkette, also im

Hinterland bis zur Nord-Süd-Linie Aleppo – Hama – Homs – Deraa, sinkt im Zeichen eines **sommerheißen Übergangsklimas** der Jahresniederschlag auf 400 mm ab, wobei der Regen vornehmlich im Januar und Februar aus tiefhängender Wolkendecke fällt. Östlich davon dominiert **Wüstenklima,** das jährlich höchstens 100 mm Regen niedergehen läßt (wiederum vor allem im Januar und Februar) und durch extrem heiße Sommermonate sowie den bis 50° C heißen Wüstenwind Khamsin gekennzeichnet ist, dazu durch ausgeprägte Temperaturgegensätze zwischen Tag und Nacht.

Im Hochsommer (Juli und August) können die **Tagestemperaturen** östlich der Küstengebirge überall die 40° C-Marke überschreiten. Selbst die mittlere Tageshöchsttemperatur liegt dann in Aleppo und Damaskus bei über 35° C. Noch höher steigen die Temperaturen in den Wüstengebieten wie auch in obermesopotamischen Jezira. Der langjährige Juli-Durchschnittswert für Palmyra wird mit 37,9° C angegeben; in Deir az-Zor am Euphrat bemißt er sich sogar auf 40,5° C. Dagegen bleiben die Küstenstädte Ladiqiya und Tartus im Juli und August mit einem mittleren Maximum von 29,5 bzw. 31,5° C klimatisch noch annehmlich.

Vegetation

Die natürliche Vegetation Syriens wurde seit frühgeschichtlicher Zeit durch den Menschen stark verändert. Der **Baumbestand** in den einst dicht bewaldeten westlichen Gebirgszügen etwa ist durch Abholzung und Überweidung stark reduziert. Schon aus Dokumenten des 3. Jt. v. Chr. geht hervor, daß Ägypten und Mesopotamien ihren Holzbedarf in Syrien deckten. Für Schiffe und Hausgebälk, aber auch für die Radspeichen der Streitwagen nutzte man das syrische Holz. Zwar hat sich an Steilsthängen stellenweise sogar die Zeder erhalten, größte Verluste brachte in jüngerer Zeit aber die Verfeuerung ganzer Waldstücke für gewerbliche Zwecke (Kalköfen, Holzkohle), die Gewinnung neuer Feldflur durch Rodung am leicht geneigten Hang (bis etwa 800 m Höhe), schließlich auch der syrische Eisenbahnbau während des Ersten Weltkriegs (entlang der Linien wurden die Gehölze rigoros gerodet, um Material für die Gleisschwellen zu gewinnen). Gegenwärtig sind lediglich 3,5 % des syrischen Territoriums bewaldet.

Geschlossene Baumfluren (Eichen, Ahorn) finden sich heute nur noch im nördlichen Teil des Küstengebirges (Kiefern, da und dort untermischt mit Kermes-Eichen, ein schöner Zedernhain oberhalb von Slenfe), im Anti-Libanon (dort auch noch einige Wacholdergehölze), dem Jebel ad-Druz und in kleineren Beständen entlang der Küste, wo im mediterranen Klima auch Pinien und Platanen gedeihen. Der heute völlig waldfreie Golan war noch vor hundert Jahren dicht mit Steineichen und Ahorn bewachsen. Die kleinwüchsige Tamariske hält sich als einzelstehender Steppenbaum auch auf ver-

Zedernzapfen des Hains bei Slenfe auf den Höhen des Jebel Anseriya. Die Zapfen hängen nicht an den waagerecht ausladenden Zedernästen, sondern sitzen diesen auf.

salzten Böden; ihre schuppenartigen Blätter bleiben, da unverdaulich, vom Verbiß durchziehender Schaf- und Ziegenherden verschont. In der Küstenebene können Gummibäume die Höhe zweistöckiger Häuser erreichen.

Überall dort, wo gerodet, aber nicht kultiviert wurde, hat sich die **Macchia** mit Zistrosen und Erdbeerbäumen, mit Oleander und Myrte ausgebreitet, überragt von einzelnen Zypressen und Kermes-Eichen. In der Osterzeit blühen auf den Hochweiden des Anti-Libanon Tulpen, zwischen Küstenebene und nördlichem Küstengebirge wilde Alpenveilchen, aber auch Pfingstrosen.

Die Küstenebene, die Ebenen Mittelsyriens, des Hauran und der Jezira präsentieren sich als **Kulturlandschaften.** Zitruskulturen, Olivenhaine, einzelne Weinberge und Obst- wie Gemüseplantagen (Feigen, Aprikosen, Granatäpfel, Mandeln; Bohnen, Erbsen, Linsen, Melonen, Tomaten) bestimmen dabei das Bild der Küstenebene, Korn- und Baumwollfelder das des mittelsyrischen Grabenbruchs. Die Gegend um Ladiqiya ist für ihre Tabakfelder bekannt, die Höhen um Aleppo für ihre Pistazienhaine, Plantagen von Kirsch- und Feigenbäumen umgeben Idlib, die vielen Maulbeerbäume zwischen Safita und Masyaf dienen der Seidenraupenzucht, und in der Ghuta, der Oase bei Damaskus, gedeihen Pfirsiche und Pflaumen. In der Jezira werden Gerste, Weizen und zunehmend Baumwolle, daneben auch Hirse und Mais angebaut, wobei die Erträge nach dem Bau des Assad-Staudamms (s. S. 318) durch weiträumige Irrigation mit Hilfe von Kanalanlagen und Pumpstationen gesteigert wurden.

Auch die Wüstensteppe lebt – zuweilen jedenfalls. Bei Qasr Ibn Wardan (s. S. 188) wiegt nach den Frühjahrsregen Mohn vielhundertfach das rote Haupt.

Wo keine Agrarwirtschaft betrieben werden kann, wie etwa im zentralen Hauran, dominiert Weidewirtschaft (Schafe, daneben Ziegen). Sie bestimmt auch die Ökonomie der **Wüstensteppe,** deren ohnehin karge Vegetation (kleinblättrige oder blattlose Rutensträucher, Gänsefußgewächse, Disteln, dazu Rispengras als wichtigste Weidepflanze) nach Osten hin immer mehr abnimmt. Überweidung hat in den letzten Jahren auch Teile der westlichen Ödlandtriften verkümmern lassen. Ende Februar/Anfang März, mit dem Ausklingen der Winterregen also, kann sich die Ödnis allerdings für wenige Wochen in einen bunten Teppich von Blumen (Anemonen, Levkojen, Narzissen, Mohnblumen) und Gräsern (Sauergras, Pfriemengras) verwandeln, insbesondere im Nahbereich der Wadis.

Fauna

Von Wolfgang Baumgart

Zu biblischer Zeit besaß der Großraum Syrien, im Kontaktbereich dreier Kontinente gelegen, noch eine äußerst mannigfaltige, an **Großtieren** reiche Fauna. Der Elefant war allerdings schon damals ausgestorben; ein Jahrtausend zuvor hatten die ägyptischen Könige ihn in Syrien noch gejagt. Trotz solcher Verluste weideten vor 2000 Jahren im Landesinnern kopfstarke Herden von Wildrindern, Halbeseln (Onager), Antilopen und Gazellen; sie wurden Beute von Löwen, Leoparden und Geparden. Ihr Aussterben ist kaum dokumentiert. Lediglich vom Strauß (*Struthio camelus*) wird ein letzter Gelegefund aus den 70er Jahren des 19. Jh. im Raum Aleppo–Deir az-Zor–Palmyra gemeldet.

Unter den **Wirbellosen** wecken vor allem Insekten, darunter einige auffällige Schmetterlinge wie Distel- und Segelfalter, Ligusterschwärmer und Taubenschwänzchen Aufmerksamkeit. Bärenspinner treten in Sommernächten zu Tausenden in erleuchteten Siedlungsbereichen auf. Groß- und Prachtkäfer beeindrucken durch Farbe, dunkle Lauf- und Grabkäfer, darunter auch der Heilige Pillendreher (*Scarabaeus sacer*), mit ihrer Betriebsamkeit, schrecken durch Gestaltenvielfalt und teilweise grotesk anmutende Formen. Heuschrecken mit rosa und türkisfarbenen Flügeln beleben Ödland. Ihnen stellen hier zahlreiche Fangschrecken nach, darunter auch die Gottesanbeterin. Den allgegenwärtigen Ameisen werden im sandigen Ödland die Fangtrichter von Ameisenlöwen, den Larven der in mehreren Arten auftretenden libellenähnlichen Ameisenjungfer, zum Verhängnis.

Erschreckend, wie wenig sich vom reichen Großtier-Leben auf den heutigen Tag erhalten hat! Die fortgeschrittenen Veränderungen der Fauna sind vor allem die Folge starker Bejagung und gravierender Umweltzerstörungen. Eine stetig wachsende Bevölkerung drängt die auch heute noch artenreiche, doch weniger auffällige Tierwelt in zunehmend schwindende Refugien zurück.

Wenn in ihrer Wirkung auch oft übertrieben, kann der Biß von **Spinnen** wie der Schwarzen Witwe und der Tarantel für den Menschen unangenehme Folgen haben, was auch für die Stiche einiger, vor allem Ödland besiedelnder Skorpione zutrifft. Nächtliches Lagern im Freien und Stöbern in Steinhaufen sind daher gefährlich, zumal man dabei auch auf Giftschlangen treffen kann.

In den Küstenbereichen sowie in den Niederungen großer Wasserläufe liefern **Fische** einen nicht unerheblichen Beitrag zur menschlichen Ernährung. Das küstennahe Mittelmeer ist zwar arm an wirtschaftlich bedeutsamen Arten wie Meeräschen, Großbarschen und Brassen. Was allmorgendlich auf den Märkten der Küstenstädte angebotenen wird, beeindruckt aber durch Vielfalt. Neben Schwämmen, Muscheln, Seeigeln, Krustentieren und Tintenfischen findet man zumeist mehrere Kleinhai- und Rochenarten, Hornhechte, Flug- und Schwertfische, Makrelen und Grundeln, vereinzelt auch große Seeschildkröten wie Suppen- und Unechte Karettschildkröten (*Chelonia mydas* bzw. *Caretta caretta*). Brutstrände der Caretta befinden sich nördlich von Ladiqiya, sind aber durch angespülten Plastikmüll bedroht.

Auch die Flüsse erweisen sich, bei geringer Verschmutzung, als fischreich. Barben, Plötzen und Schmerlen, aber auch Barsche und Kleinwelse wie beispielsweise *Heteropneustes fossilis* sind wirtschaftlich bedeutsam. Kinder stellen den winzigen Moskito-Fischen (*Gambusia holbrooki*) nach, die als Mückenlarven-Vertilger zur Bekämpfung der einst hier verbreiteten Malaria ausgesetzt wurden, inzwischen aber ›Heimatrecht‹ erworben haben.

Das Chamaeleo chamaeleon lebt nicht nur im Geäst von Bäumen, sondern in den syrischen Wüstengebieten auch am Boden, der Umgebung vorzüglich angepaßt.

Wassernähe sagt auch **Lurchen** zu. Froschlurche, darunter sowohl der uns aus der Heimat vertraute Seefrosch, der Kleinasiatische Laubfrosch, lokal auch Molche und sogar Levantische Feuersalamander durchlaufen im Wasser ihre Jugendentwicklung. Wasserschlangen sind durch Würfelnatter und die (lange als ausgestorben geltende, jetzt wiederentdeckte) Ringelnatter vertreten. An Kleingewässern trifft man erstaunlich häufig auf die farblich recht auffällige Kaspische Wasserschildkröte.

Reptilien sind aber eher fürs Trockenland typisch, wohin ihnen auch einige Amphibien, wie etwa die Syrische Schaufelkröte (*Pelobates syriacus*) und die Wechselkröte folgen. Wegen ihres giftigen Bisses ist vor allem im Westen Syriens vor der Libanesischen Bergotter, aber auch der Palästina-Viper zu warnen. Die weit verbreitete dunkle Zornnatter – sie kann über 2 m lang werden – ist dagegen ungiftig, obwohl sie sich dem Fang oder plötzlicher Annäherung durch schmerzhafte Bisse widersetzt.

Zwischen Ruinen fällt vor allem der tagaktive Hardun auf, eine stattliche, bis 40 cm lange Echse. Andere Kleinreptilien wie Eidechsen, Scheltopusik, Skinke und Geckos leben dagegen mehr im Verborgenen, sind zudem überwiegend nachtaktiv. Die oft im Siedlungsbereich auftretenden, fast durchscheinend hellen Haus- oder Halbfinger-Geckos werden, wie Eulen, als Unglücksbringer nicht gern gesehen. Die wegen ihrer sprichwörtlichen Farbanpassung nur schwer auszumachenden Chamäleons leben als grüngetönte Form im Geäst, fahlbraun gefärbt in felsigem Gelände am Boden, wo sie sich mit der Maurischen Landschildkröte den Lebensraum teilen.

Vögel, bisher in ca. 350 Arten nachgewiesen, sind zumeist wenig auffällig. Sogar der Sperling tritt, da Moslems kein Brot wegwerfen, mangels Nahrungsangebot kaum in Erscheinung. Neben Mauersegler und Nebelkrähe ist die Palmtaube der eigentliche Stadtvogel. Indem sie Mohammeds Häscher während der Hejra täuschte (brütete sie doch, von Allah gesandt, ruhig am Eingang einer ihn verbergenden Höhle), genießt sie noch heute den Schutz aller moslemischen Gläubigen.

Seevögel, selbst Möwen, sind im Küstengebiet rar. Charaktervogel der Küstenebene ist die zierliche langschwänzige Streifenprinie, die als universeller ›Vegetationsvogel‹ lokal Meisen-, Grasmücken- und Laubsängerarten vertritt. Diese dringen in den Kammlagen der westlichen Gebirgskette aber als Brutvögel erstaunlich weit nach Süden vor. Nur hier trifft man auch mit etwas Glück auf den seltenen endemischen Zederngirlitz (*Serinus syriacus*).

Arabischer Händler mit einem Saker-Falken. Der Fang von Beizvögeln hat in Syrien bis ins frühe Mittelalter zurückreichende Tradition.

Charaktervögel des Landesinneren sind der Rennvogel, ein Regenpfeifer, sowie Wüstenläufer- und Hornlerche. Begegnungen mit Adlern und Geiern (neben Gänse- und Schmutzgeier war auch der Ohrengeier in der Syrischen Wüste einst heimisch) gehören heute zu den Ausnahmen, betreffen meist Durchzügler. Denn zweimal jährlich überqueren Tausende von Zugvögeln mit dem Weißstorch als sicher auffälligstem Vertreter das Land, überwintern auch teilweise. Sie bereichern so Syriens Fauna, unterliegen aber mit unterschiedlicher Zielsetzung intensiver Nachstellung. Saker- und Wanderfalken werden beispielweise in beachtlicher Zahl für die arabische Falknerei gefangen.

Unter den **Säugetieren** Syriens hat wohl der Goldhamster den höchsten Bekanntheitsgrad, stammt doch die in die Millionen gehende, in Gefangenschaft lebende Weltpopulation von nur wenigen einst bei Aleppo gefangenen Exemplaren ab. Dämmerungsaktive Großohrigel wecken Erstaunen. Die Kleinsäugerfauna des Landes bedarf jedoch noch der gründlichen Erforschung. Neben Hasen, Renn- und Springmäusen sei noch die in feuchtem Gelände lebende Indien-Rennratte erwähnt, die der Pestfloh befällt, weshalb sie einst wohl auch bei der Verbreitung der Beulenpest (›Aleppo-Beulen‹) eine Rolle gespielt haben mag.

Gefundene Borsten des Stachelschweines belegen bisweilen die Anwesenheit dieses großen Nagers. Neben dem weit verbreiteten Fuchs fallen lokal auch Goldschakale durch ihr abendliches Heulen auf. Da freilebende Huftiere fast völlig fehlen – der Status der letzten Vorkommen von Kropf- und Dorcas-Gazellen (*Gazella subgutturosa* und *G. dorcas*) ist unklar – müssen sich Wölfe und vereinzelt noch auftretende Streifenhyänen an die Herden der Beduinen halten, werden deshalb konsequent verfolgt. Dies widerfährt auch vereinzelt einwandernden Leoparden, die selbst in den Weiten des Landesinneren nie lange unbemerkt bleiben. Die Vielfalt der syrischen Steppenfauna zu Beginn dieses Jahrhunderts demonstriert die naturkundliche Sammlung des Museums von Palmyra recht anschaulich, wenn auch die Exponate, darunter Präparate des Karakals oder Wüstenluchses, mit den Jahren etwas mitgenommen erscheinen.

Immer seltener ziehen Kamelbeduinen durch die syrische Wüstensteppe. Aus den in Europa romantisierten Vollbeduinen sind mittlerweile meist Halbnomaden geworden, die sich und ihre Herden über den Einsatz von Wassertanklastern erhalten.

Den Platz der einst wildlebenden Huftiere haben heute, von überwiegend nomadisierenden Beduinen meist ganzjährig im Freien gehaltene **Haustiere** eingenommen. Mit Abstand dominieren Fettsteißschafe (12,5 Mio.), deren Fleisch hoch geschätzt wird, vor Ziegen (1,1 Mio.). Als Arbeits- und Reittiere werden Esel (199 000), Pferde (42 000) und Mulis (29 000), kaum noch Kamele (7000) genutzt. Die Zahl der Rinder ist mit 0,71 Mio. vergleichsweise gering und kann den Milchbedarf des Landes nicht decken. Die züchterische Verbesserung unproduktiver Lokalrassen (Golani- und Akshi-Rind) wird daher angestrebt. Das bereits im Koran erwähnte, eher rotbraune denn gelbe hochbeinige Damaszener- oder Shami-Rind bringt zwar eine hohe Milchleistung, ist aber zur Intensivhaltung wenig geeignet. Wie das Araberpferd gedeiht es erst so recht im Einzelbetrieb mit ›Anschluß‹ an eine Fellachen-Familie. Zur Deckung des Fleischbedarfes (Schweinehaltung verbietet sich zumeist aus religiösen Gründen) wurde vor allem die Geflügelmast entwickelt. Die Viehwirtschaft macht 30 % der Agrarproduktion aus.

Bevölkerung

Um die Jahresmitte 1993 zählte die Syrische Arabische Republik 13,4 Mio. **Einwohner** (männlich 6,8 Mio., weiblich 6,6 Mio.). Der jährliche Bevölkerungszuwachs liegt mit 3,34 % extrem hoch (eine der höchsten Zuwachsraten der Erde). Entsprechend zeigt eine graphische Darstellung der **Altersstruktur** für Syrien die klassische Pyramidenform. 49,2 % der Bevölkerung waren 1993 unter 15 Jahre, nur 4,4 % jedoch über 65 Jahre alt. Das Durchschnittsalter der Bevölkerung beträgt zur Zeit 16,1 Jahre!

Die mittlere **Bevölkerungsdichte,** 72,3 Ew./km² (zum Vergleich: Deutschland fast 230 Ew./km²), täuscht über die tatsächliche demographische Verteilung hinweg. Die Bevölkerung konzentriert sich auf jene Gebiete, in denen Ackerbau und Viehzucht möglich sind, d. h. auf den Westen des Landes und den Raum zwischen Aleppo und Damaskus. Entsprechend weisen Nordostprovinzen wie Raqqa oder Deir az-Zor Bevölkerungsdichten von nur 22,8 bzw. 17,6 Ew./km² auf, während sich für die Nordwestprovinzen Ladiqiya und Tartus sehr viel höhere Raten ergeben: 331,6 bzw. 352,4 Ew./km². Der Südosten des Landes, jenseits der Straße Deir az-Zor–Damaskus, ist mit Ausnahme einiger Oasen fast menschenleer. Zur syrischen Bevölkerung rechnen auch 315 000 Palästina-Flüchtlinge, die zum Teil in Lagern leben.

Syrien besitzt relativ wenige Städte, doch waren 1993 50,9 % der Gesamtbevölkerung Städter. Seit 1960 ist der Anteil der **Stadtbevölkerung** von 36,9 % auf die neue Marge gestiegen; in den Städten beträgt das Bevölkerungswachstum überdurchschnittliche 3,84 %. Größte Stadt Syriens ist nicht die Hauptstadt Damaskus mit 1,51 Mio. Einwohnern, sondern die Nordmetropole Aleppo (1,81 Mio.). Bedingt durch statistisch unerfaßte Slums und Tagespendler, dürfte das tatsächliche Menschenvolumen der beiden syrischen Metropolen zwar um einiges höher sein, zu mißtrauen ist allerdings den übertriebenen Eigenangaben der Bewohner wie auch lokaler Behörden, die aus der Bevölkerungszahl im Einklang mit der linearen Wachstumsideologie des Staates Syrien städtisches Renommée ableiten möchten.

Syrische Großstädte neben Damaskus und Aleppo sind Homs (672 000 Ew.), Hassaqa (391 000 Ew.), Hama (364 000 Ew.), Ladiqiya (354 000 Ew.) und Raqqa (323 000 Ew.); als größere Mittelstädte fungieren Idlib (182 000 Ew.), Deir az-Zor (182 000 Ew.), Deraa (180 000 Ew.) und Tartus (149 000 Ew.).

Die syrischen **Dörfer** zählen im Durchschnitt nur um 500 Einwohner. Sie konzentrieren sich auf den Westen des Landes, während

Kinderschar in Raqqa. In Syrien, einem der Länder mit den höchsten Geburtenraten der Erde, beträgt das Durchschnittsalter der Bevölkerung nur etwas über 16 Jahre.

östlich der Linie Aleppo–Damaskus–Suweida, aber auch in den Randbereichen der Jezira, wo die Ackerbaugebiete in die Wüstensteppe übergehen, halbnomadische Lebensweise dominiert.

Den Winter verbringen die **halbnomadischen Schaf- und Ziegenhirten** in der Wüstensteppe, den Sommer über leben sie in den Siedlungen, wo sie auch etwas Ackerbau betreiben und Kleinvieh halten. **Vollnomaden** (Beduinen), die sich der Kamelzucht widmen und im Jahresrhythmus weiträumige Wanderungen durchführen (auch über die Staatsgrenzen hinweg) sind in Syrien sehr selten geworden.

Ethnien

90 % der Syrer sind Araber. Genau genommen handelt es sich um eine geschichtlich gewachsene, seit langem sprachlich und kulturell arabisierte **Mischbevölkerung** aus Arabern und verschiedenen alteingesessenen, häufig ebenfalls semitischen Völkern. Das rein arabische Element sind die Beduinen der syrischen Wüstengebiete.

Knapp 6 % der Bevölkerung, also um 750 000 Menschen, gehören zum kurdischen Volk (dessen ethnische Hauptkontingente auf die Südosttürkei, den Iran und den Irak verteilt sind). Die syrischen **Kurden** leben vor allem in der nördlichen Jezira, nordwestlich von Aleppo sowie in bestimmten Stadtvierteln von Damaskus und Aleppo, wo sie noch unter SALADIN Fuß faßten. Die städtischen Kurden, etwa im Damaszener Vorort Salihiya sind inzwischen stark arabisiert; dagegen hat auf dem Lande das kurdische Brauchtum im Gefolge ethnischer Selbstbesinnung (verbunden mit den Kurden-Aufständen in der Türkei und im Irak) an Stellenwert gewonnen.

Zuweilen in dörflicher Gemeinschaft mit den Kurden lebt in den westlichen Grenzgebieten auch eine Minderheit von **Türken.** Daß statistische Angaben zu ihnen fehlen, erklärt sich aus Syriens politischen Spannungen zum türkischen Staat.

Zu den zahlenmäßig eher unbedeutenden, jedoch bemerkenswerten ethnischen Minoritäten gehören die ca. 150 000 (christlichen) **Armenier.** Unter den Verfolgungen bis hin zum Genozid, denen sie während dem Ersten Weltkrieg im Osmanen-Reich ausgesetzt waren (s. S. 341), wanderten ihre Vorfahren in den Libanon und nach Syrien ein. Eine armenische ›Hochburg‹ ist das Judeida-Viertel in Aleppo (s. S. 269).

Dagegen wurden die heute 4000–5000 moslemischen **Tscherkessen** unter den Osmanen als Wehrbauern aus dem Kaukasus nach Syrien verpflanzt und mit Saumland zur Wüste ›beschenkt‹ (s. S. 107). Das tscherkessische Zentrum Syriens war vor der israelischen Okkupation die Golan-Stadt Quneitra.

Hart trafen die teils politisch, teils religiös, teils ethnisch begründeten Verfolgungen des Ersten Weltkriegs die knapp 1,5 Mio. **Assyrer,** ein bäuerlich lebendes Volk aramäischer Sprache und verschiedener altchristlicher Bekenntnisse, das traditionell in Ostanatolien und im Nordirak, dazu im Westiran und im Nordosten Syriens siedelte. (Die irritierende Bezeichnung beruht auf der Selbsteinschätzung der Minorität, Nachfahre des alten mesopotamischen Staatsvolks zu sein.) Gegenwärtig nimmt man für Syrien – eine verläßliche Statistik fehlt – zwischen 20 000 (Simon Jargy) und 350 000 (Klemens Ludwig) Assyrer an; ihr Hauptsiedlungsgebiet liegt am Khabur.

Religion

Über 90 % der Syrer sind erklärte Moslems. Davon bekennt sich die Mehrheit (ca. 70 % der Gesamtbevölkerung) zum **sunnitischen Islam.** Die Sunniten anerkennen im Gegensatz zu den Schiiten (s. u.) die Legitimität der omayyadischen Kalifen und berufen sich außer auf das heilige Buch, den Koran, auf die Sunna (›Gewohnheiten‹), die überlieferten Aussprüche Mohammeds, und zwar im Sinne einer verbindlichen Glaubens- und Lebenslehre. Zu den religiösen Pflichten im Islam, einer strikt monotheistischen Religion, die jüdische und christliche Lehren in sich aufgenommen hat, gehören u. a. die Ablegung des Glaubensbekenntnisses, die Erfüllung der fünf Tagesgebete, die Einhaltung des jährlichen Fastenmonats (Ramadan), die Pilgerfahrt nach Mekka (Hajj), die Verpflichtung, den Armen Almosen zu geben (Zakat), sowie der Verzicht auf Alkohol und Schweinefleisch, dazu auf jede Art von Glücksspiel.

Moslems beim Koranstudium in der Omayyaden-Moschee von Aleppo. Die Tendenz, den Koran und die Lebensregeln der Sunna ernsthaft zu befolgen, wächst in Syrien auch unterhalb der Bannschwelle des Fundamentalismus und der Moslem-Bruderschaften.

Während die meisten sunnitischen Moslems sich mit dem säkularen Staat Syrien arrangiert haben, fordern die **Moslem-Bruderschaften** eine islamische Ordnung in Staat und Gesellschaft. 1928 In Ägypten begründet, hat sich die Bewegung seither über den ganzen Vorderen Orient verbreitet. Offizielle Zahlen zu der in Syrien verbotenen Vereinigung liegen nicht vor, doch gibt die Situation in Jordanien, wo die Moslem-Brüder toleriert werden und bei Parlamentswahlen 1993 ein Viertel der Sitze gewannen, Hinweise auf ihren nicht unbeträchtlichen Rückhalt in der Bevölkerung. Von der Stärke der syrischen Bruderschaften zeugen die Aufstände in Aleppo (1979) und vor allem 1982 in Hama, wo im Kampf gegen die Regierungstruppen Tausende von ihnen fielen (s. S. 111; 185).

Die verschiedenen **schiitischen Richtungen** stellen mit fast 20 % Anhang in der Bevölkerung eine bedeutende Minderheit dar. Gemeinsam ist ihnen die Ablehnung der Sunna und der ›nicht-rechtmäßigen‹ Kalifen, die Neigung zu mystischen Vorstellungen, die Verehrung ihrer Imame (Nachfolger Alis) in der Art eines Heiligenkults und der – mystisch unterlegte – Hang zum Märtyrertum.

Die größte schiitische Gruppe wird **Zwölfer-Schia** (Imamiya) genannt, weil sie zwölf Imame verehrt. Elf davon haben bereits gelebt, der letzte Imam oder Mahdi, auf den die schiitische Gemeinschaft wartet, wird einst, so das Credo, das Reich des Wahren Glaubens verwirklichen. Im Iran und im Irak stellen die Schiiten der Imamiya die Mehrheit, in Syrien bekennen sich etwa 8–9 % der Bevölkerung zu dieser Richtung.

Die **Alawiten** (Alauiten, Alaouiten, in Syrien auch Nussairier genannt, da ein gewisser Mohammed Ibn Nussair im 9. Jh. ihr spiritueller Ahnherr war) stellen etwa 9 % der Bevölkerung, haben aber in den letzten 25 Jahren überdurchschnittlichen politischen Einfluß erlangt. Daß der alawitische Staatspräsident Hafiz al-Assad Vertrauenspersonen seiner Glaubensrichtung in staatliche Schlüsselstellungen förderte, schürte allerdings den Widerstand der Moslem-Brüder (s. o.). Von allen schiitischen Strömungen haben sich die Alawiten wohl am weitesten vom orthodoxen Islam entfernt. Vielen sunnitischen Orthodoxen gelten sie deshalb als ›Ketzer‹.

In der Tat verbinden sich in der weithin geheimgehaltenen Mystik der Alawiten auf eigentümliche Weise altorientalische mit christlichen Elementen: Aus der unaussprechlichen Gottheit geht eine oberste kosmische Dreiheit hervor, gebildet aus Ali, der dem Mond gleichgesetzt wird, Mohammed (die Sonne) und Salman al-Farisi (ein persischer Kampfgefährte des Propheten; der Himmel), wobei diese drei sich gleichzeitig zur Trias Sinn, Name und Tor ordnen. In der Verehrung für Fatima, die Tochter Mohammeds – man denkt sie als geschlechtsloses Lichtwesen –, klingt der christliche Marienkult an, im Glauben an reinigende Wiedergeburten wiederum die antike Gnosis. Während die Alawiten auch christliche Feiertage wie Ostern und Weihnachten begehen, bedeutet ihnen der moslemische Kultus im gemeinschaftlichen Alltag wenig. Um so mehr achten sie darauf,

Eine schiitische Gläubige vor dem mit iranischen Geldern erbauten und von der Architektur des Iran inspirierten Zaynab-Mausoleum (s. S. 169) am südlichen Stadtrand von Damaskus.

nach außen hin fromme Orthodoxie zu zeigen – so Staatschef ASSAD, wenn er demonstrativ am Freitagsgebet in der Moschee teilnimmt.

Die **Ismailiten,** eine weitere schiitische Strömung, haben auf der Grundlage der neuplatonischen Philosophie ausgeprägte esoterische Lehren entwickelt, in der wie bei den Alawiten die Emanation der Gottheit in den Lichtgestalten MOHAMMED und ALI eine große Rolle spielt. Den Koran verstehen sie als eine göttliche Geheimbotschaft, die sich nur Eingeweihten nach stufenweiser Initiation erschließt. In Syrien hängt der Strömung nur etwa 1 % der Bevölkerung an; das ismailitische Zentrum liegt heute um das Städtchen Salamiya im Gebiet östlich von Hama und Homs (s. S. 187).

Historisch waren die Ismailiten einmal sehr viel bedeutender, nicht nur in Ägypten, wo das ismailitische Geschlecht der Fatimiden die Herrschaft innehatte (s. S. 96), sondern auch in Syrien, wo die Ismailiten im 11. Jh. Fuß faßten und ihren politischen Radikalismus durch zahlreiche Attentate bekundeten (s. S. 120; 238). Prominenteste Opfer waren im 12. Jh. die Baghdader Kalifen AL-MUSTARSHID und AR-RASHID, und es wurde damals »unter Prominenten üblich, einen Brustpanzer unter dem Gewand zu tragen« (Heinz HALM). Haschischi (d. h. Haschisch-Esser, Entrückte) nannte man die opferbereiten ismailitischen Terroristen, als »Assassinen« gingen sie in die Geschichtsschreibung ein, und unter der Bezeichnung Assassin (›Attentäter‹) bewahrt der englische und französische Wortschatz die Erinnerung an ihr mörderisches Wirken.

Drusischer Uqqal mit Turban und ungestutztem Bart

Eine Sonderrolle spielt die Sekte der **Drusen,** die immerhin knapp 3 % der syrischen Bevölkerung religiös bindet. Wegen ihrer strikten Abgeschlossenheit nach außen (Eheschließungen mit Nicht-Drusen sind untersagt, kein Außenstehender kann religiös übertreten) sind die Drusen im Laufe der Zeit fast zu einer ethnischen Einheit geworden. Der Name selbst geht auf einen der frühen Propagandisten der Religion in Kairo zurück: den mittelasiatischen Türken ANUSHTEKIN, mit dem Beinamen ad-Darazi (›der Schneider‹). Die darazisch/drusischen Glaubensinhalte werden geheimgehalten, sogar gegenüber der Mehrzahl der Drusen selbst, den sogenannten Laien (Jukhal). Nur die Uqqal, die Eingeweihten (ausschließlich Drusen-Männer, die man im Straßenbild am ungestutzten Bart und dem mächtigen weißen Turban erkennt), haben Einblick in den heiligen Kanon, der aus 111 ›Briefen‹ besteht. Wer als Laie in den Stand der Eingeweihten übertreten will, die sich wöchentlich einmal in der Nacht auf den Freitag zu kultischen Übungen und Lesungen der heiligen Schriften zusammenfinden, muß mindestens vierzig Jahre alt sein und feierlich den Verzicht auf Schweinefleisch und Wein geloben; auch zu fluchen ist ihm untersagt. Zu den religiösen, aus der spätantiken Gnosis erwachsenen Inhalten, die bei der Initiation mitgeteilt werden, gehört die Lehre der Seelenwanderung. Politisch stehen die patriarchalisch organisierten Drusen-Sippen traditionell links. Es darf aber nicht verschwiegen werden, daß Drusen für die Christen-Pogrome in Damaskus verantwortlich waren (s. S. 157).

Syrien besitzt eine starke **christliche Minderheit** von etwa 11–12 % der Bevölkerung, die sich – da nach der Islamisierung keine Zentralkirche einigend wirkte – auf eine Vielzahl von Bekenntnissen verteilt. Grundsätzlich unterscheidet man orthodoxe und katholische (d. h. mit Rom verbundene) Konfessionen.

Die griechisch-orthodoxe Kirche, deren Patriarch in Damaskus residiert, ist die bei weitem größte Gruppierung, gefolgt von der armenisch-gregorianischen (auch armenisch-orthodoxen) Kirche, die am monophysitischen Bekenntnis (s. S. 83) festhält. Monophysiten sind auch die syrisch-orthodoxen Jakobiten, während die zahlenmäßig unbedeutenden Nestorianer in der Tradition der alten

Christliche Osterprozession in Maalula (s. S. 174)

Christenheit Nordmesopotamiens stehen. Mit Rom verbunden sind seit dem 17. oder 18. Jh. die Melchiten (griechisch-katholische Kirche), die syrischen Katholiken, die Maroniten und die Chaldäer mit zusammen annähernd 120 000 Gläubigen. In ihrer Mehrheit leben Syriens Christen in den Großstädten Damaskus und Aleppo, dazu im Raum um Hama und Suweida sowie im Küstengebirge (besonders um Safita). Am Khabur westlich von Hassaka (s. S. 341) haben die chaldäischen Christen ihren Siedlungsschwerpunkt.

Die **jüdische Gemeinde** ist wegen des Dauerkonflikts mit Israel bis auf wenige tausend Mitglieder ausgewandert, meist in die USA oder nach Israel, und die Synagogen in Aleppo und Damaskus füllen sich nur noch an den Feiertagen (s. S. 271; 160).

Wirtschaft

Syrien ist als Agrarland mit wachsendem Industrieanteil und bedeutendem Handelsverkehr zu charakterisieren. Mit einem jährlichen Bruttosozialprodukt von etwa 1250 US-$ pro Kopf der Bevölkerung gehört der nahöstliche Staat zwar noch zu den Entwicklungsländern, die zufriedenstellende wirtschaftliche Entwicklung der jüngeren Vergangenheit hat aber – anders als etwa in Ägypten – die extreme Armut überwunden und Teilen der Bevölkerung einen bescheidenen Wohlstand verschafft. Im internationalen Vergleich

Noch dominieren traditionelle Anbaumethoden, doch bemüht sich der Staat intensiv um eine Modernisierung der Landwirtschaft. Von entscheidender Bedeutung sind dabei die bäuerlichen Genossenschaften, deren Zahl inzwischen die 5000 überschritten hat. Ihre annähernd 750 000 Mitglieder können zunehmend auf modernes landwirtschaftliches Gerät (Schlepper, Drescher, Sämaschinen) zurückgreifen. Weizen, Gerste, Baumwolle und Zuckerrüben sind die wichtigsten landwirtschaftlichen Erzeugnisse.

nimmt Syrien deshalb einen ›Mittelplatz‹ ein, auch wenn das hohe Außenhandelsdefizit (1990 16,5 Mrd. US-$), der Zusammenbruch des ehemaligen Haupthandelspartners Sowjetunion, das Analphabetentum, eine hohe Arbeitslosigkeit (offiziell 12,1 %), hohe Inflationsraten (bis 20 %) und – infolge des Dauerkonflikts mit Israel und des ›Engagements‹ im Libanon – überdurchschnittliche Militärausgaben das Staatsbudget belasten und das Land weiterhin vor große Entwicklungsprobleme stellen.

Über ein Viertel aller Erwerbstätigen sind in der **Landwirtschaft** tätig, die ein knappes Drittel des Bruttoinlandprodukts erbringt. Entsprechend den klimatischen Verhältnissen sind die küstennahen Gebirgszüge, der Grabenbruch und der Norden Syriens die Hauptanbaugebiete. 27,7 % des Landesterritoriums werden kultiviert; nach dem Bau des Euphrat-Staudamms ist der Anteil der bewässerten Fläche dabei von 2,9 auf 4,9 % der Gesamtfläche gestiegen. Generell gilt: In guten, d. h. ›nassen‹ Jahren kann Syrien etwas Korn exportieren, in ›trockenen‹, also schlechten Jahren müssen Grundnahrungsmittel eingeführt werden.

Die **Viehzucht** wird vorwiegend halbnomadisch betrieben. Sie konzentriert sich auf Schafe und Ziegen, während die Rinderzucht trotz staatlicher Förderung weiterhin nur geringe Bedeutung hat. Der Niedergang des Beduinentums wird in der stark gesunkenen Zahl von Kamelen deutlich: 1990 rechnete man für ganz Syrien mit nur noch 6000 Tieren, heute, acht Jahre später, dürften es nicht einmal 4000 sein. Die Bedeutung des Halbnomadentums dokumentiert sich hingegen in der weiterhin großen Verbreitung von Eseln, Pferden und Maultieren. Stark zugenommen hat in den letzten zwanzig Jahren die Hühnerhaltung, denn Geflügelfleisch zählt heute zu den Grundnahrungsmitteln. Fischfang wird vorwiegend in Binnengewässern betrieben; dem steht ein Ertrag von 1520 Tonnen Meeresfisch gegenüber, ergänzt noch um 80 Tonnen Krustentiere.

Die **Industrialisierung** Syriens schreitet mit staatlicher Förderung voran; mit 28 % (1995) sind Industrie und Bodenschatzgewinnung am Bruttoinlandsprodukt beteiligt. Wichtigster Industriezweig ist die in Damaskus, Homs, Aleppo und Ladiqiya konzentrierte Textilindustrie (Baumwollverarbeitung); es folgen Kunststoffverarbeitung, Aluminiumproduktion, Maschinenbau und Nahrungsmittelverarbeitung. Damaskus besitzt ein Glaswerk, Hama eine Stahlhütte, Homs eine große Zement- und Düngemittelfabrik. Dazu kommen Erdölraffinerien in Homs und Banyas. Bedeutendster **Bodenschatz** des Landes ist das im Nordosten der Jezira und zwischen Deir az-Zor und Palmyra geförderte Erdöl, das in Homs und Banyas raffiniert und über Tartus und Banyas exportiert wird; es bringt weit über 50 % der gesamten Export-Erlöse ein. Vor allem in den großen Städten hat das traditionelle **Kunsthandwerk** seine Bedeutung bewahren können. Gold-, Silber- und Kupferschmiedekunst, Brokatherstellung, Holzschnitzerei und Intarsienproduktion, Glasbläserei, Teppichweberei, Teppichknüpferei, Töpferei und Korbflechterei sind mit ihren Produkten weiterhin in den Suqs von Aleppo und in der Altstadt von Damaskus vertreten.

Der **Handel** spielt in Syrien traditionell eine überragende Rolle. So verwundert es nicht, daß der Dienstleistungssektor mit 45 % dominant am Bruttoinlandsprodukt beteiligt ist. Das Hauptausfuhrprodukt (74 %) sind Erdöl und Erdöl-Derivate; mit weitem Abstand folgen Textilprodukte (17 %). Unter den Handelspartnern Syriens stehen nach dem Kollaps der Sowjetunion die Länder der EU an erster Stelle. Der **Tourismus** ist in zügigem Ausbau begriffen. Das Land hat jährlich annähernd 1 750 000 Besucher, wovon die meisten freilich aus den arabischen Anrainerstaaten kommen. Die meisten Touristen aus Europa sind ›klassische‹ Bildungsreisende; Deutsche stellen vor den Italienern das größte Kontingent. Internationaler Flughafen ist Damaskus; die Flugfelder von Aleppo werden international seltener genutzt, sind aber im Ausbau begriffen. Der **Binnenverkehr** kann sich auf ein Straßennetz von knapp 40 000 km stützen, von denen drei Viertel asphaltiert sind. Rückgrat des Netzes ist die Nord-Süd-Achse Aleppo – Hama – Homs – Damaskus – Deraa, deren Südteil von Damaskus bis zur jordanischen Grenze mit finanzieller Unterstützung der EU zur Autobahn ausgebaut wurde.

Basar in Hama. Die billigen, leichgewichtigen Plastikwaren – von den Touristen verachtet – sind im syrischen Dorf und bei den Nomaden außerordentlich beliebt.

Kulturhistorischer Überblick

Vorgeschichte

Geschnitzter Knochengriff einer Sichel, 8./7. Jt. v. Chr.

Ein tiefgreifender Wandel im Wirtschaften und im Zusammenleben der Menschen läßt sich im Nahen Osten seit dem Ende des **Paläolithikums** beobachten. Damals, etwa im 13. Jt. v. Chr., veränderten sich im Zuge eines schleichenden Klimawechsels mit höheren Temperaturen und reicheren Regenfällen die einheimische Fauna und Flora, vollzog sich der Übergang von der Jagd (Damhirsche, Gazellen, Hasen) hin zur Domestizierung von Tieren. Die Jäger- und Sammlergemeinschaften der Altsteinzeit begannen, Herden von Schafen und Ziegen zu halten. Mit dem gleichzeitig einsetzenden Anbau von Wildgetreide war prinzipiell die Möglichkeit einer seßhaften Lebensweise gegeben. Dem entsprechen im 9. Jt. v. Chr. Sichel, Mörser und Stößel als Werkzeuge für erste landwirtschaftliche Arbeiten und zur Aufbereitung pflanzlicher Nahrung. Aber auch wenn sich in der Übergangsphase des **Mesolithikums** bzw. **Epipaläolithikums** eine seßhafte Lebensweise bereits abzeichnet, in Syrien etwa in Abu Hureyra südlich des Euphrat, muß das, was sich im Raum des Fruchtbaren Halbmond im 9. und 8. Jt. v. Chr. abspielt, im vollen Wortsinn als eine Revolution bezeichnet werden: als **neolithische Revolution.**

Die palästinische ›Leitstätte‹ für diesen außerordentlichen Prozeß, in dem unsere Zivilisation bis heute wurzelt, ist Jericho am Westrand des Jordan-Tals. Während des 8. Jt. wuchs die Bevölkerung dieses Platzes von ca. 500 auf 2000 oder sogar 3000 Menschen an, ohne daß eine Zuwanderung festzustellen wäre. Daß sich eine so große Bevölkerung an einem Ort halten konnte, erklärt sich aus der revolutionären Vergrößerung ihrer Wirtschaftsbasis, die faßbar wird im Nachweis gezüchteter Kulturpflanzen. An die mesolithische Wildgetreide-Erntewirtschaft knüpfte – die klimatische Situation des Neolithikums erlaubte dies regional – ein Regenfeldbau von Kulturgetreide (Gerste, Weizen) an, und offenbar hing die Bevölkerungszunahme mit der landwirtschaftlichen Produktionssteigerung zusammen. Die Spatenforschung belehrt uns über die zivilisatorischen Konsequenzen: Nachdem in Jericho um ca. 8000 eine obere Grenze der Einwohnerzahl erreicht war, wurde wenig später ein Mauergürtel mit einem über 8 m hohen Rundturm errichtet. Diese Wehranlage weist auf die zeitgenössische Konfrontation zwischen ›progressiven‹ Siedlern und ›konservativen‹ Jägern hin, spricht für den gewachsenen Schutzbedarf einer seßhaften Minderheit, die sich in einer nach wie vor weithin durch kampfkräftige Wildbeuter-Gemeinschaften bestimmten Umwelt zu behaupten hatte.

Jerichos einheitliche Bebauung läßt eine markante soziale Binnendifferenzierung unwahrscheinlich erscheinen, und der persönliche Besitz der Ansässigen dürfte sich auf ein geringes Wohninventar aus Leder, Korbflechterei und Holz beschränkt haben, doch ist eine gewerbliche Spezialisierung nachweisbar. Überdies belegen die Funde von Obsidian (scharfkantiges Vulkanglas) aus Kleinasien bereits einen regen, weiträumigen Handelsaustausch, zu dem Jericho selbst Salz, Erdpech (aus dem Toten Meer) und Schwefel beitrug. Mit weiteren Tier-Domestizierungen (Rinder, Schweine) und der neuen Technik der Weberei (Funde aus Tell Halaf; s. S. 32) verfestigte sich Ende des 7./Anfang des 6. Jt. die Basis der neuen Lebensform. Der neolithische Mensch überschritt endgültig die Schwelle zur Seßhaftigkeit. Damit kam auch die Kunst zu einem neuen Recht.

Totenschädel aus Jericho, mit Gips modelliert; Kauri-Muscheln ersetzen die Augen.

Zwar weisen Tierfigürchen (Schafe, Ziegen), Phallus-Nachbildungen und Flachplastiken von Menschen, gefertigt aus Tonerde und Schilf, wie alles in Jericho, in ihrer Kunstfertigkeit über das 8., 7. und 6. vorchristliche Jahrtausend hinaus, doch zeigt sich die Stätte gerade mit ihren berühmtesten kultischen Kunstwerken wie Totenschädeln mit Muscheln als Augenersatz und gipsartigen, die Gesichtszüge andeutungsweise bewahrenden Applikationen nur als Vertreter zeitgenössischer Entwicklungen, die etwa auch im syrischen Tell Ramad belegt sind. Totenkult und Ahnenverehrung sollte offenbar die in der Stadt zumeist unter den Einraumhäusern beigesetzten Toten dem Familienverband erhalten. Im syrischen Ramad treten die Schädel sogar in Verbindung mit grob bearbeiteten Statuetten auf, und in Mureybet finden sich auch ganzfigurige weibliche Statuetten aus Ton. Die markante Hervorhebung der Geschlechtsteile bei den Frauenfigurinen legt eine Interpretation als allgewaltige, die Fruchtbarkeit beherrschende Naturmutter nahe.

Überhaupt verdient Mureybet, eine Stätte am mittleren Euphrat, besondere Beachtung: Schon die erste Siedlungsschicht (9. Jt. v. Chr.) überraschte die Ausgräber mit feinen, geometrisch geschnittenen Mikrolithen, eingelassen in Holz- oder Knochenwerkzeuge; die zweite Schicht mit dem frühesten Zeugnis (ein Tierschädel, eingefügt in eine Lehmbank) jener Stierkulte, die zusammen mit der Verehrung der Großen Mutter den neolithischen Kultus im Nahen Osten wie auch in Anatolien (Çatal Hüyük) prägten; die dritte Schicht mit einer der frühesten häuslichen Wandmalereien überhaupt.

Als Fruchtbaren Halbmond bezeichnet man den bogenförmigen Landstrich, der von Palästina bis zum Tigris reicht. Hier entstanden die ersten Stadtstaaten und Reiche Asiens. Ihre Entwicklung basierte auf den Errungenschaften der neolithischen Revolution ab dem 9. Jt. v. Chr.

Die nahöstliche Fundkarte neusteinzeitlicher Siedlungen zeigt als die drei wichtigsten Schauplätze der neolithischen Revolution Palästina, das Zagros-Gebirge (wo Ziege und Schaf erstmals domestiziert wurden) und Anatolien, also Hügel- und Bergländer rings um den Fruchtbaren Halbmond. Allerdings wurde die neue Form des Wirtschaftens mitsamt ihren technologischen Innovationen bald auch im Fruchtbaren Halbmond selbst heimisch, spätestens um 7000 v. Chr. Die teils schon genannten Niederlassungen von Mureybet, Tell Ramad oder Sukas, aber auch Tell Aswad östlich von Damaskus am äußersten Südende des Südlichen Halbmond und das im Neolithikum wiederbesiedelte Abu Hureyra (mit einer Fläche von 11,5 ha die größte neolithische Siedlung Syriens) zeigen trotz der geographischen Distanzen Gemeinsamkeit in der Art der Behausungen, der Bestattungsbräuche und der Wirtschaftsstruktur.

Bis etwa 7000 v. Chr. herrscht der Rundhaustypus vor: Der Boden ist eingetieft (›pit houses‹), die Wände bestehen aus ungebrannten Lehmziegeln, das Dach aus Zweigen und Erde. Rundbauten werden in der Ethnologie allgemein mit nomadischen oder halbnomadischen Lebensführungen (nicht erweiterbarer Raum, nur ein oder zwei Bewohner, geteilter Lebensmittelvorrat) assoziiert, rechteckige Häuser dagegen mit bäuerlichen Ansprüchen (Möglichkeiten zu Anbau und Raumverbindung, geeignet für Großfamilien mit gemeinsamer Vorratshaltung).

Alles dies, die rapide Zunahme der Bevölkerung, eine entwickelte, additive Hausarchitektur, weitreichende Handelsbeziehungen (Achat wurde aus dem südanatolischen Taurus, Türkis aus dem Sinai, Speckstein aus dem Zagros importiert), ja sogar monumentale Steinbauten und die Hervorbringung menschlicher Statuetten, umreißen eine Situation, die nur auf der Basis einer Wirtschaftsrevolution und sich damit einschneidend verändernder sozialer Verhältnisse möglich war.

Die Halaf-Kultur des 4. Jt. v. Chr., die dem **Chalkolithikum,** also der Kupfer-Stein-Zeit zuzurechnen ist, wurde im frühen 20. Jh. durch Max von Oppenheims Grabungen u. a. am Tell Halaf in Nordostsyrien erschlossen und bezeugt die – nun zwar langsameren, aber ungebrochenen – syrischen Fortentwicklungen nach den Umbrüchen des Neolithikums. Der Lebensunterhalt wird jetzt vollends aus Ackerbau und Viehzucht bestritten, und im Lebensbild der chalkolithischen Bauern, die Weizen, Gerste und Hülsenfrüchte anbauen, dazu Schafe, Ziegen und einige Rinder halten, bildet sich eine ländliche Kontinuität heraus, die bis in unser 20. Jh. fortdauert.

Offenbar entstanden in dieser Zeit auch ausgeklügelte Bewässerungssysteme, mit deren Hilfe die Ernteerträge stabilisiert und Überschüsse erzielt wurden. Solche Nahrungsreserven über den alltäglichen Verbrauch hinaus setzten nicht nur den Fernhandel in Gang, sondern ermöglichen überhaupt erst die Ausbildung einer Klassengesellschaft, geteilt einerseits in Produzierende, andererseits in Verwalter bzw. Beherrscher des erwirtschafteten Reichtums.

Mit geometrisch verzierten Stempelsiegeln beginnt in Halaf die Kennzeichnung von Eigentum – das mesopotamische Sumer hatte dieses System um jene Zeit übrigens schon weiter vorangetrieben. Wir erkennen hier den frühen Ausdruck jenes Klassifizierungs- und Dokumentationswillens, der bald darauf mit der sumerischen Erfindung der Keilschrift abschließen wird und damit aus der Vorgeschichte zur Frühgeschichte überleitet.

Als neuen architektonischen Typus entwickelte die Halaf-Kultur Tholos-Bauten mit gekragter Wölbung. Figürliche Terrakotten, meist Frauen und Tiere (Rinder, Vögel) darstellend, sind dominierende kleinkünstlerische Zeugnisse. Die Halaf-Ware, eine hochwertige handgeformte Buntkeramik mit abstrahierten figürlichen Formen (Stiere), unendlichen Rapportmustern und Sternkompositionen (die vielleicht auf die Existenz eines Astralkults verweisen), erscheint als Ausdruck der neugewonnenen gesellschaftlichen Solidität. Technische Innovationen werden nun spärlicher; man hat gelernt, auf der neuen Wirtschaftsbasis genügsam zu leben.

Daß das zivilisatorisch fortgeschrittenere Zweistromland kulturell in den syrischen Raum ausstrahlte, bezeugen die deutschen Ausgrabungen (Eva STROMMENGER) im chalkolithischen Habuba Kabira, einer mauerumgürteten Stadt am mittleren Euphrat, die höchstens 150 Jahre lang, zwischen 3500 und 3300 v. Chr. blühte. Offenbar war sie kulturell von Sumer geprägt, bis hin zu den keramischen Gefäßformen (›Glockentöpfe‹). Rüdiger GOGRÄFE urteilt: »Vermutlich wurde von Mesopatamien aus am mittleren Euphrat-Knie eine Art Kolonie gegründet, wodurch die kurze Besiedlungszeit einer künstlich geschaffenen und nicht natürlich gewachsenen Siedlung auch leichter erklärt werden könnte. Vielleicht sollte Habuba eine Handelsstation auf dem Weg ans Mittelmeer und nach Anatolien für das so rohstoffarme Mesopotamien sein.«

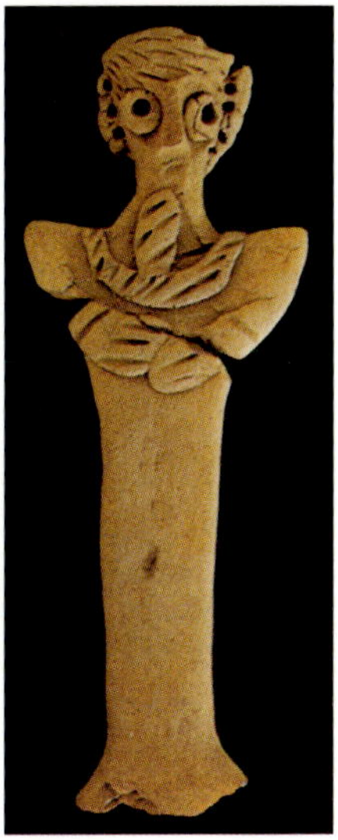

Mutter mit Kind; Terrakottafigurine (Höhe: 12,1 cm) aus Habuba Kabira.

Keine bloße sumerische Kolonie wie Habuba Kabira oder Jebel Aruda, verarbeitete Tell Braq, ca. 80 km östlich von Tell Halaf im fruchtbaren Nordosten Syriens gelegen, selbstbewußt die zivilisatorischen Errungenschaften des mesopotamischen Südens. Der berühmte Augentempel (ca. 3500–3300 v. Chr.) entspricht älteren Heiligtümern im syrisch-irakischen Grenzraum (z. B. Tepe Gawra), folgt also nicht dem Muster sumerischer Anlagen und war offenbar auch einer eigenen, allein in Braq verehrten Gottheit geweiht, denn die über 300 ›Augenidole‹, die man im Tempelbereich fand, haben in Sumer nicht ihresgleichen. Die Alabasterfigurinen – schöne Beispiele zeigt das Nationalmuseum von Aleppo (s. S. 272) – deuten die Körper der dargestellten Individuen und Paare nur an, heben dafür in extremer Weise die Augen mitsamt den Brauen hervor. Handelt es sich hier, so die gängige Interpretation, um einen apotropäischen Darstellungstyp, bestimmt zur Abwehr des Bösen Blicks? Die intensiv hervorgehobenen Augen könnten ebensogut auf eine transzendente Gottesschau verweisen, in der sich die starrende Großäugigkeit der späteren, sehr viel naturalistischer aufgefaßten Beterstatuen (s. Abb. S. 37) ankündigt.

Eines der ›Augenidole‹ (Höhe: 4,8 cm) aus weißem Alabaster, die auf Tell Braq gefunden wurden, offenbar die Darstellung einer Mutter mit Kind.

Die Zeit der Stadtstaaten

Entsprechend Syriens Lage zwischen Mittelmeer und Arabischer Wüste konsolidierten sich die frühen Staatengebilde der **Bronzezeit,** hervorgegangen aus den Erträgen einer immer weiter verfeinerten Agrikultur, auf der Basis von Handelsbeziehungen. Nicht nur solchen des Transithandels übrigens, denn Syriens Rohstoffe (insbesondere Holz für die Bauvorhaben in Mesopotamien und Ägypten, aber

Die frühgeschichtlichen Stadtstaaten Syriens bestehen jeweils aus einem städtischen Zentrum, in dem der Fürst residiert, und einer Reihe hierarchisch geordneter, wirtschaftlich oder militärisch abhängiger Orte. Obwohl vereinzelt Einigungsbestrebungen nachzuweisen sind, blieb der Partikularismus ein Wesenszug frühsyrischer Staatlichkeit. So ist es auch charakteristisch, daß Syrien – wenn überhaupt – stets von außen geeint wurde.

auch Textilien) blieben während der gesamten Frühgeschichte begehrt. Neben dem friedlichen Handel bildeten die ständigen militärischen oder wirtschaftlichen Interventionen der benachbarten Großmächte ein konstitutives Element der syrischen Geschichte. Historisch bestimmend für die Frühzeit wurde dabei das mehr oder weniger ausbalancierte Machtverhältnis zwischen Ägypten und Mesopotamien (später auch Anatolien), das einen einheitlichen Kulturträger im Lande nie zuließ.

Die Folge: Syrien-Palästina stellte sich über Jahrtausende als ein Nebeneinander von Stadtstaaten, Kleinreichen und Stammesgebieten dar, die in mehr oder weniger engem Vasallenverhältnis an den Osten, den Norden oder den Süden gebunden waren. Dem Versuch, die Spannweite syrischer Wirtschaftsbeziehungen und kultureller Schöpfungen darzustellen, stellt sich aber nicht nur dieser Umstand entgegen. Neue Ausgrabungen machen immer wieder Modifikationen notwendig; die Geschichtsschreibung Syriens ist letztlich das Produkt der Ausgrabungsgeschichte.

Hier schrappt der Pflugstachel eines Bauern über eine Grabplatte (Ugarit), dort findet ein Nomade auf der Suche nach einem Grabstein für den verstorbenen Vater ein »Werk des Satans« (Afif Bahnassi), nämlich eine Statue (Mari). Unter der ›Hoheit des Zufalls‹ trat das frühe Syrien mit den Ausgrabungen der Städte Ugarit (seit 1928), Mari (seit 1933) und Alalakh (seit 1936) ins Licht, deren Palastarchive über die Staatenbildungen des 3. und 2. Jt. v. Chr.

Grabungsfeld der Wohnsiedlung von Ebla

informierten. Revolutionierend und eine syrische Frühgeschichte im eigentlichen Sinne erst begründend wirkte sich die Grabung auf dem Tell Mardikh aus, einem Siedlungshügel 55 km südlich von Aleppo.

Die Stätte erwies sich als identisch mit dem aus sumerischen, akkadischen, ägyptischen und hurritischen Quellen bekannten **Ebla.** Aber nun begann Ebla selbst zu sprechen, und zwar in einer eigenständigen nordsemitischen Sprache, Eblaitisch genannt. Zwischen 1974 und 1976 kamen unter Leitung des Italieners Paolo MATTHIAE ca. 19 000 Tontafeln mit Zeugnissen der Wirtschaftsverwaltung und des diplomatischen Verkehrs zutage. Sie füllten das archäologische Nachrichtenvakuum der Zeit vor dem Jahr 2000 v. Chr.

Die meisten Textfunde – abgefaßt in Keilschrift – gehören der Zeit von 2400 bis 2250 v. Chr. an. Ein Feldzug gegen Mari, der unter dem Kommandanten ENNA-DAGAN um 2300 v. Chr. eine Beute von 2193 Minen Silber und 134 Minen Gold erbrachte, ließ Ebla zu einem Reich von überregionaler Bedeutung avancieren, das deutliche Expansionsbestrebungen zeigte. In seiner Blütezeit konnte Ebla seinen Einflußbereich auf große Teile Syriens und auf Palästina ausdehnen, bis der Akkader-König NARAM-SIN die Stadt um 2250 v. Chr. dem letzten eblaitischen Herrscher IBBI-ZIKIR entriß und zerstörte. Eine städtische Besiedlung mit Machtanspruch läßt sich trotz einer zweiten Zerstörung für den Zeitraum von ca. 2000 bis 1600 v. Chr. nachweisen; als aber Pharao THUTMOSIS III. kurz vor 1450 v. Chr. Ebla passierte, lag die Stätte weithin verlassen.

»Du bist mein Bruder, und ich bin Dein Bruder. (...) Irkab-Damu, König von Ebla, ist der Bruder des Zizi, des Königs von Hamazi. Zizi, der König von Hamazi, ist der Bruder des Irkab-Damu, des Königs von Ebla.«

Mehr als 500 Götternamen erscheinen in den Texten der Archive, doch hing das Priestertum in Ebla einem dem Henotheismus nahestehenden Gottesbild an: Innerhalb der Vielgötterei wählte der eblaitische Klerus bewußt die Monolatrie einer Gottheit. In der Form eines Hymnus hat sich ein Text dieses heimlichen Monotheismus erhalten, der dem biblischen Schöpfungsbericht verblüffend nahe steht: »Herr des Himmels und der Erde: die Erde war nicht, du hast sie geschaffen; das Licht des Tages war nicht, du hast es geschaffen; erst du hast das Morgenlicht ins Sein gerufen.«

Kulturgeschichtlich bezeugt Ebla die Weiterentwicklung jener syrischen Eigenständigkeit, die schon Tell Braq (s. o.) demonstrierte. Während aber Braq letztlich eine bodenständige Großsiedlung blieb, selbstgenügsam eingeschlossen in das fruchtbare Khabur-Dreieck, schärfte der bereits um 3500 v. Chr. besiedelte Tell Mardikh ab etwa 2900 v. Chr. sein zivilisatorisches Profil als Handelsstation, als Transitzentrum von Bauholz, Kupfer und Silber. Ebla selbst trug zu diesem Fernhandel neben Möbeln vor allem Textilien bei, die auf Tontafeln inventarisiert wurden. Ein solches Inventar lautet: »Im Wollager vorhanden: 2510 Gewänder, 220 Gürtel erster Güte und 1970 Gürtel zweiter Güte.« Die sumerischen Einflüsse in den Fruchtbaren Halbmond wurden produktiv aufgenommen, aber man hatte über den libanesischen Ausfuhrhafen Byblos, damals Gubla genannt, gleichzeitig Kontakt mit Ägypten, und die Karawanen zogen von Ebla auch über das nordwestliche Grenzgebirge, den Amanus (heute türkisch Nur Dağları), nach Anatolien.

Eben dies machte offenbar die Sonderstellung von Ebla aus: Einerseits war die Königsstadt ökonomisch autark durch Anbau von Korn (vor allem Gerste), Oliven und Wein sowie durch die Schafzucht – einer der Könige von Ebla soll allein 80 000 Schafe besessen haben –, andererseits erschlossen ihr Textil- und Transithandel neue kulturelle Anregungen und Entwicklungsmöglichkeiten.

Entsprechend tritt mit den Ausgrabungen von Ebla auch die Kunstgeschichte Syriens in ein neues Stadium. Ältere Thesen von einer bloßen Abhängigkeit Syriens von Mesopotamien sind unhaltbar geworden, die Eigenständigkeit syrischer Kunst wird wahrgenommen. So verweist der Palast G in Ebla (um 2300 v. Chr.; Fundstätte der Tontafelarchive, s. S. 207) auf einen genuin syrischen Bautypus: das Bit Hilani. Es handelt sich dabei um »Gebäude, welche eine Vorhalle mit ein bis drei Stützen an der Front aufweisen und hinter dieser einen querliegenden Hauptraum mit Herdplatz besitzen, um den sich kleinere Räume gruppieren« (Rudolf NAUMANN). Tempel und Palast nehmen den ursprünglichen Haustypus auf und monumentalisieren ihn. Als strukturell geschlossener Baukomplex unterscheidet er sich vom hethitischen oder mesopotamischen Palast, der durch Anfügen von Räumlichkeiten beliebig erweitert werden kann. Der Tempel D aus der Zeit von 2000–1800 v. Chr. ist ein in der Längsachse durch quergelagerte Vorhalle und Vor-Cella sowie längsgerichtete Cella dreigeteilter Bau, dessen Grundmerkmal die Axialität darstellt.

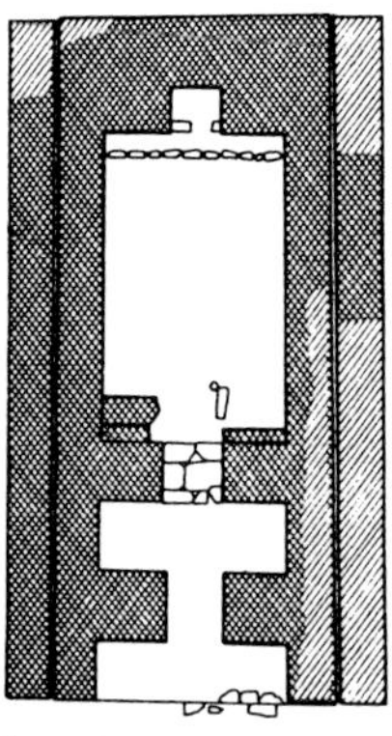
Grundriß des Tempels D in Ebla, ca. 2000–1800 v. Chr.

Auch in der Theologie erweist sich Ebla als relativ selbständig gegenüber dem Zweistromland. Einerseits verehrte man ›Staatsgötter‹, denen am Königshof Opfer dargebracht wurden, am prominentesten darunter Kura, Idakul (zwei nicht-semitische Namen), der Wettergott Adad und der Sonnengott Schamasch, andererseits ›Volksgötter‹, entweder westsemitische Gottheiten wie Baal, Damu, Lim, Rasap und Kamisch oder mesopotamische Götter wie Ischtar (Liebesgöttin), Dagan (Getreidegott) und El (Himmelsgott), dazu aber auch Lokalgottheiten wie den Flußgott des Balikh. »Nur wenig ist vom Kulte selbst bekannt. Hervorgehoben aber sei die Rolle, welche die Zeremonie der Salbung oder Ölung von Götterstatuen spielte« (Volker HAAS). Diese Statuen bestanden in der Regel aus Gold oder Silber. Opfertiere, zumeist Schafe, wurden den Göttern vor allem bei der Aussaat und vor der Ernte dargebracht.

Iku-Schamagan, einer der Könige von Mari (2100 v. Chr.), mit dem charakteristischen Zottenrock in Beterhaltung

Die einflußreichste Stadt Syriens während der ersten Hälfte des 3. Jt. war **Mari,** ab 1933 von französischen Archäologen (André PARROT, s. S. 116) auf dem Tell Hariri 11 km nordwestlich von Abu Kemal aufgedeckt. Ihre überaus günstige Lage am Euphrat zwischen Assur und dem syrischen Raum machte die Stätte zu einem Vorposten der frühdynastischen Kultur Mesopotamiens, die ab der Mitte des 3. Jt. v. Chr. nach Nordsyrien ausgriff. In Mari, dessen Siedlungsqualität durch Bewässerungssysteme gehoben wurde, bezeugen mehrere Tempel, dazu steinerne Statuetten und Elfenbeinschnitzereien den Einfluß des Zweistromlandes. Einige der Werke wie das Sitzbild des Sängers URNANSCHE, die Beterfigur des NANI oder die Statue des Königs LAMGI-MARI, alle entstanden im späteren 3. Jt., genießen Weltruhm. Charakteristisch sind die Woll- bzw. Zottenröcke der Dargestellten – sie wirken auf den ersten Blick wie Federkleider – und die großen, weit geöffneten Lapislazuli-Augen, welche in die Transzendenz einer göttlichen, über-menschlichen Sphäre zu blicken scheinen – vielleicht naturalistische Nachfolger der Augenidole vom Tell Braq (s. S. 33).

Schließlich läuft Ebla Mari den Rang ab, erschöpft dabei aber offenbar seine Kräfte (»in den Texten des letzten Königs sind plötzlich jährliche Inflationsraten von etwa 20 % an der Tagesordnung«; Jörg WAGNER), denn zusammen mit Mari wird es wenig später von mittelmesopotamischen Truppen des akkadischen Herrschers NARAM-SIN überrannt und zerstört. Bis ans Mittelmeer – »oberes Meer« nennen es die Inschriften des Zweistromlandes – reichten die Eroberungszüge der Akkader LUGALZAGESI, SARGON und NARAM-SIN.

Weitere städtische Zentren während des 3. vorchristlichen Jahrtausends, die von den akkadischen Heereszügen berührt wurden, waren Byblos an der Küste, das aber unter ägyptischem Einfluß blieb, und **Qatna** im Orontes-Tal (nahe dem modernen Homs), von dessen Ausgrabung man bedeutende kulturgeschichtliche Ergebnisse erwarten darf. Sogar bis nach Kleinasien soll SARGON – glaubt man den Angaben im Epos »König der Schlacht« – gelangt sein.

Mit dem Untergang Eblas und Maris in den Akkader-Stürmen festigte sich übrigens weiter westlich das syrische Königreich **Yamkhad** um das heutige Aleppo; es sollte mehr als ein halbes Jahrtausend blühen (s. S. 42). Andere bedeutende Städte des 3. Jt. waren **Terqa,** die Kapitale des Kleinreiches Khana, etwa 60 km nördlich von Mari gelegen, und die aus den Mari-Archiven bekannte Festungsstadt **Schubat-Enlil,** die wohl mit Tell Leilan, einem Siedlungshügel in der fruchtbaren Khabur-Ebene, identisch ist.

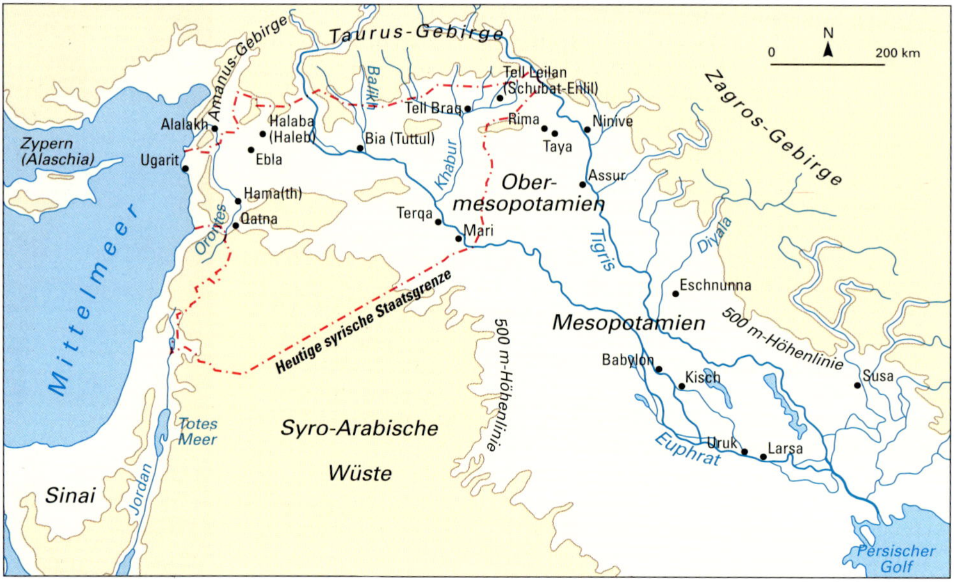

Syrien-Mesopotamien um die Wende vom 3. zum 2. Jt. v. Chr.

Die akkadische Herrschaft im nordsyrischen Raum ging zu Ende, als das Reichszentrum um die – bis heute unentdeckte – Hauptstadt Akkad unter den Druck neuer Völkerschaften geriet, prominent darunter die Gutäer, ein Volk, über dessen Herkunft wir wenig wissen, aber auch die Elamiter und die Leute aus dem Fürstentum Zakhara. Wichtiger aber noch erscheint die Erwähnung der sogenannten **Amurru,** die wir im Alten Testament als Amoriter wiederfinden, während sie in Südmesopotamien Tidnum genannt wurden.

Die Stadtstaaten von Ebla und Mari waren, wie wir gesehen haben, dem akkadischen Herrschaftsanspruch zum Opfer gefallen, aber gerade deshalb zog Friedlosigkeit in die Region ein. Die ebenso schwierigen wie filigranen Beziehungen zwischen Stadt und Land, zwischen Städtern, Bauern und Nomaden, waren durch die akkadische Oberherrschaft tiefgehend gestört, die nomadischen ›Leute aus dem Westen‹ – nichts anderes bedeutet der Begriff Amurru – drängten, nachdem der für den Lebensunterhalt notwendige Tauschhandel mit ihren alten ›Bezugszentren‹ abrupt zum Ende gekommen war, nach Osten in den Bereich von Akkad. Die Zerstörer der West-Städte zogen also offenbar die ›Rache‹ der zugehörigen Nicht-Seßhaften, der West-Leute auf sich. Die semitischen Amurru drangen sogar bis in den mesopotamischen Süden vor, wo sich um diese Zeit das dritte Königreich von Ur aufgerichtet hatte, und so wie China sich Jahrtausende später durch die Große Mauer vor der zentralasiatischen Steppenbevölkerung zu sichern suchte, errichtete die dritte Dynastie von Ur einen mit 280 km für die Verhältnisse der Zeit unglaublich langen Wall, um den amoritischen Vorstößen zu wehren. Muriq Tidnum (etwa ›was die Tidnum auf Distanz hält‹), nennt Schu-Sin, der dritte Herrscher von Ur, diese Schutzmauer. Die architektonische Großtat fruchtete nicht. Unter Schu-Sins Nachfolger Ibbi-Sin finden wir Amoriter im Süden, teils assimiliert, von der zivilisatorisch höherstehenden Bevölkerung aber verachtet. Die stehende Rede von denen, »die ungekochtes Fleisch essen« und »kein Korn zu ziehen wissen«, belegt es. Übrigens sind dies Klagen, die noch mindestens drei Jahrtausende in unterschiedlicher Form das spannungsreiche Miteinander von Seßhaften und Nomaden im Nahen und Mittleren Osten bestimmen werden.

Schließlich stürzten die Amoriter das dritte Ur und errichteten die erste Dynastie von Babylon. Offenbar entstand damit ein neues ökonomisches und ökologisches Gleichgewicht zwischen städtischen Zentren, bäuerlicher Feldflur und nomadisch beweideter Wüstensteppe im syro-mesopotamischen Raum. Das Pendel schlägt zurück: Die heimatlosen Nomaden haben sich festgesetzt, sind Herren geworden, haben sich akkulturiert und greifen von Mesopotamien her nun wieder nach Westen aus, wo bis dahin die dritte Dynastie von Ur mit Hilfe sogenannter Schakkanakku (Statthalter), die als ›Fremde in einem fremden Land‹ in Festungsstädten wie **Ur-Schu** (Tell Tuqan bei Ebla?) oder **Tuttul** (Tell Bia an der Mündung des Balikh in den Euphrat; heute Raqqa) residierten, eine eher militärische als kulturelle Herrschaft ausübten.

Bei allen politischen Differenzen kam es nun zu einem ethnischen, einem amoritischen Schulterschluß. Eine für Syrien ungewöhnliche kulturelle Homogenität war die Folge. In diese Kultureinheit gehen übrigens zahlreiche zivilisatorische Errungenschaften des mesopotamischen Südens ein – u. a. Bewässerungssysteme, arbeitsteilige Erntetechniken (erstmals mit Lohnarbeiter-Teams) und neue Formen der Getreidelagerung. Natürlich dauerten die Differenzen zwischen Stadt und Land fort. Nomaden aus Stämmen wie denen der Benjaminiten und Hanäer fühlten sich auf dem Markt von Mari, wenn sie dort Schlachtvieh, Lederwaren und Käse, dazu Kräuter und Trüffeln offerierten, allemal übervorteilt – und wurden wohl tatsächlich geprellt, wenn sie im Austausch Mehl oder Zucker und z. B. Metallwaren eintauschten.

Die Keilschriftfunde der Palastarchive von **Mari** (Neu-Mari) aus der ersten Hälfte des 18. Jh. informieren in annähernd 25 000 Tontafeln, darunter mehr als 2000 Briefe, ausführlich über die ökonomische und politische Situation bis hin zu Fragen der Bewässerung und der Bestrafung von Viehdieben. Sie zeichnen so ein faszinierendes Geschichtsbild der Epoche, enthalten aber auch zahlreiche Anekdoten, die den ›Königsalltag‹ der Palastherren aufleben lassen: Da lobt der König von Ekallate (Ischme-Dagan) in einem Brief an seinen Bruder in Mari eine Arznei, die seine Wunden heilen half, ermahnt König Zimri-Lim seine Frau Schiptu, die an einer ansteckenden Krankheit leidende Dienerin (?) Nanna zu isolieren, und der große

»Man hat mir gesagt: ›Nanna hat eine ansteckende Krankheit, und da sie oft im Palast ist, wird sie die vielen Frauen anstecken, mit denen sie zusammenkommt‹. Gib also strenge Anweisung: Niemand soll aus dem Becher trinken, den sie benutzt; niemand soll sitzen, wo sie gesessen hat; niemand soll in dem Bett liegen, das sie benutzt hat, sonst werden die vielen Frauen, die bei ihr sind, angesteckt.«

»Du da, wie lange müssen wir uns noch um Dich kümmern? Bist Du ein Kind und noch kein Mann? Hast Du etwa noch keine Barthaare am Kinn? Wie viel länger noch wirst Du unfähig sein, über Dein Haus zu gebieten? Schau doch, wie Dein Bruder große Heere leitet! Du mußt Deinen Palast und dein Hauswesen führen!«
König Schamschi-Adad an seinen Sohn Yasmahk-Adad

SCHAMSCHI-ADAD, der ganz Nordmesopotamien zwischen Euphrat und Zagros-Gebirge einte, redet seinem Sohn YASMAKH-ADAD, Vizekönig in Mari, ins Gewissen, endlich erwachsen zu werden und sein Haus wie ein Fürst zu leiten.

Zuweilen verknüpfen sich Privates und Politisches, so etwa wenn SCHAMSCHI-ADAD sein Sorgenkind, den schon erwähnten YASMAKH-ADAD, ein weiteres Mal zur Ordnung ruft: Er möge gefälligst bei seinen – offenbar notorischen – Schürzenjägereien nicht zu weit gehen und das angetraute Weib, die Tochter des Königs von Qatna, nicht ›in die Wüste schicken‹. Des Königs Befürchtung ist wortwörtlich zu nehmen: Offenbar liebten es die altorientalischen Palastherren, den für sie reizlos gewordenen Ehefrauen einen abgelegenen Wohnsitz in der Wüstensteppe zuzuweisen. Der Anlaß für SCHAMSCHI-ADADS Besorgnis war aber keineswegs seine höhere Moral *in rebus eroticis*, vielmehr diplomatisches Kalkül. Der Herrscher von Qatna war ihm ein wichtiger Bündnispartner gegen das erstarkende Reich Yamkhad im Westen; man durfte ihn nicht verprellen, und tatsächlich wurde Sohn YASMAKH später mit Hilfe des Herrn von Yamkhad gestürzt.

Seine außergewöhnlichen Reichtümer verdankte das neu aufgeblühte Mari vor allem dem Fernhandel: Tagein, tagaus zogen Eselskarawanen in die Stadt oder verließen sie – z. B. in Richtung Tadmor (Palmyra), das über eine Folge von Grundwasseroasen nach einer knappen Woche Wüstenmarsch erreicht wurde; vier weitere Karawanentage waren es von dort bis nach Qatna. Maris Handelshorizont reichte aber viel weiter, »von Hazor in Palästina bis Kreta und Zypern, vom anatolischen Hattuscha bis nach Dilmun am Persischen Golf« (Kay KOHLMEYER).

Dazu wagte Neu-Mari militärische Vorstöße. Nach den Archivberichten zog »Yakhdum-Lim, Sohn des Yaggid-Lim, der überlegen starke König, der Wildstier unter den Königen, mit Stärke und Tatkraft zum Gestade des Meeres. Er opferte dem Ozean seine großen königlichen Opfer…« Das heißt keinesfalls, daß Syrien damit geeint gewesen wäre. Wie bei den Unternehmungen SARGONS und NARAM-SINS handelt es sich eher um Beutezüge in der Absicht, die Holzvorkommen im Libanon und im Amanus zu nutzen.

»Zeige mir den Palast des Zimri-Lim. Ich möchte ihn sehen…«
Der Herrscher von Ugarit, um 1750 v. Chr.

Wohin ein guter Teil der Handels- und Kriegsgewinne Maris floß, bezeugt der berühmte, mit Lehmziegeln teils zwei Stockwerke hoch aufgerichtete Palast von Mari, dessen fast 300 Räume, Gänge und Höfe ein Areal von mehr als 2,5 ha einnahmen (s. S. 351f). Er galt als eine Art Weltwunder, und von seiner märchenhaften Ausstrahlung kündet ein Schreiben, in dem sich der Herrscher von Ugarit wünscht, den Palast besichtigen zu dürfen. Der Anlage wurde seit den Zeiten der Schakkanaku von Ur, als ein erster Palastnukleus entstand, immer weiter ausgebaut. Spätestens seit YASMAKH-ADAD demonstrierte die Residenz, die nun auch reich dekoriert wurde, die kulturelle Vormachtstellung Maris im mittleren und nördlichen Euphrat-Tigris-Gebiet. Der letzte Herrscher von Mari, ZIMRI-LIM (s. S. 121), steigerte den Glanz des Palastes noch einmal durch pracht-

Ein Stier wird zum Opfer geführt; Fragment einer Wandmalerei aus dem Palast des Zimri-Lim in Mari.

volle Wandmalereien, besonders um Sakralzentrum und Audienzhalle (s. Plan S. 351), wo u. a. die berühmte ›Investiturszene‹ gefunden wurde. Sie zeigt König Zimri-Lim mit hoher, gerundeter Kopfbedeckung, wie er von der gegürteten Göttin Ischtar – die ihrem Symboltier, dem Löwen, majestätisch den Fuß aufsetzt – den Herrscherstab empfängt (s. Abb. S. 121).

Nach der Zerstörung Neu-Maris durch den Babylonier Hammurabi um das Jahr 1750 v. Chr. verlagerten sich Syriens Kulturzentren weiter nach Westen, zunächst nach Yamkhad, dann vor allem nach Ugarit im Küstenstreifen (s. S. 45f). Harvey Weiss erklärt die auffällige Verlagerung des Machtzentrums im syro-mesopotamischen Raum von den südlichsten Schwemmebenen des Euphrat und Tigris in den Norden (Khabur-Region) und dann in den Westen (Halaba) folgendermaßen: »Es erscheint sehr wohl möglich, daß diese Verschiebung [...] den unerbittlich voranschreitenden Niedergang in den Erträgen der südmesopotamischen Landwirtschaft widerspiegelt, wo der bewässerte Grund und Boden salzig geworden war und sich mit Wasser vollgesogen hatte. Die Konsequenzen werden über die Jahrhunderte sichtbar im Niedergang der Städte, der sich schon im 2. Jt. abzeichnet. Die Städte des Südens waren Anfang des 2. Jt. regional nicht mehr produktiv genug, um die dichten Bevölkerungen zu ernähren, die für das 3. Jt. charakteristisch gewesen waren. Auf den trockeneren Agrarflächen Nordmesopotamiens und Westsyriens erzielte man dagegen weiterhin gute landwirtschaftliche Erträge.«

Zu Beginn des 18. Jh. schien es eine Zeitlang, als könne **Yamkhad** mit der Hauptstadt Halaba/Haleb eine neue Einheitsherrschaft über ganz Nordsyrien und Nordmesopotamien errichten, doch dann beschied sich das Großkönigtum, dessen beste Zeit die zwei Jahrhunderte zwischen 1800 und 1600 waren, mit dem Nordwesten Syriens. Grundlage dieses Aufstiegs – für die syrischen Staatswesen im allgemeinen bezeichnend – war die Lage am Schnittpunkt der Handelswege von Babylon nach Zypern und Kleinasien. Der Reichskern von Yamkhad wurde durch geschickte Diplomatie gesichert. Um das Jahr 1775 konnte König YARIM-LIM sich auf 20 verbündete Stammesführer und Kleinfürsten stützen, die über Herrschaften wie Niya oder Ama geboten und in Residenzstädten wie Emar (am Euphrat-Knie; s. S. 45; 320), Uschnatu, Alalakh und Karkemisch saßen.

Während Yamkhads Hauptstadt Halaba aufgrund der kontinuierlichen Bebauung Aleppos nie ausgegraben werden konnte, bot sich diese Möglichkeit am Tell Açana, dem alten Stadtstaat **Alalakh,** der die damals Mukisch genannte Orontes-Ebene östlich des heute türkischen Antakya beherrschte. Palast und Tontafelarchive von ca. 1700 v. Chr. gewähren einen Einblick in die damaligen politischen und sozialen Strukturen: Zum Ausgleich von Gebietsverlusten in Mesopotamien setzte ABBA EL, der König von Yamkhad, seinen Bruder YARIM-LIM als Herrscher in Alalakh ein. Dieser ließ einen Palast, Mauern und Torbauten errichten. Der Palast (ca. 100 x 30 m) teilte sich in einen privaten und einen öffentlichen Bereich. Im Obergeschoß des Repräsentationstraktes befand sich die Audienzhalle, die von einer durch Mauerzungen und vier Säulen zweigeteilten Vorhalle aus zu erreichen war. Die Parallele zu Palastanlagen in Kreta, das Auftreten minoischer Keramik und gewisse Eigentümlichkeiten

Eines der Kultbecken von Ebla, 20./19. Jh. v. Chr.

der fragmentarischen Wandmalereien (vom Wind gebogene Pflanzen) dokumentieren mittelmeerischen Kultureinfluß. Verleiht der Palast von Alalakh der politischen und sozialen Zentralisierung auf die Person des Königs monumentalen Ausdruck, so berichten die Wirtschaftsarchive von Sklaven, Abhängigen, Handwerkern und freien Stadtbürgern als Zeugen einer rigiden Gesellschaftshierarchie.

Weniger mesopotamischer oder ägäischer als vielmehr ägyptischer Einfluß ist um diese Zeit an der syrischen Küste und sogar bis ins zentralsyrische **Qatna** hin wirksam. Eine männliche Sitzstatuette aus Qatna (17. Jh. v. Chr.) trägt eine ovale Krone mit eingeritzten Hörnern, die sie als Gottheit ausweisen. Hier vermittelt sich eine Herrscheridee, die Gott und König in personaler Einheit sieht.

Idrimi, König von Alalakh um das Jahr 1500 v. Chr.; Detail des über 1 m hohen Sitzbildes.

Die vielleicht interessantesten Funde syrischen Bildschmucks stellen die reliefierten Kultbecken aus **Ebla** (Neu-Ebla) dar. Die sechs z. T. nur fragmentarisch erhaltenen Steingefäße (20.–18. Jh.) haben Ritualmahle, Huldigungsszenen und Kriegerparaden zum Thema.

Eine zweite Blüteperiode erlebte die Residenz **Alalakh** in nachyamkhadischer Zeit. Der Palast des NIQMEPA aus der Mitte des 15. Jh. folgt in der Anlage von Vorhof, Portal mit eingestellten Säulen, Portikus und Hauptraum dem YARIM-LIM-Palast. Wahrscheinlich dreigeschossig, handelt es sich in diesem Fall um einen Bautypus, der, von Ebla ausgehend, bis in die späthethitische Zeit (8. und 7. Jh. v. Chr.) weiterwirkt. Damit manifestiert sich abermals eine genuin syrische Bautradition, die nicht mehr zu vereinbaren ist mit dem älteren Gedanken an einen »syrischen Nebenkreis«.

Ein ›vielsagendes‹ Zeugnis seiner Zeit ist auch das Sitzbild des Königs IDRIMI (Vater des NIQMEPA), das im Hauptportal der Stadt bis in das 13. Jh. verehrt wurde. IDRIMI selbst regierte in Alalakh ca. 1510–1480 und gibt in der 104 Zeilen umfassenden akkadischen Inschrift, die seiner Statue eingraviert ist, Auskunft über seine abenteuerliche Thronbesteigung: »In Halaba, meinem Elternhaus, war ein Umsturz, und wir flohen zu den Leuten von Emar...«. Während seine Familie im Exil verbleibt, durchquert IDRIMI die Wüste, findet Schutz südlich von Tripolis und stellt nach sieben Jahren eine Streitmacht auf, mit deren Hilfe er nach Alalakh zurückkehrt.

Zwischen Mitanni, Hethitern und Ägyptern

Die Vertreibung von IDRIMIS Familie war die Folge eines politischen Umsturzes in Nordsyrien: Indoeuropäische Einwanderer vermochten einen selbständigen Staat zu errichten, dessen Zentrum um die Hauptstadt Waschukanni in Nordmesopotamien zu suchen ist. Unter der Oberhoheit dieser sogenannten **Hurri** oder **Mitanni** – beide Bezeichnungen finden sich in den Keilschrifttexten – stand auch das Alalakh IDRIMIS, der den Thron erst besteigen konnte, nachdem er die hurritische Herrschaft anerkannt hatte. Übrigens hatte sich der Einfluß der Indoeuropäer, die vielleicht aus dem Kaukasus

Die Herrscher der Mitanni:

16. Jh. v. Chr.
Kirta
Schuttarna I.

15. Jh.
Paratarna
Parsatatar
Sauschschattar
Artatama I.

14. Jh.
Schuttarna II.
Tuschratta
Artatama II.
Mattiwaza

13. Jh.
Schattuara I.
Waschuschatta
Schattuara II.

kamen, schon zuvor bemerkbar gemacht: Der rätselhafte, politisch gewiefte SCHAMSCHI-ADAD, der in Neu-Mari und später in Schubat-Enlil residierte (s. S. 37), dürfte bereits ein Hurri, ein Vorbote des Mitanni-Sturms gewesen sein.

Mit der politischen und ethnischen Neuordnung geht ein Stilwandel in der Kunst einher, die das organische Ausbilden des Körpers zugunsten des Blockhaften aufgibt. Dafür dürfte allerdings weniger ein direkter Einfluß der martialischen Mitanni verantwortlich sein, deren Kriegskunst – sie fand ihren Ausdruck in der Erfindung des leichten Pferde-Streitwagens – zweifellos weit höher ausgebildet war als ihre Kunst. Denn die Ausgrabungen in der Provinzstadt Nuzi (nahe Kirkuk im Nordost-Irak) haben den Eindruck vermittelt, daß die mitannische Kunst, unter dem Einfluß des Zweistromlandes entstanden (Siegelkunst, Palast von Nuzi), allein in der Keramik mit ihren schlanken Bechern Originalität entfaltet.

Als das Mitanni-Reich in Nordsyrien und Mesopotamien seine Position auch gegen die erstarkenden Hethiter festigte, führte THUTMOSIS III. (reg. 1490–1436 v. Chr.) die ägyptische Armee über den Schlachtenort Megiddo, wo er eine Koalition westsyrischer Kleinherrscher schlug – »330 Fürsten, jeder mit einer eigenen Streitmacht«, wie es auf der Barqa-Stele heißt – , bis an den Euphrat im Osten (den er mit Booten aus Byblos sogar querte) und an die Grenzen des Mitanni-Staates im Norden. Später einigten sich AMENOPHIS III. und TUSCHRATTA (reg. 1390–1360 v. Chr.), Herr des Mitanni-Reichs, auf die Festlegung von Interessensphären in Nordsyrien, denn für Ägypten erwies sich, daß Syriens Duodezfürstentümer zwar leicht zu bezwingen, aber schwer zu regieren waren. Jedenfalls nach den Maßgaben der ägyptischen Zentralgewalt, die eine direkte Kontrolle wünschte, während die Mitanni ihnen eine Halbautonomie gewährten. So oder so: Die Stadtstaaten und Kleinreiche Syriens existierten danach einschließlich ihrer Monarchien zwar weiter (wie Alalakh), sie waren jedoch nun entweder den Hurri/Mitanni oder dem pharaonischen Ägypten politisch und militärisch verpflichtet und zur Steuerzahlung an die jeweiligen Oberherren genötigt. Wandgemälde im Grab des Hofbeamten REHMIRE – er diente unter THUTMOSIS III. – zeigen Tributgaben (Elfenbein, Kupferbarren, Ölkrug) darbringende Syrer in langärmeligen Tuniken und syrische Sklavinnen mit dem typisch altorientalischen, in Stufen fallenden Wollrock (s. S. 37). Eine Grabstele aus Amarna, entstanden um 1350 v. Chr., bietet die anekdotische Darstellung eines syrischen Söldners – man beachte den aufgepflanzten Speer –, der mit Hilfe eines Saugrohrs aus einem Bierkrug trinkt. Die engen Bande zwischen Westsyrien und Ägypten konnten umgekehrt aber auch Syrer in den Ländern ihrer Oberherren zu Ehren kommen lassen: Ein gewisser BIJA stieg in Ägypten gegen Ende der 19. Dynastie (um 1200 v. Chr.) sogar zum »Schatzmeister des ganzen Landes« auf.

Die bedeutendsten westsyrischen Zentren der Zeit waren nach dem heutigen Kenntnisstand Ugarit und Emar. Beide Plätze florier-

Ein syrischer Söldner saugt, unterstützt von einem ägyptischen Diener, Bier aus einem Henkelkrug, rechts die Gattin des Syrers; bemalte Kalksteingrabstele, um 1350 v. Chr.

ten als Zentren des Fernhandels. Bei **Emar** (untergegangen im Assad-Stausee; s. S. 320) am Westufer des Euphrat handelte es sich um eine traditionsreiche Handelsstadt, die schon im 3. Jt. v. Chr. Rang und Namen hatte. Hier endete die Überlandroute von der Mittelmeerküste bzw. Anatolien her, hier wurden die Karawanenlasten auf Boote umgeladen, die danach, Staatsstädte wie Terqa und Mari passierend, den Euphrat hinunterfuhren bis nach Larsa in Südmesopotamien. Untergegangen ist Emar – wie Ugarit – im Seevölkersturm (s. S. 49) um das Jahr 1185 v. Chr.

Wie Byblos im heutigen Libanon war **Ugarit** ein bedeutender Seehafen, in dem Schiffe aus Ägypten ebenso einliefen wie solche von den Inseln der Ägäis, namentlich aus dem minoischen Kreta und aus Zypern, das für seine Kupfervorkommen berühmt war. Die herrschende Dynastie von Ugarit, seit dem beginnenden 2. Jt. v. Chr. mit Ägypten verbunden, residierte während des 14. und 13. Jh. in einem Palast von ca. 6500 m^2. Übrigens lag dieser Palast inmitten von Wohnvierteln. »Nach der alten Tradition nahöstlichen Stadtlebens wurde Ugarit von Hauptstraßen durchzogen, von denen Sackgassen oder ganze Nebenstraßen-Komplexe ausgingen. Die Straßen waren dicht besetzt mit zweistöckigen Gebäuden, Läden und Werkstätten, erbaut aus Stein und Mörtel. Die vielräumigen Wohnhäuser besaßen gewöhnlich einen Zentralhof« (Kay Kohlmeyer).

Wahrscheinlich waren die Quartiere der Stadt jeweils bestimmten Handwerksberufen vorbehalten, das Südviertel etwa den Gold- und Silberschmieden sowie Bildhauern und Graveuren. Im Hafenviertel der Stadt – das Areal wird heute Minat al-Beida genannt – saßen die Kupferschmiede und Färber, dazu neben einheimischen Kaufleuten wohl auch auswärtige Handelsbevollmächtigte aus Ägypten, Palästina und der Ägäis, so wie es umgekehrt ugaritische Handelskontore auf Kreta und Zypern sowie an der kleinasiatischen Südküste gegeben haben dürfte. Immerhin besaß die Stadt eine Handelsflotte von über 150 Hochseebooten, die unter anderem auch die berühmten phönikischen Purpurtextilien übers Meer trugen.

Während Amenophis IV. (Echnaton) im ägyptischen Amarna seine religiösen Reformen zu verwirklichen begann, zerfiel das politische Gleichgewicht in Syrien. Der Hethiter-König Schuppiluliuma (reg. 1380–1346 v. Chr.) drang ins Mitanni-Reich ein und rang es bis zur Jahrhundertmitte vollständig nieder. Zum damals schon absehbaren Konflikt zwischen den ›Supermächten‹ in Anatolien und Ägypten kam es 1285 v. Chr. in der Schlacht bei Kadesch, also auf syrischem Boden (heute Tell Nebi Mend). Ramses II. und der Hethiter Muwatalli (ein Enkel des großen Schuppiluliuma) wurden nach unentschiedener Schlacht »Brüder auf ewig«. Den syrischen Landstrichen bescherte dieser Friedensschluß eine Phase der Ruhe.

Nachzeichnung eines Elfenbeinpaneels aus Ugarit mit der Darstellung einer Göttin, wohl der ägyptischen Hathor, die zwei Jünglinge säugt, um 1300 v. Chr.

Die politische Situation des Landes findet kunsthistorischen Ausdruck in der Dekoration eines Bettpaneels aus der – unter ägyptischem Einfluß stehenden – Küstenstadt Ugarit. Entstanden um 1300 v. Chr., besteht es aus sechs zusammengesetzten Elfenbeinplatten, deren figürliche Schnitzereien von den Taten und der religiösen Stellung des einheimischen Fürsten berichten. Fast die ganze Höhe einer Elfenbeinplatte einnehmend, steht frontal in der Mittelachse eine Göttin, die zwei Jünglinge säugt und sie unter ihren Schutz nimmt. Hörner und Haartracht verweisen auf die ägyptische Hathor, die als Mutter des Himmels oder Mutter der Götter vergleichbar mit der Anat in Syrien ist. Die paarweise angeordneten Flügel unterstützen die Identifikation der Gottheit mit Anat, auch ist die Gewandung syrisch. Die Sonnenscheibe vervollständigt das Bild der politischen Verhältnisse: Sie ist ein hethitisches Herrschaftssymbol. So demonstriert das Relief ein synkretistisches Kunstverständnis, das syrisches und ägyptisches Ideengut zu kombinieren wußte, aber auch aus Anatolien, mit dem die Hafenstadt in regem Handelsverkehr stand, Impulse empfing.

Zu den aufschlußreichsten Kunstschöpfungen auf syrischem Boden gehören die in Goldblech getriebenen Opferschalen aus Ugarit. Exemplarisch sei die Bildauffassung an einer Schale von ca. 1300 v. Chr. dargestellt: Drei konzentrische Kreise nehmen in zwei Registern Motive aus der im Alten Orient so beliebten Jagdthematik auf. Der bärtige Bogenschütze steht auf einem Pferdewagen und verfolgt drei Stiere, die sich sich in heftiger Bewegung zu einer Kreiskomposition fügen. Der Jäger bestimmt die Bewegungsrichtung, der sich

Steilrandige Opferschale von etwa 18 cm Durchmesser aus Ugarit (um 1300 v. Chr.) mit einem in das Goldblech getriebenen Jagdmotiv

auch Hatzhund und Gazelle anschließen. Die innere Kreisdekoration paßt vier gleichgestaltige Steinböcke in ein geometrisches Schema ein, das zum einen im äußeren Kreis, zum anderen auch in einem durch die Hörner der Tiere gebildeten Quadrat greifbar wird. In der Fähigkeit, freie Bewegungslinien und streng ornamentale Komposition in einer nur durch den Kreis bestimmten flächigen ›Räumlichkeit‹ zu koordinieren, erkennen wir die Unverwechselbarkeit ugaritischer Bildauffassung und die Höhe des damaligen syrischen Kunstschaffens.

Eigenständigkeit auf dem Boden eines synthetischen Kulturverständnis erwiesen die Ausgrabungen von Ugarit noch im Hinblick auf zwei andere, bedeutsame Aspekte: die Schrift und die Religion.

Tontafel aus Ugarit mit phonetischen Keilschriftzeichen

Tontäfelchen mit 30 Keilschriftzeichen bezeugen eine **Revolution des Schriftsystems** im Syrien des 14. Jh. v. Chr. Die ältere, 500 bis 600 Zeichen – Wortzeichen, Silbenzeichen, Deutezeichen – umfassende Keilschrift Mesopotamiens, die seit der Erfindung in Sumer Varianten u. a. in Akkad, Elam, Ebla und bei den Hurri gefunden hatte, war eine exklusive Mitteilungsform, ein Privileg der Priesterschaft und des Hofes. Nun wurde sie, »äußerlich der Keilschrift nachgeahmt« (Wolfgang Röllig), reduziert auf 30 phonetische Zeichen, die in einer festen Reihenfolge abecedarisch auf den erwähnten Täfelchen fixiert sind. Übrigens behielt Ugarit die vertraute Schreibrichtung von links nach rechts bei. Der entscheidende

»Mit dem Heraufdämmern des Alphabets vollzogen Gesellschaften, in denen bis dahin die mündliche Überlieferung überwog, den revolutionären Übergang zu einer Kultur, die Information überwiegend schriftlich bewahrte und weitergab. [...] Ein Text konnte besonnen untersucht werden, und solche Untersuchung schuf neue Möglichkeiten kritischer und logischer Analyse. Man kann sogar so weit gehen, die Neuerungen in Griechenland – das logische und skeptische Denken – wie auch in Israel – die prophetische Kritik an Staat und Gesellschaft – als Früchte der Alphabetisierung zu bewerten.«
Frank M. Cross

Schritt hin zum Alphabet und zur Buchstabenschrift war getan – und zugleich ein bedeutender Schritt zur Demokratisierung der Schriftkultur, denn das neue, phonetische System konnte jedermann binnen kurzem erlernen.

Notwendig geworden war eine solche Vereinfachung der Schrift aus den Bedürfnissen des syrischen Fernhandels. Die langatmigen, vielen Mißverständnissen Vorschub leistenden Wirtschaftskorrespondenzen in Keilschrift waren der Intensivierung des Handels nicht mehr angemessen; sie konnten nun entscheidend gestrafft und präzisiert werden. Das System von Ugarit wurde zeitgenössisch begleitet von ähnlichen Innovationen, unter denen die phönikische Schrift, entstanden in Küstenstädten wie Byblos, besonders bedeutsam war, weil sie anders als Ugarit auch formal den Keilschriftmodus verwarf und eine neue, nochmals (auf 23 Zeichen) reduzierte Konsonantenschrift entwickelte, »bestens geeignet zum Beschreiben von Holz und Stein, Papyrus und Pergament« (Wolfgang Röllig).

Die Texte von Ugarit gewähren Einblick in mehrere Zyklen von **Mythen,** die vor allem vom Gott Baal und seiner Schwester Anat handeln. Zwei Grundvorstellungen bestimmen das religiöse Denken der Westsemiten: »die einer kosmischen Schöpfergottheit und die von Erzeugern der Fruchtbarkeit« (Pierre Grimal). Im ugaritischen Pantheon ist El Vater der Götter und Schöpfer der geschaffenen Dinge. El, der ›eigentliche‹ Gott, wird als graubärtiger Greis vorgestellt – »weise, ruhig, nachsichtig« (Eugen Sitarz). Aufgrund einer Revolte im eigenen Haus ist er ins Abseits der Schöpfung geraten. Der Wetter- und Fruchtbarkeitsgott Baal erobert sich die Herrschaft, muß aber, unterstützt von seinen Begleiterinnen, noch einen Kampf gegen Yamm, das Gottesungeheuer des Meeres, bestreiten.

Baal, der das nasse Element, Sinnbild des Chaos, besiegt hat, wird zum dynamischen Verwalter, zum Ordner des Kosmos und baut sich auf dem Berg Sapon (Casios), dem heutigen Jebel al-Aqra (›der kahlhäuptige Berg‹) südlich der Orontes-Mündung, einen prunkvollen Palast als Ausweis seiner Gottesmacht. Doch in einem weiteren Kampf unterliegt er seinem Bruder Mot, dem Gott des Todes und der Unterwelt. Mot spricht: »Ich werde dich verzehren, essen werde ich Schenkel, Bauch, Unterarme, damit du niedergehst in den Schlund Mots...« Daraufhin fällt kein Regen mehr, das Land verdorrt. Baals Schwester Anat – in ihrer Doppelnatur ist sie die Göttin der Liebe und des Krieges, dazu Herrin der Quellen – übt grausame Rache an Mot, den sie mit der Sichel niedermäht, mit einer Handmühle zerreibt und über die Felder verstreut. Baal feiert wenig später seine Auferstehung, tritt nochmals gegen den ebenfalls wiedererstandenen Mot an, siegt diesmal und bringt dem Land damit aufs neue die Fruchtbarkeit.

»Der mächtige Baal jauchzte:
Aus Silber habe ich meine fürstliche Haushaltung erbaut, aus Gold meinen Palast.«

Ganz offenbar haben wir es hier mit einem Ackerbaumythos zu tun, der den Rhythmus der Jahreszeiten thematisiert (so wie es später auch im Mithras-Mythos geschieht): Der Wetter- und Fruchtbarkeitsgott unterliegt in der Herbst/Winter-Phase zunächst dem Tod, überwindet diesen aber in der Frühling/Sommer-Phase; Anat, die Herrin der Quellen, braucht Baals niedergehenden Regen und unterstützt ihn. Auch in der Mythologie zeigt Syrien also produktive und fortwirkende Eigenständigkeit. Allerdings ist das Schema des Jahreszeiten- und Vegetationswechsels bereits im älteren Mesopotamien nachweisbar.

Seevölkersturm und assyrische Unterwerfung

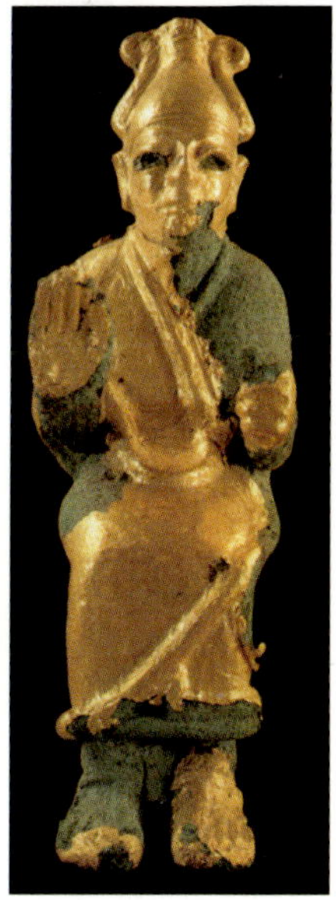

Über 13 cm hohe Bronzestatuette mit Goldauflage des ugaritischen Schöpfergottes El, ca. 1400/1300 v. Chr.

Um 1200 brach die Welt der vorderorientalischen Großmächte unter dem Ansturm von ägäischen Invasoren zusammen. Man nennt sie die Seevölker. Bis heute ist nicht recht klar, woher genau sie stammten und was sie zu ihrem zerstörerischen Aufbruch trieb. Wahrscheinlich lag eine indoeuropäische Bevölkerungsverschiebung zugrunde, die sich auf den Balkan und den Mittelmeerraum auswirkte. Die Vorboten des Seevölkersturms, ob Sardana (Sardinier?), Sekelesa (Sizilianer?) und Turusa, konnten von Pharaonen wie AMENOPHIS III. und ECHNATON noch imperial integriert werden, RAMSES II. setzte in der Schlacht von Kadesch Sardana-Söldner sogar als Nahkampf-Elite gegen die Hethiter ein. Der große Angriff über das Meer erfolgte dann in der Zeit RAMSES III. (ca. 1187–1175), wobei sich neben den Sardana und den Sekelesa nun die Takara, vor allem aber die Pulusati (die Philister) durch Kampfkraft hervortaten. Nur mit Mühe vermochte sich das große Ägypten zu erwehren. In der Schlacht von Pelusium im Nil-Delta (wohl 1177 v. Chr.) triumphierten die pharaonischen Heerscharen indes entscheidend. So wie die ägyptischen Hofschreiber diesen Sieg in Worten verherrlichen, so tun die Reliefs von Medinet Habu desgleichen in Bildern. Schließlich gelang es RAMSES III., Teile der geschlagenen oder zumindest aufgehaltenen Fremdstämme im Bereich des heutigen Israel/Palästina anzusiedeln. Der Name Palästina leitet sich vom Seevolk der Philister her.

Weniger machtvolle Staatswesen vermochten dem Druck der ägäischen Invasoren dagegen nicht standzuhalten. Im Nordwesten Kleinasiens ging der als Troja bekannte Stadtstaat in Brand und Blut unter, und selbst das Hethiter-Reich, das sich doch zuvor mit den Ägyptern gemessen hatte, wankte und fiel; erst recht natürlich, wie die bei den Ausgrabungen aufgedeckten Zerstörungsschichten zeigen, kleinere syrische Stadtzentren wie Ugarit, Alalakh, Emar oder Kadesch. RAMSES III. faßte die Verheerungen in diese Worte: »Kein Land konnte sich gegen ihre Waffen behaupten. [...] In Amurru (Westsyrien) haben sie sich eingenistet und Land und Bevölkerung so sehr geschunden, daß man glauben könnte, das Land wäre nie bewohnt gewesen.« Tatsächlich hat sich Ugarit vom Schlag der Seevölker niemals mehr erholt.

In Syrien entstand nach den Massakern ein politisches Vakuum, in das Gruppierungen aus Nordmesopotamien, vielleicht aber auch aus der Arabischen Wüste vorstießen. **Aramäer** lautet der Sammelbegriff für diese semitischen Nomaden und Ziehbauern, die sich in Stämmen und Sippen bewegten, nicht aber etwa politisch organisiert oder gar zentralisiert. Weniger spektakulär als der Sturm der Seevölker, fand hier im Osten eine zweite Völkerwanderung statt, ausgelöst offenbar durch Hungersnöte in der Wüstensteppe. Aus dem aramäischen Vormarsch sollten bald neue Siedlungskonturen, neue ethnische Verteilungen hervorgehen.

Zu spüren bekam die Einwanderungswelle zuerst das assyrische Staatswesen am mittleren Tigris, das seit Adad-Nirari I. (reg. ca. 1305–1274 v. Chr.) im Zweistromland an Macht und Einfluß gewonnen hatte und unter dem großen Tiglatpilesar I. (reg. ca. 1114–1076 v. Chr.) zunächst Nutznießer des Seevölkersturms, der Schwächung Westsyriens zu sein schien. Der König feiert seinen Beutezug mit folgenden Worten: »Nach dem Gebirge Libanon zog ich, Balken aus Zedernholz für die Tempel des Anu und Adad, der großen Götter, meiner Herren, schnitt ich und schaffte ich fort. Nach dem Lande Amurru zog ich weiter, das Land Amurru eroberte ich in seinem Gesamtumfang. Die Abgaben von Gubla (Byblos), Sidunu (Sydon) und Armada (Arwad) empfing ich.« Bald aber hatte Assur alle Hände voll zu tun, die Heimatfront gegen die aramäischen Haufen zu sichern. Derselbe Tiglatpilesar, der stolz nach Syrien gezogen war, muß nun berichten: »Achtundzwanzigmal kämpfte ich gegen die Aramäer, in einem Jahr habe ich den Euphrat sogar zweimal überschritten.« Strafexpeditionen waren dies offenbar; letztlich aber

Syrien und Mesopotamien in der Aramäer-Zeit

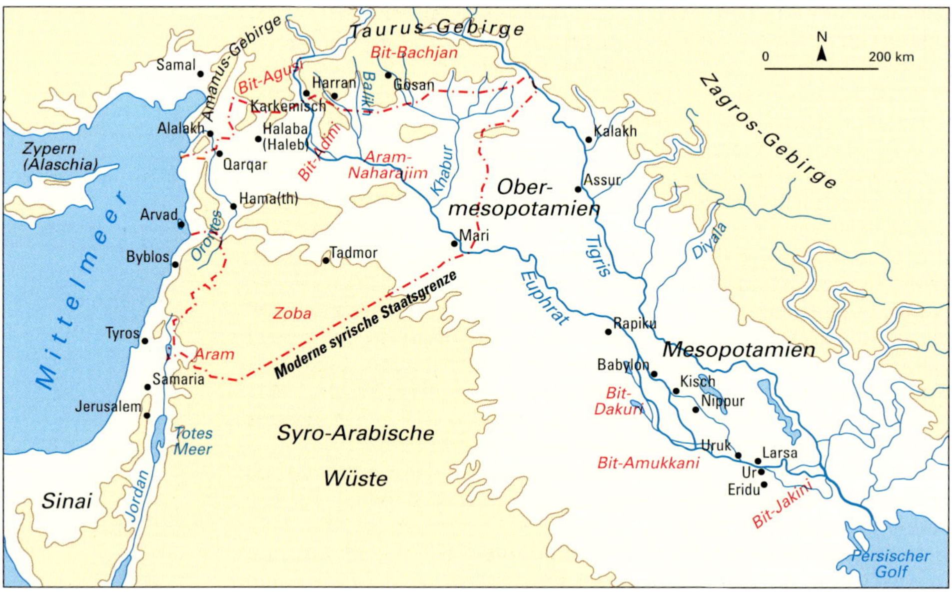

fruchteten sie nichts. In unübersehbarer Weise dupliziert das Einsickern der Aramäer die Machtergreifung der Amoriter/Amurru ein knappes Jahrtausend zuvor (s. S. 38).

Gegen Ende des 2. Jt. haben die Aramäer Mesopotamien überschwemmt und die Zentralmacht zersetzt. Aber auch im heutigen Israel und in Nordjordanien haben sich Aramäer eingenistet, dazu im Gebiet von Damaskus. »Die Kraft und der Reichtum der Gruppierungen aramäischer Sprache ergab sich nicht allein aus ihrer Zahl, sondern ebenso aus ihrer Teilhabe am Fernhandel, vor allem dem Karawanenverkehr mit Kamelen quer durch die Syrische Wüste« (Daniel C. Snell).

Der Einsatz des domestizierten Kamels gehört zu den drei großen ›technologischen Innovationen‹ der Zeit. In den Palastarchiven von Mari nicht ein einziges Mal erwähnt, taucht das Kamel im Alten Testament als Reittier der Midianiter und Amalekiter auf. Zunächst nur Jagdbeute schweifender Jäger, ist das Tier irgendwann zwischen 1300 und 1000 v. Chr. domestiziert worden, und zwar im mittel- oder südostarabischen Raum durch Nomaden, deren Existenz unter einem immer menschenfeindlicheren, immer trockeneren, immer hitzigeren Klima von einer raumgreifenden Beweglichkeit abhing, die das altgediente Transporttier, der Esel, nicht gewährleisten konnte. Erst das Kamel, gern als Schiff der Wüste tituliert, gestattete den Verkehr durch wasserarme Wüstenregionen. Viermal so lange wie ein Esel, zehnmal so lange wie ein Mensch kann es dürsten, zudem kann es Wasser trinken, das bis 6 % Salz enthält.

Die zweite technologische Neuerung ist eng verbunden mit dem einsetzenden Kameltransport. Die Erfindung eines Mörtels aus gelöschtem Kalk erlaubte die Anlage verläßlicher Tiefbrunnen, wie Wüstenkarawanen sie benötigten, gab aber auch der Handelsseefahrt nach Westen neue Impulse, denn die westsyrischen Reeder vermochten nun auf den wasserarmen Inseln der Ägäis mittels Zisternen die unverzichtbaren Zwischenstationen zu errichten.

Die dritte technologische Veränderung ist die wohl wichtigste: Das Eisen wurde erfunden, zunächst nicht als Guß-, sondern als Schmiedemetall. Zwar hatten schon die Hethiter Mitte des 2. Jt. v. Chr. in Kleinasien Stollen in die Berge getrieben, um Eisenerz zu gewinnen; doch konnten sie noch nicht den für Eisenwaffen nötigen Härtungsgrad erzielen. Kurz vor dem Seevölkersturm aber müssen, wohl im kleinasiatischen Bereich, die Schmelzöfen durch stärkere Gebläse neue Qualitäten erreicht haben, und es waren anscheinend die Philister, welche die neuen, härteren und schlagkräftigeren Waffen gegen die vorherrschende Bronze im Vorderen Orient durchsetzten. Möglicherweise ist der Triumph der Seevölker überhaupt aus der besseren, nämlich eisernen Bewaffnung zu erklären. In Kanaan hielten die Philister später jedenfalls das »Eisenmonopol« (Eugen Sitarz), von dem die Bibel (1. Samuel, 13, 19–20) klagend berichtet. Jedenfalls tritt Syrien, tritt die Region mit dem 12. Jh. v. Chr. aus der Bronzezeit ins **Eisenzeitalter** ein.

»Damals war im ganzen Land kein Schmied zu finden. Denn die Philister hatten sich gesagt: Die Hebräer sollen sich keine Schwerter und Lanzen machen können. Alle Israeliten mußten zu den Philistern hinabgehen, wenn jemand sich eine Pflugschar, eine Hacke, eine Axt oder eine Sichel schmieden lassen wollte.«
1. Samuel 13,19–20

Der syrische Staatenpluralismus blühte mit der aramäischen Völkerwanderung erneut auf. Im hohen Norden Syriens festigten sich während des 12. und 11. Jh. sogenannte späthethitische Kleinkönigreiche mit Zentren wie Karkemisch, Ain Dara (s. S. 274), Guzana (Tell Halaf; s. S. 31; 271) und Schamal/Zinçirli. Sie standen unter aramäischem Einfluß, integrierten aber offenbar auch die fragmentierten indoeuropäischen Ethnien des Seevölkersturms. In ihrem politischen Anspruch schlossen diese Duodezfürstentümer – und daher ihre Klassifikation als späthethitisch – an die Tradition des untergegangenen hethitischen Großreichs an. Die Königsnamen machen es deutlich: Man nannte sich SAPALULMI (von SCHUPPILULIUMA; s. S. 46) oder MUTALLI (von MUWATALLI; s. S. 46).

Auch religiös erwies sich das aramäische Element als überaus geschmeidig: »Die Aramäer paßten sich den Bräuchen der Regionen an, in denen sie lebten; sie übernahmen auch die jeweiligen Götter und hatten anscheinend nie das Bedürfnis, ein eigenständiges theologisches System zu entwickeln« (Eugen SITARZ). So wurden in den erhaltenen Vertragstexten zwischen den Kleinreichen alle möglichen Götter – die Himmlischen Mesopotamiens ebenso wie ältere syrische Stadtgottheiten – als Garanten irdisch-vergänglicher Pakte bemüht, nicht aber ein einziger eigenständig aramäischer Gott.

»Als die Aramäer von Damaskus Hadad-Eser, dem König von Zoba, zu Hilfe kamen, erschlug David zwanzigtausend von den Aramäern und besetzte das Aramäerreich von Damaskus. […] David erbeutete die goldenen Schilde, die die Krieger Hadad-Esers trugen und brachte sie nach Jerusalem. In Tebach und Berotai, den Städten Hadad-Esers, erbeutete der König David eine große Menge Bronze. Als Toi, der König von Hamat, hörte, daß David das ganze Heer Hadad-Esers geschlagen hatte, schickte er seinen Sohn Hadoram mit Gefäßen aus Gold, Silber und Bronze zu König David.«

2. Samuel 8, 5–9

Dem entspricht der Verzicht auf eine Dokumentation des eigenen politischen Wirkens. Palastarchive oder historische Nachrichten haben die Aramäer nicht hervorgebracht. Entsprechend kärglich sind wir über die innere Verfassung der Fürstentümer unterrichtet; nur die Eindrücke, die ihre Nachbarn empfingen, sind überliefert, etwa die biblischen Berichte (besonders ausführlich 2. Samuel 8, 3–13) über die Kämpfe König DAVIDS von Israel gegen den Fürsten des aramäischen Reiches Zoba, HADAD EZER.

Die aramäische Zurückhaltung und Anpassungsfähigkeit spiegelt sich auch in der Kunst der Zeit wider, nicht nur in den späthethitischen Kleinreichen, sondern auch in Mittelsyrien, wo sich die Aramäer in Damaskus und Hama (Hamath) politisch etablierten. Der sogenannte Löwe von Damaskus, ein frühes Beispiel monumentaler aramäischer Kunst (10. Jh. v. Chr.), ist von plumper, gedrungener Körperlichkeit; die mesopotamischen Vorbilder scheinen durch (etwa im halbplastischen Heraustreten aus dem Hintergrund), werden qualitativ aber nicht erreicht. Hier wie auch sonst: Anpassung und Nachahmung, nicht aber Innovation. Neuentwürfe fehlen auch weiterhin, doch läßt die Provinzialität in der künstlerischen Fertigung langsam nach. Mit den eindrucksvollen Torlöwen von Ain Dara, einer späthethitischen Fürstenresidenz am rechten Ufer des Flusses Afrin nördlich von Aleppo (es handelt sich wohl um das inschriftlich bezeugte Kinalua; s. S. 274) tasten sich die aramäischen Künstler an die Höhe älterer Traditionen heran, vor allem eben an die des Hethiter-Reiches.

Bedeutsam erscheint, daß auch in der hochsynkretistischen aramäischen Phase altsyrische Errungenschaften ihre Geltung be-

Eine der Löwenskulpturen der aramäischen Fürstenresidenz von Ain Dara (Kinalua?) aus dem 9. Jh. v. Chr.

hielten: Architektonisch lebt der Tempeltypus des Bit Hilani mit seiner Dreigliederung in Portal, Vorhalle und Langraum/Cella fort. So etwa in Ain Dara oder im Tempelpalast von Guzana auf dem Tell Halaf, entdeckt und ausgegraben von dem deutschen Diplomaten Max Freiherr von Oppenheim (s. S. 116). Guzana war die Hauptstadt des aramäischen Kleinstaats Bit Bachjan, und der im 9. Jh. erbaute West-Palast zeigt der Zeitstellung entsprechend einen pfeilergestützten Portikus (seine Nachbildung steht heute vor dem Nationalmuseum in Aleppo).

Insgesamt fällt die kulturelle Bilanz eher bescheiden aus. Als wichtigstes Erbe gelten allgemein Sprache und Alphabet. Die aramäische Sprache avancierte für mehr als ein halbes Jahrtausend zum dominierenden Idiom im großsyrischen Raum; als Reichsaramäisch sollte sie zur Verkehrs- wie zur Kanzleisprache des persischen Reiches aufsteigen (s. u.), aber schon jerusalemische Beamte, die um die Wende vom 7. zum 6. Jh. v. Chr. mit der Gesandtschaft des Assyrer-Königs Sanherib verhandelten, baten kleinlaut: »Sprich doch aramäisch mit deinen Knechten; wir verstehen es.« In einigen syrischen Gebieten (z. B. um Maalula; s. S. 174) lebt die Sprache bis heute fort, und man hat immer wieder hervorgehoben, daß die einfachen Leute – und somit also auch Jesus – um die Zeitenwende aramäisch sprachen. Das aramäische Alphabet wiederum griff, mit einigen kleineren Veränderungen, auf die effektivste und fortschrittlichste Schrift jener Zeit, die phönikische (s. S. 48), zurück.

Noch einmal, gegen Ende des 10. Jh., erhob sich in Mesopotamien die assyrische Großmacht, und zwar aus jenem Schrumpfstaat heraus, der sich gegen die aramäische Expansion hatte behaupten können. Zunächst wurden die aramäischen Kleinstaaten im Süden unterworfen, dann richtete sich der beutelüsterne Blick der bärtigen

König Salmanassar III. berichtet: »Gegen Qarqar rückte ich an. Barhadad von Damaskus, Irhuleni von Hamath samt den zwölf Königen der Meeresküste verließen sich jeweils auf ihre Streitkräfte […]. 25 000 von ihnen streckte ich mit den Waffen zu Boden. Ihre Streitwagen, ihre Rosse, ihr Schlachtgerät nahm ich ihnen weg.«

Krieger nach Westen. Die Konfrontation mit den aramäischen bzw. späthethitischen Fürstentümern des Westens, letztlich auch mit Israel, wurde unvermeidlich. 853 stritt in der Schlacht von Qarqar am Orontes eine Koalition syrischer Staaten gegen den Assyrer SALMANASSAR III. Die assyrische Siegesmeldung suggeriert vollständigen Triumph, doch maßen sich die Gegner (darunter auch BEN HADAD II. = Barhadad von Damaskus und der Araber-Scheich GINDIBU) bei Qarqar offenbar ohne eindeutiges Ergebnis. SALMANASSAR nutzte die Gunst der Stunde zu einer Mittelmeer-Visite: »Ich zog bis zum Westmeer. Im Meer habe ich meine Waffen gewaschen.«

Die syrischen Kleinstaaten waren indes noch längst nicht unterworfen. Immer wieder flackerte Widerstand auf, suchten sich einzelne Fürsten ihren Verpflichtungen und Treuebekundungen gegenüber Assur zu entziehen, zumal dann, wenn die neue Großmacht durch Konflikte im Norden (wo im ostanatolischen Bergland der Staat Urartu entstanden war) oder im Süden (wo Babylonien ein Unruheherd blieb) gebunden schien. Grausame Strafexpeditionen nach Syrien waren die Folge; sie ließen das Land ausbluten, so wie die Tributleistungen wichtige Rohstoffe und Luxusgüter entzogen. Die Assyrer konnten es nicht zulassen – dies der wirtschaftliche Hintergrund –, daß über die großen Handelsrouten zwischen Mesopotamien und Mittelmeer aufsässige Subsidiarmächte geboten.

Um die 150 Jahre wüteteten die Kämpfe zwischen Aufständischen und Assyrern, bis diese unter König TIGLATPILESAR III. (745–727 v. Chr.) ihr System der indirekten Herrschaft, ausgeübt mittels Verträgen und Zwangssteuern, aufgaben und zur direkten Kontrolle des großsyrischen Raums übergingen. Assyrische Gouverneure, eingesetzt vom Großkönig, und kampfkräftige Garnisonen, denen das Schwert locker saß, erzwangen nun überall im großsyrischen Raum durch eine Politik der harten Hand die lange erwünschte Ruhe, die den Syrern als Grabesstille erschienen sein muß. Mit dem Fall von Karkemisch (717), der letzten unabhängigen Bastion, war Syrien über den Hauran bis tief hinunter ins Ostjordanland Teil des assyrischen Großreichs geworden. Zum ersten Mal war das Land damit ›geeint‹, freilich unter fremden Herren.

In der Kunst Syriens fand dies, wie wir schon gesehen haben (s. S. 52), seinen Ausdruck in einem zähen Festhalten an den älteren ›späthethitisch‹-aramäischen Traditionen. Der Rekurs auf sie sollte offenbar die Eigenständigkeit der zinspflichtig gewordenen Kleinfürsten herausstreichen. Erst mit der Wende vom 9. zum 8. Jh. machte sich assyrischer Einfluß bemerkbar, etwa im Ost-Palast von Guzana, in dem seit 808 v. Chr. ein assyrischer Gouverneur residierte. Die Residenz von Chadatu (Arslan Taş), ein Bauwerk des 8. Jh., läßt sich mit Anton MOORTGAT bereits als »eine provinzielle assyrische Nachahmung des Königspalastes« deuten, wie ihn der große ASSURBANIPAL über ein Jahrhundert zuvor in seiner neuen Residenz Nimrud errichtet hatte. Dagegen steht ein älterer Palast (10. oder 9. Jh. v. Chr.) in Chadatu mit seiner Säulenvorhalle als Eingang zum Hauptraum

Zwei assyrische Würdenträger aus der Zeit König Tiglatpilesar III. (745-727 v. Chr.); Wandfresko (48 cm hohes Fragment) im Statthalterpalast von Tell Barsip in Nordostsyrien.

noch ganz in vor-assyrischer Tradition. Dem entspricht die dort nahe dem Thronraum aufgefundene Sammlung kostbarer Elfenbeinschnitzereien, das ›Bâtiment aux ivoires‹. Die Arbeiten, entstanden bereits in der zweiten Hälfte des 9. Jh. v. Chr., zeigen sich besonders in ihrer ›phönikischen Gruppe‹ unentschieden zwischen der Bewunderung Ägyptens und dem kulturellen Druck Neu-Assyriens: Da finden sich etwa ein Frauenkopf mit ägyptischer Frisur, aber Ohrringen von assyrischem Typ oder widderköpfige Sphingen nach ägyptischem Vorbild, denen jedoch assyrische Flügel wachsen.

Syrien im Schatten der Großreiche

Eine neue Periode der Geschichte war angebrochen, die der Provinz Syrien. Daran änderten auch der Niedergang des assyrischen Reiches, der Machtantritt Neu-Babylons, das medische Intermezzo und der Aufstieg der Achämeniden im Grundsatz nichts.

Die neuassyrische Kunst ist Herrschaftskunst par excellence. Dabei dominieren Skulptur und Relief über die Wandmalerei, aber auch über die Freiskulptur. Architektur und Bauskulptur verwachsen miteinander. Rituelle Szenen des Herrscherkults, erzählerisch dargeboten, stehen neben Schilderungen von Kriegs- oder Jagdtriumphen des jeweiligen Herrschers, der als Repräsentant der Staatsgottheit galt.

Wenn wir in Syrien davon wenig sehen, so hat das gute Gründe: In der ›Kampfzeit‹, dem 10., 9. und 8. Jh. v. Chr. also, wäre es sinnlos

Assyrischer Krieger mit Löwenjungen. Relief vom Palast des neuassyrischen Königs Sargon II. (reg. 721–705 v. Chr.)

für das neue Assyrien gewesen, sich in den indirekt beherrschten Gebieten Syriens kulturell darzustellen. Sollte es entsprechende Denkmäler aber doch gegeben haben, so sind sie den zahlreichen Aufständen zum Opfer gefallen. Erhalten haben sich jedenfalls nur die erwähnten ›Monumente des Beharrens‹ – Kunstwerke, in denen die abhängig gewordenen aramäischen Kleinfürsten auf ihre angestammte Religion und Bildersprache pochten.

Aber auch nachdem Assyrien im 8. Jh. in unmittelbarer Präsenz zu herrschen begann, entstanden, abgesehen von dem einen oder anderen Gouverneurspalast – wie der Residenz in Chadatu –, keine bedeutenden Werke auf syrischem Boden. Statt dessen konzentrierte sich alles assyrische Kunstschaffen auf die Ausgestaltung der Königsresidenz zu einem Gesamtkunstwerk, in dem Mythos, Kultus und Königsidee unter Einbezug aller bedeutsamen Traditionen der unterworfenen Völker (von Urartu bis nach Moab und Israel) gebündelt wurden zu einem prachtvollen Knoten, »in dem schon rein technisch, in der baulichen Vereinigung von Königshaus und Gottestempel, eine höhere kosmische Einheit zum Ausdruck kommt, in dem Malerei und Relief nicht nur als Dienerin der Architektur leere Wandflächen zu verzieren haben, in dem sich vielmehr Rund- und Flachbildkunst zu einer neuen, organischen Kunstgattung, der *Bauplastik* verbinden, in dem sich sogar Wort und Schrift in ornamentalen Keilschriftbändern mit den Relieffriesen zusammentun, um in großen Bildannalen Königs- und Reichsidee zu verherrlichen« (Anton Moortgat). Dieser Prozeß vollzog sich in den zwei Jahrhunderten zwischen Salmanassar III. (reg. 859–824 v. Chr.) und Assurbanipal (reg. 669–627 v. Chr.) und erfaßte nacheinander die neuassyrischen Metropolen Kalchu-Nimrud und Ninive. Man muß jedoch einschränkend sagen, daß manche Könige, z. B. Tiglatpilesar III. (reg. 745–727 v. Chr.), angesichts drängender militärischer und politischer Aufgaben nicht einmal in der assyrischen Heimat Bau- oder Kunstwerke hervorbrachten, die dem Großmachtanspruch des waffenklirrenden Staats gerecht wurden.

Auch das **neubabylonische Reich** der Chaldäer – ein aramäischer oder den Aramäern verwandter Stamm –, hat auf syrischem Boden keine kulturellen Spuren hinterlassen. Das Staatswesen entstand ab 625 v. Chr. unter dem begabten Strategen Nabopolassar (reg. 625–605 v. Chr.), löste nach der Schlacht von Karkemisch im Jahr 605 v. Chr. das geschlagene Neu-Assyrien als Großmacht im Vorderen Orient ab und maß sich sogar mit dem Reich der Pharaonen. Doch kein Abglanz der Hauptstadt Babel, die auf einer Fläche von 400 ha in unzähligen Tempeln, Heiligtümern und Palästen ihre Pracht entfaltete, fiel auf den syrischen Raum, der als Provinz Abinari unterjocht und jeder Eigeninitiative beraubt blieb.

Wie die späte neuassyrische Epoche so ist auch die neubabylonische durch die Bibel wohlbezeugt, und wir wissen aus diesen Berichten, wie die neuen Herrscher im Zweistromland, vom tatkräftigen Nebukadnezar (reg. 605–562 v. Chr.) bis zum verschrobenen Nabo-

NIDUS (reg. 556–539 v. Chr.), mit Aufständischen umzuspringen pflegten. NEBUKADNEZAR ließ nach dem Aufstand des ZIDKIJA und einer zweijährigen Belagerung von Jerusalem einen Gutteil der Stadtbewohner deportieren – die Babylonische Gefangenschaft der Israeliten hatte begonnen. Das phönikische Tyrus wiederum hatte einer 13jährigen Belagerung standzuhalten – was nur mit ägyptischer Hilfe über See gelang.

Ein Beispiel für die Höhe der neubabylonischen Kunst. 120 solcher Löwendarstellungen, aus reliefierten Formziegeln geschaffen und in Schmelzfarbentechnik bemalt, flankierten die Prozessionsstraße von Neu-Babylon, die zum Ischtar-Tor führte.

Für den engeren syrischen Raum ist dagegen keinerlei Widerstand bezeugt. Offenbar hatten die grausamen Assyrer dem Land politisch das Rückgrat gebrochen. 100 Jahre Dauer waren dem neubabylonischen Reich beschieden, dann ging es unter. Bestimmte Eigenheiten seiner Kultur aber lebten fort, denn obzwar NABOPOLASSAR und NEBUKADNEZAR als unbarmherzige militärische Vollstrecker Geschichte machten, zeigte die Kultur der chaldäischen Neubabylonier, anschließend an die altbabylonische Ära, doch sehr viel spirituellere Konturen als die neuassyrische. Dem Rekurs auf den mesopotamischen Mythos, wie ihn das Ischtar-Tor und die Prozessionsstraße auf der Berliner Museumsinsel demonstrieren, entspricht eine mystische, astrologisch unterlegte Innigkeit, die nicht nur die Zeitgenossen, sondern noch die klassische Antike und später den Neuplatonismus zutiefst beeindruckte.

CICERO warnt in seiner Schrift »De Divinatione« (dabei EUDOXOS von Knidos zitierend): »Man glaube nicht den Chaldäern, die das Leben des Menschen vorhersagen und nach dem Tag seiner Geburt bestimmen«. Denn die chaldäischen Priester hatten die Beobachtung der Gestirne weit vorangetrieben bis zur Himmelsgeometrie und sich zudem als Wahrsager einen Namen gemacht. Die Götter, zu denen gerade im frommen Neu-Babylon fleißig gebetet wurde, verloren unter dem astrologischen Blick der Chaldäer-Priester ihren exklusiven Rang und sanken ab zu Erscheinungsformen eines höheren himmlischen Prinzips. Diese radikale Neubewertung ist die eigentliche Hinterlassenschaft des neuen Babel. Im Zusammenhang mit der Entstehung des Christentums wird uns das geistige Erbe der Chaldäer noch einmal beschäftigen (s. S. 67; 74).

Aber zurück zu Eisen und Schwert! In den Bergländern östlich des Zagros regte es sich seit langem. Skythen, Kimmerier und Meder drängten zu politischer Hoheit, allesamt Völker aus den Steppen Südwestasiens bzw. des Nordiran. Die **Meder** konnten über einzelne Streif- und Raubzüge hinaus ein Reich begründen, daß unter ihrem König ASTYAGES (reg. 585–550 v. Chr.) auch Teile Nordsyriens und Nordmesopotamiens umfaßte, wurden aber schließlich von den Persern, genauer: der zur Macht gelangten **achämenidischen Dynastie,** zu Boden geworfen. Im Jahr 539 v. Chr. zog KYROS II. mit dem Beinamen »der Große« (reg. 559–529 v. Chr.) in Babylon ein.

Zum dritten Mal wurde Syrien damit Provinz – diesmal Provinz eines Weltreichs, das bald weit über die alten Grenzen der neuassyrischen und neubabylonischen Einflußsphäre hinausgriff: im Osten bis nach Baktrien, im Westen bis an den ägäischen Saum Kleinasiens und nach Zypern. Selbst Ägypten wurde dem neuen Riesenstaat von KAMBYSES II. (reg. 529–522 v. Chr.) einverleibt. Damit waren die beiden ersten Hochkulturen und Erzrivalen, Mesopotamien und Ägypten, die über Jahrtausende politisch und kulturell um Syrien gerungen hatten, in einer politischen Einheit zusammengefaßt.

Achämenidischer Krieger der Leibwache des Königs Dareios I.; etwas unterlebensgroßes Relief aus glasierten Ziegeln, entstanden um 500 v. Chr. in Susa.

Um die Wende vom 6. zum 5. Jh. v. Chr. erweiterte sich das Konfliktfeld mit dem Zusammenstoß zwischen Persien und Griechenland. Marathon und die Thermopylen waren die ersten Episoden eines weltgeschichtlichen Dramas, in dem sich der Okzident zum ersten Mal als stark genug erwies, dem Orient zu widerstehen. Daß Syrien letztlich zum Schlachtfeld von Ost und West werden mußte, entsprach wiederum der geographischen Situation.

Die politische Organisation des gewaltigen Perser-Reiches zwischen Griechenland und dem Indus ist für die Zeit DAREIOS' I. (reg. 522–486) durch HERODOTS »Historiës Apodexis« überliefert. Zentralisierte Gesamtkontrolle und lokale Autonomie waren die Pfeiler einer Verwaltungsordnung, die sich schon sehr bald als äußerst fruchtbar erweisen und bis in späthellenistische Zeit fortdauern sollte. Die einzelnen Provinzen, Satrapien genannt, waren vom persischen Großkönig hohen Adligen des Kronrats anvertraut – Freunde oder Verwandte nannte man diese Auserwählten, mit denen der sonst unnahbare oberste Achämenide persönlichen Umgang pflegte. »Die Verwaltung bestand darin, den Betrieb auf dem Großkönig unmittelbar gehörigen Gütern zu kontrollieren, die Steuern von den Untertanen in Stadt und Land zu erheben, den militärischen Schutz gegen innere und äußere Feinde zu übernehmen und Recht zu sprechen« (Heinz KREISSIG). Syrien bildete nach HERODOT den fünften Steuerbezirk der insgesamt 23 Satrapien, begrenzt im Norden durch Kilikien, im Süden durch Ägypten und im Osten durch die Wüste bzw. den Euphrat (östlich des Euphrat begann das

Terrain der neunten Satrapie, das eigentliche Mesopotamien). Übrigens hatte die Satrapie Syrien jährlich 350 Talente in Silber, etwa 7000 kg, an den persischen Königshof in Pasargadai abzuführen.

Kulturell wirkte sich die immerhin 200jährige persische Okkupation in überraschend geringem Maße auf den syrischen Raum aus. Die energische Verbesserung der Infrastruktur und die sprachliche Vereinheitlichung – das Aramäische wurde als Reichsaramäisch zur *lingua franca* des Vorderen Orients, ja des ganzen Perser-Staats, und bezeugt damit noch einmal die verdeckte ethnische Dominanz des Aramäertums –, dazu die Währungseinheit mit der weithin kursierenden Dareike als Leitmünze hätten deutlichere Spuren erwarten lassen. Aber auch in der Zeit der Perser-Herrschaft blieb Syrien künstlerisch kraftlos. Lediglich die Grabdenkmäler von Amrit (s. S. 227) aus dem 5./4. Jh. und einige Bauleistungen in den phönikischen Städten, wo lokale Potentaten wie Eschmunazar in Sidon und Kechomalik in Byblos eine gewisse Autonomie behielten und sogar eigene Münzen schlugen, lassen erkennen, daß das Land unter den persischen Oberherren mehr gewesen sein muß als die berüchtigte Kuh, die man melken will, aber nicht füttern möchte. Dafür spricht auch der Umstand, daß die achämenidischen Großkönige Xerxes (reg. 486–465 v. Chr.) und Artaxerxes I. (reg. 465–424 v. Chr.) in Damaskus eine befestigte Residenz unterhielten. Offenbar war sie mehr als nur ein bloßer militärischer Stützpunkt, denn der im November 333 v. Chr. bei Issos vom Makedonenkönig Alexander geschlagene Dareios III. (reg. 336–330 v. Chr.) flüchtete hernach mitsamt der Staatskasse und seinem Hofstaat nach Damaskus.

Folgenreich für jüdische und christliche Denkmodelle, jedoch erst viel später wirksam, wurde aber das Einfließen dualistischer Vorstellungen aus der persischen Religion des Zarathustra in jenen latenten Monotheismus, dem die Chaldäer den Boden bereitet hatten.

Großkönig Dareios III. in der Schlacht von Issos (333 v. Chr.); Mosaikdarstellung (Ausschnitt) wohl des 1. Jh. v. Chr. aus dem ›Haus des Fauns‹ in Pompeji.

Der hellenisierte Orient: die Seleukiden

Im Jahr 323 v. Chr. starb Alexander d. Gr. in Babylon an einem tropischen Fieber, nachdem er den asiatischen Kontinent bis zum Indus in seine Gewalt gebracht hatte. Ein geplanter Seeangriff auf die Halbinsel Arabien mit ihren legendären Reichtümern, zu dessen Vorbereitung der König bereits phönikische Werftarbeiter und Matrosen in den neuen Kriegshafen Babylon, seine designierte Residenz, gezogen hatte, kam nicht mehr zustande. Alexander hatte die Grenzen der damaligen ›zivilisierten Welt‹ erreicht, doch ein Reich im eigentlichen Sinne hatte der militärisch so schlagkräftige Eroberer nicht begründet. Das persische Verwaltungssystem blieb weiterhin maßgebend, und auch wenn Alexander mit dem Alexandriner eine neue Goldmünze ausgeben ließ, so kursierte im Osten seines zusammengerafften ›Reichs‹ doch weiterhin die Dareike, blieben auch in Phönikien und Westsyrien eigene Münzen im Umlauf.

Das Alexander-Reich und die Kriegszüge der Makedonen: rot: Zug Alexanders; blau: Zug des Krateros; grün: Fahrt des Nearchos.

Gleich der erste Feldzug nach dem Sieg von Issos hatte ALEXANDER 332 nach Syro-Phönikien geführt, denn er verfolgte nicht den überlebenden DAREIOS, sondern zog überraschend in Richtung Ägypten, wahrscheinlich um sich den ostmediterranen Raum wie auch die Getreideschiffahrt zu sichern und damit einen ökonomischen wie strategischen Rückhalt zu gewinnen bei seinem unvermeidlichen Sturm auf den persischen Osten. Während ALEXANDER selbst mehrere Monate die Inselstadt Tyros, später auch das widerspenstige Gaza belagerte, scherte sein General PARMENION nach Osten aus und holte sich in Damaskus die Kriegskasse des DAREIOS III. (s. S. 128). Danach spielte der syrische Raum zunächst keine markante Rolle mehr – ehe er unter ALEXANDERS politischen Nachfahren zum Zankapfel wurde. Denn aus den Diadochenkriegen um die Nachfolge des Makedoniers gingen erfolgreich vier Generäle hervor, welche seine Territorialbeute unter sich aufteilten.

Für die Geschichte Syriens sind vor allem zwei der auf diese Weise neu gegründeten Staaten von Bedeutung: Ägypten unter PTOLEMAIOS und natürlich Syro-Mesopotamien mitsamt dem Osten unter SELEUKOS. Nach der Schlacht von Ipsos im Jahr 301 v. Chr. residierte SELEUKOS, der ehemalige Reitergeneral und Verwalter von Mesopotamien, als »König von Syrien« in Antiocheia (heute Antakya). Regio-

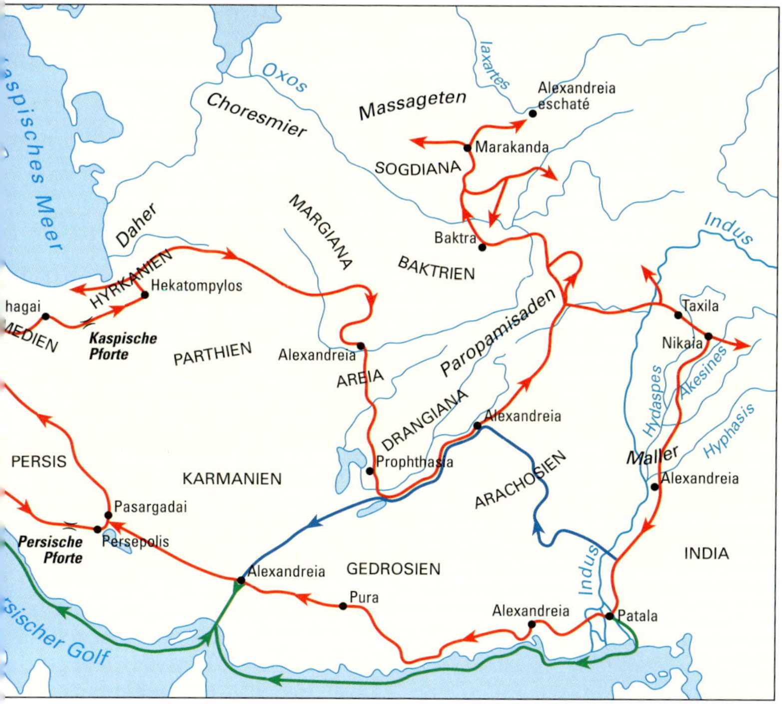

nales Machtzentrum des Königs, der auch weite Teile Kleinasiens beherrschte, wurde mit zahlreichen Militärbasen Nordsyrien, die sogenannte Seleukis.

Daß Seleukos I. Nikator, wie er offiziell tituliert wurde, dem indischen König Candragupta schon 304/303 den militärisch nicht zu haltenden äußersten Osten hatte überlassen müssen, und daß sich auch in Zentralasien (Nordafghanistan, Nordiran) Alexanders Territorialgewinne nicht behaupten ließen, war für ihn zu verschmerzen; sehr viel bedeutsamer mußte dagegen erscheinen, daß Südsyrien und Phönikien, obwohl von Seleukos beansprucht, unter ptolemäischer Herrschaft verblieben. Darin setzte sich eine für Syrien seit je eigentümliche Konstellation fort: die Konkurrenz des mesopotamischen und des ägyptischen Raums. Das waldlose Ägypten war auf die Libanon-Zedern als Bauholz angewiesen; umgekehrt suchte das Zweistromland stets die Mittelmeer-Häfen zu gewinnen. So stand das 3. Jh. v. Chr. im Zeichen des Konflikts zwischen Syrien und Ägypten. In fünf zermürbenden Kriegen waren es Seleukiden und Ptolemäer – Könige der von den genannten Ahnen begründeten Herrschaftslinien –, die um das Gebiet zwischen Euphrat und Sinai rangen. Auch Damaskus wechselte dabei von einer Hand in die andere, und 246–244 v. Chr. waren weite Teile Syriens ptolemäisch.

Zwei Münzporträts (Nachzeichnung) aus frühhellenistischer Zeit: links der erste ptolemäische Herrscher, Ptolemaios I. Soter; rechts der Gründer des Seleukiden-Reichs, Seleukos I. Nikator.

Erst der Seleukide ANTIOCHOS III. (reg. 223–187 v. Chr.) vermochte zu Beginn des 2. Jh. v. Chr. (Schlacht am Paneion, 200) Syrien und Palästina zu einen, doch mußte der König selbst noch den unaufhaltsamen Niedergang seines hellenistischen Großreichs erleben: 189 fiel Kleinasien nach der Epochenschlacht von Magnesia an die Regionalmacht Pergamon und bald an die Römer.

In der Zeit ANTIOCHOS IV. (reg. 175–164 v. Chr.), einer politisch eher schwachen Gestalt, kündete der Makkabäer-Aufstand (ab 167 v. Chr.) ebenso wie der religiös ungenierte Griff des finanziell ausgebluteten Potentaten nach Tempelschätzen oder auch die Vergabe des hohen Privilegs zu eigener Münzprägung, später auch der Steuer- und Kultfreiheit an prominente Städte des seleukidischen Imperiums vom Zerfall der Zentralgewalt. Thronwirren, in deren Hintergrund bereits Rom die Fäden zog, schwächten das Herrscherhaus weiter, und es gelang eingesickerten Araberstämmen, wie dem Geschlecht der Abgariden in Nordsyrien (Osrhoëne um Edessa, das heutige türkische Urfa) oder den Ituräern im Gebiet der Beqaa-Ebene südwestlich von Emesa (Homs), lokale Fürstentümer zu begründen. Auch die Nabatäer, ein arabisches Volk aus dem Großstamm der Qedar, das seit 400 v. Chr. den Nordteil der Weihrauchstraße kontrollierte, begann sich um 130 v. Chr. mit seinen Handelsfaktoreien und Tempeln auf syrischem Boden festzusetzen.

Außenpolitischer Hintergrund all dieser Schwächesignale des Seleukiden-Reiches war der Aufstieg einer neuen Macht im Osten. Die Kriege mit den Ptolemäern, überhaupt die Westorientierung der seleukidischen Machthaber hatte bereits Mitte des 3. Jh. v. Chr. im ›Fernen Osten‹ des Imperiums zur Emanzipation der nur schwach hellenisierten iranischen Oberschicht geführt. Unter der energischen Führung von König ARSAKES I., der mit seinen Kriegsleuten aus Turkmenistan (Ochos) in den iranischen Norden vorgestoßen war, baute sich in Koalition und Vermischung der asiatischen Eindringlinge mit den altansässigen Iranern eine eigenständige Regionalmacht auf: die **Parther.** Alle Versuche der Seleukiden, sie in den alten Reichsumfang zurückzuzwingen, scheiterten, und trotz einiger militärischer Erfolge vermochte selbst der große ANTIOCHOS III. dieses Ziel nicht zu erreichen. In der Schwächephase der Seleukiden wurde dann aus der parthischen Regionalmacht eine Gegenmacht, die unter Mithradates I. (reg. 171–138 v. Chr.) die Hellenisierung auch formell zurückwies und an achämenidische Traditionen bis hin zur Annahme des altpersischen Königstitels (»König der Könige«) anknüpfte.

Die Parther vermehrten ihre Macht zunächst im Nordosten, wo Baktrien und Medien an sie fielen, wandten sich mit dieser Rückendeckung 142 v. Chr. gegen den seleukidischen Reichskern und eroberten große Teile des Zweistromlandes. Der Versuch des unglücklich agierenden Seleukiden Demetrios II. (reg. 146–139 v. Chr.), die Ostprovinzen zurückzugewinnen, endete mit seiner Gefangennahme durch Mithradates I. und seiner Zwangsverheiratung mit Rhodogune, der Tochter des parthischen Großkönigs. Als unter Antiochos VII. (reg. 138–129 v. Chr.) trotz Aufbietung eines Heers von 100 000 Mann der zweite Versuch zur Rückeroberung des Zweistromlandes mit dem Tod des Seleukiden (129) scheiterte, war die syrisch-mesopotamische Einheit endgültig zerbrochen, das Schicksal des Seleukiden-Reiches besiegelt. Ernst Meyer spricht von einer »Katastrophe des Hellenismus im kontinentalen Asien«.

Während die Parther ihr Imperium zwischen Indus und Euphrat konsolidierten, zerfiel die verbliebene seleukidische Sphäre in einem kaum noch überschaubaren Kampfgetümmel. Der syrische Partikularismus (s. S. 34) lebte aufs neue auf, und die geplagte Bevölkerung hatte nicht das mindeste Zutrauen mehr zu ›ihren‹ einheimischen Regenten. So suchte die Damaszener Bevölkerung 84 v. Chr. Schutz vor den räuberischen Ituräern bei den wohlgelittenen Nabatäern, welche die Stadt in der Folge immerhin 12 Jahre verwalteten. Fast gleichzeitig, nämlich 83 v. Chr., wurden die Armenier unter ihrem König Tigranes II. (95–55 v. Chr.) nach Kilikien und Nordsyrien gerufen, um Ordnung in die anarchischen Zustände zu bringen.

Das erstarkte **republikanische Rom,** das Tigranes und sein Streben nach einem Großreich zwischen Kaukasus und Syrien argwöhnisch beobachtete, konnte daraufhin kaum anders, als sich stärker in Asien zu engagieren, denn der König von Pontus, Mithradates VI., Schwiegervater und Verbündeter des Tigranes, hatte 89 v. Chr. die Westmacht kriegerisch herausgefordert und aus antirömischem

Zwei Münzporträts (Nachzeichnung) aus späthellenistischer Zeit: links Mithradates VI., ein erbitterter Feind des expandierenden Rom; rechts sein Schwiegervater, der Armenier-König Tigranes, der ab 83 v. Chr. kurzzeitig über Nordsyrien herrschte.

Furor im kleinasiatischen Ephesos ein Massaker an den Italikern (angeblich 80 000 Tote) verüben lassen.

Kulturgeschichtliche Entwicklungslinien

In seinem bahnbrechenden Werk »Der hellenisierte Orient« hat Daniel SCHLUMBERGER den vielschichtigen, 300 Jahre währenden Prozeß beschrieben, der mit ALEXANDERS Zug ausgelöst wurde: das stets produktive, zuweilen indessen auch schmerzhafte Aufeinandertreffen östlichen und westlichen Kultur- und Ideengutes. Tatsächlich aber hatte dieser Prozeß, dessen Resultat der Hellenismus ist, schon vor dem weltbewegenden Aufbruch des großen Makedonen begonnen: Die in der Kathedrale von Tartus ausgestellten Kuroi (s. S. 224) künden ebenso wie die Sidon-Sarkophage aus dem 5. und 4. Jh. v. Chr. von hellenischem Einfluß auf die vorderasiatischen Mittelmeerstädte. Das Resultat jener Begegnung von Abend- und Morgenland sind eigentümliche Mischkulturen, wobei für Syrien die persisch-griechische von Bedeutung ist, die wiederum die Basis bestimmter Strömungen der parthischen Kultur bildet. Jedenfalls hat sich der Hellenismus westlich des Euphrat wesentlich entschiedener als in den Nachbarländern durchgesetzt.

Begründet war dies in der besonderen politischen und ökonomischen Situation des Gebiets: Als SELEUKOS 301 die Herrschaft über Vorderasien antrat, vollzog er einen für Syrien kaum zu überschätzenden Schritt. Er gab seine damalige Hauptstadt Seleukeia am Tigris (gegründet 312) auf, kehrte aber nicht in die ältere Hauptstadt Babylon zurück (wo er zuvor als hellenischer Satrap geherrscht hatte) und auch nicht in das heimatliche Makedonien, sondern bezog Residenz an einer Schlüsselstelle zwischen Mittelmeer und Euphrat. Ob einem solchen Herrschaftszentrum Pläne ALEXANDERS zugrundegelegen haben, zu dessen Leibgarde SELEUKOS gehörte, bleibt dabei offen. Jedenfalls unterschied sich dieser Vorgang fundamental von der assyrischen, ägyptischen und persischen, aber auch der späteren römischen ›Kolonialherrschaft‹, denn die engere Herrschaftssphäre Seleukis wie auch Syrien insgesamt wurden damit zum geographischen und politischen Herz eines Weltreichs. Auch das Schwergewicht der städtischen Neugründungen fiel auf syrisches Territorium: Antiocheia als Königsstadt, die Hafenstädte Seleukeia und Laodiceia sowie die Militärstädte Dura und Apameia wurden zu Operationsbasen der seleukidischen Außenpolitik.

»Er baute Städte, verteilt über das ganze Imperium, und nannte 16 derselben Antiocheia nach seinem Vater, fünf Laodikeia nach seiner Mutter, neun nach ihm selbst und vier nach seinen Frauen, d. h.: drei Apameia und eine Stratonikeia. Den anderen gab er Namen aus Griechenland und Makedonien.«

Appian, 2. Jh. n. Chr.

Diese Machtverschiebung zeigt zwar Parallelen zur griechischen Kolonisierung seit dem 7. Jh. v. Chr., unterscheidet sich von dieser aber durch die königliche Leitung des Gründungsvorganges und die konsequente Neuschöpfung eines heimatlichen Bereiches – Syrien wurde zu einem ›verpflanzten Makedonien‹. Die Idee der griechischen Polis in ihrer Eigenschaft als autonomes und freies wirtschaftliches und politisches Gefüge leitete die Inbesitznahme des Landes.

Allerdings kann nichts darüber hinwegtäuschen, daß sich mit der Hellenisierung des Gebietes nur ein grobes Raster bildete, unter dem alte Traditionen weiterlebten. Am prononciertesten bestätigt sich dies im religiösen Bereich – die Tempel und Grabtürme von Amrit und Palmyra bekräftigen in ihrer Architektur das Fortbestehen persischer, phönikischer oder eben syrischer Gottes- und Kultvorstellungen. Auch in der Herrschaftsstruktur blieben altorientalische Vorstellungen maßgebend. Die Seleukiden übernahmen nicht nur die persischen Satrapien als Verwaltungseinheiten, sie gestalteten zudem die persönliche und dynastische Präsentation und Regierungsform nach altvorderasiatischem Vorbild.

Besonders wichtig erscheint, daß sich die Traditionen der orientalischen Wirtschaftsdespotie in den seleukidischen Hellenismus verlängerten. »Im Reich der Seleukiden – für den Begriff ›Staat‹ stand hier bekanntlich der Begriff ›die königliche Sache‹ – gehörte dem König außer dem Boden selbst auch alles, was darauf oder darin wuchs oder lag, d. h. Wälder, Flüsse, Kanäle, Seen und alle Rohstoffe [...]« (Heinz Kreissig). Selbst Gutshöfe und ganze Dörfer waren Königseigentum. Trotz des Sonderstatus, den u. a. einige Küstenstädte genossen, kündigte sich darin die Auflösung der hellenistischen Polis in ihrer ursprünglichen Funktion (städtischer Landbesitz, individuelles Bürgereigentum) an – falls sie diese in Syrien überhaupt jemals innehatte. In ein hierarchisches System integriert, verlor sie ihre Autonomie. Die Produktionsbasis veränderte sich dahingehend, daß eine vorwiegend griechische Oberschicht, vom König privilegiert, Bauern zur Ablieferung ihres Mehrproduktes zwang oder der König höchstselbst seine »Königsbauern«, wie sie in diesem Fall hießen, auspreßte. Das Damokles-Schwert royalen Zugriffs hing somit über jeder Bauernfamilie, auch wenn sie seit Generationen ihre Parzelle bestellte.

Das seleukidische Feudalsystem, von dem nur Tempelland ausgenommen war, läßt sich in der Architektur schwer fassen, so wie der abhängige Bauer – Sklaven existierten in diesem System der Abhängigkeit nicht – weder in Literatur noch Kunst ein Motiv darstellt. Die archäologischen Zeugnisse der Zeit sind allzu rar und auch zu mangelhaft erforscht, als daß differenziertere Aussagen möglich wären.

Festzuhalten bleiben aber für die syrische Stadt seleukidischer Zeit vier Charakteristika: die Angleichung der Stadtbefestigungen an das durch die Natur vorgegebene Gelände mit daraus resultierender Unregelmäßigkeit der Mauerführung, die vom Stadtareal isolierte Akropolis, die gleichmäßige Einteilung des Stadtgebiets in Parzellen und die Orientierung dieser Parzellen auf eine langgezogene städtische Straßenachse hin. Spiegelt die Polarisierung von gleichmäßiger Parzellierung im Stadtbereich und hervorgehobener Akropolis den Dualismus von griechischer Kolonialideologie (gleichmäßige Landaufteilung) einerseits und Zentralisierung durch die Seleukiden-Dynastie andererseits wider, so läßt sich mit der dominanten Säulenstraße eine syrische Strukturform benennen, die auch gegenüber dem typischen Achsenkreuz der Römer zumindest latent Bestand behielt (s. S. 77; 195).

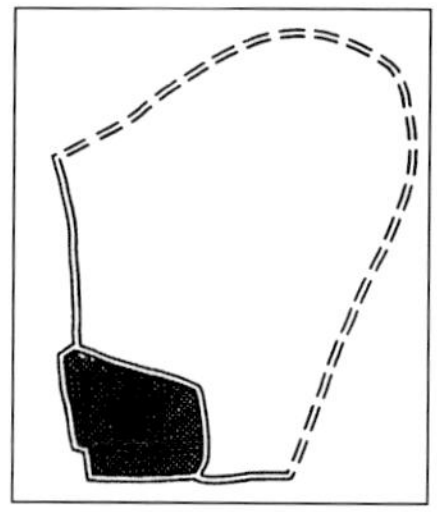

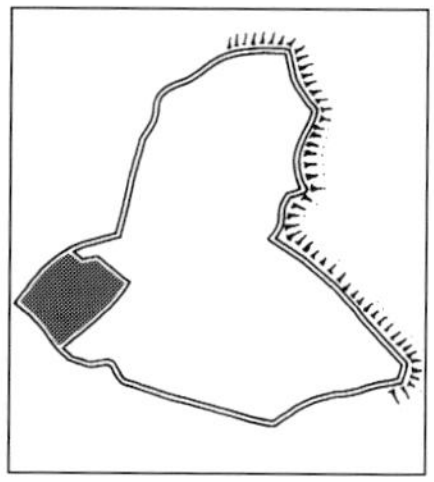

Schematische Darstellung seleukidischer Stadtgründungen in Syrien: oben Chalkis, unten Kyrrhos. In jedem Fall sind Akropolis (dunkel) und Stadtgebiet zugleich verbunden wie auch getrennt.

Über das geistige Leben in den syrisch-seleukidischen Städten sind wir noch weniger informiert als über den Alltag. Es fehlt an Quellentexten, und die Aussage, die seleukidischen Städte seien als Zentren ost-westlicher Begegnung zu Keimzellen einer kaleidoskopischen Kulturverschmelzung geworden, ist ebenso wahr wie hoffnungslos allgemein. Seleukidische wie ptolemäische Könige zogen Philosophen als Berater in Fragen der Erziehung und der Kulturpolitik an ihren Hof, doch wissen wir nicht genau – zu unklar ist die Überlieferung –, was sie den Zeitgenossen zu sagen hatten. Im Zentrum der philosophischen Bemühungen scheint der Versuch gestanden zu haben, die *eudaimonia* (Seelenfrieden) des Menschen zu bestimmen und Wege zu ihr zu weisen. Darin spiegelt sich, wie Peter STEINMETZ vermutet, »das Ausgesetztsein des Menschen in den Wirren der Diadochenkämpfe« wider, »der aus den überkommenen Bindungen der sich wandelnden Polis und damit der Kulturgemeinschaft isoliert und auf sich selbst gestellt wurde«.

Da die klassischen seleukidischen Stadtanlagen bereits in römischer Zeit umgeformt wurden, ganz zu schweigen von der byzantinischen und islamischen Überbauung, gehören für den heutigen Besucher Findigkeit und Phantasie dazu, die geringen Spuren wahrzunehmen und richtig zu deuten. In Laodikeia (Ladiqiya) läßt sich mit Mühe noch das rechtwinklige Straßennetz der seleukidischen ›Ur-Stadt‹ aufspüren; der berühmte Tetrapylon steht dagegen bereits für das axiale römische Ordnungsschema. In Apameia wiederum ist der reizvolle Baubestand römischer Zeit bestimmend, während die seleukidischen Strukturen unter Grund liegen. In Dura-Europos am Euphrat, um 300 v. Chr. begründet, zeigen die parzellierte Stadtanlage und der imposante Stadtmauerzug die seleukidischen Bauprinzipien noch am besten.

Alten mythischen Welterklärungen begegnete der ›aufgeklärte‹ Hellenismus mit der Profanierung des Göttlichen. Überhaupt erscheint weltanschaulicher Relativismus geradezu als *das* Kennzeichen des hellenistischen Kulturaustauschs, der verschiedene Wertvorstellungen miteinander konfrontierte, die organische Bindung an die jeweilige Tradition der alten Heimat lockerte und aus den entstehenden Brüchen selbstkritischen Humor, Sinn für Komik, ja feine Ironie gewann – und damit zugleich neue schöpferische Potenzen.

So besticht die Kunst der Zeit durch Mannigfaltigkeit der Themen, eine neue Sinnlichkeit und formale Experimente (etwa in der Farbgebung), übrigens auch durch die Darstellung des Häßlichen wie überhaupt des Individuellen. Der Hellenismus läßt die maßgebende Erhabenheit der klassischen griechischen Kunst hinter sich, bezieht weltliche Bauten wie Agora, Theater und Gymnasien in den künstlerischen Ausdruckswillen ein und gebiert »die erste moderne Kunstrichtung, selbstbewußt, bestrebt, die Natur des Menschen zu verstehen, […], eine Kunst, die von der menschlichen Tragödie wie auch der menschlichen Komödie weiß« (Christine M. HAVELOCK).

Trotz allem Relativismus und aller Modernität entfaltete Syrien ein reiches religiöses Leben. Die Verbindung von Astrologie, Mysterienkulten und Neuplatonismus – Grundlage der kommenden Herrschaftsideologie – vollzog sich gerade in den syrischen Städten. Allerorten fanden sich Tempel, Heiligtümer und Altäre, und zu den Götterfesten zogen prachtvolle Prozessionen durch die Städte, an denen sich die ganze Bürgerschaft beteiligte.

Der hellenistische Herrscherkult wurzelte entgegen einer verbreiteten Auffassung weniger in altorientalischen Traditionen als im Potential griechischer Religion mit ihren Halbgöttern, geboren aus dem Schoß einer Irdischen, gezeugt aber durch die Leidenschaft eines Gottes. Auch der griechische Heroenkult für hochverdiente Verstorbene bedingte eine ›geringere Himmelshöhe‹. Sieht man von Ägypten ab, wo die späten Pharaonen wie auch ihre persischen und ptolemäischen Nachfolger als Sprößlinge des Gottes Rê galten, erscheint der Unterschied zum Alten Orient deutlich genug: »Der Perserkönig genoß als solcher nie göttliche Verehrung, sondern galt als der von Ahura Mazda auserwählte und belehnte Beherrscher des Erdkreises und Wahrer des *Arta* (Wahrheit, rechte Ordnung); diese Bestallung durch den Gott entrückte ihn in Zeremoniell und Glauben immer mehr den Untertanen, ohne ihn doch zum Gott werden zu lassen« (Hatto H. Schmitt).

Dagegen hatte Alexander d. Gr., schon bevor er sich in der ägyptischen Oase Siwa dem Ammon-Orakel stellte, seine Abkunftsambitionen immer höher geschraubt: Berief er sich zunächst auf den mythischen Recken Achilles, dann auf den muskulösen Halbgott Herakles als Ahnen, so galt nach Siwa definitiv Zeus selbst als sein hochvornehmer Erzeuger. Auch einige der Seleukiden ließen sich zu Lebzeiten als Gott verehren.

Neben dem Herrscherkult aber entwickelten sich gerade im Hellenismus viele private Kultgenossenschaften, und darüber fanden fremde Götter neue Heimaten, so wie Priester von Ort zu Ort wanderten, um für den Gott ihrer Wahl Proselyten zu gewinnen. Fromm war, wer ›seinem‹ Gott die schuldige Verehrung erwies. Die erste multikulturelle Gesellschaft der Weltgeschichte mußte naturgemäß eine polytheistische sein, doch nicht nur aus dem fortklingenden Tiefenhall tradierter chaldäischer Kosmologie (s. S. 57) gewinnt man den Eindruck, daß solche Göttervielfalt und -beliebigkeit den heraufziehenden Monotheismus als religiöses Antidot in sich birgt.

Die 25 cm hohe Alabasterstatue der altorientalischen Göttin Ischtar, ca. 250 v. Chr. in Babylon entstanden, zeigt trotz hellenistischen Grundtyps altorientalistische Charakteristika, z. B. die mit Edelsteinen ausgelegten Augenhöhlen.

Romanisierung Syriens, Orientalisierung Roms

Schicksalhaft für Syrien wurde, was sich bereits während des zweiten vorchristlichen Jahrhunderts ankündigte: die Konfrontation des römischen mit dem parthischen Imperium. Wieder bestimmte die Geographie das politische Geschehen, diesmal in einer doppelten Weise: Durch seine mediterrane Saumlage nahm Syrien eine Schlüsselposition in den Regierungsprogrammen Roms und Ktesiphons ein. Rom konnte mit der Eroberung Syriens den Mittelmeerraum vollständig umfassen, die Parther wollten mit dem Zugang zum Mittelmeer ein asiatisches Großreich in der Nachfolge der Achämeniden bilden, das der Steppe die See erschloß.

Der Machtantritt Roms vollzog sich faktisch mit Pompeius' Marsch nach Palästina 64/63 v. Chr., seine Vorgeschichte aber reicht bis ins 3. vorchristliche Jahrhundert zurück, als sich – nach dem Ersten Punischen Krieg – das zunächst verhalten agierende Rom zu einer aktiven imperialen Macht entwickelte, um schließlich auch nach Asien zu greifen. Das bedeutsame Jahr 190 v. Chr., Datum einer Epochenschlacht, haben wir schon erwähnt (s. S. 62). Damals rang ein römisches Heer die Streitmacht des Seleukiden Antiochos III. in Kleinasien nieder. Wer auch immer fortan im Mittelmeerraum eigene

Schon in vor-augusteischer Zeit waren Caesars und Marc Antons Truppen an der syro-phönikischen Küste entlangmarschiert. Die Leidenschaft für Kleopatra VII. (51–30 v. Chr.), eine späte, politisch ambitionierte Vertreterin des Ptolemäer-Reiches, inspirierte die beiden römischen Großen gleichermaßen, und Marcus Antonius schenkte der Ägypterin 37 v. Chr. u. a. Teile Küstensyriens. Diese wiederum erhob ihren unmündigen Sohn Ptolemaios Philadelphos zum nominellen Herrn über die alten Seleukiden-Lande. Tatsächlich behielt Rom die Zügel über Syrien in der Hand, denn nach der Schlacht von Aktium (2. September 31 v. Chr.) blieb für Antonius und Kleopatra nur noch der Selbstmord.

politische Anliegen verfolgte, sah sich mit Roms drohenden Konturen konfrontiert. Gnaeus Pompeius (106–48 v. Chr.) war der energische Vollstrecker römischer Ambitionen: Er kämpfte in Spanien, ging umsichtig gegen die Seeräuber im östlichen Mittelmeer vor, besiegte und verfolgte Roms hartnäckigen asiatischen Gegenspieler Mithradates VI. Eupator und zwang den Armenier Tigranes, Syrien und Phönikien auszuliefern.

Mit diesen Territorialgewinnen standen sich 63 v. Chr. die beiden mächtigsten Staatengebilde der damaligen Zeit gegenüber. Die physio- wie auch anthropogeographische Einheit Syro-Mesopotamien, die seit den Seleukiden auch eine kulturelle und politische war, wurde bis zur Zeit der arabischen Eroberer zerrissen. Auf das Jahr 53 v. Chr., als der Römer Crassus den Parthern bei Carrhai (Harran, südlich des heute türkischen Urfa) unterlag, folgten jahrhundertelange Auseinandersetzungen, doch war es weder Parthern noch Römern vergönnt, die vom Feind eroberten Gebiete dauerhaft zu halten. Auch wenn das römische Imperium gelegentlich eine leichte Dominanz gewann, so unter Kaiser Trajan (s. S. 358), machten die gefürchteten parthischen Lanzenreiter und treffsicheren Bogenschützen (denen Lastkamele die Pfeile nachtrugen) den Italikern immer wieder schwer zu schaffen.

So erklärt sich denn das römische Prinzip, gerade den Osten vorerst durch vorgelagerte Klientelstaaten wie Kolchis, Armenien, Kommagene, Edessa oder Nabatäa zu schützen. Sie bildeten eine Pufferzone gegenüber dem parthischen Erzfeind, und auch innerhalb der Provinz Syrien, die nun entstand, beließ man verschiedenen Lokaldynastien Halbautonomie, z. B. den Herrschern von Emesa und Palmyra. Das ›Angebot‹ Roms lautete dabei jeweils auf Beistand und Militärhilfe im Kriegsfall, das Versprechen der vertragsgebundenen ›Klienten‹ auf Loyalität gegenüber dem Imperium. Eine echte Wahl blieb den Lokaldynasten natürlich nicht.

Daneben ließ Rom auch Raum für wirtschaftliche Sonderregelungen, in denen die Tradition der griechischen Polis nachklingt. Im fruchtbaren Süden Syriens schuf Pompeius die Voraussetzungen zu einem Städtebund, der Dekapolis. Die 10 bis 18 Mitglieder dieses

Münzporträt der Kleopatra

Bundes, darunter Kanatha (Qanawat; s. S. 416f), gehörten zwar zur Provinz Syrien, verfügten jedoch über kommunale Selbstverwaltung.

Der Prozeß der Romanisierung setzte mit Augustus ein und kulminierte in den Eroberungen Trajans. Die Auflösung lokaler Dynastien, die Vereinheitlichung des Münzwesens, die konsequente Ausbildung einer Infrastruktur – man denke an Trajans Via Nova, entstanden 111–114 n. Chr. – und die systematische Grenzsicherung schritten unaufhaltsam voran und entzogen dem nahöstlichen Partikularismus langsam die Basis.

Die trajanische Expansionspolitik im Vorderen Orient war nur die logische Fortsetzung dieser friedlichen Romanisierung. Der Vorstoß der römischen Legionen ins Parther-Reich (ab 113) einschließlich der Eroberung Ktesiphons unterstrich die alte Wunschvorstellung von einer mesopotamisch-syrischen Einheit unter römischer Herrschaft, zu der Kaiser Trajan (98–117 n. Chr.) nun die Kraft zu besitzen glaubte. Das Zagros-Gebirge als östlicher Grenzschutz hätte die Verteidigung dieses Gebietes, das sich kurzfristig in die Provinzen Assyria und Mesopotamia gliederte, wesentlich erleichtert, doch verblieb lediglich das nördliche Mesopotamien mit dem Khabur als östlichem Grenzfluß dauerhaft unter römischer Kontrolle.

Kaiser Hadrian (117–138 n. Chr.) reagierte auf den Zusammenbruch der trajanischen Expansion mit der Sicherung der nahöstlichen Kerngebiete, die er auch persönlich besuchte: Am 23. Juli 129 traf er in Apameia ein, den Winter 129/130 verbrachte er in der alten Seleukiden-Hauptstadt Antiocheia, und im Frühjahr 130 bereiste er nach einer Visite von Palmyra Arabien und Judäa.

Eigentlich war Syrien erst jetzt, zu Beginn des zweiten nachchristlichen Jahrhunderts im vollen Wortsinne eine integrierte römische Provinz, und es stiegen die Gewinne aus direkten und indirekten Steuern. Mit der hadrianischen Politik und der neu gegebenen Grenzsicherheit konsolidierten sich die namhaften Handelsposten (z. B. Palmyra, Nisibis) in den Provinzen des Vorderen Orients, wurden bislang ungenutzte Ressourcen ausgebeutet und Brachland in Ackerboden verwandelt. In Syriens nördlichem Kalkmassiv entstanden nun große Olivenkulturen, und die Bewässerungssysteme des Hauran erweiterten die agrarische Anbaufläche. Alte seleukidische Zentren wie Antiocheia und Apameia erhielten im Zuge dieses ökonomischen Aufschwungs jene Prachtausstattung, deren Relikte bis heute beeindrucken. Auch kulturell reflektieren die östlichen Grenzlande des Reiches zunehmend den Glanz der imperialen Macht.

Man könnte dies alles als einen politischen Fortschritt des Mittelmeer-Imperiums bewerten, doch ergibt sich auf längere Sicht eine Negativbilanz, weil mit der administrativen Straffung jene politische Flexibilität verloren ging, an die sich viele Erfolge des vor- und frühkaiserzeitlichen Rom knüpften. Die Errichtung des über 1300 km langen Wüsten-Limes im Osten bezeichnet den Übergang von der imperialen Offensive zu einer Sicherung des Status quo, in der sich die Defensive schon ankündigte. In der Folge verlor die italische

Die Provinzen des römischen Imperiums unterstanden ursprünglich Proconsuln, die der Senat einsetzte. Mit Augustus (27 v.–13 n. Chr.) übernahm der Princeps als oberster Befehlshaber des Heeres die Verwaltung derjenigen Provinzen, für die ein rasches militärisches Eingreifen notwendig erschien. Im Westen handelte es sich dabei um die Unruheherde Spanien und Gallien, im Osten um Syrien. Die allein dem Prinzipat verantwortlichen Verwalter (Legati) waren entsprechend Männer des Militärs, Syrien eine Militärprovinz, in der gleich drei Legionen stationiert wurden.

Das hellenistisch-römische Syrien und sein Wegenetz

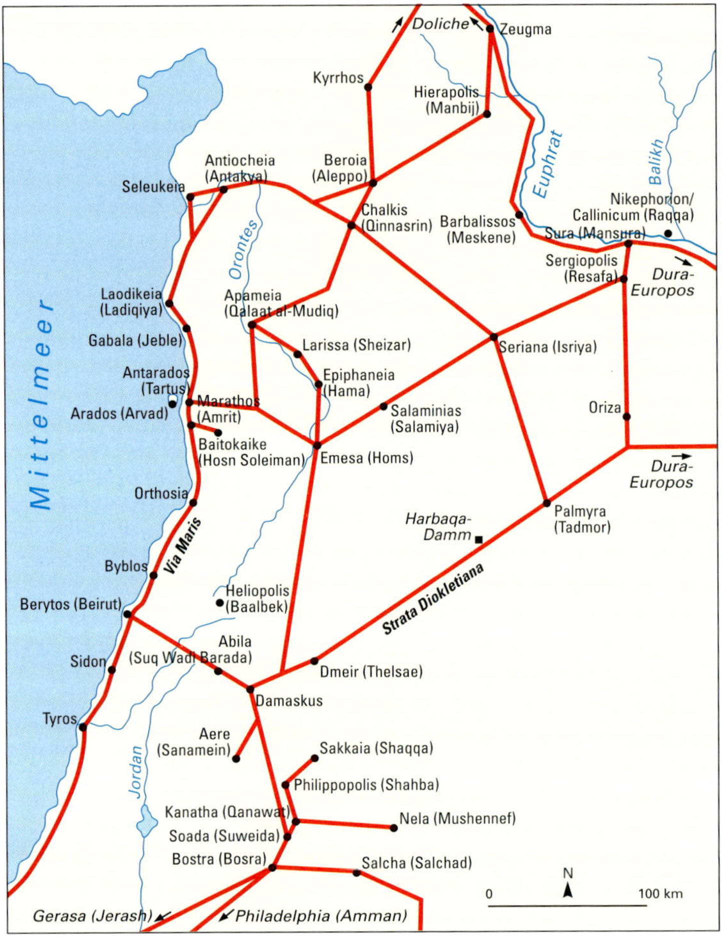

Hauptstadt mehr und mehr die Übersicht über ihre Provinzialbürokratie – und dies trotz einer immer aufgeblähteren Zentralverwaltung. Der Althistoriker Karl Christ hat errechnet, daß aus den 30 hohen Verwaltungsämtern der augusteischen Zeit im 3. Jh. n. Chr. nicht weniger als 200 geworden waren. Und hatten die ›Klientelstaaten‹ in eigenem Interesse römische Grenzsicherung betrieben, so verlagerte sich mit den Truppenstationierungen in den Außenprovinzen die militärische Macht vom italischen Zentrum an die ›barbarische‹ Peripherie des Imperiums.

Damit ist das Geschick des römischen Reiches vorgezeichnet und ein wichtiger Grund dafür genannt, daß nun immer mehr Feldherren den kaiserlichen Purpur anlegten: Männer aus den Provinzen, vom

Heer gekürt. Bereits im 2. Jh. n. Chr. stritten syrische Granden um den Thron. Zwar scheiterte Avidius Cassius (s. S. 278), geboren im syrischen Cyrrhus und später Legat der Provinz Syrien, 175 an Kaiser Marc Aurel, aber schon Septimius Severus (reg. 193–211; s. S. 119) begründete durch seine Heirat mit der in Emesa aus einer Priesterfamilie geborenen Iulia Domna (s. S. 113) ein syrisch-römisches Kaiserhaus, und mit Philippus Arabs (244–249; s. S. 117; 420) gelangte später sogar der Sohn eines Araber-Scheichs aus der südsyrischen Trachonitis zu höchsten Würden.

In die Regierungszeit Severus Alexanders (reg. 222–235; s. S. 119) fällt der Sturz der Parther durch die **Sassaniden**, die eine iranische Renaissance einleiten und bereits 230 die Römer zum Verlassen Vorderasiens drängten. Die Krise des 3. Jh., die in der Gefangennahme Kaiser Valerians (reg. 253–260) bei Edessa gipfelte, forderte die Mobilisierung aller, insbesondere auch lokaler Kräfte, und so war es die Streitmacht Palmyras, die den Sassaniden Schahpur I. (reg. 240–270 n. Chr.) nach Valerians Desaster zum Rückzug zwang.

Die militärische Belastung Roms in den europäischen Grenzgebieten erlaubte es der Karawanenstadt Palmyra, ein Stück Weltpolitik zu inszenieren – das wohl kühnste Intermezzo in der Zeit der Fremdherrschaft über den Vorderen Orient. 271 erklärten Zenobia (s. S. 121) und ihr Sohn Vaballath die Unabhängigkeit von Rom, nachdem sie 269/270 Teile Kleinasiens (Vorstoß bis Ankara) und Ägyptens erobert hatten. Vaballath nahm sogar den Titel eines Augustus an, seine Mutter den einer Augusta. Es bedurfte des energischen Eingreifens von Kaiser Aurelian, um die palmyrenische Hegemonie im Osten zu brechen. Schon im Jahr der Unabhängigkeitserklärung begann ein großangelegter Feldzug, der 272 zur Eroberung und ein Jahr später zur Zerstörung Palmyras führte.

Ende des 3. Jh. war Diokletian jener Kaiser, der der existentiellen Krise des Imperiums durch weitreichende, ihrem Wesen nach repressive Verwaltungsreformen Rechnung trug. Sie kosteten Rom und den Senat endgültig die Vorrangstellung, denn nicht nur verteilte Diokletian die Herrschaft auf zwei Augusti und zwei Caesares, er bestimmte auch mehrere Bereichshauptstädte (darunter Trier), um die Entwicklung der Provinzen besser kontrollieren und steuern zu können. Anders gesagt: Rom verlor deshalb seinen Status als Reichshauptstadt, weil die formalen Machtzentren an den realen Macht- und Konfliktzonen orientiert wurden.

Die Verwaltung Vorderasiens wurde grundlegend umorganisiert: Die neuen Provinzen Palaestina (später geteilt), Phoenice, Syria (Augusta Euphratensis später abgetrennt), Arabia, Mesopotamia (Osrhoëne später selbständig) faßte man mit den Provinzen Cilicia, Isauria und denen Ägyptens in der Diözese Oriens zusammen. Von deren oberstem Befehlshaber, dem Dux Totius Orientis, unabhängig war die Verwaltung des östlichen Limes. Die Grenzbefestigungen wurden restauriert, in Tiefenstaffelung entstand ein zweiter Limes (Strata Diokletiana) zwischen Damaskus und dem mittleren Euphrat nördlich von Resafa. Vor allem der waffenstarrenden Sassaniden wegen, aber auch deshalb, weil sich an der arabischen Wüstengrenze des Reiches neue Beduinenstämme zu rühren begannen: »Halbnackt, in bunte Umhänge bis zu den Hüften gehüllt, ziehen sie auf ihren schnellen Pferden und schlanken Kamelen in Friedens- wie in Kriegszeiten umher«, so charakterisiert sie der römische Geschichtsschreiber Ammianus Marcellinus.

Schon Diokletian, Haupt der regierenden Tetrarchie, residierte im ökonomisch besonders bedeutsamen Osten: in Nikomedia (dem heutigen türkischen Izmit), zeitweilig auch in Antiocheia; und Kaiser Konstantin bestätigte diese Tendenz, als er seine Hauptstadt an den Bosporus verlegte – an die Grenze nach Asien.

Orientalische Kulte und Christentum

Dieser politischen Lage korrespondiert die kulturelle Situation. Denn wenn man seit AUGUSTUS von einer Romanisierung des Reiches sprechen konnte, von einem beherrschenden Fluß römisch-italischer Kultur und Zivilisation in die Außenprovinzen, so setzte sich – unmerklich zunächst, nach TRAJAN aber offenkundig – eine gegenläufige Bewegung durch: Das alternde Imperium Romanum wurde orientalisiert, und zwar ausgehend vom kultisch-religiösen Bereich. Wenn Kaiser HADRIAN (reg. 117–138) auf seiner Reise durch den Vorderen Orient in der Nachfolge des SELEUKOS die nächtliche Besteigung des Mons Casios unternahm, um dort dem semitischen Zeus Casios (s. S. 218) zu opfern, so symbolisierte das die Wiederaufnahme hellenistischer Traditionen und die Beständigkeit syrischer Gottesvorstellungen. Zwar griff SEVERUS ALEXANDER (reg. 222–235), der zweite syrische Kaiser, nach der Ermordung ELAGABALS die national-römische Religions- und Kulturpolitik wieder auf, doch schon AURELIAN (reg. 270–275) opferte nach seinem Sieg über Palmyra in Emesa wieder dem Sol Invictus und erhob den orientalischen Sonnenkult erneut zur Reichsreligion.

Andere syrische Gottheiten standen in kaum geringerer Verehrung. Durch LUKIAN sind wir gut unterrichtet über den Kultus der Dea Syria, einer griechisch-römischen Weiterbildung der Göttin Atargatis. Von ihrem Haupttheiligtum in Hierapolis, dem heutigen Manbij (s. S. 319), aus verbreiteten die Priester der ›syrischen Göttin‹ die in ekstatischen Tänzen vermittelte Gottesverehrung im ganzen Reich.

Als die syrischen Truppen im Jahr 219 mit VARIUS AVITUS (später ELAGABAL oder HELIOGABALUS; reg. 218–222) einen Sproß jener Priesterfamilie, aus der schon IULIA DOMNA (s. S. 113) stammte, auf den Kaiserthron hoben, verwirklichte sich die Identität von höchstem Staatsamt und höchster Priesterwürde. Der Baal-Kult von Emesa

Römischer Heeresgottesdienst: Opfer des Julius Terentius; Nachzeichnung einer Wandmalerei aus dem Tempel der Palmyrenischen Götter von Dura-Europos.

wurde im Jahr 220 zur Staatsreligion erhoben, Elagabal als sein Oberpriester galt danach als der Vertreter Gottes auf Erden.

Was wunder, daß praktisch alle stadtrömischen Tempelbauten des 3. Jh. orientalischen Gottheiten geweiht waren. In der Hauptstadt entstanden Mithräen, Serapeen, Sonnenheiligtümer. Grob gesprochen, wiederholte sich im Machtbereich Roms das, was dem Griechentum nach Alexander widerfuhr: Der militärische Erfolg des Westens wurde kulturell abgefangen und mündete schließlich in einer machtvollen kulturellen Reaktion des Ostens. Beeindruckend, welche Kraft die orientalischen Mysterien- und Erlösungsreligionen entfalteten, überboten schließlich vom Christentum, das vom palästinischen Raum her zuerst in die Judengemeinden eindrang, die in zahlreichen hellenistischen Städten der Levante entstanden waren. Während Jesus selbst seine judäische Heimat niemals verlassen haben dürfte, hatte sich »offensichtlich bereits zu seinen Lebzeiten eine kleine Gemeinde von sogenannten ›Anhängern des Wegs‹ in Damaskus gebildet, denn sonst wäre Paulus ja nicht dorthin geschickt worden, um in den dortigen Synagogen gegen die Jesusanhänger vorzugehen« (Rüdiger Gogräfe). Auch in Pella und Gadara (beide im heutigen Nordjordanien) sowie in Antiocheia bestanden frühe judenchristliche Gemeinden, und der osrhoënische Kleinstaat um Edessa rühmte sich, das früheste Christenreich überhaupt gewesen zu sein. Auch wenn der ›Briefwechsel‹ zwischen Jesus und Abgar V., im 1. Jh. Herrscher in der Orshoëne, mit Sicherheit apokryph ist, so bleibt doch unbezweifelbar, daß das Christentum in Syrien schon lange vor den Monumentalbauten Konstantins in Jerusalem und Antiocheia repräsentiert war. Während in Dura-Europos ein Versammlungssaal und ein als Baptisterium gedeuteter Kultraum in ein Wohnhaus integriert sind (s. S. 349), läßt sich in Qirqbize (s. S. 305) ein geplanter Sakralbau nachweisen, der deutlich seine Herkunft aus der Hausarchitektur verrät. Diese frühesten Beispiele christlicher Architektur dokumentieren die fortgeschrittene Missionierung Syriens bereits im 3. und frühen 4. Jh.

Die jüdische Diaspora und die Versklavung zahlreicher palästinischer Juden nach ihrem erfolglosen Aufstand gegen Hadrians Herrschaft (132–135) bahnten dem Christentum aus dem nahöstlichen Raum den Weg in den lateinischen Teil des Imperium Romanum. Wie die anderen Kulte konnte es sich daneben auf das römische Heer stützen, das Christus – ähnlich wie Jupiter Dolichenus und Mithras – als Kriegs- und Siegergott, als Sol Invictus, zugleich aber als Weltenheiland, als Erlöser verehrte – eine Dopplung, durch die das Christentum an Integrationskraft gewann.

Vorteile hatte die Offenbarung des Messias offenbar dadurch, daß sie sich gleicherweise auf die Mittlerschaft der römischen Truppen wie auf eine ›zivile‹ Strömung in Gestalt der judenchristlichen Diaspora stützen konnte. Sie war den Kräften der Reichssicherung ebenso verbunden wie der Unterschicht (Sklaven) und der kommerziellen Mittelschicht (judäische und syrische Händler). Mehr und

Bei ihrer Grenzwacht in den östlichen Provinzen lernten die römischen Soldaten, sofern ihnen diese Gottheiten nicht ohnehin von Kind auf vertraut waren, die blutige Dea Syria, aber auch den Mithras, die Kybele und den Attis kennen, die ägyptische Isis nicht zu vergessen, und verbreiteten die jeweiligen Riten im Zuge von Truppenverlagerungen über das gesamte Reich.

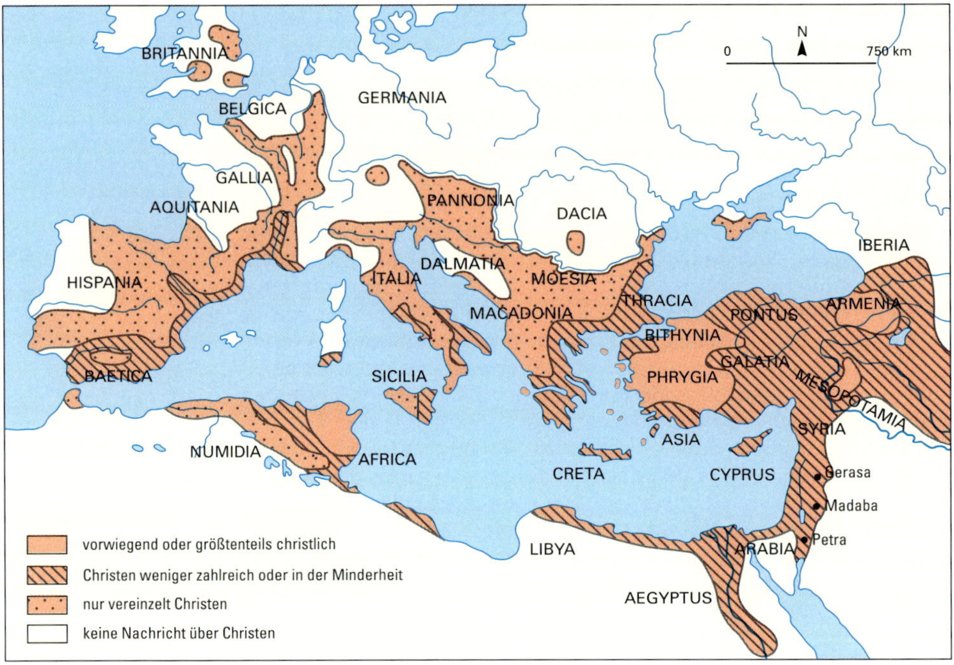

Die Ausbreitung des Christentums um das Jahr 300

mehr wurde das Christentum damit auch zu einem politischen Faktor, dem schließlich – aus welchen persönlichen Beweggründen auch immer – Kaiser KONSTANTIN Rechnung trug.

»Als staatstragende Religion vollzog das Christentum den schon begonnenen geistigen Prozeß einer Angleichung der verzweigten Götterwelt auf eigene Weise. [...] Den Sonnen- und Heilsgottheiten gegenüber wurde Christus der wahre Sol Invictus, der unbesiegbare und einzige Herr und Lenker des Kosmos, dessen Schöpfer er zugleich ist. Als der Herr über Leben und Tod stand der Christengott den im Rhythmus von Leben und Tod verhafteten Mysteriengöttern entgegen als wahrer Heiland und Herr der Auferstehung und des ewigen Lebens« (Günter RISTOW).

Aber auch hierin waren zwei einander bedingende Aspekte des syrischen Gottesbildes vorangegangen: Bereits mit den Seleukiden durchlief Syrien eine Periode des Synkretismus, in der »die einzelnen Gottheiten nur noch verschiedene Erscheinungsweisen sind, in denen sich das höchste, unendliche Wesen offenbart« (Franz CUMONT). Diesem hintergründigen Monotheismus lag ein Modell zugrunde, das in der chaldäischen Sphärographie und Astrologie (s. S. 57) wurzelte: Die Beobachtung der Gestirne zeigte demnach eine unendliche Wiederkehr von Bewegungsabläufen, gelenkt durch die Sonne als dem Sitz der göttlichen Energie. Mit der Projektion des griechisch-römischen Pantheons in die Welt der Gestirne entzog sich das Göttliche menschlicher Vorstellungskraft und regierte als Abstraktum, als eherne Notwendigkeit.

Im monolithischen Deckengewölbe der Cella des Baal-Tempels von Palmyra beherrscht der unbesiegbare, universelle und ewige Gott die Bewegung des Kosmos. Die bloße Beeinflussung irdischer Ereignisse durch himmlische Konstellationen (derentwegen schon die Seleukiden bei wichtigen politischen Ereignissen die Astrologen befragten) steigerte sich damit zu einer fundamentalen Abhängigkeit, und das irdische Geschehen erschien lediglich als kurzfristige Widerspiegelung kosmischer Wahrheit.

Diese apodiktische Vorstellung bot sich begreiflicherweise als Legitimation des spätrömischen Despotismus an: Die Kaiser Elagabal und Aurelian regierten in irdischer Analogie zum universalen Sonnengott das römische Reich und leiteten daraus ihren Machtanspruch ab. Wenn Julian im 4. Jh. die vegetationsrhythmischen Erlösungsvorstellungen des Mithras-Kultes mit der Herrschaftsideologie des Sol Invictus zu verbinden suchte, konkurrierte er freilich mit dem Christentum auf einem Terrain, auf dem dieses längst nicht mehr zu bezwingen war.

Daß die dem Christentum eigentümliche Konzeption einer göttlichen Dreifaltigkeit den Monotheismus tendenziell wieder aufhob, bedeutete dabei durchaus kein religiöses Hindernis. Im Gegenteil: Im Glauben der Christen blieb die altorientalische Vorstellung einer Gottesfamilie, die noch immer populäre Konstellation des ugaritischen Pantheons mit dem alten El (= Gottvater) und dem vom Tode auferstehenden Baal (= Jesus Christus), latent erhalten, wurden die

Kosmisches Deckengewölbe in der Cella des Baal-Tempels von Palmyra; Stich aus Robert Wood und James Dawkins: »The Ruins of Palmyra«, 1753.

spirituellen Ansprüche von Volks- und Hochreligiosität verbunden. Die außerordentliche Rolle der Jungfrau und Gottesgebärerin Maria ergab sich wiederum aus der integrativen Übernahme orientalischer Muttergottheiten, nicht zuletzt auch der ugaritischen Anat (s. S. 48) in die christliche Konzeption. Kurzum: Die Verbindung von strengem Monotheismus einerseits, vorderorientalischem Polytheismus andererseits sicherte den Erfolg des frühen Christentums.

Grundzüge der kulturellen Entwicklung

Der skizzierten weltanschaulichen Evolution entspricht die kulturelle Entwicklung bis in frühbyzantinische Zeit. Sie beginnt nach griechischer Manier mit der edlen Körperlichkeit kompakter, wohlproportionierter Baustrukturen, gewinnt in römischer Zeit an Repräsentationscharakter und bereitet in frühchristlicher Zeit eine ätherische, symbolhaft schwebende Kunst vor, die nicht durch sinnliche, sondern durch spirituelle Qualitäten überzeugen will.

Wie bereits angedeutet, hatte die seleukidische Kolonialpolitik den syrischen Raum weit intensiver als den mesopotamischen oder mittelasiatischen geprägt (s. S. 61). Während dort ebenso wie in Ägypten die altorientalischen Formen nur eine griechische Färbung erhielten, besaß in Syrien griechisches Kulturgut Priorität vor den traditionellen Ausdrucksweisen. Die Ursache dafür lag in der besonderen Bedeutung Syriens als offenes Zentrum eines Weltreiches.

Das Erscheinungsbild der hellenistischen Städte Syriens (s. S. 65) war intern geprägt durch die Rechtwinkligkeit ihrer Viertel – städtebauliches Erbe des milesischen Architekten Hippodamos (5. Jh. v. Chr.). Unter den Römern lebten griechische Vorstellungen und griechisches Kulturgut zwar fort, ganz besonders in Syrien, erfuhren aber neue Akzentuierungen. Den ersten Unterschied zu den hellenistischen Anlagen markiert die axiale Grundstruktur der römischen Planungen.

Die Grundzelle der militärischen Organisation bildete das *castrum* bzw. die befestigte Stadt, beide mit künstlich-geometrischem, achsenbezogenem Grundriß: *cardo* (die nord-südliche Hauptstraße) und *decumanus* (die ost-westliche Hauptstraße) fällten innerhalb der rechtwinkligen Ummauerung vier gleichgroße Abschnitte aus. Obwohl etwa der Bauherr der Stadtfeste Philippopolis ein Syrer war, unterstand auch diese Gründung des 4. Jh. n. Chr. dem strengen Gesetz römischer Axialgeometrie (s. S. 420) – und nicht mehr, wie in den Seleukiden-Städten, der prägenden Vorgabe der Landschaft. Damit ist in die Festungsarchitektur der Ordnungswille römischer Imperialpolitik wie auch der Anspruch auf Repräsentation auch formal integriert.

Überall dort aber, wo das römische Schema auf gewachsene hellenistische Stadtstrukturen traf, hatte die rigide Axialität es schwer. Den römischen Stadtplänen von Antiocheia, Apameia, Palmyra oder Damaskus (gut erkennbar auch im jordanischen Gerasa und Gadara) ist gemeinsam, daß die Wohnblöcke und Stadtviertel um eine

Die Säulenstraße von Palmyra, Blick auf das Monumentaltor (s. S. 374); Rekonstruktionszeichnung von Iain Browning.

zentrale, meist mehrfach gebrochene Säulenstraße rhythmisiert sind. Statt der römischen zwei also nur eine Achse – eine durch Säulenstellungen monumentalisierte Hauptstraße. Zu den Seiten mit ihren begleitenden Säulenhallen hin öffneten sich dem Flaneur Ladengeschäfte und Handwerkerstuben. Doch übernahm die Kolonnade innerhalb des hellenistisch-spätrömischen Synkretismus in Syrien offenbar nie gänzlich die Funktion einer Agora; die Konkurrenz der Marktplätze von Palmyra, Damaskus oder Gerasa bezeugt es.

Als Basarzeile, die sie war, wurde die Säulenstraße natürlich zum ›Aushängeschild‹ für die Leistungsfähigkeit einer Stadt. Die Standbilder bedeutender Bürger auf Konsolen an den Säulenfronten (z. B. in Palmyra) verdeutlichen ihren repräsentativen Charakter. Im Gegensatz zu römischen Platzanlagen, die den Raum determinieren, steht die Säulenstraße für ökonomische Dezentralisierung und urbanistische Variabilität, antwortet sie auf die hippodamische Langeweile, vor allem aber auf die römische ›Naturvergewaltigung‹ mit dem Wunsch, das Wachstum der Stadt differenziert aufzufangen.

Weithin verhinderte römische Architekturvorstellungen also, auch wenn etwa der Geraden Straße (Via Recta) von Damaskus mehrere Cardines eingezogen wurden, von denen einer das ›Thomas-Tor‹ mit dem ›Paulus-Tor‹ verband (s. S. 157f). Ungebrochen wirksam wurden die römischen Ordnungsprinzipien jedoch in den Triumphbögen oder Tetrapylonen, die keine hellenistischen Vorbilder besitzen. Anders liegt der Sachverhalt wiederum bei den Stadien und vor allem bei den Theaterbauten. Zwar haben sich in Kleinasien zahlreiche hellenistische Theater erhalten, wir kennen aber keinen syrischen Theaterbau vor-römischer Zeit. Das verwundert zwar nicht in bezug auf den judäischen oder auch den nabatäisch-arabischen Raum, denn dort besaßen Aufführungen und Wettspiele keine Tradition, doch fehlen in Syrien auch die für die griechische Polis obligatorischen Bouleuterien (Rathäuser), und nur ein Odeion ist nachweisbar.

So begann die Theaterarchitektur in Syrien also erst in augusteischer Zeit, mit der Romanisierung des Landes: Theaterbauten entstanden da, wo römische Siedler oder Truppen ansässig wurden, so in Antiocheia, Gerasa (Jordanien) oder Bosra. Auch in Damaskus haben Luftaufnahmen in moslemisch überbautem Stadtterrain die Rundung eines antiken Zuschauerraums nachgewiesen. Während des 2. Jh. n. Chr. avancierte das Theater, in seiner Halbkreisform ganz dem römischen Typus verpflichtet, dann geradezu zum Hauptkriterium für den Rang einer Stadt, auch wenn es in Syrien städtebaulich ein Fremdkörper blieb (s. S. 422).

Der über Gewölbesubstruktionen aufgeführte steinerne Zuschauerraum und die Bühne mit ihrer mehrstöckigen Schaufront beherrschten repräsentativ ein charakteristisches Ensemble von öffentlichen Bauten, zu denen des weiteren Gymnasien (auch sie im hellenistischen Syrien nicht vertreten), aufwendige Tore und natürlich auch Amtsgebäude und Heiligtümer zählten. In der Summe »gewährleisteten [sie] dem Bürger bis zum Ende des römischen Imperiums eine Daseinsinzenierung, die an Urbanität auch heute kaum übertroffen werden kann« (Volker Eid).

In der Baudekoration hat sich ein Motiv so emanzipiert, daß es als Syrischer Giebel bezeichnet wird: Es handelt sich dabei um die Kombination eines Halbkreises mit einem Dreiecksgiebel. Als Sonderformen der Baudekoration treten im Hauran Weinrankenornamentik in Basalt (besonders qualitätvoll am Westportal des Serail in Qanawat; s. S. 416) oder im Nabatäer-Reich Hörnerkapitelle (etwa am Osttor in Bosra; s. S. 410) auf.

Wo aber findet sich in all dieser hineingetragenen Kultur nun das ›Syrische‹? Erfahrungsgemäß bewahren sich lokale Sonderformen am nachhaltigsten im Bereich der Religion. In der Tat stehen sich auf syrischem Boden ein orientalischer und ein hellenistisch-römischer Tempeltypus gegenüber. Haben wir etwa in Gerasa mit dem Artemis-Tempel eine durchaus vertraute Architektur vor uns – auf einem Podium mit Treppenaufgang ist eine einschiffige Cella mit Säulenkranz errichtet –, so entziehen sich die Tempelbauten von Dura-Europos den Kriterien altmittelmeerischer Architektur. Nach dem Prinzip freier Addition strukturieren die für den Kult notwendigen Räumlichkeiten einen Innenhof, in den der meist dreigeteilte eigentliche Tempel integriert ist.

Leben in Dura die Gestaltungsprinzipien babylonischer Hoftempel fort, so geht der Baal-Tempel von Palmyra eine ebenso gelungene wie selbständige Synthese beider Grundtypen ein. Nicht nur in der rings um die Cella errichteten weiten Säulenhalle, auch in der Proportionierung und Säulenordnung verrät er hellenistische Herkunft (vom Artemis-Tempel in Magnesia am Mäander, erbaut im 2. Jh. v. Chr. unter Leitung des Hermogenes), doch hält er keineswegs eine strenge Symmetrie ein: Eine gewaltige Freitreppe führt auf den Stylobat, ein Tor sprengt die Säulenreihe, eine weite Türöffnung durchbricht die breite Westmauer der Cella, und das alles augenscheinlich nach Süden hin aus der Mittelachse heraus verschoben. Der offene Innenhof, der an die Stelle der geschlossenen Cella getreten ist, wird im Norden und Süden von Freitreppen begrenzt, die jeweils zu einem Adyton führen. Die Standorte der Götterbilder scheinen dem Betrachter entrückt, sie sind beredte Zeugen einer kosmologischen Weltsicht, die nicht der Monumentalisierung von menschlichen Gestalten bedarf. Der Kult ebenso wie das Gottesbild sind orientalisch, was die architektonische Fassung gerade im Durchbrechen des hellenistischen Grundtypus verdeutlicht: Die völlig unbefangene Öffnung der Säulenreihe durch das Tor erscheint geradezu als ein Sakrileg gegen das griechisch-römische Architekturverständnis.

Darüber hinaus besitzen die Tempel Syriens – vom konkreten Typus unabhängige – Gemeinsamkeiten, die ihnen eine spezifische Note verleihen. In seinem berühmten Aufsatz »Temples à escaliers«, einem Katalog syrischer Tempel, hat Robert Amy gezeigt, daß von Palmyra über den Hauran bis nach Petra die antiken Heiligtümer Treppenaufgänge zu einem Flachdach besaßen, das zuweilen mit Türmen (Merlonen) versehen war. Hier fand der ›kosmische Kontakt‹ zur Gottheit statt, traten Priester – ihnen allein war die Begehung des Tempeldachs vorbehalten – als autoritative Stellvertreter der Gottheit auf.

Die für Palmyra herausgestellte selbständige Ausformung des Cella-Bereichs (s. o.) ist repräsentativ für den großsyrischen Raum. Insbesondere in den nabatäischen Tempeln (wichtigstes Beispiel: der Qasr el-Bint in Petra) begegnet uns eine ausgeprägte Dreiteilung des Adytons, die weniger monumental auch für die Tempel im Hauran gilt. Dort ist die Bedeutung der Mittelnische durch die apsidiale Gestaltung herausgehoben (s. Abb. S. 419). Diese architektonische Form wurde gleichsam zum religiösen Hoheitszeichen, und es verwundert nicht, daß die frühbyzantinische Kirche ihre Chorkomposition mit zentraler Apsis und zwei Seitenkammern von der dreiteiligen Cella-Stirn nabatäischer und syrischer Tempel bezog.

Weit schwieriger ist es, das Syrische in der bildenden Kunst zu bestimmen. Natürlich besitzt Syrien ein eigenes Pantheon und folglich auch ein selbständiges Repertoire an Darstellungsformen, doch ist mit ikonographischen Eigenheiten noch keine spezifisch syrische Kunst gewonnen. Die palmyrenische Plastik bildet hier eine Ausnahme, und auch die Funde im Hauran drängen auf eine Sonderstellung. Die Negierung anatomischer Gestaltung ist nicht mit bloßer Provinzialität abzutun. Vielmehr begegnete Rom hier einer die körperliche Wiedergabe im Kern verneinenden Geisteshaltung; in der christlichen Kunst (s. S. 84) wird sich diese Tendenz noch vertiefen.

Basaltene Grabstele aus dem Hauran, wohl 3. Jh. n. Chr.

Syrien in der Spätantike

Die diokletianisch-konstantinische Reorganisation des Vorderen Orients blieb – von geringen Grenzmodifikationen abgesehen – bis zur arabischen Eroberung maßgebend. Die Tiefenstaffelung des Limes ermöglichte es, die militärische Auseinandersetzung mit den Sassaniden zu bestehen. Besondere Erwähnung verdient der Perser-Feldzug des Julian Apostata, der im Jahr 363 mit 1100 Schiffen und 65 000 Fußsoldaten entlang des Euphrat gegen das Ktesiphon des zweiten Schahpur (reg. 309–379) vorrückte.

Eine Erschöpfung der beiden kämpfenden Großmächte machte sich im 5. und mehr noch im 6. und 7. Jh. bemerkbar. Interessanterweise wurde in dieser Zeit das ›Klientelprinzip‹ (s. S. 68f) wiederbelebt, freilich weniger aus politischer Umsicht als aus militärischer Schwäche, die mit dem langsamen Verfall des Limes einherging: Ostrom setzte christianisierte Araberstämme zur Verteidigung der Wüstengrenze gegen wandernde Beduinen, zunehmend aber auch gegen die sassanidischen Widersacher ein.

Den syrischen Dajaima-Stamm, der diese entlastende Funktion zunächst für Byzanz wahrnahm, lösten unter Kaiser Anastasios (reg. 491–518) die **Ghassaniden** ab – Araber, die ursprünglich wohl aus dem Jemen stammten. Ihr Fürst (Phylarch) Harith wurde im Jahr 529 von Kaiser Justinian zum »Herrscher aller Araber« erhoben und gebot danach über die Ostteile der Diözese Oriens. Ein Reich im strengen Sinne begründeten die Ghassaniden wahrscheinlich nicht, doch besaßen sie mit Jabiya eine Art Hauptstadt auf einem Bergkegel bei dem Ort Nawa südlich von Damaskus (s. S. 399), des weiteren eine Residenz im syrischen Resafa, das damals Sergiopolis hieß: Ein *extra muros* gelegener rechteckiger Bau diente dem Ghassaniden-Herrscher al-Mundhir (Alamundarus; reg. 569–582; s. S. 115) als Prätorium. Arabische Dichter vorislamischer Zeit nennen darüber

Ghassanidischer Kamelführer auf einem Mosaik aus Wadi Uyun (am Berg Nebo in Jordanien)

hinaus beliebte Lagerplätze der Ghassaniden in Palästina, im Golan wie auch bei Damaskus (Jilliq), und nahe dem Toten Meer konnten im heutigen Jordanien bei Ain al-Minya die Reste einer ghassanidischen Palastanlage identifiziert werden.

Den Persern stand umgekehrt seit dem 4. Jh. der arabische **Lakhmiden-Stamm** zur Seite, dessen Fürsten in Hira am Euphrat residierten und dort ab dem 6. Jh. eine höfische Kultur nach sassanidischem Vorbild inszenierten. Anfangs war die politische Bindung der Lakhmiden allerdings schwankend: Ihr Fürst Imru al-Qais († 328) ging im 4. Jh. zu den Byzantinern über (bei an-Namara in Südostsyrien fand sich seine Grabschrift, noch in nabatäischer Sprache), und ein anderes Stammesoberhaupt, Numan I., pilgerte irgendwann zwischen 413 und 420 zum Säulensteher Simeon (s. S. 285), um sich spirituellen Rat zu holen. Die herausragende lakhmidische Herrschergestalt des 6. Jh. war Mundhir III. (nicht zu verwechseln mit dem erwähnten Ghassaniden al-Mundhir), der gegen das Ostrom Justinians (reg. 527–565) stritt und dabei auch nach Syrien einfiel, sich aber zugleich innerarabischer Gegner aus dem Stamm der Kinda zu erwehren hatte.

Im Jahre 544 nahm Mundhir III. bei einem seiner Raubzüge nach Syrien den Sohn des Ghassaniden-Fürsten Harith Ibn Jabala gefangen und brachte ihn der Göttin al-Uzza als Menschenopfer dar. Zehn Jahre später rächte sich der Ghassanide in der Schlacht bei Chalkis/Qinnasrin, die dem Lakhmiden den Tod brachte.

Nun wäre es eine Verkürzung, in Lakhmiden und Ghassaniden lediglich nützliche ›Klienten‹, neue *foederati* der Großmächte zu sehen. Die Stämme erscheinen zugleich als die Vorboten des Arabersturms im 7. Jh., der im Zeichen des Islam stehen sollte. Durch Herkunft, Verwandtschaft und nomadische Wanderbewegungen noch immer mit Zentralarabien verbunden, vermittelten sie ihrer südlichen Heimat Techniken der Kriegsführung ebenso wie Errungenschaften der militärischen Ausrüstung. Insofern kommt den historischen Nachrichten, daß Ende des 6. Jh. die Ghassaniden erstmals eine Stadtbelagerung (Bosra in Südsyrien) zu organisieren verstanden und daß Anfang des 7. Jh. der Araberstamm der Beni Sheiban bei Dhu Qar ein persisches Reiterheer zu bezwingen vermochte, Signalcharakter zu. Mit dem Islam erhielt der in der Region verwurzelte arabische Ethnos dann eine ideologische Legimitation, aus der sich das schnelle moslemische Auftrumpfen in Syrien und die fast widerstandslosen, meist friedlichen Stadtübergaben erklären (s. S. 130).

Zur politischen Geschichte der vorderasiatischen Großreiche vor dem Islam bleibt nachzutragen, daß Konstantinopel und Ktesiphon, Kaiser Maurikios und Großkönig Chosroes II., im Jahr 591 zwar wieder einmal zu einem Friedensschluß gelangten, nur zwanzig Jahre später, zur Zeit des byzantinischen Kaisers Heraklios (reg. 610–641), aber ein folgenschwerer Sassaniden-Angriff auf Syrien begann. Antiocheia und Damaskus wurden erobert, Hunderttausende von Olivenbäumen und Rebstöcken abgeholzt, und im Jahr 614 standen die Perser vor Jerusalem. Zwanzig Tage dauerte die Belagerung, dann drangen – in den Worten des Antiochos Strategos – »die bösen Feinde mit einer Wut, die der von tollen Tieren und schnaubenden Drachen gleichkam, in die Stadt ein«. Im Feldzug des

Jahres 627 vermochte Heraklios mit entscheidender Unterstützung der Ghassaniden (»Sarazenen« nennt sie in die kaiserliche Deklaration) die Perser zwar noch einmal militärisch niederzuzwingen, doch sollte sich der Osten der Diözese Oriens wirtschaftlich und kulturell von den Verheerungen nicht mehr erholen.

Auch dort, wo Agrikultur oder Städte und Dörfer von den Persern verschont blieben, brach die über Jahrhunderte so leistungskräftige Wirtschaft des Landes mit den Jahren der persischen Besetzung zusammen. Die Entvölkerung des ehemals dicht besiedelten Hinterlandes von Apameia und Antiocheia, aber auch die Aufgabe des Siedlungslandes im Hauran sprechen eine deutliche Sprache.

Ab dem zweiten nachchristlichen Jahrhundert hatte sich zunächst in den Großstädten, dann auch auf dem Lande eine dominierende Klasse von Großgrundbesitzern etabliert, die Pflanzern ein nichtbebautes Grundstück zur Anlage von Oliven-Monokulturen zur Verfügung stellten. Nach mehreren Jahren wurden die Pflanzer selbst an Grund und Boden beteiligt. Durch die Zunahme des Exportbedarfs formierte sich so eine unabhängige Gesellschaftsgruppe von kleinen Besitzenden, die im 4. Jh. dörfliche Gemeinschaften bildeten. Im nordsyrischen Kalksteinmassiv (Jebel Seman, Jebel al-Ala etc.) mit seinen Toten Städten hat sich diese Entwicklung in überaus sehenswerten Bauensembles niedergeschlagen (s. S. 281f). Die zentral gelegenen Ölpressen und feste Haustypen verweisen hier wie anderswo auf eine gemeinschaftliche Wirtschaftsorganisation.

Mit den Zerstörungen Chosroes' II. (reg. 590–628) und der Besetzung Syriens durch die Perser um 610/611 kam aber das Wirtschaftssystem ins Wanken: Die Olivenproduktion in Monokulturen war ja nur sinnvoll durch den Export und damit abhängig von der politischen Einheit der östlichen Mittelmeerwelt. Zunächst die Perser und dann die Araber zerstörten diese Einheit und raubten der

Serjilla, eine der Toten Städte in den Kalksteinmassiven Nordsyriens, die bis ins 7. Jh. von der Olivenkultur lebten (s. S. 311).

syrischen Wirtschaft ihre Existenzgrundlage, ihre Lebensstruktur. Als die islamische Armee am 20. August 636 die Schlacht am Yarmuk (dem heutigen syrisch-jordanischen Grenzfluß) gegen byzantinisch-ghassanidische Streitkräfte für sich entschied, zog sie in ein ausgeblutetes, zerrüttetes Land ein.

Der letzte Ghassaniden-Fürst, Jabala Ibn Aiham, unterwarf sich am Yarmuk dem siegreichen Omar und nahm den Islam an. Später floh er nach Konstantinopel und wurde wieder Christ. Teile der ghassanidischen Truppen setzten sich an der Seite der geschlagenen Oströmer über das Amanus-Gebirge nach Anatolien ab und ließen sich im kappadokischen Raum nieder. Bis heute ist dort die Anwesenheit des arabischen Ethnos erkennbar.

Die Kunst des christlichen Syrien

Wir haben schon skizziert (s. S. 73), wie sich durch die Diaspora jüdischer Sklaven und Händler, mehr noch aber die in Syrien stationierten Legionen seit dem 1. Jh. n. Chr. semitische Gottesvorstellungen über das ganze römische Imperium verbreiteten. Der massive Widerstand gegen die Renaissance hellenisch-antiker Kulte, wie sie Kaiser Julian in Antiocheia zu verwirklichen versuchte, belegt die Zeitstimmung. Sie fällt zusammen mit einem ›nationalen Erwachen‹ aus dem Geist des Christentums, der Geburt einer selbständigen syrischen Kirchenliteratur, deren hervorragende Vertreter Paul von Samosata (3. Jh.), Ephraim der Syrer (ca. 306–373) und Jakob Baradai (Bardäus; ca. 500–578, s. S. 112) sind. Paul war zwischen etwa 260 und 270 Bischof in Antiocheia, Ephraim (syrisch Aprem) leitete in Edessa eine Katechetenschule und wurde mit seinen theologischen Schriften wie auch seiner liturgischen Poesie ins Griechische, Armenische, Lateinische und Kirchenslawische übersetzt. Jakob stieg mit Unterstützung der byzantinischen Kaiserin Theodora zum Bischof der Ghassaniden auf; aus seiner monophysitischen Auslegung des Christentums ging die Jakobitische Kirche (Syrisch-orthodoxe Kirche; s. S. 26) hervor.

Denn mit dem Konzil von Chalkedon 451 hatte sich die Christenheit gespalten in diejenigen, die dem Konzilbeschluß entsprechend zwei Naturen Christi anerkannten – eine göttliche und eine menschliche –, und in die Monophysiten, die allein die eine, göttliche Natur des in Christus inkarnierten ›Wortes‹ sahen. Sie wandten sich damit nicht zuletzt gegen den Nestorianismus, der die menschliche Natur Christi hervorgehoben hatte. Daß es sich hier keineswegs um bloße dogmatische Haarspaltereien handelt, bezeugt der Umstand, daß Ostroms ghassanidische Föderaten ab ca. 500 Monophysiten, Ktesiphons lakhmidische Verbündete ab ca. 580 dagegen Christen nestorianischer Richtung waren.

Zugleich jedoch bestand eine tiefe konfessionelle Kluft zwischen dem Reichszentrum Konstantinopel mit seiner griechisch-orthodoxen Auslegung des Christentums und der monophysitischen Lehre. Ostrom war in eine Zwickmühle geraten: Einerseits brauchte es die ›abweichlerischen‹ Ghassaniden, andererseits konnte es ihnen der religiös-kulturellen Reichseinheit wegen keine Glaubensfreiheit lassen. Die Schaukelpolitik gegenüber dem großen Ghassaniden Alamundarus (al-Mundhir), dem Sohn des Aretas (Harith), belegt es: Kaiser Justin II. (reg. 565–578) wollte ihn verhaften oder sogar töten lassen, scheiterte damit aber und versöhnte sich am Grab des Hl. Sergios in Resafa (s. S. 328f) wieder mit ihm, Kaiser Maurikios schickte den Ghassaniden nach Sizilien ins Exil, Kaiser PHOKAS entließ ihn wieder nach Syrien, wo er von seinen Stammesleuten begeistert gefeiert wurde (s. auch S. 115).

Jedenfalls lösten sich die Monophysiten, welche die Majorität in Syrien und Ägypten bildeten, zunehmend aus dem Einflußbereich Konstantinopels. Als religiöse Strömung repräsentierten sie die spirituell akzentuierten Traditionen Syriens. Deren latente Tendenz zu rigoroser Entkörperlichung, im Christentum ohnehin schon angelegt, fand im Monophysitismus mit seiner Polemik gegen die Leiblichkeit Jesu höchste dogmatische Steigerung.

Kapitell mit Akanthus-Blättern und Kreuzzeichen aus Bara in Nordsyrien

Allgemein gesprochen, ging die christliche Ikonographie aus der Lockerung, ja Auflösung des antiken Motivkanons hervor. In einer eher flächigen Bildkunst (Relief, Email, Elfenbeinschnitzerei, Miniaturmalerei, Wandmalerei, Mosaik) wurden zunächst griechisch-römische Motive (Szenen aus Mythologie und Tierfabel) neben stilisierte Bilder der göttlichen Trinität, der christlichen Kaiser und kirchlicher Würdenträger oder Stifter gesetzt. Dabei erfuhren die antiken Motive, die man zunächst ganz unbefangen übernommen hatte, mit der Zeit eine christliche Umdeutung. Das dionysische Rebenmotiv etwa geriet in den neutestamentlichen Kontext des Weinberg-Gleichnisses (und bereitete die moslemische Paradies-Thematik vor; s. S. 145), Fischerdarstellungen scheinen auf den ›menschenfischenden‹ PETRUS zu verweisen, und Christus als Guter Hirte entsprang der antiken Schäferidylle. Allmählich wurden so große Teile der spätantiken Bildersprache christianisiert. Im Einklang damit entwickelte sich eine spezifisch christliche Symbolik: Den Palmzweig betrachtete man als Siegeszeichen, den Anker als Ausdruck der Hoffnung, das Boot als Chiffre für die christliche Gemeinde. Eigenständige Bildformen hat das Christentum hingegen nur zaghaft hervorgebracht. Da die Entwicklung einer christlichen Ikonographie im Vorderen Orient stattfand, war sie im übrigen von der Abstraktionslust der ›monophysitischen Häresie‹ geprägt.

Die syrischen Beispiele der Mosaikkunst – etwa im Hauran (Shahba/Philippopolis) und im nördlichen Kalkmassiv – stehen zunächst dezidiert in der – freilich langsam verarmenden – Tradition eines spätantiken Realismus, der sich vor allem um die klassischen Themen bemüht: ob nun Venus bei der Schönheitspflege dargestellt wird oder Artemis beim Bade (ebd.), ob der junge Achilles auf die Insel Skyros desertiert oder Orpheus in die Saiten seiner Kithara greift. Themen wie die Rückkehr des Odysseus oder Sokrates inmitten der Weisen fehlen auf syrischen Mosaiken ebensowenig wie muntere Putten und jagende Zentauren. Besonders kostbar sind Darstellungen des Alltagslebens, wie sie etwa ein detailreiches Bodenmosaik von Musikantinnen aus Maryamin (s. S. 185) bietet. Hier kann man die syro-römische Frauenmode des 4. Jh. studieren, während ein großes Jagdmosaik aus Apameia (heute in den Königlichen Museen, Brüssel) schwungvoll wiedergibt, wie sich frühbyzantinische Krieger zu Pferd oder zu Fuß mit Großkatzen (Löwen, Leoparden) maßen.

Indessen verlieren die figürlichen Mosaiken mit der Zeit, mit der Entkörperlichung der christlichen Bildersprache an realistischer Qualität. Das späte, auf 621 datierende Bild einer Kamelkarawane aus Deir al-Adas im Museum Bosra belegt die Tendenz. Nach wie vor bleiben Mosaiken selten, die Christus, Maria und die Apostel zeigen. Insofern bedeutete die Entdeckung der Hauskirche von Dura-Europos (s. S. 349) nicht nur für Syrien eine Sensation: Mit einem Schlag war eine komplexe christliche Ikonographie in einer öffentlichen Anlage bereits für das 3. Jh. bezeugt. Die Unbeholfenheit der Malerei – vorwiegend neutestamentliche Szenen – und die geographisch abseitige Lage der Stadt lassen jedoch annehmen, daß es sich um eine Übernahme nach Vorlagen, möglicherweise aus der illuminierten Kirchenliteratur (s. S. 83), handelt. Die Frage der Verbreitung einer christlichen Bildkunst in Syrien kann somit auch heute nur unvollständig beantwortet werden.

Glücklich kann sich da der Architekturhistoriker schätzen, dem Syrien eine geradezu unendliche Fülle erhaltener Monumente vom 4. bis zum 7. Jh. bewahrt hat. Neben dem vorherrschenden Bautypus der Basilika brachte Syrien zahlreiche Spielarten von Zentralbauten hervor. Die Basilika als zumeist west-östlich orientierter, dreischiffiger Langhausbau ging aus der Architektur der Markthalle hervor und war im ganzen Imperium verbreitet. Die grundlegenden Bauteile – die Stützen, welche die Mittelschiffswände tragen, der Eingang und die Apsis – ermöglichen eine vielfache Variation. So entstanden trotz gleicher Elemente deutlich unterschiedliche Raumgebilde.

Neben den Säulenbasiliken bildet sich im Kirchensprengel von Antiocheia während des 5. Jh. die sogenannte Weitarkadenbasilika aus. Die oblongen Pfeiler, die an die Stelle der in ihren Proportionen festgelegten Säulen treten, tragen weit gespannte Arkaden, Mittel-

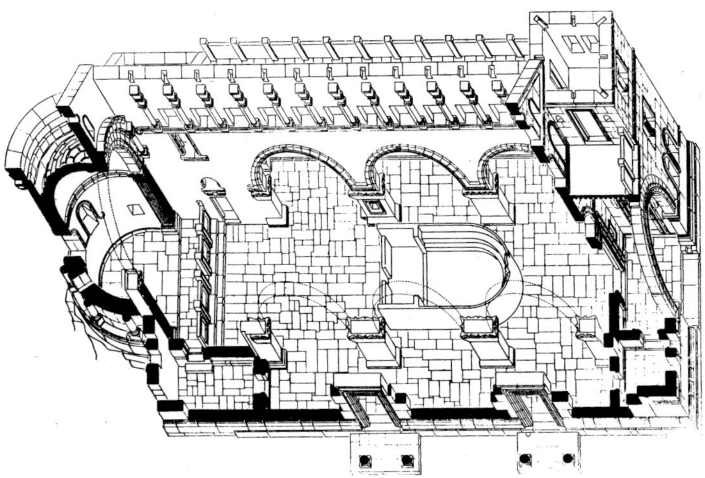

Isometrische Darstellung der Weitarkadenbasilika von Qalb Lhoze (s. S. 305)

schiff und Seitenschiffe werden enger zusammengeführt, der Raum wirkt einheitlicher. Bedeutende Weitarkadenbasiliken finden wir in Qalb Lhoze, aber auch in al-Anderine und in Umm al-Jemal (Jordanien). Nehmen wir die Bauten mit kreuzförmigem Pfeilergrundriß (wie in Resafa oder Ruweiha) hinzu, so ist die Bedeutung der Weitarkadenbasilika offensichtlich: Größe und Reichtum der Ausstattung machen sie zu einer der hervorragendsten Raumschöpfungen des Orients. Mit seiner freien Verfügbarkeit der Pfeilerordnung entspringt der Bautypus einem Vermögen lokaler Architekten, festgelegte klassische Ordnungen zu durchdringen. Auch scheint die unsystematische Kapitellvielfalt oder die Unabhängigkeit zwischen Stützensystem und Obergadenfenstern – in Mushabbaq vollständig erhalten – nicht provinzielles Unvermögen, sondern syrisches Charakteristikum zu sein.

Grundriß des Zentralbaus der Kathedrale von Bosra

Die Innovationskraft, die hier spürbar wird, kulminiert im furiosen Erfindungsreichtum der Zentralbauten. Die großen Kathedralen von Bosra, Aleppo oder Resafa variieren den ›Zweischalenbau‹, wie der Grundrißvergleich zeigt, in aufregender Weise. Einen mittleren, auf Stützen ruhenden Kuppelraum umfängt ein durch Nischen und Portale gegliederter Außenbau. Es ist das Spannungsverhältnis von Innen und Außen, von Flexibilität und Konstruktion, das diese Raumschöpfungen des 5. und 6. Jh. unvergleichlich macht.

Die Frage nach der Kontinuität römischer Bautypen in der christlichen Architektur Syriens ist vielgestaltig. Einerseits existieren zahlreiche christliche Bauwerke, die aus antikem Steinmaterial errichtet sind oder sogar pagane Bauteile einbeziehen; andererseits tritt spezifisch römisches Mauerwerk im Sakralbau nur vereinzelt auf (Bosra und Qasr Ibn Wardan). Ansonsten steht die Steinquadertechnik Nordsyriens in hellenistischer Tradition.

Arabersturm und Omayyaden

Die arabische Eroberung Jordaniens und Syriens in den Jahren 631 bis 637 war nicht die erste Konfrontation zwischen Byzantinern und den Nomaden der südlichen Wüstenzonen. Für die spätbyzantinische Zeit haben wir bereits die arabische Selbständigkeit (Ghassaniden, Lakhmiden) unter der Oberhoheit von Konstantinopel bzw. Ktesiphon hervorgehoben. Die fortgeschrittene Arabisierung des Fruchtbaren Halbmond ist als Voraussetzung der blitzartigen Eroberung im 7. Jh. nicht zu unterschätzen. Auch die religionspolitische Sonderstellung Syriens (s. S. 83) spielte eine entscheidende Rolle. Viele monophysitische Christen empfanden die moslemische Eroberung als eine Befreiung von der orthodoxen Unterdrückung.

Die äußeren Gegebenheiten für die arabische Invasion waren also ohne Zweifel günstig. Dazu kam das missionarische Sendungsbewußtsein der Araber, das schließlich das Vermächtnis der älteren Kulturen mit neuen Inhalten zu füllen wußte. Die Arabisierung des

Vorderen Orients war vorrangig eine Islamisierung; Sprache und Religion wurden die Eckpfeiler einer neuen Kultur und Zivilisation. So fundamental und nachdrücklich bestimmten sie Gesellschaft und Politik, daß wir heute von arabischen oder islamischen Staaten sprechen, wenn wir Syrien oder Jordanien meinen.

Den Hintergrund für den historischen Richtungswechsel bildet das Wirken des arabischen Religionsstifters MOHAMMED. Um 570 im zentralarabischen Mekka geboren, entwarf MOHAMMED aufgrund gewisser mystischer Erlebnisse im ersten Jahrzehnt des 7. Jh. die Grundlagen einer neuen monotheistischen Religion. Heftig angefeindet wegen seiner Kritik am altarabischen Polytheismus (dessen Zentrum Mekka und dessen Nutznießer die mekkanische Kaufmannsaristokratie war), vermochte der Prophet in seiner engeren Heimat nicht Fuß zu fassen. So übersiedelte er 622 mit seinen Anhängern nach Yathrib, das seither Medina, d. h. ›Stadt‹ (des Propheten), heißt. Dort, nur wenige hundert Kilometer entfernt von Mekka, durfte er günstigere Lehr- und Lebensbedingungen erwarten. Das Jahr der Hejra (Hedschra), seines ›Auszugs‹ nach Yathrib, gilt der islamischen Gemeinschaft als ihre Zeitenwende, markiert den Beginn einer eigenständigen islamischen Zeitrechnung.

Das Bild MOHAMMEDS als Seher und Künder wird freilich nur der einen Seite seines Wirkens gerecht. Nicht minder bedeutsam war, daß der Prophet als umsichtiger Realpolitiker zu agieren verstand und sich nicht scheute, Steuerfragen zu regeln oder soziale Zwistigkeiten zu schlichten. Von Yathrib/Medina aus gelang es ihm nach blutigen Auseinandersetzungen mit Mekka (623, 625, 630), die arabischen Stämme über alle Erbfehden hinweg zu einen und eine Art ›Gottesstaat‹ zu begründen, der bei des Propheten Tod Anfang Juni 632 bereits weite Teile der Arabischen Halbinsel umfaßte.

Der Tod des Religionsstifters konnte die Eroberungswelle des Islam nicht aufhalten. Seine ersten beiden Nachfolger, die Kalifen (›Nachfolger‹) ABU BAKR und OMAR, sandten die moslemischen Krieger nach Nordafrika und in die Länder des Fruchtbaren Halbmond. Die Kenntnis des nahöstlichen Wegenetzes, der oströmischen und sassanidischen Grenzstädte und Handelszentren, die Beweglichkeit der Kamelreiterei, dazu die durch Ghassaniden und Lakhmiden nach Arabien vermittelte Waffentechnik trugen zu raschen und leichten Erfolgen bei. Bereits in den 30er Jahren des 7. Jh. nahmen Truppen unter der grünen Fahne des Propheten, geführt von Feldherren wie KHALID IBN AL-WALID, Jordanien, Syrien und Palästina ein – den Kernbereich der alten Diözese Oriens also. Im September 635 fiel Damaskus.

Noch einmal sammelte das ›neue Rom‹ des Kaisers HERAKLIOS seine militärischen Kräfte. Die moslemischen Krieger wichen zunächst nach Süden aus, stellten sich dem byzantinischen Heer jedoch am 15. August 636 in der historischen Schlacht am Yarmuk. Sie endete mit einer vernichtenden Niederlage für Ostrom. In kürzester Zeit zogen islamische Truppen danach durch ganz Syrien hinauf

Der Islam (das Wort bedeutet soviel wie Hingabe an Gott) knüpft an Judentum und Christentum an, integriert aber auch altarabisches Brauchtum, so die traditionelle Pilgerfahrt nach Mekka. Mohammed selbst trat als Prophet auf, als gottgesandter Nachfolger Mose und Jesu. Entsprechend sehen gläubige Moslems in den Lehren, die das Heilige Buch des Islam, der Koran, enthält, nicht die persönlichen Worte oder Auffassungen Mohammeds, sondern Offenbarungen des ›einen und einzigen Gottes‹, niedergelegt in einem himmlischen Ur-Koran.

Der Prophet Mohammed bei seiner letzten Predigt auf dem Minbar der Moschee von Medina; Illustration aus der »Chronik des al-Biruni«.

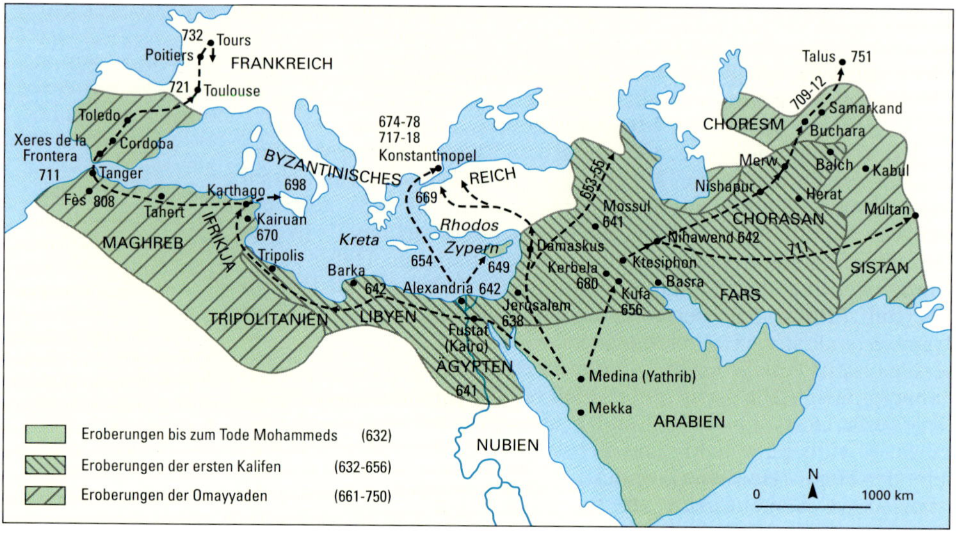

Die Ausbreitung des Islam von Mohammed bis zum Ende der Omayyaden-Zeit

bis an die Gebirgsgrenzen Anatoliens, ohne auf nennenswerten Widerstand zu treffen. Wenn die arabischen Heere am Saum Kleinasiens zum Stillstand kamen, dann nicht zuletzt aufgrund der ethnischen Gegensätzlichkeit dieser Landschaft; anders als Syrien war sie nicht arabisiert. Auch Palästina widersetzte sich mit größerer Entschiedenheit als Syrien, konnte dem militärischen Druck aber letztlich nicht standhalten. Im Jahr 638 zog der Kalif Omar in die auch den Moslems heilige Stadt Jerusalem ein.

Damit war der gesamte Vordere Orient in moslemischer Hand, traten nun politisch-administrative Aufgaben in den Vordergrund. Zunächst verfügten Militärgouverneure über die Macht, doch war Omar bestrebt, von Medina aus eine fiskalische Kontrolle durchzusetzen. Dazu stellte er zivile Vertrauensmänner aus Medina, die nur ihm persönlich verantwortlich waren, an die Seite der jeweiligen Regenten. Wo die Lage es erlaubte, wurden die Militärmachthaber sogar abgelöst, Khalid Ibn al-Walid, der Eroberer Syriens, etwa durch Abu Ubayda, einen alten Gefährten des Propheten. Aber mochte Medina den moslemischen Kriegern auch geistige Heimat bleiben, mochte es sich auch formell die Oberhoheit sichern – es fehlten in der ›Stadt des Propheten‹ doch alle Voraussetzungen, die zufließenden Gewinne aus Beutezügen, vor allem aber aus den immensen Steuereinnahmen, angemessen zu verwerten. Die städtischen Zentren Wüstenarabiens, ob Medina oder Mekka, Hayil oder Taif, blieben, was sie waren: Umschlagplätze des Transithandels ohne nennenswerte eigene Produktivität.

Demgegenüber richteten sich die eroberten Landstriche bald wieder in neuer ökonomischer Stärke auf, insbesondere Syrien, wo die

Moslems die byzantinische Verwaltung fast unverändert übernommen hatten. Nun fiel auch positiv ins Gewicht, daß sich die meisten Städte dieses Raumes, arabisiert wie sie waren, nach der Yarmuk-Schlacht den anrückenden islamischen Truppen kampflos ergeben hatten; gemäß moslemischem Recht waren sie daraufhin weitgehend unbehelligt geblieben – allerdings hatte jeder Christ eine zusätzliche Kopfsteuer zu entrichten. Lediglich Ländereien der Krone oder geflüchteter Großgrundbesitzer wurden konfisziert: offiziell durch den Kalifen selbst, der solche Latifundien aber an arabische Gefolgsleute weitergegeben haben muß, denn wenig später befinden sich Moslems im Besitz großer Güter außerhalb der Städte.

Damit zeichnet sich der Aufstieg des Vorderen Orients innerhalb des neuen islamischen Weltreichs ab. Andererseits ging der besonders leichte Machtwechsel im syrischen Raum zu Lasten der Islamisierung, die christlichen Traditionen lebten fort. Das wichtigste Gegenbeispiel sind die Ostprovinzen, vor allem der Irak, wo neugegründete moslemische Lagerstädte wie Kufa und Basra Zentren einer besonders entschlossenen islamischen Mission wurden. Die wachsenden inneren Widersprüche erklären sich letztlich daraus, daß eine religiös motivierte Bewegung zur Staatsmacht gelangte und ihre Führer nun vielfach Wege gingen, die durch ökonomische und administrative Sachzwänge diktiert wurden. Traditionelle Stammesorganisation und religiöses Sendungsbewußtsein gerieten in Gegensatz zu politischem Pragmatismus wie kommerziellem Kalkül, und bereits der Kalif UTHMAN, Nachfolger OMARS, geriet darüber ins Kreuzfeuer religiöser Kritik. Bald erschütterten Kalifenmorde und konfessionelle Schismen den Islam. Der Kalif OMAR wurde 644, UTHMAN 656, der auf ihn folgende ALI 661 getötet.

Der bis heute andauernde religiöse Dissens zwischen Sunniten und Schiiten erwuchs dabei aus dem Machtkampf zwischen dem Statthalter von Syrien, MUAWIYA (s. S. 114), und dem in Kufa residierenden Vetter und Schwiegersohn des Propheten, ALI, und war auf Fragen der Herrschaftslegitimation konzentriert. Im Juli 657 kam es südlich von Raqqa, in der Ebene von Siffin, zu Scharmützeln zwischen MUAWIYA und ALI. Die Krieger MUAWIYAS sollen dabei ihren guten moslemischen Willen dadurch bekundet haben, daß sie auf ihre Lanzen handgeschriebene Blätter mit Koran-Texten spießten. Die Ermordung ALIS im Jahr 661 entschied die sozialen und religiösen Divergenzen zugunsten des Omayyaden MUAWIYA. Allein, daß ein Mitglied dieser mekkanischen Kaufmannsfamilie, die einst gegen MOHAMMED Front gemacht hatte, an die Spitze des Reiches gelangte, bezeugt die Profanierung des erklärten ›Gottesstaates‹. Noch bezeichnender ist vielleicht der Umstand, daß MUAWIYA den Regierungssitz von Medina nach Damaskus verlegte, also das politische mit dem ökonomischen Reichszentrum zur Deckung brachte. Denn dazu war Damaskus aufgestiegen, nachdem das tausendjährige Antiocheia, »des Orients glanzvoller Höhepunkt« (AMMIANUS MARCELLINUS), als westwärts – nach Kleinasien, Griechenland, Italien –

orientierte Metropole unter den neuen geopolitischen Bedingungen den Vorrang eingebüßt hatte.

Als Muawiya im April 680 starb, hatte er bereits seinen Sohn Yazid zum Nachfolger ernannt, eine dynastische Amtsübertragung, die – da dem Frühislam grundsätzlich fremd – einen entscheidenden Wendepunkt markierte. So verwundert es nicht, daß der alte Konflikt zwischen den Sunniten, die in den Omayyaden ihre politische Machtbasis hatten, und den Anhängern Alis erneut entflammte: Hussein, Alis zweiter Sohn, wurde wieder aktiv, fiel aber vor Kerbela in einem Gefecht. Dies vertiefte den Bruch, und bis heute sind sich Sunniten und Schiiten uneins geblieben.

Hisham (691 † 743), der zehnte Kalif aus dem Geschlecht der Omayyaden, war ein großer Organisator und Förderer der Landwirtschaft – u. a. ließ er die Sümpfe entlang des Euphrat trockenlegen –, stieß aber innen- wie außenpolitisch an die Grenzen seiner Macht. Im Reichsinnern schürte die scharfe Steuerpolitik des als ebenso sachlich wie geizig beschriebenen Kalifen Aufstände der ägyptischen Kopten (725), der Aliden im Irak (740) und der nordafrikanischen Berber (740/741). Die Expansion des Islam kam unter Hisham mit den Schlachten von Tours und Poitiers (732) auf französischem Boden, aber auch durch die Niederlage gegen die Khazaren (730) zum Erliegen. Hisham residierte in Damaskus und Resafa, ließ zudem drei Wüstenschlösser errichten, darunter die beiden Qasr al-Heir im heutigen Syrien.*

Die entscheidende politische Tat des Omayyaden Abd al-Malik (reg. 685–705), der nach zwei schwachen Kalifen eine Nebenlinie der Omayyaden zur Herrschaft brachte, war die durchgreifende Arabisierung des Reiches. Muawiya hatte nach der Eroberung auf den alten Verwaltungsapparat nicht verzichten können, und so war die christliche Bevölkerung ganz wesentlich an der Organisation des Reiches beteiligt geblieben, hatten sich das Syrische und das Griechische als Amtssprachen behauptet. Nun ließ Abd al-Malik die Steuerakten ins Arabische übersetzen, was in der Folgezeit einen grundlegenden Wechsel im Personalbereich bewirkte. An die Stelle der byzantinischen und persischen Sorten traten als Goldmünze der Dinar und als Silbermünze der Dirham, beide ausschließlich mit arabischen Inschriften geprägt. Mit der Arabisierung ging eine Vereinheitlichung der gesamten Reichsverwaltung einher, denn nicht allein Syrien, sondern auch Persien und Ägypten waren von diesen Maßnahmen betroffen.

Durch die Arabisierung gestärkt und nach innen hin konsolidiert, vermochte das Reich der Omayyaden weiter zu expandieren. Die fortdauernde Eroberungspolitik ist mit Kalifennamen wie Walid (reg. 705–715) und Hisham (reg. 724–743) verbunden. Dem entstehenden islamisch-omayyadischen Weltreich zeigte sich seinerzeit allein das chinesische Tang-Imperium ebenbürtig. Konstantinopel wie auch das Franken-Reich im Westen konnten sich aber schließlich in der Defensive zu behaupten: Die Schlacht von Poitiers 732 stoppte den arabischen Zug gegen Westeuropa, und Byzanz schlug an der Wende vom 7. zum 8. Jh. die Vorstöße auf die schwer befestigte Hauptstadt zurück.

Gesellschaftspolitisch vollendeten die Omayyaden das System des Feudalismus, wie er sich im Nahen Osten seit spätrömischer und sassanidischer Zeit herausgebildet hatte. Die Masse der Bauern und städtischen Handwerker war dabei ökonomisch selbständig, mußte aber an Grundherren und örtliche Machthaber eine Feudalrente in Form von Naturalabgaben oder zusätzlicher Arbeit entrichten. Es ist einsichtig, daß die arabischen Eroberer ein solches Zwangsverhältnis mit besonders freier Hand durchsetzen konnten. Dabei geboten sie über das komplexe, in altorientalische Zeit zurückreichende Bewässerungssystem mit seiner hydraulischen Technologie (Hebewerke, Kanalanlagen, Wasserräder), das unter hellenistischer wie (ost)römischer Herrschaft zur Kontrolle und Zentralisierung der Landwirtschaft eingesetzt worden war und ein bäuerliches Leben am Saum der Wüste überhaupt erst ermöglichte.

Zwar erhoben sich 725/726 koptische Bauern in Ägypten, 739-741 Teile der – ohnehin erst spät unterworfenen – Berber-Bevölkerung Nordafrikas gegen die Damaszener Fremdherrschaft, doch erst als sich die Widersprüche innerhalb der Oberschicht selbst zuspitzten – Widersprüche etwa zwischen Medina und Damaskus, zwischen den ›großen Familien‹, zwischen Altmoslems und neubekehrten Aufsteigern – und dem plebejischen Widerstand Auftrieb gaben, gerieten die Omayyaden in Bedrängnis. Von Differenzen innerhalb der Führungsschicht künden die häufigen Revirements an der Spitze des Kalifats. Die durchschnittliche Regierungszeit der omayyadischen Kalifen betrug nur sechseinhalb Jahre. Kritisch wurde die Situation für das erste islamische Königshaus, als sich Anfang des 8. Jh. im iranischen Norden eine arrivierte Opposition, hinter der die mächtige Abbasiden-Familie stand, die Unzufriedenheit über die Steuerlasten zunutze machte und zugleich die Schiiten auf ihre Seite zog, indem sie in der weiterhin schwelenden Frage der Herrschaftslegitimation die Linie der Ali-Anhänger favorisierte. Es wird darin deutlich, daß auch im neuen islamischen Weltreich der uralte Dissens zwischen den ›Mesopotamien-‹ und den ›Mittelmeer-Leuten‹ fortdauerte.

Im Jahr 747 begann unter schwarzen Fahnen und unter der Losung, »das Recht zu mehren, dem Unrecht zu wehren«, im fernen Khorasan der Aufstand des Abu Muslim. Schon ein Jahr später waren der gesamte Iran und Teile des Irak für die Abbasiden gewonnen, und 750 besiegelte die Niederlage des Omayyaden Marwan II. den Wechsel in der Führung des Weltreichs. Lediglich im Süden der Iberischen Halbinsel vermochten sich Überlebende der besiegten Dynastie zunächst als Emire, ab 938 dann als omayyadische Kalifen von Cordoba, regional zu behaupten.

Die Gesellschaftshierarchie in der Omayyaden-Zeit zeigt vier Ebenen: Am oberen Ende der sozialen Stufenleiter stand das Herrscherhaus des Kalifen, umgeben von der neuen moslemischen Aristokratie; es folgten die Mawali, die ›Klienten‹, die frühzeitig zum Islam übergetreten waren und sich unter dem Schutz des Adels befanden. Zu einer dritten Schicht formierten sich die Andersgläubigen, die neben der allgemeinen Landsteuer eine Kopfsteuer zu zahlen hatten. Auf der niedrigsten Stufe der Gesellschaft verblieben die Sklaven.

Grundlinien der frühislamischen Kultur

Ihren Ausgang nahm die frühislamische Kultur von einem Defizit: In Zentralarabien, dem Ursprungsland der islamischen Bewegung, mangelte es im 7. Jh. an einer eigenständigen, ›konkurrenzfähigen‹ Architektur und Bildsprache. Den bescheidenen Rang der vorislamischen Sakralarchitektur belegt allein die ästhetische Reizlosigkeit des höchsten zentralarabischen Heiligtums, der Kaaba in Mekka. Auch scheinen arabische Berufskünstler die Ausnahme gewesen zu sein, für wichtige Bau- oder Ausschmückungsarbeiten zogen die Finanziers in Mekka und Medina koptische oder jüdische Fachkräfte heran, so etwa für die Restaurierung der Kaaba im Jahr 605. Ein zusätzliches Indiz für die bildnerische Armut des vorislamischen Arabien ergibt sich aus dem Fehlen eigener arabischer Begriffe für verschiedene künstlerische Tätigkeiten.

Lebensgroße Statue (Nachzeichnung) eines Omayyaden-Herrschers – wahrscheinlich Walid II. – aus Khirbet al-Mafjar. Altorientalischer Machtikonographie entspricht, daß der Fürst über zwei kauernden Löwen steht.

Der religiöse Führungsanspruch des Islam war angesichts solcher Defizite kulturell zunächst kaum einzulösen, zumal aus dem synkretistischen Charakter der neuen Religion – mit ihren zahlreichen judäo-christlichen Bezügen – keine unverwechselbare Ikonographie hervorging. Allerdings fand die moslemische Sakralarchitektur in den Anforderungen des islamischen Kultus – Gebetsruf, Ausrichtung der Betenden nach Mekka – eine Orientierung, die in den Grundelementen der neuerbauten Moscheen faßbar wird und nach und nach zu einer funktionalen Grundstruktur, gleichsam einer ›Urgestalt‹ moslemischer Betstätten, führte.

Erst der akkulturierte Islam der Omayyaden-Zeit begreift, daß ihm auch künstlerische Aufgaben zufallen. Monumente wie der Felsendom und die al-Aqsa-Moschee in Jerusalem oder die Omayyaden-Moschee in Damaskus (s. S. 141f) antworten auf die endlich erkannte und anerkannte christliche Herausforderung: Die omayyadischen Bauherren akzeptieren die in Syrien/Palästina vorgefundene Kunst und Architektur als maßgeblich und trachten danach, sie immanent zu überbieten. Besonders auffällig wird der neue Kulturanspruch dort, wo die neue Religion traditionelle Sakralstätten wie den salomonischen Tempelhügel von Jerusalem oder das alte Kultterrain von Damaskus zum Bauplatz repräsentativer Moscheen bestimmt. Dahinter steht die religiöse Gewißheit, daß der Islam die Vorläuferkonfessionen vollende.

In welcher Weise aber konnte, sollte unter solchem Anspruch die ältere Formensprache ausgeschöpft werden? Der erste Eindruck ist: durch Kompilation all dessen, was an der vorderorientalischen Kunst und Architektur wertvoll erschien. Ins Üppige und Monumentale erhöht, sollte, so scheint es, allein das schwelgerische Zitat die kulturelle Überlegenheit des Islam nahelegen.

Hätten wir demnach von einer bloßen Parvenü-Kunst ohne eigentlichen islamischen Zuschnitt zu sprechen? Eine unzureichende Antwort darauf wäre, daß als spezifisch islamisch gerade jener markante Synkretismus zu gelten habe, in dem als moslemische Innovation lediglich der dekorative Einsatz von Schriftbändern auffalle – Vorbote der islamischen Kalligraphie. Doch ist die Summe der frühislamischen Kunst damit nicht gezogen, gerade wenn man sich an Georges Marçais' berühmtes Wort von der Unverwechselbarkeit dieser Kunst erinnert und natürlich an das, was als das Kennzeichen islamischer Bildnerei schlechthin erscheint: der Verzicht auf Darstellungen von Mensch und Tier. Diese letzte Eigenheit kann im Bereich der bildenden Kunst vielleicht als jenes strukturierende Prinzip genommen werden, das wir für die Sakralarchitektur im islamischen Kultus erkennen, ist damit aber noch nicht erklärt. Der Versuch einer solchen Erklärung führt mitten in die widersprüchliche Dynamik der frühislamischen Kultur.

Als der mährische Arabist Alois Musil 1898 in Jordanien das Wüstenschloß Quseir Amra entdeckte und später als Omayyaden-Bau identifizierte, irritierten die Wandgemälde mit halbnackten

Palastschönen, Jagdszenen und Herrscherporträts die Forschung. Nun häuften sich aber mit den Jahrzehnten derlei omayyadische Zeugnisse in den Steppenterritorien Jordaniens und Syriens, wo etwa zwei Dutzend frühislamische Anwesen nachweisbar sind. Ein Fresko der griechischen Erdgöttin Gaia mit Meerzentauren im syrischen Qasr al-Heir (West), Stuckbüsten nach koptischer Manier im heute auf israelischem Boden gelegenen Khirbet al-Mafjar, die Statue des Omayyaden-Fürsten WALID II., wiederum in Qasr al-Heir – sollte es sich hier tatsächlich um Werke islamischer Kunst handeln?

Ins Zentrum der Aufmerksamkeit rückte damit die orthodox-moslemische Begründung für die Nicht-Figürlichkeit islamischer Kunst, die lange Zeit ohne Bedenken akzeptiert worden war. Es hätten, ließ diese Begründung wissen, die Doktrinen des Koran und die Abneigung des Propheten MOHAMMED gegen Künstler von vornherein zoomorphe und anthropomorphe islamische Darstellungen verhindert. Eine fromme, aber falsche Rückprojektion. Denn offenbar gab es für den Islam ursprünglich durchaus kein weltanschauliches Apriori, keine maßgebende Lehre, welche die islamische Distanzierung von Tier- und Menschendarstellungen in der Kunst bedingte, vielmehr waren die Selbstbehauptungsprobleme islamischen Kunstschaffens unter dem Druck der alten ›Bilderkulturen‹ von Byzanz und Ktesiphon für die Entwicklung verantwortlich. Zog man in den eroberten nahöstlichen Gebieten einheimische Künstler und Baumeister heran – und man mußte sich zunächst auf sie stützen, wenn man bauen, restaurieren, ausschmücken wollte –, lief man Gefahr, mit Bildgehalten belastet zu werden, die dem Islam nach Anspruch und Credo inakzeptabel sein mußten. Also zielte das frühislamische Programm zunächst auf Elimination jener Bildelemente, die Bedeutungsträger waren, d. h. vor allem anthropomorpher und zoomorpher Motive (während die ikonographische Ungefährlichkeit ornamentalen Dekors außer Zweifel stand).

Die Mosaiken der Omayyaden-Moschee von Damaskus (s. S. 145) dokumentieren ein frühes Stadium dieses ›Kulturkampfes‹: den Versuch, die traditionelle nahöstliche Ikonographie in einer charakteristisch islamischen Weise abzuwandeln. Die Position der obligatorischen byzantinischen Heiligengestalten und Stifterfiguren nehmen Bäume ein, die als Bildgegenstände unbedenklich schienen und um ebenso unbedenkliche Architekturdarstellungen ergänzt wurden.

Auch im Medium des Münzgelds wurden in frühomayyadischer Zeit experimentelle Versuche unternommen, zu einer bildhaften islamischen Ausdruckssprache zu gelangen. Die Münzen zeigen in Nachahmung byzantinischer und sassanidischer Prägungen vornehmlich Herrschergestalten, bemühen sich zugleich aber, durch kleine Veränderungen und Zufügungen – z. B. Mihrab-Motiv, islamische Zeremoniallanze, arabische Kopfbedeckung statt Sassaniden-Krone – ein unverwechselbar moslemisches Moment in die Darstellung zu bringen. Wenn Ende des 7. Jh. diese Prägungen in Gold und Silber eingestellt und fortan rein epigraphische Münzen ausgegeben

Stuckplastik einer Haremsdame aus dem omayyadischen Palast von Khirbet al-Mafjar

Junge Männer bei gymnastischen Übungen; Gewölbemalerei des 8. Jh. in der Audienzhalle des Wüstenschlößchens von Quseir Amra in Jordanien.

werden, mutet das wie ein Eingeständnis bildnerischen Scheiterns an. Auch in anderen künstlerischen Genres, soweit sie auf öffentliche Wirkung zielten, endeten nun die ikonographischen Experimente.

Die frappierende Bildkunst omayyadischer Wüstenpaläste war deshalb von diesem ikonographischen Rückzug ausgenommen, weil sie als private Repräsentationskunst eine Sonderfunktion zu erfüllen hatte: eine Funktion, die sich aus dem Legitimationsbedürfnis der frühislamischen Machthaber erklärte. Gerade das Bewußtsein eigener Kulturarmut könnte zu einem gesteigerten Interesse omayyadischer Aristokraten an architektonisch-künstlerischem Gepränge geführt haben. Es stünde somit Kontinuität in der Bildsprache für Kontinuität und Legitimität von Herrschaft – dies verbindet sich mit der von Muawiya gewählten dynastischen Erbfolge.

Repräsentationswille auch in der Architektur. Zur Typologie der Wüstenschlösser gehörten ein befestigtes, halbturmbewehrtes Palastäußeres, die Betonung des Eingangsportals, ein Zentralhof, in sich geschlossene Wohneinheiten von fünf oder mehr Räumen (sogenanntes Beit-System), eine Audienz- oder Thronhalle, ein luxuriös ausgestattetes Bad, eine Moschee, schließlich auch die axiale Beziehung zwischen Portal und Thronraum als architektonisches Mittel zeremonieller Steigerung. In der gleichzeitigen Verwendung unterschiedlichen Kulturgutes, in den Anleihen bei den Bauformen des römisch-byzantinischen Kastells, des syrisch-byzantinischen Bades und der parthisch-sassanidischen Vier-Iwan-Halle wird der Herrschaftsanspruch der Eroberer faßbar, über einen multikulturellen Zentralstaat zu gebieten.

Das syrische Mittelalter

Mit dem Sieg der **Abbasiden** verlor Syrien seine politische Vorrangstellung zugunsten des Irak mit den neuen Hauptstädten Kufa, Baghdad und Samarra. Die entscheidende Beteiligung persischer Truppen am Sieg über die Omayyaden führte zu einem Wandel auch in der Gesellschaftsstruktur. Sich auf die Gleichheit aller Moslems berufend, waren es vor allem die Khorasaner, die wichtige Positionen in Verwaltung und Heer einnehmen konnten und zu einer kulturellen Orientalisierung des Islam beitrugen. Wir haben schon angedeutet, daß die römisch-parthische Konfrontation damit ein unerwartetes Nachspiel islamischer Prägung fand.

Auch in Lebensart und Herrschaftsstil ließen sich die abbasidischen Kalifen von den höfischen Gepflogenheiten altorientalischen Großkönigtums anregen. Das Werk »Tausendundeine Nacht« hat die repräsentativ gesteigerte, zeremonielle Herrschaftskultur jener Zeit zur Legende gemacht, und der Kalif Harun ar-Rashid (reg. 786–809) wurde zum Inbegriff islamisch-orientalischer Macht- und Prachtentfaltung. In einem imperialen Bau wie dem Palast Jausaq al-Khaqani (bei der Stadt Samarra, dem ›abbasidischen Versailles‹)

hatte der staunende Gast immer neue Tore, Gänge und Pavillons zu durchschreiten, über fast 1 km hin, ehe er den Thronsaal erreichte.

Bereits 762 begann der Kalif MANSUR (reg. 754–775) mit dem Bau der neuen, kreisförmigen Hauptstadt Baghdad nahe den Ruinen der alten Parther-Residenz Ktesiphon. Natürlich hat die Ortswahl den Charakter einer symbolischen Handlung, ging es MANSUR um ein bewußtes Anknüpfen an die orientalische Tradition. Zugleich implizierte das Konzept einer Rundstadt kosmologischen Anspruch: Dort, wo der Kalif residierte, hatte das – flach-konzentrisch gedachte – Universum seinen innersten Kreis (s. S. 333).

Im Hauptstrom der abbasidischen Kultur setzte sich die unter den Omayyaden aufgekommene Tendenz zur Entfigürlichung fort (s. S. 93). Zwar blühte auch eine höfische, eine figürliche Bildkunst, doch bezeugt die Entwicklung des für Samarra typischen Schrägschnittstils (›bevelled style‹), daß die Abstraktion und Denaturalisierung nun sogar die vegetabilen Elemente des Dekors erfaßte. Es kündigt sich hier die Arabeske des Hochmittelalters an.

Als die epochale Leistung von Baghdad und Samarra darf die Schaffung einer Kultur gelten, die seither über alle militärischen Konflikte, dynastischen Brüche und regionale Sonderentwicklungen hinweg erhalten blieb, mehr als ein Jahrtausend schon. Diese Vereinheitlichung beruhte auf der Kodifizierung der religiösen Überlieferung (Hadith, d. h. Aussprüche des Propheten Mohammed) unter den Abbasiden und in der Etablierung von vier verbindlichen Schulen des religiösen Rechts.

Der nahöstliche Raum blieb indessen von Kulturimport und monumentaler Bautätigkeit in auffälliger Weise ausgespart. Weder auf Syrien noch auf Jordanien, weder auf Palästina noch auf den Libanon fiel der Glanz des abbasidischen Kalifats.

Ein Gegenbeispiel gibt es allerdings: Raqqa am mittleren Euphrat (s. S. 332f). Noch unter MANSUR, dem Schöpfer Baghdads, entstand hier eine Stadtanlage, der – wie der neuen Reichshauptstadt – ein kosmisch-politischer Plan zugrunde lag. Der halbkreisförmige Stadtmauerring, durch vorspringende Türme gegliedert, erscheint als hervorragendes Beispiel für die mesopotamische Ziegelarchitektur, die deutlich in einer anderen (nämlich parthisch-sassanidischen) Tradition steht als das römisch-byzantinischen Ursprüngen verpflichtete omayyadische Schalen- und Quadermauerwerk. Raqqa blieb indes ein nach Westen geschobener mesopotamischer Stützpunkt und ist nicht repräsentativ für das kulturell ansonsten vernachlässigte Syrien, das zwischen Irak und Ägypten im politischen Abseits stand. Wohlgemerkt: im politischen Abseits, denn wirtschaftlich prosperierte das Land in seiner alten Funktion als Transitland, auch wenn der Handel in den Mittelmeerraum eingeschränkt blieb.

Über die Gründe dieser Vernachlässigung ist viel spekuliert worden: Standen die alten omayyadischen ›Kronlande‹ den Abbasiden, welche ihren Vorgängern in heftiger Polemik kulturellen Opportunismus und Verrat an der arabisch-islamischen Sache anlasteten, in allzu schlechter Erinnerung? Eher war es wohl der nach wie vor hohe christliche Bevölkerungsanteil im islamischen Syrien, waren es die lebendigen vor-islamischen Kontinuitäten in Stadt und Land, welche ein stärkeres Engagement verhinderten. Eine unbequeme byzantinisch-arabische Mischkultur setzte dem moslemischen Formungswillen erheblichen Widerstand entgegen.

Bereits im Jahr 820 hatte der Statthalter von Khorasan, ein General namens TAHIR, ernst gemacht mit dem Autonomiegedanken, den

Syrischer Reiter mit Lanze und Rundschild; Federzeichnung aus einer illuminierten Handschrift des 10. Jh.

die Abbasiden durch die Belehnung hoher Provinzbeamten mit Steuerhoheit und Statthalterwürden ungewollt befördert hatten. 868 erwuchs den Abbasiden in Ibn Tulun, dem Statthalter des politisch und kulturell gehätschelten Ägypten, ein Gegner, der die Provinz faktisch zur Selbstständigkeit führte und Syrien in sein Reich integrieren konnte. Zwar fielen bereits 905 beide Länder von den **Tuluniden** wieder zurück an die Abbasiden, aber die vierzigjährige Entfremdung hatte Spuren – und Leitlinien – hinterlassen. Nach der kurzen Herrschaft der **Ikhshididen** (939–969) vermochten die schiitischen **Fatimiden** (benannt nach Fatima, Tochter Mohammeds und Frau Alis) mit nachhaltigem Erfolg Ägypten und schließlich auch Syrien von Baghdad zu lösen; sie erhoben das neugegründete Kairo (al-Qahira; ›die Siegreiche‹) zu ihrer Hauptstadt.

In Aleppo und Homs war 945 eine neue Macht aufgestiegen: Sayf ad-Dawla (reg. 945–967), ›das Schwert des Staates‹, hatte Nordsyrien, Teile von Kilikien und Nordmesopotamien einen können; seine Dynastie, die **Hamdaniden** (945–1004; benannt nach einem nordsyrischen Ahnen des Herrschers) bildeten einen selbständigen Staat zwischen den Machtsphären der Abbasiden, der Ikhshididen (ab 969 der Fatimiden) und Byzanz. Aleppo (Haleb) avancierte in dieser Zeit zu einer Kulturmetropole von hoher Blüte; die Förderung der arabischen Literatur – verbunden mit dem Namen des Dichters AL-MUTANABBI (s. S. 115) – gehört zu den bleibenden Kulturleistungen der Hamdaniden.

Eine hohe, indes nur kurze Blüte: Der Expansionsdrang des wiedererstarkenden byzantinischen Reiches unter seinen makedonischen Kaisern und wenig später die Eroberungen der Fatimiden, verbunden mit dem Verrat des Hamdaniden-Generals LULU, drängten die Dynastie in eine militärische Isolation, die kurz nach der Jahrtausendwende zu ihrem Kollaps führte.

Das politische Wirrwarr im Syrien des 11. Jh., das sich in diesen Skizzen zur Geschichte des 10. Jh. schon abzeichnet, ist bestimmt durch die Umwälzungen in der islamischen Welt. Zu den separatistischen Bewegungen, welche die politische Einheit des Abbasiden-Reiches untergruben, kam verstärkend eine ethnische Infiltration, die sich über mehrere Jahrhunderte hinzog. Die Eindringlinge, Türken aus den zentralasiatischen Steppen, waren von arabischen Missionaren an den Grenzen des Moslem-Imperiums nach sunnitischer Regel islamisiert worden (ursprünglich hingen die Turkstämme Zentralasiens schamanistischen Glaubensvorstellungen an). Der unauffällige Machtwechsel dokumentiert sich entsprechend in einem ethnischen Wandel, ohne daß eine kulturelle Bruchstelle zu fixieren wäre. Unter den Abbasiden als Söldnertruppen angeworben, rückten türkische Leibgardisten in machtpolitische Spitzenpositionen des Reiches auf. Bald schon drängten sie zur Selbständigkeit, bestätigt durch militärische Erfolge im Norden und Osten (z.B. die Eroberung Khorasans 1038–1044).

Schließlich konsolidierten sich die türkischen Kräfte unter der Dynastie der **Seldschuken** in einem mächtigen Sultanat, das 1055 die politische Führung in Baghdad übernahm und die nominell weiterhin herrschenden Abbasiden zu Schattenkalifen degradierte. Mit abbasidischem Segen trugen sie den Titel »Herrscher des Ostens und des Westens«. Der militante Charakter der Seldschuken drückte sich aus in einer vornehmlich gegen Byzanz, aber auch gegen die Fatimiden gerichteten Expansionspolitik. Diese innerislamische Aggression hat religiöse Hintergründe: Nicht nur gegen die Christen, sondern auch gegen die Schiiten zogen die sunnitischen Seldschuken zu Felde. Ihr missionarischer Eifer hat Syrien bis heute zu einem Staat mit sunnitischer Majorität gemacht. 1070, ein Jahr vor seinem epochalen Sieg über Kaiser ROMANOS IV. nördlich des Van-Sees, besetzte der Seldschuke ALP ARSLAN (reg. 1063–1074) Aleppo; die letzten arabischen Herrscher Syriens, die **Mirdasiden** (1023–1079), wurden zu Vasallen der Türken. 1070 fiel Jerusalem an die Seldschuken, 1076 war Damaskus erobert und 1094 gründete ALP ARSLANS Sohn TAJ AD-DAWLA TUTUSH die seldschukische Dynastie von Aleppo.

Die Zeit der Kreuzfahrer

Fast gleichzeitig, am 26. November 1095, begeisterte Papst Urban II. auf der Synode von Clermont die abendländische Christenheit für die ›Befreiung‹ des Heiligen Landes. Der Heilige Krieg der Moslems, der unter den Türken eine Renaissance erfahren habe, erfordere den Heiligen Krieg der Christenheit. Man muß diese Darstellung als effektvolle Zweckpropaganda bewerten, denn die traditionsreiche christliche Wallfahrt in die Heilige Stadt Jerusalem war durch die islamische Herrschaft im Nahen Osten schon seit langem erschwert, und bereits 1008 waren unter dem Fatimiden Hakim Christen verfolgt und Kirchen entweiht worden (im Jahr 1009 sogar die Grabeskirche in Jerusalem), ohne daß das christliche Europa darauf militärisch geantwortet hätte. Offenbar war es die besondere ›Gunst der Stunde‹, war es die Zerrüttung der islamischen Machtverhältnisse, welche den Papst zu seinem »Gott will es!«, jener berühmt-berüchtigten Kreuzzugslosung, bewogen.

Die Kreuzzüge

1070
Die Seldschuken besetzen Jerusalem
1096–1099
Erster Kreuzzug, Eroberung von Jerusalem
1147–1149
Zweiter Kreuzzug zur Rückeroberung von Edessa bleibt erfolglos
1187
Schlacht von Hattin (am See Genezareth) und Eroberung Jerusalems durch Saladin
1189–1192
Dritter Kreuzzug, Jerusalem bleibt verloren
1192
Waffenstillstand; Akkon neue Hauptstadt eines schmal gewordenen Outremer
1228/29
Friedrich II. erhält Jerusalem durch Vertrag zurück (bis 1244); die Kreuzzüge dieses Jahrhunderts bleiben allesamt erfolglos
1259–60
Der Mamluken-General Baibars erobert Syrien
1265–1291
Verlust der verbliebenen fränkischen Herrschaftsbereiche an die Mamluken

Denn als das erste große fränkisch-normannische Heer 1096 unter der Führung der Grafen Raimund von Toulouse, Bohemund von Tarent und Gottfried von Bouillon die Tore Konstantinopels erreichte, bot Syrien den Invasoren alles andere als eine geschlossene Front. Nicht nur war die allgemeine Polarisierung von ismailitischen Fatimiden im Süden und sunnitischen Seldschuken im Norden wirksam, auch die unter Tutush noch geschlossen stehende seldschukische Machtsphäre hatte sich seit 1092 in konkurrierende Fürstentümer zersetzt, und die türkischen Emire von Damaskus, Aleppo, Homs und Hama lagen in Dauerfehde miteinander. Dies alles, zudem auch die Interessen religiöser Splittergruppen wie der Drusen oder Assassinen, verhinderten eine geschlossene Reaktion der islamischen Welt auf die fränkischen Eroberungszüge. Die vereinte Waffenkraft moslemischer Heere wäre kaum zu bezwingen gewesen; so aber stießen die Kreuzfahrer auf geringen Widerstand.

In Kilikien, also im östlichen Auslauf der heutigen türkischen Südküste, löste sich Balduin von Boulogne (später Balduin I. von Jerusalem) vom Hauptheer und stieß im Verein mit christlich-armenischen Truppen über Tarsus und Alexandrette (Iskenderun) bis nach Edessa (Urfa) vor, wo er am 10. März 1098 eine erste fränkische Grafschaft gründete. Worum es den Kreuzfahrern in Wahrheit ging, wurde bei ihren Plünderungen in Kilikien klar. Beute- und Machtgier triumphierten über die hehren Losungen von einer ›Befreiung‹ des Heiligen Landes. Das Hauptheer nahm im Mai 1098 nach längerer Belagerung Antiochia, wo Bohemund von Tarent den zweiten Kreuzfahrerstaat errichtete und gegen den aus Mossul heranziehenden Atabeg Kerbogha verteidigte. Am 15. Juli 1099 stürmten die Ritter des Gottfried von Bouillon nach einmonatiger Belagerung Jerusalem – das Ziel des Ersten Kreuzzuges war erreicht.

In einer zweiten Phase galt es nun, das neue Königreich Jerusalem im Verbund des fränkischen Outremer (wie man das eroberte Heilige Land nannte) zu festigen. Noch im selben Jahr schlug Gottfried die

Jerusalem in christlicher Hand: das Wunschbild der Kreuzritter in einer zeitgenössischen Darstellung

Fatimiden bei Askalon vernichtend, der Küstenstreifen westlich von Jerusalem fiel vollständig an die Lateiner. GOTTFRIEDS Nachfolger BALDUIN I. überschritt 1115 den Jordan und errichtete in den Oultrejourdain genannten jenseitigen Landstrichen die Festung Montreal (heute Shobeq), von wo er 1116 sogar bis ans Rote Meer vorstieß. Nach der Einnahme von Tripolis 1109 konsolidierte sich um diese Zeit ein dritter lateinischer Staat im Norden, die Grafschaft Tripolis. Zugleich dehnte BOHEMUNDS Neffe TANKRED die Grenzen des Fürstentums Antiochia in Richtung Osten bis weit über den Orontes hin aus. Die moslemischen Fürstensitze Aleppo, Hama, Homs, Baalbek und Damaskus waren nun nicht weiter als einen Tagesmarsch von den Grenzen der fränkischen Landstriche entfernt; zeitweise mußten sie sogar Tribut an die Franken zahlen (s. S. 232).

Wie schon erwähnt, beruhte der Erfolg der Kreuzfahrer wesentlich auf der Uneinigkeit der Moslems. Erst mit dem türkischen Atabeg

Europäische Ritter auf dem Marsch; Handschriften-illumination aus der Zeit der Kreuzzüge.

Imad ad-Din Zengi (reg. 1127–1146) aus dem mesopotamischen Mossul fand sich eine Persönlichkeit, die über alle innerislamischen Querelen hinweg energisch die Rückeroberung verlorenen Terrains einleitete. 1128 nahm Zengi Aleppo, und als er dem fränkischen Grafen Joscelin II. 1144 Edessa entwand, feierte ihn die sunnitische Welt als Helden. In der Tat signalisierte die Eroberung dieses nördlichsten Stützpunktes das Ende der fränkischen Expansion, für die Moslems markierte sie dagegen eine neue Offensivphase. Gestalt nahm diese politische Wiedergeburt in der Vereinigung Syriens und Ägyptens unter Nur ad-Din an, dem Sohn Zengis. In der Zeit Nur ad-Dins (reg. 1156–1174; s. S. 115) wurde Damaskus Hauptstadt der Zengiden und erlebte eine Renaissance: Nicht nur entstanden die Zitadellen von Damaskus und Aleppo – der Herrscher förderte auch die schönen Künste und die theologischen Schulen.

Mit Waffengewalt betrieb er den Sturz der Fatimiden-Dynastie in Kairo, doch begründete sein Abgesandter Saladin (eigentlich Salah ad-Din; s. S. 117) in Ägypten eine eigene Herrscherlinie, die **Ayyubi-**

den (ab 1169). Nach Nur ad-Dins Tod nach Damaskus zurückgekehrt und nun Herr eines ägyptisch-syrischen Reiches, vermochte Saladin den Kreuzfahrern in der Schlacht bei Hattin am See Genezareth (1187) eine entscheidende Niederlage beizubringen und für einige Jahre die moslemische Welt von Libyen bis Mesopotamien zu einen. Neben so gewaltigen Burgkomplexen wie dem Krak des Chevaliers, Marqab oder Safita verblieben lediglich die stark befestigten Hafenplätze (u. a. Tartus) in fränkischer Hand.

Die dritte, annähernd hundertjährige Phase der Kreuzzugszeit stellt sich als ein verzweifelter Versuch dar, die ›Inseln‹ fränkischer Herrschaft auf moslemischem Territorium zu halten. Obwohl das Abendland seine ganze Kraft einsetzte, blieb der Erfolg aus. Fränkische Hauptakteure einer immer eingeschnürteren Defensive waren Richard Löwenherz, Friedrich II. und Ludwig der Heilige. Die Orden der Johanniter und Templer übernahmen nach der Schlacht von Hattin Stück für Stück die Burgen der Feudalherren und wurden schließlich die eigentlichen Träger des ›Heiligen Krieges‹.

In Syrien zerfiel nach Saladins Tod 1193 die Ayyubiden-Herrschaft in die verfeindeten Familienfürstentümer von Jezira, Damaskus, Homs, Hama, Baalbek und Jordan-Tal. Diese Zersetzung verschaffte den Lateinern eine letzte Atempause, ermöglichte einen Verhandlungserfolg wie den Friedrichs II., der Jerusalem im Jahr 1229 ›der Christenheit‹ ein letztes Mal zurückgewann.

In Ägypten formierte sich unterdessen ein erbarmungsloser Gegner: Von den Ayyubiden ausgebildete Militärsklaven türkischer, kurdischer, tscherkessischer und kiptschakischer Herkunft, die **Mamluken**, übernahmen 1250 in Kairo die Macht. Sultan Baibars' (reg. 1260–1277) Sieg nahe Nazareth über die nach Syrien eindringenden Mongolen-Scharen war eine erste Demonstration ihrer militärischen Stärke. Wenig später fiel ganz Syrien an die Mamluken, und nun wendete sich Baibars gegen die Kreuzfahrer und Assassinen. 1268 nahm er Antiochia, 1271 Safita und den Krak. Seine Nachfolger setzten den Kampf fort. 1285 fiel die Burg Marqab, 1289 Tripolis, 1291 Akkon, Tyros und Sidon. Nur die Inselfestung Arvad konnte sich noch weitere elf Jahre halten.

Die Baukunst des mittelalterlichen Syrien

Das ›Leitfossil‹ der Kreuzritterzeit ist die Burg. In ihre Architektur ist die Kreuzzugsgeschichte gleichsam eingeschrieben. Die Expansionspolitik der Lateiner forderte zunächst leicht befestigte Offensivstützpunkte, die möglichst in Blickverbindung miteinander standen und von denen aus Vorstöße auf islamisches Territorium unternommen werden konnten. Daneben verschanzte man sich provisorisch in alten byzantinischen Bollwerken (so in Antiochia) oder auch in den fatimidischen Bastionen (so in Jerusalem).

Nach den schweren Niederlagen im Kampf gegen Saladin erhielt die Kreuzritterburg einen zunehmend defensiven Charakter, wobei Materialverstärkungen das Fehlen von Besatzungsmannschaften ausgleichen sollten. Die Mauern wurden erhöht, die Hindernisse vermehrt, insbesondere in Gestalt von Kurtinen, ummauerten Verteidigungshöfen, und Toranlagen. Der Bergfried wanderte zwischen dem 11. und 13. Jh. vom sichersten zum gefährdetsten Punkt der Feste, den er dadurch verstärkte. Der Krak des Chevaliers und Marqab wurden zu gewaltigen Kompositburgen mit schweren Ringmauern, Schildwällen und Zwingern ausgebaut. Zentralisierung hieß die notwendige Reaktion der Franken auf die territorialen Eroberungen von Ayyubiden und Mamluken.

Man fragt sich: Wie konnten die wehrhaften Residenzen der Kreuzritter überhaupt eingenommen werden? Am ehesten, indem die Angreifer die Besatzung aushungerte oder wartete, daß Wassermangel sie zur Aufgabe zwang (fast alle Burgen mußten sich mit Regenwasser, gesammelt in geräumigen Zisternen, bescheiden). Zu den Belagerungen gehörte auch der psychologische Terror: Vor den Augen des Feindes fanden grausame Hinrichtungen statt, wurden die Schädel Enthaupteter auf Stangen gepflanzt. Sehr viel schwieriger gestaltete sich ein Sturmangriff mit den Offensivwaffen, die im 11. und 12. Jh. zur Verfügung standen. Dies waren Sturmböcke für den waagerechten Stoß, sogenannte Widder zur Lockerung des Mauerwerks, und Katapulte, mit denen Steinbrocken, Brandsätze, aber etwa auch Bienenstöcke auf die Verteidiger geschleudert wurden, schließlich hölzerne Belagerungstürme und Leitern. Die Burgmannschaften setzten ihrerseits ebenfalls Geschütze ein, gossen Pech oder siedendes Öl durch die Steinnasen (Maschikuli) der Mauerkränze und Torbauten und wehrten sich mit Bogenschüssen und Lanzenwürfen. Gefährlich wurde den Belagerten häufig die Angriffstechnik des Unterminierens. In vielen moslemischen Armeen zogen Bergbauspezialisten mit (Saladin rekrutierte sie im Gebiet von Aleppo), die es im Schutz provisorischer Palisadenwände verstanden, Stollen unter die Burgmauer zu treiben und diese zum Einsturz zu bringen. Vor die Außenwälle geschobene Böschungen oder Schrägmauern erschwerten freilich ein solches Untergraben. Nur wo die Burg auf gewachsenem Fels stand (wie der Krak) oder von einem tiefen Wassergraben umschlossen wurde, konnte man sich vor Mineuren sicher fühlen. Auf Dauer aber war eine belagerte Burg nur zu halten, wenn fränkische Entsatztruppen anrückten und den Belagerern eine offene Feldschlacht aufzwangen. Entsprechend große Bedeutung kam einer Signalverbindung (Feuerzeichen, Spiegeloptik) der vorgeschobenen fränkischen Stützpunkte zu.

Kunsthistorisch stellt sich die syrische Burg als eine Kompilation von Elementen westlicher, byzantinischer und lokaler Traditionen dar. Der Donjon (viereckiger steinerner Wehr- und Wohnturm) hat seine normannischen Vorbilder, ebenso wie die Rundtürme ihre byzantinisch-armenischen. Umgekehrt wirken die komplexen, teilweise gewinkelten Toranlagen, die stark befestigten Zwinger, vor allem aber die zuerst im byzantinischen Orient entwickelten Stadtbollwerke formbildend auf den Festungsbau in Europa. Der islami-

Der Krak des Chevaliers, der Inbegriff der Kreuzfahrerarchitektur im Nahen Osten

sche steht in einem andauernden Dialog mit dem fränkischen Festungsbau, wobei allerdings die Frage nach der jeweiligen Einflußnahme aufgrund der langen Bauzeiten und wechselnden Besitzverhältnisse nur bedingt zu beantworten ist. Sicherlich hat der Donjon den islamischen Festungsbau ebenso beeinflußt wie der abgewinkelte Torbau oder die vorgelegte Schrägmauer den fränkischen.

Wenden wir den Blick zur Großstruktur der Burganlage zu, so kristallisieren sich vier bereits durch die Geländesituation unterschiedene Bautypen heraus: Fränkisch ist die Kombination einer äußeren Umfassungsmauer mit einem einfachen Donjon. Zu diesem Typus gehören in Syrien die Stützpunkte ›auf Sichtweite‹, z. B. Qalaat Yahmur (s. S. 237). Größere Bedeutung hat die Höhenburg, die zumeist auf einem auslaufenden Berggrat liegt, der durch einen künstlichen Grabeneinschnitt (Halsgraben) den natürlichen Zugang verliert und nur noch über eine Zugbrücke erreichbar ist. Zu diesem Bautypus gehört z. B. Qalaat Saladin (s. S. 241).

Der dritte Bautypus erhebt sich auf einer isolierten Bergkuppe und ist insofern zentralisiert. Ein herausragendes Beispiel dafür bildet die Zitadelle von Aleppo (s. S. 250f), doch finden sich Zentralburgen in ganz Syrien. In Qalaat ash-Shmamis (s. S. 186) ist die Wirksamkeit des Mauerwalls durch einen umlaufenden, in den Hang gesprengten Burggraben noch intensiviert. Der zentralisierende Festungsbau besitzt im islamischen Syrien zweifellos Priorität. Eine Kombination der beiden letztgenannten Typen begegnet uns dann in den Festungen von Marqab (s. S. 239f) oder Burzey über dem Orontes-Tal, fränkischen Anlagen also, die durch das Ineinanderschachteln von Festungswerken so gut wie uneinnehmbar wurden.

Zu sprechen bleibt noch über die im engeren Sinne ästhetischen Qualitäten der syrischen Burgen. Als militärische Zweckbauten verzichteten sie fast ganz auf architektonischen Schmuck; es ist ihre wuchtige Funktionalität, die bis heute beeindruckt. Gleichwohl sind einige der großen Hallen (etwa im Krak des Chevaliers; s. S. 235) den besten frühgotischen Sälen Westeuropas vergleichbar. In der Kirchenarchitektur, die in der Kathedrale Nôtre-Dame zu Tartus ihr eindrucksvollstes Beispiel hat (s. S. 223), sind zudem dekorative und repräsentative Ambitionen unübersehbar.

Die Bauleistungen der moslemischen Herrscher beschränkten sich freilich während und nach der fränkischen Besatzerzeit keinesfalls auf die Verteidigung des Landes. Die theologischen Auseinandersetzungen drängten die Seldschuken zur Einrichtung von Schulen, den Medresen, die zur geistigen Waffe gegen die schiitischen Fatimiden wurden. Damaskus und Aleppo erlebten eine geistige Blütezeit, deren architektonischer Ausdruck sich bis heute erhalten hat. Allerdings stellt der Bautypus der Medrese einen östlichen Import dar. Der Iwan-Hof und die Muqarnas-Kuppeln als die konstitutiven Elemente persischer Architektur bestimmen die Damaszener Bauten der Zeit Nur ad-Dins, bezeugt durch das Bimaristan Nuri (s. S. 151) und die Grab-Medrese des großen Herrschers (s. S. 152).

In der mamlukisch gewordenen Metropole fanden die atemberaubenden Stalaktitenkuppeln der Zengiden keine Fortsetzung. Die

Unterricht in einer mittelalterlichen Medrese; zeitgenössische Handschriftenillumination.

steile, über Trompen in den Kreis geführte Kuppel über dem Grabmal BAIBARS' und der die Omayyaden zitierende Mosaikenfries (s. S. 149) sprechen für eine Neuorientierung, eine bewußte Anknüpfung an lokale Traditionen. In Salihiya, einem Vorort von Damaskus, entstanden Dutzende von Grabmälern mit Schirmkuppeln über quadratischem Grundriß. Kennzeichnend für die Architektur sind eine vorzügliche Steinmetzarbeit, die in der Tradition des Festungsbaus steht, und ein bichromer Steinwechsel von zumeist gelblich-weißem Sandstein und schwarzem Basalt (s. S. 133). Doch bleibt Damaskus »stets schwerer und gedrückter in der Erscheinung seiner Bauten als Kairo« (Carl WATZINGER/Karl WULZINGER)

Mamluken und Osmanen

Daß Syrien macht- und kulturpolitisch gegenüber Ägypten ins Hintertreffen geriet, war letztlich wieder die Konsequenz der Geographie: Noch während der Kreuzzugszeit begannen die für Syrien so verheerenden Mongolen-Einfälle. 1299 war Syrien in mongolischer Hand, 1303 wurde erneut auf syrischem Boden gefochten, 1323 ein Friede ausgehandelt, der die Grenze zwischen der westlichen Großmacht, den Mamluken, und der östlichen Großmacht, den Mongolen, etwa auf der Linie Aleppo-Damaskus-Homs-Aqaba fixierte. Als die Mongolen an der Wende vom 14. zum 15. Jh. unter dem gefürchteten TIMUR erneut in den syrischen Raum einfielen und Aleppo wie auch das durch den Aufstand des TANIBAQ AL-HASANI geschwächte Damaskus plünderten, begann ein unaufhaltsamer wirtschaftlicher Niedergang, zumal mehrfach Seuchen – besonders schrecklich die Pest von 1348 – grassierten.

Der erste Schub dieser verhängnisvollen Entwicklung fiel ins frühe 15., als TIMUR die waffenfähigen Männer Syriens in großer Zahl nach Zentralasien verschleppen ließ. Das Leben konzentrierte sich fortan in Städten wie Aleppo, Damaskus und Hama, die als Zentren des Transithandels und Sammel- bzw. Ausstattungsplätze der moslemischen Pilgerkarawanen einen gewissen Wohlstand bewahren konnten. Entsprechend ist die späte Mamluken-Zeit fast ausschließlich in Damaskus, Aleppo und Hama dokumentiert. Dort blühten auch in dieser Zeit noch die Künste, denn nach der Eroberung des islamischen Ostens (Irans, Irak) durch die Mongolen und nach der Reconquista in Spanien, die den islamischen Westen traf, flüchteten viele moslemische Gelehrte nach Syrien, das zu einem Schmelztiegel arabisch-islamischer Kultur wurde.

»Was war nicht alles mit Damaskus und seinen Einwohnern geschehen, als 1260 das Heer Hülagüs – möge Gott ihn verderben! – in die Stadt eingedrungen war, und dann noch schlimmer 1299, als die Truppen Gazans gekommen waren! Welches Leid erduldeten die Damaszener da von den Mongolen! Daher fürchteten sie sich sehr, als sie von Timur hörten und daß er Täbris verwüstet habe und nun nach Syrien komme. Immer von Osten her erscheint die Heimsuchung!«
Ibn Zazra, Anfang 15. Jh.

QANSU AL-GHAWRI (reg. 1501–1516), der letzte große Mamluken-Herrscher, mußte allerdings miterleben, wie portugiesische Seefahrer, indem sie Afrika umsegelten und den Indischen Ozean gewannen, den Nahen Osten um die Pfründe des Fernhandels brachten. Vergeblich sein Versuch, durch Operationen von arabischen Küstenstützpunkten aus die Portugiesen an der Passage zu hindern. QANSU fiel 1516 in der Schlacht von Marj Dabiq bei Aleppo, wo er sich mit den Truppen Selims des Gestrengen gemessen hatte. Syrien und Ägypten (wo die mamlukische Militärkaste allerdings großen Einfluß behielt) wurden unter Selim, der daraufhin den Kalifentitel annahm, nahezu kampflos dem **Osmanischen Reich** eingegliedert.

Anfangs hielt die osmanische Verwaltung an der mamlukischen Provinzeinheit fest, nach dem Aufstand des Damaszener Gouverneurs Janbirdi al-Ghazali 1520/21 und dem blutigen Eingreifen der Janitscharen (bei dem ein Drittel des älteren Baubestandes zerstört wurde), schied die Hohe Pforte Syrien allerdings in einen Süd- (Damaskus) und einen Nordteil (Aleppo). Dem am Aufstand unbeteiligten Aleppo wurde 1533/1534 sogar eine besondere Ehre zuteil: Sultan Suleiman der Prächtige besuchte die Stadt. Die syrischen Steuerabgaben allerdings, auf die es den von der Hohen Pforte bestellten Paschas ankam, wurden weiterhin zentral durch einen Obersten Finanzverwalter eingezogen.

Ein Jahrhundert später, um 1660, verfeinerte Istanbul die Provinzorganisation ein weiteres Mal: Aleppo, Damaskus, Tripolis und Sidon waren nun die Hauptstädte von vier syrischen Provinzen. Die Begriffe ›Suriya‹ oder ›Bilad asch-Scham‹, die nach innen hin eine Landeseinheit wachriefen, kannten die osmanischen Administratoren und Steuerbehörden übrigens nicht, nur die eher abschätzige Bezeichnung ›Arabistan‹, welche die Scheidung zwischen dem türkischsprachigen Kernreich und seinen südlichen Provinzen markierte (s. auch S. 88).

Die Residenzen der türkischen Statthalter und die märchenhaften Palasthäuser in Damaskus berichten von einer urbanen Oberschicht – Reichtum und Einfluß der Azem-Sippe waren geradezu sprichwörtlich – , deren Wohlstand auf der Wiederbelebung des Handels basierte. Durch die Integration in das osmanische Reich wurde Syrien

Empfangsraum einer Aleppiner Residenz im 18. Jh. mit Ausblick auf den Innenhof

als Transitland wichtiger denn je. Die städtischen Warenlager und Herbergen gerade in Aleppo und Damaskus ebenso wie die Karawanenstationen an den Verkehrswegen bezeugen es deutlich.

Im syrischen Dorf aber lebte man über ein halbes Jahrtausend denkbar elend. Während die Städte sich unter dem osmanischen Steuerdruck mühsam aufrecht hielten, erwies sich das Desinteresse der osmanischen Machthaber auf dem Land, wo sie nicht viel zu gewinnen hatten, als verheerend. Lokale Großgrundbesitzer preßten die Bauern erbarmungslos aus und führten zudem verlustreiche Fehden gegeneinander, während die fortschreitende Austrocknung der syrischen Wüstensteppe die immer weiter westwärts ausgreifende Landnahme der Beduinen und Halbnomaden förderte.

In der ersten Hälfte des 19. Jh. zeichnete sich indessen eine wirtschaftliche Wende ab: Durch ihre militärische Überlegenheit nach dem Krim-Krieg konnte die türkische Verwaltung die Nomaden in die Wüstensteppe zurückdrängen und das verwüstete Kulturland durch die Ansiedlung von Tscherkessen – kaukasischen Wehrbauern – sichern und neu kultivieren. Der Prozeß der Neuerschließung von Kulturland dauert bis zum heutigen Tage an und erscheint als ein zeitgenössisches Charakteristikum des syrischen Landschaftsbildes. Aus Kamelbeduinen wurden wieder Halbnomaden, aus Halbnomaden wieder Bauern. Dahinter stand und steht das europäische Interesse an syrischen Rohstoffen (Getreide, Baumwolle, Wolle). »Die Landwirtschaft wurde dadurch stimuliert. Der Anbau der Exportprodukte veränderte die lokalen Agrarstrukturen und konzentrierte das Interesse der wohlhabenden städtischen Schichten auf die Kontrolle von Grund und Boden« (Peter Pawelka).

Europäischer Kolonialismus und Nationalstaat Syrien

Mit der militärischen Expedition Napoleons nach Ägypten und in den Nahen Osten griff Europa erneut nach dem Orient. Es war der vierte Versuch – nach Alexander, Pompeius und den Kreuzrittern –, sich im Nahen Osten politisch zu etablieren. Der europäische Kolonialismus, dominierend über das ganze 19. Jh., weckte zusammen mit dem türkischen Turanismus das arabische Nationalbewußtsein; so wurden Kolonialismus und Nationalismus zu den beiden Koordinaten im Kampf um die arabische Unabhängigkeit.

Der Versuch Mohammed Alis, Ägypten und 1831/32 auch Syrien vom osmanischen Reich zu lösen, erscheint, auch wenn er keinen nationalen Hintergrund besaß, als ein Vorspiel dieses Freiheitskampfes. Die militärische Stärke Ibrahim Paschas, der Syrien im Auftrag Alis eroberte, gründete sich allerdings auf eine Orientierung nach Westen, sprich: eine Modernisierung der Waffensysteme. Das Unternehmen brach bereits 1840 aufgrund westlichen Eingreifens

Ibrahim Pascha (1789–1848), der Sohn des ägyptischen Statthalters Mohammed Ali, unterstützte als fähiger Feldherr loyal die Expansionspolitik seines Vaters. Mit einer nationalen ägyptischen Armee zerschlug er 1811–18 den Wahabiten-Staat auf der Arabischen Halbinsel. Er war Gouverneur des arabischen Jedda und Pascha auf der Morea (Peloponnes), wo er die Interessen der Hohen Pforte gegen die aufständischen Griechen vertrat. 1827 unterlag er in der Seeschlacht von Navarino gegen eine vereinte englisch-französisch-russische Flotte, und auch seine Eroberung großer Teile Syriens und des Ostjordanlandes in den Jahren 1831/32 hatte keine Dauer. 1840 erzwangen Frankreich und Rußland seinen Rückzug nach Kairo.

zusammen, und 1882 verlor Ägypten selbst seine neugewonnene Selbständigkeit mit der Besetzung durch die Briten. Syrien wiederum avancierte während des Ersten Weltkriegs zum Aufmarschgebiet der osmanisch-deutschen Truppen gegen den strategisch wichtigen Suez-Kanal. Der türkische Oberbefehlshaber in Syrien, ÇEMAL PASCHA, schlug jede Regung eines arabischen Nationalismus mit harter Hand nieder.

Noch während des Ersten Weltkriegs begann die Zeit der Geheimdiplomatie: Zwischen 1915 und 1916 führten der Scherif von Mekka, HUSSEIN, und der britische Hochkommissar von Kairo, MAC MAHON, eine Korrespondenz, in der die Araber den Briten militärische Unterstützung, die Briten den Arabern dafür einen unabhängigen Staat zusicherten. Diese Abmachung bezog sich auf ein im Norden durch den Taurus, im Süden durch den Indischen Ozean, im Osten durch die Grenzen Persiens bis zum Golf von Basra und im Westen durch das Rote Meer und das Mittelmeer begrenztes Gebiet. Die britische Zusicherung schloß lediglich die Distrikte westlich von Aleppo, Hama, Homs und Damaskus aus.

Während HUSSEINS Sohn FEISAL und T. E. LAWRENCE (s. S. 114) mit arabischen Truppen den ›Aufstand in der Wüste‹ gegen die türkisch-deutsche Front begannen, trafen Frankreich und Großbritannien im sogenannten Sykes-Picot-Abkommen von 1916 allerdings bereits Vorbereitungen für die Aufteilung des den Arabern zugesicherten Territoriums: »Frankreich soll im Libanon und in Syrien, Großbritannien im Irak und in Jordanien Verwaltungen nach eigenem Ermessen und im Einvernehmen mit dem arabischen Staat oder der Konföderation arabischer Staaten einsetzen.« Ende 1917 entfernten sich die Briten mit der Balfour-Deklaration noch weiter von ihren Zusagen: »Die Regierung Seiner Majestät begrüßt die Errichtung einer nationalen Heimstätte für das jüdische Volk in Palästina...«. Mit Palästina konnten wohl kaum ›Distrikte westlich von Aleppo und Damaskus‹ gemeint sein!

Wenige Wochen später wurden diese Geheimabkommen den Arabern bekannt, doch gelang es den Europäern, FEISAL mit vagen Erklärungen hinzuhalten. Nach der Eroberung von Damaskus durch arabisch-englische Verbände im Oktober 1918 und der Errichtung einer provisorischen Regierung einigte sich FEISAL Anfang 1919 mit dem Zionisten-Führer Chaim WEIZMANN auf die Gründung eines jüdischen Staates unter der Voraussetzung der Unabhängigkeit Arabiens. Im Sommer des Jahres plädierte die von US- Präsident WILSON entsandte King-Crane-Kommission für die Nichteinmischung fremder Mächte in die arabische Entwicklung. Mit imperialistischem Sendungsbewußtsein, überzeugt von der Überlegenheit westlicher Nationen, ignorierten Frankreich und England jedoch alle Abmachungen und Versprechungen. Sie verlangten – und erhielten – den Nahen Osten als Mandat des Völkerbundes. Die Araber hatten ein großes arabisches Reich gewollt – sie bekamen Regionalstaaten mit teilweise willkürlich gezogenen Grenzen.

Auf der Friedenskonferenz von Versailles: vorn Feisal, der spätere König des Irak, rechts dahinter der legendäre T. E. Lawrence.

Frankreich beschränkte sich zunächst auf die im Sykes-Picot-Abkommen zugesicherte Levanteküste, doch als der gewählte Allgemeine Syrische Kongreß FEISAL im März 1920 zum König von Syrien proklamierte, besetzten bereits im Juli französische Truppen Aleppo und Damaskus (angeblich wegen der Bedrohung der syrischen Christen). Als eine Art Wiedergutmachung bot Großbritannien FEISAL das Königreich Irak und seinem Bruder ABDULLAH das Emirat Transjordanien an, die beide selbstverständlich unter britischem Mandat blieben. 1923 trennte Großbritannien das Kunstgebilde Transjordanien von Palästina ab, das – ebenso wie Syrien– jedoch erst 1946 als Königreich Jordanien in die Unabhängigkeit entlassen wurde (Syrien formell schon 1941). Den einstigen osmanischen Distrikt (Sandschak) von Alexandrette (heute die türkische Provinz Hatay) hatte Frankreich 1939 an die Türkei abgetreten – diesen schmerzvollen Territorialverlust akzeptiert Syrien bis heute nicht.

Als sie sich nach dem Zweiten Weltkrieg aus dem Nahen Osten zurückzogen, hinterließen die West-Alliierten eine konfliktgeladene Region. Die europäische Idee vom Nationalstaat als ordnendem Element mußte politische Unruhen nach sich ziehen, wobei die Dauerkonfrontation mit Israel fast schon stabilisierende Wirkung zeigt. Seither gab es verschiedene Einigungsbestrebungen (geplante Föderationen Syrien/Ägypten, Jordanien/Irak und sogar Syrien/Irak), die jedoch nie von Dauer waren. Erst nach dem mehrfachen Scheitern solcher panarabischer Bestrebungen scheint sich auch in Syrien nationalstaatliches Denken durchzusetzen.

Chronik des modernen syrischen Staates

1918 Faktisches Ende der Osmanen-Herrschaft über syrisches Gebiet. Eroberung von Damaskus durch arabisch-englische Truppen. Emir FEISAL, Sohn des in Mekka residierenden Scherifen HUSSEIN aus dem

Geschlecht der Haschemiten, richtet eine provisorische Regierung ein.

1920 Am 7. 3. wählt der Syrische Kongreß Feisal zum König, doch überträgt der Völkerbund auf der Konferenz von San Remo Frankreich das Mandat über Syrien. Am 25. 7. ziehen französische Truppen in Damaskus ein, Feisal flieht nach Palästina. Der Friedensvertrag von Sèvres (10. 8.) bestätigt die neuen kolonialen Verhältnisse im Nahen Osten.

1920-36 Im nordwestlichen Küstengebirge Syriens gesteht die französische Kolonialmacht den dort ansässigen Alawiten (s. S. 24) einen eigenen Staat mit der Hauptstadt Ladiqiya zu.

1925-27 Nur mit großer Härte (Bombardierung von Damaskus) gelingt es Frankreich, einen syrischen Befreiungsaufstand niederzuschlagen.

1936 Syrisch-französischer Vertrag über die Beendigung der Kolonialherrschaft innerhalb von drei Jahren; das französische Parlament lehnt die Ratifizierung jedoch ab.

1939 Übergabe des Sandschak Alexandrette durch die Franzosen an die Türkei (23. 7.), die man so zu einem Bündnis gegen Nazi-Deutschland gewinnen will.

1940 Das französische Syrien steht treu zum pro-faschistischen Vichy-Regime.

1941 Truppen Großbritanniens und des ›Freien Frankreich‹ besetzen im Juni/Juli Syrien. General de Gaulle erklärt das Land am 27. 9. 1941 für unabhängig.

1943 Parlamentswahlen, Bildung einer Regierung unter Shuqri al-Quwatli.

1945 Beitritt zu den Vereinten Nationen und zur Arabischen Liga.

1946 Die letzten französischen Truppen verlassen Syrien. Offizieller Tag der Unabhängigkeit ist der 17. 4.

1949 Militärputsch des Adib ash-Shishaqli; ab 1951 Errichtung einer Militärdiktatur.

1954 Sturz Shishaqlis; Quwatli wird erneut Präsident; Parlamentswahlen.

1958 Zusammen mit Ägypten Gründung einer Vereinigten Arabischen Republik (VAR).

1961 Austritt aus der VAR; Proklamation der Syrischen Arabischen Republik.

1963 Durch einen Staatsstreich gelangt die 1947 gegründete Baath-Partei (seit 1953 Arabische Sozialistische Baath-Partei) unter Amin al-Hafiz an die Macht, den 1966 Nuraddin al-Atassi als Staatspräsident ablöst.

1967 Im ›Sechstagekrieg‹ (5.-10. 6.) verliert Syrien die strategisch wichtigen Golan-Höhen an das siegreiche Israel. Das Land wird durch die Aufnahme von Zehntausen-

Feisal (1885–1933) entstammte dem arabischen Geschlecht der Haschemiten, die sich auf den Urgroßvater des Propheten Mohammed zurückführen und in Jordanien bis heute dynastisch herrschen. Im Ersten Weltkrieg arbeitete er als Kommandant der arabischen Beduinentruppen eng mit dem britischen Agenten T. E. Lawrence zusammen. Nach der Einnahme von Damaskus am 30. September 1918 wurde Feisal im März 1920 Herrscher des kurzzeitigen Königreichs Syrien, jedoch schon im Juli 1920 durch die französische Mandatarmacht abgesetzt. Großbritannien ließ ihn daraufhin zum Marionettenkönig im britischen Mandatsgebiet Irak (reg. 1921–33) avancieren.

den von palästinensischen Vertriebenen ökonomisch stark belastet.

1970 Hafiz AL-ASSAD, bis dahin Verteidigungsminister, stürzt in einem unblutigen Staatsstreich seinen Vorgänger ATASSI, bildet eine provisorische Regierung und wird

1971 durch Volksabstimmung Präsident sowie Generalsekretär der staatstragenden Baath-Partei, die bis heute politisch bestimmend bleibt.

1973 Im ›Jom-Kippur-Krieg‹ versuchen ägyptische und syrische Truppen ab dem 6. 10., die von Israel 1967 besetzten Gebiete zurückzuerobern. Der Gegenangriff führt zu hohen Panzer- und Flugzeugverlusten Syriens an der Golan-Front. In einem Truppenentflechtungsabkommen erhält Syrien später die Stadt Quneitra zurück.

1976 Am 1. 6. Einmarsch syrischer Verbände in den Libanon, um eine Waffenruhe zwischen Christen und Moslems zu erzwingen. Billigung der Aktion durch die Arabische Liga. Syrien ist seither militärische ›Ordnungsmacht‹ im Libanon.

1977/78 Mit der Annäherung Ägyptens an Israel (Friedenskonferenz in Camp David) wird Syrien zum Motor der sogenannten Ablehnungsfront gegen Israel.

1980 Freundschaftsvertrag mit der Sowjetunion. Im Ersten Golfkrieg steht Syrien gegen den Irak auf der Seite des Iran.

1982 Militante Moslem-Bruderschaften erheben sich in der Stadt Hama gegen den Alawiten ASSAD. Beim Kampf mit der syrischen Armee werden ganze Stadtteile zerstört und zwischen 7000 und 30 000 Menschen getötet.

1983/88 Spannungen mit der PLO Yassir Arafats, da Syrien die radikale palästinensische Opposition unterstützt. Wiederannäherung, nachdem die arabische Welt ARAFAT 1988 den Alleinvertretungsanspruch für das palästinensiche Volk zugesteht (Proklamation eines unabhängigen Staates Palästina).

1989/90 Mit dem Bau des Atatürk-Staudamms in Ostanatolien Spannungen mit der Türkei über die Verteilung des Euphrat-Wassers.

1991 Syrien beteiligt sich im Zweiten Golfkrieg auf der Seite der Alliierten an der Aktion ›Desert Storm‹ gegen den Irak des Sadam HUSSEIN. Offiziell werden die 19 000 syrischen Soldaten dabei als Schutztruppe für Saudi-Arabien und die Emirate definiert.

1994/98 Seit Juli 1994, als Israels Außenminister Shimon PERES erstmals Syriens Anspruch auf die Golan-Höhen anerkannte, – bislang erfolglose – Versuche von US-Vermittlern, einen Friedensschluß zwischen Israel und Syrien herbeizuführen.

Galerie bedeutender Persönlichkeiten

Abd al-Malik (* 646 † 705; reg. 685–705)
Er war der fünfte Omayyaden-Kalif – und ein besonders machtbewußter. Oppositionelle Kräfte schlug er mit harter Hand nieder. Sein großes Verdienst bleibt die umfassende Verwaltungsreform des expandierenden islamischen Weltreichs. Unter A. avancierte das Arabische zur Kanzleisprache, wurde erstmals arabisches Münzgeld geschlagen. Mit seinem Feldzug gegen Karthago (694–698) endete die byzantinische Kontrolle über das mittlere Nordafrika. Die größte kulturelle Leistung des Kalifen, der in Damaskus residierte, war der Bau des Felsendoms in Jerusalem (abgeschlossen 692).

Hafiz al-Assad, den Blick der Zukunft zugewandt; vergoldete zeitgenössische Büste.

al-Assad, Hafiz (* 1928 oder 1930)
Der Bauernsohn aus einem Dorf in der Nähe von Ladiqiya absolvierte nach dem Abitur die Militärakademie in Homs. Als ausgebildeter Pilot der Luftwaffe (Staffelkapitän) nahm der Alawite seit 1963 hohe Funktionen in der Armee wie auch in der Baath-Partei ein. Seit 1966 Verteidigungsminister, ist A. nach einem Militärputsch (Herbst 1970) seit 1971 Staatspräsident der Republik Syrien (letzte Wiederwahl auf sieben Jahre 1991) und Oberbefehlshaber der Streitkräfte. Henry Kissinger nannte ihn »stolz, hart und schlau«. A. gilt als Haupt der ›Ablehnungsfront‹ gegen Israel und fordert – nach dem Prinzip Land gegen Frieden – die Rückgabe der im Nahostkrieg von 1967 verlorenen Golan-Höhen. Bezeichnenderweise ist sein Lieblingsgemälde eine heroische Darstellung der Schlacht von Hattin (s. S. 101), aus der Saladin als Sieger über die Kreuzritter hervorging.

Baibars (* 1223 † 1277; reg. 1260–1277)
Mit vollem Namen hieß er az-Zahir Baibars Ruqn ad-Din al-Bunduqdari. Die große Bewährungsprobe des Militärsklaven, der durch Verschlagenheit, vor allem aber durch ungewöhnliche Tapferkeit in der mamlukischen Hierarchie aufgestiegen war, kam im September 1260, als er unter Qutuz, seinem Vorgänger im Kairener Sultanat, an der Goliathsquelle (Ain Jalut) bei Nazareth das Mongolen-Heer des Hülagü, Enkel des Dschingis-Khan, zurückzuwerfen vermochte. Von seinen Truppen zum Sultan proklamiert, unterwarf B. in nahezu ununterbrochenen Kriegszügen die verbliebenen ayyubidischen Kleinfürsten Syriens und eroberte viele Bastionen der Kreuzritter. Seine diplomatischen Beziehungen reichten von Aragon im spanischen Westen bis in das Kiptschaken-Khanat der südrussischen Goldenen Hordc. In Damaskus liegt der große Kämpfer B. begraben.

Bardäus, Jakob (* ca. 500 † 578)
Bardäus hört sich wie ein respektabler Nachname an, heißt aber, aus dem syrischen Burdeana hervorgegangen, soviel wie ›Mann in Lumpen‹. Wenn Jakob sich in Lumpen hüllte, geschah dies freilich nicht

aus Armut, sondern weil er seine Identität zu verschleiern wünschte. Denn in Konstantinopel, wo er in Kaiserin Theodora zunächst eine Förderin fand, war er ab etwa 540 als Wortführer der monophysitischen Lehre (s. S. 83) verhaßt; Kaiser Justinian erließ einen Haftbefehl gegen ihn. Der in der nordsyrischen Osrhoëne geborene J., seit 542 Bischof von Edessa (Urfa), blieb aber seiner Konfession treu und übertrug sie mit der Belehrung des Stammesführers Harith Ibn Jabala auf die Ghassaniden.

Ben Hadad II. (reg. ca. 875–ca. 844 v. Chr.)

Der wohl bedeutendste aramäische Herrscher Mittelsyriens residierte als Nachfolger seines Vaters (Ben Hadad I.) in Damaskus. Erbitterte Kriege mit Ahab von Israel trugen seinem Fürstentum Aram zweitweise die Waffenherrschaft im Vorderen Orient ein. In einer Koalition mit anderen Kleinfürsten zwischen Amanus-Gebirge und Arabien, darunter Irhuleni von Hamath, gelang es ihm in der Schlacht bei Qarqar (853 v. Chr.), den Assyrer Salmanassar III. aufzuhalten. Die Heilung seines Feldherrn Naaman vom Aussatz (wohl der Schuppenflechte) durch Bäder im Jordan ist der Bibel einen längeren Bericht wert (2. Könige 5, 1-27). Um 844 wurde der kranke B. H. von Hasaël, einem anderen seiner Heerführer, ermordet.

Elagabal, der »Anarchist auf dem Thron«, in einem Münzporträt

Elagabal (* 204 † 222; reg. 218–222)

Er war einer der vier römischen Kaiser, die aus Syrien stammten. In Emesa, dem heutigen Homs, aus der Familie des Regionalfürsten Samsigeramos geboren, war E. über eine Tante mit Kaiser Alexander Severus verwandt, über seinen Urgroßvater wiederum mit Iulia Domna, der Mutter des Caracalla. 217 zum Priester des Gottes von Emesa geweiht, avancierte er auf Betreiben seiner Großmutter Iulia Maesa im Frühjahr 218 (als Fünfzehnjähriger) zum römischen Kaiser, gestützt auf die Waffen der syrischen Legionen. Der syrische Kultus wurde mit E. in Rom maßgebend. Die anstößige Lebensweise des Kaiserjünglings – Antonin Artaud nennt ihn den »Anarchisten auf dem Thron« – und politischer Leichtsinn führten zu einem tragischen Ende: Am 11. März 222 wurde der erst Achtzehnjährige in Rom von Soldaten erschlagen, der Leichnam in den Tiber geworfen.

Iulia Domna (* um 170 † 217 n. Chr.)

Einer einflußreichen Priesterfamilie im syrischen Emesa (heute Homs) entstammend, rückte I. D. durch ihre Heirat mit dem fünfzehn Jahre älteren Kaiser Septimius Severus in das Machtzentrum des Imperiums auf. Sie gebar dem Kaiser zwei Söhne: Septimius Bassianus, der unter dem Spitznamen Caracalla (nach dem keltischen Kapuzenmantel) seinem Vater 211 auf dem Kaiserthron folgen sollte, und Geta, der zeitweise Britannien verwaltete, von seinem älteren Bruder aber im Dezember 211 in den Armen der Mutter ermordet wurde. Seit Juni 193 trug die philosophisch interessierte I. D., die sich mit einem Kreis von Gelehrten umgab, den Titel einer Augusta,

Iulia Domna, die Mutter des Caracalla

seit 211 den einer Mater Augusti. Als ihr Sohn Caracalla, für den sie während seiner Feldzüge die Regierung geführt hatte, am 8. April 217 in Nordsyrien ermordet wurde, nahm sie sich in ihrer Residenz Antiocheia das Leben.

Johannes von Damaskus (* ca. 670 † 749 oder 753/754)
Die Kirche begeht das Fest dieses bedeutenden Kirchenlehrers am 27. März. Aus der arabisch-byzantinischen Familie Mansur stammend, die großen Einfluß auf die Finanzverwaltung des Kalifats besaß, wurde J. nach vorzüglicher Ausbildung zunächst Mönch in der Laura des Hl. Sabas (Mar Saba) südöstlich von Jerusalem. Später erhielt er die Priesterweihe. Seine Alltagssprache war das Arabische. Der ›Damascenus‹ war ein konsequenter Vertreter der chalkedonischen Theologie. Er polemisierte u. a. gegen Nestorianer, Monophysiten und Manichäer und bezog im byzantinischen Bilderstreit Position gegen die Ikonoklasten, wandte sich aber auch gegen den Islam – unter dessen toleranter Herrschaft er so unbefangen wirkte, als sei Syrien weiterhin eine byzantinische Provinz. J.s dogmatisches Hauptwerk, »Die Quelle der Erkenntnis«, genoß im Westen, aber auch in den slawischen Ländern hohes Ansehen.

Thomas Edward Lawrence, genannt Lawrence von Arabien

Lawrence, Thomas Edward (* 1888 † 1935)
Der britische Offizier und Geheimagent schloß sich im Ersten Weltkrieg (1916) als maßgebender Berater und Partisanenführer dem Aufstand der Araber gegen das zerfallende osmanische Reich an. Er operierte vornehmlich im syrisch-jordanischen Raum. 1922 zerwarf sich L. mit der britischen Regierung und zog sich aus ihrer zwielichtigen Orientpolitik zurück. In seiner auch literarisch bedeutenden Autobiographie »Die Sieben Säulen der Weisheit« von 1926 (1962 spektakulär verfilmt von David Lean) webt Lawrence zwar stets an seinem persönlichen Mythos, gleichwohl gelingen ihm dichte, eindrucksvolle Beschreibungen des arabischen Wüstenlebens.

Muawiya (* ca. 605 † 680; reg. 661–680)
Der Sohn eines Mekka-Kaufmanns wurde zum Vertrauten des Propheten Mohammed, nahm unter dem Kalifen Abu Bakr an der islamischen Eroberung Syriens teil und wurde dort als Statthalter eingesetzt. Mit seinem politischen Gegenspieler, dem Kalifen Ali, maß er sich 657 in der Schlacht bei Siffin am Euphrat. Als ein Schiedsgericht im südjordanischen Odruh Alis Kalifenwürde 659 nicht ausdrücklich bestätigte, ließ er sich selbst zum Oberhaupt der moslemischen Gemeinde erklären. Seit 661 (Tod Alis) rechtmäßiger Kalif, begründete der glänzende Administrator M. durch erbliche Thronfolge das erste islamische Herrscherhaus: die Omayyaden. Seine Gegner beschimpften ihn daraufhin als Malik, als (weltlichen) König. M., verheiratet mit einer christlichen Frau, erwies sich in religiösen Fragen als tolerant (679 ließ er die Kathedrale von Edessa wiederaufbauen), war andererseits ein unermüdlicher Kämpfer

gegen Byzanz, das er 674-678 belagern ließ. Zu seinen militärischen Leistungen gehört der Aufbau einer islamischen Flotte, mit der u. a. Zypern und Rhodos erobert wurden.

al-Mundhir (reg. 569–582)
Als Alamundarus kannten die Byzantiner diesen großen Ghassaniden, der – wie schon sein Vater Harith (Aretas) – als oberster Phylarch die christlich-arabischen Föderaten führte und in Resafa residierte. Zweimal, 570 und 580, gelang es ihm, Hira, die Hauptstadt der gegnerischen Lakhmiden – Verbündete der Sassaniden – zu nehmen. Kaiser Tiberios I. gewährte ihm daraufhin – aber auch weil M. erfolgreich zwischen zwei Fraktionen des Monophysitismus vermittelt hatte – im März 580 zu Konstantinopel die Königskrone (statt des bisher getragenen Diadems). Später fiel der Ghassanide am byzantinischen Hofe in Ungnade; er hatte sich in den religiösen Auseinandersetzungen gegen die griechische Orthodoxie entschieden. Kaiser Maurikios schickte den ›Häretiker‹ 582 ins sizilische Exil; zwanzig Jahre währte es. Nach dem Tod des Kaisers kehrte Alamundarus 602 noch einmal in die syrische Residenz zurück, von den Seinen gefeiert als Held des Volkes.

al-Mutanabbi (Abu at-Tayib; * 915 † 965)
Motiviert durch soziale Ungerechtigkeit und seine Sehnsucht nach altarabisch-beduinischer Lebensart, stieg der Sohn eines Wasserträgers aus Kufa zum größten Dichter seiner Zeit auf. Die Brandreden, mit denen der junge Abu at-Tayib – dies sein richtiger Name – ab 933 die syrischen Wüstenleute für einen schiitischen Geheimbund gewann, brachten ihm den Beinamen Mutanabbi (›der sich wie ein Prophet gebärdet‹) ein – und führten zu zweijähriger Inhaftierung in Homs. Als Hofdichter lebte M. zwischen 948 und 957 unter der Ägide des kunstsinnigen Hamdaniden Sayf ad-Dawla in Aleppo. Trotz pflichtschuldiger Auftragsarbeiten (überschwengliche Lobgedichte auf das Hamdaniden-Haus und Sayf ad-Dawlas Siege über byzantinische Heere) wahrte er einen scharfen Blick für den politischen und moralischen Verfall seiner Epoche und erhielt sich die Vorliebe für »den kriegerischen Geist der alten Beduinenzeit, deren Heldentum und Freiheitsdrang hier fortleben« (Sophia Grotzfeld). M.s Hauptwerk, der »Diwan«, 1824 von dem Orientalisten Joseph von Hammer-Purgstall ins Deutsche übertragen, zählt zu den klassischen Werken der arabischen Literatur.

Im August 965 fand al-Mutanabbi im Iran, auf dem Weg von Shiraz nach Ahwaz, einen gewaltsamen Tod. Wie es heißt, wollte der Dichter zunächst fliehen, als ihn Straßenräuber angriffen. Doch dann rezitierte ein Begleiter ihm seine berühmten Verse: »Denn es kennen mich die Reiter und die Nacht und die Wüste und das Schwert und die Lanze und das Papier und die Feder«. Seines alten Selbstanspruchs inne werdend, habe al-Mutanabbi sich daraufhin den Angreifern gestellt – und sei im Kampf gefallen.

Nur ad-Din (* 1118 † 1174; reg. 1146–1174)
N., dessen Name soviel wie ›Licht des Glaubens‹ bedeutet, war eine der herausragenden Persönlichkeiten des syrischen Mittelalters. Er konsolidierte die Zengiden-Dynastie, der er entstammte, bündelte die moslemischen Fürstentümer Syriens gegen die Kreuzfahrer und brachte diesen schwere Niederlagen bei (1149 bei Harim und Apameia). In Damaskus zog er 1154 ein. SALADINS Aufstieg geht auf N.s

Ägypten-Politik zurück. Zugleich war der Zengide ein Förderer der Künste. Unter ihm hielten die Bauformen der Iwan-Halle und der Muqarnas-Kuppel Einzug in die syrische Architektur. Wie SALADIN und BAIBARS liegt N. in Damaskus begraben.

Odaenathus, Septimius (syr. Udhainat; reg. 260–266/267)
Nach der Gefangennahme Kaiser Valerians durch die Perser (260) wurde der damals etwa vierzigjährige O., Fürst von Palmyra, faktisch selbständig und übernahm die Sicherung der östlichen Reichsgrenze. In Damaskus vollendete er den unter Septimius Severus begonnenen Tempel- und Marktbereich. Als Dux Romanorum stieß er 266 bis in die alte Parther-Hauptstadt Ktesiphon am Tigris vor. O. war in zweiter Ehe verheiratet mit Zenobia und hatte mit ihr zwei Söhne, darunter den späteren Thronfolger Vaballathus. Auf dem Marsch nach Herakleia am Schwarzen Meer wurde der Palmyrener im Spätsommer 267 ermordet.

Oppenheim, Max Freiherr von (* 1860 † 1946)
Der aus Köln stammende Orient-Forscher bereiste erstmals 1892 Syrien und Mesopotamien. Zwischen 1896 und 1910 stand er, mit dem Schwerpunkt Naher Osten, im diplomatischen Dienst. Besondere Beachtung schenkte O. der Stammesgliederung und der Lebensweise der Beduinen. Für die Erforschung der syrischen Frühzeit waren seine Grabungen (1911–13; 1927–29) auf dem von ihm 1899 entdeckten Tell Halaf im Khabur-Gebiet Nordsyriens von großer Bedeutung. Viele Skulpturen des aramäisch-hethitischen Halaf (Guzana) verbrachte O. nach Berlin, wo er ein privates Tell Halaf-Museum gründete (im Zweiten Weltkrieg zerstört; Repliken der verlorenen Plastiken im Museum von Aleppo).

Parrot, André (* 1901 † 1980)
Am 30. Oktober 1933 klingelte bei dem jungen P. das Telefon. Am anderen Ende war der berühmte Orientalist René Dussaud, Konservator der orientalischen Altertümer im Louvre. Nahe Abu Kemal, der nordöstlichen Grenzgarnison des französischen Mandatsgebiets Syrien, sei auf dem Tell Hariri eine offenbar sumerische Statue von 300 kg Gewicht zu Tage gekommen. Ob André binnen vierzehn Tagen mit der ersten Grabungskampagne beginnen könne. P. hatte ein Theologiestudium abgeschlossen und war protestantischer Vikar, doch galt sein eigentliches Interesse der Orientalistik und Altertumskunde, und bei mehreren nahöstlichen Grabungen (Baalbek, Tello) hatte er sich bereits auszeichnen können. So sagte er zu – und hatte damit über seine Zukunft disponiert. Das Lebenswerk hieß Mari: In 22 Kampagnen legte P. bis 1975 die uralte Handelsstadt mit dem berühmten Palast des Zimri-Lim und dem Königsarchiv frei.

Paulus (Saulus; * Anfang 1. Jh. † zwischen 63 und 67)
Im südkleinasiatischen Tarsus als Sohn frommer jüdischer Eltern

geboren, die das römische Bürgerrecht besaßen, wurde Saulus, wie er ursprünglich hieß, zum rabbinischen Schriftgelehrten ausgebildet. Von Beruf war er Zeltmacher. In Jerusalem soll er an Christenverfolgungen beteiligt gewesen sein und der Steinigung des Stephanus beigewohnt haben, des ersten christlichen Märtyrers. Auf dem Weg nach Damaskus, wo er ebenfalls gegen die Christen vorgehen wollte, erlebte er um das Jahr 30 n. Chr. – so berichtet es die »Apostelgeschichte« 9, 1–22 – eine Epiphanie, erblindete, wurde aber von einem Christen geheilt und bekehrte sich zu der neuen Religion, als deren energischer Propagandist er fortan auftrat. Nach jahrelangen Missionsreisen in der griechischen Welt fand Paulus (d. h. der Geringe, Niedrige), wie er sich nun nannte, in Rom den Märtyrertod.

Philippus Arabs (* ca. 204 † 249; reg. 244–249)
Der Sohn des Araber-Fürsten Iulius Marinus aus der Trachonitis, der heute al-Lejja genannten Basaltwüste in Südsyrien, ließ als Präfekt der Prätorianer-Garde nach dem römischen Sassaniden-Feldzug Anfang 244 seinen vormaligen Förderer, Kaiser Gordian III., ermorden und wurde vom Heer zum neuen Imperator ausgerufen. Seiner Geburtsstadt Shahba/Philippopolis finanzierte P. eine Prachtausstattung. Nach erfolgreichen Feldzügen gegen Karpen und Germanen genoß der arabische Kaiser den Triumphzug durch Rom; ein Jahr später, Ende April 248, leitete er die Tausendjahr-Feier der Stadt. Der Legende nach soll P. übrigens heimlich Christ gewesen sein. So wie er die Macht erlangt hatte, verlor der Araber sie auch wieder: 249 fiel P. bei Verona, als er den zum Gegenkaiser ausgerufenen Decius in die Schranken weisen wollte.

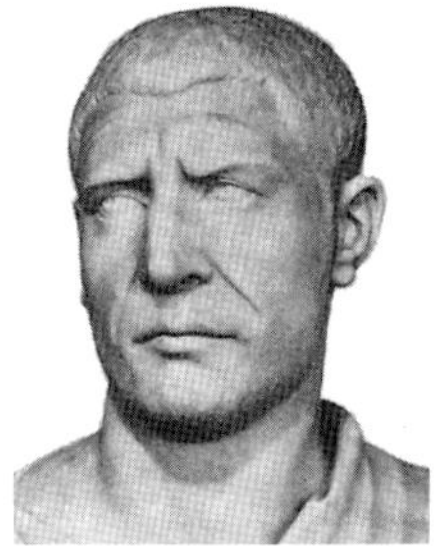
Der aus Südsyrien stammende römische Kaiser Philippus Arabs

Poseidonios (* ca. 135 v. Chr. † ca. 51 v. Chr.)
In Apameia geboren und aufgewachsen, war P. »der letzte große geistig schöpferische Mensch des Hellenismus« (Carl Schneider). Als stoischer Philosoph und Philologe, Geograph und Naturwissenschaftler, Metaphysiker und Geschichtsschreiber leistete er nach seiner Übersiedlung auf die Insel Rhodos (ca. 115), wo Panaitios von Lindos (189–110) sein philosophischer Lehrer wurde, gleichermaßen Hervorragendes; zugleich erwies er sich in seinen Reiseberichten (er besuchte Syrien/Palästina, Ägypten, Sizilien, Kleinasien, den Balkan, Mittel- und Oberitalien, Südfrankreich und Spanien) als temperamentvoll beobachtender Zeitgenosse. In der Stadt Rhodos, wo seiner berühmten Schule ein Planetarium angeschlossen war, hörten ihn Cicero (78/77) und Pompeius (67 und nochmals 62). Eine letzte Rom-Reise machte P. wohl auch mit Brutus bekannt, und da die stoische Philosophie den Tyrannenmord feiert, hat man in P. den geistigen Urheber der Dolchstöße in den Iden des März sehen wollen.

Saladin (Salah ad-Din; * 1138 † 1193; reg. 1171–1193)
Der in Baalbek aufgewachsene Sohn eines kurdischen Militärführers

Denkmal des Saladin vor der Zitadelle von Damaskus

begründete die Ayyubiden-Dynastie und herrschte ab 1171 als Sultan über Ägypten und Syrien. Von Mesopotamien bis in den Jemen, von der Kyrenaika bis nach Nubien spannte sich sein Reich, das er durch Verwaltungsreformen modernisierte. Anschläge der Assassinen unter Sinan überstand er am Jahreswechsel 1174/75 und im Mai 1176. S. war einer der großen Gegner der Kreuzfahrer, denen er im Oktober 1187 Jerusalem entriß. Dem Abendland galt der Sultan als Inbegriff religiöser Toleranz, und in der Tat bedeutet sein Name soviel wie ›Glaubensgüte‹. In Wirklichkeit war S. jedoch ein fanatischer Muslim der sunnitischen Linie, der nicht nur gegen die Christeninvasion, sondern auch gegen die Schiiten kämpfte. Die sterblichen Überreste des in Syrien als Nationalheld verehrten S. ruhen in Damaskus nahe der Omayyaden-Moschee.

Salmanassar III. (reg. 858–824 v. Chr.)
Er war jener assyrische König, der mit Macht nach Westen, in die damals aramäischen Territorien ausgriff und sich 853 bei Qarqar mit einer Koalition von syrischen Fürsten unter Führung von Ben Hadad II., dem Herrn von Damaskus, maß. Einen Sieg trug er freilich nicht davon, und auch später vermochte er das Damaskus des Hasaël nicht einzunehmen. Auf dem triumphalen Schwarzen Obelisk vermeldet S. allerdings die Tributleistungen der phönikischen Hafenstädte Tyros und Sidon. Auch Jehus Israel und nordarabische Beduinen hatten ihren Obolus zu entrichten. Den Madai (Medern) und Parsua (Persern) stand S. als erster gegenüber. Seine Leistungen als Bauherr konzentrierten sich auf Assur, wo neben starken Befestigungsanlagen mehrere Tempel entstanden.

Schaeffer(-Forrer), Claude Frédéric-Armand (* 1899 † 1982)
Wie bei André Parrot war es auch bei dem Elsässer S. sein Univer-

sitätslehrer René Dussaud, Konservator der orientalischen Altertümer im Louvre, der den Stein ins Rollen brachte. Er bewog den jungen S., seine sichere Stellung am Prähistorischen und Gallo-Römischen Museum von Straßburg aufzugeben und den Spaten bei Ras Shamra anzusetzen, wo 1928 zufällig ein Grab des 14. Jh. v. Chr. mit mykenischer und zyprischer Keramik aufgedeckt worden war. S. hatte keinerlei Nahost-Erfahrung; sein guter Ruf beruhte auf einem Standardwerk über die vorgeschichtlichen Grabhügel im Wald des elsässischen Haguenau. Dennoch sagte er zu. Am 30. März 1929 traf er mit sieben Lastkamelen und einer Leibgarde von berittenen Alawiten am weißen Hafen von Minat al-Beida ein. Ein archäologisches Lebenswerk begann, das in den 30er Jahren durch Grabungen in Enkomi/Alaschia auf Zypern noch bereichert wurde.

Der assyrische Bezwinger Syriens, Salmanassar III.

Seleukos I. (* 358/354 † 281 v. Chr.; reg. 321–281 v. Chr.)
Der Sohn eines makedonischen Edelmannes (s. Abb. S. 52) stieg unter Alexander d. Gr. durch seinen Mut und sein Geschick während des Indien-Feldzugs zum General auf. Nach dem Tod des ›Welteroberers‹ avancierte er bei der Reichsteilung von Triparadeisos 321 zum Satrapen von Babylonien. In 20 Jahren erbitterter Kämpfe begründete er das Seleukiden-Reich mit Syrien als territorialem Zentrum; etwa eineinhalb Jahrhunderte sollte es bestehen. Zog der alte Haudegen einmal nicht zu Felde, wußte er strategisch zu heiraten – obwohl er seit 324 mit der Baktrierin Apama ehelich verbunden war. Seine zweite Frau Stratonike, eine Tochter aus dem mächtigen Hause der Antigoniden, trat er später freilich an seinen Sohn Antiochos I. ab. Als S. nach der Eroberung Kleinasiens in den thrakisch-makedonischen Raum strebte (Sommer 281), ermordete ihn Ptolemaios Keraunos, der älteste Sohn des ehemaligen Waffengefährten und nunmehrigen ägyptischen Widersachers Ptolemaios I. Soter.

Septimius Severus (* 145 † 211 n. Chr.; reg. 193–211)
Am 11. April 145 n. Chr. in Leptis Magna (heute Libyen) als Sohn eines römischen Reiteroffiziers geboren, durchlief S. S. eine typische Ämterlaufbahn, die ihn u. a. nach Sardinien, Asturien und Sizilien führte. Als er sich 182 als Legat in Syrien aufhielt, lernte er in Emesa die blutjunge Iulia Domna kennen, die einem einflußreichen Priestergeschlecht entstammte; die Heirat mit ihr (185 oder 187) stärkte seine Position im römischen Orient, und mit der Geburt des Caracalla wurde der 193 zum Augustus erhobene S. S. Begründer des sogenannten syrischen Kaisergeschlechts. Die Anfechtung durch den Gegenkaiser Pescennius Niger bestand er nach einer ersten Niederlage glänzend (s. S. 213). Am 4. Februar 211 starb S. S. im fernen britannischen Eburacum, dem heutigen York. Im Hadriansmausoleum zu Rom, bekannt als Engelsburg, fand er die letzte Ruhe.

Severus Alexander (* 208 † 235 n. Chr.; reg. 222–235)
Der in Phönikien geborene S. A. war Priester des syrischen Sonnen-

gottes. Im Juni 221 wurde er von Kaiser Elagabal adoptiert und zum Caesar erhoben. Zwei Tage nach dem Tod des Adoptivvaters akklamierte ihn das Heer am 13. März 222 zum Imperator, und am Tag darauf verlieh ihm der römische Senat den Titel eines Augustus. Die Regierungsgeschäfte führte seine Mutter Iulia Avita Mamaea mit Hilfe eines Staatsrats. Mit der Mutter zusammen zog er 231 auch gegen die Sassaniden zu Felde, wobei er den Winter 232/233 in Antiocheia verbrachte. Da der junge Kaiser Truppenkontingente vom Oberrhein abgezogen hatte, um sich gegen die Perser zu verstärken, gelang den Alemannen 233 der Limes-Durchbruch. Als S. A., aus Rom herangeeilt, 234 einen Verhandlungsfrieden mit den Westgermanen suchte, empörte sich das Heer, der erlittenen Verluste gedenkend, gegen ihn, rief den Thraker Maximinus zum neuen Kaiser aus und ermordete S. A. (wie auch die ihn wiederum begleitende Mutter) am 22. März 235 in Mogontiacum, dem heutigen Mainz.

Simeon Stylites in einer provinziell-volkstümlichen Reliefdarstellung (Nachzeichnung) des 6. Jh., über Simeon die Taube des Heiligen Geistes.

Simeon Stylites (* ca. 389 † 459)
Simeon, ein Hirtenjunge aus dem östlichen Kilikien, trat bereits in jungen Jahren in das Kloster zu Teleda (nahe Antiocheia) ein und fiel dort durch härteste Bußübungen und strengstes Fasten auf. Schließlich ließ er sich auf dem Hügel von Qalaat Seman (s. S. 283f) im syrischen Kalksteinmassiv eine Umfriedung errichten und mit dem rechten Bein an einen Felsblock ketten. Später bestieg er eine Säule, die er mehrfach erhöhen ließ, denn sein Ruhm als erster Säulenheiliger zog immer größere Scharen von Pilgern an, die den frommen Asketen zu berühren suchten. Die letzten 30 Jahre verbrachte der unnahbare S. auf einer 16 m hohen Säule, die auch nach seinem Tode am 24. Juli 459 Gegenstand christlicher Verehrung blieb.

Sinan Ibn Salman (gen. Rashid ad-Din; ca. 1125–ca. 1193)
Den Kreuzrittern galt S. als der ›Alte vom Berge‹ selbst. In Wirklichkeit war er nur der syrische Stellvertreter – Dai oder Groß-Dai lautete der Titel – des im persischen Alamut verschanzten, mythenumwobenen Hauptes der mörderischen Assassinen, einer ismailitischen Sekte, die in den Wirren des 11. und 12. Jh. politisch bedeutsam wurde. S. wurde als Sohn eines örtlichen Notabeln in einem Dorf beim irakischen Basra geboren und im persischen Alamut ismailitisch erzogen. Vom Alten selbst (Hasan, mit dem Beinamen »durch den das Weg zum Heil führt«) erhielt er 1155 das spirituelle Mandat für Syrien, agierte dort aber eher als kühler Machtpolitiker denn als visionärer Ekstatiker – und geriet so mit dem machtbewußten Ayyubiden-Sultan Saladin in Konflikt. Zwei (gescheiterte) Mordanschläge der Assassinen gegen sein Leben ließen Saladin, der S.s Festung Masyaf 1176 vergeblich belagert hatte und ein Bündnis der Assassinen mit den Kreuzfahrern, aber auch mit seinen zengidischen Gegnern in Mossul und Aleppo fürchten mußte, kompromißbereit werden. Man tat einander nichts mehr, und eine assassinische Brandstiftung im zengidischen Aleppo dürfte Saladin ebenso dien-

lich gewesen sein wie der von S. befohlene politische Mord an Konrad von Montferrat, dem König von Jerusalem (28. April 1192).

Zenobia, Iulia Aurelia (reg. 267–272 n. Chr.)

Die Lebensdaten dieser spätantiken ›starken Frau‹, die auf syrisch Beth-Zabbai hieß, sind unbekannt. Schon ihr Mann, der 267 n. Chr. ermordete palmyrenische Fürst Septimius Odaenathus, hatte von der Unabhängigkeit seines ›Karawanenstaats‹ geträumt, doch erst unter Z. avancierte der kleine südsyrische Stadtstaat zu einer nahöstlichen Großmacht. Als Regina übernahm sie die Vormundschaft für ihren siebenjährigen Sohn Vaballathus, brach mit Rom, stieß bis Ankara vor und ließ sich nach der Eroberung Ägyptens (Anfang 270) als »Neue Kleopatra« feiern. Im Frühjahr 272 nahm sie den Titel einer Augusta an. Beim römischen Gegenschlag im Spätsommer 272 von Kaiser Aurelian in der Schlacht von Emesa (Homs) gefangengenommen, soll Z. den Rest ihrer Tage auf einem Landgut bei Tivoli als ›vornehme Gefangene‹ verbracht haben. In der syrischen Volkslegende lebt sie als az-Zabba fort.

Dieses Münzporträt der Zenobia ist die einzige erhaltene Darstellung der Palmyrenerin.

Zimri-Lim (reg. im 18. Jh. v. Chr.)

Der letzte Herrscher der Lim-Dynastie in Mari ließ eines der Weltwunder der Vor-Antike erbauen: einen Palast mit über 300 Räumen, in denen Priester, Verwalter, Diener, Wachen, Kellermeister, Schreiber – und natürlich die Mitglieder der Herrscherfamilie selbst lebten (s. S. 351f). Die Mittel für die grandiose Bauleistung schöpfte Z. aus den Zöllen des Transithandels. Der Herrscher, der politisch nur wenig Profil zeigte – seine größte Tat scheint die Niederwerfung der nomadischen Benjaminiten-Stämme gewesen zu sein –, liebte die Jagd. Die im Vorderen Orient schon damals selten gewordenen Löwen galten als seine exklusive Beute. Hammurabi von Babylon hat das unbotmäßige Mari ca. 1750 v. Chr. zerstören lassen; spätestens damals muß Z. ums Leben gekommen sein.

Blick auf den Baal-Tempel von Palmyra; Stich von 1753. ▷

König Zimri-Lim (zweiter von links) vor der Göttin Ischtar; Ausschnitt (Nachzeichnung) der berühmten Investiturszene aus Mari (s. S. 352).

E
B

Reiserouten in Syrien

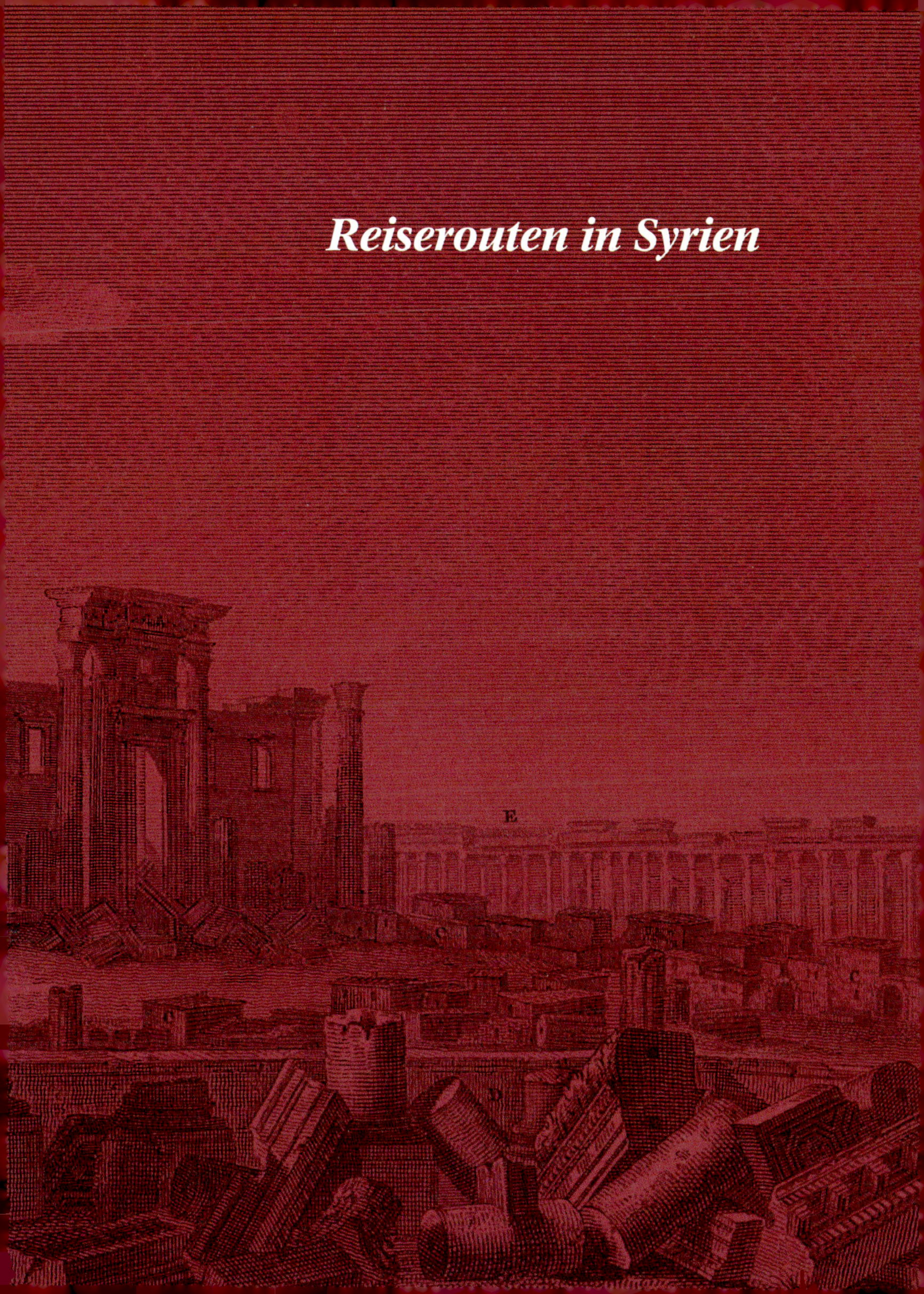

Damaskus und Umgebung

Damaskus

Die vorderasiatischen Metropolen der Frühgeschichte wie Mari, Ebla oder Ugarit sind spätestens seit der hellenistischen Eroberung zu unbedeutenden Dörfern geschrumpft, und hellenistisch-römische Großstädte wie Apameia liegen heute in Ruinen. Die beiden größten Städte Syriens, Aleppo und Damaskus, sind dagegen seltene Beispiele siedlungsgeschichtlicher Kontinuität. Als Rom gegründet wird, sind die frühesten nachgewiesenen schriftlichen Nachrichten über Damaskus beinahe ein Jahrtausend alt. Zum ersten Mal wird die Stadt um 1470 v. Chr. unter Pharao Thutmosis III. in ägyptischen Siedlungslisten genannt.

Damaskus ist insofern nicht allein nach dem materiellen Bestand zu beurteilen, sondern als Inbegriff von Stadtkultur des Vorderen Orients zu bewerten. Keine 100 km vom Mittelmeer entfernt, gleichzeitig aber durch hohe Gebirgsketten vom Küstenstreifen getrennt und in den Widerstreit von Ackerland und Steppe, von Seßhaften und Nomaden eingespannt, erscheint Damaskus als das urbane Produkt einer Grenzdynamik, die zum einen die Stadt beständig gefährdete, zum anderen ihre Existenz aber erst ermöglichte. Durch die offene Position zum Osten hin, durch die mäßig hohe Plateaulage (690 m) und durch die erwähnte Nähe zum Mittelmeer blieb Damaskus über Jahrtausende in das Netz der internationalen Handelsstraßen integriert.

Der politische Vorrang von Damaskus gegenüber Aleppo ergibt sich aus geographischer Lage und historischer Entscheidung. Das nahe Taurus-Gebirge, die natürliche Nordgrenze der arabischen Welt, drückte Aleppo über Jahrtausende in eine Randlage; Damaskus hingegen war aufgrund seiner zentralen Situation in Großsyrien prädestiniert zur Residenzstadt des ersten großen arabisch-islamischen Staatengebildes, des omayyadischen Weltreichs: Als Damaskus zu einer der heiligen Städte des Moslems avancierte, gewann es eine geistig-ideologische Ausstrahlung, die sich bis in unser Jahrhundert nicht verloren hat.

Besonders sehenswert:
Nationalmuseum ☆
Suleimaniya ☆
Altstadt/Suqs ☆
Omayyaden-Moschee ☆☆
Altstadt-Medresen und -Mausoleen
Bimaristan Nuri
Azem-Palast ☆
Bad des Nur ad-Din
Christenviertel
Pilgerviertel Midan
Vorort Salihiya

Burqush
Dmeir

Geschichtlicher Überblick

»Bei Allah, diejenigen sprachen wahr, die sagten: ›Wenn es das Paradies auf Erden gibt, dann gehört Damaskus ohne Zweifel dazu; und wenn das Paradies im Himmel liegt, dann ist Damaskus sein irdisches Gegenstück‹.« In diesen Worten kulminiert die emphatische Beschreibung des andalusischen Reisenden Ibn Jubair, der am 5. Juli 1184 in der Stadt eintraf. Zum Zitat greifend, rückt Ibn Jubair die Gleichsetzung von Damaskus mit dem Paradies in eine ältere Tradition, die in Zusammenhang steht mit der Lokalisierung biblischer Ereignisse an den Hängen des heiligen Berges Qassyun, unmittelbar

◁ Blick über die Kuppeldächer einer osmanischen Karawanserei auf die Omayyaden-Moschee

Die älteste europäische Ansicht von Damaskus aus dem Jahr 1572

oberhalb des Damaszener Vorortes as-Salihiya (s. S. 165f). Der Ort, an dem Kain seinen Bruder Abel erschlug, ist dort in der Erinnerung der Bewohner ebenso gegenwärtig wie der Geburtsplatz des Patriarchen Abraham, der dem Islam als Gründer der Kaaba, des mekkanischen Zentralheiligtums gilt. Der Weltreisende Ibn Battuta beschreibt im 14. Jh. einen verehrten Ort am Westende des Qassyun-Gebirges, der Jesus und Maria als Zuflucht gedient habe, und im südlichen Vorort al-Qadam wird das Grab Mosis verehrt. Die legendären Aufenthalte all dieser biblischen Gestalten – für den Islam sind sie ›Propheten‹ und Vorläufer Mohammeds – im Umkreis von Damaskus verleihen der moslemischen Stadt eine sakrale Aura, die für die Christen noch dadurch gewinnt, daß man das Haupt Johannes des Täufers (s. S. 147) und die Bekehrung des Saulus zum Paulus (s. S. 158) mit Damaskus verbindet.

Mag die Natur des Ortes – Damaskus liegt am Rande eines Trockengebietes inmitten einer Oase von in Vorderasien einzigartiger Ausdehnung und Fruchtbarkeit – den Paradiesgedanken auch angeregt haben, so ist diese Vorstellung doch letztlich nicht zu lösen vom machtpolitischen Anspruch auf Weltherrschaft, den die Stadt mit der Omayyaden-Dynastie gewann. Die Paradiesthematik begegnet uns anschaulich im Mosaikenzyklus der Damaszener Freitagsmoschee wieder, die unter dem Kalifen Walid zusammen mit vergleichbaren Bauten in den drei heiligen Städten des Islam – Medina,

»Ohne Damaskus wäre Toledo nicht gewesen, hätte Baghdad die Herrlichkeit der Abbasiden nicht gekannt...«
Ahmed Khawqi

Mekka, Jerusalem – sowie in Fustat (Kairo) errichtet wurde (s. S. 145). »Mit den Bauformen und dem Schmuck (Mosaiken) seiner Freitagsmoschee in Damaskus betonte al-Walid nicht nur die Heiligkeit der Stätte des Gebets, den Anspruch des Islam als der allein gültigen Heilsreligion, sondern ebenso seine Rolle als Vorsteher und Imam der Gemeinde Gottes« (Barbara Finster). Damit war das religiöse Monopol – der ja auch von Juden und Christen reklamierten – Stadt Jerusalem gebrochen und die geographische Entfernung zu Mekka und Medina symbolhaft aufgehoben.

In der arabischen Vorstellung ist der damals gewonnene Rang von Damaskus nie verlorengegangen, auch nicht, nachdem die Stadt 750 den Kalifensitz und die politische Macht verlor. Die Idee von der Heiligkeit des Ortes, basierend auf der natürlichen Gunst seiner Lage, hat der Stadt eine unerschütterliche Vitalität verliehen, die allen materiellen Zerstörungen mühelos widerstand.

»Von den Bergen strömen viele Bäche, die aus dem Gebiet von Damaskus den bestbewässerten und lieblichsten Ort Syriens machen. Die Araber sprechen nur mit Begeisterung von ihm; und sie werden nicht müde, das Grün und die Frische der Obstgärten, die Fülle und Mannigfaltigkeit der Früchte, die Zahl der Quellen wie auch die Klarheit der Springbrunnen und Gewässer zu preisen.«
Constantin François de Volney, 1787

Das aramäische Damaskus

Da es an archäologischen Denkmälern aus dem aramäischen Damaskus mangelt, sind wir auf die Überlieferung des Alten Testaments angewiesen. Das historische Bild von Aram, wie das Damaszener Kleinreich damals hieß, definiert sich dort aus der Begegnung mit den jüdischen Staaten, insbesondere in der Zeit zwischen 1000 und 732 v. Chr. Nachdem unter David (reg. ca. 1004–ca. 965 v. Chr.) das Ostjordanland bis nach Damaskus an Juda/Israel gefallen war, vermochte sich unter Davids Sohn Salomon (reg. ca. 965–ca. 926 v. Chr.) ein aramäischer Bandenführer namens Reson, ein Mann aus dem nordwestlich gelegenen Kleinstaat Zoba, in Damaskus zu etablieren. Den Hintergrund, die Einsickerung von Aramäern in den Vorderen Orient, haben wir an anderer Stelle geschildert (s. S. 50f). Bereits um 900 v. Chr. residierte ein Aramäer-König namens Ben Hadad in Damaskus. Bündnisbrüche gegenüber Bascha von Israel und Asa, dem König von Juda, geben ihm ein wenig schmeichelhaftes politisches Profil. Ben Hadads gleichnamiger Sohn (s. S. 113), seit etwa 875 v. Chr. Herr in Damaskus, rückte mit einem Heer gegen Ahab von Israel. Das große königliche Gefolge, das Ben Hadad II. in seinem Feldzug aufbieten konnte, dokumentiert den hohen Rang des Reiches Aram im syrischen Raum, und auch als sich Mitte des 9. Jh. v. Chr. eine syrisch-israelitische Koalition gegen die Assyrer bildete, stand Aram-Damaskus mit 1200 Streitwagen, 1200 Reitern und 20 000 Mann Fußvolk an der Spitze der Alliierten, die sich mit Großkönig Salmanassar III. in der Schlacht von Qarqar (853) maßen. In der Folge stieg Hasael, einer der Heerführer Ben Hadads II., zum Territorialherrscher auf, eroberte Ammon und Moab und bezwang Israel. Der biblische Chronist berichtet, daß er dem israelitischen König Joahas (reg. 814–798) nur 50 Wagenkämpfer, zehn Streitwagen und 10 000 Mann Fußvolk ließ. »Alles andere hatte der König von Aram vernichtet und dem Staub gleichgemacht, auf den man tritt« (2. Kön. 13,7). Der politische Kleinkrieg der Königreiche

Hasael, Mörder des Ben Hadad II. und danach aramäischer Herr von Damaskus

dauerte fort und führte zum Untergang, nachdem Assyrien wieder erstarkte. Als PEKACH von Israel und REZIN, der letzte aramäische König von Damaskus, sich verbündeten zu einem Kriegszug gegen Jerusalem, rief AHAS von Juda den assyrischen König zu Hilfe: »Zieh herauf und befreie mich aus der Hand des Königs von Aram und des Königs von Israel, die mich bedrohen« (2. Kön. 16,7–8). Im Jahr 732 v. Chr. fiel Damaskus an TIGLATPILESAR III., der einen Teil der Einwohner nach Armenien deportieren ließ. Zwei aramäische Aufstände (720 sowie 705) gegen die neuen Zwingherren vermochten Damaskus nicht mehr zu befreien. Es fungierte nunmehr als assyrische Provinzkapitale. Auf die assyrische folgte 625 v. Chr. die neubabylonische, dann die persische und schließlich die griechische und römische Eroberung.

Möglicherweise befanden sich der aramäische Haupttempel – er dürfte dem Wettergott Hadad geweiht gewesen sein – und die Königsburg innerhalb der späteren antiken Stadtmauer und nahmen den Platz des römischen Tempels bzw. des südlich gelegenen Hügels ein. Man erinnert sich an den biblischen Bericht (2. Kön. 16,10–13) vom Besuch des judäischen Königs AHAS in Damaskus und von dem Eindruck, den der ›Altar‹ seines späteren Gegners REZIN auf ihn machte. Den originalen Damaszener Altar darf man im Haupttempel der Stadt vermuten, und eines der wenigen Zeugnisse der Aramäer-Zeit – eine Orthostatenplatte aus Basalt mit der Darstellung einer Sphinx –, gefunden in der Nordostecke der Umfassungsmauer der Omayyaden-Moschee, könnte zur Ausstattung dieses Tempels aus dem 1. Jt. v. Chr. gehört haben. Die ägyptischen Attribute wie Krone und Bart verweisen auf den Einfluß des phönikischen Kunstkreises.

Das hellenistische und römische Damaskus

Damaskus wurde hellenistisch, als ALEXANDERS General PARMENION 332 v. Chr. die persische Zitadelle stürmte und den dort verwahrten Kronschatz des DAREIOS beschlagnahmte. In der Folge besaß Damaskus im Vergleich zu Antiocheia, Apameia oder Seleukeia allerdings nur eine untergeordnete Bedeutung, und in den seleukidischen Thronwirren des 1. Jh. v. Chr. schützte keine hellenistische Armee die Damaszener von den Übergriffen der arabischen Ituräer, die im heutigen Libanon ihre Basis hatten. Seit 84 v. Chr. vorgeschobener Handelsposten der Nabatäer an der nördlichen Weihrauchstraße und von ihnen verwaltet, fiel die Stadt 72 v. Chr. an den Armenier-König TIGRANES. Auf dem Vormarsch des POMPEIUS, der zuvor TIGRANES aus Syrien vertrieben hatte, wurde sie 66 v. Chr. kampflos durch die römischen Feldherren LOLLIUS und METELLUS eingenommen. 64 v. Chr. hielt POMPEIUS selbst Einzug in die nun römische Stadt. Kurzzeitig gehörte Damaskus zur Dekapolis, einem Städtebund, dessen Mitgliedern zwar kommunale Selbstverwaltung eingeräumt war, die ansonsten aber zur römischen Provincia Syria gehörten (s. S. 68).

Bizarres historisches Zwischenspiel: Nach 38 v. Chr. ›schenkte‹ Antonius Damaskus samt Teilen Coelesyriens seiner Geliebten Kleopatra und somit dem Ptolemäer-Reich. Übrigens dürfte die ägyptische Königin, wie Münzprägungen bezeugen, Damaskus damals selbst besucht haben.

In der Geschichte des Urchristentums spielte die Stadt, verbunden mit dem Namen PAULUS, eine bedeutende Rolle, denn der jüdische

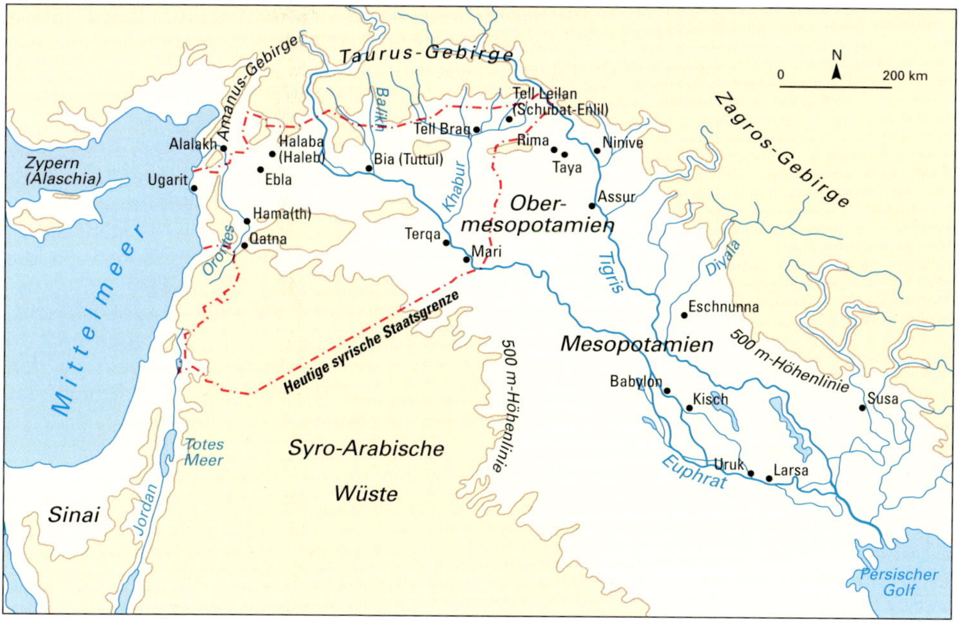

Bevölkerungsanteil war hoch und die christliche Missionierung hatte unter den Damaszener Juden besonders früh Erfolg gezeitigt.

Mit dem 2. Jh. begann die römische Blüte der Stadt: Kaiser HADRIAN verlieh ihr den den Titel einer Metropolis und erhob sie zur Hauptstadt der Provincia Syria, und unter SEVERUS ALEXANDER erlangte sie nach 222 den Status einer römischen Colonia. Die großen Bauvorhaben, u. a. die Neugestaltung von Tempel und Markt, fallen in diese späte Kaiserzeit. Interessanterweise hatte auch der palmyrenische Fürst ODAENATHUS (s. S. 116) Anteil am imperialen Ausbau der Stadt.

Als nach 391, also nach dem Edikt des byzantinischen Kaisers THEODOSIUS, überall im Reich Tempel in Kirchen umgewidmet wurden, entstanden auch in Damaskus, das zum Bischofssitz aufstieg, neue Sakralbauten, welche die älteren christlichen Hauskirchen (s. S. 305; 349) ablösten. Den Tempel des Jupiter Damascenus ersetzte bald die Johannes-Basilika.

Der Archäologie gelang die Rekonstruktion des antiken Stadtplans trotz vollständiger moslemischer Überbauung. Gesichert ist der Hoftempel des Jupiter Damascenus, dessen Temenos heute von der Umfassungsmauer der Omayyaden-Moschee markiert wird; er war seinerzeit Mittelpunkt einer monumentalen Platzanlage von 365 x 300 m mit umlaufenden Säulenhallen. Heute von Suqs überwuchert, hat sich nur das Westportal des antiken Ensembles erhalten.

Gesichert ist ferner der Verlauf der Geraden Straße (Via Recta) der ›Apostelgeschichte‹, einer Kolonnadenstraße von fast 26 m Breite,

Das römische Damaskus mit dem hellenistischen Straßenraster

»Wo die von Kaiser Diokletian gegründete, viel gerühmte Waffenschmiede lag, wissen wir nicht. Damaszener Klingen wurden in der Tradition dieser Handwerkskunst bis ins 19. Jahrhundert in der Stadt hergestellt.«
Dorothée Sack

die in west-östlicher Richtung die Stadt durchzog, vom Bab al-Jabiya (s. S. 162) bis zum Bab Sharqi (s. S. 159). Ein Triumphbogen und das Osttor (Bab Sharqi) verbleiben als Reste der antiken Bauleistung. Auf älteren Luftaufnahmen zeichnete sich im Straßennetz an der West-Ost-Achse zudem das Halbrund eines Theaters ab.

Eine historische Nachricht beleuchtet das Ausmaß der religiösen Toleranz: Nach Ibn Shaqir besuchten Christen und Moslems vor dem Bau der Omayyaden-Moschee fast 70 Jahre lang den alten Tempelbezirk durch denselben Eingang in der südlichen Temenos-Mauer, wobei die Christen nach links zu ihrer Kirche, die Moslems nach rechts zu einer provisorischen Moschee gingen.

Trotz des islamischen Sackgassensystems haben sich Strukturen des antiken Straßenrasters erhalten: Zumeist rechtwinklig sich schneidende Straßen fällten ca. 100 x 45 m große Wohninseln *(insulae)* aus, die nord-südlich orientiert waren. Das Fehlen dieses Straßenrasters in einem Bereich östlich des Tempels beweist die frühzeitige Überbauung einer vordem freien Platzanlage.

Die antike Stadtmauer ist als ein ca. 1300 x 850 m großes Rechteck zu rekonstruieren, das sich bezüglich der Tore, aber auch in manchen Strecken mit der islamischen Stadtmauer deckt. In den Bodenlagen einiger mittelalterlicher Wallpartien läßt sich noch das römische Quadermauerwerk erkennen.

Das islamische Damaskus

634 erstmals von Moslemtruppen bedroht, kapitulierte Damaskus im Jahr 635, als der Feldherr Khalid Ibn al-Walid vor den Toren aufzog. An Widerstand dachte man nicht. Die Schrecken der sassanidischen Besatzungszeit (612–628) und der vergeblichen Versuche, die persische Zwingherrschaft abzuschütteln, standen noch zu deutlich im Gedächtnis. Hinzu kam die religiöse Toleranz der Eroberer, die Damaskus, dessen Bevölkerung mehrheitlich aus monophysitischen Christen (s. S. 83) bestand, gegenüber dem orthodoxen Byzanz als die bessere Alternative scheinen mochte.

Damaskus wurde also eine islamische Stadt, ohne daß die antike bzw. frühbyzantinische Infrastruktur wesentlich angetastet worden wäre. Selbst die Omayyaden-Moschee als neues Stadtzentrum ordnete sich in der Kontinuität des Jupiter-Tempels und der Johannes-Basilika dem traditionellen Funktionsgefüge der Stadt unter. Unmittelbar südlich der Moschee lag der Sitz des vom Kalifen Omar in Medina bestellten Gouverneurs. Abu Ubayda († 639), ein alter Mitstreiter des Propheten Mohammed, war der erste dieser Statthalter. Wahrscheinlich benutzte er, so wie zuvor die Sassaniden, zunächst den älteren byzantinischen Regierungspalast, der auf dem in antiker Zeit frei liegenden äußeren Tempelterrain entstanden war. Erst der Omayyade Muawiya bezog 656 eine neue, standesgemäße Damaszener Residenz: den Grünen Palast. Dort ließ er sich auch zum Kalifen ausrufen (s. S. 114). Von dem Palais sind nach den Verwüstungen der Abbasiden (s. u.) keine Spuren geblieben.

In seiner städtebaulichen Kontinuität unterscheidet sich das islamische Damaskus markant von moslemischen Gründungsstädten wie Baghdad, Kufa, Basra oder Fustat. Die Islamisierung der antiken Bausubstanz rekonstruiert Klaus Dettmann folgendermaßen: Orientierung der Basarzeilen in Richtung auf die Omayyaden-Moschee, tendenzielle Absonderung einzelner Quartiere nach Religion, Natio-

nalität oder Korporationszugehörigkeit, strenge Trennung von Wohnen und Wirtschaften. Eine Gegenüberstellung von griechisch-römischer und islamisch-orientalischer Stadt vereinfacht die kulturhistorische Situation jedoch, verfälscht sie sogar: Kennzeichnen die monumentale Säulenstraße als Markt und die herausragende Bedeutung des Sakralzentrums nicht bereits den antiken Plan von Damaskus als orientalisch oder – besser – als ›syrisch‹? Und steht die Übernahme von Damaskus nicht am Anfang einer islamischen

Der Suq von Damaskus hat das Tor zur äußeren Platzanlage des römischen Tempels bewahrt (s. S. 141).

Stadtentwicklung, deren ›Idealschema‹ selbst einem historischen Entwicklungsprozeß unterworfen ist?

In Wirklichkeit sind die Damaszener Übergänge sehr viel fließender: Der Suq z. B. als in der Tat konstitutives Element der islamischen Stadt (s. S. 140) folgte in Damaskus der antiken Ladenstraße, deren Mittelteil zugebaut wurde, während man die Säulenhallen in Straßen umwandelte. Deutlich ist dies an der Via Recta (heute Madhat Basha- und Bab Sharqi-Straße) abzulesen, die im Westteil in zwei parallele Basargassen mit dazwischen gelegenen Geschäften transformiert wurde. Im Hinblick auf die Planstruktur ist allerdings eine deutliche Trennung von antiker und moslemischer Stadt offensichtlich: Dem regelmäßigen Straßenraster des hippodamischen Planes ist das einzelne Haus deutlich untergeordnet; feste Baugesetze lassen ein Durchbrechen der Grundstruktur nicht zu. Den Baustein der islamischen Stadt bildet hingegen die individuelle ›Wohnzelle‹, die mit anderen ›Zellen‹ zu einem Stadtganzen zusammenwächst. Gerade in Damaskus wird dieser Unterschied zwischen rationalem Ordnungsschema und organischem Wachstum faßbar.

Der letzte Omayyaden-Kalif, Marwan II., hatte Damaskus bereits 744 verlassen und seine Hauptstadt im nordsyrischen Harran eingerichtet. Im April 750, nach der vernichtenden Niederlage der Omayyaden in der Schlacht am Großen Zab (Nordirak) und der Verfolgung und Hinrichtung zahlreicher Mitglieder des alten Herrscherhauses, wurde der Begründer der Abbasiden-Dynastie, Abu al-Abbas (reg. 750–754) kurzzeitig Herr von Damaskus. Er ließ die Befestigungen schleifen, die Gräber profanieren – und zog dann weiter in den Irak. Damaskus' großes Jahrhundert war vorbei, die Stadt führte fortan ein provinzielles Schattendasein.

Erst unter Nur ad-Din stieg sie ab 1154 zu alter Größe auf. Hatte Damaskus bis dahin immer wieder mit den Kreuzrittern kooperiert – so vor allem gegen die Türken in Aleppo –, so wurde es nun zur Basis des Heiligen Krieges gegen die Christen. Die Grabmäler Nur ad-Dins, Saladins und Baibars', der drei großen Heroen im Kampf gegen die Lateiner, erinnern an die damalige Bedeutung der Stadt. Mit Nur ad-Din hielt auch eine neue Architektur Einzug in Damaskus. Erhalten haben sich die Grabmedrese und das Bimaristan (›Krankenhaus‹), die beide parthisch-sassanidische Bautraditionen aufnehmen, insbesondere den Iwan, eine Art Hofhalle, und die Muqarnas-Kuppel mit stufenförmig aufgebautem Zellenwerk.

Mit dem Tod Saladins 1193 in Damaskus fiel die Ayyubiden-Herrschaft an seine beiden Söhne und einen Bruder. Aus den dynastischen Streitigkeiten ging schließlich Kairo als erste Hauptstadt hervor, Damaskus blieb unter den Mamluken bis zur osmanischen Eroberung (1517) trotz aller religiösen und wirtschaftlichen Bedeutung politisch zweitrangig. Die umfangreichen Bauvorhaben der Ayyubiden in Damaskus betrafen insbesondere die Wehrarchitektur – Torbauten und Zitadellenverstärkung – sowie den Sakralbau. Letzterer zeichnet sich durch die Ausbildung eines neuen Grabmaltypus

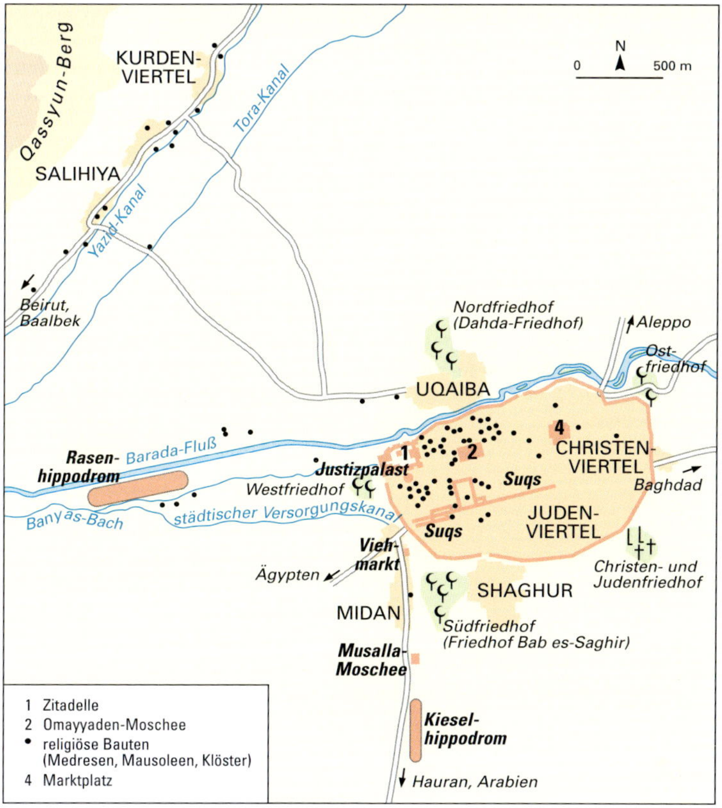

Das islamische Damaskus (mitsamt der Vorstadt Salihiya am Fuße des Qassyun-Bergs), Mitte des 13. Jh.

aus. Der Vorort Salihiya avancierte zum bevorzugten Standort der Mausoleen, und arabische Gelehrte gründeten dort unmittelbar unterhalb der mythisch verehrten Plätze an den Hängen des Qassyun (s. S. 169) berühmte Schulen und Bruderschaften.

1260 drangen die Mongolen unter Hülagü bis Damaskus vor und machten der ayyubidischen Dynastie ein Ende. Unter dem Kommando der Mamluken Qutuz und Baibars stoppten die Heere Kairos die Invasion und befreiten wenig später Damaskus. Fast automatisch wurden die Mamluken zu den neuen Herren Syriens, und trotz erneuter Mongolen-Einfälle unter Timur im Jahr 1400 erlebte Damaskus eine geistige und wirtschaftliche Blütezeit. Nach zeitgenössischen Reiseberichten zählte die mamlukische Stadt mehr als 100 000 Einwohner.

Kennzeichnend für die Mamluken-Bauten ist eine reiche Flächendekoration, hervorgehoben durch die Bichromie des Gesteins. Der horizontale Materialwechsel *(ablaq)* von dunklem Basalt und hellem Kalkstein wird axialsymmetrisch durchbrochen durch im Motiv

Ein Beispiel für den Ablaq, den typisch syrischen Steinwechsel, bietet das Mausoleum des Afridun (s. S. 162).

wie in der Farbigkeit vielfältige Embleme. Das zurückversetzte Mittelportal steht in der Nachfolge der Ayyubiden-Bauten, doch ist es in der deutlichen Vertikale, der steilen Muschelbekrönung und dem Ausbrechen aus dem betont horizontalen Mauerverband von den Portalbauten aus der Zeit SALADINS unterschieden.

Die Tradition der Damaszener Steinmetzarbeiten lebte in der Osmanen-Zeit fort. Zwar hielt ein durch Istanbul geprägter neuer Moscheentypus Einzug, doch blieb der bichrome Steinwechsel des aufgehenden Mauerwerks bewahrt und konnte sich umgekehrt die typisch osmanische dekorative Fliesung der Moscheeinnenräume nicht durchsetzen. Die Tekke von Damaskus, noch unter SULEIMAN dem Prächtigen erbaut vom größten der osmanischen Baumeister, SINAN, zeigt die Synthese von Ausdrucksformen osmanischer Architektur (schlank-zylindrischer Minarett-Typus, wuchtiger Kuppelbau, Fassaden-Vorhalle) und Damaszener Tradition (horizontaler Steinlagenwechsel).

Fast ausschließlich lagen die Bauprojekte der Mamluken- und Osmanen-Zeit außerhalb der alten Stadtmauern. Besondere Beachtung verdient der Stadtausbau unter dem Damaszener Gouverneur MIDHAT PASCHA (1878–80) mit breiten Boulevards in den Außenvierteln. Ausgenommen von dieser ›Auslagerung‹ monumentaler Bauaktivitäten waren wegen der notwendigen Standortnähe zum Suq allein die Khane der Türkenzeit, die als Unterkunft für Reisende und Kaufleute, als Umschlagplatz und natürlich als Warenlager dienten und heute vom Großhandel oder kleineren Firmen und Werkstätten übernommen sind.

Damaskus heute

In drei Phasen vollzog sich in den letzten 150 Jahren ein rapider Wachstumsprozeß unter deutlich westlichen Vorzeichen. Die Eroberung durch den Ägypter IBRAHIM PASCHA (s. S. 108), das französische Mandat und schließlich Damaskus' Funktion als Hauptstadt des syrischen Staates sind die Wegmarken einer Entislamisierung, die in einem nach dem Vorbild europäischer Großstadtpläne angelegten Straßennetz und in den mediterranen Stahl-Beton-Konstruktionen einförmiger Wohnblöcke architektonischen Niederschlag gefunden hat. Doch verfehlt der Begriff Entislamisierung letztlich doch den Sachverhalt, denn die Tendenz zu einer neuen islamischen Architektur wird im Straßenbild allenthalben deutlich. Es ist zu bedenken, daß Damaskus nach der Niederlage der Osmanen wie selbstverständlich das Zentrum der arabischen Bewegung wurde. Dieses Selbstbewußtsein fand Ausdruck in einer Renaissance der islamischen Architektur – etwa im Gebäude der Volksvertretung. Unzweifelhaft versteht sich Damaskus (arab. *Dimashq ash-Sham)*, das heute offiziell 1,5 Millionen Einwohner, in Wirklichkeit mit seinen Hunderttausenden von Pendlern aber eine Lebensbevölkerung von fast 2 Millionen zählt, nach wie vor als islamische Stadt. Wie alle modernen Metropolen der islamischen Welt trägt sie indessen den

Moderne Damaszenerinnen beim Einkaufsbummel – das Kopftuch darf zwar nicht fehlen, man beachte jedoch die hohen Absätze.

Dissens zwischen Tradition und Verwestlichung in sich, und es mutet wie eine Umschreibung dieser inneren Zwietracht an, wenn die Altstadt von Damaskus seit 1979 von der UNESCO dem Weltkulturerbe zugerechnet wird.

Vom Nationalmuseum zum Saum der Altstadt

Unser ›Damaskus-Erlebnis‹ beginnt im **Nationalmuseum,** das einen ersten – und einzigartigen – Einblick in Reichtum und Entwicklung der syrischen Kultur erlaubt.

Seine neuerworbene Nationalstaatlichkeit zu zeigen war für das junge Syrien Ehrensache. Schon 1919 faßte man einige historische Funde und Liebhaberstücke in der Adiliya (s. S. 149) zusammen. 1939 fand die erweiterte Sammlung im Ostflügel des heutigen Museums Platz; sukzessive Erweiterungen boten neuen Ausstellungsraum. Leider indes bei weitem nicht genug, denn über die Hälfte der Erwerbungen lagert heute in Depots oder wurde – dies die wesentlich bessere Lösung – syrischen Regionalmuseen überantwortet. Andererseits bietet die räumliche Enge dem Besucher eine einmalige qualitative Konzentration; mit wenigen Schritten mißt er die kulturellen Höhen der Jahrtausende ab, findet von Glanzpunkt zu Glanzpunkt. Lediglich die islamische Periode erscheint unterrepräsentiert – vielleicht, weil sie den Museumsverantwortlichen weniger museal erscheint als unserer ›westlichen‹ Perspektive.

Besonderes Interesse verdienen jene Monumente, die original oder im originalen Zusammenhang wiederaufgebaut wurden:
– die Palastfassade des omayyadischen Wüstenschlosses Qasr al-Heir-West (s. S. 391) aus dem frühen 8. Jh. mit Portal zwischen zwei

vorspringenden Halbtürmen in der Tradition spätrömischer Kastelle;
– das Hypogäum des Yarhai, ein palmyrenisches Hausgrab des Jahres 108 n. Chr. mit Grabschächten und bedeutendem Klinensarkophag;
– die Synagoge von Dura-Europos, ein Saalraum mit einzigartigem Wandbildzyklus in drei Registern; dargestellt sind alttestamentliche Personen (u. a. Moses, die Königin von Saba, Salomon, David, Abraham) und Szenen (u. a. Auszug aus Ägypten, die Bundeslade bei den Philistern, Salbung Davids, Vernichtung und Wiederherstellung Israels);
– der Empfangssaal eines Damaszener Bürgerhauses aus dem 18. Jh. mit prachtvoller Holztäfelung und Dekoration.

Zu den eindrucksvollen frühgeschichtlichen Funden gehören Beterfiguren aus Mari (darunter die berühmte Statuette aus der Zeit des Königs Iku-Schamagan und das Sitzbild des Sängers Urnansche), Elfenbeinarbeiten und Tontafeln aus Ugarit (s. S. 47), ein Kultbecken mit vier frontalen Löwendarstellungen aus Ebla (s. Abb. S. 42) und das Basaltrelief einer Sphinx aus dem Hadad-Tempel von Damaskus (s. S. 128). Zu den wichtigsten klassischen Exponaten zählen Grab- und Götterreliefs aus Palmyra, der Silberfund von Homs (s. S. 178), ein monumentales Fresko aus dem Tempel der palmyrenischen Götter in Dura-Europos (s. Abb. S. 72), basaltdunkle Hauran-Statuen, dazu Skulpturen und Bronzebüsten u. a. aus Apameia und Laodikeia. In der islamischen Abteilung verdienen Stuckschnitzereien aus Raqqa und Bauplastik Aufmerksamkeit.

Der Weg Richtung Altstadt führt uns zunächst zur **Suleimaniya,** dem bedeutendsten osmanischen Bauwerk von Damaskus. 1554 gab der osmanische Sultan Suleiman der Prächtige den Auftrag für den Bau der Tekke an der Stelle der alten, als Qasr al-Ablaq bekannten Residenz des Mamluken Baibars. Zuvor hatte an diesem Platz, nahe dem Hauptarm des Flusses Barada, schon der Mongole Timur gelagert, und Nur ad-Din hatte hier seine Soldaten exerzieren lassen.

»Diese Baugruppe ist im kleinen und auf engem Raum vereinigt, gewissermaßen die Darstellung der Pilgerfahrt nach Mekka selbst.«
Ernst Egli

Tekke bedeutet soviel wie Kloster. Der Baukomplex sollte mittellosen Pilgern als Station auf dem Weg nach Mekka dienen. Ihre Betreuer, klösterlich lebende Derwische – das Gros war aus Anatolien zugezogen – wußten bei ihrer spirituellen und materiellen Stützung der Wallfahrer religionspolitisch stets das osmanische Interesse zu wahren. Es handelt sich also um ein Bauprojekt, in dem der Sultan sich populistisch zu verewigen suchte als frommer Fürsorger der Pilgerkarawanen, die sich im 16. Jh. Jahr für Jahr in Damaskus zu formieren begannen (s. S. 160). Entsprechend war der Ort gewählt: Die Darb al-Hajj (Mekka-Straße), die übrigens nicht nur der Wallfahrt, sondern auch dem Fernhandel zwischen Zentralarabien und der Levante diente, strich zwischen dem Berg Qassiyun (s. S. 125) und der Altstadt an der Tekke entlang.

1560 wurde das Werk vollendet: Aus zum Teil wiederverwendetem Material war ein der Damaszener Tradition zutiefst fremder Komplex entstanden. Als Baumeister ist Sinan gesichert, der geniale osmani-

Blick auf die Suleimaniya

sche Neugestalter islamischer Sakralbauten. Dem Umstand, daß er gleichzeitig (1554) mit der Damaszener Tekke die Moschee für den von Janitscharen ermordeten Großwesir Kara Ahmed Pascha in Istanbul entwarf, verdanken wir eine bemerkenswerte stilistische Dialektik: Während mit dem Ablaq, dem bi- oder polychromen Steinlagenwechsel (s. S. 133), syrische Eigenart Einzug hielt in die Hauptstadt am Bosporus, wurde in der Garnisonsstadt Damaskus die architektonische Auseinandersetzung mit der osmanischen Kuppelmoschee, letztlich auch mit dem für sie maßgebenden konstantinopolitanischen Jahrtausendbau der Hagia Sophia zum Leitmotiv einer neuen Zentralräumlichkeit.

Die Innenkreiskuppel über flachem Tambour wird in der Moschee der Suleiman Tekkiye vorbereitet durch drei kleinere Kuppeln über der Vorhalle und einen weiteren Vorbau über zartgliedrigen Arkaden. Empörung erregten seinerzeit die türkische Form (schlank, zylindrisch) und die Plazierung der beiden Minarette, die gleichsam als Symbole der Fremdherrschaft aufragten, denn die fromme Stiftung des Sultans hatte die Damaszener die Janitscharen-Massaker von 1521 durchaus nicht vergessen lassen. Die Osmanen blieben in Damaskus, das sich Aleppo gegenüber zurückgesetzt fühlte, besonders unbeliebt, so wie die große Zahl von Revirements in der statthalterlichen Führung – 133 Gouverneure in den ersten 180 Jahren der Türkenherrschaft! – die Probleme des Osmanen-Sultanats mit der syrischen Bevölkerung insgesamt bezeugen.

Die Moschee liegt in der Symmetrieachse jenes großen Rechtecks, das durch einen Querweg in einen nördlichen und südlichen, in einen profanen und einen sakralen Bereich unterteilt ist. Die Zellen der Derwische, rechts und links vor der Moschee gelegen, formen mitsamt den Vorhallen die Seitenflügel des gartenähnlichen, großzügigen Hofes mit rechteckigem Brunnen. Im nördlichen, Mekka abgewandten Bereich sind um eine zentrale Küche Wirtschafts- und Speiseräume frei und doch achsensymmetrisch gruppiert. Während die Küchengebäude einen ungeordneten Wechsel der Gesteinsarten aufweisen, sind die Klosterzellen aus hellem Kalkstein einheitlich errichtet und findet die Polychromie der Gesteinsarten im Moscheebau eine horizontale Ordnung.

Heute wird ein Teil der ehemaligen Klosterräume von einem **syrischen Militärmuseum** eingenommen. In trauter Eintracht sind prähistorische Faustkeile und Fragmente abgeschossener israelischer Kampfflugzeuge ausgestellt.

Hintergrund für den Bau des Hejaz-Bahnhofs bildet ein moslemisches Glaubensgebot. Es verpflichtet jeden Gläubigen, mindestens einmal im Leben nach Mekka zu pilgern, in die Heilige Stadt des Islam. Nur drei Monate des Jahres gelten als die rechte Zeit für diese Wallfahrt (hajj). Von daher bestimmte sich der Zeitplan der großen Pilgerzüge, die seit der Begründung eines moslemischen Großterritoriums von Kairo und Damaskus aufbrachen. Etwa einen Monat benötigte man von Damaskus nach Medina und noch einmal 14 Tage für die Strecke von Medina nach Mekka. Asad al-Azem, einer der Patrone des syrischen Pilgerzugs (s. S. 152), wurde Mitte des 18. Jh. eben deshalb populär, weil er über zwölf Jahre hinweg als begleitender Pascha die Pilgerkarawane vor beduinischen Raubzügen hatte bewahren können.

Unter SULEIMANS Sohn SELIM II. (reg. 1566–74) wurde der Suleimaniya im Osten eine ähnliche Anlage, die **Selimiya,** angefügt. Über eine Basarstraße ist der hübscher Säulenhof ihrer Medrese mit Umgang und Zellen zu erreichen, und man kann Kunsthandwerkern, u. a. einem Glasbläser, bei der Arbeit zusehen. In der architektonischen Achse befinden sich auch Moschee und Wasserbecken.

Der nahe **Hejaz-Bahnhof** wurde 1903 unter türkischer Verwaltung als Ausgangspunkt einer (nie vollendeten) Bahnverbindung nach Mekka errichtet. Benannt ist die Hejaz-Bahn nach der arabischen Landschaft, die sich nordwärts von Mekka entlang des Roten Meeres erstreckt. Im Jahr 1900, anläßlich des 25. Jahrestags seiner Thronbesteigung, verkündete der osmanische Sultan ABDULHAMID II. den Baubeginn der Linie. Über 5000 Soldaten, meist von syrischen und irakischen Regimentern abgezogen, bauten die Trasse, die 1903 Amman erreichte; in Medina trafen die Bautrupps 1908 ein. Damit war von Damaskus südwärts ein Schienenstrang von 1303 km gelegt, zugleich aber ein Wendepunkt erreicht: In der Revolution der Jungtürken wurden im selben Jahr der türkische Sultan und der religiöse Repräsentant der Hejaz-Bahn entmachtet, die Bahnlinie konnte nicht, wie vorgesehen, nach Mekka vorangetrieben werden. Auch der Verkehr nach Medina kam nach einigen Jahren zum Erliegen. LAWRENCE VON ARABIEN (= T. E. LAWRENCE; s. S. 114) praktizierte seit 1917 eine Guerillataktik, von der nicht zuletzt die Hejaz-Bahn betroffen wurde. In vier Monaten zerstörten LAWRENCES Stammeskrieger allein 17 Lokomotiven und an die 80 Eisenbahnbrücken, die Hejaz-Bahn mußte ihren Verkehr einstellen. Bis heute hat sie sich von den militärischen Attacken im Ersten Weltkrieg nicht erholt.

Mit der Eisenbahn hielt die europäische Architektur in Damaskus Einzug: Der zweigeschossige Bahnhof mit hervorgehobenem Mittelteil, hinter dem sich eine durchgehende, zweigeschossige Halle verbirgt, nimmt zwar in den Fensterrahmungen des Obergeschosses Elemente der islamischen Dekoration auf, doch lassen die reiche Durchfensterung des Außenbaus wie auch der Mittel- und die Seitenrisalite an eine mitteleuropäische Schloßfassade denken. Islamisch ist die reiche Ausstattung der zentralen Halle. In der farbig gefaßten Holzdecke kulminiert der ornamentale Schmuck.

Im Hejaz-Bahnhof

Der **Merje-Platz** mit seinen zahlreichen Hotels, Restaurants und Garküchen ist ein Ergebnis der spätosmanischen Verlagerung administrativer Bauten in den Westen der Altstadt. Im Zentrum des Platzes erinnert eine mit Drähten umwickelte Bronzesäule an die Inbetriebnahme der ersten Telegraphenleitung von Istanbul über Damaskus nach Mekka.

Die **Zitadelle** *(qala)* markiert den Beginn der islamischen Altstadt, deren Nordwesten sie beherrscht. Der Platz war schon in spätrömischer Zeit mit einem *castrum* besetzt und auch in byzantinischer und islamischer Zeit befestigt. Für diese Kontinuität dürfte verantwortlich sein, daß ein Arm des Barada (der Banyas) das Zitadellenterrain durchfließt und seit alters die Wasserversorgung sicherte. Der Baubeginn der bis heute sichtbaren Anlage fällt in das Jahr 1207 und geht auf Saladins Bruder al-Adil zurück. Über mehr als ein halbes Jahrtausend war sie Burg und Palast zugleich; auch die Münze schien hier sicher untergebracht. Als Residenz von Ayyubiden, Mamluken und Osmanen bildete die Zitadelle das weltliche Zentrum von Damaskus im Unterschied zum geistlichen Zentrum der Stadt, der Omayyaden-Moschee. Als Ibrahim Pascha Anfang des 19. Jh. einen neuen Statthalterpalast im Westen der Stadt erbauen ließ, gingen die großen Tage der Zitadelle zu Ende. Zum Truppenquartier bestimmt und (seit 1920) als Gefängnis genutzt, ist sie bis heute militärisches Sperrgebiet, doch soll dies anders werden.

Nach der Freilegung der Außenmauern und Türme der Zitadelle und mit der Rekonstruktion der originalen Bausubstanz erschließt die syrische Antikenverwaltung nach und nach eines der aufwendigsten mittelalterlichen Festungswerke des Nahen Ostens. Insbesondere die gleich Donjons ausgebauten mehrgeschossigen Turmbauten verweisen auf die hochentwickelte Verteidigungsarchitektur der Ayyubiden. Langfristig ist die Umwandlung der Zitadelle in ein Zentralmuseum geplant.

Durch den Suq al-Hamidiya zur Omayyaden-Moschee

Die Altstadt, ein Oval von ca. 1,5 km Länge und 1 km Breite, setzt ein mit dem Suq al-Hamidiya, der uns vor das Terrain der Omayyaden-Moschee geleiten wird. (Nach rechts führt die Straße in den südlichen Stadtteil Midan; s. S. 160f).

Damaskus, Altstadt:
1 Omayyaden-Moschee
2 Akhanaiya
3 Jaqmaqiya
4 Saladin-Mausoleum
5 Adiliya
6 Zahiriya
7 Bimaristan Nuri
8 Nuriya
9 Azem-Palast
10 Khan Asad Pascha
11 Khan Suleiman Pascha
12 Khan al-Gumruk
13 Bad des Nur ad-Din
14 Torbogen
15 Bab Sharqi
16 Ananias-Kapelle
17 Bab Qaysan
18 Darvish Pascha-Moschee
19 Sibaiya
20 Sinan Pascha-Moschee
21 Sabuniya
22 Mausoleum des Wali ash-Shaibani
23 Sheikh Hasan-Mausoleum

Über die **Suqs von Damaskus** sprechen heißt vorab – leider – über eine katastrophale ›Stadtpflege‹ berichten, die es sich im Sinne eines Denkmal-Purismus zum Ziel gesetzt hat, die herausragenden Monumente der Altstadt freizustellen, und von keinen Skrupeln geplagt scheint, zu diesem Zweck Teile der historisch gewachsenen Basarviertel einzureißen. Auch der einzigartige Bestand islamischer Wohnarchitektur in der Altstadt von Damaskus fällt zunehmend solch rücksichtsloser ›Sanierung‹ zum Opfer. So finden wir heute das soziale Gefüge des sich dem Tourismus öffnenden Stadtkerns von Damaskus empfindlich gestört.

Die Suqs – Suq bedeutet soviel wie Ladenreihe und ist ein altaramäisches Wort; geläufiger ist uns Europäern das persische Wort Basar – bilden mit ihren Werkstätten, Einzelhandelsläden und Lagern das pulsierende Herz der orientalischen Stadt. Typisch ist die Spezialisierung verschiedener Areale auf bestimmte Geschäftssparten. Da gibt es die Viertel der Stoff- oder Kleidungshändler, den Metallwaren-Basar, den Bücherbasar, den Lebensmittel-Basar etc., wobei Werkstätten, von denen Lärm- oder Geruchsbelästigung ausgeht (z. B. Schmieden, Blechnereien, Gerbereien, Walkereien) die Außenbezirke zugewiesen sind. Vor den Toren haben die Tiermärkte ihr Terrain. Ein auf den ersten Blick wildwüchsiges, bei genauem Hinsehen aber klug organisiertes System von Hauptstraßen und Nebengassen erschließt jede Basarbox, jede Werkstatt, zudem natürlich die in den brodelnden Geschäftsbetrieb eingestreuten Einrichtungen des leiblichen Wohls, ob Garküchen oder Bäder, Teestuben, Kaffeehäuser oder Trinkbrunnen.

Die Suqs von Damaskus waren ursprünglich komplett überdacht, allerdings nicht wie in Aleppo (s. S. 261) oder Istanbul mit aufgemauerten Tonnengewölben und Kreuzungskuppeln, sondern über Schwibbögen flachgedeckt mit Bohlen, Brettern und Lehmauflage.

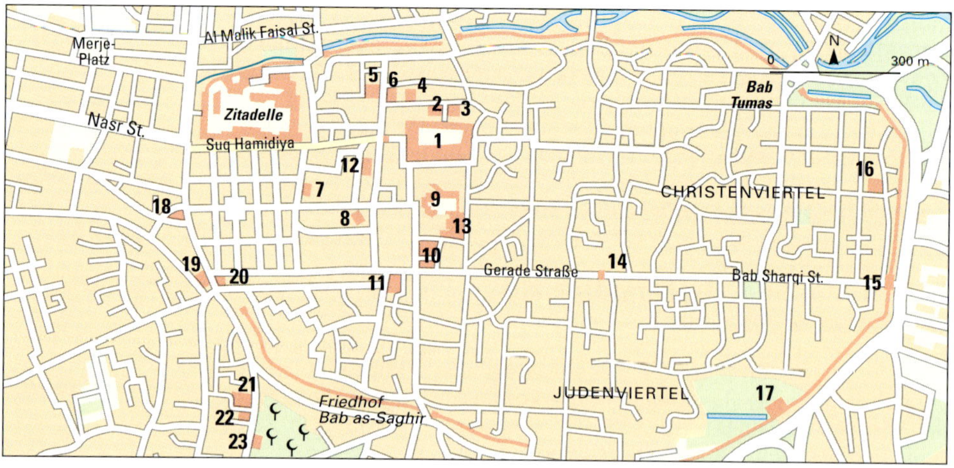

Der **Suq al-Hamidiya,** errichtet ab 1781, benannt aber nach dem Osmanen-Sultan ABDULHAMID II. (reg. 1876–1909), nimmt innerhalb dieses traditionellen Systems insofern eine Sonderstellung ein, als er keiner bestimmten Kundengruppe zugeordnet, also nicht spezialisiert ist. Das breite Warenangebot diente der Neustadt-Bevölkerung als ›Supermarkt‹. Der Sonderfunktion entsprach eine durchgreifende Modernisierung: Stahltraversen tragen seit 1873 über einer auf 10 m verbreiterten und nun zweigeschossigen Basarstraße ein Tonnendach aus Wellblech. Luftig-löchrig geworden sei diese Blechtonne, so wissen alte Syrer zu berichten, von den Salven der Maschinenpistolen, welche die französischen Besatzungstruppen während des Drusen-Aufstands von 1925 abfeuerten. Damals geriet übrigens auch der südlich anschließende Gold- und Teppich-Suq in Brand; seine Bezeichnung als Hariqa (Feuer) erinnert daran. Inzwischen ist der Suq al-Hamidiya als Touristen-Basar mit zahlreichen Schmuck- und Souvenirläden ein Zentrum von Nepp und Schlepp, und statt der althergebrachten Tee- und Imbißstuben bestimmen zunehmend Eis- und Puddingsalons das Versorgungsangebot.

Handwerker und Verkäufer – nur Männer zeigen sich in den Basarboxen – im Suq von Damaskus

Die Omayyaden-Moschee

Es ist bekannt, daß der *genius loci,* der sakrale Geist eines Ortes, eine Religion überdauern kann. So erheben sich christliche Kirchen über den Tempeln Roms, haben osmanische Moscheen in den Kirchen Konstantinopels Quartier genommen. Im Bereich der Omayyaden-Moschee (bekannt auch als Große Moschee; Freitagsmoschee) tritt der **antike Bestand** deutlich aus der rezenten Bebauung hervor, obwohl er nur in geringen Teilen erhalten und der ursprüngliche Eindruck verloren ist. Der Tempelbezirk (Temenos) des Jupiter Damascenus bildete ein eingefriedetes Terrain von 137 x 100 m und lag inmitten einer von Hallen umgebenen Platzanlage (Peribolos) mit den enormen Maßen von 385 x 305 m. Monumentale Eingänge des Peribolos im Westen und Osten waren axial auf die Portale des Temenos ausgerichtet.

In gutem Erhaltungszustand befindet sich allein das **westliche Tor zur äußeren Platzanlage,** an dem der Suq al-Hamidiya endet. Über zwei Eckpfeilern mit vorgelegten Halbsäulen und vier monolithen Säulen von fast 9,5 m Höhe erhebt sich der Giebel mit mittlerer Bogenöffnung. Die Sprengung des dreieckigen Giebels durch einen Bogen über den mittleren Säulen ist für das antike Syrien so häufig belegt, daß man von einem Syrischen Giebel (s. S. 78) spricht. Die Säulenabstände erweitern sich zur Mitte hin, und das mittlere Interkolumnium präsentiert sich fast doppelt so breit wie das äußere. Deutlich ist also der Mittelteil herausgehoben.

Spätestens mit der arabischen Eroberung wurde der antike Peribolos überbaut. Der Nähe zur Großen Moschee entsprechend quartierten sich insbesondere Schreibwaren- und Bücherläden auf dem

Grundriß der Omayyaden-Moschee:
1 Westtor (Bab al-Barid)
2 Brautminarett (Madhanat al-Arus)
3 Nordtor (Bab al-Amara)
4 zur Medrese Jaqmaqiya
5 Hussein-Mausoleum
6 Osttor (Bab Jairun)
7 Jesus-Minarett (Madhanat Isa)
8 Johannes-Schrein
9 Transept
10 ›Adlerkuppel‹
11 Gebetsnische (Mihrab)
12 Kanzel (Minbar)
13 Südeingang (Bab al-Ziada)
14 Westminarett (Madhanat al-Gharbiya)

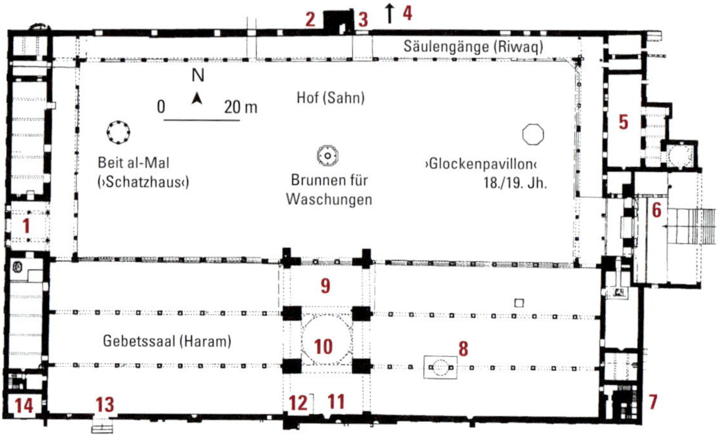

alten Sakralterrain ein. In der Achse des äußeren Propylon lag der Westeingang zum inneren Tempelhof. Heute betritt man hier den Hof der Omayyaden-Moschee. Nach der Freilegung der westlichen Platzhälfte konnte mit der genauen Bauaufnahme der antiken **Temenos-Mauer** begonnen werden. Sehr gut erhalten ist ihre Südwestecke (rechts vom Westtor), wo die Gliederung der Wand durch Pilaster und der Turm mit Zinnenkranz über der Ecke des Tempelbezirks einen Eindruck von der ursprünglichen Monumentalität vermitteln können. Auch das triumphbogenartige Ostportal des Temenos – über eine erhaltene Freitreppe zu erreichen und einst der Hauptzugang zum Tempelhof – befindet sich in der Seitenmitte.

Kaiser Theodosius (reg. 379–395) verbot Ende des 4. Jh. die paganen Zeremonien; im inneren Tempelbezirk setzte die Johannes-Kirche die sakrale Tradition des Betplatzes fort. Unklar ist, ob und in welchem Zusammenhang die Dedikation der Kirche mit der Johannes-Reliquie (s. u.) in der heutigen Moschee steht. K. A. C. Creswell, der große Kenner des Frühislam, lokalisiert den Kirchenbau in der eigentlichen Tempelcella. Da jedoch unter Walid alle Monumente innerhalb des Temenos eingerissen wurden, bleibt die Rekonstruktion der Kirche hypothetisch. Das einzige Relikt christlicher Nutzung stellt eine Inschrift über dem Südportal dar. Der Text gibt Psalm 145,13 in der Septuaginta-Version wieder: »Dein Reich, o Christus, ist ein ewiges und deine Herrschaft wird über alle Generationen dauern.«

Im Jahr 705 begann die vollständige Umwandlung des Tempelbezirks in eine **Moschee.** 20 Jahre sollte sie beanspruchen. Vorgegeben waren der 137 x 100 m große Temenos, der funktionale Grundtypus einer Moschee und die Ausrichtung nach Mekka, d. h. in diesem Fall nach Süden. Genial ist die Integration einer dem Wesen nach anderen und neuen Raumstruktur in den alten Tempelhof. Die durch das westliche (Bab al-Barid) und östliche Portal (Bab Jairun) gebildete

Achse unterteilt den Bezirk in einen südlichen, überdachten Gebetssaal und einen nördlichen Hof. Die Nordseite des Saales tritt durch das herausragende Transept mit Satteldach als Fassade in Erscheinung. Sie betont die Südseite des ost-westlich orientierten Hofes *(sahn)*. Zweigeschossige Arkadengänge *(riwaq)* vervollständigen die Geschlossenheit des Sahn, der trotz seiner Größe Innenhofcharakter bewahrt. Im Westen und Osten hat sich der ursprüngliche Stützenwechsel erhalten. Dabei alternieren mit einem Pfeiler jeweils zwei Säulen. Die Zwerggalerie hat man so konzipiert, daß auf jede Stütze des Untergeschosses ein Mauersegment der Galerie kommt. Diese pfeilerähnlichen Stützelemente werden durch Doppelarkaden verbunden, deren Säulen über den Bogenscheiteln des Erdgeschosses aufsetzen. Sorgfältig sind die beiden Stützsysteme aufeinander bezogen und ausponderiert. Ursprünglich besaß auch die Nordseite und vielleicht sogar die Südseite des Hofes mit Ausnahme des Mittelschiffes dieselbe Stützenordnung.

Der nach Süden ausgerichtete **Gebetssaal** *(haram* oder *musalla)* ist als dreischiffige Halle angelegt und besitzt eine ganz ungewöhnliche Breite. 22 Arkaden west-östlicher Ausrichtung werden im Zentrum durch das von Pfeilern getragene Mittelschiff durchbrochen und auf die Gebetswand hin umorientiert. Die Höhe der Arkaden findet eine natürliche Grenze in den wiederverwendeten Säulenschäften. Um die Proportionen von Breite und Höhe angemessen zu gestalten, setzen die offenen Dachstühle über den Querschiffen auf

Blick über den Hof der Omayyaden-Moschee auf die Fassade der Gebetshalle (links) und einen der zweigeschossigen Arkadengänge. Auf dem Hof rechts das Beit al-Mal, daneben der Waschungsbrunnen.

Die spezifische Gestalt der vom Transept überhöhten Querhallen hat den bildhaften Vergleich des überdachten Moscheetrakts mit einem Adler gezeitigt. Er findet sich bereits Ende des 12. Jh. bei Ibn Jubair: »Und die Menschen haben (die Moschee) mit einem fliegenden Adler verglichen: die Kuppel mit dem Kopf, das Schiff darunter mit der Brust, und die Hälfte der Mauer des rechten Schiffs und die Hälfte des linken mit den beiden Schwingen des Adlers.«

einer erhöhenden Zwerggalerie über den Säulenarkaden auf. Zur weiteren Streckung der Proportionen sind Kämpfer über den Kapitellen eingeschoben, die außerdem die unterschiedliche Höhe der Spolien ausgleichen. Die drei gleichhohen Querschiffe bestimmen auch die Fassadengliederung, die sich ihrerseits auf die den Hof umlaufenden Säulenhallen auswirkt. Gebrochen wird diese Anordnung wiederum im Mittelschiff, das durch Pfeiler und steil aufragende Wandfelder mit abschließenden Kuppeln die Proportionen sprengt.

Die **Gebetsnische** *(mihrab),* die in den Westteil des dreifachen Eingangs auf der Südseite des Temenos eingebaut ist, bestimmt die Mittelachse des Transepts. Mihrab und Transept sind aufeinander bezogen und gehören ein und derselben Bauphase an. Ein weiterer Mihrab östlich der Mittelachse war den Gefährten MOHAMMEDS zugeeignet; symmetrisch dazu liegt im Westen der ›Mihrab des schafiitischen Imam‹. Ein dritter wurde später in der rechten Ecke hinzugefügt. Dies geschah, um allen vier sunnitischen Rechtsschulen (arab. *madhab)* eine eigene Gebetsnische zu geben; den Hanafiten, Malikiten, Schafiiten und Hanbaliten. Daneben gehören zur liturgischen Ausstattung die Predigtkanzel *(minbar* = Ort, wo die Stimme erhoben wird) in unmittelbarer Nähe zum Mihrab und die Herrscherloge *(maqsura),* eine Absperrung, die den Mihrab mit einbezog und in der sich der Kalif während des Gebets aufhielt. Zufolge dem Historiker IBN KHALDUN (14. Jh.) war der Kalif MUAWIYA der erste, der eine solche Maqsura für sich abtrennen ließ. Anlaß war ein Attentat auf den umstrittenen Usurpator und ALI-Feind (s. S. 89).

Die **Minarette** waren die ersten des Islam überhaupt. Bei der Umwandlung in eine Moschee hatte Kalif WALID die römischen Ecktürme des Tempelbezirks in ihrem alten Zustand belassen. IBN AL-FAQIH schrieb um 903: »Die Minarette der Moschee von Damaskus sind die ursprünglichen Wachtürme aus der Griechenzeit, und sie gehörten zur Kirche des Hl. Johannes.« Wahrscheinlich hatten die Byzantiner jedoch nur die beiden südlichen Türme zu Glockentürmen aufgestockt. In der heutigen Bezeichnung des Ostturms als Jesus-Minarett klingt die ältere christliche Nutzung durch – aber auch die apokalyptische Erwartung, hier werde Jesus vom Himmel niedersteigen, um am Ende der Zeiten den Antichristen zu bekämpfen. Die Aufbauten der beiden Minare stammen aus mamlukischer Zeit (1438 und 1488). Der dritte Moscheeturm, das Minarett al-Arus (›Braut-Minarett‹) aus dem 11. Jh., erhebt sich neben dem Nordeingang (Bab al-Amara; heute der Eingang für Touristen) auf einem Sockel aus omayyadischer Zeit; so wurde noch einmal die schon durch das Transept akzentuierte ›Gebetsachse‹ der Moschee betont: ihre Nord-Süd-Orientierung auf Mekka hin.

Im Zentrum des **Hofs** – und somit ebenfalls in der ›Gebets‹- oder Mittelachse des Transepts – liegt ein Reinigungsbrunnen, der im heutigen Bestand dem 19. Jh. angehört. Im Westen der Hofanlage erhebt sich ein kleines, reich mit goldgrundigen Mosaiken dekoriertes

Oktogon auf acht wiederverwendeten antiken Säulen mit korinthischen Kapitellen. Alter und Funktion des eigentümlichen Baus sind umstritten. In mittelalterlichen Quellen findet sich die Interpretation als Schatzhaus *(beit al-mal)*. Angeblich habe der Kalif WALID der aus seinem Grünen Palast (Qasr al-Khadra; s. S. 145) durch einen Sondereingang in der Südwand die Moschee betreten konnte, hier den Kalifenschatz deponiert, der ihm nirgendwo sicherer erschien als unter den Augen der getreuen moslemischen Beter. Wahrscheinlicher ist indes, daß das Schatzhaus allein die Kollekten der islamischen Gemeinde in sicherer Höhe verwahrte.

Die **Ausstattung der Moschee** hat zuletzt unter der Brandkatastrophe von 1893 gelitten. Von der überaus kostbaren Marmorinkrustation hat sich allein ein zusammenhängender Teil in der dem Hof zugewandten Vorhalle am Osteingang erhalten, ansonsten stammt die Marmorverkleidung aus der Zeit nach 1893. Einzigartig sind die wenigen erhaltenen originalen **Mosaiken** aus der Bauzeit im Westeingang, in der Westhalle und – trotz mittelalterlicher Restauration nach dem Brand vom 19. März 1401 – an der Transeptfassade. Alle anderen datieren später, sind wie die vielfotografierten Mosaiken des ›Schatzhauses‹ Werke eines unbekümmerten islamischen Historismus des 20. Jh.

Detail der Mosaiken der Omayyaden-Moschee

Das ursprüngliche Programm ist so zu rekonstruieren, daß sich über die Wände der Säulenhallen ringsum das Mosaik einer Flußlandschaft mit Architekturgruppen und Bäumen zog. Über den Säulen und Pfeilern füllten Pavillons über Säulenstellungen, Konchennischen oder fruchttragende Bäume die Arkadenzwickel; die Laibungen wurden überfangen von Kandelabern aus Akanthus. Breite Ornamentfelder trennten die Bildfelder voneinander. Die Architektur verlor so gleichsam ihre materielle Konsistenz; an die Stelle massiven Mauerwerks traten dem Augenschein nach luftige Laubengänge und fruchtbare Landschaften. Trotz des Reichtums an Wasser und Vegetation und trotz der vielfältigen Architekturgruppen sind die Mosaiklandschaften menschenleer. Den kulturhistorischen Hintergrund dieser auffälligen Absenz haben wir an anderer Stelle angesprochen (s. S. 93). Der Maßstab des Dargestellten ist nicht einheitlich: Während die Bäume die ganze Bildfläche ausfüllen, wachsen die exotischen Stadtansichten turmartig empor, deutlich ihren größeren Maßstab verratend. Daß es auch aus ihnen wieder vegetabilisch wuchert, z. B. auf der Transept-Fassade, bezeugt den synthetischen Charakter der omayyadischen Komposition. Bestimmte Architekturelemente – Palastfassaden, an Ketten hängende Perlmuttperlen in Toreingängen oder Vorhänge zwischen Arkaden – entstammen der byzantinisch-christlichen Ikonographie.

Die Forschung ist sich allgemein einig darüber, daß die Mosaiken als Paradiesdarstellungen zu deuten sind. Der Koran (u. a. Sure 22,15; Sure 76,12) verspricht ein solches Paradies den Standhaften im Glauben. Die Oase von Damaskus war in diesem Kontext – erinnern wir uns an IBN JUBAIR (s. S. 125) – das äußere, noch weltliche

»Allah hat den gläubigen Männern und Frauen Gärten verheißen, die von Strömen durchflossen werden, um immer darin zu weilen, und herrliche Wohnstätten in den Gärten der Ewigkeit.«
Kamil Sinjab

Paradies, während die Omayyaden-Moschee sich in ihren Mosaiken bereits als innerster Vorhof paradiesischer Transzendenz darstellte. Damit war einerseits der Anspruch der omayyadischen Herrscher auf ihre spirituelle Rechtmäßigkeit verkündet und seitens des Kalifen der politische Anspruch erhoben, irdischer Sachwalter des islamischen Jenseits zu sein.

Die Frage nach den ausführenden Handwerkern rührt an die Basis des omayyadischen Kunstschaffens, lassen die Motive doch eine Legierung orientalischer und abendländischer, christlicher und islamischer Elemente erkennen. Bei gleichen Einzelformen sind die Zusammenstellung und der Sinngehalt jedoch neu. Für die Architektur gilt ein Gleiches: Zwar kann man die spezifische Fassadengestaltung der Bethalle ebenso wie den doppeltaktigen Stützenrhythmus der zweigeschossigen Hofhallen aus der Typologie der spätantik-byzantinischen Palastfront ableiten, dennoch ist die Große Moschee als Sakralbau bis ins Detail auf die liturgischen Bedürfnisse des Islam abgestimmt. Unzweifelhaft haben eine byzantinische Bauhütte und christliche Kunsthandwerker – zumeist Kopten aus Ägypten, der griechische »Aphrodito-Papyrus« nennt ihre Arbeitslöhne – die Omayyaden-Moschee geschaffen, während moslemische Kräfte nur beiläufig beteiligt waren. Ebenso unbezweifelbar aber haben wir dennoch ein genuin islamisches Bau- und Kunstwerk vor uns, ja einen Markstein der Kulturgeschichte, der den fünf Jahre früher abgeschlossenen Moscheebau in Medina an Ingeniosität und Ausstrahlung weit übertrifft.

Wenn wir abschließend nochmals das Verhältnis von antikem Tempel, Kirche und Moschee betrachten, bleibt festzuhalten, daß der Neubau den Temenos vollständig ausfüllt und neugestaltet, ihn aber in seinen Grenzen respektiert. Es handelt sich dabei nicht allein

Blick in den Gebetssaal der Omayyaden-Moschee

um die Ausnutzung des materiellen Vorteils, sondern wie in Jerusalem um die Anerkennung des traditionell Geheiligten. So hat auch die Verehrung des Johannes-Hauptes unter den Moslems keinen Abbruch erfahren. Bekanntlich wurde der Täufer JOHANNES, der als asketischer Künder die nahende Königsherrschaft Gottes predigte, 29 n. Chr. nach dem Schleiertanz der SALOME auf dem Festungshügel von Machärus (heute Meqawer in Westjordanien) auf Geheiß des Vierfürsten HERODES ANTIPAS enthauptet. Die Jünger bestatteten den Leichnam (Matthäus 14,1–12); ob er später noch einmal umgebettet wurde, wissen wir nicht. Jedenfalls, so berichtet uns IBN AL-FAQIH, stießen die Arbeiter während des Neubaus auf eine Grotte und darin auf eine Steinkiste mit der Aufschrift: »Dies ist das Haupt Johannes des Täufers«. Der herbeigerufene Kalif WALID ließ den Schädel des auch im Islam als Yahya Ibn-Zakarya (Johannes, Sohn des Zacharias) Verehrten unter dem Gebetssaal bestatten. Östlich des Mihrab erinnert ein spätosmanischer Baldachin in der Art eines Kenotaphs an den Täufer – und somit an die historische Verkettung der monotheistischen Religionen des Orients.

Denkmäler im Umfeld der Omayyaden-Moschee

Wer das Nordportal der Omayyaden-Moschee, den heutigen Touristen-Eingang, verläßt, findet über eine Arkadenreihe, die den Zugang zur Moschee monumentalisiert, nach wenigen Dutzend Metern zur **Grabmedrese Akhanaiya** (rechts; nicht zugänglich) und zur **Medrese Jaqmaqiya,** beides mamlukische Bauten des 15. Jh.

Die Jaqmaqiya wurde aus Werkstein mit nur leicht kontrastierendem Ablaq-Schichtwechsel 1421 als Nachfolgerin eines von TIMURS Mongolen zerstörten Baus (Koranschule des AN-NASIR HASAN) errichtet, und zwar unter Nutzung der alten Grundmauern und einiger Dekorelemente. Begraben liegt hier der am 26. August 1421 verstorbene Stifter, der turkstämmige Emir JAQMAQ AL-ARGUNSCHAH. JAQMAQ hatte in Damaskus für den (in Kairo residierenden) Mamluken-Sultan AL-MUAYYAD (reg. 1412–21) die Geschäfte geführt und u. a. einen Khan gestiftet (s. S. 155), wurde aber, als er nach dem Tod seines Herrn politische Eigenständigkeit anstrebte, festgesetzt und kurz darauf hingerichtet. Daß man dem Damaszener Granden im Rahmen seines soeben fertiggestellten Stiftungsbaus eine Grabkammer einräumte, war gewiß pietätvoll, hat aber durch die zwangsläufigen Asymmetrien des Umbaus die architektonische Einheit der Medrese (mit angeschlossener Schule für Waisenkinder) versehrt.

Unterbrochen wird der nur äußerlich homogene Baukubus in der Horizontalen durch ein umlaufendes Schriftband auf Nord- und Ostwand, in der sich der Gouverneur in einer Weise feiert (»Herr aller Emire«), die seine politische Selbstüberschätzung bereits erkennen läßt. Eine flache Nische auf der Ostseite endet über einem Stalaktitenportal mit kleinem Hängezapfen in einem verschlungenen

Bandmuster. Das Nordportal führt in einen zentralen Kuppelraum, an den im Süden ein querrechteckiger Raum mit üppig dekoriertem Mihrab anschließt. Links hinter dem Eingang öffnet sich das Grabmal mit kleinerer Kuppel. Heute beherbergt die Medrese ein **epigraphisches Museum** (Schreibgeräte, Beispiele arabischer Schriftkunst, darunter solche in frühem Kufi).

Im Westen der Arkadenreihe, also links vom Nordportal der Omayyaden-Moschee, lag einst die Medrese Aziziya, begründet von Malik AL-AZIZ UTHMAN, einem Sohn SALADINS. Am 15. Dezember 1195 wurden die sterblichen Überreste des am 5. März 1193 in der Zitadelle von Damaskus verstorbenen und zunächst auch dort beigesetzten SALADIN hierher überführt. Das **Saladin-Mausoleum** hat sich bis auf den heutigen Tag erhalten, während der Baukomplex der zugehörigen Medrese mit Ausnahme eines weiten Iwan-Bogens in der Flucht der Nordmauer des Mausoleums zerstört ist.

Das Monument folgt dem ayyubidischen Grabbau-Typus, wie wir ihn insbesondere in Salihiya beobachten können (s. S. 167). Dem Raumkubus von quadratischem Grundriß sitzt der Tambour mit 16 Seiten auf, denen die 16 Segmente der Schirm- oder Melonenkuppel entsprechen. Im Innenraum führen Trompen über den Ecken ins Acht- und schließlich ins Sechzehneck. Kaiser WILHELM II. ließ nach

Der Marmorsarkophag Saladins in dem aus der Schatulle Kaiser Wilhelms II. restaurierten Mausoleum

seinem Besuch von Damaskus 1898 das verfallene Mausoleum restaurieren, sein Begleiter, der Osmanen-Sultan Abdulhamid II. (reg. 1876–1909), hatte schon zuvor einen neuen Marmorsarkophag aufstellen lassen. Bedeutender ist der originale – durch Glas geschützte – Walnuß-Holzsarkophag aus dem 12. Jh. mit einer Inschrift, in der Saladin sich Gott anbefiehlt und das Paradies als seine letzte ›Eroberung‹ erhofft.

Die geometrische Ornamentik der Turba ist von überschaubarer Klarheit: Von einem Achteck ausgehend, verbreitet ein Stern kreuzförmig die Hauptlinie der Dekoration. Die Wandinschriften sind durch Jahrhunderte geschieden: hier hartkantiges Kufi, gewählt offenbar, um dem Thronvers des Koran (Sure 2) traditionalistisch hervorzuheben, dort auf blauem Fayencengrund eine osmanische Mitteilung des 17. oder 18. Jh.

Nur ad-Din war es, der den Bau der **Adiliya-Medrese** – im Nordwesten des Saladin-Grabmals – um 1173 beauftragte; die Vollendung des Werks erlebte er, 1196 verstorben, allerdings nicht mehr. Saladins jüngerer Bruder al-Adil (reg. 1196–1218) führte das Projekt fort. Aber auch er starb, ehe der Bau vollendet war. Erst fünf Jahre nach seinem Tod wurde die Adiliya durch seinen Sohn al-Muazzam fertiggestellt und al-Adil hier feierlich beigesetzt. Bis auf unwesentliche Modifikationen – der begrünte Innenhof ist quadratisch, das Grabmal größer und der dem Eingang gegenüberliegende Iwan besitzt keinen Brunnen – orientiert sich der Plan der Adiliya an dem der Nuriya, der Nur ad-Din-Medrese (s. S. 152).

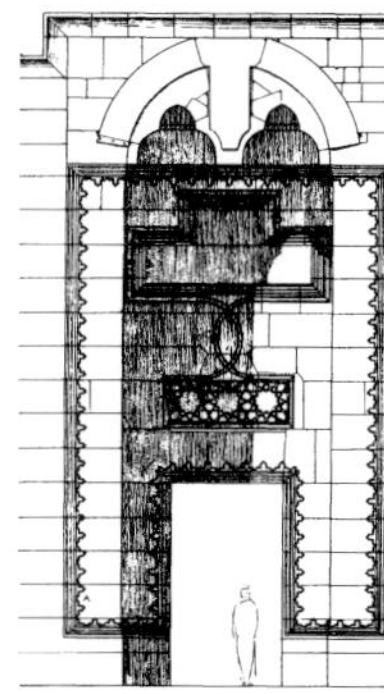

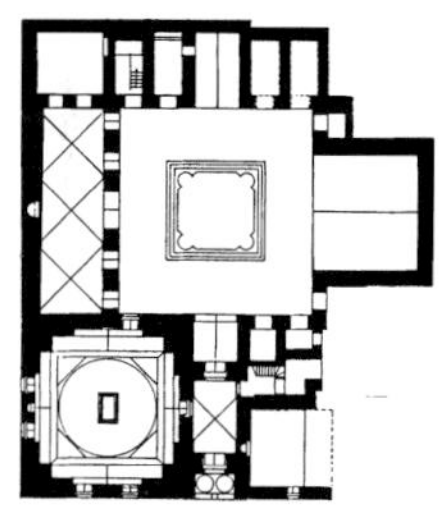

Oben das Portal, unten der Grundriß der Adiliya-Medrese

Die Fassade des Baus, in dem während des 13. Jh. bedeutende arabische Gelehrte unterrichteten, gehört zu den Höhepunkten ayyubidischer Architektur in Damaskus. Das Portal überzeugt durch seine klare geometrische Konzeption, deren Umsetzung in die Architektur durch eine vortreffliche Steinbearbeitung gelang. Das über 2 m tief in die ungegliederte Außenmauer versenkte Portal evoziert eine Licht-Schatten-Wirkung, die durch den umlaufenden Ornamentfries in ein zusätzliches Spannungsfeld geführt wird. Die Profilleiste, die den rechteckigen Rahmen des Portals markiert, setzt sich im zurückgestuften Teil fort und fungiert zum einen als Türrahmen, zum anderen als tragende Horizontale für den Hängezapfen. Eine zweidimensionale Geometrie wurde also durch die Verschiebung um 2 m ins Dreidimensionale übersetzt.

Das Grabmal des al-Adil befindet sich links hinter dem Portal. Die große Kuppel ruht über quadratischem Grundriß auf einem achteckigen Tambour.

Unmittelbar gegenüber der Adiliya erhebt sich die Grabmedrese des az-Zahir Baibars, bekannt als **Zahiriya.** as-Said-Baraka Khan (reg. 1277–80), der Nachfolger des großen Mamluken-Sultans (s. S. 112), ließ das Grabmal in nur fünf Monaten nach Baibars' Tod (30. Juni 1277) errichten. Am 2. Dezember 1277 wurden Baibars' sterbliche Überreste aus der Zitadelle von Damaskus, wo sie bis dahin bestattet lagen, in das Mausoleum überführt, das in der Folge mit

In der Zahiriya, der Grabmedrese von Sultan Baibars. Die Mosaiken zitieren den Schmuck der Omayyaden-Moschee.

einer Medrese (Zahiriya) umbaut wurde. Erhalten haben sich von dieser Medrese ein Teil der Außenmauer einschließlich des Portals und im Innern das überkuppelte BAIBARS-Grabmal. Die rechteckige Portalnische der Medrese ist kantig in die schmucklose Fassadenwand eingeschnitten. Drei Schriftbänder, deren mittlerer Zug den Türsturz architektonisch entlastet, umrahmen sie, ein Muschelmotiv über großflächigen Stalaktiten bildet die Bekrönung. Auffällig ist die steilere Proportionierung – der Kragstein im 60 Jahre älteren Portal der Adiliya führte die Vertikalbewegung noch in die Horizontale zurück. Allgemein gesprochen läßt sich für die Mamluken-Zeit eine Monumentalisierung der Portalform beobachten.

Das Mausoleum selbst (meist verschlossen, der Wärter öffnet gern), dessen Zugang unmittelbar rechts hinter dem Hauptportal liegt, ist in seinem Grundriß quadratisch. Über den Ecken leiten Trompen das Grundgeviert ins Oktogon über. Die Schildwände über den Seitenmauern sind jeweils doppelt durchfenstert. Auf dieser ›Trompenzone‹ setzt ein wiederum achteckiger Tambour mit 16 Fenstern auf. Die kreisrunde Kuppel ruht auf einem 16eckigen Gesims.

Die Dekoration der Sockelzone besteht bis zur Kämpferhöhe der Fenster aus farbigen Marmorinkrustationen; ihren Abschluß findet sie in einem umlaufenden Glasmosaikstreifen. Die Darstellung von Idealarchitekturen zwischen Bäumen und Ranken vor Goldhintergrund erscheint als bewußtes, politisches Zitat: Indem sie sich an den Mosaiken der Omayyaden-Moschee (s. S. 93; 145) orientiert, bezieht sie BAIBARS' letzte Ruhestätte in die frühomayyadische Paradies- und Herrschaftssymbolik ein, erhebt sie den bewährten Streiter gegen Christen und Mongolen zum würdigen Nachfahren der moslemischen Gründergeneration, deren sunnitisches Bekenntnis die Mamluken demonstrativ zu teilen wünschten.

Zu den bedeutendsten moslemischen Bauwerken von Damaskus zählt das **Bimaristan Nuri,** das Krankenhaus des Nur ad-Din; seit 1978 ist es als Museum für arabische Medizin und Wissenschaft der Öffentlichkeit zugänglich. Unmittelbar nach der Eroberung von Damaskus durch die Seldschuken im Jahr 1154 ließ Nur ad-Din das Hospital mit christlichen Lösegeldern errichten. Ein fester Ärztestab, eine Fachbibliothek und die Ausdifferenzierung von medizinischen Bereichen wie Chirurgie, Orthopädie, Fieber- und Geisteskrankheiten bestimmten den organisatorischen Aufbau der Klinik. Mit Recht erinnert Alfred Renz daran, daß im 12. Jh. »an derartiges im Abendland noch gar nicht zu denken war und die Moslems sich vor den medizinischen Methoden der Franken entsetzten«. Das zeitgleiche Europa war dominiert von der Institution des Siechenhauses, dessen Hauptaufgabe in der religiösen Betreuung der Sterbenden bestand – während im Bimaristan die Gesundeten, sofern sie dessen bedurften, sogar mit neuer Kleidung und einer finanziellen Hilfe für den Neuanfang ausgestattet wurden. Sterbehilfe im Abendland, Lebenshilfe im Morgenland also. Dies änderte sich erst im 15. Jh., als der Humanismus auf Wert und Erhalt des Lebens pochte – dokumentiert etwa durch das Ospedale Maggiore in Mailand. Das Bimaristan (auch Maristan) Nuri nahm seiner besonders qualifizierten Ärzte wegen aber auch im islamischen Raum eine Sonderstellung ein.

»Die Behandlungsmethoden klingen erstaunlich modern: frühmorgens Visite der Ärzte, die gemeinsam Diagnose und Therapie und Diät der einzelnen Patienten besprechen, vielfach Kräuterpräparate als Medikation und als begleitende Therapie; nachmittags Musikdarbietungen im Innenhof.«
Hannes Frank

Bereits in der architektonischen Verbindung von Hauptportal und anschließendem Kuppelraum offenbart sich eine einzigartige Raumstruktur. Die Portalwand ist im Mittelteil zurückgestuft, so daß eine Portalnische mit dem eigentlichen Zugang in der Mitte entsteht. Als Türsturz dient der wiederverwendete Giebel einer antiken Ädikula. Unmittelbar über dem Giebel setzt in voller Breite des Mittelteils eine Blendarkade an, aus der sich ein in zehn horizontalen Zonen nach oben hin verjüngtes Gewölbe aus Nischen oder Zellenwerk entwickelt. Der Eingang führt in ein Vestibül von quadratischem Grundriß. Seine Kuppel repräsentiert den voll entwickelten Typus des Portalgewölbes. Bei den konkaven Zellen handelt es sich jedoch um Gipskonstrukte, die durch ein Holzgerüst gehalten werden.

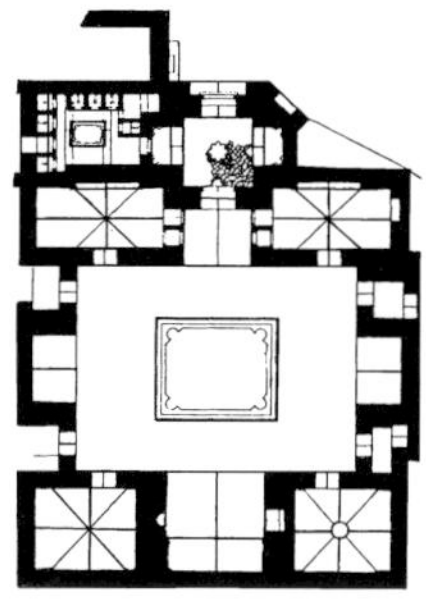

Grundriß des Bimaristan Nuri

Schon im Außenbau ist über dem Portal die Linie des Gewölbes sichtbar – Portal und Vestibül bilden eine wirkungsästhetische Einheit: Der Außenbau kündigt die Innenstruktur an. Dieter Jetter hat auf die psychologische Bedeutung der ›Portalsituation‹ hingewiesen: Der Kranke betritt eine andere Welt, eine neue Realitätssphäre, die in der unerfahrbaren Gewölbekonstruktion kulminiert. Portal und Vestibül sind axialsymmetrisch auf den Gesamtplan bezogen. Der auf den Kuppelraum folgende Iwan öffnet sich zur querrechteckigen Hofanlage (15 m x 20 m; mit großem Bassin) hin. Da jede Seitenmitte durch einen Iwan akzentuiert ist, entsteht ein kreuzförmiger Hofplan, an dem sich auch die kreuzgratgewölbten Eckräume orientieren. Man darf in ihnen die Krankenstationen vermuten. Der besonders große Ostiwan diente wohl als Untersuchungs- und Unterrichtsraum, während Süd- und Nordiwan von den Rekonvaleszenten als Liegehallen genutzt wurden. Seitlich des südlichen Iwan erhaltene Durchgänge führten zu einem Erweiterungsbau von 1239. Dieser ist auch mit der Toilettenanlage verbunden, die man ansonsten vom Kuppelraum aus betrat.

»Eine der besten Schulen der Welt ist die Medrese des Nur ad-Din, in der sich sein Grab befindet – Allah schenke ihm das Licht! Sie ist ein Palast unter Palästen.«

Ibn Jubair, Ende 12. Jh.

Der zweite erhaltene Damaszener Baukomplex aus der Zeit Nur ad-Dins ist die 120 m östlich des Bimaristan gelegene **Nuriya,** eine zwischen 1167 und 1172 errichtete Grabmedrese, deren archetypische Bauformulierung für das Damaskus der Mamluken-Zeit typisch werden sollte (s. S. 132). Von besonderem Interesse für uns ist die Kuppelkonstruktion über dem Grabmal des Nur ad-Din (von 1172). Im Gegensatz zur Konstruktion des Bimaristan (s. o.) sind die Elemente dieser ›Kuppel‹ wirkliche Trompen.

Der Baubestand ist trotz einiger Restaurierungsbemühungen stark in Mitleidenschaft gezogen, zuletzt durch eine Straßenerweiterung, und zeigt keinesfalls die Geschlossenheit des Bimaristan. In das Mausoleum mit dem schlichten Sarkophag kann man von der östlich entlangstreichenden Basarstraße durch zwei Fenster blicken. Wer die Kuppelkonstruktion sehen möchte – der Schlüssel wird im Geschäft gegenüber dem Hauptportal verwahrt (Bakschisch).

Südlich der Omayyaden-Moschee ließ der osmanische Gouverneur in Damaskus Asad al-Azem (reg. 1743–57) Mitte des 18. Jh. eine Residenz errichten, den **Azem-Palast.** In Ausmaßen wie Ausstattung bildet er den Höhepunkt der Damaszener Hausarchitektur. Zeitgenossen berichten, daß während der Bauarbeiten in Damaskus weder Handwerker noch Baumaterial zu finden waren; sogar Teile der Suqs wurden abgerissen, um Holz und Steine zu gewinnen. Antike Spolien aus Damaskus, aber auch aus Bosra und Deraa dokumentieren den ungeheuren Aufwand bei der Fertigstellung des Komplexes, für den angeblich auch eigens ein Kanal vom Barada-Fluß her gegraben wurde.

Asad al-Azem, der sich schon 1740 in Hama einen Palast hatte bauen lassen (s. S. 184), konnte sich diesen Aufwand leisten. Als Steuereintreiber für den Sultan in Istanbul und als Schirmherr der Pilgerkarawane waren sein Einfluß und Reichtum legendär. 1757 jedoch fiel der mächtige Mann beim Osmanen-Sultan Mustafa III. (reg. 1757–74) in Ungnade. Mustafa berief den Damaszener Pascha von seinem Statthalter-Posten ab und ließ seine Güter konfiszieren; 1758 wurde Asad al-Azem ermordet, angeblich von Beduinen. Doch blieb die Azem-Familie in Syrien einflußreich, errang auch wieder die Statthalterschaft und bezeugte ihren sozialen Rang durch neue Bauaktivitäten (Medrese Abdullah Pascha al-Azem, nach 1779).

Der Bauplatz des Palais erscheint mit Bedacht gewählt: Ein Palast des Mamluken-Fürsten Tinqiz (reg. 1312–30) ist an eben dieser Stelle nachgewiesen. Seit 1952 ist das Palais Azem (das nach 1920 den französischen Okkupanten als Stabsquartier gedient hatte) als Nationalmuseum für Folklore und Volkskunst zugänglich.

Die zumeist eingeschossigen Räumlichkeiten gruppieren sich in der Hauptsache um zwei Höfe als den Zentren von Salamlik (Gästebereich) und Haramlik (Familienbereich). Dabei werden die beiden in syrischen Stadthäusern üblichen Grundrißtypen – der Vier-Iwan-Typus und der Riwaq-Typus – miteinander kombiniert. Deutlich ist der private Bereich *(maskan)* mit seinen Sommer- und Winterräumen in Größe und Ausdehnung herausgehoben. Eine geometrische gefaßte Grünzone zwischen zwei Wasserbecken strukturiert den 56 x 24 m großen Innenhof mit seinen zwei Brunnen. Drei weitere, kleinere und unterschiedlich gestaltete Brunnen besetzen im Norden die Räume des Laubengangs *(riwaq)*, dessen Stützen nach syrischer Tradition aus Naturstein bestehen. Auf das querrechteckige Wasserbassin ist im Südosten ein Iwan ausgerichtet, an den eine vorzüglich erhaltene Badeanlage mit Schwitz-, Wasch- und Umkleideräumen anschließt, entweder überkuppelt oder kreuzgewölbt. Westlich des Hammam bot eine heute zerstörte kleine Moschee, zugänglich nicht nur vom Palast, sondern auch von außen her, Gebetsfrieden.

Auch im Salamlik *(madafa)* ist der Iwan auf das 9 x 5 m große mittlere Brunnenbassin des Hofes (mit kleinem Obstgarten; *bustan)* ausgerichtet. Obwohl die übliche Axialität zwischen Iwan/Portal und Brunnen streng gewahrt bleibt, erscheinen die einzelnen Bauten – es handelt sich um Gästeräume für den Winter (im Norden) bzw. Sommer (im Süden; Speise- und Küchenraum östlich des Iwan) – frei um den Hof gruppiert.

Ein dritter strukturierender Hof, der Küchenhof, lag im Norden des Azem-Palastes. Zu diesem nördlichen Versorgungstrakt gehör-

Ein reich ausgestatteter Raum im Azem-Palast

ten zwei Küchenräume (einer für die Zubereitung der Hauptgerichte, einer für die Nachspeisen) sowie drei Schlafzimmer für die Köche. Außerhalb des Palastes standen die Pferde der Azems in einer Stallung *(istabl;* abgeleitet vom englischen *stable)* ein; ihr gegenüber schützte eine Remise die prachtvollen Kutschen des Potentaten ebenso wie die bäuerlichen Karren seines Gesindes.

In der üppigen, standesbewußten Dekoration des Azem-Palastes dominiert die osmanische Note; dies entspricht der politischen Situation. Der typisch vor-osmanische Steinlagenwechsel *(ablaq)* wird aber wie selbstverständlich akzeptiert, und auch in der Deckengestaltung finden sich viele Elemente des Damaszener Kunsthandwerks, so wie die Bodenornamentik im Riwaq des Haramlik die kantig-geometrischen Formen gegen die süßlichen Schwünge des osmanischen Barock verteidigt.

Im Hammam des Nur ad-Din, das Männern vorbehalten ist, wird man von einem Portier empfangen, der die Wünsche erkundet, Seife und Handtuch ausgibt und den Badewilligen in den Umkleideraum (maslakh) einweist, wo er in die traditionell hohen Holzsandalen schlüpft und sich schicklich ein Badetuch umbindet, ehe er sich in die Wärmeräume mit ihren Tauchbecken und unter die geschickten Hände eines Masseurs geht, dessen größter Ehrgeiz allemal darin besteht, die Gelenke und Wirbel zum Knacken zu bringen. Dies alles kostet hier, im prunkvollen Ambiente des alten Bades, in dessen Ruheraum sich die gehobene Damaszener Mittelschicht, Kaufleute vor allem, zu Gespräch und Geschäftsabschluß trifft, mehr als irgendwo sonst in Damaskus.

Sehenswerte Anrainer-Bauten des Azem-Palastes sind die **Azem-Medrese,** nach 1779 von Abdullah al-Azem dreigeschossig mit 24 Räumen und einer kleinen Moschee errichtet, heute ein malerischer, nicht eben preiswerter Antiquitätenladen, »in dem gelegentlich noch einer der allerletzten Weber, an einem Jacquard-Webstuhl sitzend, händisch den legendären Damaszener Brokat herstellt« (Walter M. Weiss), und das wohl berühmteste Bad von Damaskus.

Das **Bad des Nur ad-Din,** 1172 unter dem großen Zengiden vollendet, sollte ursprünglich Einkünfte erbringen, um die Nuriya-Medrese zu unterhalten. Denn für den Genuß all der üppigen Marmorintarsien, Fliesen und Stukkaturen war und ist (s. Randspalte) ein beträchtlicher Obolus zu entrichten. Das Bauwerk war unter den Mamluken verfallen, wurde unter den Osmanen, welche die Badekultur besonders pflegten, bereits 1594 restauriert, verfiel im 19. Jh. aber wieder und diente danach als Seifenfabrik, bis die syrische Antikenverwaltung ab 1975 den alten Glanz wiederherstellen ließ.

Das Bad *(hammam)* ist seit omayyadischer Zeit eine gängige Einrichtung der islamischen Welt, gerade der Stadt. In ihm erhält sich die große Tradition der antiken Bades. Die Sauberkeitsansprüche des islamischen Kultus an den Beter, die nur zum geringen Teil an den Brunnen im Moscheehof oder Wasserstellen vor der Moschee zu befriedigen waren, ließen die antike Badetradition organisch in ein moslemisches Anliegen übergehen, denn die häuslichen Möglichkeiten zur gründlichen Reinigung waren (und sind bis heute) nicht allgemein gegeben. Allerdings wurde die Fünfgliederung der antiken Anlage in Apodyterium oder Vestarium (Umkleideraum), Frigidarium (Kaltbad), Tepidarium (Lauwarmbad), Caldarium (Heißbad) und Sudatorium (Schwitzbad) im Laufe der Zeit ebenso vereinfacht wie das aufwendige Prinzip der Hypokausten-Heizung; das syrische Mittelalter begnügte sich mit einem Heizkanal unter dem Fußboden, behielt aber die tubulierten Wände bei.

Die großen Khane

Südlich der Omayyaden-Moschee, westlich des Azem-Palais liegen alle wichtigen Khane von Damaskus (Khan al-Haramain, Khan al-Gumruk, Khan al-Harir, Khan al-Azem, Khan az-Zeyt, Khan ad-Diqqa, Khan Jaqmaq etc.), und zwar mit Ausnahme des Khan Suleiman Pascha stets nördlich der Geraden Straße. Durch die Integration in den Suq treten all die großflächigen Komplexe lediglich durch ihre Fassade in Erscheinung.

Der syrische Khan – das Wort kommt aus dem Persischen und bedeutet soviel wie Herberge – ist in der Regel ein zweigeschossiger Komplex mit viereckigem, von Arkadengängen gesäumten Innenhof. »Während die Erdgeschoßräume als Warenlager und Stallungen, z. T. auch für Bäder und Küchenräume genutzt wurden, befanden sich im Obergeschoß die Unterkünfte für die Reisenden und Büros zur Abwicklung des Geschäftsverkehrs. [...] Mit dem Rückgang des Karawanenhandels verloren die Khane seit Anfang des 20. Jh. allmählich ihre ursprüngliche Bedeutung. [...] Meist durchliefen sie, falls sie nicht dem völligen Verfall preisgegeben wurden, einen tiefgreifenden Funktionswandel und dienen heute als Gewerbestandorte und Lagerplätze für Großhandelswaren oder als Elendsquartiere für die ärmsten Bevölkerungsschichten« (Günter Barthel/ Kristina Stock). Ein Beispiel solchen Verfalls bietet z. B. der **Khan Suleiman Pascha** (heute ein Öllager; die beiden großen Kuppeln von 1737 sind eingestürzt; Suleiman war der erste Azem-Staathalter in Damaskus) oder der mamlukische **Khan Jaqmaq** (um 1420; völlig umgebaut und als modernes Warenlager genutzt; zu Jaqmaq s. S. 147), der zusammen mit dem **Khan ad-Diqqa** (16. Jh.; umgebaut, Werkstätten) und dem nach wie vor sehenswerten **Khan az-Zeyt** (ebenfalls 16. Jh., Werkstätten, Büros, schöner Hof mit Kuppeln) nördlich der Geraden Straße eine Gebäudetrias bildet.

Der Name des letztgenannten Khan (›Oliven- bzw. Ölkhan‹) erinnert an die Branchensortierung der städtischen Karawansereien; sie entspricht der Spezialisierung der Suqs (s. S. 140). Wenn die Karawanen – das Wort, wiederum aus dem Persischen, bedeutet soviel wie Reisegesellschaft – in Damaskus eintrafen, zogen sie zunächst dorthin, wo ihr spezifisches Gut zentral gelagert wurde: die Ölkarawanen zum Khan az-Zeyt, die Seidenkarawanen, welche mit ihren begehrten Gütern nicht selten monatelang auf dem asiatischen Landweg, der Seidenstraße, unterwegs gewesen waren, zum besonders umfänglichen **Khan al-Harir** (1573/74 erbaut unter dem osmanischen Statthalter Darvish Pascha, s. S. 161; heute sind hier Dutzende von Geschäften und Lager einquartiert), die Tabakkarawanen zum **Khan at-Tutun** (spätes 19. Jh.). Der Name **Khan al-Gumruk** (Zollkhan, 17. Jh., im 19. und 20. Jh. umgebaut; heute ein L-förmiger Basar für Frauenbekleidung; sehenswert) erinnert daran, daß dem Großhandel staatliche Import- und Exportzölle auferlegt waren.

Wie es mit den Waren weiterging, hing von den spezifischen Vereinbarungen und der Handelssituation ab. In jedem Fall wurde in Damaskus umgeladen, die für die Wüsten des Ostens prädestinierten Kamelkarawanen für den Weg zur Küste mit seiner Gebirgspassage durch wendigere Esels- und Maultierzüge ersetzt.

Die meisten erwähnten Khane lohnen die Besichtigung nicht mehr oder doch nur einen Kurzbesuch; oft genug empfindet man sich dabei in der Alltagsatmosphäre eines Geschäftsbetriebs als touristischer Störenfried. Etwas anders steht es mit dem **Khan Asad Pascha,** der 1752/53 unter Asad al-Azem (s. S. 152) auf einer Grundfläche von annähernd 2000 m^2 errichtet wurde und in seiner Architektur den syrisch-osmanischen Typus gut repräsentiert.

Eine dreifach zurückgestufte, prächtige Eingangsnische mit Stalaktitengewölbe öffnet vom Suq al-Buzuriya her den Weg durch eine

Beim Osterfest in der Miryamiya-Kirche der griechisch-orthodoxen Gemeinde

kreuzgratgewölbte Torhalle in den quadratischen Innenhof mit zentralem Springbrunnen. Der Hof, wenn man ihn denn noch so nennen will, ist durch vier Pfeiler in neun gleiche, jeweils überkuppelte Räume unterteilt. Um die Kuppelhalle gruppierten sich in zwei Geschossen die Raumzellen der Kaufleute. Im Erdgeschoß finden sie sich in der Form zweigeteilt, daß Schreibzimmer und Lager voneinander getrennt sind, im Obergeschoß öffnen sich 45 Kammern hinter einer umlaufenden Galerie. Die funktionsbezogene Architektur verzichtet auf das Ornament zugunsten des Ablaq, eines hier konsequent verwirklichten Horizontalwechsels von weißen und schwarzen Steinlagen.

Leider steht der Khan, seit Mitte der 80er Jahre schleppend restauriert, nur unregelmäßig offen. Nachdem Pläne, ihn in ein Luxushotel umzuwandeln, offenbar aufgegeben sind, favorisiert man nun den Umbau in einen touristisch orientierten Handwerkermarkt.

Der Osten und Süden der Altstadt

Mit der Errichtung der Omayyaden-Moschee und dem Ausbau der Zitadelle entstand seit ayyubidischer Zeit ein städtebauliches Spannungsfeld im Nordwesten der ummauerten Altstadt. Die Tendenz nach Nordwesten verstärkte sich noch nach 1832, als Ibrahim Pascha neue Serails im Westen der Stadt erbaute, und vollendete sich im späten 19. Jh., als dort, *extra muros*, die Administrationsbauten der anhebenden syrischen Moderne entstanden: Rathaus, Polizeipräsidium, Postamt, Telegraphenamt, Zivilgericht, nicht zu vergessen die ersten Hotels nach europäischer Manier. Dagegen gerieten die Quartiere im Süden und Osten der Geraden Straße seit dem Mittelalter kulturell ins Abseits – aber eigentlich hatten sie schon immer etwas abseits der kulturellen Hauptentwicklung gelegen: so im Südosten das Viertel der Juden (Kharat al-Yahud); so im Nordosten, vor dem Bab Tuma, das christliche Viertel der früh missionierten Nabatäer.

Heute unterhalten im Osten der Altstadt armenische Katholiken und armenische Orthodoxe, Franziskaner und Maroniten, Gläubige des griechisch-orthodoxen und des syrisch-katholischen Ritus ihre Gotteshäuser, und nahe dem Bab Tuma (›Thomas-Tor‹) gibt es sogar eine Jesuitenkirche. Kunstgeschichtlich sind all diese Gotteshäuser wenig bedeutsam, auch wenn die **Sergios-Kirche** der armenischen Orthodoxen auf 650 Jahre alten Fundamenten aufgebaut sein soll, die Kirche der Jesuiten auf eine byzantinische Gründung zurückgeht und wohl auch Gotteshäuser wie **Mar Fram** (die Ephraimskirche der syrischen Katholiken) und **Miryamiya** (die Marienkirche der griechisch-orthodoxen Gemeinde) ältere Vorläuferbauten hatten.

Denn die tolerierte Vielfalt der christlichen Bekenntnisse darf eines der dunkelsten Kapitel der jüngeren Stadtgeschichte nicht vergessen machen: die Christenmassaker des Sommers 1860. Damals

Die orientalische Legende ergänzt die fromme Paulus-Spekulation: Ein Torwächter namens Georg habe mit dem Apostel sympathisiert und ihn entfliehen lassen – eine Pflichtverletzung, die zu seiner Hinrichtung führte, aber auch zu nachhaltiger Hochschätzung: Der Wachbeamte Georg genießt im syrischen Christentum bis heute Verehrung als Heiliger.

waren libanesische Drusen in die Stadt eingedrungen und hatten mit stillschweigender Billigung der osmanischen Machthaber im Christenviertel Bab Tuma ein Blutbad angerichtet. Der Hintergrund: Die christliche Minderheit war im Zuge der osmanischen Tanzimat-Reformen 1839 und nochmals 1856 der moslemische Mehrheit offiziell gleichgestellt worden – und wurde nun verdächtigt, den neuen Status zu mißbrauchen, um mit den verhaßten europäischen Mächten zu kooperieren. Bei den Massakern wurden auch weite Teile des Christenviertels zwischen den Toren Bab Tuma und Bab Sharqi zerstört. Bei einem Rundgang durch das Viertel lassen sich bis heute der alte Baubestand (im Umfeld der Ananias-Kapelle; s. u.) mit seinen Winkel- und Sackgassen und der durch begradigte Straßenläufe gekennzeichnete Neubau der Zeit nach 1860 unterscheiden.

Fast parallel zur Stadtmauer führt eine Straße unmittelbar vor dem Osttor (s. u.) zur **Ananias-Kapelle,** die an die Aufforderung Gottes an Ananias erinnert, den mit Blindheit geschlagenen Saulus in einem Haus an der Geraden Straße aufzusuchen und durch Handauflegung zu heilen (Apg. 9,10ff.). Der unterirdische Bau gilt als eine der ältesten christlichen Gebetstätten überhaupt.

Nach seiner Heilung und Taufe wurde Saulus als Paulus zum Hauptpropagandisten des frühen Christentums und vertrat dabei, daß die neue Religion nicht nur übertretenden Juden, sondern auch den Anhängern der antiken Bekenntnisse offen stehen sollte. Pau-

Paulus flieht aus Damaskus, Emailplatte des 11. Jh.

LUS, der ja eigentlich nach Damaskus gekommen war, um die Anhänger des Wegs (s. S. 73) zu verhaften und nach Jerusalem zu verschleppen, mußte nach seiner Bekehrung, seinem sprichwörtlich gewordenen ›Damaskus-Erlebnis‹, vor den enttäuschten und empörten Juden fliehen, die dem ›Abtrünnigen‹ nach dem Leben trachteten und ihm die Tore von Damaskus verschlossen. Aus der Stadt soll der Apostel in einem Korb entkommen sein, den seine Anhänger von der Stadtmauer herabließen. An diese biblische Begebenheit, in anderer Form erwähnt auch im zweiten Brief an die Korinther (11,32f.), erinnert die 1939 erbaute **Paulus-Kapelle** im mamlukischen Bab Qaysan, obwohl dieses Tor aus dem 14. Jh. mitnichten der Ort des biblischen Ereignisses gewesen sein kann.

Die **Gerade Straße** (Via Recta), über die der erblindete PAULUS seinerzeit geführt wurde, quert die Altstadt in west-östlicher Richtung entsprechend der antiken Säulenstraße (heute Sharia Madhat Basha, Sharia Bab Sharqi). Die einstige Dreiteilung der insgesamt 26 m breiten Straße in die beiden seitlichen Portiken und die tiefer gelegene Trasse läßt sich noch rekonstruieren im Abschnitt zwischen dem westlichen Tor und dem Khan Suleiman Pascha (s. S. 155), wo zwei schmale Straßen parallel laufen und zusammen, einschließlich des Mittelteils, entsprechend der antiken Ausdehnung eine Breite von ca. 26 m besitzen. An die Portiken schlossen ursprünglich die Geschäfte an, die die Säulenstraße zum syrischen Basar umfunktionierten. Da das antike Straßenniveau 2–3 m unter dem heutigen liegt, haben sich die Proportionen entscheidend verändert. Nachzuvollziehen ist das an der tiefen Tür rechts im linken (nördlichen) Seiteneingang des **Bab Sharqi,** dem einzigen Tor, dessen antike Elemente noch den Bau der Römer-Zeit verraten.

Wir haben schon an anderer Stelle (s. S. 130) über die **Stadtmauer** von Damaskus gesprochen. Dem Wall römischer Zeit folgte das Wehroval des Zengiden NUR AD-DIN, von dem sich lediglich ein Turm im westlichen Mauerabschnitt erhalten hat (s. S. 162). Mit besonderem Engagement betrieben danach die Ayyubiden den Ausbau der Stadtverteidigung (auch der Hauptbestand der Zitadelle geht ja auf ihre Initiative zurück). Dagegen ließen die Mamluken die Mauern nach den Mongolen-Einfällen nicht vollständig wiederherstellen. Dies war auch einer der Gründe, warum SELIM I. nach seinem Schlachtensieg über die Mamluken Damaskus 1516 nahezu widerstandslos einnehmen konnte. Die Stadterweiterung durch die Osmanen führte zu neuen Straßendurchbrüchen im Mauerring, zuletzt um die Jahrhundertwende.

Bei der Rückkehr vom Christenviertel über die Gerade Straße sollte man nicht versäumen, einige schöne Beispiele Damaszener Wohnarchitektur zu besichtigen. Bald nach einem **römischen Bogen** geht es nördlich ab zum **Beit Anbar** (Anbar-Haus), einem prachtvollen Bau aus der zweiten Hälfte des 19. Jh. mit grünen Innenhöfen, »einer gelungenen Synthese aus orientalischen und europäischen (vor allem italienischen) Stilelementen« (Gernot ROTTER). Bauherr

Eine Mischung aus europäischen und orientalischen Dekorelementen bestimmt die Ornamentik des Anbar-Hauses.

war der jüdische Händler Yusuf Anbar, der von den Osmanen enteignet wurde. Anfang des 20. Jh. hat man das Palais zum ersten Gymnasium der Stadt umgewidmet; heute ist es Verwaltungssitz.

Das Schicksal des Yusuf Anbar richtet die Aufmerksamkeit auf das **jüdische Viertel** im Südosten der Altstadt von Damaskus. Zwar galten die Juden (ebenso wie die Christen) in der islamischen Welt nach religiösem, aus Sure 2,256 des Koran abgeleiteten Recht als ›Schutzbefohlene‹ *(ahl adh-dhimma),* doch hatten sie eine Kopfsteuer und zuweilen eine besondere Bodensteuer zu zahlen, mußten die Vorherrschaft der Moslems anerkennen und sich bei der Ausübung ihrer Religion zurückhalten. Dieser stets vorhandene religiöse Druck erhöhte sich in Syrien nach der Gründung des Staates Israel und politischen Dauerspannungen, so daß von den etwa 32 000 Juden vor dem Palästina-Krieg (1948) nur mehr einige Tausend in Syrien verblieben, die meisten davon in Damaskus und Aleppo. Als der syrische Staat 1993 seine Auswanderungsgesetze lockerte, zerstreute sich auch diese kleine Juden-Gemeinde. Ausreiseziele waren die USA und Israel.

Weitere sehenswerte, seit Mitte der 80er Jahre restaurierte Wohnhäuser – **Beit Nizam, Beit Siwan, Beit Sibai** – finden sich im Shaghur-Viertel, das sich westlich an das Judenviertel anschließt. Im 18. und 19. Jh. erbaut, stehen sie für den üppig-überladenen Stil des osmanischen Barock in seiner Damaszener Brechung. Die wesentlichen Eigenheiten und Elemente, die wir beim Azem-Palast als typisch für die domestische Baukunst des Islam hervorgehoben haben (s. S. 152f), begegnen uns hier wieder: die nach außen hin schroffe Abgeschiedenheit der Palais; die Schönheitsentfaltung nach innen; die architektonische Trennung in einen öffentlichen oder Gäste- und einen privaten oder Familien-Trakt mit jeweils eigenem begrünten und mit Brunnen besetzten Hof, auf den sich Arkadenfronten und Iwan-Säle öffnen; das Verbergen des Versorgungstrakts, um die Beschaulichkeit des Hauses nicht durch Funktionalien zu stören. In allen drei genannten Herrenhäusern schlägt sich die Höhe des Damaszener Kunsthandwerks in holzgeschnitzten Decken und Täfelungen, in Marmorintarsien und Schmuckornamentik nieder.

Das Pilgerviertel Midan

Westlich der islamischen Altstadt beginnt die nach Mekka (Süden) führende Darvishiya-Straße, die ab der Sinan-Pascha-Moschee in die Pilgerstraße Midan übergeht und wie an einer Perlenschnur Monumente aus mamlukischer und osmanischer Zeit aufreiht.

Traditionell sammelten sich in diesem Viertel die großen Pilgerzüge nach Mekka. Noch Ende des 19. Jh. umfaßten sie 20 000, manchmal sogar 25 000 Menschen – Pilger und Kameltreiber, aber auch Kaufleute, die im Schutz der militärisch eskortierten Karawane nach Arabien reisten. Dazu kam noch einmal etwa dieselbe Zahl an

Reit- und Lastkamelen. 1333 soll sogar eine Pilgerkarawane mit 120 000 Kamelen Damaskus verlassen haben. Über die Darb al-Hajj (Straße der Mekka-Wallfahrt) Richtung Hauran ziehend, benötigten die Pilger, geführt vom Emir al-Hajj (dem Vorsteher des Zugs: in osmanischer Zeit stets der Provinzgouverneur) bei Tagesmärschen von etwa 30 km über drei Monate für die Strecke Damaskus-Mekka-Damaskus. Das Pilgerviertel bot ihnen vorab nicht nur Herbergen und Bäder, sondern mit zahlreichen Moscheen und Medresen auch Gelegenheit zur geistlichen Einstimmung auf die Hajj. Natürlich gehörten auch Getreidespeicher und Handelskontore zur Architektur des Midan.

Unser Gang ins Pilgerviertel führt entlang der Zaghlul-Straße zuerst zur **Darvish Pascha-Moschee,** 120 m südlich vom Eingang zum Suq al-Hamidiya auf der rechten, also westlichen Straßenseite gelegen. Zwischen 1571 und 1574 entstanden, wurde der Bau 1993/94 gründlich renoviert; silbern strahlen seither die Kuppeln. Der namengebende Bauherr, ein Osmanen-Gouverneur, hat sich in Damaskus etwa zeitgleich (1573/74) auch durch die Stiftung einer Karawanserei, dem Khan al-Kharir (s. S. 156), hervorgetan. Unter dem polygonal gebrochenen Minarett der Moschee befindet sich der Zugang zum oblongen Hof, dessen südliche Längsseite die fünfkupplige Vorhalle einnimmt. Der fliesendekorierte Hauptraum ist durch die Mittelkuppel über Seitenschiffkuppeln zentralisiert.

Zur Moschee gehört die **Turba des Darvish Pascha** (1579/80; im Todesjahr des Pascha errichtet), ein oktogonaler Kuppelbau mit 16eckigem Fensterkranz. Verbunden sind die Bauten durch ein Torgewölbe *(sibat)* über einer Gasse zum Qanawat-Viertel.

Minarett der Sibaiya-Medrese

Die **Sibaiya,** einige Dutzend Meter weiter auf derselben Straßenseite, datiert in die Zeit kurz vor der osmanischen Eroberung (1509–15). Der letzte Mamluken-Statthalter, Sibai des Namens, ließ den Komplex errichten, der aus Moschee (Jami al-Kharatin), Medrese (noch heute als Koranschule genutzt), Mausoleum (für Mutter und Tochter des Mamluken) und Zawiya besteht. Bemerkenswert: Die schwarz-weiße Ablaq-Fassade mit eingelassenen Medaillons, das Muqarnas-Portal und das achtseitige Minarett der Moschee, das in Fensteranordnung und Bandornament dem Südwestminarett der Omayyaden-Moschee folgt. In der Bethalle fallen wiederverwendete Inschriftenspolien und Marmormosaiken auf.

Auf der linken (östlichen) Straßenseite erhebt sich seit 1590 die **Moschee des Sinan Pascha** (sie ersetzte eine Mamluken-Moschee). Ihr Bauherr, ein Osmanen-Statthalter, hatte zuvor schon in Ägypten und im Jemen der Hohen Pforte gedient. Bereits im Außenbau werden die beiden Raumteile, Hof und Kuppelraum, faßbar. Die Kuppelkonstruktion ist durch den kubischen, querrechteckigen Unterbau nicht einsehbar und wirkt eher unorganisch. Auch das kreisrunde, durch grün- und blauglasierte Ziegel farbig gefaßte Minarett erscheint als Fremdkörper über dem schwarz und weiß aufgeschichteten Baublock.

Gebetsraum der osmanischen Sinan Pascha-Moschee

Das Bemühen, eine Damaszener Architekturtradition (Bi-/Polychromie des Mauerwerks und kubische Außenstruktur) mit türkischen Neuerungen (zentralisierter Sakralraum, Pendentifkuppel und rundes Minarett) zu einer Synthese zu führen, zeigt sich in den Fayencefeldern über den Fensterstürzen oder dem Fliesengemälde mit sechs Zypressen unter dem Stalaktitengewölbe des Portals.

Die ungleichmäßige Gestaltung des Innenhofes erklärt sich aus der Rücksicht auf bestehende Bausubstanzen und Straßenführungen. Gleichwohl sind Brunnen, siebenfach überkuppelte Vorhalle und der querrechteckige Zentralraum auf eine Mittelachse bezogen. Die Fayencen entstammen ebenso wie die der Darvish-Pascha-Moschee (s. o.) syrischen Werkstätten, die sich im 16. Jh. an den türkischen Produktionen orientierten, von diesen aber durch ihren Naturalismus unterschieden sind.

Ein wenig Spürsinn braucht es, im Gassengewirr die Reste des Stadttors **Bab al-Jabiya** und, zurück auf der Hauptstraße, den **Turm des Nur ad-Din** zu finden, der sich auf der linken Seite im Hof des Funduq Islakh, einer Arbeiter-Herberge unmittelbar vor der wellblechüberdachten Passage des Suq as-Sinaniya erhebt. Letzterer wurde nach Ausweis von Inschriften 1174 erbaut, also im Todesjahr des Herrschers (der aber selbst nicht genannt wird). Weitere Inschriften berichten von einer Ausbesserung des Wehrbaus im Jahr 1260, also nach dem ersten Mongolen-Sturm. Südlich des Turms, östlich der Badawi-Straße, haben sich Reste der mittelalterlichen **Stadtmauer** erhalten.

Beachtung verdient am Beginn der eigentlichen Midan-Straße die **Medrese al-Afriduniya** (s. S. 134), erbaut 1334/44, wenige Jahre vor dem Tod des Stifters (1348), der hier auch begraben liegt. AFRIDUN, ein reicher Damaszener Kaufmann, trug wegen seiner weitgespannten Handelsbeziehungen in den islamischen Osten den Beinamen Ajami (›der Perser‹; deshalb auch Medrese al-Ajami).

Die Bedeutung der Architektur ergibt sich nicht zuletzt aus den »engen Parallelen mit Kairener Anlagen« (Michael MEINECKE): Hinter einer Straßenfassade mit zweifarbiger Horizontalstreifung und flachen, in Muqarnas abschließenden Fensternischen (ein Indiz für den direkten Einfluß Kairos) eröffnet der relativ kleine Bau (20 x 13,5 m) durch ein hohes Muqarnas-Portal mit geometrisch-floralem Schmuckfeld eine axial konzipierte, flach gedeckte Vier-Iwan-Halle. Als weitere Neuerung fallen über dem Grabmal des AFRIDUN (mit eigenem Fronteingang) die aus Aleppiner Bautradition entstammenden Muqarnas-Pendentifs unter der Kuppel auf. Sie ersetzen die in Damaskus bis dahin gebräuchliche Trompen-Überleitung.

Die Ostseite der **Medrese Sabuniya,** 1459–64 im Auftrag des Damaszener Kaufmanns AHMAD IBN AS-SABUNI errichtet, führt vier Bauelemente – Turba, Eingangsportal, Moschee und den Sockel des Minaretts – zu einer geschlossenen Fassadenwirkung zusammen. Die querrechteckigen Emblemfelder über den Fenstern zeigen in Steinschnitt komplizierte geometrische Figuren. Die ornamentale Auflösung des horizontal geschichteten Steinwechsels ist ein Signum der späten Mamluken-Zeit. Durch den schmalen Gang zwischen Turba und Wächterhaus auf der einen und Moschee auf der anderen Seite gelangt man auf einen Hof mit zwei Iwanen. Der gestufte Zinnenkranz verweist ebenso auf Kairo als Vorbild wie das oktogonale Minarett. Der Brunnen an der Straßenfront wurde im August 1463 in Betrieb genommen.

Minarett der Sabuniya-Medrese; Stich von 1888.

Auf der rechten Straßenseite folgt ein weiterer Mamluken-Bau, das **Mausoleum des Wali ash-Shaibani** von 1333/34. Der in der Horizontalen zweifach-gestufte Fassadensockel steigt von der Turba des hohen Verwaltungsbeamten (Wali) zum Portal hin auf und schließt mit einem vorkragenden Gesims. Das Wandfeld unterhalb der Grabkuppel ist im Mittelteil einschließlich der Fenster zurückversetzt.

Schräg gegenüber findet sich das **Mausoleum des Sheikh Hasan** (1316). Das Gebäude besteht aus zwei Türben, die durch einen Hof voneinander getrennt sind. In der Fassade werden die Elemente so zusammengeführt, daß über einem langgestreckten Sockelbau, den lediglich das Stalaktitengewölbe über dem Portal aufbricht, die oktogonalen Kuppeln aufragen. Die Fassade umsäumt ein verschlungenes Wellenband, das durch seinen Vertikalverlauf auch am Außenbau den Hof von den Grabbauten trennt. Ornamentscheiben akzentuieren die Seitenmitten der Türben. Die Symmetrie der Frontseite ist aufgegeben zugunsten einer Brunnenanlage, die mit dem Portal den Hof schließt.

Im Südteil des angrenzenden **Friedhofs as-Saghir** (also südlich der ihn teilenden Jarra-Straße) liegt FATIMA, die Tochter des Propheten MOHAMMED, begraben. Als Ehefrau ALIS wird sie besonders von den Schiiten verehrt; die Gedächtnisbändchen am Grab entsprechen

Blick über den berühmtesten Friedhof von Damaskus am Bab as-Saghir

schiitischer Volkstradition, die übrigens auch als Amulett die sogenannte ›Hand der Fatima‹ hervorgebracht hat, einen Abwehrzauber gegen den Bösen Blick. Auch Umm Habiba, eine der Ehefrauen Mohammeds (zugleich Schwester des ersten Omayyaden-Kalifen Muawiya), hat hier ihre letzte Ruhestatt. Nahebei liegen verdiente ›Moslems der ersten Stunde‹ aus dem persönlichen Umfeld des Propheten begraben. Historie und Legende mischen sich in schwer auflösbarer Weise.

Die **Moschee des Murat Pascha,** 1576/77 als Stiftung eines osmanischen Statthalters entstanden, liegt, nach einem Schwenk der Straße, im Westen des Friedhofs und folgt einschließlich des Minaretts noch dem spätmamlukischen Stil. Die Moschee gilt als Zentrum des Naqshibandi-Ordens, einer mystischen islamischen Bruderschaft, die im 14. Jh. im zentralasiatischen Buchara gegründet wurde und trotz Unterdrückung großen Einfluß in der Türkei, aber auch unter den Kurden Syriens und des Irak besitzt.

Das **Mausoleum des Araq as-Silahdar,** Grablege eines 1349 verstorbenen mamlukischen Emirs, spiegelt – wir befinden uns jetzt bereits 150 m südlich des Yarmuk-Platzes und haben zuvor die Musalla-Moschee passiert – die Symmetrie des Innenbaus in seiner Fassade. Die beiden frontseitigen Kuppelräume werden durch das fast bis zur Hälfte der Gebäudehöhe aufsteigende Portal gebunden. Ein gewelltes Gesims folgt der Portalnische als oberer Abschluß der Fassade. Die stark hinterschnittenen Stalaktiten tendieren zur Horizontalen. Über einer flachen Muschel schließt ein verschlungenes Bandornament vor einem Hintergrund aus leuchtend blauer Keramik das Portalrechteck ab.

Etwa 100 m vor der Ringstraße, welche das obere vom unteren Midan-Viertel scheidet, fällt die mehrfach restaurierte **Manjaq-**

Moschee aus dem 14. Jh. mit schönem Minarett und begrüntem Innenhof auf. Die Familie MANJAQ stellte im 14. und frühen 15. Jh. mehrere mamlukische Statthalter in Syrien.

Der in einer Nebengasse zur Linken gelegene Komplex der **Tanibiya,** bestehend aus Moschee und Mausoleum, entstand in den Jahren 1394/95. Bauherr war der 1399, kurz vor dem Mongolen-Einfall, nach seinem Aufstand gegen Kairo erdrosselte mamlukische Gouverneur TANIBAQ AL-HASANI, der hier zusammen mit seiner – vier Jahre zuvor verstorbenen – Frau bestattet ist. Der Bau besticht durch seine geschlossene Fassadenwirkung, die achsensymmetrisch auf die zentrale Portalnische abgestimmt ist. Dem horizontalen Steinwechsel von gelbem Sandstein und schwarzem Basalt wirkt die sich aus dem Baukörper lösende Stalaktitenkuppel über der Eingangsnische entgegen. Dieses Portal bildet eine Einheit mit den beiden Kuppeln, was betont wird durch die gemeinsame Höhe von Eingang und zwölfseitigem Tambour. Über jedem Fenster der Fassade befindet sich eine Ornamentscheibe mit herrlichen Einlegearbeiten in Steinschnitt, denen auf gleicher Höhe über dem Portal ein quadratisches Ornamentfeld entspricht, dessen Mitte ein Kelch zwischen liegenden Rauten einnimmt. In ihrer klaren Grundstruktur und der gelungenen Verbindung von Unter- und Oberbau stellt die Fassade einen Höhepunkt der mamlukischen Architektur von Damaskus dar.

Eine Zawiya – das arabische Wort läßt sich als Klause oder Kultstätte übersetzen – ist der Ort, an dem sich die Mitglieder einer religiösen Bruderschaft zum Dhikr, zum Aufsagen von Sprüchen in ritueller Ordnung treffen (s. S. 168). Dem Gedenken an den 1390 verstorbenen Rechtsgelehrten SAAD AD-DIN, dessen Weisheit bis zum heutigen Tage Anhänger hat, ist die zweifach überkuppelte **Zawiya Saad ad-Din** gewidmet. Ausgezeichnet ist der einfache Bau durch die Ausstattung mit syrischen Fliesen des 17. Jh. Breite Schriftbänder, hohe vegetabile Ornamentfelder und Stuckmedaillons bestimmen den Innenraum.

Der Vorort Salihiya

Salihiya hat als eine der wenigen islamischen Stadtgründungen in Syrien nicht auf antikem Areal ihren Anfang genommen. Kurz nach der Übernahme von Damaskus durch NUR AD-DIN gründeten palästinensische Flüchtlinge, von den Kreuzfahrern aus Jerusalem vertrieben, an den Hängen des heiligen Berges Qassyun (s. S. 125), ca. 2 km vom Damaszener Stadtkern entfernt, eine Siedlung, die schon bald zu einer kleinen Stadt heranwuchs, mit Wasser versorgt von zwei künstlichen, vom Fluß Barada gespeisten Kanälen (Yazid und Tura). Daß schon 1202 in as-Salihiya eine Freitagsmoschee entstand – die erste außerhalb der Damaszener Altstadt –, bezeugt die frühe Selbständigkeit des Ortes. Allerdings besaß Salihiya niemals eine Stadtmauer; die Anfälligkeit gegenüber militärischen Aktionen blieb groß und hatte schlimme Folgen bei den drei Mongoleneinfällen unter Hülagü (1260), Gazan (1300) und Timur (1400), aber auch während der Damaszener Aufstände gegen Kairo und Istanbul.

Im historischen Kern von Salihiya hat sich dennoch eine bedeutende Anzahl von Denkmälern erhalten – Michael Meinecke spricht von 145 mittelalterlichen Anlagen. Fast alle Monumente sind rechts und links einer parallel zum Qassyun-Gebirge verlaufenden Straße gelegen, die mit ihren Geschäften und Marktständen einem offenen Basar ähnelt. Der ›Paradiescharakter‹ der kleinen Ortschaft zwischen blühenden Gärten zog nicht nur Mystiker und Gelehrte an. Gerade im 12. und 13. Jh. errichteten Herrscher, hohe Staatsbeamte und Offiziere hier ihre Grabbauten, so daß Salihiya zur ›Totenstadt‹ von Damaskus wurde.

Ab dem 14. Jh. traten zunehmend Kaufleute als Bauherren in Erscheinung, was die Bedeutung des Städtchens als Handelszentrum wiederspiegelt. Ibn Battuta rühmt Salihiya für einen Basar von unvergleichlicher Schönheit, ein Krankenhaus und eine Moschee. Die siegreichen Osmanen förderten den Stadtteil, wohl um Sympathien bei den Damaszener Gläubigen zu gewinnen, zunächst durch neue religiöse Stiftungen, doch bald verfiel as-Salihiya. Einige neue Impulse gaben in der Endphase des Osmanenreiches (frühes 19. Jh.) kurdische Zuwanderer, denen um die Wende vom 19. zum 20 Jh. Tscherkessen und moslemische Kreter folgten.

Unser Rundgang beginnt am Jisr al-Abyad-Platz mit der ayyubidischen **Medrese al-Mardiniya** von 1226/27. Sie wurde gestiftet von der Frau des Ayyubiden al-Muazzam und ist das einzige erhaltene alte Bauwerk im unteren Bereich des Stadtviertels. In der Grabkammer ist jedoch nicht die Stifterin – sie stammte aus einem Noblengeschlecht im südosttürkischen Mardin (daher der Name der Medrese)

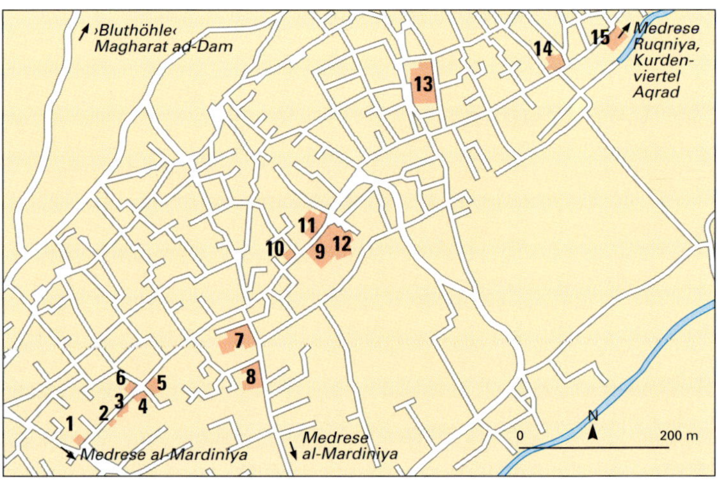

Planskizze des Damaskus-Vororts as-Salihiya
1 Kuppelmausoleum
2 Turba al-Farnatiya
3 Medrese al-Murshidiya
4 Dar al-Hadith al-Ashrafiya
5 Medrese al-Atabakiya
6 Moschee und Mausoleum at-Takritiya
7 Neue Freitagsmoschee
8 Hammam al-Muqaddam
9 Bimaristan al-Qaimari
10 Turba al-Qaimari
11 Derwisch-Kloster
12 Moschee des Sheikh Muhey ad-Din
13 Hanabili-Moschee
14 Turba des Ibn Salama ar-Raqqi
15 Medrese as-Sahibiya

und starb in Mekka –, sondern ein mamlukischer Potentat des frühen 15. Jh. namens UZDAMUR bestattet, der auch das Minarett errichten ließ.

Über eine steil ansteigende Gasse (al-Afif) erreichen wir nach knapp 200 m die belebte ost-westlich streichende Basarstraße (Madares Asad ad-Din), die allein schon einen Besuch von Salihiya lohnt und an der die wichtigsten Bauten liegen. Wir gehen nach rechts. Gegenüber dem Einmündungspunkt auf der Nordseite ein anonymes **Kuppelmausoleum** (13. Jh.), das in ein traditionelles Hofhaus einbezogen ist.

Eine dicht gedrängte, eindrucksvolle Baugruppe auf der rechten Straßenseite umfaßt die **Turba al-Farnatiya,** das 1224 errichtete Kuppelmausoleum für einen Sheikh, weiterhin die 1253 von der Tochter des ayyubidischen Fürsten AL-MUAZZAM ISA gestiftete (und 1981 renovierte) **Medrese al-Murshidiya** mit eigentümlichem Minarett auf quadratischem Grundriß sowie den aus Moschee und Mausoleum bestehenden Komplex **Dar al-Hadith al-Ashrafiya** von 1236 (eine Stiftung des Ayyubiden AL-ASHRAF MUSA) und die **Atabakiya-Medrese** (1243), die den Beginn des alten Basars von Salihiya markiert. Ihr Muqarnas-Portal wird deshalb auch Bab al-Suq genannt. Links der Straße erhebt sich die von Moschee (mit andalusischem Stuckdekor im Betraum) und Mausoleum gebildete Doppelanlage **at-Takritiya** von 1299. – Wer die Gasse neben der Takritiya bergan bis zu Bebauungsgrenze geht, kann über eine Stichstraße und zuletzt Treppen die ›Bluthöhle‹ Magharat ad-Dam besuchen; s. S. 169.

Etwas weiter folgt nach Passage des **Haririya-Mausoleums** (Anfang des 14. Jh.) links die **Medrese al-Jarkasiya** – 1211 von dem Ayyubiden-Emir FAKHR AD-DIN JARKAS, einem Mitstreiter SALADINS, gegründet und von dem Mamluken KHUTLUBA erweitert. Restaurierte Monumentalkuppeln überwölben die Grabmäler der Stifterfamilie.

Von hier führt ein schmaler Weg, die Gasse Ibn al-Muqaddam, einige Meter bergab zur **Neuen Freitagsmoschee,** die durch die Zusammenlegung mehrerer Einzelbauten seit dem 13. Jh. entstand. Ihr ehrwürdiges Zentrum bildet das mit einer Schirmkuppel ausgestattete **Mausoleum der Ismet ad-Din Khatuna** (1181 begonnen), Gattin NUR AD-DINS und später SALADINS. Den benachbarten kleineren **Grabbau** an der Westseite ließ 1485/86 ein Damaszener Kaufmann namens AL-AINI errichten. (Zugänglich sind die Mausoleen nur zu Zeiten, zu denen auch die Moschee zum Gebet geöffnet ist.)

Wenig unterhalb dieses Komplexes blieb als einziges altes Bad des Stadtviertels das **Hammam al-Muqaddam** aus dem 13. Jh. erhalten. Es ist bis heute in Betrieb.

Zurück auf der Hauptstraße erreichen wir rechtshaltend das religiöse Zentrum von Salihiya, die **Moschee des Sheikh Muhey ad-Din Ibn al-Arabi.** Sie wurde neben dem Grabmal des 1240 verstorbenen Mystikers (* 1165 im moslemischen Spanien) als Pilgerstätte errichtet und gehört zum Stiftungswerk des osmanischen Sultans SELIM I., der der islamischen Mystik eng verbunden war. SELIM ver-

Zur Typologie der Grabbauten von Salihiya: Auf quadratischem Grundriß steigt der Baukubus auf. In vier Wände sind flache, überwölbte Rücksprünge eingelassen. Über den Ecken befinden sich halbkreisförmige Nischen, mit denen durchfensterte Schildbögen über den Wandseiten korrespondieren. Zusammen bilden sie die oktogonale Übergangszone, auf der 16 kleinere, gleichhohe Nischen aufsetzen. Schließlich krönt die Kuppel, glatt oder mit 16 den Nischen entsprechenden Rippen, den Grabbau.

Minarett der Moschee des Sheikh Muhey ad-Din Ibn al-Arabi

anlaßte 1517/18 – vermutlich auch, um »die Animosität der Bevölkerung zu entschärfen« (Barbara Kellner-Heinkele) – den Bau des gegenüberliegenden **Derwisch-Klosters** mit zwei weiten Kuppelräumen und der angrenzenden, bis heute betriebenen Bäckerei. Das Kloster zeigt noch Reste der ursprünglichen Einrichtung, besonders der Küche. Das Wahrzeichen dieser geschlossenen osmanischen Baugruppe aus Moschee, Kloster und Bäckerei ist der farbige Minarettschaft am Eingangsportal der Moschee.

Wenn möglich, sollte man die stimmungsvolle Grabmoschee – der Sarkophag des legendären Ibn al-Arabi ist vom Hof links über eine Treppe zu erreichen – an einem Freitag besuchen, wenn die Gläubigen sich versammeln, um im rituellen Dhikr (s. S. 165) in schier unermüdlicher, ekstatischer Wiederholung Gott zu verherrlichen.

Unmittelbar an das Bethaus westlich anschließend blieb die Fassade des **Bimaristan al-Qaimari** erhalten, ein 1253 vollendetes Krankenhaus. Seine aufwendige Portalnische ist bis in die Gewölbezone hinein mit Inschriften ausgestattet. Von der Rückseite her wurde das Spital durch ein Schöpfrad aus dem Yazid-Kanal mit Wasser versorgt. Auf dem Fenstersturz des gegenüberliegenden gleichnamigen **Mausoleums** (Turba al-Qaimariya) wird in einer Inschrift Sayf ad-Din Abu al-Hasan als Stifter des Krankenhauses genannt. »Dies ist das Grab des demütigen großen Emirs, des Kämpfers für den Heiligen Krieg…« Der Bauherr fiel 1256 in der Schlacht von Nablus.

Etwas oberhalb der Basarstraße befindet sich nordöstlich die erste Freitagsmoschee von Salihiya, nach der Rechtsschule der hier ansässigen Moslems **Hanabili-Moschee** genannt, die mitsamt Teilen ihrer Ausstattung (hölzerne Gebetskanzel) aus dem Anfang des 13. Jh. stammt. Das 1988 restaurierte Bauwerk geht auf die Stiftung eines verdienten Kämpfers in den Kreuzzügen zurück, des türkischstämmigen Ayyubiden Gökbüri von Irbil. Der Plan der dreischiffigen Moschee orientiert sich an der Omayyaden-Moschee, doch sind an die Stelle von Säulenreihen jeweils zwei Pfeiler im Wechsel mit einer Säule getreten.

Zurück zur Hauptgasse. Weiter östlich gelangen wir (links) zu der kleinen **Turba des Ibn Salama ar-Raqqi** von 1213 sowie (rechts) zur **Medrese as-Sahibiya,** einer heute als Schule genutzter Vier-Iwan-Anlage von 1232. Sie wurde von der Tochter des ersten Ayyubiden-Sultans, der Witwe des Gökbüri von Irbil, gestiftet.

Das Mausoleum ▷ der Zaynab, das bedeutendste schiitische Heiligtum in Damaskus (s. auch Abb. S. 25). Der silberne Schrein von Sitt Zaynab wird besonders an Freitagen von Gläubigen besucht.

Die Umgebung von Damaskus

Das Grab des Abel und andere religiöse Stätten

In die Welt der religiösen Folklore führt ein Besuch des Drusen-Heiligtums **Nabi Abel.** Die karge Berglandschaft oberhalb des Barada-Tals imponiert dabei freilich mehr als das Kuppelgrab des braven Abel. Wie allen Großen der islamischen ›Prähistorie‹ mißt man dem von Kain Erschlagenen ein körperliches Sonderformat (knapp 7 m) zu – jedenfalls hat der übertuchte Sarkophag diese stattliche Länge. Die Drusen verehren den Adamssohn als ersten Märtyrer.

Wo aber geschah die Bluttat? Natürlich auch bei Damaskus! Nämlich in der auch im Koran erwähnten »Bluthöhle« **Magharat ad-Dam** am Südosthang des Jebel Qassyun oberhalb von Salihiya, über der 1610, also in osmanischer Zeit, eine Moschee errichtet wurde. In der Höhle zeigt der Wächter bereitwillig allerlei Legendäres: u. a. den Fingerabdruck des Erzengels Gabriel. Östlich der Anlage findet sich eine überwölbte Zisterne.

Viel besucht wird auch das **Mausoleum der Zaynab,** ca. 10 km südöstlich von Damaskus an der Ausfallstraße nach Suweida gelegen, ein monumentaler Memorialbau für die Enkelin des Propheten Mohammed und Tochter des Kalifen Ali. Das moderne schiitische Pilgerheiligtum stellt architektonisch einen Fremdkörper in Syrien dar. Die mit farbigen Fayencen verkleidete Kuppelarchitektur und die beiden schon von weitem blaugrün schimmernden Minarette

Wegweiser: Auf der Libanon-Autobahn bis zur Ausfahrt nach Zabadani/Bludan; unmittelbar darauf rechts abbiegen; noch 6 km (bei dem Militärposten 2 km vor Nabi Abel müssen Fotoapparate abgegeben werden). – Anfahrt oder Fußweg nach Magharat ad-Dam vom Damaszener Vorort as-Salihiya her (s. S. 167). – Das Zaynab-Mausoleum liegt im Süden von Damaskus am Rande des Palästinenser-Viertels an der Ausfallstraße nach Suweida.

wurden nach iranischem Geschmack über dem Grabmal erbaut (s. Abb. S. 25), und es sind vor allem Schiiten (über 100 000 pro Jahr), die sich vor dem massiv silbernen Grab zur Andacht einfinden.

Burqush

Wegweiser: Von Damaskus (Omayyaden-Platz) auf der Autobahn Richtung Beirut; nach 17 km nach der Ausfahrt rechts und über die Autobahn hinweg; nach weiteren 4 km T-Gabel, hier links und der Hauptstraße nach rechts folgen; nach 4,5 km Rechtsabzweig nach Burqush und nochmals 5,5 km bis zum Militärposten. Zu Fuß ca. 30 Min. auf einer Piste zum Sakralbezirk.

Etwa 1580 m über dem Meeresspiegel liegt 33 km westlich von Damaskus an den kahlen und felsigen Hängen des Hermon-Gebirges das Ruinenfeld von Burqush, das sich um einen antiken Tempelbezirk und ein frühchristliches Kloster legt. In der völlig menschenleeren Landschaft im Grenzgebiet zum Libanon eröffnet sich dem Besucher ein grandioser Blick über die Ebenen und Hügelketten.

Das abfallende Gelände wurde an exponierter Stelle durch die Abarbeitung des Gesteins und die Errichtung von gewaltigen Substruktionen für den Bau (6. Jh.) einer **dreischiffigen Basilika** ausgeglichen. Erhalten haben sich die mächtigen, zum Teil aus dem Fels gearbeiteten Pfeiler mit Halbsäulen an den Seiten. Die Abstände zwischen den Pfeilern betragen bis zu 7,3 m und müssen somit von Weitarkaden überspannt gewesen sein (s. S. 85).

Weit über das Gelände verstreut finden sich acht der ursprünglich zwölf Halbsäulen-Kapitelle. Sie zeigen fünf verschiedene Kapitelltypen, die im Gegensatz zu vielen wiederverwendeten Bauteilen des antiken Tempels eigens für die christliche Anlage hergestellt wurden.

Der sicherlich eindrucksvollste Bauteil ist der unterhalb der Kirche gelegene, 45,5 m lange und 34 m breite Saal, der gleichzeitig als Substruktion für die Klosteranlage diente. Schmale Fensterschächte gliedern die lange Außenwand; an der gegenüberliegenden Wand entsprechen den Fenstern rechteckige Nischen. Überspannt wurde der gewaltige Raum von Bögen, die über Konsolen ansetzten. Die Gewölbe sind vollständig eingestürzt, lediglich die Ansätze der Bogenkonstruktionen haben sich erhalten. Der Raum war nur über Treppengänge von der Basilika aus zugänglich.

Spuren eines **antiken Tempelpodiums** (1./2. Jh. n. Chr.) im Nordosten zeigen, daß die Basilika ein älteres paganes Heiligtum ersetzte. Der schlechte Erhaltungszustand resultiert daraus, daß die Steinquader des ursprünglichen Tempels beim Bau der Klosteranlage Verwendung fanden.

Dmeir

Wegweiser: s. Text; das Heiligtum liegt ca. 300 m vom Ortszentrum.

Kurz bevor die Hauptstraße von Damaskus nach Homs zu den Ausläufern des Anti-Libanon-Gebirges ansteigt, zweigt nach Nordosten die Wüstenstraße in Richtung Palmyra ab. Auf ihr erreicht man nach ca. 17 km Dmeir (ad-Dumeir), das bereits im römischen Straßensystem unter dem Namen Thelsae eine wichtige Wegestation bildete. Am Rande der fruchtbaren Senke (Ghuta) von Damaskus gelegen,

Hoch ragen die Mauern des Wasserheiligtums von Dmeir empor. Inschriftenblöcke in den Mauern geben historische Auskünfte.

war der Ort seit der Antike das letzte wasserreiche Quartier vor der Durchquerung der syrischen Wüste.

Bis heute wird Dmeir von einem römischen **Wasserheiligtum** überragt – einem der besterhaltenen antiken Bauten überhaupt; nur das Dach ist verloren. Der längsrechteckige Außenbau mit Dreiecksgiebeln über den Schmalseiten wird an den Ecken durch vorspringende Pilaster und Aufbauten turmartig akzentuiert. Im Inneren entsprechen diesen Ecktürmen auf der Ostseite ein Treppenaufgang und drei übereinanderliegende Kammern, auf der Westseite zweigeschossige Räume. Die unteren Räume der Westseite weisen sich durch besondere Dekoration und Ädikulen als Kultbereiche aus. Auf beiden Schmalseiten des Gebäudes öffnen sich gewaltige Tordurchgänge. Gesichert ist, daß die Mauern ein unterirdisches Wasservorkommen umschlossen, vermutlich den Mund einer reichen Süßwasserader. Darauf weisen Wasserleitungen an den Außenseiten hin, die bis in römische Zeit datieren. Der Bau ist folglich als eine monumental umbaute Wasserstelle mit Kultbereichen zu deuten.

Unter Kaiser Philippus Arabs (s. S. 117; 420) wurde es 245 offiziell eingeweiht und möglicherweise in den Status eines ›Wassertempels‹ für Zeus Hypsistos erhoben; der Baubeginn reicht jedoch in das Jahr 94 zurück, bezeugt durch eine Inschrift, die auf den semitischen Gott Baal Schamin (s. S. 378) Bezug nimmt. In islamischer Zeit wurde die Anlage als Festung genutzt.

5 km außerhalb von Dmeir in Richtung Palmyra liegt rechts der Straße inmitten eines militärischen Sperrgebiets (Zugang zu Fuß möglich) die Ruine eines aus Sandsteinquadern erbauten **römischen Kastells.** Erhalten haben sich noch eindrucksvolle Baureste des Waffenlagers und des Südtores, flankiert von vorspringenden Halbtürmen. Auch die Reste eines Aquäduktes sind zu erkennen.

Zwischen Damaskus und Aleppo

Die mittelsyrischen Ebenen

Bei den Qalamun genannten Ausläufern des Anti-Libanon, denen Damaskus vorgelagert ist, beginnt die Fahrt nach Norden. In diesem Teil Mittelsyriens, im Regenschatten des Hochgebirges, tritt die Wüstensteppe stellenweise bis an den Gebirgsrand heran, die Ackerfluren von Dörfern wie Maalula und Sednaya sind von künstlicher Bewässerung abhängig. Das Wasser dazu stammt aus Karstquellen des Qalamun, fließt aber nicht reichlich und hat die Siedlungsgröße historisch stets begrenzt. Die kulturelle Bedeutung des Christentums, wie es sich in den Malereien (12. Jh.) von Deir Mar Musa dokumentiert, findet Ausdruck in einem ungebrochen wirksamen Kultus mit Heiligenfesten und Prozessionen (s. Abb. S. 27).

Etwa 25 km südlich von Homs erreicht die Verkehrsachse Damaskus–Aleppo das Becken von Homs, in das von Osten her der Orontes einströmt. Der See von Homs, den er dabei bildet, wurde schon in der römischen Antike aufgestaut (Reste des antiken Staudamms sind erhalten). Aus dem Flußlauf selbst hoben Schaufelräder (Nauras; s. S. 183) das kostbare Naß auf die höher gelegenen Terrassenflächen. Die tiefgründigen, guten Böden um beide Stadtzentren ermöglichten einen frühen politischen Aufschwung: Hama wurde Kapitale eines bronzezeitlichen Kleinstaats, und das antike Emesa (heute Homs) prägte die Religionsgeschichte des kaiserzeitlichen Imperium Romanum. Die ›Pforte von Homs‹ bot seit je die mit Abstand günstigste Verbindung Mittelsyriens zur Küstenregion und war entsprechend gesichert (s. S. 231).

Ausflüge führen von Hama zu historischen Stätten im Westen, wo das Plateau von Masyaf und die Ränder des al-Ghab genannten Grabenbruchs mit den Orontes-Auen (Baumwoll-, Zuckerrohr- und Weizenanau) seit alters Siedlungsmöglichkeiten boten. Das hellenistisch-römische Apameia ist – noch vor Baitokaike/Hosn Soleiman – das prachtvollste Zeugnis der Antike, Festungen wie Sheizar stehen für die Wirren der Kreuzfahrer-Zeit. Im Osten verbanden Stätten wie Qasr Ibn-Wardan oder Khanazir in der gestaffelten Grenzsicherung des spätrömisch-frühbyzantinischen Reiches Verteidigungs- und Siedlungsfunktion miteinander.

Südlich von Maarrat an-Numan trennt ein »west-östlich verlaufender Riegel ungünstiger Nutzungsmöglichkeiten und entsprechend dünner Besiedlung« (Eugen Wirth) die Ackerebenen von Hama und Homs vom nordsyrischen Tafelland um Aleppo. Bei der Anfahrt auf die nordsyrische Metropole erschließen Abstecher zwei bedeutende historische Zentren: das bronzezeitliche Ebla und Qinnasrin/Chalkis, das noch auf seine Ausgräber wartet.

Ganz bewußt verzichten wir auf eine Visite der südlichen Toten Städte wie Serjilla und Bara, da wir sie wir von Aleppo aus bei Rundfahrten durch die Kalksteinmassive des Nordens im thematisch-historischen Zusammenhang besichtigen wollen (s. S. 308f).

Besonders sehenswert:
Sednaya
Maalula ☆
Deir Mar Musa ☆
Hama ☆
Isriya
Qasr Ibn Wardan ☆
Hosn Soleiman ☆
Qalaat Sheizar
Apameia ☆☆

◁ *Die optische Faszination der berühmten Wasserräder von Hama ist auch ungebrochen, wenn sich Nacht über die Stadt am Orontes legt.*

Zwischen Damaskus und Homs

Sednaya

Wegweiser: Zunächst nach Sednaya, 28 km entfernt von Damaskus an der Straße nach Maalula. Vom Adawi-Kreisel im Norden von Damaskus auf die Aleppo-Autobahn; sogleich Ausfahrt Berze nehmen und am al-Tal-Abzweig vorbei. – Nochmals 27 km bis Maalula, das auch über die Damaskus-Aleppo Autobahn angefahren werden kann (Ausfahrt nach 50 km bei Khan al-Arus; noch 8 km). – Yabrud fährt man am besten gleich über die Autobahn an: Ausfahrt an-Nabq (82 km); von an-Nabq noch 8 km nach Südwesten. – Ausgangspunkt für den Besuch von Deir Mar Musa ist wiederum der Ort an-Nabq an der Autobahn; man frage in der Syrisch-katholischen Kirche des Ortes nach, ob das Kloster geöffnet ist (Führer, Schlüssel). Von an-Nabq 13 km ostwärts durch dünn besiedelte Wüstensteppe in den Jebel Deir Atiye; vom Ende der Piste noch 20 Min. Fußweg zum Kloster.

Oberhalb des mehrheitlich von Christen bewohnten Städtchens erhebt sich, 1415 m hoch, das der Maria geweihte griechisch-orthodoxe Nonnenkloster (um 30 Ordensschwestern), ein vollständig intakter neuzeitlicher Komplex auf byzantinischen Fundamenten des 6. Jh. Die Legende weiß, daß Kaiser Justinian (reg. 527–565) das Kloster gestiftet habe, als ihm auf der Jagd eine Gazelle enteilte und sich in das Strahlenbild der jungfräulichen Gottesmutter verwandelte. Als Nôtre Dame de Sardenaye kannten und schätzten die Kreuzritter später eine legendäre Ikone, die bis heute in der Klosterkirche als wundertätig verehrt wird. Der Evangelist Lukas soll sie gemalt haben. Am 8. September (Fest Mariae Geburt) eines jeden Jahres strömen Tausende von arabischen Christen, dazu viele Moslems nach Sednaya, um vor dem ash-Shaghura (›die Berühmte‹) genannten Bild zu beten.

Bei der dem Hl. Petrus gewidmeten Kapelle (rechts vom Parkplatz) handelt es sich um ein antikes Grab, das umgewidmet und umgebaut wurde. Im Nordosten des Klosterkomplexes sind mehrere Eremitenklausen in den Fels geschlagen (Führer notwendig).

Maalula

Das in einer malerischen Felsenschlucht gelegene, etwa 1650 m hoch gelegene Städtchen bildet eine Sprachinsel von einzigartiger Bedeutung, da hier noch ein Dialekt des Aramäischen (Neuwestaramäisch) gesprochen wird. Die zu etwa zwei Dritteln christliche Bevölkerung von Maalula (dazu der anrainenden moslemischen Dörfer Bakha und Jubadin) hat diese alte syrische Sprache, die einmal die Kanzleisprache des Achämeniden-Imperiums und die Volkssprache Großsyriens war (s. S. 59), im arabischen Umfeld bis heute bewahren können. Wie immer wieder betont wird, finden wir hier als philologisches Fossil »diejenige Sprachform, die mit der Sprache Christi am nächsten verwandt ist« (Werner Arnold/Otto Jastrow). Nur 4000–5000 Menschen in den drei genannten Dörfern beherrschen sie indessen heute noch.

Oberhalb von Maalula liegt das **Kloster Mar Sarqis,** das von der griechisch-katholischen Mehrheit der Stadt (griechischer Ritus, aber Anerkennung des Papstes; s. S. 27) verwaltet wird. Sarqis ist der Hl. Sergios, jener syrische Offizier, der sich als überzeugter Christ in der Zeit des spätrömischen Kaisers Maximian (reg. 285–310) dem ›heidnischen‹ Opfer an Jupiter verweigerte und zusammen mit dem Hl. Bacchos den Märtyrertod fand: Sergios wurde in Resafa enthauptet, Bacchos in Barbalissos zu Tode gepeitscht (s. S. 323).

Blick über das Städtchen Sednaya zum griechisch-orthodoxen Marienkloster

Die Klosterkirche zeigt den Grundriß eines Griechischen Kreuzes, stammt angeblich aus frühchristlicher Zeit und hat, »da zwischen Stein- und Backsteinlagen Stöße abfedernde Holzschichten gelegt wurden, alle Erdbeben überstanden« (Alfred RENZ) – und vielleicht ist ja sogar der lokal vertretene Anspruch, die Kirche sei eine der ältesten der Christenheit, nicht bloß mit Legendenbildung abzutun, denn »der C 14-Test, dem man einen Holzsplitter der eisenbeschlagenen Eingangstür unterzog, ergab ein etwa 2000 Jahre zurückliegendes Wachstumsdatum« (ebd.).

Das **zweite Kloster** von Maalula, der Hl. THEKLA geweiht, bildet in der Faj genannten Felsenschlucht das liturgische Zentrum der griechisch-orthodoxen Christen. In Verbindung mit dem modernen, Touristen verschlossenen Gebäudekomplex steht eine (zugängliche) Grotte, deren Sickerwasser als wundertätig verehrt wird. Hören wir die fromme Legende: THEKLA, Tochter eines römischen Offiziers aus Iconium (dem heutigen türkischen Konya), wurde angeblich noch vom Apostel PAULUS selbst zum Christentum und zu einem Leben in Jungfräulichkeit bekehrt. Als sie später auf der Flucht vor heidnischen Häschern war, soll sich in einer abweisenden Felswand (eben dort, wo heute ihr Kloster liegt) wundersam eine Grotte geöffnet – und sich hinter ihr wieder geschlossen haben.

Mehrere Höhlen der frühchristlichen Welt konkurrieren in dem Anspruch, der Ort des Thekla-Wunders zu sein, am bekanntesten darunter Meryamlik beim heutigen Silifke an der türkischen Südkü-

Das Kloster der Hl. Thekla bei Maalula ist in eine Schlucht hineingebaut.

ste. Die katholische Kirche hat sich 1969 grundsätzlich gegen den Kult der apokryphen Heiligen gewandt, doch ist Thekla im christlichen Orient populär wie je geblieben, und am 24. September, ihrem Jahrestag, schließen sich ganze Scharen von griechisch-orthodoxen Gläubigen aus Damaskus der Dorfprozession hinauf zum Kloster an. Noch berühmter ist das Kreuzfest am 13. September, das mit einem Feuerwerk begangen wird.

Yabrud

Die Kleinstadt Yabrud (ca. 20 000 Einwohner) liegt inmitten einer Gartenlandschaft im Schutz des Qalamun-Gebirges. Die große Fruchtbarkeit – bedingt durch die hier aus den Bergen austretenden Quellen und Bachläufe – sowie durch Felsüberhänge gebildete natürliche Schutzdächer machten dieses Gebiet bereits für die Menschen des mittleren Paläolithikums zu einer idealen Wohnstätte.

Für die Bedeutung der antiken Stadt – Iabrude war ihr Name – sprechen nicht nur die Spolien im Ortszentrum, und dort vor allem in der **griechisch-orthodoxen Kirche,** die bedeutende Mauerreste eines römischen Jupiter-Tempels wohl aus dem 3. Jh. n. Chr. einbezieht. Wie ein Altarfund in Rom mit Dedikationsinschrift dokumentiert, strahlte der lokale Kult entsprechend den orientalisierenden Tendenzen der Zeit (s. S. 73) bis in die Ewige Stadt aus. Aus dem Tempel dürfte nach dem theodosianischen Religionsedikt vom Februar 391 ein Vorläuferbau jener Kirche, die bis heute Kaiser KONSTANTIN (reg. 306–337 n. Chr.) und seiner Mutter HELENA geweiht ist, hervorgegangen sein. Im Süden der Kirche sieht man drei Säulenbasen des ehemaligen Tempel-Peripteros. Am Westsaum des Städtchens erhebt sich ein monolith aus einen Felsen geschnittenes **Grab** ohne Schmuck und Inschrift.

Ca. 3 km westlich haben sich in den Fels gearbeitete **römische Grabmäler** erhalten, darunter ein Monument mit zwei abgeschliffenen Löwenreliefs zu Seiten der Grabtür und elf stelenförmige, ungegliederte Reliefplatten, die an nabatäische Betyle erinnern.

Deir Mar Musa

Das kleine Kloster liegt auf etwa 1500 m Höhe grandios in einer Schlucht im Osten des Jebel Deir Atiye. Weit geht der Blick hinunter in die Wüstensteppe. Die Gründungslegende besagt, ein frommer afrikanischer Fürst, unter dem Namen MUSA AL-HABASHI (›MOSES der Abessinier‹) übergetreten zum Christentum, habe hier um das Jahr 500 n. Chr. ein frommes Einsiedlerleben geführt (sein Festtag wird am 28. August begangen). Später sei von Anhängern des Verehrten ein Kloster erbaut worden, um abendländischen Pilgern auf ihrem Weg ins Heilige Land Logis zu geben. In den Felsen um das Kloster erkennt man Höhlen, die auf eine frühchristliche Asketengemeinschaft hindeuten könnten (s. S. 285).

Wandmalerei des 12. Jh. im Kloster Mar Musa

Das Zentrum der erst im 17. Jh. aufgegebenen Anlage bildet eine kleine **dreischiffige Kirche** mit bemalten Mittelschiffwänden und Arkadenbögen. Die Malereien hatten stark gelitten, wurden aber seit 1984 restauriert (auch der eingestürzte Dachstuhl ist inzwischen wieder intakt). Der italienische Jesuit Paolo DELL'OGLIO hat sich dabei besondere Verdienste erworben. Die volkstümliche Bildauffassung der Fresken hat zu etlichen Spekulationen über die Entstehungszeit geführt. Nach den neuesten Untersuchungen handelt es sich um Arbeiten vom Ende des 12. Jh. Man fühlt sich an das byzantinische Kappadokien erinnert, nimmt aber auch ikonographische Elemente des orientalischen Christentums wahr. Höhepunkt der Ausmalung ist auf der Westwand ein Fresko des Jüngsten Gerichts, gegliedert in fünf Felder. Über der Apsis sieht man Mariä Verkündigung, über den Arkaden Reiterheilige.

Homs

Wegweiser: 165 km von Damaskus, 46 km von Hama

Mit seinen über 650 000 Einwohnern nimmt Homs in der Reihe der vier großen mittelsyrischen Städte nach Damaskus und Aleppo die dritte Position ein. Die günstige verkehrstechnische Lage, knapp 500 m hoch am Kreuzungspunkt der Straßen zwischen Damaskus und Aleppo einerseits und dem Mittelmeer und Palmyra andererseits, bevorzugt Homs nicht erst in der Gegenwart, doch hat die Ansiedlung petrochemischer Industrie den Vorsprung gegenüber Hama, der alten Konkurrenzstadt, vergrößert.

Erstaunlich erscheint der Verfall der historischen Monumente: Obwohl das antike Emesa eine zentrale Rolle im römischen und byzantinischen Syrien spielte (s. u.), blieb kein Bauwerk aus dieser Zeit erhalten. Das letzte antike Denkmal der Stadt, das Mausoleum des Fürsten Samsigeramos von 78 n. Chr., wurde 1911 zerstört. Die über 300 griechischen Inschriften aus Emesa geben bruchstückhaft Aufschluß über die ältere Stadtgeschichte.

Sicherlich geht die Zitadelle von Homs auf eine frühgeschichtliche Besiedlung des Ortes zurück, doch stand die Stadt im Schatten von Kadesch und Qatna (s. S. 46; 37). Auch nach der römischen Eroberung durch Pompeius (64 v. Chr.) herrschte hier noch eine lokale arabische Dynastie. Außer Samsigeramos kennen wir die Fürstennamen Soémos und Iamblichos, und der Historiker Josephus berichtet in den »Jüdischen Altertümern« von einer Heirat des Aristobul (Bruder des Herodes Agrippa) mit Iotape aus dem Haus der Samsigeramiden. Zu dem im Nationalmuseum von Damaskus (s. S. 136) verwahrten Silberschatz aus Homs gehört ein Prunkhelm aus Silber und Eisen, dem man dem altarabischen Fürstengeschlecht zuschreiben darf. Über 120 Jahre noch erledigte es nach dem Einmarsch des Pompeius nun nicht mehr selbstherrlich, sondern auf Vasallen-Status zurückgestutzt, Roms mittelsyrische Angelegenheiten. Unter Kaiser Vespasian oder Kaiser Domitian, irgendwann zwischen 75 und 85 n. Chr., wurden die Samsigeramiden formell entmachtet.

Berühmt war das antike Emesa durch den Tempel des in einem schwarzen Felsblock verehrten Sonnengottes; der Kult rivalisierte mit dem in Baalbek. Man hat spekuliert, daß es sich bei diesem Schwarzen Stein um einen Meteoriten wie den in der Kaaba zu Mekka gehandelt habe. Jedenfalls ist ein altarabischer, anikonischer Steinkultus vielfach belegt, z. B. für den Haupttempel des nabatäi-

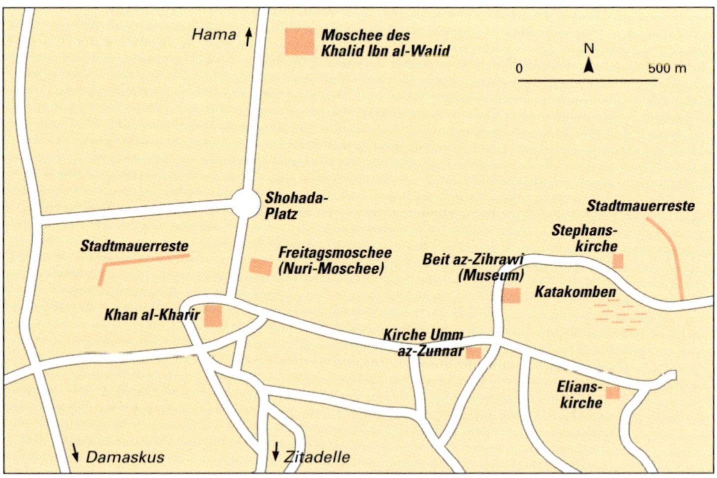

Orientierungsskizze zum Stadtzentrum von Homs: Nur die Hauptstraßen sind eingezeichnet.

schen Petra. In Emesa verband sich der frühgeschichtliche Baal-Kultus Syriens also mit der arabischen Stein-Verehrung.

Entscheidende Bedeutung nicht nur für die Stadt hatte 185 die Heirat des späteren römischen Kaisers Septimius Severus (reg. 193–211) mit Iulia Domna, die der Hohepriesterfamilie von Emesa entstammte (s. S. 119; 113). Damit war der Grundstein für die syrische Kaiserdynastie gelegt, die sich mit Caracalla (reg. 211–217) fortsetzte. Elagabal (reg. 218–222) führte die Verehrung des Sonnengottes von Emesa als höchsten Kult sogar in Rom selbst ein und ließ den Schwarzen Stein im Triumph nach Rom holen, wo er im Tempel der Vesta als phallisches Symbol seinen Platz fand. Nach der Ermordung des letzten syrischen Kaisers soll der Stein, da man ihn nicht zu zerstören wagte, nach Syrien zurückgeschickt worden sein.

Offenbar wurde Emesa zur Zeit der syrischen Dynastie mit römischer Repräsentationsarchitektur ausgestattet. In den Vitae byzantinischer Heiliger wie Julian, der aus Emesa stammte, oder Simeon, der sich nach 29jährigem Eremitentum am Toten Meer in Emesa niederließ und dort als ›Narr Gottes‹ immer wieder die Konventionen der frühen Kirche brach, werden als Überreste ›heidnischen‹ Altertums ein Hippodrom, ein Theater und zwei Thermenanlagen erwähnt – auch sie sind spurlos verschwunden. Selbst von den Bauten frühchristlicher Zeit, in der die Stadt den Märtyrer Elian (3. Jh.) und den Hymnenschreiber Romanos (* ca. 556) hervorbrachte, hat sich wenig genug erhalten. Emesa war damals Bischofssitz; christianisierte arabische Stämme, u. a. die Beni Tarukh, siedelten im Umland.

Ein Kuriosum am Rande: Während der arabische Geograph al-Istakhri (951) noch ganz unvoreingenommen die gepflasterten Straßen und Märkte von Emesa mitsamt der guten Luft und dem guten Boden der Stadt lobt, sind spätere Berichterstatter sehr viel spöttischer – im 13. Jh. etwa der Geschichtsschreiber Dimashq und der Kulturgeograph Yaqut –, wenn es um die Einwohner von Homs geht: Aufgrund ihrer geistigen Unbeweglichkeit sei kein Fettnäpfchen vor ihnen sicher, und als etwas vertrottelt gelten die Homsis dem syrischen Volksmund bis heute.

635 rückten erstmals Moslem-Truppen gegen Homs, das sich heftig – und erfolgreich – wehrte und ein Jahr später dem byzantinischen Kaiser Heraklios als logistisches Quartier bei seinem Gegenschlag diente. Nach der Yarmuk-Katastrophe der Byzantiner (August 636) ergab sich die Stadt widerstandslos dem arabischen Heerführer Khalid ibn al-Walid, zahlte eine hohe ›Entschädigung‹ und fand sich auch damit ab, daß die Johannes-Kathedrale in eine Moschee umgewandelt wurde. Die Kirche war ein beliebtes Pilgerziel gewesen, seit Mönche eines Höhlenklosters nahe Emesa im Februar des Jahres 453 einen Schädel entdeckt hatten, der ihnen als der des Täufers Johannes galt und bald darauf in die Hauptkirche der Stadt umgebettet wurde. Als der byzantinische Kaiser Nikephoros II. Phokas (reg. 963–969) kurzfristig Emesa einnahm (969), wurde das Haupt des Täufers nach Konstantinopel überführt. Zweimal noch (983 und 999) brannten byzantinische Truppen die Stadt nieder, da sie sich gegen die Moslems nicht halten konnten, und spätestens in dieser Zeit müssen die letzten antiken Monumente untergegangen sein.

In islamischer Zeit stand Homs (auch Hims; beides korrumpierte Namensformen von Emesa) stets im Schatten des nahen Damaskus. Besondere Erwähnung verdienen aber die Aufstände gegen Mohammed Ali in der Zeit der ägyptischen Besetzung (1831–1840) unter Ibrahim Pascha (s. S. 108). Im Oktober 1918 wurde Homs von britischen Truppen eingenommen.

Byzantinische Wandmalerei des 12. Jh. in der Kirche des Hl. Elian von Homs

Ca. 500 m nordöstlich der **Zitadelle** (heute miltärisches Sperrgebiet), im Altstadtviertel gelegen, blieb die mit Fresken geschmückte Apsispartie der byzantinischen **Kirche des Hl. Elian** erhalten. Heute ist der historische Baukern in eine neuzeitliche Kirchenarchitektur eingebunden. Die moderne Basilika wurde 1973 von zwei rumänischen Malern mit einem Freskenzyklus zur Vita des Hl. ELIAN ausgestattet. ELIAN erlitt 284, gebilligt vom eigenen Vater, das Martyrium in Verteidigung seines christlichen Glaubens. Die Erinnerung an den Arzt und Wunderheiler aus Emesa hatte jedoch stets nur regionale Bedeutung.

Die **Qanise Umm az-Zunnar** (›Kirche der Mutter des Gürtels‹), ebenfalls ein moderner Bau (aber möglicherweise auf byzantinischen Fundamenten), dient der syrisch-katholischen Kirche als Gotteshaus, wird aber wegen seiner besonderen Reliquie auch von Gläubigen anderer orientalisch-christlicher Bekenntnisse (s. S. 26) aufgesucht. Unter dem Altar kam bei Restaurierungen ein Behälter mit den Resten eines Gürtels zutage, der einmal der Jungfrau Maria gehört haben soll. »Er ist 74 cm lang, 5 cm breit und 2 cm dick, hat beige Farbe und besteht aus Woll- und Goldfäden« (Nassibe SALIBY). Der Legende nach soll dieser Gürtel nach Mariae Begräbnis dem Hl. THOMAS übergeben worden sein.

Kunsthistorisch bedeutsamer ist die **Kirche des Hl. Stephan** in al-Khurfa, dem ältesten Stadtteil von Homs (ganz im Osten), denn die Apsis des unscheinbaren Baus trägt Fresken aus dem 11. und 12. Jh.

Leider nicht zugänglich sind die 1957 100 m südlich der Stephanskirche bei Grabungen angeschnittenen frühchristlichen **Katakomben.** Sie wurden zwischen dem 3. und 7. Jh. in den gelben, widerstandsfähigen Kalkstein (als Qadan bekannt) von Homs geschlagen, und zwar ca. 3 m tief unter dem heutigen Bodenniveau. Die Hypogäen, Stollengräber und Ossuarien waren durch Gänge verbunden; zur Ausschmückung gehörten Fresken und Mosaiken. Die Ausdehnung des unterirdischen Friedhofs ist noch unbekannt.

Das bedeutendste islamische Denkmal der Stadt ist, ca. 750 m nördlich des Zentrums, die **Moschee des Khalid Ibn al-Walid,** erbaut 1908–13. Sie ersetzt einen älteren, in ayyubidischer Zeit entstandenen Sakralkomplex, bestehend aus einem Bethaus und dem Mausoleum des berühmten frühislamischen Heerführers (s. S. 87) – der nach anderer islamischer Tradition aber in Medina bestattet sein soll. Die monumentale Zentralkomposition steht in der Tradition des spätosmanischen, stark europäisierten (Durchfensterung) Kuppelbaus. Der vollständig weiß gehaltene Innenraum wird von silbrig leuchtenden Kuppeln überdacht, deren mittlere 30 m hoch aufsteigt. Höher noch ragen die sechskantigen Minarett-›Bleistifte‹ empor. Dennoch wirkt die Moschee nicht als osmanischer Fremdkörper: In ihrer Fassade (Vorhalle) wie auch auf dem Hofboden hält sie sich landesbewußt an den Ablaq, den typisch syrischen Steinwechsel.

Homs gilt seinen Besuchern zumeist nur als Durchgangsstation. Wer sich die Zeit nimmt, die moslemische Stadt gründlicher zu

Die Moschee des Khalid Ibn al-Walid, ein Bau des frühen 20. Jh.

erkunden, kann am Orontes die Räder einer mamlukischen (Tahun as-Saba; 1421) und einer osmanischen **Wassermühle** (Tahun al-Khusuba; 1567) entdecken, dazu in der Stadt selbst **Karawansereien** (z. B. Khan al-Kharir) und **Bädern** (z. B. Hammam al-Uthman) nachforschen, mit denen die einst ummauerte moslemische Handelsstadt reich ausgestattet war. Die **Nuri-Moschee,** eine typische Pfeilerhallenanlage mit Hof, nimmt im Zentrum der Stadt wahrscheinlich den Platz des ehemaligen Sonnentempels (s. o.) ein.

Hama

Wegweiser: 46 km nördlich von Homs

In den Reisebeschreibungen aus dem 19. und 20. Jh. werden vor allem zwei Aspekte herausgestellt: das Pittoreske und die Rückständigkeit von Hama. Bis heute ist die zu beiden Seiten des Orontes gelegene Stadt bekannt wegen ihrer malerischen Wasserräder, welche die nahe Steppe bewässerten und in fruchtbares Ackerland verwandelten, und wegen der Stadtpaläste, die sie als ehemalige Hochburg hoher Provinzbeamten und Feudalherren auszeichnen. Andererseits besaß Hama auch nach dem Zweiten Weltkrieg als einzige Großstadt in Syrien noch keine zentrale Wasserversorgung; das Trinkwasser mußte aus über 2000 Hausbrunnen geschöpft werden. Zwar hat die Stadt mit ihren knapp 300 000 Einwohnern als Indu-

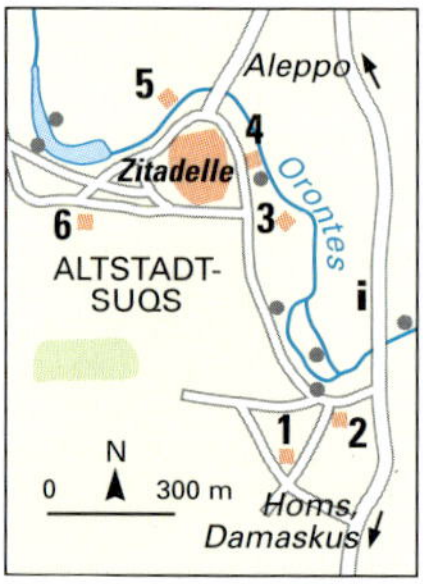

Planskizze des wichtigsten Sehenswürdigkeiten von Hama:
1 Khan Asad Pascha
2 Khan Rüstem Pascha
3 Azem-Palast (Museum)
4 Nuri-Moschee
5 Hayat-Moschee
6 Neue Freitagsmoschee
● Nauras am Orontes

striestandort (Stahl, Zement, Textilien) zuletzt an Bedeutung gewonnen, doch gilt sie weiterhin als eine besonders konservative Provinzstadt und als Hochburg des islamischen Fundamentalismus.

Im Stadtgebiet umschließt der Orontes in einer weiten Kurve den Tell der Altstadt. Dänische Archäologen haben bei den Ausgrabungen auf der späteren **Zitadelle** elf Schichten freigelegt, die vom Neolithikum (5. Jt. v. Chr.) bis in die islamische Zeit reichen, wobei die Eisenzeit am besten repräsentiert ist. Der Prophet Amos nennt das eisenzeitliche Hamath eine »große Stadt« (6, 2), von dessen König Toi bereits David Geschenke empfing (2. Samuel 8, 9). Salomon, der Hamath eroberte, garnisonierte die Stadt offenbar und legte hier ein Vorratslager an (2. Chronik 8,4). Nachdem Hamath sich von der hebräischen Oberhoheit befreien konnte, avancierte der aramäische Stadtstaat zu einem politischen Faktor in Zentralsyrien. An der Seite des Damaszeners Ben Hadad II. kämpfte Irhuleni, der König von Hamath, mit 700 Streitwagen, 700 Reitern und 10 000 Mann Fußvolk im Jahr 853 v. Chr. bei Qarqar gegen die Assyrer unter Salmanassar III. (s. S. 54). Später wurde aber auch Hamath Assyrien gegenüber tributpflichtig. Nach Revolten gegen Tiglatpilesar III. (740 v. Chr.) und Sargon II. (720 v. Chr.) litt die Stadt unter der gefürchteten assyrischen Härte; Hamaths Bewohner wurden nach Samaria ausgesiedelt. Der biblischen Nachricht (2. Könige 17,24) entspricht der archäologische Befund: Die Stätte lag nach der Zwangsdeportation mehr als ein halbes Jahrtausend verödet.

Der Seleukide Antiochos IV. Epiphanes (reg. 175–164 v. Chr.) gründete Hamath an alter Stelle neu, d. h. auf dem eisenzeitlichen Tell im Orontes-Bogen: Epiphaneia hieß die Ortschaft ihm zu Ehren nun offiziell, doch blieb der alte Name offenbar weiterhin gebräuchlich. Eine Stadt im eigentlichen Sinn war das hellenistische Epiphaneia nach dem Urteil der dänischen Ausgräber übrigens nicht, vielmehr ein wohlhabender Handelsstützpunkt (große Häuser, gerade Straßen, gute Wasserversorgung, alexandrinische und rhodische Importkeramik), bewohnt von nur wenigen hundert Menschen. Die griechische Akkulturation blieb äußerlich; »nicht einmal die Götter waren hellenisiert« (Carl Schneider).

Erst in römischer Zeit dehnte sich Epiphaneia vom Tell in die Ebene aus. Aus Inschriften des 5./6. Jh. wissen wir, daß die Stadt einen römischen Tempel besaß, der nach dem theodosianischen Edikt (391) in eine Kirche umgewandelt wurde. Aus einer anderen, der Gottesgebärerin (Theotokos) Maria geweihten Kirche ging nach der arabischen Eroberung – 636/37 unter Abu Ubayda – im Westen der Zitadelle die Freitagsmoschee der Stadt (s. u.) hervor.

Militärisch blieb das islamisierte Epiphaneia, nun Hama genannt, nach dem Ende der byzantinischen Vorstöße (um 1000 n. Chr.) weithin unbehelligt; die christlichen Kreuzritter erreichten die von ihnen La Chamelle genannte Stadt nie. Indessen hatte sie unter den dynastischen Wirren der Zeit zu leiden (s. S. 96). Besser wurde es erst unter dem Zengiden Nur ad-Din, und das Jahr 1178, als Saladin die

Stadt gewann und seinem Neffen AL-MUZAFFAR zur Verwaltung übergab, gilt als Beginn einer Blütezeit. MUZAFFARS Nachfahren herrschten bis in mamlukische Zeit über Hama. 1298 endete ihre Hauptlinie, aber der Neffe des letzten Fürsten, der Historiker ABU AL-FIDA (1273–1331), regierte die Stadt nochmals, ab 1310 als Statthalter, ab 1320 als Sultan. In der osmanischen Zeit war Hama 1720–1742 Sitz des Gouverneurs ASAD AL-AZEM (s. auch S. 152).

Ein Gang durch die islamische **Altstadt** mit ihren Suqs erschließt, auch wenn große Bauwerke fehlen, die traditionelle Lebendigkeit des orientalischen Basars. Das Flanieren, das auch den Besuch des jüngst restaurierten osmanischen **Rüstem Pascha Khan** von 1556 mit großem Hof und Moschee einschließen könnte, endet am Ufer des Orontes (arab. Nahr al-Asi).

Hier sind die berühmten **Nauras** (auch Norias) zu sehen – riesige Wasserräder (bis 21 m Durchmesser), angetrieben von der Strömung des Orontes. Das Wasserrad bei der Nuri-Moschee (s. u.) im Norden von Hama soll über 600 Jahre alt sein, andere Nauras datieren ins 16. und 17. Jh. Im Zeitalter tuckernder Motorpumpen sank freilich auch im traditionsbewußten Hama die praktische Bedeutung der hölzernen Prachtstücke; der nostalgische Reiz der technischen Denkmäler ist indessen ungebrochen, und am Stadtpark hat man einige verfallende Nauras als touristische Attraktionen restauriert.

Vorbei an den ächzenden Schöpfrädern, auf deren rutschigem Holz die männliche Stadtjugend ihr Balancevermögen zu demon-

Nauras am Orontes in Hama. Der Schaufelkranz hebt das Flußwasser und leitet es über Aquädukte auf die höher gelegenen Felder. Die arabische Bezeichnung Naura bedeutet soviel wie ›die Grunzende‹ und spielt an auf das Knarren der holzgelagerten Radachsen. Wohl aus altmesopotamischen Hebewerken hervorgegangen, sind Nauras in Syrien durch Mosaiken aus Hama und Apameia seit spätrömischer Zeit belegt.

strieren liebt, führt unser Spaziergang zwischen zum Teil verfallenen historischen Hofhäusern zum **Azem-Palast,** der zu den besterhaltenen Wohnkomplexen der osmanischen Zeit überhaupt gehört. Nachdem das Obergeschoß des Baus 1982 durch Bombensplitter und Gewehrsalven Schaden nahm (s. S. 111), wurde eine Generalrenovierung eingeleitet; Teile der Museumsexponate sind zur Zeit in Depots ausgelagert; sie sollen in einem neuen Archäologischen Museum zusammengefaßt werden.

Detail des großen Musikantinnen-Mosaiks im Museum von Hama

Der Bauherr ASAD AL-AZEM, 1705 in Maarrat an-Numan (s. S. 205) als Sohn einer bedeutenden Beamtenfamilie geboren, sammelte als Statthalter in Hama, Damaskus, Aleppo wie auch in Ägypten Erfahrungen und ist uns schon in Damaskus als großzügiger Bauherr aufgefallen (s. S. 152). Unglücklich war allerdings des Paschas Ende: 1757 wurde er in Ankara ermordet.

Die zweigeschossige Anlage entwickelte sich in drei Etappen: Zwischen 1740 und 1743 entstand unter ASAD ein Privatpalais mit Gästezimmern; Ende des 18. Jh. erweiterte ASADS Neffe NASUH PASCHA AL-AZEM die Statthalterresidenz um einen kleinen nördlichen Trakt, den sogenannten Salamlik, der den Männern und Gästen zugewiesen war. Das ältere Areal wurde danach als Haramlik, als häuslich-privater Bereich, eine Domäne der Frauen und des Familienlebens. Das Bad zwischen beiden Trakten ist eine noch spätere Zufügung (ca. 1830), entstanden unter NASUHS Sohn.

Über einen mehrfach abgewinkelten Zugang erreichte der Besucher den begrünten Haupthof mit Wasserbassin, der im Süden von einem Iwan beherrscht wird. In seinem Schatten versammelte sich seit etwa 1790 der engere Familienkreis der AZEM. Auf der Ostseite führt eine Treppe zum Wohngeschoß oberhalb der Stall- und Magazinbauten. Wir erreichen dort einen zweiten Hof mit oktogonalem Becken, auf dessen Nordseite sich eine dreibogige Säulenvorhalle erhebt. Die zweigeschossige Fassade, auf die hin sich dieser Riwaq öffnet, gehört zu den Meisterwerken syrisch-osmanischer Dekoration. Das die Fenster und das Portal umspannende Schmuckfeld aus polychromen Steinflächen wird im zweiten Geschoß ergänzt durch die ornamentalen Gewände der Fensteröffnungen. Der anschließende quadratische Raum (Goldener Saal genannt) erinnert mit dem Wasserbecken im Zentrum an einen überkuppelten Hofraum, an dessen drei Seiten sich Iwane öffnen. Die Seitenräume sind höher gelegen und durch Gurtbögen vom Zentralraum getrennt. Im Mittelraum leiten Muqarnas-Gewölbe aus dem Grundrißquadrat in die steile Kuppelkonstruktion über. Die reiche Ausstattung der Seitenräume kulminiert im nördlichen Flügel, dessen Wände mit Fayencen und mehrfarbigen Steinplatten verkleidet wurden. Einzigartig sind die durch farbige Ornamentfelder geschmückten Holzdecken. Vom westlichen und östlichen Seitenraum führen Türen in zwei Nebenräume, die durch offene Kamine zu beheizen waren.

Vom Haupthof des Haramlik ist auf der Nordseite das schon erwähnte türkische Bad zu erreichen; es war auch vom anschließen-

Schmuckfenster am Azem-Palast von Hama. Die syrische Azem-Sippe nahm unter den Osmanen wesentliche politische Funktionen ein und baute sich prächtige Stadtresidenzen.

den kleineren Salamlik mit seinen zweigeschossigen Gästewohnungen zugänglich.

Das Palais Azem dient zur Zeit als **Museum,** zeigt allerdings, bedingt durch die Einschränkungen der Renovierung, nur noch eine bescheidene Sammlung von byzantinischen Gläsern und Keramik, dazu aber unter den Stallungsgewölben ein außerordentliches Kunstwerk: ein ca. 5,4 x 4,2 m messendes Bodenmosaik vom Ende des 4. Jh. Die ebenso qualitätvolle wie detailreiche Arbeit aus Maryamin, einem Dorf nahe Homs, stellt – außerhalb der sonst üblichen mythologischen Einbettung – Musikantinnen bei einem Fest dar und hat seine besondere Bedeutung für die Rekonstruktion antiker Musikinstrumente vielfach erwiesen.

Die im Norden des Palais Azem unmittelbar am Orontes unterhalb der Zitadelle gelegene **Nuri-Moschee** wurde unter Nur ad-Din 1162/63 errichtet und danach mehrfach aus- und umgebaut. Das mit Kalkstein und Basalt gebänderte Minarett ist allerdings der originalen Bauleistung zuzuordnen. Schade, daß der kunstfertig geschnitzte hölzerne Minbar des sonst schlicht gehaltenen Moscheeraums 1993 in ein Damaszener Museumsdepot überführt wurde!

Noch weiter nördlich liegt nahe am Orontes-Ufer in einem **Mausoleum** rechts vom Eingang zur **Hayat-Moschee** (Schlangen-Moschee; der Name erklärt sich aus der verschlungenen Fenster-Umbänderung) der große Abu al-Fida (s. o.) begraben.

Das einst bedeutendste Bauwerk Hamas, die nach dem Vorbild der Damaszener Omayyaden-Moschee während der ersten Hälfte des 8. Jh. unter Einbezug römischer Tempelmauern errichtete **Freitagsmoschee** mit drei Schiffen und fünf kreuzförmig angeordneten Kuppeln ging bei den bewaffneten Kämpfen von 1982 (s. o.) im Bombardement der syrischen Luftwaffe zugrunde. Sie galt dem Militär als Kommandozentrale der aufständischen Moslembrüder (s. S. 24). Auch das unmittelbar angrenzende, um 1300 entstandene Mausoleum des AL-MUZZAFAR (s. o.) nahm im Bomben- und Geschoßhagel schwersten Schaden.

Der 1996 unter Aufsicht der Antikenverwaltung abgeschlossene Wiederaufbau der Moschee, in Beton veranstaltet, hat die alte Aura nicht wiederherstellen können; die antike Bausubstanz und mit ihr der historische Fluidum sind unwiederbringlich verloren.

Die Wüstensteppe östlich von Hama

Qalaat ash-Shmamis

Wegweiser: Von Hama über Landstraße Nr. 45 südostwärts 30 km Richtung Salamiya bis zum Pistenabzweig nach Qalaat ash-Shmamis (bis dort noch 3 km); weitere 4 km bis Salamiya. Nun nordostwärts auf immer schlechter werdender Straße/Piste über as-Saan (45 km) nach Khirbet Isriya (90 km) und – definitiv nur noch mit geländegängigem Fahrzeug und Führer – nordwärts nach Khanazir (ca. 60 km). Zurück nach Isriya, im Dorf as-Saan nordwestwärts abzweigen nach Qasr Ibn Wardan (ca. 20 km). Von dort auf schlechter Piste weitere ca. 25 km bis Khirbet al-Anderine. Dann über Hamra und ›Bienenkorb‹-Dörfer wie Saruj nach Hama zurück (55 km).

Ca. 4 km vor Salamiya (wenn man von Hama her kommt) führt ein Feldweg nordwärts an den Fuß der Burganlage Qalaat ash-Shmamis (›Priesterburg‹) heran. Sie besetzt einen ca. 640 m hohen vulkanischen Bergkegel, dessen Spitze durch einen umlaufenden, knapp 5 m tiefen Grabeneinschnitt so gut wie unerreichbar wurde. Wir haben es also mit dem Typus der Zentralburg zu tun (s. S. 103). Die geringen Baureste der wohl schon im 12. Jh. entstandenen, 1231 aber vom ayyubidischen Herren über Hama, ASAD AD-DIN SHIRKOH, erneuerten Anlage bestehen aus Gußmauerwerk, das durch Basaltquader verschalt ist. Eindrucksvoll ist ein unabsehbar tiefer Schacht, der innerhalb der Burg mit ca. 5 m Durchmesser fast senkrecht in den Fels getrieben wurde. Er erinnert an das wehrtechnische Problem der Zentralburg: die Wasserversorgung. Denn es dürfte sich um einen Schacht hinunter zu einer Wasserader handeln, vergleichbar der berühmten Anlage im jordanischen Shobeq.

Qalaat ash-Shmamis

Salamiya

Das alte Salaminias, ein Streckenposten im spätantiken Straßennetz zwischen Emesa (Homs) und Seriana (Isriya; s. u.), hat in seinen Neubauten, die sich in ein städtisches Schachbrettraster fügen, eine große Anzahl spätantiker und byzantinischer Spolien aufgenommen. Seit Mitte/Ende des 19. Jh. ist der Ort (ca. 30 000 Einwohner) das wichtigste Zentrum der Ismailiten (s. S. 25) in Syrien. Die schiitische Sekte knüpfte bei dieser Neuansiedlung an eine abgerissene Tradition an – bereits im 9. Jh. war Salamiya eine Hochburg der Ismailiten gewesen. 1299, als die Mongolen hier das mamlukische Heer entscheidend besiegten – Auftakt zur Verheerung von Damaskus – erhielt Salamiya freilich den entscheidenden Schlag.

Isriya und Khanazir

Isriya (Esriye), das antike Seriana, markierte den Kreuzungspunkt der Straße von Resafa nach Salaminias bzw. Emesa (Homs) mit der von Chalkis (Qinnasrin) nach Palmyra. Von der antiken Siedlung steht allein der **Tempel** noch aufrecht, ein Pseudodipteros aus der ersten Hälfte des 3. Jh. n. Chr., ausgestattet mit dem typisch syrischen Aufgang zum Tempeldach. Die Dedikation des spätrömischen Tempels ist unbekannt.

Über einem im Osten völlig verschütteten Podium erhebt sich der mächtige Baukörper noch fast vollständig; lediglich die Dachkonstruktion ist eingestürzt. Die Seitenwände werden durch jeweils sechs und die Rückseite durch vier flache korinthische Pilaster gegliedert, auf der Portalseite erkennt man die Ansätze von Anten. Das hochrechteckige Portal hat zu Seiten des Türsturzes doppelte Volutenkonsolen, über denen eine reiche Gebälkzone erhalten blieb. Rechts hinter dem Portal führte eine Wendeltreppe auf das Tempeldach. Ein zweiter, abgewinkelter Zugang zur heute einteiligen Cella befindet sich auf der linken Seite hinter dem Portal.

Mit einem geländegängigen Fahrzeug und einem ortskundigen Führer lassen sich nördlich von Isriya auf der Wüstenpiste nach Aleppo, im Raum östlich des alten Chalkis (s. S. 208), noch die Ruinen beim Tscherkessen-Dorf **Khanazir** anfahren. Ca. 56 km von Isriya liegen in einer breiten Ebene, gesäumt von zwei nahezu parallelen Berglinien, die Ruinen des spätrömischen Forts Anasarthon (auch Anasartha), errichtet im logistischen Zusammenhang der weiter westlich verlaufenden Strata Diokletiana (s. S. 387). Die Zitadelle nimmt den Südwesten des Festungsrechtecks ein, dessen Mauerlauf sich noch verfolgen läßt. Aus dem Militärlager ging eine Siedlung hervor, die sechs Kirchen besaß, darunter eine inschriftlich auf 426 datierte Kirche des Hl. Thomas. Mehrere Brunnen mit gutem Wasser ermöglichten die Niederlassung.

»Das Zeugniss der Gegenwart für die einstige Bischofs- und Chalifen-Stadt besteht in der Hauptsache nur aus wüsten Haufen von Steinblöcken, spärlichem Gemäuer und hier und da aus einigen im Boden erkennbaren Häuserbasen.«
Eduard Sachau, 1883

Kirche und Palast von Qasr Ibn Wardan. Bereits durch das Baumaterial – z. T. Kapitelle aus Apameia – wird die Bedeutung des aufwendigen Architekturkomplexes ersichtlich. Darüber hinaus vermittelt die Farbkombination der verschiedenen Gesteinsarten den Eindruck einer höchst originellen Auffassung von konstruktiver Wandstruktur.

Qasr Ibn Wardan

Inmitten unwirtlicher Wüstensteppe liegt bei einem modernen Weiler das Ruinenfeld von Qasr Ibn Wardan. Die Bauwerke des frühbyzantinischen Stützpunktes gehören nach Ausführung und Erhaltungszustand zu den herausragenden Monumenten Syriens. Ein sakraler Zentralbau und ein Palast stehen weitgehend aufrecht; ein drittes Monument, als Kaserne zu deuten, ist dagegen fast vollständig abgetragen. Die heutige Benennung der Stätte geht nach der Vermutung Gernot Rotters auf einen Beduinenscheich zurück, »der sich erst in jüngerer historischer Zeit in ihren Ruinen häuslich niedergelassen hatte«. Der alte Name ist unbekannt.

Eine Inschrift über dem Hauptportal des Palastes nennt das Jahr 564, also das letzte volle Regierungsjahr Kaiser Justinians. Da die drei Bauwerke gleichartig konstruiert sind, kann diese Datierung auf die Kirche und die Kaserne übertragen werden.

Eine Besonderheit im syrischen Baubetrieb stellt der Gebrauch von so vielfältigen Materialien dar. So bestehen die Außenwände aus einem Mörtel- und Bruchsteinmauerwerk im Wechsel mit ungewöhnlich hohen Ziegelschichten, die Gewölbezonen ausschließlich aus Ziegelmauerwerk, die Fenstergewände aus Kalksteinblöcken, die Türrahmen aus dem örtlich anstehenden Basalt. Die Kalksteinkapitelle müssen nach ihrem Dekorationstypus Importstücke aus Apameia sein, die Herkunft des hellrosafarbenen Kalkstein-Konglomerats der Säulenbasen und -schäfte ist unbekannt.

Auf der gut erhaltenen Ostseite der **Kirche** setzen die weißen Fensterlaibungen einen Akzent in der schwarz-roten Wandgliederung.

Im Innenraum wurden die Farbwerte durch Marmorvertäfelung und farbige Säulen noch gesteigert. Der Bau besteht aus einem regelmäßigen, west-östlich orientiertem äußeren Mauerrechteck mit drei Zugängen im Westen, Süden und Norden, dem ein inneres Rechteck eingeschrieben ist, das über Eckpfeilern ein mittleres Quadrat von ca. 6,50 m Seitenlänge ausspart. Die Seiten dieses Zentralraums werden von hohen Gurtbögen überspannt, auf denen über einer durchfensterten Mauerzone die steil gebildete Kuppel aufsetzte. Im Osten öffnet sich der Zentralraum zur Apsis, die fast bis zum Scheitel der Gurtbögen hinaufgeführt ist. Der Westeingang der Kirche erschließt eine kreuzgratgewölbte Vorhalle, die sich auf der Nord- und Südseite des Zentralraumes in Seitenschiffen fortsetzt. Über Narthex und Seitenschiffen ziehen bzw. zogen sich Emporen hin, erreichbar über einen Treppenturm an der Nordwestecke.

Wie die Seitenschiffe öffnete sich das Emporengeschoß durch eingestellte Säulenarkaden zum Zentralraum hin; der Kuppelraum wurde also nach dem Vorbild der Hagia Sophia in Konstantinopel durch Schildwände als selbständiger Baukörper betont. Deutlich auch beherrscht der Zentralraum das fragmentarische Langhaus, das nur noch durch die Tonnengewölbe im Osten und Westen der Kuppel und die zweigeschossig durchfensterte Apsis in Erscheinung tritt.

Der **Palast** ist eine große quadratische Anlage; »zweigeschossige Pfeilerbauten begrenzten im Westen und Osten einen Hof, an dem im Norden einschiffige Bauwerke mit einem doppelten Portal lagen. Der besonders gut erhaltene südliche Teil zeigt zwei sich kreuzende apsidiale Räume, die zweigeschossig angelegt und wohl von einer Kuppel überdacht waren« (Horst Klengel).

Die Monumente von Qasr Ibn Wardan sind im Zusammenhang zu sehen mit den neuen Grenzsicherungsmaßnahmen in Syrien zur Zeit Kaiser Justinians. Zugrunde lag ihnen die schmerzliche Erfahrung des Sassaniden-Einfalls von 540. Die diokletianische Staffelung des Limes konnte offenbar nicht mehr gehalten werden, eine neue Festungskette sollte die Perser am Wüstensaum zurückhalten.

Das Bergland westlich von Hama

Deir as-Soleib

Wegweiser: Von Hama die Straße Nr. 35 nach Masyaf (s. S. 238) einschlagen. Nach 20 km links ab zum ca. 4 km entfernten Dorf Deir as-Soleib. Die Hauptkirche liegt 1 km vor dem Dorf zur Linken, die zweite Kirche ca. 1,5 km südöstlich des Dorfes. Zurück zur Hauptstraße und weiter nach Masyaf; von dort kurz südwärts nach Ain al-Beida und auf Straße Nr. 34 weiter Richtung Wadi al-Uyun, dann aber links nach Hosn Soleiman (insgesamt ca. 45 km von Deir as-Soleib). Zurück nach Masyaf und Richtung Hama. Ca. 7 km nach Masyaf links/nordwärts abzweigen und über Tell Salhab (17 km) – hier ostwärts abzweigend – bis Muharda (20 km). Von dort noch 5 km bis Sheizar. Zurück über Muharda nach Hama (30 km). Wer Apameia in die Tour einbinden will, fährt von Salhab nordwärts über Suqaylabiya nach Qalaat al-Mudiq (ca. 16 km) und über Suqaylabiya und Sheizar nach Hama zurück; in diesem Fall früh aufbrechen!

Die dreischiffige **Säulenbasilika** von Deir as-Soleib aus dem 6. Jh. gehört zu den besterhaltenen Sakralbauten im Einflußbereich Apameias (s. u.). Das ungewöhnlich breite Mittelschiff und die schmalen Seitenschiffe bilden einen fast quadratischen Grundriß. Die vollständig erhaltene Apsis mit drei hohen Fensteröffnungen springt deutlich aus der Ostwand hervor. Die Seitenschiffe besaßen ebenso wie die westliche Vorhalle Emporengeschosse, der südliche Annexraum der Vorhalle diente als **Baptisterium.** Vervollständigt wird der Komplex durch ein westliches Atrium (30 x 26 m) und einen südlich gelegenen Portikus sowie – südwestlich der Basilika – durch drei aus dem Fels gearbeitete **Arkosol-Gräber** mit monolithen Sarkophagen.

Etwa 30 Min. Fußweg östlich von Deir as-Soleib finden sich die Ruinen einer dreischiffigen **Weitarkaden-Basilika** mit halbrunder, außen vieleckig gebrochener und dreifach durchfensterter Apsis. Eine Inschrift nennt als Baudatum das Jahr 604/605. Die Kirche ist also kurz vor dem verheerenden Perser-Einfall entstanden.

Hosn Soleiman (Baitokaike)

30 km südwestlich von Masyaf liegt abgeschieden das auf drei Seiten von Hängen umgebene Ruinengelände von Hosn Soleiman (›Burg des Salomo‹). Ross Burns spricht vom »Nebeneinander des Gigantischen und des Ästhetischen«, das den Reiz der Stätte ausmache.

In persischer Zeit war der abgelegene Landstrich als Meschta bekannt (ein Weiler in der Nähe heißt bis heute so), die seleukidische Antike kannte den Ort, das »heilige Dorf«, wie er in einer Inschrift heißt, als Baitokaike. Der **große Tempel** von Hosn Soleiman zeigt verwandte Züge mit dem Quellheiligtum von Amrit (s. S. 228), aber auch mit dem Baal-Tempel von Palmyra (s. S. 366). Inschriften sichern Baudaten zwischen 132 und 255 n. Chr., und man darf von der Monumentalisierung einer älteren Anlage in severischer Zeit ausgehen. Die Geschichte des Kultplatzes reicht jedoch bis in die persische Ära zurück – möglicherweise sogar bis in phönikische Zeit (Baal- oder Astarte-Heiligtum?). Seine Bedeutung verlor Baitokaike erst im vierten nachchristlichen Jahrhundert; unter den Römern hatte der Platz bis dahin Steuerfreiheit genossen.

Die antiken Bauwerke gehören zu zwei Tempelbezirken, deren größerer ein Mauerrechteck von 134 x 85 m bildet und dem Zeus bzw. dem Jupiter geweiht war. Auf jeder der vier Seiten der eindrucksvollen **Temenos-Mauer** ermöglicht ein Tor den Zugang. Das von Ost nach West hin abfallende Gelände wurde durch eine Abstufung der schmaleren Nord- und Südmauern ausgeglichen, die Mauern auf den Längsseiten verliefen geradlinig. Die Steinquader erreichten mit über 10 m Länge und 2,60 m Höhe z. T. zyklopische Ausmaße – Baitokaike entspricht damit einer Repräsentationstendenz, die im 1. Jh. einsetzte und in Baalbek ihren Höhepunkt fand.

West- und Osttor zeigen auf der Außenseite Ädikulen zu Seiten eines hochrechteckigen Eingangs. Die Gebälkzone über dem Portal wird von zwei skulptierten Viktorien auf Kugeln getragen, über der Mitte des Türsturzes sieht man die Büste eines bärtigen Mannes. Auf der Innenseite der Tür sind es Jünglinge, die das Gebälk ›tragen‹, dazu kommt ein Löwenkopf in der Mitte. In die Unterseite des Türsturzes ist ein großes Reliefbild eingeschnitten: Ein Adler mit ausgespannten Flügeln hält ein Kerykelion (Flügelstab des Hermes) in seinen Krallen und mit seinem Schnabel eine Girlande, die an beiden Seiten von Jünglingen gehalten wird.

Der **nördliche Zugang** ist bereits durch seine drei Tore als Hauptportal ausgezeichnet. Zwischen monumentalem Mitteltor und seitlichen Türen vermitteln zwei Rundnischen über Postamenten. Eine jeweils achtsäulige Vorhalle von 15 m Breite war den drei Toren auf der Außen- wie auf der Innenseite vorgelagert, eine Giebelarchitektur verband die beiden Frontseiten zu einem einheitlichen Torbau. An den beiden **Ecken der Nordmauer** finden wir zwei Reliefs, auf denen zum Propylon ausgerichtete Löwen dargestellt sind.

Im Mittelpunkt des Heiligen Bezirks ist der **Podiumtempel** mit mehrfach gestuftem nördlichen Treppenaufgang unmittelbar auf das Propylon ausgerichtet. Er zeigt die Form eines Pseudoperipteros, d. h. der Säulenumgang der Cella ist auf Halbsäulen reduziert, die im Mauerverband die Cella-Wände gliedern. Nur die zwei Joche tiefe nördliche Vorhalle besteht aus Vollsäulen, sechs an der Zahl. Die glatten Säulenschäfte bieten attische Basen und ionische Kapitelle.

Der große Tempel von Hosn Soleiman war dem Zeus bzw. dem Jupiter geweiht.

Im Mauerverband der westlichen Cella-Wand führte eine Treppe zur Tempelterrasse hinauf. Ein quadratisches Fenster auf der Ostseite des Podiums verweist auf eine unterhalb der Cella gelegene Krypta. Eine Besonderheit bildet der gestreckte Treppenaufgang, in den ein Brandopferaltar integriert war. Ein zweiter Altar befand sich östlich des Tempels.

Im Norden des Zeus-Tempels, jenseits des Makadams, liegt ein kleinerer, fast quadratischer, wesentlich schlechter erhaltener **zweiter Mauerbezirk** von etwa 60 m Seitenlänge mit südlichem Zugang. Der lokale Name ad-Deir (›das Kloster‹) erinnert an seine christliche Funktion seit dem 4. Jh., wie sie auch die überwachsenen Reste einer **Basilika** im Norden bezeugen. Die Südostecke der Ummauerung ist identisch mit einem kleinen **Tempel** mit zwei ionischen Säulen zwischen den Anten (die Rückwand wurde bei dem Bau der christlichen Basilika abgerissen, die Anten und das profilierte Mittelportal mitsamt einem Adlerrelief blieben erhalten). Die Nordmauer des Tempelbezirks durchbricht eine **Exedra,** die eine prostyle Vorhalle besaß. Einst wohl aufwendig dekoriert – nur das tragende Quadermauerwerk hat sich erhalten –, erinnert der Bau in seiner Anlage an ein Nymphäum, doch ist in der Nähe keine Quelle zu erkennen.

Qalaat Sheizar

»Von oben sieht man aus Schwindel erregender Höhe an den senkrecht abfallenden Felswänden auf das enge, wild romantische Strombett hinab, durch welches der Orontes, über zahlreiche, ungestaltige Blöcke hinweg hüpfend, brausend seinen Weg nimmt.«
Eduard Sachau, 1883

Die Burg von Sheizar auf der Westseite des Orontes-Tals über dem gleichnamigen Dorf (Anbau von Hanf, Baumwolle; die Felder wurden noch vor 20 Jahren ausschließlich mit Nauras berieselt) war einer der wichtigsten Offensivstützpunkte bei der moslemischen Rückeroberung des Küstengebietes und blieb trotz mehrfacher Belagerungen durch die Franken (aber auch durch die Ismailiten) stets in islamischem Besitz. Die Festung diente seit 1081 als Sitz der sunnitischen Munqidh, einer bedeutenden arabischen Familie, deren berühmtester Angehöriger, Usama Ibn Munqidh (1095–1188), aufschlußreiche Memoiren aus der Kampfzeit mit den Kreuzrittern verfaßt hat. Usama gilt als »Prototyp eines arabischen Burgherrn, der sich in seinem ritterlichen Habitus nur wenig von den fränkischen Baronen unterschied« (Heinz Halm).

Sheizar ist eine alte Siedlung. Schon die Amarna-Briefe erwähnen die Ortslage; der alte Name war wahrscheinlich Zinzar oder Sinzaru. Als Larissa Sizara wurde der Ort, darin vergleichbar Ephiphaneia/Hamath (s. S. 182), in hellenistischer Zeit neubesiedelt, wahrscheinlich bald nach dem Alexanderzug. Wenn Diodors Nachricht zutrifft, daß die Neubewohner Veteranen aus Thessalien waren, die sich auf die Pferdezucht verstanden, dürfte hier jenes Kavallerieregiment eine Bleibe gefunden haben, das sich in der Schlacht von Issos auszeichnen konnte und später den Parmenion nach Damaskus begleitete (s. S. 60). Seleukos I., dem die Neugründung von Larissa Sizara meist zugeschrieben wird, hatte dagegen keinen Zugriff mehr auf Soldaten

Die Festung Qalaat Sheizar über der Orontes-Schlucht

aus Thessalien. Über die von Larissa beherrschte Orontes-Furt zog 221 v. Chr. Antiochos III. mit seinem Heer in die – heute libanesische – Beqaa-Ebene. Um das Jahr 142 v. Chr. empörte sich die damals offenbar erstarkte Stadt gegen das dominierende Apameia. Poseidonios, der uns davon berichtet, macht sich lustig über die altväterlich-behäbige Weise, in der die Apamäer, nachdem sie ihre schartigen Schwerter ergriffen und ihre rostigen Helme aufgesetzt hatten, in den Krieg zogen, nämlich wie bei einer Prozession, in der Nachhut Esel, die nicht nur Nahrungsmittel, sondern auch Wein und Musikinstrumente trugen. Schließlich wollte man es vor und nach der Schlacht behaglich haben…

Die Bergstadt wechselte noch einmal den Namen: Cesara hieß sie in römischer Zeit. Auch in byzantinischer und frühislamischer Zeit blieb der Platz befestigt. Als Kaiser Basilios im Jahr 999 den Orontes aufwärts zog, plünderte er die jetzt Sheizar genannte Burg, in der damals fatimidische Truppen einquartiert waren. Die Kreuzritter sahen sich später gezwungen, zur Beobachtung von Sheizar – sie nannten es Le Grand Césaire – auf der gegenüberliegenden Seite der Ebene zwei Stützpunkte zu errichten: Qalaat Abu Qubeis und Qalaat al-Mehelbe. Doch als Tankred 1108 und 1110 von dort gegen Sheizar zog, scheiterte er ebenso wie jene byzantinische Truppen, die den Sturm 1134 und nochmals 1138 unternahmen. Das heutige Festungswerk, unter den Ayyubiden entstanden nach dem schweren Erdbeben von 1157, nutzt einen natürlichen Felsrücken von etwa 300 m Länge. Wie in Qalaat Saladin (s. S. 241) wird das Burgareal durch einen künstlichen **Halsgraben** vom Felsrücken abgetrennt. Sheizar gehört also zum Typus der Bergrückenburg.

Der monumentale **Donjon** erhebt sich unmittelbar über dem Grabeneinschnitt auf der Burgseite. Nach einer Inschrift datiert der Wehrturm in das Jahr 1233. Das Mauerwerk besteht aus bossierten

Steinquadern mit Randschlag und wiederverwendeten Säulentrommeln. Der Donjon besitzt in zwei Geschossen gewaltige Säle, die durch jeweils zwei Pfeiler in drei Schiffe geteilt werden. Ein stark befestigtes Treppenhaus führte hinauf bis zu einer Terrasse, von der aus die Grabenfront zu verteidigen war. Ein Kellergeschoß mit Tonnengewölben diente als Zisterne oder Magazin.

Außer dem Donjon hat sich allein die nördliche **Toranlage** gut erhalten. Eine mehrbogige, aufsteigende Steinbrücke führt zu dem Torturm, der in den gewaltigen Quaderhang an der Nordflanke der Festung eingebunden ist. Er datiert in die Mamluken-Zeit (1290) und wurde nach der schmerzlichen Erfahrung des ersten Mongolen-Einfalls errichtet. Überhaupt taten die Mamluken Baibars und Qalawun manches für die Wiederherstellung der Burg.

Zwischen Donjon und Tor erstreckt sich das weitläufige, von zahlreichen Ruinen übersäte **Burgareal.** Seit Ende des 16. Jh., als die Osmanen die Festung aufgaben, bis 1965, als die syrische Antikenverwaltung das Gelände freistellte, siedelten hier Dörfler aus dem ›unteren‹ Sheizar; die 400 Jahre steten Abtragens und Umschichtens machen den Bestand für den Kurzzeitbesucher unentzifferbar.

Apameia (Qalaat al-Mudiq)

Wegweiser: Von Hama über die Ortschaften Muharda, Sheizar und Suqaylabiya nach Qalaat al-Mudiq, insgesamt 55 km. Man kann den Besuch auch einbinden in die Tour zu den Stätten westlich von Hama (s. S. 190). Die Straße nach Huarte beginnt am Nordwesteck des Stadtmauerzugs von Apameia und führt am Ostsaum des Ghab-Grabens nach Norden; noch 14 km.

Funde aus dem mittleren Paläolithikum (50 000 v. Chr.) am Ostabhang der Hochebene von Apameia dokumentieren die frühe Anwesenheit des Menschen im Orontes-Becken, Siedlungsspuren aus dem 4. Jt. wurden an den Süd- und Südosthängen der Akropolis entdeckt. Die Gunst des Lebensraumes von Apameia bewog also nicht erst die Seleukiden, hier eine Niederlassung zu gründen.

In keilschriftlichen Dokumenten des 2. Jt. v. Chr. wird eine Stadt Nija erwähnt, die auf dem Tell oder dem Territorium des späteren Apameia gelegen haben dürfte, und Irhuleni, der König von Hamath (s. S. 182), gründete hier noch vor der Mitte des 9. Jh. v. Chr. eine städtische Dependance. Als Alexander d. Gr. in den Nahen Osten marschierte, hieß die Ortschaft Pharnake; der Eroberer ließ sie nach seiner Geburtsstadt in Pella umbenennen und stationierte hier eine makedonische Garnison, griff aber in die städtische Architektur nicht ein. Erst die Ausweitung des Stadtareals von der Zitadelle auf die Hochebene unter Seleukos Nikator (s. S. 60f) markiert den Beginn der Blütezeit des Ortes. Bei dessen Staatsgründung vollzog sich die Inbesitznahme des Landes nach altgriechischer Tradition durch die Gründung von Poleis als Zentren der Kolonialisierung. Dabei wurden bestehende Städte umbenannt und umgewandelt, aber auch ganze Städte neu errichtet. Was Seleukos vorschwebte, war die Schaffung eines zweiten Makedonien auf syrischem Boden.

Zusammen mit den Schwesterstädten Antiocheia, Seleukeia und Laodikeia (s. S. 212) konstituierte Apameia das urbane Gerüst einer verhältnismäßig kleinen Landschaft zwischen Mittelmeer und Orontes-Ebene, die zum Zentrum des größten Diadochen-Staates wurde. Die Benennung der Städte spiegelt den dynastischen Gedanken wieder: Antiocheia verweist auf Seleukos' Vater, Seleukeia auf den Dynasten selbst, Laodikeia auf seine Mutter, während der Name Apameia an Apama erinnert, jene baktrische Prinzessin, die Seleukos, gedrängt von Alexander d. Gr., 324 v. Chr. anläßlich der ›Massenhochzeit‹ von Susa zur Frau nahm.

Die vier Gründungsstädte des Seleukos sind nicht nur unter einem Herrscher, sondern auch in einem Abstand von nur wenigen Jahren um 300 v. Chr. entstanden. Keine von ihnen besaß eine bedeutende Vorgängersiedlung, alle jedoch weisen bestimmte Gemeinsamkeiten auf. Was liegt näher, als hier einen Idealplan anzunehmen, der – den natürlichen Verhältnissen angepaßt – verwirklicht wurde. Einigkeit herrscht in der Forschung über die äußere Struktur der Städte. Die der Geländekontur angeglichene, also nicht geometrisch konstruierte Stadtmauer wurde durch eine Akropolis in exponierter Lage unterbrochen. Repräsentierte das Stadtareal die Polis, so war die Burg Ausdruck der Monarchie. Diese Gegenüberstellung von gemeinsamer und selbständiger Verteidigung charakterisiert auch die Stadtpläne von Dura-Europos, des hellenistischen Beroia (Aleppo) oder von Kyrrhos. Seleukidisches Prinzip war ferner die Anlage eines regelmäßigen Straßenrasters mit genormter Insula-Größe (wie in Laodikeia liegen auch in Apameia die Insulae mit ihrer Längsseite an der Säulenstraße) und einer Säulenstraße als städtebauliches Zentrum (s. S 65; 77). Die Monumentalisierung insbesondere der Straßenachsen durch Säulenhallen datiert in das 2. (Wiederaufbau nach dem Erdbeben von 115) und 3. Jh., also in römische Zeit. Weitere Veränderungen erfolgten im 6. Jh. unter Justinian.

Die topographischen Vorteile Apameias beruhten nicht allein auf der exponierten Lage der Akropolis, sondern ebenso auf der Frucht-

Die fruchtbare Landschaft des Ghab-Grabens bei Apameia wird heute zur Rinderzucht genutzt. In der Antike beruhte auf ihr der Wohlstand der Stadt.

barkeit des zugehörigen Umlandes. Die reichen Erträge der Orontes-Ebene (Ghab-Graben; bis Mitte des 20. Jh. versumpft, inzwischen durch Kanalisierung wieder urbar) vermochten sogar das ungeheure Kontingent an Reittieren – STRABO erwähnt 500 indische Kriegselefanten, 30 000 Stuten und 300 Hengste in den den Stallungen der Stadt – zu verpflegen. »Hier wurden die Pferde der seleukidischen Kavallerie eingeritten« (Carl SCHNEIDER).

Die Stadt besaß eine Kriegsschule und fungierte innerhalb der Tetrapolis als Zentrale der seleukidischen Landstreitkräfte; zeitweise war hier auch der Staatsschatz deponiert. Als Militärzentrum bot sich die Stadt für den Friedensschluß des Jahres 188 v. Chr. an: Damals mußte der Seleukide ANTIOCHOS III. nach den verheerenden Niederlagen bei den Thermopylen (191) und bei Magnesia (190/189) auf Kleinasien nördlich des Taurus verzichten.

Die Bedeutung der Stadt sank auch nicht mit der römischen Eroberung 64 v. Chr., als der Triumvir POMPEIUS Apameia einnahm und die Mauern der Zitadelle schleifte. Die Stadt gehörte nun zur römischen Provincia Syria und teilte ihr Geschick.

Bis zur arabischen Eroberung blieb Apameia militärischer Stützpunkt und wichtige Station im Wegenetz der Antike. KLEOPATRA, SEPTIMIUS SEVERUS UND CARACALLA (der sie ohne Nachhall in Antinoupolis umbenannte) weilten in den Mauern der Stadt, und der zweiten parthischen Legion diente Apameia zeitweise als Winterquartier. Übrigens war es diese Legion, die Ende Mai 218 in Apameia den nicht einmal zehnjährigen DIADUMENIANUS zum Gegenkaiser ausrief. Im Jahr 256 besetzte der Sassanide SCHAHPUR I. kurzzeitig die Stadt.

Das Christentum mußte sich im 4. Jh. gegen die neuplatonische Schule des IAMBLICHOS (ca. 250–ca. 325) durchsetzen, dessen mystisch-magische, von östlichen Erlösungslehren bestimmte Auffassungen auch Kaiser JULIAN beeinflußten, den ›letzten Heiden auf dem Thron‹. Seit 413 als Bischofssitz nachgewiesen, entwickelte sich Apameia während des 5. Jh. zu einem Zentrum der monophysitischen Kirche, deren Auffassungen 451 in Konstantinopel als Irrlehre verurteilt wurden, in Apameia aber maßgebend blieben. Seit dem 4. Jh. waren an die Stelle der Tempel Kirchenbauten von bedeutender Zahl und Größe getreten. Im frühen 5. Jh. stieg Apameia zum Sitz eines Erzbischofs auf. Bis 566 (oder 574), als Kaiser JUSTIN II. die hochverehrte Reliquie nach Konstantinopel überführte, besaß die Stadt einen großen Splitter des Christus-Kreuzes (s. S. 203) und wurde deshalb von Pilgern besucht.

Zur Zeit der judäischen Volkszählung durch Sulpicius Quirinius im Jahre 7 n. Chr. lebten in Apameia 117 000 freie Männer; die Stadt mit ihrem Umland dürfte damals, Frauen, Kinder und Unfreie hinzugerechnet, ca. 500 000 Einwohner, eher mehr denn weniger, besessen haben. Sie war also eine bedeutende Großstadt, die nur hinter zwei oder drei Metropolen des Reiches zurückstand.

Im römisch-byzantinischen Apameia, als städtisches Zentrum von Rang durchaus Antiocheia vergleichbar, konzentrierte sich das Kapital einer Großgrundbesitzerklasse, die auf der Basis eines wohlerschlossenen Hinterlandes auch die Katastrophen des 6. Jh. überstand, darunter Erdbeben (526, 528) und zwei Besetzungen durch die Perser (540, 573). Erst die Verheerungen im Zuge der letzten Sassaniden-Invasion (613–618), vor allem aber die wirtschaftliche Isolation des nordsyrischen Raumes nach der arabischen Eroberung im

Jahr 636 nahmen Apameia den Rang. Doch verlor die Stadt ihre traditionelle Funktion als Bischofssitz nicht. Das jakobitische Episkopat in der Nachfolge des monophysitischen Christentums ist bis in das Jahr 985 in Apameia nachgewiesen.

Wegen der Bedeutung der Stadt als Stützpunkt in der Orontes-Ebene war Apameia während des 10., 11. und 12. Jh. zwischen Moslems und Christen umstritten. 975 fiel die Stadt an die Byzantiner, bereits 993 aber wieder zurück an die Fatimiden. Die Vorstöße der Kreuzritter führten den Normannen Tankred bis in die Orontes-Ebene. 1106 eroberte er Apameia – von den Franken Afamia oder auch Femia genannt –, und zwar trotz der vehementen Angriffe der Munqidhiten, die von der ca. 25 km südlich gelegenen Festung Sheizar aus operierten (s. S. 192f).

Als Grenzfestung des Fürstentums Antiochia konnte sich die Stadt bis 1149 halten, als Nur ad-Din sie nach heftiger Gegenwehr einnahm. Seit dem schweren Erdbeben von 1157 ist die Besiedlung der verödeten Stätte auf den Zitadellenhügel beschränkt, wo sich zwischen Mauern des 13. Jh. – und durch sie zu dichter Besiedlung gedrängt – noch heute das Dorf Qalaat al-Mudiq (›Engpaß-Zitadelle‹) befindet. In osmanischer Zeit entstanden westlich der Zitadelle eine Moschee und eine große Karawanserei (heute Museum).

Das durch eine 6,3 km lange Mauer geschützte **Stadtareal** von gewaltigen Ausmaßen (ca. 250 ha) wurde niemals vollständig bebaut. Die hellenistische Befestigung orientierte sich an der landschaftlichen Situation, suchte natürliche Geländevorteile auszunutzen. Die **Zitadelle** erhob sich auf einem nach allen Seiten hin steil abfal-

Überliefert ist die wundersame Zerstörung des berühmten Zeus-Heiligtums nach Vertreibung des heidnischen Orakeldämons durch Aussprengung von Weihwasser. Bischof der Stadt war um diese Zeit ein gewisser Marcellus, der seinen Eifer im Kampf gegen die Anbetung der antiken Götter mit dem Leben bezahlte.

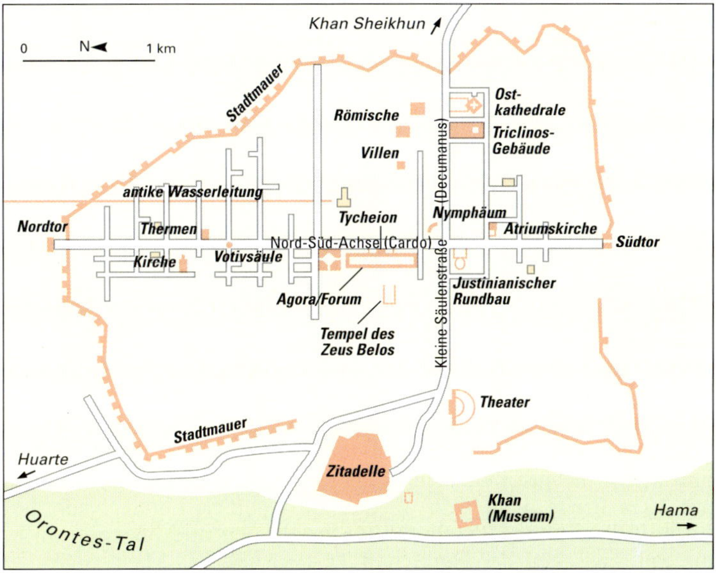

Plan des Ruinengeländes von Apameia

Blick aus dem osmanischen Khan (heute Museum) auf die Zitadelle von Qalaat al-Mudiq, die das Ruinenfeld von Apameia beherrscht.

lenden Hügel und war damit vor Angreifern aus der Ebene wie aus der Stadt gleichermaßen geschützt. Dieses Konzept dokumentiert gerade in der Polarisierung zur Stadt hin die monarchische Sozialstruktur des Seleukiden-Reiches (s. S. 65). Zweifellos ist die Akropolis der Kern des Stadtareals von Apameia, hier finden sich die ältesten wie auch die jüngsten Spuren einer Besiedlung.

Nicht nur die prähistorische Siedlung, sondern auch die persische Stadt Pharnake und die makedonische Garnison Pella sind auf dem Zitadellenhügel zu lokalisieren. Die spezifische Funktion einer Zitadelle erhielt der Tell aber erst unter den Seleukiden bei der Erweiterung des Stadtareals auf der Hochebene, und ein von der Stadt abgeschiedenes Festungswerk blieb sie bis zu dem folgenschweren Erdbeben des 12. Jh., als Apameia aufgegeben wurde und die verbliebenen Siedler sich, den historischen Kreis schließend, auf das Areal des Burghügels zurückzogen. Da die dichte rezente Bebauung bis heute eine genauere Erforschung der Zitadelle verwehrt, kann eine Aussage allein zu den Verteidigungsbauten getroffen werden. Inschriften von 1205/06 und 1256 sowie die Vermauerung von Säulenschäften sind Anhaltspunkte für die Datierung.

Reichtum und Macht der Stadt finden sich hingegen in der **Säulenstraße** repräsentiert. Mit knapp 1,8 km Länge und 37,5 m Breite bildet die exakt in Nord-Süd-Richtung verlaufende Straßenachse mit seitlichen Säulenhallen das Rückgrat der Stadtanlage. Ihre fast megalomanische Dimension wird erst im Vergleich recht deutlich: Die Säulenstraße von Palmyra ist nur 1,2 km lang und bis 25 m breit, und selbst die justinianische Säulenstraße von Antiocheia reichte mit 36 m Breite nicht ganz an die von Apameia heran. Nach den Inschriften sind die Bauabschnitte im Norden und im Zentrum in die Zeit zwischen der Herrschaft Trajans und des Marc Aurel zu datieren. Der nördliche, am **Antiocheia-Tor** beginnende Abschnitt entstand unmittelbar nach dem schweren Erdbeben vom Dezember 115 im Zuge des allgemeinen Wiederaufbaus. Die glatten Säulenschäfte mit korinthischen Kapitellen und ein Triglyphen-Metopen-Fries charakterisieren die frühe Bauphase.

Von hier aus sind die 150 m östlich gelegenen, zeitgleichen **Thermenanlagen** zu erreichen. Tepidarium und Caldarium wurden in Kalksteinquadern errichtet, allein in der Apside des Caldariums kommen Ziegel und Mörtel zur Anwendung. Die Säulen der Thermen werden gegenwärtig wiederaufgerichtet.

Der südlich anschließende Abschnitt der Kolonnadenstraße variiert die Dekoration der **Portiken.** Die Säulenschäfte sind kanneliert, und an die Stelle von Triglyphen und Metopen tritt eine Akanthusranke. Die Säulenreihung wird durch Pilaster unterbrochen, die den Zugang zu einer Straße in west-östlicher Richtung markieren.

Deren Bedeutung wurde durch eine 14 m hohe **Votivsäule** auf einem quadratischen Sockel in der Straßenmitte der Hauptachse hervorgehoben. Die Monumentalsäule mit Denkmalcharakter in der Mitte der Kolonnadenstraße rhythmisiert ihre unabmeßbar scheinende Längsausdehnung. Die Absicht, die Straße in Abschnitten erfahrbar zu machen, erscheint um so deutlicher, als das Monument das nördliche Viertel der Gesamtlänge abtrennt. Eine **zweite Säule** markierte das zweite und der **Tetrapylon** am Schnittpunkt mit der west-östlichen Säulenstraße das dritte Viertel.

Von auffälliger Gestalt ist ein nach 166 entstandener Abschnitt der Portiken nördlich der west-östlich orientierten Säulenstraße, also im dritten Viertel von Norden. Allein in diesem Bereich sind die Kanneluren um die Säulenschäfte gedreht – tordiert, wie der Fachausdruck lautet (s. Abb. S. 202). Drei (heute zwei) an den Frontseiten der Säulen angebrachte Konsolen trugen ursprünglich Bronzestatuen der Kaiser ANTONINUS PIUS, MARC AUREL und LUCIUS VERUS.

Die Distanz zwischen dem Portikus der Säulenstraße und jenem der Platzanlage wird durch eine kleine Säulenstraße als Zugang ausgeglichen und durch die dreiteilige Anlage des **Tempels der Stadtgöttin** (Tyche) gefüllt. Der basilikale Mittelteil des Tempels beherbergte möglicherweise den örtlichen Senat.

Die **Platzanlage** ist einschließlich der seitlichen Halle 45 m breit und bis zu 150 m in nördlicher Richtung ergraben, wo ein zweites monumentales Portal auf sie mündete. Sechs korinthische Säulen auf Postamenten durchbrachen die schmale Nordseite der umlaufenden Halle. Die Fassung der kelchförmigen Säulenfüße durch Blattreihen und Akanthus ist vergleichbar mit dekorativen Basenformen am hadrianischen Triumphbogen im jordanischen Gerasa.

Inschriften beweisen, daß die Bauarbeiten noch zu Beginn des 3. Jh. andauerten. Da die Grundstruktur bereits in den beiden Jahrzehnten nach dem großen Erdbeben von 115 entstand, wurde hier also fast ein ganzes Jahrhundert gebaut. Naheliegend erscheint die Interpretation der Platzanlage als Agora oder Forum, worauf die

Blick über die Säulenstraße von Apameia

zentrale Lage, aber auch die Nähe des Tychaions, des Tempels der Stadtgöttin, hinweisen.

Im Westen des Forums (ca. 100 m entfernt) lokalisieren die belgischen Ausgräber den **Tempel des Zeus Belos,** der um 384/385 von Bischof Marcellus (der Legende nach mit Weihwasser; s. o.) zerstört wurde. Der Tempel war berühmt für sein Orakel; und die Kaiser Septimius Severus und Caracalla konsultierten den Zeus des Belos vor ihren Heereszügen gegen Parthien.

Östlich der Straße, in unmittelbarer Nähe zur Hauptkreuzung der Säulenstraße, ist ein monumentales **Nymphäum** gelegen, das sich in Form einer Exedra zur Säulenhalle hin öffnet. Zur prachtvollen Ausstattung der Anlage gehörte ein Figurenprogramm (eine kopflose Frauenstatue im Museum) mit den Hauptgöttern des griechisch-römischen Pantheons.

Eine Rampe führt zu einer öffentlichen **Latrine,** welche die Wasserversorgung durch die Brunnenanlage nutzte. Der Plan der Latrine entspricht dem eines Atriumhauses mit mittlerem Impluvium (Regenwasserauffangbecken) und bedachtem Umgang.

Die beiden Insulae im Südwesten der zentralen Kreuzung (wo heute die moderne Straße quert) sind überbaut mit einem **sakralen Rundbau** aus der Zeit JUSTINIANS (reg. 527–565), der allerdings bis auf die Grundmauern abgetragen und allein im Grundriß zu rekonstruieren ist. Der Hauptzugang von der großen Kolonnadenstraße öffnete sich auf einen Hof, dessen seitliche Portiken an der Apsis vorbei zum Querschiff und schließlich zum zweischaligen (äußere Mauer und innerer Säulenkreis) Zentralraum führten.

Als die **Stadtachse** unter Kaiser JUSTINIAN (reg. 527–565) in eine ›Fußgängerzone‹ umgewandelt wurde – der Hauptverkehr lief nun in

Die berühmten tordierten Säulen eines Abschnitts der Kolonnaden von Apameia

west-östlicher Richtung ab, entsprechend der heutigen Straße nach Khan Sheikhun –, überdeckte man die Mosaiken mit Marmorplatten und überließ die Portiken mehr und mehr den Händlern als Auslagefläche für ihre Waren. Zu Beginn des 7. Jh. fand als Folge der Besetzung durch die Perser indessen eine funktionale Umkehrung statt: Wie Wagenspuren beweisen, wurde der Hauptverkehr nun in den Säulenhallen abgewickelt. Die Fußgänger waren bereits seit dem 5. Jh. auf die Straße/Fahrbahn verwiesen. Mit der arabisch-islamischen Machtübernahme besetzten dann – wie in Damaskus (s. S. 131) – zunehmend Geschäfte die 21 m breite Straße.

Im Osten der großen Säulenstraße, an die nächstfolgende Seitenstraße anschließend, öffnete sich der große Hof der sogenannten **Atriumskirche,** die den Märtyrerheiligen Kosmas und Damian geweiht war. Ein kleiner Apsidensaal des 5. Jh. bildete den Kern des justinianischen Neubaus, der nach den Erdbeben von 526 und 528 entstand. Die erste Kirche des 5. Jh. wurde über einer Synagoge errichtet, deren rein geometrische Mosaikteppiche von 391/392 eine Wende in der Mosaikkunst Syriens bezeichnen – an die Stelle der großen Bildzyklen traten rein dekorative Motive.

Zwei Insula-Breiten weiter südlich schwenkt die Säulenstraße aufgrund topographischer Gegebenheiten leicht nach Westen hin ab und strebt auf das **südliche Stadttor** (Epiphaneia-Tor) zu. Die Geradlinigkeit der Straßenführung ist zugunsten des Geländevorteils aufgegeben. Wie auch der halbkreisförmige Grundriß des römischen Tores deutet diese Abweichung abermals den hellenistischen Ursprung der Gesamtanlage an.

Zurück ins Stadtzentrum zur modernen Querstraße nach Khan Sheikhun, der man ein Stück nach Osten folgt. Südlich des ehemaligen Decumanus sollten zwei bedeutende Baukomplexe, Seite an Seite gelegen, nicht versäumt werden. Die als **Triclinos-Gebäude** bekannt gewordene Palastanlage besteht aus einer Reihe von etwa 80 um einen Peristylhof gruppierten Räumen, die den Platz einer ganzen Insula (in Apameia 105 x 55 m) einnehmen. Die Haupträume, darunter drei repräsentative Säle mit Apsiden, sind in unmittelbarer Nähe zum Peristylhof gelegen und waren mit qualitätvollen Mosaiken geschmückt. Die Ausstattung kulminierte im großen Jagdmosaik des Trikliniums (Speiseraum; daher der Name des Palastes), das sich heute in Brüssels Königlichen Museen befindet und in das ausgehende 4. Jh. v. Chr. datiert. Die belgischen Ausgräber vermuten in der Anlage den Palast des spätrömischen Gouverneurs der Provincia Syria Secunda.

Die zwei östlich anschließenden Insulae beanspruchte die sogenannte **Ostkathedrale.** Die Grundidee eines Planquadrats ist durch das Ausnischen der Seitenwände so variiert, daß eine Art Vierpaß entsteht. Sowohl die vier Innenpfeiler als auch die Ecken der Außenwände bezeichnen jedoch die quadratische Grundform. Auch in der Kathedrale haben wir eine Zweischalenkonstruktion vor uns, bei der sich der Innenplan konzentrisch in den Außenplan einschmiegt.

Trotz deutlicher Zentralisierung erhält die Architektur ihre Ausrichtung durch den im Osten angefügten Chor mit abschließender Apsis. Die eingestellten Säulen im Scheitelpunkt der östlichen Vierpaßnische bekräftigen die Selbständigkeit des Baukörpers. Der Zugang zur Kathedrale lag im Norden. Der nördlich anschließende Hof mit seitlichen Säulenhallen war von der Kolonnadenstraße aus zu erreichen; das monumentale Portal machte die Bedeutung des Sakralbaus bereits im Straßenbild deutlich.

Die Ostkathedrale ist in der Vergangenheit als Martyrion interpretiert worden. Wir sehen sie, gerade in ihrer spezifischen Planstruktur jedoch als Reliquienkirche, als Aufbewahrungsarchitektur jener Kreuzesreliquie, von der schon die Rede war (s. S. 196). Zu Beginn des 6. Jh. erfuhr der Ursprungsbau des 5. Jh. einige Veränderungen: Der östliche Säulenkranz wurde zugemauert und zur neuen Apsis der Kathedrale, die Apsis zudem mit Synthronon, Bischofssitz und Ciborium ausgestattet.

An die Kathedrale schließen im Westen der **bischöfliche Palast** und im Osten **Kulträume,** Kapellen für Märtyrer, Versammlungs- und Taufräume an. Unterhalb der christlichen Schichten wurden Mosaiken des 4. Jh. mit Darstellungen philosophischer Themen aufgefunden (heute im Museum). Aufmerksamkeit verdient, daß sich pagane Motive bis ins ausgehende 4. Jh. erhielten; dies korrespondiert mit der philosophischen Bedeutung des IAMBLICHOS (s. o.).

Auf der gegenüberliegenden Straßenseite ragen die wiedererrichteten Säulen eines bedeutenden Villenkomplexes auf, bekannt als **Haus der Konsolen.** Rekonstruiert ist die Eingangsfassade mit dem von Doppelvoluten flankierten Türsturz. Den zentralen Peristylhof erreichte der Besucher über zwei Vestibülräume. Die korinthischen Säulen mit glatten Schäften trugen ein Emporengeschoß, das seitlich der höheren Osthalle endete. Der Architrav des Umgangs wurde an dieser Stelle durch Konsolen an den Säulenschäften aufgefangen. Der anschließende Hauptsaal öffnete sich durch drei Türen, deren mittlere deutlich hervorgehoben war, auf den Umgang. Die Konsolen an den Säulenschäften dienten als Statuenträger und waren zum Hauptraum ausgerichtet. Ein Fußbodenbelag aus Marmor, ein zentraler Brunnen und eine Wandverkleidung in Opus Sectile vervollständigten die prachtvolle Ausstattung. Eine Zisterne machte die Bewohner von der Wasserversorgung der Stadt unabhängig.

Zwei weitere römische Villen, darunter das wiederum um einen Peristylhof aufgebaute sogenannte **Haus der Pilaster,** wurden seit 1973 zum Teil ergraben, sind aber schlechter erhalten und unübersichtlicher als das ›Konsolenhaus‹.

Im Westen der Stadt hat Apameia die Abschüssigkeit des Geländes zum Bau des halbkreisförmigen **Theaters** genutzt, mit 139 m Durchmesser das größte seiner Art in Syrien. Aufgrund der Nähe zur kontinuierlich besiedelten Zitadelle diente gerade diese Anlage den späteren Bewohnern als Steinbruch. So haben sich lediglich Teile der 145 m langen Bühnenwand, der östliche und südliche Zugang

Das Holzkreuz, an dem Jesus hing und starb, wurde nach der christlichen Legende von Helena (ca. 250/257–ca. 330/336), der Mutter Konstantins I., bei ihrer Reise ins Heilige Land (326) entdeckt. Die Kaiserinmutter ließ das Kreuz zerlegen und den einen Teil in der Grabeskirche zu Jerusalem verwahren, den anderen aber nach Konstantinopel schicken. Trotz scharfer Bewachung wurden aus der Jerusalemer Kreuzesreliquie immer wieder Späne und Splitter gelöst, die in der christlichen Welt als Reliquien kursierten. Ein besonders großer Partikel gelangte nach Apameia. Den in Jerusalem verbliebenen Hauptteil des Kreuzes nahmen 614 die sassanidischen Invasoren in Besitz. Kaiser Heraklios gelang die Rückgewinnung dieser höchsten Kostbarkeit der Christenheit, und im März 631 wurde das Heilige Holz triumphal nach Jerusalem zurückgebracht – jedoch nur für vier Jahre, denn angesichts der drohenden Moslem-Invasion ließ der Kaiser die Kreuzreliquie nach Konstantinopel überführen.

Eindrucksvoll die vorzügliche Steinbearbeitung, wie sie in den seitlichen Eingängen oder im Diazoma zu beobachten ist. Die fugenlos aneinandergesetzten Quader der Stützwände sind flach bossiert und mit einem schmalen Randschlag versehen.

sowie die unteren Ränge der Cavea erhalten. Dennoch erlaubt der noch eindrucksvolle Bestand eine Rekonstruktion der ursprünglichen Form: Die beiden Ränge des Zuschauerraumes waren durch einen konzentrischen Laufgang (Diazoma) getrennt, dieser von den seitlichen Zugängen aus zu erreichen. Aufgrund der erhaltenen Zuschauerreihen im Osten der Cavea können für den unteren Rang elf Treppenaufgänge im gleichen Abstand rekonstruiert werden. Die Scenae Frons schloß den Orchesterraum nach außen ab, endete aber etwa auf der Höhe des Diazomas. Nicht nur diese Besonderheit verbindet das Theater von Apameia mit dem im südtürkischen Aspendos, das in die Zeit Marc Aurels (reg. 161–180) datiert und dessen vorzüglicher Erhaltungszustand einen Eindruck von der ursprünglichen Gestalt des Theaters in Apameia vermitteln kann.

Zwei turmartige Anbauten gehen auf eine mittelalterliche Umfunktionierung des Theaters zurück: Im 12. Jh. diente es Nur ad-Din bei der zweimaligen Belagerung (zuletzt 1149) der damals fränkisch besetzten Zitadelle als Festungskopf. Diese ›Zweitverwendung‹ erinnert an den monumentalen Umbau des Theaters von Bosra zu einer fast uneinnehmbaren Burg (s. S. 405f). Nach Einnahme der Zitadelle von Apameia verlor das ›Theaterkastell‹ allerdings seine Bedeutung.

Außerhalb des umwallten Stadtterrains wurde erst in osmanischer Zeit gesiedelt. Eine zum Teil verfallene **Moschee** mit oktogonalem Minarett und eine vorbildlich restaurierte **Karawanserei** schließen sich südwestlich an die Zitadelle an. Mit ca. 80 m Seitenlänge ist die quadratische Anlage des Khans eines der eindrucksvollsten Beispiele für die Stationen der Pilger auf dem Weg nach Mekka. Die umlaufenden tonnengewölbten Räume sind seit 1988 als **Museum** für Grabungsfunde eingerichtet. Großflächige Mosaiken römischer und frühchristlicher Zeit, darunter eine Darstellung der Sieben Weisen der Antike mit Sokrates im Zentrum (von 362/63) und eine besonders großflächiges Mosaik der Nereiden im Schönheitsstreit mit Kassiopeia (zweite Hälfte des 3. Jh.), erschließen in ihrer ikonographischen Vielfalt Lebens- und Vorstellungswelt des antiken Apameia. Auf dem Zentralhof der alten Pilgerherberge bereichern Sarkophage, Grab- und Meilensteine den Mosaikenbestand.

Huarte

Der Ort am Südsaum des Jebel Zawiya (s. S. 311f), war schon seit hellenistischer Zeit besiedelt und wurde erst nach der arabischen Eroberung im 7. oder 8. Jh. von seinen Bewohnern verlassen. Französische Archäologen konnten hier zwischen 1973 und 1976 einen Kirchenkomplex ergraben, der aus zwei parallelen Basiliken und einem Baptisterium bestand. Die an einem Berghang errichteten Sakralbauten waren durch eine Säulenhalle und einen Treppenaufgang miteinander verbunden.

Die **untere, dreischiffige Basilika** war vollständig mit Mosaiken ausgelegt (zum größten Teil in Damaskus), deren Inschriften den Bau in die Zeit zwischen 483 und 486 weisen und einen Bischof PHOTIOS nennen. Der östliche Abschnitt des nördlichen Seitenschiffes, auf der Höhe der Apsis durch Schrankenplatten abgetrennt, hatte die Funktion eines Martyrions.

Der steinerne Reliquienbehälter in der Form eines Sarkophags besitzt an einer Seite ein kleines Auffangbecken, in dem sich das auf der Rückseite eingegossene Öl nach dem Kontakt mit den heiligen Reliquien sammelte, um dann in Ampullen abgefüllt und von den Pilgern zu ihrem Schutz mitgenommen zu werden (s. S. 329).

Im Norden der Basilika führte eine Freitreppe zu der höher gelegenen **Basilika,** nach einer Inschrift dem Hl. MICHAEL geweiht. Die Vorhalle dieses sogenannten Michaelions war über einem **Hypogäum** mit sieben Sarkophagen erbaut, die dreischiffige Basilika mit Apsis und seitlichen Annexräumen besaß Kapellencharakter. Im Westen wurde die Aufgangstreppe vom **Baptisterium** abgeschlossen. Vier Mosaikfelder mit symmetrisch zugeordneten Fischen und Wasservögeln gruppierten sich um das Taufbecken.

Nach der reichen Ausstattung und der Existenz eines Martyrions und eines Taufhauses zu schließen, hat der sakrale Komplex von Huarte eine bedeutende Rolle im einst dicht besiedelten Raum nördlich von Apameia gespielt. In gewissem Sinne kann er als südlichster Ausläufer der Toten Städte (s. S. 280f) bezeichnet werden, doch entziehen sich Architektur und Dekoration dem Standard der Kalksteinmassive und begründen eine Sonderstellung.

Zwischen Hama und Aleppo

Maarrat an-Numan

Die Marktstadt Maarrat an-Numan (kurz Maarra) liegt am östlichen Plateaurand des Jebel Zawiya (s. S. 311f). Arra hieß die antike Vorläufersiedlung. Moslemisch geworden, trug das Städtchen seinen neuen Beinamen nach einem der Gefährten des Propheten MOHAMMED namens AN-NUMAN IBN BASHIR, der in den 70er Jahren des 7. Jh. zum omayyadischen Statthalter des Landstrichs aufstieg. Maarra wurde von den Byzantinern besetzt (968 unter Kaiser NIKEPHOROS II. PHOKAS), von den Fatimiden gewonnen (996) und schließlich von den Kreuzrittern unter (den miteinander konkurrierenden) RAIMUND VON TOULOUSE und BOHEMUND VON TARENT 1099 erobert. Die Kreuzritter richteten ein unvergessenes Blutbad unter der moslemischen Bevölkerung an: 20 000 Maarris wurden niedergemetzelt. Aber nicht nur das: Die ausgehungerten fränkischen Mannschaften schreckten nicht davor zurück, das Fleisch der Toten zu verzehren. RAIMUND VON FULCHER, einer der fränkischen Chronisten, berichtet davon.

Wegweiser: Maarrat an-Numan liegt an der Damaskus-Aleppo-Autobahn 61 km nördlich von Hama (73 km südlich von Aleppo). 22 km nördlich von Maarrat von der Autobahn rechts/ostwärts abbiegen nach Ebla; noch 3 km. Zurück zur Autobahn und weiter Richtung Aleppo. 25 km vor der Metropole wiederum rechts abzweigen zum 6 km entfernten Dorf al-Iss. Der alte Siedlungshügel von Chalkis liegt südlich des Dorfes.

Erst unter NUR AD-DIN (nach dem eine Medrese und Moschee am Saum des Suq benannt sind) und seinen Nachfolgern erlebte Maarrat an-Numan eine mittelalterliche Blütezeit. »Obwohl die Stadt bis an die Schwelle unseres Jahrhunderts sehr unter Beduinenüberfällen zu leiden hatte, ist die Kontinuität städtischer Funktionen wohl nie

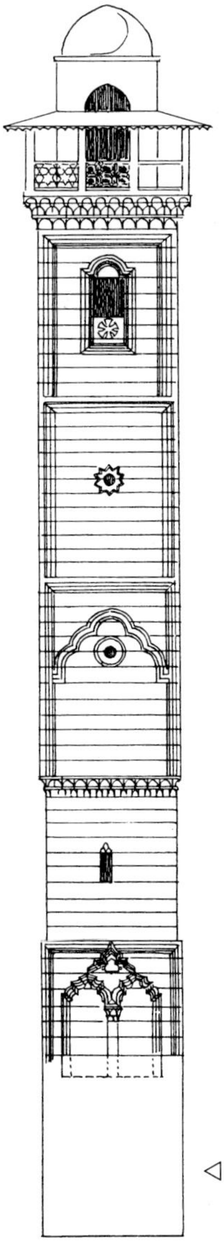

◁ Das Minarett der Nur ad-Din-Moschee von Maarrat an-Numan

unterbrochen gewesen. Bis zur Bodenreform war Maarrat eine Hochburg des Großgrundbesitzes mit betont konservativem Lebensstil« (Eugen WIRTH). Berühmtester Bürger des islamischen Städtchens war der blinde Dichter und Philosoph AL-MAARRI (973–1058; s. S. 8), dessen aus humanistischen und rationalistischen Grundpositionen geübte Kritik an sozialen Mißständen und religiöser Erstarrung unter den historischen Bedingungen des Abbasiden-Kalifats pessimistisch bleiben mußte.

Bedeutendstes Monument ist das **Minarett** der an der Stelle eines römischen Tempels und einer byzantinischen Basilika errichteten **Freitagsmoschee.** Die auffällige Verwandtschaft mit dem Minarett der Freitagsmoschee von Aleppo (s. S. 264) erklärt sich zwanglos: Ein Architekt namens HASAN IBN MUQRI hat zu Beginn des 12. Jh. beide Monumente entworfen, dazu auch die **Medrese Abu al-Fawris** von 1199 (interessante Dachpyramide über dem Vestibül), in welcher der Stifter begraben liegt. Im Nordwesten der Stadt, an der Straße in den Jebel Zawiya, erhebt sich ein Hügel mit den Ruinen einer mittelalterlichen Zitadelle.

In der Stadtmitte von Maarrat liegen zwei **osmanische Khane** ungewöhnlichen Ausmaßes einander gegenüber. Während das südliche Bauwerk (Khan Asad Pascha) militärisch genutzt wird und dem Besucher nicht offen steht, vermittelt der nördliche **Khan Murad Pascha,** mit Moschee und Tekke (Versammlungsort eines Derwisch-Ordens) im Hofzentrum sowie einem westlich angrenzenden türkischen Bad einen Eindruck von der Pracht der syrisch-osmanischen Handelsarchitektur. In der Tat ist der Khan die größte Karawanserei auf syrischem Boden; mit annähernd 7000 m^2 Grundfläche übertrifft er sogar die hauptstädtischen und Aleppiner Beispiele. Als Spolien verbaut finden wir spätrömische Steintüren und Kapitelle.

Besonders sehenswert ist die restaurierte Anlage aufgrund einer – leider nicht angemessen beschrifteten – **Mosaikensammlung.** Es handelt sich um eine einzigartige Kollektion von Bodenmosaiken aus dem 4. bis 7. Jh. aus den Toten Städten Nordsyriens. Die Mehrzahl stammt aus byzantinischen Kirchen. Zur Darstellung kommen Szenen, die im Kontext der Paradiesthematik stehen. Auf weißem Mosaikgrund entfalten sich pastorale Landschaften mit Bäumen und Tieren oder in Rankenwerk eingebundene Tiere. Das Christentum interpretierte diese bukolische Bildtradition mit ihren Schäferidyllen bekanntlich in ganz neuer Weise (s. S. 84).

Im Hof der Karawanserei sind die rein geometrischen Fußbodenmosaiken einer byzantinischen Kirche aus Khan Sheikhun ausgelegt. Der Rundgang führt durch gewölbte Hallen, die den weiten Hof der Anlage umschließen. Hervorzuheben sind ein auf 511 datiertes Inschriftenmosaik aus Friqia (s. S. 315), das die Kinder Romulus und Remus mit der Wölfin zeigt, die Darstellung eines Paradiesgartens aus Salamiya (s. S. 187), das altorientalische Motiv eines Löwen, der einen Stier reißt, sowie mythologische Szenen mit Herakles und Okeanos aus einer römischen Villa bei Homs.

Ebla (Tell Mardikh)

Eine Besiedlung des kulturgeschichtlich bedeutenden Ortes (s. S. 35f) ist von etwa 3500 v. Chr. bis in hellenistische Zeit nachzuweisen. Die italienischen Ausgrabungen seit 1964 haben die frühdynastische Periode der zweiten Hälfte des 3. Jt., aus welcher der sensationelle Fund des Tontafelarchivs stammt, sowie die altsyrische Zeit zwischen 1800 und 1600 v. Chr. (mittlere Bronzezeit), in der aufwendige Paläste und Tempel erbaut wurden, als besonders bedeutend dokumentiert. In seiner letzten Blütephase, dem 18. Jh. v. Chr., war Ebla sicherlich eine vorderasiatische Großmacht. Dabei zeigt die Stätte, anders als z. B. Ugarit (s. S. 45), nicht den Charakter dichter Besiedlung, sondern die Struktur eines öffentlichen, repräsentativen Verwaltungs- und Kulturzentrums.

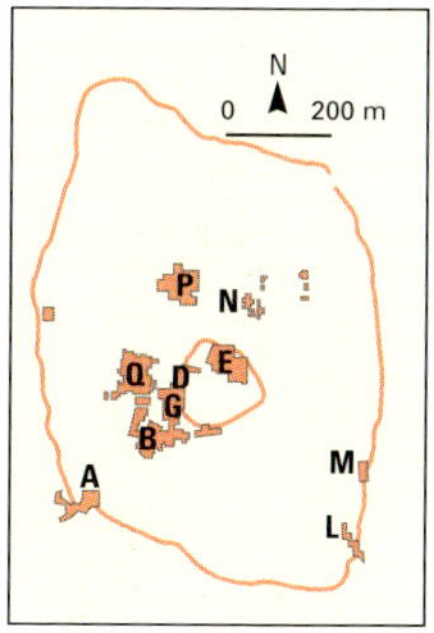

Planskizze von Ebla:
P Palast der Mittelbronzezeit (MBZ; 1800–1600 v. Chr.); Tempel der frühdynastischen Zeit (Mitte 3. Jt. v. Chr.)
N Schamasch-Tempel, MBZ
E Palast der MBZ
D Tempel der MBZ
G Palast der frühdynastischen Zeit (Fundplatz der Tontafel-Archive)
Q Palast der MBZ (mit Grabkammern des 2. Jt. v. Chr.)
B Tempel der MBZ
A Stadttor der MBZ
L Stadttor der MBZ
M Befestigungsanlage der MBZ

Der Tell Mardikh hat annähernd die Form eines Trapezes, in dessen Zentrum sich die fast kreisförmige Akropolis als Verwaltungs- und Kultbezirk erhebt. Umlaufende Erhöhungen bezeichnen einen Befestigungswall; vier Unterbrechungen markieren die Stadttore.

Der Besucher erreicht den Tell von der Nordseite. Das erste Grabungsfeld ist das Areal P mit einem **Palast aus der Mittelbronzezeit.** Auf der Südseite des Palastes stießen die italienischen Ausgräber auf die Fundamente eines bereits in der Mittelbronzezeit vollständig zerstörten Tempels. Die 6 m starken Mauern lassen die gewaltige Dimension des Bauwerks erahnen, das im Grundriß dem Typus des syrischen Tempels folgt.

Auf der Westseite der Akropolis sind Fundamentbauten des **Tempels D** zu erkennen (s. Abb. S. 36). Das Areal des Tempels umschloß einen älteren Palast des 3. Jt., geschmückt mit Holzpaneelen von einzigartiger Qualität, deren Einlagen mythologische Szenen bieten.

Unterhalb des Areals D wurde im Grabungsfeld G ein **Palastgelände** aus der zweiten Hälfte des 3. Jt. erschlossen, dessen Mauerwerk z. T. konserviert ist. Zu erkennen ist eine Hofecke, an die sich zwei Säulenhallen anschlossen, die durch einen Turm mit aufwendigem Treppenaufgang voneinander getrennt waren. Von der Osthalle aus öffnete sich ein Korridor mit Treppenrampe zur Akropolis. Unmittelbar rechts neben der Vorhalle stießen die Ausgräber 1974 auf einen fast quadratischen Raum mit dem Tontafelarchiv (s. S. 35f).

Unterhalb von Areal G wurde ein mittelbronzezeitliche Palast (Q) ausgegraben. Auf der Ostseite durch das byzantinische Kloster eines Säulenstehers aus dem 5., 6. oder 7. Jh. zerstört, haben sich nur die um einen Zeremonienhof gruppierten Lagerräume gut erhalten. Spektakulär war die Entdeckung unterirdischer **Grabkammern,** die man in Zisternenanlagen des 3. Jt. eingerichtet hatte. Wegen der kostbaren Beigaben werden die Gräber Mitgliedern der Fürstenfamilie zugeschrieben. Das älteste Grab, das ins 18. Jh. datiert, gehörte einer Prinzessin, die samt ihrem Schmuck beigesetzt worden war.

Das gut erhaltene **Tor A** sowie der **Stadtwall** stammen aus der Mittelbronzezeit. Mit einer äußeren Kammer, einem Hof und einer

Doppelkammer, die durch Türen zu verschließen waren, entspricht die Toranlage der Architektur der Zeit. Die leichte Neigung der Seitenwände verweist auf eine überdachte Torkonstruktion. Die vorspringenden Zungenmauern wurden im unteren Mauerteil durch monumentale Basaltorthostaten gebildet, während in den zurückspringenden Kammern der lokale Kalkstein zur Anwendung kam.

Den einzigartigen Funden, die nur zu einem kleinen Teil in den Museen von Aleppo und Damaskus zu sehen sind, ist seit 1990 ein eigenes **Museum** in der Distrikthauptstadt Idlib gewidmet (ca. 27 km nordwestlich von Ebla).

Chalkis (Qinnasrin)

Von der großen römisch-byzantinischen Metropole Chalkis beim heutigen Dorf al-Iss ist kaum eine Spur geblieben. Die Archäologie hat bislang keine Notiz von einer Stadt genommen, über die so wichtige Routen verliefen wie die von Antiocheia nach Beroia (s. S. 298), aber etwa auch Wüstenwege nach Palmyra oder Anasarthon (s. S. 187).

Qinnasrin, der heutige Name des Ruinenhügels, erscheint hochgegriffen. Er bedeutet soviel wie Adlerhorst; dabei ragt der Tell von Chalkis gerade einmal 30 m über die Ebene. Allerdings: Von der Höhe geht die Sicht bis in die Hügel der Toten Städte (Jebel Zawiya; s. S. 311f) wie auch in den östlichen Jebel al-Hass. Gegründet wurde die Stadt unter den Seleukiden (wohl noch unter Seleukos I.); der Ortsname dürfte an alte Kupferminen in der Region erinnern. Die Chalkidene, das flache und trockene Umland, war Chalkis so zugeordnet wie die Kyrrhestike der Stadt Kyrrhos (s. S. 276). Die seleukidische Bebauung folgte den Maßgaben der hellenistischen Landschaftsfestung mit herausgehobener Zitadelle (s. S. 65).

Wie in den anderen seleukidischen Städten Nordsyriens übernahmen die Römer auch in Chalkis den knapp 4 km langen landschaftsangepaßten Verteidigungswall, der sich übrigens im Gelände mitsamt seinen Toren (= Absenkungen der Mauerlinie) noch deutlich abzeichnet. Sie erhielten ihn nicht nur, sondern reparierten und verstärkten ihn ebenso wie die Zitadelle im Südwesten. Ihre Toten begruben die Römer in Hypogäen am Südhang des nahen Jebel Nebi Iss, der heute von einem kleinen arabischen Heiligtum bekrönt wird.

Als letzter engagierte sich – nach dem Bericht des Hofschreibers Prokop – Kaiser Justinian um das Jahr 550 für Chalkis, indem er die Wälle verstärken ließ. Verantwortlicher Baumeister war der jüngere Isidor, der sich als Architekt auch am Euphrat hervortat (s. S. 338). Wie die alt-seleukidischen Hauptstädte Laodikeia oder Apameia war Chalkis eines der Zentren, in denen die Grundherren des Belos urban residierten (s. S. 281).

Eine der wichtigsten Schlachten zwischen den arabischen ›Klienten‹ von Byzanz bzw. Ktesiphon, Ghassaniden und Lakhmiden, fand

554 nahe Chalkis statt. Die moslemischen Sturmtruppen kamen um die Jahreswende 636/37. Als Zentrum der omayyadischen Verwaltungseinheit Nordsyrien blieb die Stadt bedeutsam bis in die Mitte des 8. Jh. – und offenbar darüber hinaus, denn noch im 10. Jh. kreuzten sich auf ihrem Terrain die Vorstöße der byzantinischen Reconquista mit denen des Hamdaniden SAYF AD-DAWLA (s. S. 96). Der arabische Historiker YAQUT berichtet für das 13. Jh. von einer verlassenen Stadt, deren alter, bescheiden fortdauernder verkehrspolitischer Bedeutung damals eine einsame Karawanserei Rechnung trug.

In einem ›Bienenkorbdorf‹ in der Wüstensteppe südwestlich von Chalkis. Der eigenartige Bautypus läßt sich historisch bis ins 3. Jt. v. Chr. zurückverfolgen. Zwischen 3 und 4 m hoch, werden die Spitzkuppeln aus Lehmziegeln aufgeschichtet und jedes Jahr neu mit einer Lehmschicht bestrichen. Auf dem Bild ist der ›Bienenkorb‹, wie es immer häufiger geschieht, mit einem Flachdachbau gekoppelt.

Küste und Küstengebirge

Syrien am Mittelmeer

Zwischen der Grenze zur Türkei und der Grenze zum Libanon gelegen, nach Westen vom Mittelmeer, nach Osten hin vom Grabenbruch des Orontes umschrieben, steht dieser mediterrane Landstrich in einem markanten Gegensatz zum übrigen Syrien. Die Landschaftstypen, vom Grundgestein bis zu den Oberflächenformen, vom sandigen, karstigen oder steil abbrechenden Meeressaum bis zum Kalkbergland mit seinen Feldterrassen und Ölbaumhainen erinnern in zuweilen verblüffender Weise an Italien oder Griechenland.

Die Nähe des Mittelmeers markierte schon früh eine politische Sonderstellung des Küstenraums gegenüber Innersyrien: Orte wie Ugarit (s. S. 216) und Arvad (s. S. 225) zogen ihren Reichtum seit der Bronze- und Eisenzeit aus dem Seehandel. Lange Zeit konnten die mesopotamischen Mächte und Kleinreiche vom Besitz des ›Oberen Meeres‹, wie die Assyrer es nannten, nur träumen, und wenn SALMANASSAR III. einem Obelisken triumphal einmeißeln ließ, daß er seine Waffen im Oberen Meer gewaschen habe (s. S. 54), so erkennt man darin den geradezu legendären Rang der Mittelmeerküste im Denken des Zweistromlandes. Im Zeichen des Hellenismus wurde Westsyrien mit seleukidischen Stadtgründungen wie Antiocheia, Apameia und Laodikeia zum Kernraum eines mediterran-asiatischen Großreichs und erhielt urbane Konturen, die bis heute erkennbar sind. Römer und Byzantiner wiederum fühlten sich in der Nähe ihres *mare nostrum* weit eher zu Hause als in der Wüstensteppe, durch die sie mit hohem Aufwand Grenzbefestigungen zogen. Als einzige Region Syriens blieb der Landstrich von den Grenzkriegen mit den Parthern und Sassaniden verschont, die am Euphrat periodisch für Verheerungen sorgten. Eben in dieser Blütezeit, den beiden Jahrhunderten, die dem Sieg des Islam vorausgingen, verankerte sich das Christentum nachhaltig in Westsyrien.

Als der Islam Syrien gewann, geriet die Küstenlandschaft in ein historisches Abseits. Hier, am unsicheren Saum zum waffenstarrenden byzantinischen Kleinasien mochten die Omayyaden sich nur zögernd engagieren, zumal der christliche Bevölkerungsanteil in der Region hoch blieb und die Arabisierung nur zögernd voranschritt. Gerade in den ersten Jahrhunderten des Islam reduzierte sich der Seehandel mit dem Westen, verarmten ehedem florierende Hafenstädte wie Laodikeia. Nimmt man hinzu, daß byzantinische Heere in mehreren Raubzügen über die Küstenstädte hereinbrachen (s. etwa S. 214; 220), hat man das ganze frühmittelalterliche Dilemma der syrischen Küstenregion im Blick.

Und es wurde nicht besser: Fast zwei Jahrhunderte (12. und 13. Jh.) waren Küstensaum und Küstengebirge Westsyriens Beute und Besitz der Kreuzritter. Die Möglichkeit, in den christlichen Bevölkerungsteilen Unterstützung für ihre Anliegen zu finden, verspielten die Franken durch grausame Massaker (s. S. 205) und rück-

Besonders sehenswert:
Ugarit
Tartus ☆
Amrit ☆
Krak des Chevaliers ☆☆
Safita ☆
Qalaat Marqab ☆
Qalaat Saladin ☆

◁ *Der Krak des Chevaliers, die berühmteste Kreuzritterburg Syriens*

Steilküste bei Ras al-Basit

sichtslose Plünderung. In dieser bewegten Kampfzeit, in der nur das Faustrecht galt, setzten sich auch Alawiten und Ismailiten im Jebel Anseriya fest, wo man – da keine souveräne Staatsmacht über das Bergland gebot – trotz fortdauernder militärischer Gefährdung eine religiöse Freiheit ausleben konnte, die ein sunnitischer Fanatiker wie SALADIN (s. S. 117) nicht zu gewähren bereit war.

Auch nach den Siegen von Ayyubiden und Mamluken über die fränkischen Raubritter wurde die Sonderrolle Westsyriens als Rand- und Rückzugsgebiet nicht aufgehoben; der Anteil heterodoxer islamischer Sekten und christlicher Bekenntnisse blieb weiterhin hoch, und stets waren die Bande des Küstengebiets zum religiös und ethnisch gleich buntscheckigen Libanon enger als die zu Innersyrien.

»Am Vorabend des Ersten Weltkriegs, ja noch während der französischen Mandatszeit gehörte Westsyrien zu den rückständigsten, am wenigsten erschlossenen Teilen Syriens. Die Küstenebene war weithin malariaverseucht und fast menschenleer« (Eugen WIRTH). Relativ dicht besiedelt war dagegen das Küstengebirge, doch lebte man hier in einer traditionalistischen Abgeschiedenheit, die ihren Preis hatte: Erst 1918 wurde im Bergland die erste Schule eingerichtet, und noch um 1930 starben, da Ärzte, Spitäler und Hebammen fehlten, zwei von drei Kindern vor Erreichen des ersten Lebensjahrs.

Ladiqiya (Lattakia)

Wegweiser: 345 km nördlich von Damaskus; 180 km südwestlich von Aleppo.

Das erste uns bekannte Gemeinwesen an dem günstig, südlich der Orontes-Mündung gelegenen Platz trug den Namen Larimuta und stand während des 14. Jh. v. Chr. im Schatten Ugarits. Namen wie Ramitha und Mazabda bezeichnen nachfolgende phönikische Hafenflecken; wir wissen so gut wie nichts über sie. Aus dem Dunkel der Geschichte schält sich erst Laodikeia heraus.

Die um 300 v. Chr. von SELEUKOS I. begründete Tetrapolis mit den Städten Laodikeia, Antiocheia, Apameia (s. S. 194) und Seleukeia fungierte als das urbane Grundgerüst der Hellenisierung Syriens. Alle vier Zentren wurden von ihrem Stifter reich beschenkt, Laodikeia z. B. mit dem berühmten Bildnis der Artemis Brauronia (die Göttin in ihrer Gestalt als Schirmherrin der gebärenden Frauen). Vielleicht hat diese Gabe eine besondere Anhänglichkeit der Stadt zum Seleukiden-Haus begründet. Jedenfalls ermordete ein getreuer Laodikener namens Leptines den Leiter der »römischen Elefanten-Verstümmelungskommission« (Carl Schneider), die 163/162 v. Chr. die lebenden ›Kampfmaschinen‹ der Seleukiden unschädlich zu machen suchte, indem sie den Tieren die Beinsehnen durchtrennte.

Laodikeia wurde benannt nach Laodike, der Mutter des Seleukos. Sie war mit einem Offizier Philipps II. von Makedonien verheiratet. Doch genügte die ranghohe Militärherkunft väterlicherseits dem zum Dynasten aufgestiegenen Seleukos nicht mehr, und nach dem Vorbild Alexander d. Gr. tat er kund, die Laodike habe ihn während eines nächtlichen Traums vom Gotte Apollon empfangen.

Das hellenistische Laodikeia war Hafenstadt (Ausfuhrhafen Apameias), und Rudolf Fellmann urteilt, daß es nach Klima und strategischer Position eigentlich Antiocheia in den Schatten hätte stellen müssen. »Handelsbeziehungen reichten bis Vorderindien, der Wein von Laodikeia ging bis nach Ägypten« (Hans Treidler). Auch die Duftstoffe und Spezereien Südarabiens und Indiens – Weihrauch, Myrrhe, Zimt –, auf Kamelrücken über die legendäre Weihrauchstraße transportiert, hatten seit späthellenistischer Zeit in Laodikeia einen ihrer bedeutendsten Ausfuhrhäfen.

Die Grundstruktur der Stadt entsprach dem Idealplan aller seleukidisch-hellenistischen Zentren: Ein rechtwinkliges Straßenraster mit Insula-Größen von ungefähr 120 x 57 m zu Seiten einer nordsüdlich verlaufenden, marmorgepflasterten Hauptachse wurde von einer dem Gelände angepaßten Stadtmauer eingefaßt, an exponierter Stelle aber durch die Zitadelle unterbrochen. Auf der Westseite umschloß die Mauer nicht nur ein Theater, sondern auch das Hafenareal, das zur See hin leicht zu sperren war und von einem Leuchtturm überragt wurde.

Während der Verfallsperiode des syrischen Hellenismus wurde Laodikeia im Jahr 96 autonom, mit dem Marsch des Pompeius dann römisch. Antonius hat nach Cassius' Plünderung von Laodikeia im ›Krieg der Caesar-Mörder‹ zum Wiederaufbau der Stadt beigetragen, und Herodes hat ihr eine neue Wasserleitung finanziert. Innerhalb der römischen Provincia Syria blieb Laodikeia eine freie Stadt.

In der Auseinandersetzung um den römischen Kaiserthron Ende des 2. Jh. n. Chr. ergriff Laodicea ad Mare, wie es nun in Unterscheidung zu den gleichnamigen Städten Kleinasiens, aber auch zu Laodicea ad Libanum (dem alten Kadesch; s. S. 46) genannt wurde, Partei für Septimius Severus. Nach dessen erster Niederlage gegen Pescennius Niger, der sich im April 193 zum Gegenkaiser hatte ausrufen lassen, wurde die Stadt dem Erdboden gleichgemacht und erst nach dem endgültigen Sieg des Severers (Schlachten von Kyzikos und Issos) prachtvoll wiederaufgebaut, wobei sich die Neubauten am hellenistischen Stadtplan orientierten. Septimius Severus verlieh Laodikeia den Rang einer Metropolis, schenkte ihr das Ius Italicum und degradierte Antiocheia (wo Pescennius Niger Ende April 194 hingerichtet wurde) zunächst zu einem Dorf im Stadtverbund von Laodikeia. Doch kehrten sich die Verhältnisse bald wieder um.

Skizze des Stadtzentrums von Ladiqiya

Das spätrömische Laodikeia besaß eine bedeutende Leinenindustrie und war berühmt für seine ›Buch‹-Werkstätten, in denen fachmännisch Handschriften kopiert wurden. Seit dem 3. Jh. hatten Bischöfe ihren Sitz in der Stadt. 494 und 555 erschütterten Erdbeben das byzantinische Zentrum, das übrigens stets unter der kirchlichen Oberhoheit von Antiocheia verblieb. PROKOP erwähnt in seiner Schrift »Über die Bauwerke« für Laodikeia eine Kirche JOHANNES des Täufers, die unter Kaiser JUSTINIAN restauriert wurde.

Die moslemischen Eroberer ließen sich Zeit beim Einkassieren der Küstenstädte, denn die wurden über See weiterhin von Byzanz gestützt. Erst 638/639, also drei Jahre nach dem Triumph am Yarmuk, hat der von Homs her mit Truppen ausgesandte Moslem-Kommandant UBADA IBN ASH-SHAMIT die Stadt erobert (s. auch S. 221). Den christlichen Einwohnern wurde nach Einzug der üblichen Kopfsteuer die Hauptkirche zum Kultus belassen.

80 Jahre später aber muß Ladiqiya, wie es nun hieß, bereits islamisch geprägt gewesen sein; anders läßt sich der Angriff einer byzantinischen Flotte auf die dabei in Flammen aufgehende Stadt (718/719) kaum erklären. Ab 968, als Kaiser NIKEPHOROS II. PHOKAS Laodikeia/Ladiqiya gewann, über die Zeit des Kaisers BASILIOS, der 980 einen gewissen KARAMARUK zum Haupt der Stadt erhob, bis zu

Michael Burtzes, unter dem eine moslemische Revolte niedergeschlagen wurde, blieb die Hafenstadt stets umstritten, und auch als der Kreuzfahrer Raimund von Toulouse sie 1098 – nach vorausgegangener seldschukischer Besetzung – eroberte und in La Liche umbenannte, wechselte sie mehrfach die Oberherrschaft: mal fränkisch (ab 1102 unter Tankred), mal byzantinisch, mal moslemisch, bis sie am 23. Juli 1188 an Saladin und 1287 unter Qalawun endgültig an die Mamluken fiel.

Innerhalb des moslemischen Reichs nahm Ladiqiya eine prekäre Grenzstellung ein. Sie war eine Hafenstadt ohne mittelmeerische Handelsziele. Erst die osmanische Eroberung Syriens, welche die Geographie des Nahen Ostens im Machtverbund eines neuen Weltimperiums definierte, bescherte Ladiqiya den über Jahrhunderte entbehrten kommerziellen Aufschwung. Und so wollte die Mandatarmacht Frankreich die Stadt denn auch herauslösen aus der kolonialistisch aufgefaßten ›Disponiermasse‹ Syrien. 1920 zur Hauptstadt eines eigenständigen Alawiten-Territoriums (1925 sogar eines Alawiten-Staates) proklamiert, changierte die Stadt 1936–42 zwischen nussairischer Autonomie (von Frankreichs Gnaden) und syrischer Zugehörigkeit, die seit 1942 unbestritten ist. Was Syrien insgesamt schmerzlich traf, der Verlust des Sandschak und des heute türkischen Hafens Iskenderun (Alexandrette), ließ Ladiqiya als Küstenstadt reüssieren.

Selbst für das schnell wachsende Syrien ist die Geschwindigkeit ungewöhnlich, mit der Ladiqia die neue urbane Rolle ausfüllte: Innerhalb von 20 Jahren, zwischen 1975 und 1995, hat sich die Einwohnerzahl verfünffacht auf etwa 350 000 (wobei der Anteil von Christen mit 40 % ungewöhnlich hoch ist). Entscheidend dafür war die Funktion als Import- und Exporthafen. »Noch 1956 gab es keine Kais, so daß die Schiffe auf offener Reede mit Hilfe von Leichtern laden und löschen mußten« (Eugen Wirth); seit 1957 aber werden ca. Dreiviertel des syrischen Baumwoll- und Getreideexports über Ladiqiya abgewickelt. Dagegen ist die Küstenfischerei (nur ca. 300 Beschäftigte) kaum nennenswert.

Als moderne, europäisch anmutende Stadt mit baumbestandenen Straßen und angenehmen Straßencafés eignet sich Ladiqiya, das selbst nur noch wenige Sehenswürdigeiten besitzt, als Quartier für Tagestouren zu den übrigen Küstenorten und zu den Burgen der Kreuzritter.

Von den einst bedeutenden antiken Monumenten der Stadt stehen entlang der Ausfallstraßen und inmitten von Verkehrskreiseln lediglich einige wiederaufgerichtete **Säulen** der römischen Kolonnadenstraßen und (an der Port Said-Straße, ca. 400 m westlich des großes Kreisverkehrs) ein **Tetrapylon,** der wahrscheinlich in severischer Zeit über einer Straßenkreuzung erbaut wurde. Die Bogenöffnungen im Süden und Norden sind deutlich in Höhe und Breite hervorgehoben und durch seitliche Halbsäulen mit korinthischen Kapitellen betont. Die über den Säulen verkröpfte Gebälkzone spannt einen dreieckigen Blendgiebel ein, über dem die einfache Attika aufsetzt; die kleineren Bögen im Westen und Osten werden von flachen Pilastern gerahmt. Flache Zwickel in den Ecken der vier Pfeiler leiten im Innenraum des Tores zu einem achteckigen Gesims über, dem das kreisrunde Steingewölbe aufliegt. Die ungleichmäßige

Höhe der vier Bögen und der rechteckige Grundriß werden geschickt durch die Zwickelkonstruktion ausgeglichen.

Von Ladiqiyas christlichen Sakralbauten erheben sich die **Kirche der Jungfrau** und die **Nikolauskirche** noch auf byzantinischen Grundmauern. Unter den Moscheen ist als ältester Bau die **Masjid al-Kebir** aus dem 13. Jh. hervorzuheben.

Das **Museum** von Ladiqiya ist an der Corniche, nahe dem Park, in einem osmanischen Khan aus dem 16. Jh., der später als Tabaklager diente, untergebracht und bietet bescheidene Funde aus Ugarit, dazu Gemälde und Skulpturen zeitgenössischer syrischer Künstler.

Ugarit (Ras Shamra)

Wegweiser: Von Ladiqiya auf der vierspurigen Schnellstraße 10 km nordwärts bis zum Kreisel vor einem Luxushotel; hier rechts ab. Noch 4 km, die Anfahrt ist ausgeschildert.

In seiner Goldenen Zeit (ca. 1400–1200 v. Chr.) war Ugarit eine Hafenstadt, die mit der Mittelmeerwelt, mit Zypern, Kreta, der Ägäis und Ägypten, ebenso in Verbindung stand wie mit Anatolien und Mesopotamien, eine kosmopolitische Stadt, in der ägyptische und minoische Texte neben hethitischen und akkadischen Keilschrifttafeln kursierten. Ugarits zivilisationsgeschichtlicher Rang ergibt sich aus der Entwicklung einer neuen Konsonantenschrift, die das umfangreiche Silbensystem der sumerischen Keilschrift auf 30 Zeichen reduzierte – man spricht von keilalphabetischen Texten – und damit wegweisend für die weitere Schriftentwicklung wurde (s. S. 47). Reiche Archivfunde haben uns zudem Einblick gewährt in das ugaritische Pantheon, die faszinierende Götterwelt der Nordwestsemiten (s. S. 48 und Randspalte S. 217), die sich in der zweiten Hälfte des 3. Jt. v. Chr. auf dem Tell von Ras Shamra ansiedelten und als Kanaaniter im Alten Testament faßbar werden.

Besiedelt wurde der Platz sehr viel früher: Die Ausgrabungen haben ein großes Hüttendorf nachgewiesen, das im akeramischen Neolithikum des 7. Jt. v. Chr. auf der Basis von Ackerbau, Jagd und Fischfang zu blühen begann und sich im 6. Jt. – nun bereits mit mehrräumigen Steinhäusern ausgestattet – durch einen Wall schützte. Waffen aus Stein oder Obsidian (importiert aus Anatolien), die fortschreitend feiner, ›mikrolithischer‹ werden, dazu tönerne oder steinerne Fruchtbarkeitsfigurinen bezeugen den kulturellen Zusammenhang mit zeitgleichen syrischen Leitstätten wie Tell Halaf (s. S. 32). Schon im 5. Jt. v. Chr. war Ugarit übers Meer mit Zypern verbunden (Importe bemalter Keramik). In der Folge nahm der mesopotamische Einfluß zu, aber auch der Zustrom semitischer Nomaden (s. S. 38), die um 2000 v. Chr. Gräberfelder am Ras Shamra hinterlassen haben.

Bereits zu Beginn des 2. Jt. v. Chr. erscheint Ugarit in ägyptischen Texten als vorderasiatische Handelsstation. Dem entsprechen ugaritische Funde aus der Frühzeit der 12. ägyptischen Dynastie (u. a. Skarabäen des Pharao Sesostris I.; reg. 1971–1926 v. Chr.). Auch

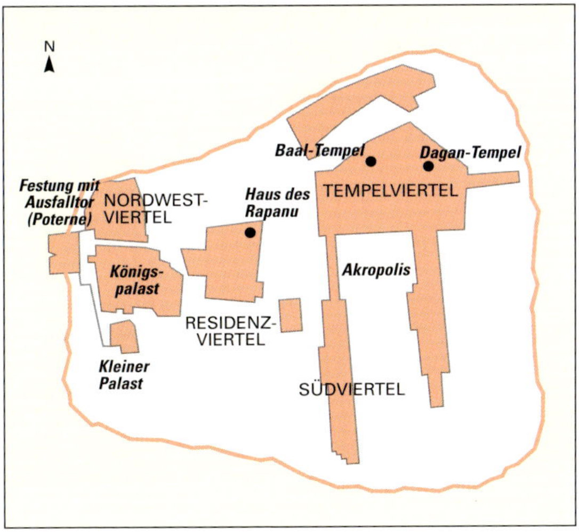

Das Ruinengelände von Ugarit

nach Osten entwickelten sich Ugarits Handelsbeziehungen; das Archiv im Königspalast des Zimri-Lim (s. S. 351f) dokumentiert diese Verbindungen bis ins frühe 18. Jh. v. Chr. hinein. Der Stadthügel war nun, zu Beginn des 2. Jt. v. Chr., in Gänze umwallt und besaß auf der Akropolis zwei Tempel, geweiht dem Baal und dem Dagan (s. u.).

Die hurritische Machtübernahme ließ Ugarits Rang ab ca. 1750 v. Chr. sinken. Aus dem Machtvakuum, entstanden um die Wende vom 16. zum 15. Jh. v. Chr., als Thutmosis I. in einem ersten ägyptischen Gegenschlag tief in das Mitanni-Territorium eindrang, versuchte eine anti-ägyptische Koalition von ca. 300 vorderasiatischen Kleinfürsten, darunter wohl auch der Fürst von Ugarit, zwei Jahrzehnte später Nutzen zu ziehen. Die syro-palästinischen Aufrührer hatten es nun allerdings mit einer neuen pharaonischen ›Politik der Stärke‹ zu tun, als deren Vollstrecker Thutmosis III. (reg. 1490–1438 v. Chr.) agierte, nicht nur in der Schlacht von Megiddo (1468), als er den Lokalherren die Überlegenheit Ägyptens demonstrierte, sondern auch in den Jahr für Jahr sich anschließenden Feldzügen, in denen er bis 1448 v. Chr. gegen die Mitanni eine ägyptische Verwaltung in Vorderasien installierte. Auch Ugarit erhielt eine ägyptische Garnison, galt als ›Festung des Pharao‹, sann aber offenbar weiter auf Selbständigkeit, denn Amenophis II. (reg. 1438–1412 v. Chr.) ließ den Fürsten der Stadt abermals Treue zu Ägypten schwören. Brüchig genug wird die Botmäßigkeit gewesen sein in einer Zeit, als die Mitanni den gesamten nordsyrisch-nordmesopotamischen Raum beherrschten. Mit dem Wiedererstarken der Hethiter drohte ihnen allerdings ein Zweifrontenkrieg, und so suchten sie Frieden mit Ägypten. Einen Frieden, in dem unter Echnatons (Amenophis IV.; reg. 1364–1347 v. Chr.) nachlassendem Interesse Ugarits Goldenes

Baal als Vegetationsgott, der stirbt und wiederauflebt nach dem Rhythmus der Natur, in einem keilschriftalphabetischen Text: »Gestorben war der Machthaber, der Herr der Erde./ Doch sieh! Lebendig ist er wieder, der mächtige Baal./ Sieh! Der Machthaber, der Herr der Erde ist wieder da./ Vom Himmel regnet es Öl,/ Honig füllt die Bäche.«

Die Poterne und steinerne Vorratsgefäße in Ugarit

Leider wurde der Plan, die reichen Bodenfunde von Ugarit in einem Museum vor Ort zu dokumentieren, nie Wirklichkeit; es blieb bei der Grundsteinlegung im Oktober 1956. Wenig später mußten die französischen Archäologen aufgrund der Suez-Krise Ugarit verlassen. So verteilt sich das Gros der Funde heute auf den Louvre und das Museum von Damaskus.

Zeitalter unter NIQMADU II. begann (s. S. 216), obschon eine Brandkatastrophe (ausgelöst wohl durch ein Erdbeben) die Stadt 1364 v. Chr. heimsuchte.

Zwar besaß Ugarit als Stadt der Kaufleute und des Handels stets nur lokale politische Bedeutung, doch gewann sie gegen intensive Fremdeinflüsse im Spannungsfeld zwischen Hurritern, Hethitern und Ägyptern ein eigenständiges kulturelles und religiöses Profil. Der Machtbereich der Stadt erstreckte sich jetzt vom Berg Casios, dem mythischen Sitz des Baal (s. S. 48; 72), bis nach Gabala, dem heutigen Jeble (s. u.). Die Blüte des Kleinreichs, dokumentiert im Bau von Königspalast, Südpalast wie auch monumentalen Residenzen der Oberschicht, zudem in der Anlage von steinernen Familiengräbern, währte bis zum Seevölkersturm Ende des 13. Jh. (s. S. 49).

Die erhaltenen Monumente, aber auch die bedeutenden Funde datieren überwiegend in diese große Zeit (1400–1200 v. Chr.). Die Stadt zeigte damals schon das orientalische Sackgassensystem, bei dem von einer Hauptstraße schmalere Straßen, von diesem wiederum blind endende Gassen abzweigen. Die Wohnhäuser ebenso wie die Palastanlagen sind um einen Hof errichtet. Unter den Wohnbauten befanden sich die Familiengrüfte, solide, mit Steinquadern aufgeführte Grabkammern mit meist abgeschrägten Seitenwänden, die an die mykenischen Grabmonumente erinnern. Die Stadtteile waren, wie in der islamisch-orientalischen Stadt, nach Berufsgruppen gegliedert. Es gab Viertel der Handwerker, der Kaufleute und der Priester – zudem natürlich ein Residenzviertel. Das Hafenviertel Minat al-Beida, in dem 1928 ein pflügender Bauer auf ein erstes Steingrab stieß (s. S. 34), liegt etwa 1500 m vom Haupt-Tell entfernt und ist heute nicht zu begehen. Hier konzentrierten sich Wohn- und Warenhäuser, daneben Einkaufsläden – und eben auch Grüfte.

Die Besichtigung beginnt am Westabhang des Tells bei einem Ausfalltor, einer sogenannten **Poterne** der Palastbefestigung. Sie stammt aus dem 15. Jh. v. Chr. und wurde bei Claude F.-A. SCHAEFFERS zehnter Kampagne 1938/1939 aufgedeckt. Ein abknickender Treppenaufgang führte durch das Tor von der Feldseite (Hafenseite) auf das Niveau des Palastes hinauf. Polygonale Steinquader von teilweise zyklopischen Ausmaßen bilden ein bis zu 6 m hohes Kraggewölbe, das unterhalb der Stadtmauer in die **Böschung aus Steinquadern** eingebunden ist. Das eindrucksvolle Befestigungswerk kann als Vorläufer der Glacis aus der Kreuzritterzeit gelten. Nördlich der Ausfallpforte haben sich die Ruinen eines **quadratischen Turmes** (14 m Seitenlänge) mit 5 m starken Mauern erhalten.

Der Torweg führte auf einen gepflasterten Hof, an dessen Ostseite eine Halle mit zwei Säulen den Eingang zum **Königspalast** bildete. Das Gestaltungsprinzip der querrechteckigen Halle mit Säulen an einer Hofseite – bezeugt bereits für den Palast von Ebla (s. S. 36) – ist charakteristisch für die syrische und späthethitische Architektur. Der Königspalast umfaßte im 14. und 13. Jh. eine Fläche von 6500 m². Die zahlreichen, z. T. in zwei Geschossen angelegten Räume gruppierten sich jeweils um große, sukzessiv entstandene Höfe. Ausgangspunkt der Anlage war ein größeres Wohnhaus östlich der beiden Eingangshöfe. Eine längsrechteckige Hofanlage im Osten des Palastes diente als Garten, die anliegenden Räume nahmen Geschäfte und die Werkstätten der Elfenbeinschnitzer auf. An den südlichen Kanzleihof, in dessen Mitte sich ein Wasserbassin befand, grenzten die Archivräume, wo politische Briefe, Verträge und Urteilssprüche aufbewahrt wurden. Fast alle erhaltenen Dokumente sind in babylonischer Sprache abgefaßt. Weitere Archive entdeckte man hinter der Eingangshalle, im Zentrum und im Osten des Palastes. Südlich lag ein zweiter, wesentlich kleinerer Palast.

Im Nordosten des Palastbezirks breitete sich Ugarits **»Nobelviertel«** aus, wie Sibylle von Reden es nennt. Unter anderen Wohnsitzen ist die 34 Räume = 800 m² große Residenz des Rapanu hervorzuheben, die auch eine Privatbibliothek (200 Tafeln mit akkadischen Texten) und ein Badezimmer umfaßte, dazu eine Grabkammer. Der inschriftlich bezeugte Rapanu bleibt zwar biographisch ein Unbekannter, muß jedoch einst eine Staatsstellung besessen haben.

Auf einer Anhöhe im Nordosten des Tells sind die **Akropolis** mit dem **Tempelbezirk** zu lokalisieren. Das ehemals stark befestigte Areal wurde von den beiden Haupttempeln – dem Baal und dem Gott Dagan (Dagon) geweiht – beherrscht. Beide verbinden architektonisch einen quadratischen Vorraum mit einer quergelagerten Cella; dem Baal-Tempel war ein Hof mit zentralem Altar vorgelagert. Zwischen den beiden Tempeln lagen Priesterwohnungen, in denen man Hunderte von Tontafeln mit mythologischen Texten entdeckte. Südlich des Baal-Tempels führte ein schmaler, ursprünglich mit Steinplatten gedeckter Treppengang in eine zeltförmige Gruft. Die Decke war aus vorzüglich gearbeiteten, vorkragenden Steinquadern gebildet, Wandnischen konnten Grabbeigaben aufnehmen.

Auf dem Rückweg zum Westtor lohnt noch ein Abstecher ins **Nordwestviertel.** Hier befand sich der königliche Marstall, von dem man noch vier Futterkrippen sieht. Zudem liefen hier die Abwasserkanäle der Stadt zusammen.

»Zu den enzyklopädischen Werken gehört ein viersprachiges Wörterbuch mit sumerischen, akkadischen, hurritischen und ugaritischen Vokabeln. Ein solches Nachschlagewerk würde man in einer modernen Bibliothek vergeblich suchen! Zur Zeit von Ugarit gab es vermutlich auch nicht viele Metropolen, deren Schreiber fünf verschiedene Schriften beherrschten: die hieroglyphisch-hethitische, die babylonische Keilschrift, die ägyptischen Hieroglyphen, die zyprominoische Linearschrift und das einheimische Alphabet. Die größte Tafel aus dem Archiv des Rapanu mit 500 Zeilen in acht Spalten erwies sich als Teil eines Lexikons mit Namen von Vögeln, Pflanzen, Fischen, Metallen, Stoffen, Kleidern usw.«
Sibylle von Reden

Die Küste südlich von Ladiqiya

Jeble

Jeble ist wie Ladiqiya (s. S. 212) eine der besonders schnell wachsenden syrischen Küstenstädte. Die Einwohnerzahl ist seit 1940 um mehr als das Fünffache gewachsen. Die ohnehin hohe syrische Geburtenquote (s. S. 20) wird hier noch durch stete Zuwanderung aus den Gebirgsdörfern des Ostens erhöht.

Wegweiser: 27 km südlich von Ladiqiya; ausgeschilderter Abzweig von der Küstenautobahn.

Die phönikische Siedlung Gabala ist eine Gründung der Inselstadt Arvad (Arados; s. S. 225). Als Gublu erscheint sie in den assyrischen Annalen, und spätestens im 5. Jh. v. Chr., damals noch der fünften persischen Satrapie zugehörig, fungierte der Ort als Stützpunkt griechischer Seefahrer. Die Seleukiden lösten Gabala, wie die Küstenstadt nun wieder hieß, aus der phönikischen Region und verbanden sie mit dem eigentlichen, dem aramäischen Syrien.

In die römische Zeit datiert der ursprünglich in freiem Gelände errichtete, heute im Stadtzentrum gelegene **Theaterbau,** dessen äußere Zugänge und Umgänge zugleich die Substruktionen der Cavea bilden. Die Bogenkonstruktionen aus Quadern waren bis 1990 nur im ersten Geschoß erhalten, das Bühnengebäude bis auf die Grundmauern zerstört. Nach der Restaurierung erschließt sich nun eine großzügige, ursprünglich 7000 Zuschauer fassende dreirangige Anlage von 90 m Durchmesser im römischen Halbkreis.

Das byzantinische Gabala war Bischofssitz und wurde von Byzanz auch nach der islamischen Eroberung (638; die Einwohner wehrten sich heftig, der Stadtwall wurde danach abgetragen) immer wieder angegriffen und ab 968, als die Truppen von Byzanz 35 000 moslemische Männer, Frauen und Kinder deportierten, für mehr als ein Jahrhundert (bis 1080) von Christen gehalten. Die moslemische Rückeroberung war nur kurzfristig. 1098–1258 gehörte Jeble – nun Gibellus oder Zibel genannt – als feste Stadt den Kreuzrittern. RAIMUND VON TOULOUSE war der erste fränkische Regent, ab 1109 gehörte Zibel zu TANKREDS Fürstentum Antiochia. Zwar zog SALADIN am 15. Juli 1188 in die Stadt ein und verrichtete hier das Freitagsgebet, doch erst 1285, unter dem Mamluken-Sultan QALAWUN (reg. 1280–90), kam Jeble endgültig in moslemischen Besitz.

Gernot ROTTER erinnert an die kulturgeschichtliche Bedeutung der neben dem römischen Theater gelegenen **Ibrahim-Moschee.** Schon ABU AL-FIDA (s. S. 183), später auch IBN BATTUTA, der das Städtchen

Die massiven Unterbauten des römischen Theaters von Gabala/Jeble

1355 besuchte, erwähnen für Jeble das Grab des IBRAHIM IBN AL-ADHAM, eines asketischen Mystikers, der im 8. Jh. n. Chr. seine weltliche Karriere aufgab, um ein gottgefälliges Leben zu führen. Jahrhundertelang zog dieses Grab Wallfahrer an, darunter solche, die den weiten Weg aus Persien oder der Türkei auf sich genommen hatten. Die heutige, stark renovierte Moschee nimmt übrigens den Platz einer älteren byzantinischen Kirche ein, erbaut unter Kaiser HERAKLIOS (reg. 610–41).

Tartus (Antarados)

Wegweiser: 90 km südlich von Ladiqiya; ausgeschilderter Abzweig von der Küstenautobahn.

Der Ursprung des Ortes ist eng mit dem der phönikischen Inselsiedlung Arvad/Arados verknüpft (s. S. 225). Als es auf der kleinen Felseninsel trotz Hochhausbaus zu eng wurde, bildete sich auf dem Festland eine Vorstadt, von der wir nur den späteren griechischen Namen kennen: Antarados (›die Arados Gegenüberliegende‹) oder kurz: Antardos. Diese Festlandstadt besaß weder unter der assyrischen noch der achämenidischen Provinzialverwaltung urbane Selbständigkeit, ebensowenig unter Seleukiden und Römern. Dies änderte sich erst unter Kaiser KONSTANTIN, und KONSTANTIOS gab der Stadt, deren früh christianisierte Bevölkerung – der Legende nach durch den Apostel PETRUS – er dem auch im 4. Jh. noch ›heidnischen‹ Arvad vorzog, seinen kaiserlichen Namen: Konstantia. Im Jahr 638/639 hat der Moslem-Kommandant UBADA IBN ASH-SHAMIT im Zuge seiner Küsten-Kampagne (s. S. 214), die ihn von Ladiqiya nach Süden führte, auf Befehl des damaligen Statthalters von Syrien und späteren Kalifen MUAWIYA den Hafen von Antarados zerstört, um eine Anlandung byzantinischer Truppen auszuschließen; in den Ruinen errichteten die Moslems einige Jahre später ein festes Heerlager, von dem aus sie die Insel Arados belagerten. Islamische Prominenz gewann der Ort, weil hier das persönliche Koran-Exemplar des Kalifen UTHMAN verwahrt wurde – so jedenfalls berichtet IBN HAUQAL im 10. Jh. Im Zuge der byzantinischen Reconquista wurde 968 (unter NIKEPHOROS II. PHOKAS) auch Tartus angegriffen, 1068 sogar erobert – und 1082 durch den Seldschuken TUTUSH zurückerobert. 1101 gelangte Tortosa, wie es nun genannt wurde, in den Besitz der Kreuzritter, die nach dem Zeugnis des IBN AL-ATHIR die moslemische Bevölkerung massakrierten. 1152 brachte der Zengide NUR AD-DIN die Stadtfeste für drei Jahre in islamische Hand. Nach der Rückeroberung durch BALDUIN III. wurde Tortosa 1158 den Tempelrittern übergeben. Anfang Juli 1188 fiel die Bischofsstadt mitsamt der Zitadelle zwar an SALADIN, doch konnten die Templer während der sechstägigen Belagerung den Donjon halten. Nach dem Abzug SALADINS wurde die Stadt sofort wiederaufgebaut. Aus dieser Zeit stammt der größte Teil der erhaltenen Befestigungswerke. Erst 1291 mußten die Templer, die 1267 und 1270 Sultan BAIBARS widerstanden hatten, unter dem Druck der Mamluken die Stadt als einen der letzten christlichen Posten in Syrien aufgeben. Sie flüchteten über das Meer zunächst nach Arvad, das bis 1303 gehalten werden konnte, später nach Zypern und nahmen auch das in der Kathedrale verehrte, angeblich vom Evangelisten LUKAS gemalte Marienbild mit (s. auch S. 174). Damit endete die ›große‹ Zeit von Tartus. Das islamische Städtchen stand administrativ und ökonomisch über Jahrhunderte im Spannungsfeld zwischen Tripolis und Homs.

Neuen Anschub brachte 1968 der Bau einer Eisenbahn von Homs her, die mit dem Ausbau des Hafens für den Export der Phosphate aus dem Gebiet südlich Palmyra korrespondierte. In den 70er Jahren wurde Tartus zum Endpunkt einer Pipeline, die Erdöl aus Nordostsyrien heranführt. Das rasante, wuchernde Wachstum ist – zusammen mit dem Zementwerk am nördlichen Stadtrand – verantwortlich für das unschöne Erscheinungsbild des heutigen Küstenstädtchens (1960 ca. 15 000, 1997 ca. 150 000 Einwohner), an dessen Bevölkerung neben den Alawiten auch die christlichen Gruppen Syriens hohen Anteil haben. Nur etwas mehr als die Hälfte der Einwohner sind – sunnitische – Moslems.

Die **Stadt der Kreuzritter** hatte – dem üblichen Schema der lateinischen Siedlungen folgend – die Form eines unregelmäßigen Trapezes, dessen längste Seite (ca. 350 m) unmittelbar an das Meer grenzte. In der Nordwestecke der Stadtmauer lag die Zitadelle, die mit zwei Mauerzügen und einem Graben einen Innenhof umschloß. An ihrer Seeseite erhob sich der mächtige Donjon als Zentrum der Verteidigungswerke der Stadt. Alle Wehranlagen – Donjon, Zitadelle und Stadtmauer – lagen direkt am Wasser, denn das von den Kreuzrittern kontrollierte Meer sicherte die Versorgung mit Nahrungsmit-

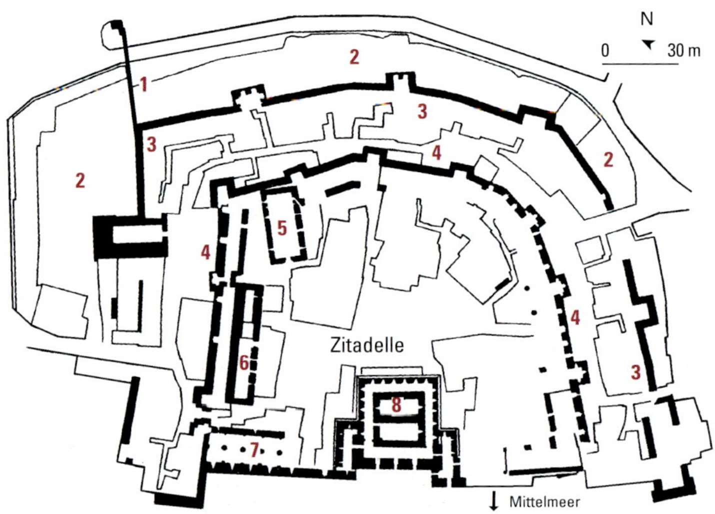

Die Zitadelle von Tartus:
1 Reste der Stadtmauer
2 Graben vor der äußeren Zitadelle
3 Äußerer Zitadellenwall
4 Innere Kasemattenmauer (völlig verbaut)
5 Burgkapelle (nicht zugänglich)
6 Kapitelsaal
7 Saal an der Seemauer (zerstört)
8 Donjon

Die Mauern der Kreuzritter sind mit Wohnhäusern überbaut, hier dekorativ nach spätosmanischer Manier.

teln wie Truppen und bot im Notfall eine letzte Fluchtmöglichkeit. Charakteristisch für die Anlage solcher Küstenstädte erscheint, daß die Zitadelle, ohne daß die Stadttore geöffnet werden mußten, Ausfälle bei Belagerungen ebenso erlaubte wie Vorstöße ins Bergland.

Wie in anderen Hafenstädten der Kreuzritter war auch die von einem Graben (gefüllt mit Meerwasser) umgebene, bis 2,5 m starke Stadtmauer von Tortosa durch Rechtecktürme verstärkt. YAQUT spricht mürrisch von fränkischen Türmen, »die wie Burgen sind«. Nur im Nordosten, in der Verlängerung der Zitadellenmauer, haben sich Partien dieser Kurtine erhalten. Eindrucksvoller präsentieren sich die Turmbauten der äußeren Zitadellenmauer. Die vorzüglich gearbeiteten Bossenquader mit Randschlag setzen unmittelbar auf dem anstehenden Gestein über dem aus dem Felsen geschnittenen zweiten Graben auf. Dieser äußere und der etwas höher gelegene innere Mauerring bildeten einen Zwinger. An die Innenseite des oberen Mauerrings, ausgeführt als Kasemattenwall, legten sich Magazine und Stallungen. Heute haben hier Lager und Läden ihren Platz.

In neuzeitliche Bebauung eingebunden und nicht zugänglich, hat sich die einschiffige Burgkapelle erhalten, ein schlichter Raum ohne Apsis. In schlechterem Zustand befindet sich der im ersten Stock eines Wohnhauses gelegene, 44 m lange Kapitelsaal aus dem 13. Jh. mit Spuren eines kreuzrippengewölbten Obergeschosses sowie der Rest eines zweischiffigen, durch fünf Pfeiler geteilten Bankettsaales an der Seemauer. Der Donjon ist nur in seinem gewaltigen Sockelgeschoß erhalten. Ursprünglich konnten von seiner Höhe aus die fränkischen Schiffe ent- und beladen werden. Man darf dabei nicht vergessen, daß das Meer, bevor man in diesem Jahrhundert die Küste aufschüttete, gegen die Seemauern der Zitadelle brandete. Durch die Ausfallpforte auf der Meerseite des Donjons, wo man Reste des Talus erkennt, dürften 1291 die letzten Templer entwichen sein.

Das zweifellos interessanteste Bauwerk von Tartus ist die **Kathedrale Nôtre-Dame.** Im Gegensatz zu den Burgkapellen der Franken (s. etwa S. 235), die im Mauerverband auch Wehrfunktionen über-

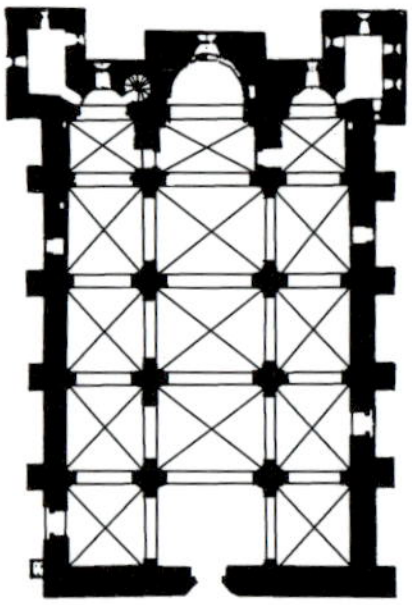

Grundriß der Kathedrale von Tartus

nahmen, handelt es sich bei der Marienkirche um einen freistehenden Sakralbau. Der Innenraum ist nicht durch Schießscharten zu verteidigen, die Mauerstärke beträgt kaum 2 m, aber dennoch verleihen die breit gelagerte Westfassade, die Strebepfeiler der Seitenschiffe und die (inzwischen weithin zerstörten) Turmbauten der Kirche den Charakter eines Wehrbaus. Die Gliederung der Westfassade ist deutlich zur Mitte hin orientiert. Portal, zwei darüber gelegene Fenster und ein krönendes drittes Fenster werden von eingestellten Säulen und Archivolten gerahmt.

Wir betreten den schönsten Raum der Kreuzritterzeit in Syrien. Die drei Kirchenschiffe sind von West nach Ost in vier Travéen unterteilt; sie münden in eine östliche Chorpartie mit drei Apsiden. Von den seitlichen Apsiden aus waren die beiden Turmräume im Norden und Süden zugänglich, die aus dem Mauerverband noch über die Linie der rechteckig ummantelten Zentralapsis hinaus vorsprangen. Das Mittelschiff erhebt sich kaum über die Seitenschiffe und wird nur durch vier schmale Schächte beleuchtet. Der Innenraum zeigt damit eine Tendenz zur Hallenkirche. Das tonnengewölbte, breitere Mittelschiff und die kreuzgratgewölbten Seitenschiffe sind in ein Gliederungssystem integriert, das bereits durch den kreuzförmigen Pfeilergrundriß mit jeweils vier vorgelegten Dreiviertelsäulen bestimmt wird. Den Vorlagen entsprechen in der Gewölbezone Gurtbögen, die Mittelschiff, Seitenschiffe und Pfeiler überspannen. Die Kapitelle der Wandvorlagen sind im Mittelschiff mit dem Gesims oberhalb der Arkaden verkröpft. Die Kapitelle der Pfeiler und Säulen zwischen Arkaden und Seitenschiff bilden unter einem gemeinsamen Profil eine einheitliche Kapitellzone.

Sarkophag (Ausschnitt) aus Amrit, eines der Exponate im Kathedralmuseum von Tartus

Die fast ausnahmslos unterschiedlich gebildeten Kapitelle können in zwei Gruppen unterteilt werden: Vorwiegend an den östlichen Pfeilern erkennen wir stilisierte Akanthuskapitelle, die einen deutlichen Kontrast zu den an Details reichen Blattformen der westlichen Knospenkapitelle bilden. Der 1123 begonnene erste Bau wurde durch Saladin im Juli 1188 weitgehend zerstört. Nach dem Abzug Saladins, also Ende des 12. Jh., entstand der Neubau. Möglicherweise sind die beiden Kapitellformen mit den beiden Bauphasen in Verbindung zu bringen; der Ostteil würde dann dem frühen Bau zugehören, während die westlichen Travéen später angefügt wurden.

Wahrscheinlich hat der Ort als Kultplatz eine in die Antike zurückreichende Tradition; bereits der Apostel Petrus soll hier eine Messe gelesen haben. 1851 wurde der brachliegende, über Jahrzehnte als Stall genutzte Bau in eine Moschee umgewandelt, und 1914 waren darin türkische Soldaten kaserniert.

Heute kann man die Kathedrale als **Museum** besichtigen. Ausgestellt ist neben syro-phönikischen Funden aus Amrit eine Reihe archaischer Kuroi (Jünglingsstatuen), die bis zu 30 cm hoch sind. Diese Funde dokumentieren die Präsenz griechischer Kaufleute an der syrischen Küste schon für das 5. Jh. v. Chr. Der reich verzierte römische Sarkophag datiert ins 2. Jh. n. Chr.

Arvad (Arados)

Die knapp 800 m lange, knapp 400 m breite Felseninsel 2,5 km vor Tartus ist vollständig und dicht mit neuzeitlichen Häusern und mittelalterlichen Festungswerken überbaut. Fast 5000 Einwohner hat sie, darunter ca. 400 Fischer. An Freitagen und Feiertagen setzen Hunderte von Ausflüglern mit der Fähre zur einzigen Insel Syriens über. Dann brodelt es in den engen, autofreien Gassen, füllen sich die Fischrestaurants. Deren Spezialität ist ein Sultan Ibrahim genannter Fisch, der seit der Eröffnung des Suez-Kanals aus dem Roten Meer in die Küstengewässer der Levante vorgestoßen ist. Auf den Werften von Arvad entstehen nach wie vor die traditionellen Feluken, ca. 7–8 m lange und knapp 2 m breite Holzsegelboote, die zusätzlich mit einfachen Dieselmotoren ausgerüstet werden.

Wegweiser: Von Tartus (Fischerhafen) tagsüber in viertelstündlichem Rhythmus Bootsverbindung zur Insel; 20 Min. Fahrt.

Die Insel hat eine lange Geschichte. Sie reicht zurück bis in die Zeit der Amarna-Briefe, und Pharao Thutmosis III. (reg. 1467–1426 v. Chr.) besetzte das Eiland während seiner fünften syrischen Kampagne. In den Keilschriften des mesopotamischen Ostens erscheint der Platz als Armada oder Aruadu, und auch in der biblischen Genesis (1. Mose 10,8; s. auch 1. Chronik 1,16) finden die »Arwaditer« Erwähnung. Denn Arvad, was soviel wie Zuflucht bedeutet, war der phönikische Name der Insel. Arvad besaß den einzigen guten, auch ›winterharten‹ Naturhafen zwischen Tripolis und Ladiqiya, und die »Ruderer« der Insel werden vom Propheten Ezechiel (27,8) den berühmten Seeleuten von Sidon und Tyros gleichgesetzt.

»Der Porto ist sehr gut, groß und ankerreich von Norden und Westen mit kleinen davorliegenden Klippen verschanzt...«
Wolffgang Aigen, ca. 1662

Ein trutziges, ein erfolgreiches Zentrum. Entsprechend eng wurde es auf der knappen Fläche der stetig wachsenden Inselstadt bereits in phönikischer Zeit. Hohe Stockwerkbauten – Pyrgoi wurden sie später von den Griechen genannt – sollten die Raumnot beheben. Aus der Raumnot und stategischen Erwägungen heraus entstand auch die Festlandsiedlung Antarados (s.o.); dagegen bezeugen Handelsniederlassungen wie Balanaia (Banyas), Gabala (Jeble; s. S. 219) und Paltos (Belde), nicht zu vergessen das Kultzentrum von Baitokaike (Hosn Soleiman; s. S. 190), die ökonomische Stärke und Ausstrahlungskraft der Insel, die von den Griechen Arados genannt wurde. Die altbewährte Fähigkeit der arvadischen Seefahrer mag den achämenidischen Großkönig Xerxes dazu bewogen haben, sie in der Seeschlacht von Salamis (480 v. Chr.) gegen die Griechen einzusetzen – Herodot berichtet davon. Alexander d. Gr. hatte auf seinem Nahostzug 333 v. Chr. keine Schwierigkeiten mit Arados, das unter seinem Machthaber Gerostratos freiwillig die Waffen streckte. Diese ›Freiwilligkeit‹ hatte guten Grund: Arvad/Arados besaß und besitzt kein natürliches Süßwasser. Aus den Zisternen allein war der Wasserbedarf der gewachsenen Bevölkerung aber nicht zu befriedigen. Bei Strabo ist nachzulesen, daß durch Anbohrung des Meeresbodens Süßwasser gewonnen wurde; die Leitung aus Tonröhren war aber leicht verletzlich und erforderte somit eine ›geschickte‹ Diplomatie. Dennoch behauptete das Inselreich über drei hellenistische

Ein Boot landet Lebensmittel auf Arvad an.

Jahrhunderte hinweg eine gewisse, fragile Selbständigkeit. Erst unter den Römern, als sein Hafen den alten Rang verlor, wurde die Inselfeste zu einer frühen »Museumsstadt« (Jean-Pierre Rey-Coquais). Daß der Apostel Paulus (s. S. 116) hier Station gemacht habe, wie die Legende behauptet, ist historisch nicht nachweisbar. Wenn es aber so war, kann er die Inselbewohner nicht sonderlich beeindruckt haben, denn noch in frühbyzantinischer Zeit (4. Jh.) galten sie als hartnäckige ›Heiden‹. Immerhin fungierte die Insel als byzantinische Flottenbasis, bis die Araber sie 640 einnahmen. Diese zeitliche Verzögerung moslemischer Übernahme wiederholte sich zum Ende der Kreuzzugszeit, denn die Insel, letzter Posten der Franken, fiel erst 1302, als die übrige Küste längst mamlukisch war. Die überlebenden Tempelritter – das Gros wurde bei der Erstürmung niedergemetzelt – gelangten als ›Staatsgefangene‹ nach Kairo.

Die Insel wurde vermutlich in ihrem ganzen Umfang nacheinander von phönikischen, antiken, dann byzantinischen Mauern umschlossen, von denen sich aber nur da und dort Partien erhalten haben. Eindrucksvoll sind insbesondere die Reste des gewaltigen phönikischen Inselwalles aus riesigen Quadern im Westen. Die Araber sicherten nur noch den Hafen durch eine kleine Festung; sie beherbergt heute ein bescheidenes **Museum.** Die zweite Festung, von den Kreuzrittern des 12./13. Jh. erbaut, nahm von Westen her aufsteigend die Höhe der Insel ein. Nur Mauerreste sind erhalten.

Amrit (Marathos)

Wegweiser: 6 km südlich von Tartus

Erstaunen und Ratlosigkeit sind seit 1860, als der Religionshistoriker Ernest Renan die Ruinen für Europa wiederentdeckte, die Reaktionen der Besucher von Amrit. Das antike Marathos, ebenso wie Antarados (Tartus) eine Gründung der vorgelagerten Insel Arvad/Arados (s. o.), breitet sein Geheimnis in einer Reihe gewaltiger Steinbauten aus, die zu einer Nekropole und einem Tempelbezirk gehören.

Auf einem kleinen **Tell** im Nordosten von Amrit hat man zwar Lebensspuren des 3. Jt. v. Chr. gefunden, doch macht nicht Siedlungskontinuität, sondern der ›neo-phönikische‹ Bruch und Aufbruch im 6. Jh. das Rätsel der Stätte aus. Spätestens damals avancierte sie zu einem Kultzentrum, wobei phönikische und achämenidische Traditionen auf einzigartige Weise zusammenfanden – nicht zu vergessen das altägyptische Moment, das seit dem 2. Jt. v. Chr. Spuren in der Region hinterließ. Maurice Dunand und Nassib Saliby vermuten zwar eine Entweihung des Heiligtums Mitte des 4. Jh. v. Chr. im Zusammenhang mit dem persischen Zusammenbruch, doch als Alexander d. Gr. durch den Nahen Osten zog, blühte das nun Marathos genannte Amrit. Alexander bezog hier sogar kurzfristig Quartier, und die hellenistischen Griechen bauten die Stätte noch aus. Erst unter den Römern verlor sie im 2. Jh. n. Chr. ihre Bedeutung.

Die beiden bedeutendsten Grabdenkmäler (Meghazile) von Amrit

Das unübersichtliche und weitläufige Ruinengelände ist bis heute so gut wie unerforscht. Nur Ausgrabungen könnten die antiken Textzeugnisse ergänzen und die Frage klären, ob Amrit – so wie Baitokaike (s. S. 190) – ein reines Kultzentrum oder aber eine Wohnsiedlung in Konkurrenz zu Antarados/Tartus war.

Zunächst zur **Nekropole:** Die beiden besterhaltenen Grabdenkmäler, die sogenannten Meghazile (›Spindeln‹), liegen dicht beieinander. Aus riesigen Felsblöcken zusammengesetzt, erheben sie sich über unterirdischen, aus dem Fels geschnittenen Grabkammern, die von Süden aus über eine Treppe und einen Dromos zugänglich sind. Die aus den Gräbern geborgenen Fundgegenstände gehören in die Zeit vom Ausgang des 5. bis zum Ende des 1. Jh. v. Chr. Die Denkmäler müssen also vor dem 4. Jh. entstanden sein. Wir hätten es folglich mit spätphönikischen Grabbauten zu tun, die als Erinnerungsmale Vorläufer der hellenistischen und römischen Mausoleen sind.

Das erste, fast 7 m hohe Monument ruht auf einer quadratischen Felsbasis. An den Ecken des kreisrunden, aus vier gewaltigen Steinblöcken zusammengesetzten Sockelgeschosses befinden sich die Skulpturen frontal gesehener Löwen, die nie vollendet wurden. Über dem Sockelgeschoß erhebt sich, von einem Zinnenfries abgeschlossen, ein monolither Steinzylinder, bekrönt von einem zweiten, kleineren mit abschließender Kuppel. Die Friese aus gestuften Zinnen verweisen auf den altorientalischen Ursprung der Architektur. 25 m weiter östlich wurde 1976 ein weiteres Hypogäum erschlossen.

Ruinen des Quellheiligtums von Amrit

Das zweite Grabmonument, ca. 4 m hoch, besteht aus einem hohen, quadratischen Sockel, einem Zylinder und einer abschließenden, ursprünglich fünfstöckigen Pyramide.

Eine Pyramide bekrönte auch das heute ›Schlangenturm‹ (Burj al-Bezaq) genannte dritte Monument (mit zwei Grabkammern) knapp 1 km weiter südlich, jenseits des Nahr al-Qubli genannten Bachlaufs, ca. 200 m westlich der alten Straße Tartus – Tripolis. Der kubische Unterbau ist hier nicht monolith, sondern aus gewaltigen Blöcken aufgeschichtet. Noch weiter südlich bestätigen die Trümmer eines umgestürzten Obelisken den ägyptischen Einfluß auf Amrit.

Das **Quellheiligtum** von Marathos, heute schlicht al-Mabed (›der Tempel‹) genannt, liegt 2 km von den Grabbauten in Richtung Tartus, also nordwestlich der Meghazile, nahe dem Bach Nahr al-Amrit. Ein Bassin von 39 x 48 m Seitenlänge ist 3 m tief aus dem Felsen herausgeschlagen. Monolithe, bis zu 3 m hohe Pfeiler im ägyptischen Stil stützen im Westen, Süden und Osten umlaufende Arkaden, die offene Nordseite wurde durch den Bau einer Mauer geschlossen, welche auch die Eingangsportale aufnahm. Im Zentrum des Bassins erhebt sich die Cella über einem quadratischen Felssockel von 5,5 m Seitenlänge. Der aus Steinquadern gebildete und nach Norden hin geöffnete Raum hat eine zweifach gestufte Zinnenbekrönung, die exakt dem Zinnenfries des einen Meghazils entspricht (s. o.). In der Cella stand das Kultbild des Gottes Melqart (Stadtgott von Tyros), der in römischer Zeit mit Herakles, aber auch mit Chnum, dem ägyptischen Gott der Gesundheit und Spender des lebenswichtigen Wassers, identifiziert wurde.

Auf der Ost- und Westseite des Bassins erhoben sich auf Basen – sie allein blieben erhalten – monumentale Säulen. Zentrum des antiken Kultes war die heilige, heilkräftige Quelle, die an der Felswand des östlichen Umgangs entsprang und deren Wasser über Kanäle in die Portiken der Ost- und Südseite geleitet wurde. Der von Norden aus zugängliche Hauptaltar lag in der Achse der Cella auf der Nordseite des Bassins. Obwohl die aufgefundene Keramik aus dem 5. und 4. Jh. v. Chr. griechischen Einfluß dokumentiert, erscheint der Tempel als ein rein orientalisches Bauwerk, denn Ornamentik, Monumentalsäulen, zwei Turmkammern an den Ecken der Nordmauer und die kleine Tempelcella sind Architekturformen, die einzig im Raum zwischen Syrien und Persien Parallelen haben.

Weniger bekannt sind das wahrscheinlich hellenistische **Stadion** (ca. 230 x 30 m) von Amrit, von dem sich ca. 150 m nordöstlich des Tempels jenseits des Nahr al-Amrit Spuren erhalten haben, und eine 30 m lange, aus dem Fels geschlagene **Hausfassade** ca. 350 m südöstlich des kleinen Tell. Im Stadion dürften sakrale Wettkämpfe stattgefunden haben, und auch die eigentümliche, schmucklose Felsarchitektur – selbst die Innenwände sind aus dem Fels gemeißelt – erscheint eher als Rest eines Heiligtums denn als Profanbau.

Die Burgen des Küstengebirges

Nach der Eroberung Syriens und Palästinas durch die Kreuzritter mußte das Land durch befestigte Städte und Burgen gesichert werden, die das jeweilige Umland kontrollierten. Als wichtigste Stützpunkte baute man die Hafenstädte aus (s. auch S. 221), über die der Kontakt mit Europa aufrechterhalten blieb und die als Basen für Vorstöße ins Bergland dienten. Um jedoch das fränkische Territorium auszudehnen, waren Offensivburgen nötig, die sich im Feindesland behaupten konnten. Diese großen Befestigungswerke umgab man ihrerseits mit kleineren Forts, befestigten Wegstationen und Brückenköpfen, bis schließlich ein Netz von Stützpunkten das Gebirgsland zwischen Küste und Orontes überzog.

Fast ausschließlich handelte es sich um Höhenburgen, die einen natürlichen, an seinen Seiten steil abfallenden Bergrücken ausnutzten. Die exponierte Lage ermöglichte den Sichtkontakt mit den Nachbarburgen, so daß durch Feuersignale über weite Entfernungen Nachrichten übermittelt werden konnten. Darüber hinaus nahmen die Hauptburgen stets Schlüsselpositionen im mittelalterlichen Wegenetz ein und lagen in einem fruchtbaren Umland, das die Versorgung der bis zu 2000 Mann starken Besatzungen sichern konnten.

Als in der Schlacht bei Hattin 1187 fast der gesamte fränkische Adel fiel oder in Gefangenschaft geriet, eroberte SALADIN in einem

Ras al-Basit
0
N
15 km
Shoghur-Bakas
Jisr ash-Shoghur
ar-Riha
Qinadda
Jebel Anseriya
Bara
Qalaat Burzey
Maarrat an-Numan
Marra
Ugarit
Ras Shamra
Qalaat Saladin
Qalaat Sahyun/Saône
al-Haffa
Slenfe
Ghab
Qafr Tabl
Capharda
Ladiqiya
La Liche
Qalaat al-Mehelbe
Balatonos
Qalaat al-Mudiq
Apameia
Afamia
Qalaat Ibn Qahtan
Khan Sheikhun
Jeble
Zibel
Ain ash-Sharqiya
Qalaat Ibn Qahtan
Mittelmeer
Qalaat Maniqa
Chastel Malavans
Qalaat Sheizar
Le Grand Césaire
Nahr al-Asi (Orontes)
ad-Dali
Qalaat Abu Qubeis
Bokebeis
Banyas
Valénia
Qalaat al-Olleqa
Marqab
Hama
Qalaat Marqab
Qadmus
Qalaat al-Kahf
Masyaf
Massiat
Maraclée
Ain al Beida
Qalaat al-Kawabi
Coïbe
Montferrand
Hosn Soleiman
Baitokaike
Tartus
Tortosa
Rafanée
Rafanea
Dreykish
Arvad
Tell Dauw
Amrit
Safita
Chastel Blanc
Georgskloster
Qalaat Yahmur
Chastel Rouge
Krak des Chevaliers
Qalaat Areima
Arima
Homs
Homs-Pforte
Tell Kalakh
Nahr al-Kebir
Arida
LIBANON

groß angelegten Feldzug die schwach verteidigten Festungen und Hafenstädte des lateinischen Königreiches und nach kurzer Belagerung sogar die Hauptstadt Jerusalem. Den Angriffen widerstanden nur die stark befestigten Hafenstädte Tyros, Tripolis, Tortosa und Antiochia sowie die Burgen Marqab, Safita und Krak des Chevaliers.

Krak des Chevaliers (Hosn al-Aqrad)

Anders als etwa die an der Küste gelegene Burg Marqab (s. S. 239) zeigt der Krak des Chevaliers Offensivcharakter als weit gegen die Stadt Homs vorgeschobenes Bollwerk. 755 m hoch gelegen, beherrscht er die sogenannte Homs-Pforte, einen leichten Paß (nur ca. 160 m hoch), der Innersyrien seit je mit der Küstenregion verband und vielleicht aufgrund seiner strategischen Bedeutung schon im Zusammenhang der ägyptisch-hethitischen Rivalität vor der Schlacht bei Kadesch im frühen 13. Jh. v. Chr. (s. S. 46) befestigt wurde. Im ›Warnsystem‹ der lateinischen Stützpunkte in Syrien nahm er reichlich 2000 Jahre später eine Sonderstellung ein, da mit der 15 km entfernten Burg Safita (von der aus man wiederum bis Tartus schauen konnte; s. S. 237) und ebenso mit dem feindlichen Homs Blickverbindung bestand.

Wegweiser: Von der Autobahn Tartus – Homs 40 km vor Homs nordwärts auf eine Landstraße abzweigen; nach 4 km links (westwärts) abbiegen zum Dorf al-Hosn; die Burg überragt das Dorf. Zum Georgskloster zunächst Richtung Marmarita (12 km), kurz vor dem Dorf dann links abzweigen.

Der Krak verkörpert einen neuen Burgtypus, der nicht mehr nur einen Donjon, sondern eine ganze Bastion zum Zentrum hat. Gerade damit war er wegweisend für den nachfolgenden Burgenbau. Um die Stärke der Befestigungen zu ermessen, müssen wir uns vergegenwärtigen, daß die Burg eine christliche ›Insel‹ im vollständig von Moslems eroberten Umland darstellte, aber doch uneinnehmbar schien. Zahllos sind die Belagerungsversuche, die nicht nur unter Nur ad-Din (1163) und Saladin (1188) erfolglos blieben. Durch seinen guten Erhaltungszustand und die frühzeitige Erforschung ist der Krak des Chevaliers zum Inbegriff der Kreuzritterburg schlechthin, aber auch zum Symbol europäischer Beutegier geworden.

Eine erste Befestigung des Emirs von Homs entstand hier 1031. Natürlich sollte sie den Paß von Homs kontrollieren. Die sunnitischen Kurden, die der Emir ansiedelte, verschafften dem Hügel und der Burg den Namen Jebel bzw. Hosn al-Aqrad (Kurdenberg/-burg). Erobert wurde die Kurdenburg 1102 durch Tankred von Antiochia. Zehn Jahre später gelangte sie an den Grafen von Tripolis, 1144 schließlich wurde sie an den Johanniter-Orden abgetreten, der im 12. Jh. zum eigentlichen Träger des christlichen Widerstandes gegen die moslemische Rückeroberung avancierte.

Zwischen 1150 und 1250 entstand unter dem weltlichen Orden in drei Bauphasen das gewaltige neue Befestigungswerk: Vor 1170 wurde die Oberburg mit den umlaufenden Kasemattenmauern und der Burgkapelle errichtet, nach dem Erdbeben von 1170 erhielt die Oberburg eine äußere Umwallung und den gewaltigen Talus der Südfront, nach 1250 – der Siebte Kreuzzug war gerade gescheitert –

◁ Übersichtskarte des Küstengebirges mit den Burgen der Kreuzritterzeit

schließlich wurden der untere Teil des Toraufgangs, das Nordtor und Magazinbauten in der Unterburg fertiggestellt. Etwa 1500 Fußsoldaten, bis zu 400 Ritter und 400 Pferde hatten danach auf dem Krak Platz. Bis 1267 mußte AL-MANSUR, der Emir von Hama, Tribut an die Herren des Krak entrichten. Am 8. April 1271 aber kapitulierten die Ritter nach wiederholter Belagerung (seit 1267) durch den Mamluken-Sultan BAIBARS, der am 3. März vor der Burg aufgezogen war, am 4. März Verstärkung durch Abteilungen der Assassinen und jenes Emirs von Hama erhielt und am 31. März die äußeren Befestigungen überwunden hatte. Gegen das Versprechen, nicht länger auf arabischem Terrain zu verbleiben, erhielten sie freien Abzug nach Tripolis, um sich dort nach Europa einzuschiffen. Die durch die Eroberung beschädigten Befestigungswerke wurden von den Moslems durch Neubauten ausgebessert.

Der mamlukische Ausbau war allerdings überflüssig, denn der Krak wurde fortan nicht mehr angegriffen – auch nicht von den Mongolen. So bezogen während des späteren Mittelalters Bauern aus der Umgebung die Burg. Die französische Mandatarmacht, die jedes christliche und jedes Kreuzzug-Monument in Syrien zur historischen Rechtfertigung ihrer Kolonialpolitik benutzte, siedelte die Bewohner des Krak 1933/34 aus (in das Dorf al-Hosn) und restaurierte die Anlage. Erst drei Jahre nach der Unabhängigkeit Syriens gelangte der Krak, bis dahin hartnäckig als ein »Denkmal Frankreichs« gewertet, in syrischen Besitz.

Der Krak des Chevaliers liegt auf dem nördlichen Teil eines an den Seiten verhältnismäßig steil abfallenden Bergrückens, dessen unbebauter Südteil durch einen künstlichen Graben von dem zweifachen, konzentrischen Mauerring getrennt wird. Den besten Blick auf die Anlage hat man von einem Hügel im Südwesten der Burg.

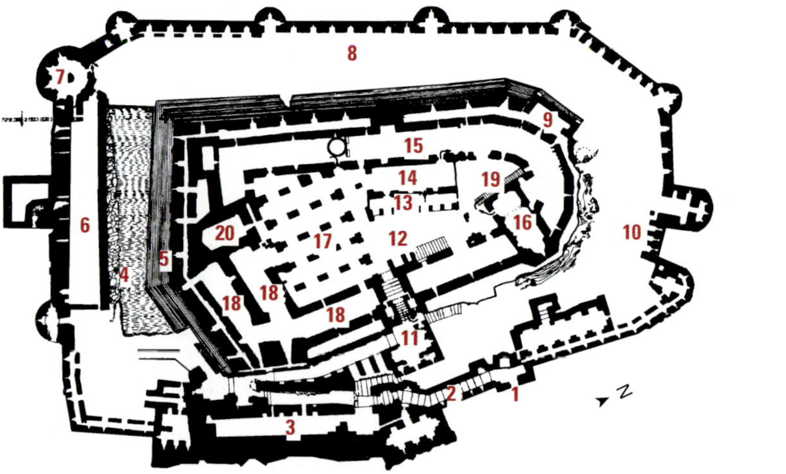

Krak des Chevaliers:
1 östlicher Toraufgang
2 Treppenrampe
3 südlicher Zwinger
4 Wassergraben
5 Talus der Oberburg
6 Langer Saalbau mit vorgelagertem Südturm
7 Rundturm mit Zentralpfeiler
8 Westseite des Zwingers
9 Nordturm
10 Tor im äußeren Festungsring
11 Haupttor der Oberburg
12 Unterer Hof
13 Vorhalle des Großen Saals
14 Großer Saal
15 Lange Halle
16 Burgkapelle
17 Pfeilerhalle (Speisesaal)
18 Speicherräume
19 Aufgang zum Obergeschoß
20 Donjon

Die Unterburg, im Westen, Süden und Norden verstärkt durch Rundtürme, war an allen Punkten von der Oberburg aus zu kontrollieren, so daß ihr die Funktion eines Zwingers zukommt. Verbunden werden die beiden Mauerringe durch den östlichen Toraufgang, an dem unser Rundgang beginnt. Ursprünglich lag eine Zugbrücke vor diesem Osttor.

Die eilig ausgeführten Turmbauten, Mauerkurtinen und schrägen Steinhänge der Ostseite stehen mit ihrem groben Mauerwerk in deutlichem Kontrast zu den sorgfältig gearbeiteten Wehrbauten der West- und Nordseite. Eine Inschrift über dem **Eingangsportal** erinnert an die moslemischen Restaurierungsarbeiten nach BAIBARS' Eroberung 1271.

Ein kreuzgratgewölbter, unregelmäßiger **Turmraum** aus der späten Kreuzfahrerzeit (Ticketverkauf) führt zu der fast vollständig überdachten **Aufgangsrampe,** die nach Süden hin zunächst entlang des Mauerverbands verläuft, um nach Erreichen des unteren Burgringes scharfwinklig abzuknicken und in entgegengesetzter Richtung nach Norden hin zur Oberburg aufzusteigen. Die Stufen sind so flach, daß auch Pferde die Rampe hinauftraben konnten.

»Was der Parthenon für die griechischen Tempel und Chartres für die gotischen Kathedralen ist, das ist der Krak des Chevaliers für die mittelalterliche Burg: das alles überragende Beispiel, einer der größten Bauten aller Zeiten.«
Thomas S.R. Boase

Am ›Knick‹, bei der Wendung von Süd nach Nord, berührt die Rampe einen **polygonalen Turm,** der sich – aus vorzüglichem Quaderwerk mit Randschlag erbaut – an den Talus der Oberburg lehnt. Über seinem südlichen Portal befinden sich zwei Reliefs mit Löwendarstellungen. Die Köpfe der Raubkatzen sind zerstört. Wie die Anlage der gesamten Ostflanke datiert auch der Turm in die letzte fränkische Ausbauphase nach 1250. Die Mamluken verstärkten die Ostseite nach 1271 durch zwei rechteckige Turmbauten. (Wer direkt zur Oberburg aufsteigen will, folge der Rampe nach Norden zum Haupttor hinauf. Wir dagegen gehen zunächst eine Runde um die Oberburg.)

Der Polygonalturm führt in den südlichen Zwinger, der auf der einen Seite durch die gewaltige Hauptfront der Oberburg und auf der anderen durch die Südmauer der Unterburg gebildet wird. Am Fuße des monumentalen Talus der Hauptburg machte ein **Wassergraben,** der gleichzeitig als Zisterne diente und den ein Aquädukt im Süden versorgte, das Unterminieren der Mauer unmöglich. Aus dem riesigen Steinhang über dem Graben ragen drei Turmbauten der **Oberburg** auf. Von ihren Untergeschossen aus sind Verteidigungsgänge mit Scharten zugänglich, die hinter dem Quadermauerwerk des Talus verlaufen. Diese mächtige Verteidigungsanlage gehört zu den eindrucksvollsten Wehrbauten der Levante.

Auf der Südseite des Grabens gelangen wir in einen mehr als 60 m langen, überwölbten Saal, wohl ein **Stall- und Magazinbau.** Seine Südseite ist identisch mit der Außenmauer der Unterburg. Im Westen stößt der Saal an einen **Rundturm,** dessen Innenraum von einem oktogonalen Pfeiler bestimmt wird, der die umlaufenden, sich zur Außenwand hin trapezförmig erweiternden Gewölbeteile aufnimmt. Eine Inschrift nennt BAIBARS als Bauherren. Bei der Kapitulation der

Ritter war die Unterburg bereits von den Moslems eingenommen worden; die Neubauten hatten die Aufgabe, die in die Südmauer geschlagenen Breschen zu schließen und die am wenigsten durch die Natur geschützte Südseite zu verstärken.

Die homogene Struktur der Westseite des Zwingers vermittelt den Zustand der Befestigungwerke zur Zeit der zweiten fränkischen Ausbauphase gegen Ende des 12. Jh. In dem über 150 m gleichmäßig verlaufenden Mauerverband befinden sich in regelmäßigen Abständen schmale Schießscharten, die man von einem Wehrgang aus erreichte. Fünf halbrunde Turmbauten, nach einem einheitlichen Plan erbaut, besitzen ebenfalls Schießscharten zu Seiten einer quadratischen, kreuzgratgewölbten Turmkammer. Eine Maschikuli-Galerie über dem Wehrgang plaziert jeweils einen Gußerker zwischen zwei Schießscharten, so daß jeder Bereich der Mauer zu verteidigen war.

Die Mauern und Türme der Oberburg werden auch auf der Westseite durch einen Steinhang geschützt. Der Nordturm, der an seiner Außenfassade durch drei Wandnischen, Blendbögen und eine Galerie von Gußerkern gegliedert wird, ermöglichte durch ein Tor den Zugang zur Oberburg. Der Turm datiert in eine frühe Bauphase vor 1170. Ein von zwei Bastionen geschütztes **Tor im äußeren Festungsring** an der Nordostecke der Außenburg wurde erst in der zweiten Hälfte des 13. Jh. von den Ordensrittern zusammen mit Magazinbauten angelegt.

Auf der Ostseite des Zwingers erreichen wir das **Haupttor** der Aufgangsrampe, das dem Innentor der Oberburg vorgelagert ist. Der aufsteigende Torweg führt auf den fast dreieckig geformten Hof, der von der **Vorhalle** des Großen Saals beherrscht wird. Diese Loggia setzt mit ihrem reichen Bauschmuck einen ästhetischen Akzent innerhalb der sonst ganz auf Funktionalität ausgerichteten Wehrarchitektur.

Zwei Portale, die den Zugängen zum Hauptsaal gegenüberliegen, und fünf weitere Fensteröffnungen mit eingestellten Doppelarkaden und Fünfpässen in den zugespitzten Bogenfeldern gliedern zwischen Wandvorlagen die Hofseite der Halle. Gotisches Formengut begegnet uns auch im längsgerichteten Innenraum, den – in Entsprechung zu den Wandöffnungen – sieben Kreuzrippengewölbe überspannen. Die zweifach profilierten Rippen werden über Wandsäulen mit Kapitellen zusammengeführt. Auf diesen erscheinen neben Blattwerkdekorationen auch figürliche Darstellungen von Tieren oder Karyatiden und Knospenformen. Im Vergleich mit den Bauformen der Sainte-Chapelle in Paris (1248) datiert Paul Deschamps die Vorhalle in das Ende der Kreuzritterzeit. Die beiden Portale zum Hauptsaal sind zweifach zurückgestuft. Das Maßwerk der Bogenfelder rahmen von eingestellten Säulen getragene Profile. Die lateinische Inschrift am Türsturz des am weitesten westlich gelegenen Fensters mahnt dazu, die Ehre zu wahren, denn ohne sie seien sogar Schönheit und Weisheit entwertet.

»Mit Ausnahme der Kathedrale von Tortosa hat Syrien keinen Bau aus dieser Zeit bewahrt, der sich diesem an makellosem Reiz und Eleganz vergleichen könnte.«
Thomas S. R. Boase

Der **Große Saal** erhebt sich über einem Rechteck von 27 x 7,5 m und wird überspannt von drei gewaltigen Kreuzrippengewölben, die auf reich dekorierten Konsolen lagern. Drei Fenster über der Vorhalle beleuchten den einheitlichen Raum, der als Versammlungs- und Empfangssaal diente.

An seiner Westseite liegt eine Halle, die mit 120 m Länge die gesamte Westseite der Burg einnimmt. Zusammen mit weiteren Räumen im Süden und Osten, deren Außenmauern ebenfalls Wehrcharakter aufweisen, bildet sie als unregelmäßiges Trapez den Burgkern des 12. Jh. In der **Langen Halle** übernachteten die Mannschaften, dort waren aber wohl auch die Vorräte für den Verteidigungsfall deponiert, und es gab einen Küchentrakt und Latrinen.

Im Norden ist in dieses Verteidigungssystem die **Burgkapelle** integriert, die in die Mitte des 12. Jh. datiert und noch den Einfluß der Romanik zeigt. Mit ihrer Apsis ragt diese durch zwei Gurtbögen in drei Joche unterteilte Saalkirche aus dem Mauerverband heraus. Die Wandvorlagen sind wie in Safita (s. S. 236) mit dem Kranzgesims verkröpft. Durch zweifach gestufte Rundbögen zwischen den Wandvorlagen entstehen Wandnischen, die den schlichten Sakralraum gliedern. Nach der mamlukischen Übernahme des Krak wurde aus der Burgkapelle die Burgmoschee.

Die Südhälfte des Hofes finden wir bis zur Vorhalle des Großen Saales mit einer riesigen Pfeilerhalle verbaut; durch einen Korridor ist sie mit dem 120 m langen Saal verbunden. Da in diesem Bereich

Der Residentialhof des Krak vor dem Großen Saal

ein großer Backofen und eine Küche gefunden wurden, ist eine Interpretation der Pfeilerhalle als **Refektorium** wahrscheinlich. Südlich lagen, wie Tonkrüge und Ölpressen zeigen, weitere Depots.

Über Treppen an der Kapelle und beim Refektorium ist das zweite Geschoß der Oberburg zu erreichen, von dem aus man zu den Wohnräumen der Turmbauten gelangt. Im erwähnten Nordturm (›Turm der Königstochter‹ genannt), befindet sich heute ein kleines Restaurant. Der weniger starke Rundturm über der Südwestecke des Talus hat in seinem zweiten Geschoß einen Raum, der durch ein Kreuzrippengewölbe über vier Säulen mit Kelchkapitellen und einem Dekorationsband aus Rosetten reicher als die anderen Turmzimmer ausgestattet ist und deshalb als **Residenz des Großmeisters** interpretiert wird.

Die beiden anderen Türme im Süden – der **Bergfried** ist der höchste – zeigen einen rechteckigen, an der Südseite halbkreisförmig ausgebildeten Grundriß.

Wer den Krak mit dem eigenen Auto besucht, könnte noch den Abstecher zum nahen **Deir Mar Georgis,** dem griechisch-orthodoxen Georgskloster, anschließen. Es liegt in dem tief eingeschnittenen Tal – im Volksmund ›Tal der Christen‹ genannt– nordwestlich der Burg. Von der Gründung des 6. Jh. sind nur noch Grundmauern und Spolien erhalten. Sehenswert ist die aus dem 13. Jh. stammende Unterkirche, deren Ebenholz-Ikonostase prachtvolles vegetabiles Schnitzwerk zeigt. Die Oberkirche stammt aus dem Jahr 1857. Am 6. Mai (Festtag des Hl. GEORG) und am 15. September (Heilig-Kreuz-Fest) strömen hier Tausende von christlichen Gläubigen aus ganz Syrien und dem Libanon zusammen.

Safita und Umgebung

Wegweiser: Von Tartus 31 km auf guter Landstraße (Nr. 43) nach Osten.

Der 28 m hohe Donjon von Chastel Blanc, wie die Lateiner die Feste nannten, kann in seiner einzigartigen Verbindung von Zisterne, Sakralraum, Repräsentationssaal und Wehrturm als der Inbegriff der Kreuzritterarchitektur gelten. Der Wohnturm beherrschte als Zentrum einer heute fast vollständig zerstörten Burganlage das gesamte Umland. Die exponierte Lage (380 m hoch) gewährte Sichtkontakt mit dem 15 km entfernten Krak, mit Tartus und der Burg Areima.

Obstgärten und Olivenhaine geben der fruchtbaren Umgebung ein fast mittelmeerisches Gepräge, und die hübsche Kleinstadt Safita mit ihren roten Hausdächern gehört zu Syriens Idyllen. In nahen Sommerfrischen wie Dreykish (Olivenhaine, Meerblick, Seidenproduktion für den berühmten Damaszener Brokat) oder Wadi al-Uyun (Eichenhaine, Granatäpfel, viele Quellen und Bäche) laden akzeptable Hotels zu längerem Aufenthalt ein.

Bereits 1112 gehörte der Landstrich zur Grafschaft Tripolis. Bald darauf dürfte in Safita eine erste Festung entstanden sein. Durch NUR ad-Din 1167 und 1171, durch Saladin 1188 stark beschädigt, begann spätestens nach dem Erdbeben von 1202 der Wiederaufbau oder besser: der Neubau der Anlage. Safita gehörte nun den Tempelrittern und stand in enger Verbindung zu Tartus. Dorthin flüchtete sich im Februar 1271 auch die 700 Ritter starke Burgmannschaft, als Baibars mit seinem Heer auf dem Weg zum Krak des Chevaliers heranzog.

Über rechteckigem Grundriß (31 x 18 m) erhebt sich das vorzügliche Quaderwerk in zwei Geschossen. Die Mauerstärke beträgt ca. 3 m und wird nur von wenigen Schachtfenstern durchmessen. Das westliche Eingangstor führt in einen tonnenüberwölbten, 18 m hohen **Kirchenraum** mit östlicher Apsis. Schmale Gurtbögen auf Wandvorlagen mit einem verkröpften Kranzgesims bilden drei Joche. Zwei Fenster auf jeder Seite und ein Fenster in der Apsis verengen sich zur Außenmauer hin zu schmalen Schlitzen, die Eingänge zu den beiden Annexräumen der Apsis sind vermauert. Bis vor wenigen Jahren feierten die griechisch-orthodoxen Christen von Safita in der Kirche – sie war dem Hl. Michael geweiht – noch die Messe. Die geräumige Zisterne unter dem Kirchenraum ist nicht zugänglich.

In der Südwestecke führt ein Treppenaufgang im Mauerverband zum **zweiten Geschoß.** Drei Pfeiler mit kreuzförmigem Grundriß sind untereinander und mit den Wandvorlagen durch Bögen so verbunden, daß acht gleichgroße, kreuzgratgewölbte Raumteile entstehen. Jedem Wandabschnitt entspricht eine Fensternische, so daß der Raum ausreichend beleuchtet ist. Zweifellos handelt es sich hier um einen der schönsten romanischen Innenräume in Syrien.

Über einen weiteren Treppenaufgang ist vom Pfeilersaal aus die **Dachterrasse** mit Zinnenbekrönung zu erreichen. Sie diente der Verteidigung des Turmes und war zugleich Auslug. Heute genießt man von hier den Fernblick bis zum Krak, zu den schneebedeckten Bergen des Libanon und zum Mittelmeer.

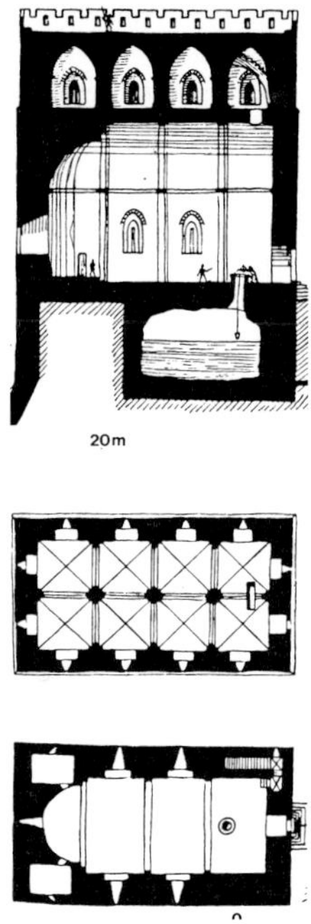

Safita, Aufriß des Donjons, Grundriß der beiden Geschosse

In den Hügeln zwischen Safita und der Küste liegen noch zwei weitere, selten besuchte Burgen, erreichbar auf windungsreichen Landstraßen.

Innerhalb einer Umfassungsmauer mit zwei später angefügten Ecktürmen erhebt sich der quadratische Donjon von **Qalaat Yahmur.** Obwohl die Lage der Burg keineswegs exponiert ist, besteht Blickkontakt mit Tartus und Qalaat Areima. Die kleine Anlage hatte ihre Funktion innerhalb einer größeren Befestigungslinie. Der Zwinger ist von Süden aus zugänglich, während der Eingang des Donjon auf der Westseite liegt. Der Erdgeschoßraum wird von vier Kreuzgratgewölben über einem Mittelpfeiler überdacht. Innerhalb der Nordmauer verläuft der Aufgang zum Obergeschoß. Die geometrische Struktur der Anlage leitet sich wohl von byzantinischen Befestigungen ab, die im 10. Jh. unter Kaiser Nikephoros II. Dukas entstanden. 1177 ging die Burg – Chastel Rouge oder Castrum Rubrum genannt – an die Johanniter, erst 1289, zwei Jahre vor dem Fall von Tartus, wurde sie von Qalawun erobert.

Wegweiser: Nach Yahmur von Safita zurück Richtung Tartus, nach 18 km im Dorf Beit Shalluf nach links (südwärts) auf eine Piste abbiegen; noch reichlich 2 km bis zur Burg. Nach Areima von Safita zurück bis zur Küstenautobahn; auf ihr 20 km ostwärts Richtung Homs, dann links (nordwärts) abbiegen; noch 4 km bis zur Burgruine.

Die großenteils zerstörte Burganlage **Qalaat Areima** (Ureimah) – Arima hieß sie in der Kreuzritterzeit – hatte Blickkontakt mit Safita und war wie Yahmur in das Verteidigungssystem zwischen Tartus und Tripolis integriert. Innerhalb eines äußeren Verteidigungsrings erhob sich die rechteckige Oberburg, die deshalb Interesse verdient, weil sie dem Grundriß byzantinischer Kastelle folgt. Gut erhalten ist ein Wehrturm der Südseite neben dem Haupttor des Innenkastells. 1171 wurde die Templer-Festung von NUR AD-DIN, 1188 von SALADIN erobert. 1291 fiel sie endgültig an die Moslems.

Masyaf

Wegweiser: Von Banyas nach Osten auf Landstraße Nr. 35 über das Dorf Qadmus Richtung Hama (auch von dort ist Masyaf zu erreichen: 42 km).

Von etwa 1140 bis etwa 1290 war die zuvor kurzfristig von den Franken besetzte und Anfang des 13. Jh. restaurierte arabische Burg am Rand des Alawiten-Gebirges ein Hauptbesitz der Ismailiten, die damals durch ihre religiös-politischen Morde im ganzen Vorderen Orient gefürchtet waren. In Masyaf, in Qadmus und in Qalaat al-Kahf hatte SINAN, syrischer Repräsentant des berüchtigten Alten vom Berge (s. S. 120), seinen Sitz.

Masyafs Bauplatz war trefflich gewählt: Von hier ließ sich der Durchgang von Hama zur Küste, aber auch die Ebene südöstlich des Orontes kontrollieren. In der Tat war der Platz bereits seit seleukidischer Zeit befestigt, und die Römer stationierten hier eine Legion. Ein Jahrtausend später wurden in Masyaf die assassinischen Attentäter instruiert (s. S. 26), wenn sie gegen die christlichen und moslemischen Feinde der Sekte aufbrachen. Zweimal ging es auch gegen SALADIN, der indes mit dem Leben davonkam und Masyaf daraufhin

Die Burg von Masyaf auf ihrer Berghöhe überragt den modernen Ort.

1176 – vergeblich – belagerte. Der ganze religiöse Hochmut des gefürchteten SINAN, der 30 Jahre lang, 1163–1193 über die syrischen Ismailiten gebot, schlägt sich in einem Brief an SALADIN nieder: »Wir haben [...] Kenntnis genommen von dem, was Du uns in Worten und Taten androhst. Bei Gott, es ist erstaunlich zu sehen, wie eine Fliege im Ohr des Elefanten schwirrt und eine Mücke auf Statuen einsticht. Andere vor Dir haben ähnliche Dinge gesagt, und wir haben sie vernichtet. [...] Solltest Du wirklich befohlen haben, mir den Kopf abzuschlagen und meine Burgen von den festen Bergen zu stoßen, so wisse, daß dies falsche Hoffnungen und eitle Phantasien sind ...« In der Tat hat sich SALADIN später mit SINAN arrangieren müssen.

Die Burg erhebt sich auf einem mächtigen Kalkfelskegel nordöstlich über dem gleichnamigen Marktort (ca. 10 000 Einwohner, darunter eine Minderheit von Ismailiten). In den hohen, mehrfach gewinkelten und durch Türme verstärkten **Außenwällen** öffnet sich, zweifach abgeknickt, das **Eingangstor.** Es erschließt einen teilweise überwölbten Gang, der um die innere Mauerkurtine gelegt ist. Im äußeren Mauerring erhebt sich die **Oberburg** mit dem Donjon.

Qalaat Marqab

Wegweiser: Von Banyas die alte Straße nach Tartus nehmen, dort am Stadtrand dann links ab und über die Autobahnüberführung; noch 7 km auf einer Bergstraße.

Das düstere Festungswerk von Marqab krönt auf ca. 360 m Höhe einen gewaltigen, nach Norden etwas abfallenden Bergrücken, der das gesamte Umland dominiert. Henri-Paul EYDOUX spricht von einem »Triumph des Gigantischen«. Die Quadermauern wurden aus dem anstehenden Basaltgestein errichtet, wobei die weißen Mörtelschichten die Steinlagen akzentuieren.

Der massive Ausbau der Verteidigungsanlagen datiert in die Jahre 1186–1203, als die Johanniter die 1062 begründete islamische Feudalburg übernahmen. Zuvor war sie kurz (1104) in byzantinischem Besitz, danach mit dem Fürstentum Antiochia assoziiert. Selbst nach der Schlacht bei Hattin 1187 wagte SALADIN keinen Sturm auf die Anlage mehr. Angriffe durch den Emir von Aleppo (1204) und einen Turkmenen-Emir (1280) scheiterten. »Der Bischof von Banyas war in den gefährlichen Zeiten des 13. Jh. froh, seine Residenz nach Marqab verlegen zu können« (R. C. SMAIL). Erst am 25. Mai 1285 fiel Qalaat al-Marqab als einer der letzten westlichen Stützpunkte im Nahen Osten nach fünfwöchiger Belagerung an den Mamluken-Sultan QALAWUN (s. Randspalte S. 240), der den Franken freien Abzug nach Tartus und Tripolis gewährte und die stark mitgenommene Festung restaurieren ließ. Bis in spätosmanische Zeit blieb sie eine Militärbasis.

Nur im Süden fällt das Gelände weniger steil ab, so daß sich die Verteidigungsanlagen an dieser Stelle konzentrieren. Das im wesentlichen durch einen zweifachen Mauerzug eingegrenzte Burgareal orientiert sich am Verlauf der Bergkuppe und nimmt folglich die Form eines großen Dreiecks an, dessen südliche Spitze durch einen

»Am 17. April 1285 erschien er [Sultan Qalawun] mit einem großen Heer am Fuß des Berges, auf welchem die Burg stand, und brachte eine größere Zahl von Steinschleudermaschinen mit, als man jemals bisher auf einem Fleck gesehen hatte. Seine Leute zerrten sie den Berghang hinauf und begannen, die Mauern und Wälle zu beschießen. Aber die Burg war wohlgerüstet, und ihre eigenen Steinschleudern hatten den Vorteil, daß sie sich in günstigerer Stellung befanden. Viele der Maschinen des Feindes wurden zertrümmert. Einen Monat lang vermochten die Muselmanen keinerlei Fortschritte zu erzielen.« Doch dann wurden die Besatzung gewahr, daß ein Stollen tief unter ihre Verteidigungswerke getrieben worden war. »Sie wußte, daß sie verloren war, und ergab sich. […] Qalawun zog in aller Form am 25. Mai in die Burg ein.«
Steven Runciman

künstlichen Halsgraben abgesondert ist. Der stärker befestigte Südteil kann als die eigentliche Burg bezeichnet werden, während das heute weitgehend in Trümmern liegende nördliche Areal dicht besiedelt war und Stadtcharakter besaß. Nach dem Bericht Ibn Battutas, der Marqab 1355 besuchte, durften die »Fremden« (nämlich Armenier), die hier in größerer Zahl lebten, die innere Burg nicht betreten.

Der Zugang zur Burg befindet sich auf ihrer Westseite. Über einen abgewinkelten Treppenaufgang erreicht man einen **Torturm** in der äußeren Umfassungsmauer, der über dem Portal einen Gußerker besitzt. Innere und äußere Mauer bilden an dieser Stelle einen **Zwinger,** den es nach Süden zu durchqueren gilt, um das zweigeschossige **Haupttor** der Burg (von 1270) zu erreichen. Die unregelmäßigen Räume dieser Toranlage sind gegeneinander versetzt und führen sowohl in die Stadt als auch zur Burg.

Durch die Burgkapelle wird der ungefähr dreieckige **Hof** in zwei verschiedene Bereiche geteilt. Wir gelangen zunächst in den nördlichen Abschnitt, der im Norden und Osten von Magazin- und Wirtschaftsbauten sowie vom Ostturm umgeben ist.

Den südlichen Abschluß des Hofs bildet eine einfache, 23 x 10 m große **Saalkirche** mit zwei Zugängen im Norden und Westen. Eingestellte Säulen und Bogenwülste schmücken die zweifach gestuften Portale, zwei Wandpilaster mit vorgelegten Dreiviertelsäulen und stilisierten Akanthuskapitellen tragen den einzigen Gurtbogen zwischen den beiden Kreuzgratgewölben. »Das Fehlen von Säulen im Innern gibt dem relativ kleinen Bau eine Anmutung der Weite, wie es typisch ist für die gotische Periode mit ihrem Streben nach Offenheit

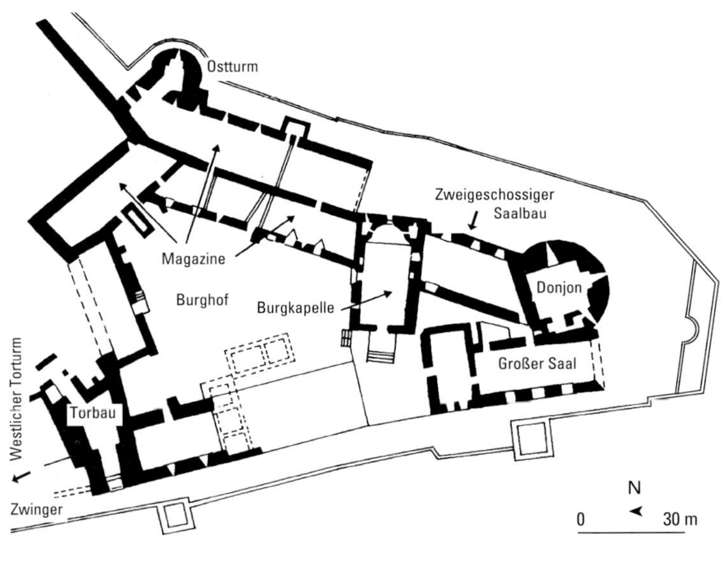

Qalaat Marqab, Grundriß

Stolz sitzt die Burg von Marqab auf ihrem Bergrücken.

und Licht« (Ross Burns). Die Apsis hat zwei Annexräume im Norden und Süden, die noch Fragmente von Malereien aufweisen.

Das Zentrum des zweiten Hofes bildet der südliche Rundturm, ein **Donjon** von etwa 21 m Durchmesser und 21 m Höhe, der sich in drei Geschosse gliedertn. Seine Mauern, um die Wende vom 12. zum 13. Jh. errichtet, sind bis zu 5 m stark. Den Mauerabschnitt zwischen Burgkapelle und Donjon schließt ein zweigeschossiger **Saalbau** mit Treppenaufgang. Er erhebt sich über einer – heute nicht zugänglichen – Zisterne. Weitere monumentale Räume, zu deuten wahrscheinlich als Kasernen für die Burgmannschaft, befinden sich im Norden zwischen Donjon und Ostturm.

Qalaat Saladin (Qalaat Sahyun)

Zweifellos stellt Qalaat Saladin, wie die Burg seit 1957 in Erinnerung an die Eroberung durch Saladin heißt, neben dem Krak des Chevaliers und Qalaat Marqab das eindrucksvollste Befestigungswerk der Kreuzritterzeit in Syrien dar. Bereits die atemberaubende Lage auf einem 740 m langen und 50–150 m breiten Bergrücken zwischen tiefen Schluchten wirkt einzigartig.

Wegweiser: Von Ladiqiya auf der alten Tartus-Straße südwärts; nach der Eisenbahn-Überführung sogleich links und nach wenigen hundert Metern bei einer Gabel nochmal links zum 15 km entfernten Dorf al-Haffa; von dort (ausgeschildert; schmale, schwierige Strecke) in einer aussichtsreichen Rundtour zur Burg.

Etwa 400 m hoch gelegen, beherrschte die Stellung den wichtigen nördlichen Paß durch das Küstengebirge zwischen Mittelmeer und Orontes-Ebene. So war der damals Sigon genannte Platz bereits befestigt, als Alexander d. Gr. 333 v. Chr. nach der Schlacht von Issos durch Syrien zog. Die nächsten historischen Nachrichten stammen erst aus dem 10. Jh. n. Chr. In dem Landstrich, der damals den Hamdaniden gehörte, setzte sich im Zuge seiner Orient-Kampagne (975) der byzantinische Kaiser Johannes I. Tzimiskes (reg. 969–976) durch. Auf der Höhe von Qalaat Saladin entstand eine christliche Zitadelle mit zwei Mauergürteln, wahrscheinlich auch schon der faszinierende Felsgraben. Etwa 150 Jahre später begann jenes Festungswerk Konturen zu gewinnen, das wir heute vor uns sehen: Dies geschah ab 1119 (unter Oberaufsicht von Antiochia) durch den französischen Adligen Robert von Saône, der über Landbesitz im Jebel Anseriya verfügte und offenbar die Mittel hatte, groß-

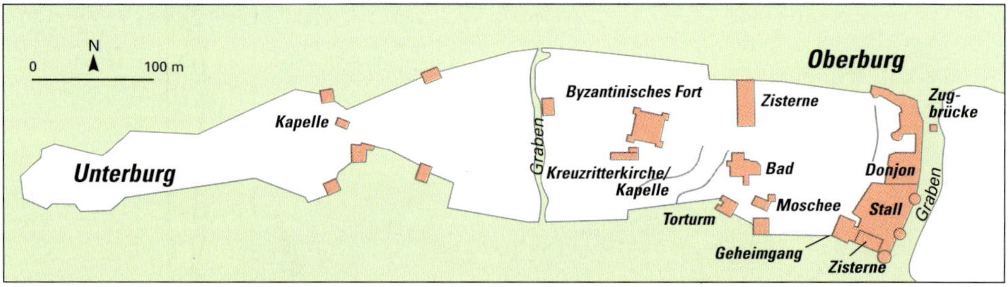

Qalaat Saladin, Grundriß

zügiger zu bauen, als man es sonst von Kreuzritterburgen gewohnt war. Als Saona oder Sehunna erscheint die Burg in fränkischen Dokumenten, als Qalaat Sahyun kannten sie die Araber.

Bis 1188 wagten die Moslems nicht, die mächtige Festung anzugreifen. Am 26. Juli des Jahres aber zog SALADIN vor den Wällen auf, und schon zwei Tage später war eine Bresche in die Nordmauer geschlagen, durch welche SALADINS Truppen eindrangen. Da von dem wenige Tage zuvor durch die Moslems genommenen La Liche (Ladiqiya) kein Entsatz zu erwarten war, streckten die Verteidiger, eine kleine Mannschaft nur, die Waffen. Die Burg blieb danach in arabischem Besitz: Zuerst hielt ein lokaler Emir, NASR AD-DIN MANGUWER, sie in Besitz (bis 1272), dann die Familie des Mamluken-Sultans BAIBARS. 1287 mußte sie durch Sultan QALAWUN noch einmal genommen werden, denn der abgesetzte Statthalter von Damaskus hatte sich in ihren Mauern verschanzt.

Das Burgareal ist im Osten durch einen künstlichen **Graben** von dem natürlichen Bergrücken abgeschnitten. Der 28 m tiefe, 14–19 m breite Graben wurde auf einer Länge von etwa 150 m aus dem Fels gehauen – eine angesichts der mittelalterlichen Möglichkeiten fast unvorstellbare Leistung, welche die Schwachstelle der Burg auf der Ostseite so gut wie unüberwindlich machte. Ein obeliskartiger Felssporn, auf dem die Zugbrücke auflag, stützte den Brückenzugang. Durch einen zweiten, natürlichen Graben wurde das nach Westen abfallende Burgareal in zwei Bezirke geteilt, deren östlicher, um den Oberhof gelegener, wesentlich stärker befestigt war.

Heute befindet sich der Zugang zur Oberburg auf der Südseite, die durch mächtige, in fränkischer Zeit entstandene **Turmbauten** geschützt wird, weil das Gelände hier weniger steil abfällt. Die drei Rundtürme über der Steingrabenwand im Südosten wie auch die Rechteckbastionen an der Südseite sind in vorzüglichem Bossenquaderwerk errichtet. Durch das Untergeschoß eines fast quadratischen **Torturmes** (der westlichsten Rechteckbastion) führt der abgewinkelte Weg ins Burginnere. Besonders eindrucksvoll: der über 3 m lange monolithe Sturz der zweiten Tür. Direkt dem Tor gegenüber steht die Moschee, wir gehen jedoch erst nach Osten, um die fränkischen Verteidigungswerke oberhalb des künstlichen Grabens zu besichtigen.

Noch auf der Südseite der Burg gelegen, erhebt sich ein **zweigeschossiger Turm,** von dem aus eine Geheimtreppe durch den Felsen zu einer Ausfallpforte am Fuße des Burgberges führte. Nordöstlich dieses Turmes liegt ein gewaltiger **Pfeilersaal,** der als Pferdestall genutzt wurde. Seine Ostwand ist identisch mit der durch Halbtürme verstärkten Mauerkurtine über dem Felsgraben. Zwischen dem Stall und dem Rechteckturm befindet sich an der Außenmauer der Südseite eine längsrechteckige **Zisterne.**

Im Norden grenzt der Pfeilersaal an den monumentalen **Donjon** – mit seinen über 5 m starken Außenmauern über dem Grundrißquadrat von knapp 25 m Seitenlänge das bedeutendste Verteidigungswerk der Burg. Wie in Qalaat Sheizar (s. S. 192) liegt er unmittelbar am Grabeneinschnitt. Ein Treppenaufgang im Mauerverband beginnt auf der linken Seite der einzigen Türöffnung und führt ins Obergeschoß. Die hohen Räume der beiden Geschosse besitzen Kreuzgratgewölbe, die auf mächtigen Mittelstützen ruhen. Vom zweiten Stockwerk erreicht man wie in Safita (s. S. 236) eine Dachterrasse, die auch die Kontrolle über den Brückenzugang erlaubte. Die Brücke mündete auf der Burgseite in einen turmverstärkten Wehrgang, an dessen Südseite sich, etwas tiefer, ein Kuppelsaal byzantinischen Ursprungs befand.

»Es war, glaube ich, das Aufregendste, was mir an Burgarchitektur begegnet ist: der ungemein massive Bergfried, wie er da über dem Rand des gigantischen Wehrgrabens aufragte.«
T. E. Lawrence, Brief an die Mutter, September 1909

Parallel zum Graben verläuft eine Mauer aus gebrannten Ziegeln und unregelmäßigen Quadersteinen zwischen Mörtelschichten, die ebenfalls zum byzantinischen Befestigungsring gehört. Das westlich anschließende Gelände wurde von zwei weiteren byzantinischen Mauern geschützt. Nur die große **Zisterne** auf der Nordseite – sie mißt etwa 30 x 10 m – ist fränkisch. Das Zentrum der Burg bildet ein quadratischer, turmbewehrter, stark zerstörter **byzantinischer Bau,** der die Anlage bis heute mit seiner gewaltigen Ostfassade beherrscht.

Die islamischen Bauwerke von Qalaat Saladin haben keinen Wehrcharakter. Hervorzuheben ist das südlich der großen Zisterne gelegene **ayyubidische Bad** vom Ende des 12. oder Anfang des 13. Jh. Die Portalnische wird von drei Halbkuppeln über Muqarnas abgeschlossen; über dem dekorativen Türsturz befindet sich ein herrliches Ornamentfeld mit geometrischen Motiven. Zum Bad gehört ein Hof mit vier Iwanen, dessen Zentrum ein aus dem Fels gearbeitetes Becken mit Abflüssen bildet. Zwischen dem Badehaus und der wohl unter QALAWUN erbauten **Moschee** stehen die Ruinen eines langgestreckten, nicht näher zu deutenden **Pfeilersaales,** der wie das Bad dem islamischen Palastkomplex zugeordnet ist.

Auf der Südseite der Zitadelle haben sich die Ruinen einer einschiffigen **Kreuzritterkirche** und einer kleineren byzantinischen **Burgkapelle** erhalten, die sich an die Nordseite der Kirche legt. Das Ostareal von Qalaat Saladin wird im Westen von einem zweiten, durch eine Mauer verstärkten Graben begrenzt. Eine der Geländekontur folgende Mauer und vier oder fünf Rechtecktürme sicherten jetzt überwachsene **Unterburg.**

Aleppo und Umgebung

Aleppo (Haleb)

Aleppo ist eine Handelsstadt, und so sind es zuallererst wirtschaftliche Kriterien, die ihre Bedeutung ausmachen: Die Stadt liegt auf ca. 380 m Höhe im Grenzbereich zweier Anbauzonen, die ungefähr den Regionen mit durchschnittlichen Jahresniederschlägen von 400–600 bzw. 200–400 mm entsprechen. Während im Norden und Westen ohne künstliche Bewässerung selbst Sommerfrüchte und Baumkulturen gedeihen, reichen im Süden und Osten die Niederschläge nur noch für einen extensiven Wintergetreideanbau aus. »Der mit Abstand wichtigste Markt auf dem Umschlagplatz für beide Anbauzonen und damit für ganz Nordsyrien ist Aleppo« (Eugen Wirth).

Erscheint die Wahl des Standortes am Steppenbach Quweiq (der antike Belos; er entspringt im Taurus und versiegt im Baumwollanbaugebiet südlich von Aleppo) innerhalb der Region als eher zufällig, so wird sie bei der Betrachtung des Großraumes mehr als plausibel. Auf halbem Wege zwischen den wichtigsten Euphrat-Übergängen und dem Mittelmeer gelegen, ist Aleppo die Schaltstelle zwischen Mesopotamien und Europa; darüber hinaus treffen hier die Handelsstraßen von Mossul, Istanbul, Ladiqiya und Damaskus zusammen, außer dem Taurus beeinträchtigen keine natürlichen Schranken die Stadt. Mehr als Damaskus war und ist Aleppo somit auch in den interkulturellen Austausch eingespannt.

Besonders sehenswert:
Zitadelle ☆☆
Südliche Altstadt und Maqamat-Viertel
Suqs und westliche Altstadt ☆
Omayyaden-Moschee ☆
Judeida-Viertel
Nationalmuseum ☆

Ain Dara
Kyrrhos

»Diese Stadt ist der Ort, wo sie die Zölle erheben zwischen den Landstrichen von Syrien und Kleinasien und Diyarbakir und Ägypten und Irak, und es kommen Kaufleute aus all diesen Ländern nach Aleppo.«
Nasir i-Chosrau, 1047

Geschichtlicher Überblick

Aufgrund der kontinuierlichen Besiedlung Aleppos sind größere Ausgrabungen im Stadtareal so gut wie ausgeschlossen. Wahrscheinlich war der Platz seit dem 5. Jt. v. Chr. besiedelt. Den alten neolithischen Tell vermutet man übrigens im Viertel al-Aqaba. Für die **frühgeschichtliche Zeit** geben uns die Archive jener Städte Auskunft, die mit Aleppo in Verbindung standen, vor allem die Texte aus Mari (s. S. 39f) und Alalakh, die für das 18. Jh. v. Chr. Haleb (in hethitischen Quellen Chalab, in akkadischen Halaba, in amoritischen Halap genannt) als die Residenzstadt eines Königreiches namens Yamkhad bezeugen. Unter Yarim-Lim I. dehnte Yamkhad seinen Herrschaftsbereich fast über ganz Nordsyrien aus und kontrollierte zeitweise sogar das mittlere und östliche Mesopotamien.

Spätestens Mitte des 18. Jh. v. Chr., als der Babylonier Hammurabi Mari am Euphrat zerstört hatte (s. S. 350), stieg Yamkhad zur dominierenden Macht in Syrien auf. In Alalakh richtete Abbad von Haleb in der zweiten Hälfte des 18. Jh. eine Nebendynastie ein, die Yamkhad untergeordnet blieb. Aus den Archiven Alalakhs erfahren wir, daß Haleb an der Spitze der syrischen Stadtstaaten den seit der Mitte des 17. Jh. vordringenden Hethitern entgegentrat. Trotz einer Niederlage in Nordsyrien fiel Haleb selbst erst im 16. Jh., als der Hethi-

◁ Blick auf Hof und Innenportal der Omayyaden-Moschee von Aleppo

Grabstele des 8. Jh., als Haleb zum Einflußbereich der aramäischen Stammesverbunds Bit Agusi gehörte.

ter Hattuschili I. gegen die Stadt zog. Zu Beginn des 15. Jh. behauptete die Stadt im Kraftfeld der Großmächte eine regionale Eigenständigkeit; erst um die Mitte des 14. Jh. klärte der Hethiter-König Schuppiluliuma die Herrschaftsverhältnisse nach dem Sieg über die Mitanni. Zwar setzte er 1370 seinen Sohn Telepinu als Oberpriester des Wettergottes in Haleb ein, doch politisch mußte die Stadt ihre Führungsrolle in Nordsyrien an Karkemisch abtreten.

Nach dem Seevölkersturm um 1200 (s. S. 49) und dem Untergang des Hethiter-Reiches findet Haleb nur mehr als Kultort des Hadad Erwähnung (ein beliebter ›Schwurgott‹, in dessen Namen Bündnisse besiegelt wurden), politisch versank die Stadt bis ans Ende der persischen Zeit in Provinzialität. Ein Basaltrelief des 8. Jh. stellt eines der wenigen archäologischen Zeugnisse aus einer Zeit dar, als Haleb zum aramäischen Kleinstaat Bit Agusi gehörte. 854/853 v. Chr. marschierte Salamanassar III. nach dem Schlachtenpatt von Qarqar (s. S. 54) auf seinem Weg zur Mittelmeerküste in die Stadt ein.

Die Informationen über die vor-hellenistische Stadtanlage sind ungenügend. Fest steht jedoch, daß die Beroia genannte **hellenistische Neugründung** – entstanden unter Seleukos Nikator (s. S. 119) zwischen 301 und 281 v. Chr. – nicht nur einen historischen Einschnitt markierte, sondern auch das Stadtbild grundlegend und nachhaltig umgestaltete. Wahrscheinlich verlangten die landwirtschaftlichen Ressourcen der Region die Einrichtung einer seleukidischen Stadt; ausschlaggebend für die Neugründung dürfte jedoch die militärische Bedeutung des Ortes mit ihrem Zitadellenhügel gewesen sein. Wie in Damaskus (s. S. 130f) sind die antiken Grundstrukturen noch aus der islamischen Überbauung abzulesen: Regelmäßiges Straßenraster und Zitadelle als Charakteristikum aller seleukidischen Gründungen in Syrien. Das Straßenraster mit Insulae-Größen von ca. 48 x 124 m nahm Bezug auf die zwischen 20 und 25 m breite, ost-westlich orientierte Straßenachse. Nördlich dieser Hauptstraße ist im Bereich der Großen Moschee und der Halawiya-Medrese eine Platzanlage zu lokalisieren, die ebenso wie in Dura-Europos (s. S. 346) vier Insulae ausfüllte.

Die hellenistische Stadtstruktur – heute am deutlichsten erkennbar im Suq al-Atarin im Westen der Altstadt – blieb das Gerüst aller weiteren Baumaßnahmen. Die Besetzung der Stadt durch den armenischen König Tigranes (s. S. 63; 68) war nur ein Intermezzo; Rom übernahm nach und nach den Herrschaftsbereich der Seleukiden und verdrängte schon 69 v. Chr. die Armenier aus Aleppo. So vorsichtig und langsam die Eroberung des Landes vor sich ging, als so dauerhaft erwies sie sich. Die Christianisierung der Araberstämme erhöhte die regionale Stabilität; die Tanukhiden, die im Umfeld von Aleppo saßen, zählten seit dem 4. Jh. zu den wichtigsten oströmischen Föderaten. Erst 540 verlor Byzanz die Stadt kurzfristig an die Perser unter Chosroes I., der Beroia, als sie die geforderte Tributsumme in Silber nicht vorlegte, niederbrennen ließ. Nach dem Wiederaufbau der Verteidigungsanlagen unter Kaiser Justinian (reg.

527–565) wurde die Stadt 536 zum Bischofssitz, und 580 war die Legio IV. Parthica in Beroia stationiert. Dennoch hielten die Perser sie zwischen 604 und 628 ein weiteres Mal besetzt. 636 fiel Aleppo in moslemischen Besitz; die kriegsmüde Stadt setzte den Eroberern, Khalid Ibn al-Walid und Abu Ubayda, keinen Widerstand entgegen.

Allem Anschein nach hat sich das Stadtbild in **römischer und byzantinischer Zeit** nur wenig verändert: Wie in den anderen syrischen Städten seleukidischen Ursprungs wurde auch in Aleppo die Hauptstraßenachse mit Säulenhallen ausgestattet. Später markierte die Kathedrale mit zugehörigem Bischofspalast auf der zentralen Platzanlage den Wandel zur christlichen Metropole. Weitere Sakralbauten prägten die byzantinische Stadt, ohne sie grundsätzlich zu verändern. Erhalten hat sich allein der Teil eines in der Halawiya-Medrese verbauten Tetrakonchos (s. S. 264).

So bedeutsam die arabische Eroberung historisch auch war, so wenig Einfluß hat sie zunächst auf die Entwicklung einer **islamischen Stadt** genommen: Verteidigungsanlagen, Kirchen und Häuser blieben erhalten, die Freitagsmoschee und der Suq als Zeichen der moslemischen Gemeinschaft orientierten sich an den städtischen Freiräumen: der Agora und der Säulenstraße. Unter den Omayyaden blieb Aleppo ohne jede administrative Bedeutung; ebenso unter abbasidischer und tulunidischer Oberhoheit.

Dies änderte sich erst im 10. Jh. unter der Dynastie der Hamdaniden, die nach Hamdan Ibn Hamdun aus dem Beduinenstamm der Taghlib benannt ist. 944 übernahm sein Nachfolger Abu al-Ali Hasan die Städte Aleppo, Antiochia und Homs von den Ikhshididen und erhielt vom abbasidischen Kalifen den Namen Sayf ad-Dawla (›Schwert des Staates‹). Unter diesem Titel gründete er eine schiitische Dynastie, die das Kalifat in Baghdad anerkannte und gleichzeitig über ein völlig selbständiges Reich in Nordsyrien mit der Hauptstadt Aleppo gebot. Die Konsolidierung des neuen Staates fiel mit der Expansionspolitik der makedonischen Dynastie in Konstantinopel zusammen. Zum ersten Mal seit der Niederlage am Yarmuk (636) gelang es den Byzantinern, die islamischen Staaten in Vorderasien ernsthaft zu bedrängen. Dieses Vorspiel zu den Kreuzzügen hatte für Aleppo katastrophale Folgen. Zweimal, 962 und 968, konnte der General (Kaiser ab 963) Nikephoros II. Phokas die Stadt mitsamt der Zitadelle einnehmen und ausplündern. Unter anderem zerstörten die Byzantiner den legendären Palast Sayf ad-Dawlas, jenes ›Mekka‹ der Philosophen und Dichter (darunter al-Mutanabbi; s. S. 115), die der Herrscher um sich zu versammeln wußte.

»Haleb hatte eine Burg, aber sie war kein sicherer Platz und in keiner Weise wohlerbaut. Die ganze Bevölkerung hatte sich zu ihr hinaufgeflüchtet, um den Griechen zu entkommen, doch eben hier gingen die meisten von ihnen zugrunde mitsamt ihrem Hab und Gut.«

Ibn Hauqal, um 965

Kometenhaft wie der Aufstieg der Hamdaniden-Dynastie war auch ihr Niedergang: In den Jahren nach Sayf ad-Dawlas Tod (967) fiel sie unter seinem Nachfolger Said ad-Dawla in Bedeutungslosigkeit, und im Jahr 1003 machte das fatimidische Kairo ihr ein Ende. In den politischen ›Freiraum‹ Nordsyrien stießen unter Kaiser Basilios ein weiteres Mal byzantinische Truppen vor, und zwischen 995 und 1017 befand sich Aleppo in christlicher Hand.

Blick über Aleppo; Stich des 18. Jh. Die Zitadelle ist etwas überhöht dargestellt.

Das 11. Jh. sah die Neuformierung der politischen Kräfte im Vorderen Orient, wobei die aus dem Osten vordringenden Turkstämme und die in Kairo residierenden Fatimiden zu den bestimmenden Machtfaktoren avancierten. Zwischen diesen Großmächten vermochte sich Salih Ibn Mirdas aus dem nordarabischen Beduinenstamm der Kilab in Aleppo zu behaupten. Er drängte die Fatimiden bis nach Palästina zurück und gründete die schiitische Dynastie der Mirdasiden, die über ein halbes Jahrhundert lang (1023–1079) Aleppo regierte – wie die Hamdaniden in politischer Anerkennung des sunnitischen Abbasiden-Kalifats.

Als 1070 der Seldschuken-Fürst Alp Arslan die Stadt besetzte, sanken die Mirdasiden jedoch zu seinen Vasallen ab, und als die Seldschuken nach ihrem fulminanten Sieg (1071) über das byzantinische Heer des Kaisers Romanos IV. bei Manzikert am Van-See Teile Anatoliens eroberten und 1084 Konya, das alte Iconium, zur Hauptstadt eines Seldschuken-Staates erhoben, war die unüberwindlich scheinende Nordgrenze Syriens durchbrochen. Alp Arslans Sohn Tutush stärkte gegen den letzten Mirdasiden Sabiq und unter Einsetzung eines Aleppiner ›Schattendynasten‹ die seldschukische Macht auf syrischem Boden. Sein Sohn und Nachfolger Ridwan, der seit 1095 in Aleppo residierte (bis 1113), war bereits mit der Kreuzzugsbewegung konfrontiert. Während er – und der besonders energische religiöse Führer der Stadt, Ibn al-Khashab (s. S. 265) – Aleppo gegen die fränkischen Angriffe verteidigen konnte (nicht aber das Umland, das verwüstet wurde), schlug sein Versuch, Antiochia zu besetzen, 1098 fehl.

Wieder waren es vor allem die Auseinandersetzungen innerhalb der Dynastie, die zur Schwächung Syriens führten und dem turkstämmigen Atabeg Imad ad-Din Zengi, einem Sunniten, seit 1127 die Gelegenheit zu selbständiger Politik gaben. Zunächst Aleppo, dann

Hama, Homs, Baalbek und 1154 auch Damaskus fielen dem ersten Zengiden bzw. seinem Sohn Nur ad-Din zu, so daß Syrien den Kreuzrittern in zunehmender Geschlossenheit entgegentrat, obwohl das Land 1139 und 1157 von schweren Erdbeben heimgesucht wurde (s. S. 197). Parallel zum Kampf mit den Christen focht Nur ad-Din, 1146 zur Macht gelangt, gegen die schiitische Lehre, der noch zur Zeit Ridwans die Mehrheit der syrischen Bevölkerung anhing.

Für Aleppo wurde das Regime Nur ad-Dins zu einer Goldenen Zeit: Der Herrscher »erneuerte die Stadtmauer, die Zitadelle, die Große Moschee, baute die Suqs neu und ließ die Wasserleitung restaurieren« (Heinz Gaube). Gleichwohl sorgte Nur ad-Dins strikt sunnitische Religionspolitik – sie fand ihren Ausdruck im Bau zahlreicher Medresen – für Unmut in der Bevölkerung, und 1157 entlud sich die konfessionelle Spannung sogar in einem Aufstand der schiitischen Aleppiner gegen den politischen Erneuerer.

Nach dem Tode Nur ad-Dins (1173) führte Saladin (s. S. 117), von Kairo aus vordringend, die syrischen Städte ein zweites Mal im Kampf gegen die lateinischen Staaten zusammen, wobei er Damaskus ebenso wie Aleppo zurückerobern mußte. Saladin unterstellte die nordsyrische Metropole seinem Sohn Ghazi, der zunächst als Statthalter fungierte, ab 1186 dann als Malik az-Zahir königlich über ganz Nordsyrien gebot. Unter seiner Regierung, an der unübersehbar auch Ghazis Frau Dayfa Khatun Anteil hatte, erlebte Aleppo eine Zeit hohen Wohlstands: Die Modernisierung der Verteidigungswerke, der Bau der Medresen Zahiriya und al-Firdaus, nicht zuletzt auch die Palastfassade auf dem Zitadellenhügel zählen zu den herausragenden Bauleistungen des Islam. Vier Handelsverträge mit Venedig markierten in der ersten Hälfte des 13. Jh. eine kommerzielle Neuausrichtung der Stadt, machten sie nach dem Ende der Kreuzzüge zur wirtschaftlichen Drehscheibe zwischen dem Orient und Europa. Im Handel mit Italien festigte sich auch die italienische Namensgebung der Stadt: Aus Haleb wurde (für Europa) Aleppo. Viele friedliche Jahre später, als Yusuf II. von Aleppo die Dynastie führte, fiel der Mongole Hülagü in Nordsyrien ein. 1260 plünderte er die die Stadt; Yusuf, der letzte Ayyubide, wurde hingerichtet.

Schon einige Jahre zuvor hatten sich die Leibgardisten der Ayyubiden in Kairo selbständig gemacht. Sie schlugen die Mongolen zurück und gründeten das Mamluken-Reich, in dem Aleppo – Damaskus nachgeordnet – als Provinzkapitale fungierte. Doch nur langsam erholte sich die Stadt von den verheerenden Folgen der Mongolen-Einfälle, die in Nordsyrien, wo die Mamluken-Macht ihre Grenzen hatte, noch über Jahrzehnte fortdauerten. Was Wunder, daß im schlecht versorgten Aleppo 1348 die Pest wütete. Dann kamen die Mongolen, diesmal unter Timur, ein letztes Mal: Ende des Jahres 1400 plünderten und marodierten sie drei Tage und drei Nächte lang in Aleppo; fast entvölkert blieb die geschundene Stadt zurück.

Dennoch zeichnete sich seit Anfang des 15. Jh. eine ökonomische Wende zum Besseren ab. Die Auseinandersetzungen zwischen Timuriden und Osmanen hatten die traditionellen Handelsrouten im nördlichen Westasien blockiert, und indem Aleppo den profitablen Seidenhandel zwischen dem Nordiran und den italienischen Städten an sich zog, gewann es eine kommerzielle Schlüsselposition. »Die Stadt nahm in der zweiten Hälfte des 15. Jh. einen gewaltigen Aufschwung, überall entstanden neue Gebäude, die verödeten Vorstädte füllten sich wieder mit Menschen, neue Vorstädte wurden angelegt und der Suq wuchs« (Heinz Gaube).

Einer der in Syrien ob ihrer Grausamkeit gefürchteten timuridischen Krieger, wohlversehen mit Bogen, Schild und Säbel; mit Gold gehöhte Manuskriptzeichnung aus Persien, um 1430.

Nach der Schlacht von Dabiq (1516) fiel ganz Syrien an das osmanische Großreich. Aleppo stieg zur Hauptstadt eines Wilayet (einer osmanischen Provinz) mit Gouverneurssitz auf und gewann Vorrang vor Damaskus, als sich der Stadt die Märkte in Kleinasien öffneten. Auch der Handel europäischer Staaten mit dem Fernen Osten und dem Schwarzen Meer wurde weiterhin zum großen Teil über Aleppo abgewickelt. Indizien dafür sind die Einrichtung eines venezianischen (1548), eines französischen (1562) und eines englischen (1583) Konsulats in der Stadt. Später kamen noch ein niederländisches, ein Livorneser und ein russisches Konsulat hinzu. Von Aleppo zogen Karawanen nach Baghdad und nach Basra (dem Hafen nach Indien), nach Mekka und nach Kairo. Aleppo lag nun nicht mehr – wie über so viele Jahrhunderte – am Rande eines Imperiums, sondern an einem Kreuzpunkt des türkischen Weltreichs.

Erst Mitte des 18. Jh. verlor die Stadt, inzwischen zum Inbegriff der handelstüchtigen Levante geworden, ihren Rang an Smyrna, das heutige türkische Izmir, und das verheerende Erdbeben des Jahres 1822 ließ Aleppo sogar noch einmal in Trümmer und Not sinken. Ab 1850 aber stieg die Bevölkerungszahl von etwa 100 000 auf 130 000 um 1900. Der Bau der Eisenbahnlinie nach Damaskus (1906) und Istanbul (1912) stärkte die Stellung Aleppos, und die Verfolgung der Armenier im spätosmanischen Reich führte viele finanzkräftige Zuwanderer in die Stadt.

Dem modernen Haleb, bekannt als ›Stadt der sieben Tore‹, als ›die Gemolkene‹ (s. u.), ›die Buntscheckige‹ oder auch als ›die Graue‹, sind durch die kolonialistischen Grenzsetzungen etliche operative Möglichkeiten entzogen, und kein Aleppiner Kaufmann wird es versäumen, die Abtrennung des Sandschak (1939) und den Verlust des Hafens Alexandrette (Iskenderun) zu beklagen. Aber auch die international beschlossene Isolationspolitik gegen den Irak SADDAM HUSSEINS hat den Aleppiner Kaufleuten lukrative Handelsmöglichkeiten genommen. Trotzdem behauptet sich die Stadt neben Damaskus, das in wirtschaftlicher Hinsicht sogar zurücksteht, als Metropole des Nahen Ostens und mit über 1,8 Millionen Einwohnern auch als größte Stadt Syriens.

Die Zitadelle

Datiert der heutige architektonische Bestand der Zitadelle auch in moslemische Zeit, so war der Hügel doch seit frühester Zeit mit der Entwicklung der Stadt verbunden. Die Fundamente eines syrohethitischen Tempels aus dem 10. Jh. v. Chr. sowie zwei Basaltsockel in der Form von Löwen aus derselben Zeit belegen eine frühzeitige Bebauung. Neue Grabungen erschließen gegenwärtig den Tempel, der offenbar dem Wettergott Hadad geweiht war.

Bereits im 3. Jh. v. Chr. dürfte das geschützte Plateau als Akropolis der hellenistischen Neugründung fungiert haben. Der Anteil der römischen und byzantinischen Arbeiten an der Befestigung der Zitadelle ist nicht mehr auszumachen. Jedenfalls blieb die Burg von Aleppo Kultplatz: Kaiser Julian, der ›letzte Heide auf dem Thron‹, brachte hier 362 n. Chr. dem Zeus ein Opfer dar – und belegt damit angesichts der geläufigen Gleichsetzung von Hadad und Zeus indirekt den älteren Kultus. Zum anderen blieb sie Fluchtplatz: Prokop berichtet für die Perserzeit davon.

Die islamische Legende gibt der langen vor-islamischen Geschichte freilich eine eigene Interpretation. Historiker wie Yaqut oder Ibn Jubair haben diese Legende festgehalten: Danach ist die Zitadelle der alte Weidehügel des Stammvaters Abraham, der auch im Islam hohe Achtung genießt und dort den Ehrennamen »Gottesfreund« (Khalilallah) trägt. Genaueres weiß Ibn Butlan, ein christlicher Arzt, der Aleppo 1051, also zur Zeit der Mirdasiden-Dynastie, besuchte und dabei neben einer Moschee zwei Kirchen auf dem Festungshügel sah: »In einer [der Kirchen] war der Altar, auf dem Abraham zu opfern pflegte. Im niedrigeren Teil der Burg ist eine Höhle, in der er seine Herde unterstellte. Wenn er sie molk, kamen die Leute der Milch wegen herbei und riefen sich einander fragend zu: ›Halaba ya la?‹ {Ist schon gemolken oder nicht?] Und so ist die Stadt zu ihrem Namen Halab gekommen.«

»Mitten in der Stadt ist ein großer Berg von Erde aufgeworfen und rund herum mit Quadersteinen gepflastert, damit er nicht bestiegen werden kann…«
Wolffgang Aigen, ca. 1662

Ohne Zweifel war der Hügel bis zu den Baumaßnahmen des Nur ad-Din nach dem großen Erdbeben von 1157 kontinuierlich befestigt. Von den schwachen Bastionen der Hamdaniden-Zeit, die offenbar mehr auf Palastpracht als auf Wehrhaftigkeit setzte und so den Byzantinern die Eroberung möglich machte, war schon die Rede (s. S. 247). Muqaddasi merkt 985 unehrerbietig an: »Die Burg ist

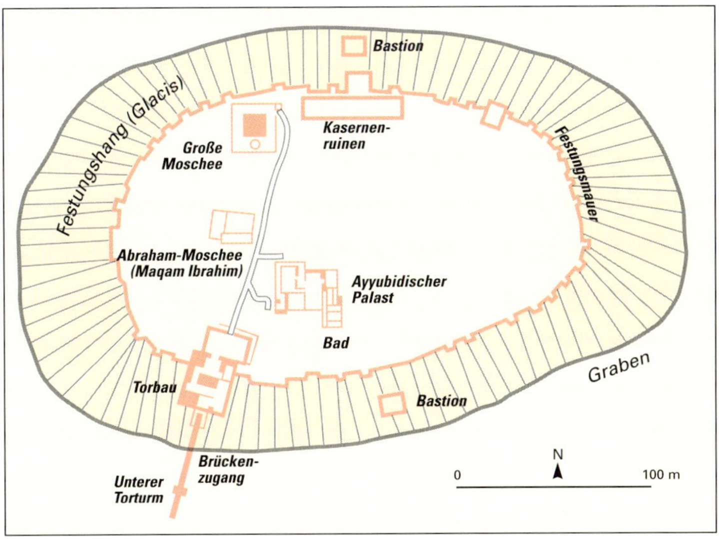

Aleppo, Grundriß der Zitadelle

nicht sehr groß, aber der Sultan hat in ihr seinen Sitz«. Auch die Mirdasiden hatten hier ihre Paläste, und Nur ad-Din legte auf der Höhe der Zitadelle sogar einen Pferderennplatz an.

»So manchem Europäer sind wohl angesichts der Zitadelle von Aleppo die Gewalt und die Harmonie, die islamische Architektur ausstrahlen kann, erstmals bewußt geworden. Einen von Menschenhand geglätteten und an den Flanken mit Steinen gepflasterten Felskegel umkränzt die lange und turmreiche Mauer der Zitadelle. Zu ihr führt von einem stadtseitigen unteren Torturm eine vielbögige Brücke, die in einen oberen Torbau mündet.«
Heinz Gaube

Eine grundlegend neue Gestalt, entsprechend den veränderten Anforderungen des Festungskampfes in der Kreuzritter-Zeit, erhielt das mächtige Verteidigungswerk unter dem Ayyubiden-Sultan Zahir Ghazi (reg. 1193–1215). Ausdruck der neuen Festungsbaukunst sind vor allem die Portallösung, die Aushebung eines umlaufenden Grabens und die Sicherung gegen Minierungsarbeiten durch die Anlage eines Talus (s. S. 102; 233). Wie unter Sayf ad-Dawla im 10. Jh. blieb die Zitadelle dabei Residenz; ein Palast und eine ›Große Moschee‹ haben spätere Zerstörungen überdauert.

Denn zweimal, 1260 unter Hülagü und 1400 unter Timur, plünderten und zerstörten die Mongolen nicht nur die Stadt Aleppo, sondern nahmen auch die Zitadelle. In beiden Fällen leisteten die Mamluken die Renovierungsarbeiten (ab 1292 und ab 1402); dabei entstanden auch die beiden Außentürme und das zweite Geschoß des Haupttores. Erst durch die Erweiterung der Stadtmauer (1428) verlor die vorher in die Stadtbefestigung integrierte Zitadelle ihre strategische Bedeutung für die Stadtverteidigung, denn nun war sie vollständig von Wohngebiet umgeben. In der Osmanen-Zeit sank die Aleppiner Burg zu einem reinen Heerlager mit Kasernen herab.

Der bis 55 m hoch aufsteigende Zitadellenhügel ist nur an einer Seite von geringerer Höhe (40 m) zugänglich. Eine sowohl den Graben als auch das Gefälle überwindende achtteilige Bogenkonstruktion verbindet die vorgeschobene Bastei des frühen 16. Jh. mit der breiten, weit heruntergeführten Toranlage. An dieser Stelle wurde der Hang durch regelmäßige Steinquader und eingeschobene antike Säulenschäfte so befestigt, daß die Möglichkeit der Unterminierung ausgeschlossen war. Das Gefälle von 48% verhinderte darüber hinaus einen Angriff von den Seiten, seit dem 14. Jh. zusätzlich auch zwei Bastionen, die sich im Süden und im Norden aus dem Talus erheben und den Verteidigern Flankenschutz gewährten.

Der gestufte Wehrkomplex nahm den Brückenzugang zwischen zwei vorgeschobenen Flankentürmen auf. Schießscharten und Gußerker dienten einer ersten Abwehr des Gegners. Dann knickt der Aufgang zur Zitadelle das erste von insgesamt fünfmal im rechten Winkel ab – die Verwendung von Rammböcken zum Aufbrechen der drei schmiedeeisernen Tore wurde so unmöglich gemacht. Überhaupt dokumentiert der Plan der Toranlage eine geschickte Raumaufteilung, die den Verteidigern in den verschiedenen Torkammern jeweils die Entscheidung über Gegenangriff oder Abzug gewährte.

Außer den Schriftbändern, die Auskunft geben über die Leistung der Bauherren (die etwa 70 m lange Fassadeninschrift feiert den Wiederaufbau durch den Mamluken-Statthalter al-Ashraf Khalil im ausklingenden 13. Jh.), sind die Schmuckelemente auf die eigentlichen Tore beschränkt: Die verschlungenen Schlangenleiber mit Drachenköpfen im Bogen über dem ersten Portal, die zu Seiten einer

Palmette heraldisch angeordneten Löwen im Tympanon des zweiten und die Löwenfiguren an den Flanken des dritten Tores wurden sicherlich nicht zufällig an den Durchgängen angebracht. Solche Abwehrzeichen und Schutzsymbole haben sind noch heute in Syrien üblich. Eine apotropäische Funktion mag auch der mit grünem Tuch bedeckte neuzeitliche Maqam vor dem letzten Tor besitzen. Der heilige Platz soll an al-Khidr, den Torwächter Georg, erinnern, eine aus dem judäischen Volksglauben hervorgegangene islamische Legendengestalt, mit deren Anrufung und Verehrung man sich gegen Brand und Diebstahl versichert.

An das dritte Tor schließt ein kreuzgratgewölbter Gang mit Seitenräumen für die Wachen an, der auf das leicht nach Norden hin ansteigende ovale Plateau mit Maßen von 275 x 375 m führt.

Auf halbem Wege zu der im Norden situierten Großen Moschee liegt die **Abraham-Moschee** (Maqam Ibrahim). Das kleine, schmucklose Bauwerk ist nach einer Inschrift Nur ad-Din und dem Jahr 1167 zuzuweisen. Die zwei Säulen in der Nordwand stammen aus dem byzantinischen Vorläuferbau, in dem nach der Überlieferung jener Stein aufbewahrt wurde, auf dem Abraham zu sitzen pflegte, wenn er seine Herde auf dem Hügel weidete. Ibn Butlan (s. o.) erwähnt als weitere Kostbarkeit der Maqam-Moschee eine Schatulle mit Barthaaren des Täufers Johannes, die 1044 aufgefunden worden sei.

Die **Große Moschee** (der Zitadelle), erbaut 1213, zeichnet sich durch einen einfachen, geometrischen Grundriß aus. Einem fast

Der mächtige, tief heruntergezogene Torbau der Zitadelle gehört zu den eindrucksvollsten Befestigungswerken der islamischen Welt.

Blick in den mamlukischen, stark restaurierten Thronsaal über dem oberen Torbau der Zitadelle

quadratischen äußeren Mauerrechteck ist konzentrisch ein innerer Hof eingefügt, an dessen Südseite sich der Gebetsraum mit zentraler Kuppel und Mihrab befindet. Die drei weiteren Seiten nehmen Hallen ein. Das 20 m hohe Minarett mit quadratischem Schaft diente gleichzeitig als Beobachtungsturm. Nirgendwo ist die Aussicht auf Aleppo besser als von der Terrasse der Großen Moschee: Man blickt auf die uferlos scheinende ›graue‹ Stadt.

Die **Kasernenruinen** (1834) östlich der Moschee sind ein Zeugnis für das Wirken Ibrahim Paschas (s. S. 108), der sich während seiner kurzen Zeit im Nahen Osten entweder in solchen militärischen Bauten – oder aber in der Schleifung älterer, vor allem natürlich osmanischer Befestigungen ›verewigt‹ hat.

»Im Jahre 628 [1230 n. Chr.] baute König al-Aziz Mohammed neben dem Arsenal einen Palast, der aufgrund seiner Schönheit nicht mit Worten zu beschreiben ist […]. Im Februar des Jahres 658 [1260 n. Chr.] zerstörten die Tataren den Palast und plünderten seine Schätze.«
Ibn Shaddad, 14. Jh.

Die herausragende Stellung des **Palastes** auf der Zitadelle ist am erhaltenen Portal seiner Fassade nachzuvollziehen: Die Torzone löst sich durch den Materialwechsel von schwarzem Basalt und weißgelbem Kalkstein aus der monochromen Eingangswand heraus; die zurückgestufte Portalnische schließt mit einem vierzonigen Muqarnas-Gewölbe und einer Muschel. Das hochrechteckige Feld, welches die Tür rahmt, ist von einem Bandwerk überzogen, das entsprechend dem horizontalen Materialwechsel im Kontrast alterniert. Ein zweites Bandornament schmückt die Attikazone so, daß das dekorative Feld die Gewölbemuschel einfaßt. Seitlich vom Portal sind über Fensteröffnungen ›magische Knoten‹ ebenfalls als Bandornament ausgeführt. Trotz der Vielfalt der dekorativen Formen zeigt die symmetrische Anlage des Portals eine Klarheit und Einheitlichkeit, wie sie uns in Damaskus so nicht begegnet.

Die an das Portal anschließende Hofanlage entspricht dem Vier-Iwan-Typus. Der Hof ist mit einem Mosaik aus vielfarbigen Steinen ausgelegt, in seinem Zentrum befindet sich das Brunnenbecken. Im Iwan auf der Südseite thronte der Herrscher. An den Zentralhof schließt nach Süden hin eine vollständig restaurierte Bäderanlage an. Sie datiert auf 1367. Weitere Höfe und Räumlichkeiten des ayyubidischen Palastes sind gegenwärtig unzugänglich.

Nach der Zerstörung des Palastes durch TIMUR (1400) errichteten die Mamluken über dem gestuften Eingangstor aus der Ayyubiden-Zeit 1406/1407 den neuen **Thronsaal.** Dem zunächst durch ein Holzdach, seit 1510 durch neun Kuppeln überdachten Empfangsraum ist in voller Breite ein offener Hof mit einfachem Wandschmuck vorgelagert. Die Portalnische zum Thronsaal wurde durch den auffälligen Steinwechsel und das stark ausgehöhlte Muqarnas-Gewölbe herausgehoben. Der Thronsaal (26,5 x 23,5 m) ist in seiner Raumwirkung eindrucksvoll, hinterläßt indessen eine museale Anmutung, zumal die Ausstattung und insbesondere die Holzdecke das Werk der syrischen Antikenverwaltung sind.

Portal des ayyubidischen Palastes auf der Aleppiner Zitadelle in einer Rekonstruktionszeichnung

Die Altstadt südlich der Zitadelle

Das erste historische Gebäude jenseits der Kaffeehäuser, die sich vor dem Zitadellenzugang gruppieren, ist der **Khan ash-Shuna,** eine osmanische Karawanserei aus dem späten 16. Jh., die über Jahrhunderte aufgegeben war, seit 1990 aber auf staatliche Initiative hin zum Touristenbasar ausgebaut ist. Von den stolzen Preisen qualitätvollen Kunsthandwerks erfährt man beim Flanieren entlang der etwa drei Dutzend Läden (Goldschmiede, Teppichknüpfer, Tuchdrucker etc.).

Südlich des Khans ließ der osmanische Statthalter Aleppos, KHOSROW PASCHA, 1537 (also bald nach der Eroberung der Stadt durch die Türken) einen aus Moschee, Medrese und Kloster bestehenden Baukomplex errichten, die **Khosrowiya.** Der die Stadtsilhouette prägende Kuppelbau mit dem schlanken Schaft des Minaretts demonstrierte die Präsenz der Osmanen als neuer Ordnungsmacht.

Das Zentrum der Gesamtanlage bildet die Moschee mit breiter, offener Vorhalle und querrechteckigem Hof, von dem aus die beiden seitlich der Moschee liegenden kleineren Höfe der Medrese und des Klosters zu erreichen sind. Teile des Komplexes wurden vor zwei Jahrzehnten in ein Gymnasium umgewandelt. Beachtlich ist die Innenausstattung mit Fayencen und Kalligraphien.

Die **Medrese as-Sultaniya** liegt der Khosrowiya auf Distanz schräg gegenüber. Sie entstand zwischen 1223 und 1225. Achsensymmetrisch um einen quadratischen Hof mit mittlerem Wasserbassin gruppieren sich die Zellen der Schüler und – dem Portal gegenüber – der querrechteckige Gebets- und Unterrichtsraum mit zentraler

Aleppo, die Altstadt und das Hotelviertel:
1 Khan ash-Shuna
2 Khosrowiya
3 Medrese as-Sultaniya
4 Hammam al-Labadiya
5 Utrush-Grabmoschee
6 Tawashi-Moschee
7 Medrese al-Firdaus
8 Medrese az-Zahiriya
9 Khan al-Wasir
10 Khan as-Sabun
11 Khan an-Nahasin
12 Hammam an-Nahasin
13 Khan al-Gumruk
14 Medrese Halawiya
15 Moschee al-Bahramiya
16 Bimaristan Nuri
17 Medrese al-Moqadamiya
18 Jami al-Tute
19 Jami al-Qaiqan
20 Bimaristan al-Arghun
21 Safahiya
22 Moschee Adiliya
23 Beit Ghazale
24 Beit Ajiqbash
25 Beit Basil
26 Beit Balit
27 Beit Sayegh
28 Beit Waqil
29 Beit Dallal
30 Beit Jumblat

Kuppel. Herausragend ist die Ausstattung des Mihrabs, dessen Flechtbandornamentik sich als buntes Marmor-Intaglio entfaltet.

Östlich des Saales befindet sich das bescheidene Mausoleum mit den vier Sarkophagen des Sultans Zahir Ghazi und seiner Familie. Sein Sohn Aziz Mohammed, wie sein Vater Herr über Aleppo, vollendete die Gesamtanlage 1232.

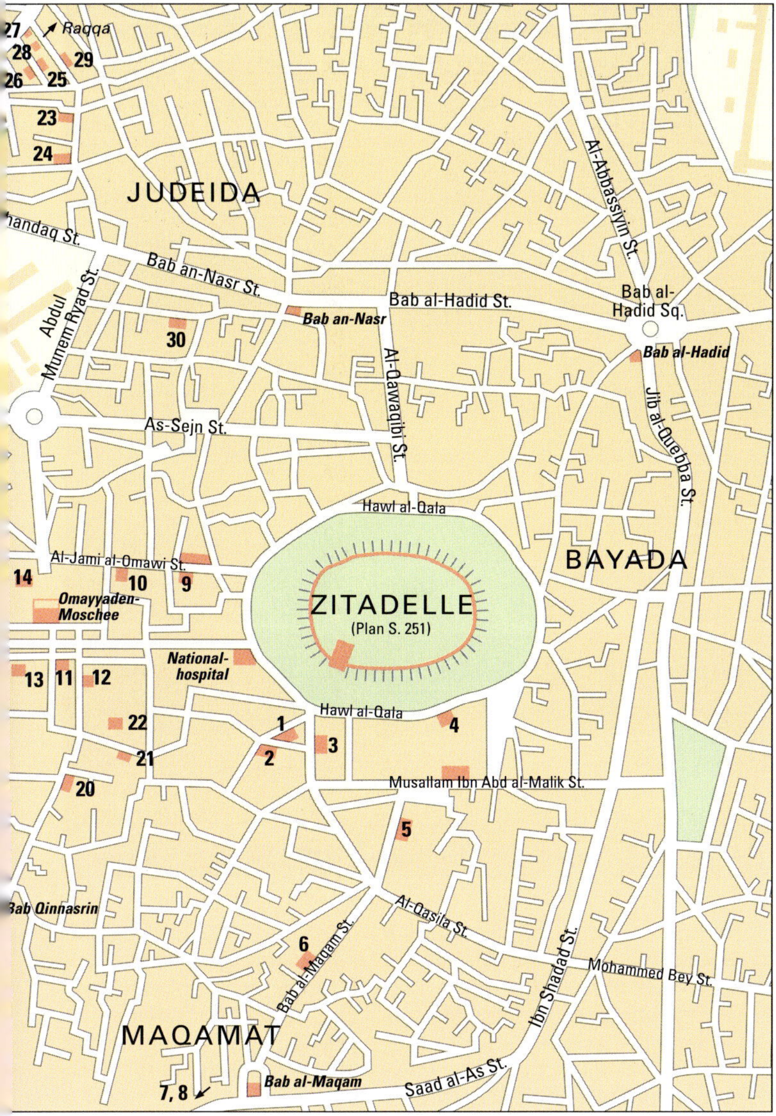

Hinter der einfachen, schwarz-weiß strukturierten Fassade des **Hammam al-Labadiya** (auch Hammam an-Nasiri oder Hammam Yalbugha) mit mittlerer Portalnische verbirgt sich die schönste historische Badeanlage Aleppos. Sie stammt aus dem 13. Jh., als nach der Kanalisationserneuerung unter den Ayyubiden nicht weniger als 194 städtische Bäder in Betrieb waren, wurde unter dem Mamluken-

Blick in einen Kuppelsaal des Hammam al-Labadiya

Statthalter Yalbugha an-Nasiri (reg. 1382/83 und 1387–89) aufwendig restauriert, von Timurs Mongolen 1400 zerstört, diente unter den Osmanen als Werkstätte – und wurde 1985 von der syrischen Antikenverwaltung umfassend restauriert. Durch das Portal erreicht der Besucher den monumentalen Umkleidesaal, dessen Kuppel mit Stuck und Malerei dekoriert ist, danach die ebenfalls überkuppelten Dampfräume und Waschgelegenheiten.

Die **Utrush-Moschee** wurde 1399 begründet, und zwar von Emir Aqbugha al-Utrush (1398–1400 und nochmals 1403 Gouverneur von Aleppo), aber erst 1409/10 von seinem Nachfolger Emir Danurdash al-Mohammadi vollendet und mit einer reichen Donation ausgestattet. Sie bildet einen Bautypus, der unter den Mamluken die Nachfolge der Grabmedrese antritt. Die Kombination eines Sakralbaus mit dem Mausoleum des Auftaggebers (zumeist einem Mitglied der herrschenden Dynastien) war Bestandteil der Herrscherideologie. Als der Bau von Medresen nach dem Sieg der sunnitischen Orthodoxie über die Schiiten an Bedeutung verlor (s. S. 97), wandten sich die Mamluken-Emire neuen Bauaufgaben zu. Da das Wachstum der Städte die Große Moschee für ganze Stadtteile so gut wie unerreichbar machte, wurden neue Moscheen in den umliegenden Vierteln errichtet.

Die Utrush-Grabmoschee stellt eine solche Moschee dar, die bereits in ihre Konzeption das Grabmal des 1404 verstorbenen Auftraggebers integriert. Auch im Außenbau kommt das deutlich zum Ausdruck: In exponierter Lage überragt die einfache Kuppel das Grabmal des Aqbugha. Unmittelbar daran schließen der Sockel für das achtseitige Minarett und die Portalnische an. Die Inschrift unter dem Minarett feiert den Bauherrn und empfiehlt ihn der Gnade Gottes. Dieser gedrängte Fassadenteil ist deutlich abgesetzt von dem großflächigen Hauptportal, hinter dem sich Hof und Gebetssaal mit marmornem Minbar verbergen. Der Reichtum des Ornaments und die diskrete Polychromie machen die Fassade des Bauwerkes zu einem Blickfang.

In der reichen dekorativen Außengestaltung unterscheiden sich die mamlukischen Monumente von den ayyubidischen Medresen. Die zurückgestuften Wandfelder über den Fensteröffnungen werden im oberen Teil durch einen Fries stilisierter Muscheln gerahmt. Bis zu den Fensterstürzen beherrscht der Wechsel der Gesteinsfarben das Wandfeld, über dem Sturz verläuft ein sternenförmiges Flechtband. Das Wandfeld leitet durch ein zweizoniges Zellenwerk über jeweils einem schmalen Fenster zur Rahmendekoration über. Die gleichen Gestaltungselemente finden wir auch in der Portalnische. Da die einzelnen Felder unmittelbar nebeneinanderliegen, bestimmt die Dekoration deutlich die Gliederung der Architektur.

Das Maqamat-Viertel

Zu Fuß ist es ein gutes Stück Wegs ins Vorstadtviertel Maqamat (südlich der Altstadt) mit seinen sehenswerten Medresen und Grabmälern. Von der Utrush-Moschee südwärts über die Straße Bab al-Maqam erreicht man nach ca. 250 m rechts die Fassade der **Tawashi-Moschee** aus dem 14. Jh. (renoviert 1537). Die korinthischen Kapitelle der Fassadensäulchen scheinen in ihrer ›Windbewegtheit‹ jene der Halawiya-Medrese zu zitieren – ein Zeugnis dafür, daß byzantinische Dekorformen auch in der Mamluken-Zeit noch Geltung besaßen.

Das Stadttor **Bab al-Maqam** entstand im 13. Jh. unter Sultan Zahir Ghazi und wurde 1493 renoviert. Jenseits beginnt die Gräberstadt mit ihren eindrucksvollen Monumenten.

Die **Medrese al-Firdaus** (›Paradies-Schule‹), von Dayfa Khatun, der Witwe des Ayyubiden-Fürsten Zahir Ghazi (Sohn des Saladin)

Seit der Zeit Nur ad-Dins wurden in Syrien und später in Ägypten Koranschulen errichtet. Sie verliehen der sunnitischen Reaktion auf die Vorherrschaft der Schiiten architektonischen Ausdruck. Mit der Medrese Nur ad-Dins in Damaskus (s. S. 152) setzte sich ein Bautypus durch, welcher das Schulgebäude mit dem Grabmal des Stifters verband. So eng verknüpfte sich die Gründung einer Schule mit der Herrschaftsideologie der folgenden Dynastien, daß der Medresen-Bau geradezu selbstverständlich zum Regierungsprogramm gehörte – wie unterschiedlich dieses auch sonst ausfiel. Durch die Integration seines Grabmals in die von ihm gestiftete religiöse Schule bekundete der Herrscher seinen religiösen Eifer.

gestiftet und 1236/37 fertiggestellt, nimmt in der grandiosen Geschlossenheit ihrer Anlage unter den Bauten einer spezifischen Architekturgruppe (vgl. Randspalte) eine Sonderstellung ein. Dayfa Khatun war nach dem Tode Zahir Ghazis die ›starke Frau‹ in Syrien und führte bis 1242 für ihren Sohn Aziz Mohmmed, dann für ihren Enkel die Regierungsgeschäfte.

Der Außenbau erscheint als ungegliederte, kubische Baumasse mit nackten Wänden; lediglich die Portalnische mit ihrem dreizonigen Zellengewölbe und abschließender Muschel unterbricht höhlengleich den Baukörper. Der schmale, abgewinkelte Zugangsschacht führt in die dreiseitige Umgangshalle des quadratischen Hofes. Zur vierten Seite öffnet sich ein Iwan, so daß der Innenhof mit dem zentralen Brunnenbecken längsrechteckiges Format erhält. Die Säulen mit Muqarnas-Kapitellen werden in den Ecken zu Umgangsschäften mit herzförmigem Grundriß zusammengefaßt. An die drei Portikusseiten schließen Räume mit jeweils drei Kuppeln an, wobei jedem ›Kuppelquadrat‹ ein Zugang entspricht. Zwei weitere, separate Kuppelräume in den verbleibenden Ecken schließen das äußere Grundriß-Rechteck. Die seitlichen Hallen des Umgangs beherbergen Gräber unbekannter Personen.

Dem Iwan gegenüber liegt die Moschee. Der Mihrab befindet sich in der Symmetrieachse der Anlage und ist im Außenbau durch eine erhöhte Kuppel mit durchfenstertem Tambour kenntlich gemacht. Im Mihrab als dem liturgischen Zentrum kulminiert die ornamentale Ausstattung der Moschee. Die Einzigartigkeit ihrer Formgebung erscheint um so wirksamer, als die Baumeister sich mit dekorativen Details bewußt zurückgehalten haben. Allein das Portalgewölbe und die Kapitelle des Umgangs unterbrechen das architektonische Gerüst. Das Feld über der Gebetsnische, aus verschiedenfarbigen Steinen geschnitten, wird durch zwei vielfach verwundene Bänder strukturiert, die sich zu einer zwar symmetrisch geordneten, für das Auge jedoch nicht mehr zu entwirrenden Einheit verdichten. Im Norden an die Hofanlage anschließend, öffnet sich nach außen ein zweiter Iwan, der den Pilgern als Unterkunft diente.

Die **Medrese az-Zahiriya,** nordöstlich der al-Firdaus gelegen, stellt das herausragende Monument der Zeit Zahir Ghazis dar. Die eintönige, abweisende Umfassungsmauer wird durch die ausgewogen dekorierte Portalnische akzentuiert. Ein dreizoniges Muqarnas-Gewölbe mit abschließender Muschelform wird in der Mauerebene durch ein in den Stein graviertes Flechtband gerahmt. Die leeren Steinfelder zwischen Tür und Gewölbe weisen darauf hin, daß mit dem unerwarteten Tode des Sultans im Jahr 1215/16 die Arbeiten abrupt eingestellt wurden. Übrigens ist der Ayyubide Zahir, der 30 Jahre über Nordsyrien herrschte, nicht in seiner Grabmoschee beigesetzt; sein Sarkophag steht in der Sultaniya (s. S. 256).

Die äußere Struktur des Bauwerkes ist achsensymmetrisch auf den dreifach überkuppelten Gebetsraum, dem Eingang gegenüber, abgestimmt. Bei den Räumlichkeiten, die den Hof umgeben, handelt es sich im Westen um Wohnzellen und weitere Kuppelräume, im Osten um einen Iwan und zwei geschlossene Säle. Den Schmalseiten des Hofes im Norden und Süden sind Arkaden über jeweils zwei Säulen vorgelagert. Als Säulenschäfte finden wir antike Spolien, und in den Kapitellen begegnen wir einer interessanten Auseinandersetzung islamischer Ornamentik mit antikem Formengut.

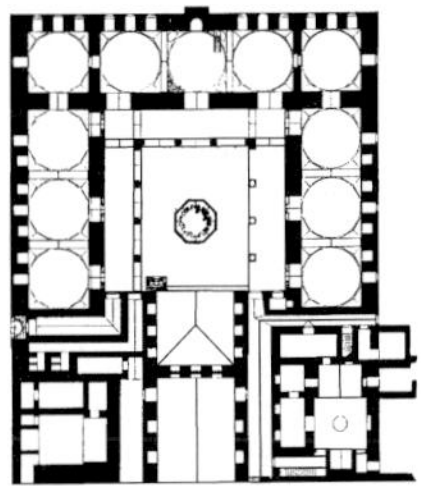

Grundriß der Medrese al-Firdaus

Die Altstadt westlich der Zitadelle

So wie die Zitadelle die herrschaftlich-militärische Dimension der Stadt verkörpert, so bezeichnet die Große Moschee der Omayyaden das religiöse Zentrum. Zwischen beiden Monumenten und im weiteren Umkreis der Omayyaden-Moschee breitet sich der Suq aus – mit 7 km überdachten Ladenstraßen der größte des Orients und der orientalischste Syriens. Hier haben sich vielfach Baustrukturen des 16. Jh., da und dort sogar des 14. und 13. Jh. erhalten – mitsamt der arabisch-türkischen Händlertradition, die sich auch unter dem Eindruck gewinnbringender Touristenströme einer modischen ›Boutiquisierung‹ entzieht. »Es gibt immer noch Zonen, in denen die Seilmacher, die Zeltmacher und die Bonbonverkäufer ihrem Gewerbe so wie vor Jahrhunderten nachgehen« (Ross Burns).

Die Achse unseres Besichtigungsgangs bildet eine schnurgerade Straße, die vom Zitadellenring nach Westen zum Bab Antakiya strebt, zunächst unter dem Namen **Suq az-Zarb,** dann als **Suq al-Atarin.** Es handelt sich um die Trasse der antiken Säulenstraße, die heute allerdings vollständig in den Basar integriert und nur noch auf dem Stadtplan zu erkennen ist. Die wichtigsten Bauwerke der Altstadt sind von hier, nach links oder rechts abschwenkend, zu Fuß erreichbar. In einem ersten Gang schlendern wir zunächst durch die Suqs, um ihre Hauptbauten, die großen Karawansereien, kennenzulernen. Ein zweiter Gang führt uns dann von der Omayyaden-Moschee zum Bab Antakiya und zurück ins Altstadtzentrum.

»Keine orientalische Stadt hat mir je ein stärkeres Gefühl des Geheimnisvollen vermittelt. Sich in der Menge durch die Basare treiben zu lassen, durch Gewölbegassen, so kühl und so dämmrig wie Kirchenschiffe – ja, das heißt: eine andere Welt zu betreten, eine fatalistische Welt, in der alle Heftigkeit sich unter der dünnen Deckschicht guten Benehmens verbirgt.«
A. V. Morton

Die großen Khane

Die großen Karawansereien Aleppos liegen alle in unmittelbarer Nähe zur Omayyaden-Moschee. Erbaut wurden sie während des 15. und 16. Jh., einer Zeit politischer Provinzialität, aber wirtschaftlicher Blüte. Aleppo war bis ins 18. Jh. der wichtigste Markt der gesamten Levante (s. S. 250). Der ökonomische Aufschwung Aleppos muß vor dem Hintergrund der osmanischen Eroberung zu Beginn des 16. Jh. gesehen werden. Zum einen fand der internationale Verkehr wesentliche Erleichterungen in der Aufhebung von Grenzen und der Vereinheitlichung der Währungen, zum anderen erschloß sich das osmanische Reich damals dem westlichen Handel. Wie keine andere Stadt profitierte Aleppo von dieser neuen politischen

Konstellation im Orient. Die großen Khane legen davon bis zum heutigen Tag ein beredtes Zeugnis ab.

Die herausragenden Baukomplexe sind der Khan al-Wazir, der Khan al-Sabun und der Khan al-Gumruk. Daneben sind noch die Khane Kheir Bey, an-Nahasin, al-Kassabiya, al-Harir und at-Tutun zu nennen. Sie alle sind nach einem Grundschema gestaltet: Um einen zumeist rechteckigen Hof gruppieren sich in zwei Geschossen die Raumzellen, aufgeteilt in Schreibkontore und Lager. Der Hof ist von außen nur durch ein einziges Portal zu erreichen, das zumeist reich dekoriert ist.

Der **Khan al-Wazir** (›Karawanserei des Wesirs‹) stellt einen fast intakten Baukomplex aus dem späten 17. Jh. dar. Auf der Nordseite gingen allerdings Baupartien verloren, als man die Straße al-Jami al-Umawi verbreiterte. Der tonnengewölbte Zugang wird im Außenbau durch ein in horizontalen Lagen schwarz und weiß gegliedertes Dekofeld und ein umlaufendes Bandornament gerahmt. Medaillons mit stilisierten Löwen zu Seiten des Torbogens bilden den einzigen figuralen Schmuck. Ein reich verziertes Fenster über der Fassade betont die Mittelachse der Komposition. Im Innern des Durchgangs fallen über dem Bogen zwei Wandfelder mit Fensteröffnungen und zum Teil geflochtenen Ecksäulchen auf. Sie schließen jeweils mit einer Reihe von Stalaktiten ab. Rechts und links der Wandfelder zeigen zwei Fenster grazile Ornamentrahmen in Steinschnitt.

Handwerk und Gewerbe im Khan al-Wazir

Der **Khan as-Sabun** (›Seifen-Karawanserei‹) entstand an der Wende vom 15. zum 16. Jh. unter dem Statthalter Adzemir und gilt

als ein Hauptwerk mamlukischer Profanarchitektur. Die Fassade trägt über dem Torbogen ein von breiter Flechtbandornamentik gerahmtes Wandfeld mit zentralem Fenster, begrenzt von verwundenen Säulenschäften und einer Reihe von Stalaktiten. Einfallsreich ist das Ornamentemblem in der Form eines Rhombus über dem polychromen Fenstersturz – es handelt sich dabei um eine kalligraphische Fassung des moslemischen Glaubensbekenntnisses: »Es gibt keinen Gott außer Gott, und Mohammed ist sein Prophet«. Im Innern des Khans fallen die eleganten Arkaden der Umgänge auf.

Der **Khan an-Nahasin** liegt im Süden des Suq al-Atarin, etwa auf der Höhe der Omayyaden-Moschee (s. u.). Der bescheidene Bau aus dem 16. Jh. beherbergte im 19. Jh. das venezianische Konsulat und besitzt bis heute diplomatische Funktion. Schräg gegenüber dem Eingang das modernisierte **Hammam an-Nahasin,** ein öffentliches Bad, das auf eine Gründung der Mamluken-Zeit zurückgeht. (Von hier kann man auch die nahe Adaliya-Moschee, die südöstlich gelegene as-Safahiya und das fast genau südliche Bimaristan al-Arghun besuchen; s. S. 267)

»In allen Gassen und Straßen findet man Badestuben, halb unterirdisch mit schönen Marmelsteinen erbaut, darinnen sind viele Kämmerlein, und in jedes kann warmes und kaltes Wasser durch eigene Röhren eingelassen werden…«
Wolffgang Aigen, ca. 1665

Die Gesamtanlage des **Khan al-Gumruk** (›Zoll-Karawanserei‹) ist so stark verbaut daß der originale Bestand kaum zu ermitteln ist. Der Khan entstand 1574 und beherbergte danach die Handelsniederlassungen der Franzosen, Engländer und Niederländer. Ursprünglich war die Fassade in der gleichen Weise wie die des Khan al-Wazir komponiert, doch wurde die Eingangsseite im Gewirr der Gassen durch einen vorgelagerten Kuppelraum kenntlich gemacht. Die eingestürzte Kuppel erhob sich zwölfeckig über den durch Zellen gebildeten Zwickeln. Sie bestimmte die Achse einer ca. 6000 m^2 umfassenden Anlage mit Läden, zwei Brunnen und einer Moschee.

Die Omayyaden-Moschee

Obwohl der Vergleich, den der Aleppiner Geschichtsschreiber Ibn al-Adim anstellt, nur die Ausstattung der Moscheen zum Gegenstand hat, scheint doch auch der Bautypus von Aleppo die Moschee in Damaskus zum Vorbild zu nehmen. Immerhin hatten beide Bauwerke ursprünglich denselben Bauherrn: den Omayyaden-Kalifen Walid I. (reg. 705–15); erst nach dessen Tod übernahm Suleiman, sein Bruder und Nachfolger im Kalifat (reg. 715–17), die Aufsicht über das große Projekt. Aufgrund der Zerstörungen und Rekonstruktionen während des 12. und 13. Jh. kann heute allein das Weiterleben des omayyadischen Grundrisses in der neuen Bausubstanz konstatiert werden. Das Mauergerüst und der Bodenbelag gehören dem Wiederaufbau des 12. Jh. unter Imad ad-Din und Nur ad-Din an.

»Suleiman Ibn Abd al-Malik hatte die Moschee von Aleppo in dem Wunsch erbaut, ein ebenso herrliches Werk zu errichten wie sein Bruder Walid in Damaskus.«
Ibn al-Adim, 13. Jh.

Eine dreischiffige, durch ein Mittelschiff unterbrochene Halle und ein von Arkaden umgebener Hof bilden die Grundelemente der querrechteckigen, nach Süden (Mekka) hin orientierten Moschee. Erst Ausbesserungen unter den Mamluken während des 14. und

15. Jh. veränderten die ursprüngliche Konzeption. An die Stelle der gleichmäßigen Hofkolonnaden traten unterschiedlich große, überwölbte Hallen; das wie in Damaskus den Hof beherrschende Transept wurde nicht mehr restauriert. Lediglich eine Kuppel über dem mittleren Joch erinnert an das Mittelschiff, das die Gebetshalle zuvor strukturierte. Mit anderen Worten: Die heutige Erscheinung der Moschee ist wesentlich durch die Mamluken-Zeit geprägt.

Nicht zu Unrecht gilt das **Minarett** der Omayyaden-Moschee als das architektonische Hauptwerk des mittelalterlichen Syrien. Unter Tutush fertiggestellt, kann die Bauzeit auf die Jahre zwischen 1090 und 1095 festgelegt werden (auf den verantwortlichen Architekten Ibn Muqri geht auch das Minarett der Freitagsmoschee von Maarrat an-Numan zurück; s. S. 206). Der im Grundriß quadratische Schaft wird in der Horizontalen durch vier Kranzgesimse über umlaufenden Schriftbändern gegliedert und schließt ab mit der Umgangsgalerie für den Muezzin (Gebetsrufer) über einem auskragenden, dreizonigen Nischenfries. Die ›undogmatische‹ Fassung des 45 m hohen Minaretts stellt die erste erhaltene Artikulation einer selbständigen mittelalterlichen syrischen Kunst dar. Monumentalität und ausgewogene, jedoch nicht üppige Dekoration sind Stilmerkmale, die uns in der ayyubidischen Architektur des 12. und 13. Jh. wiederbegegnen.

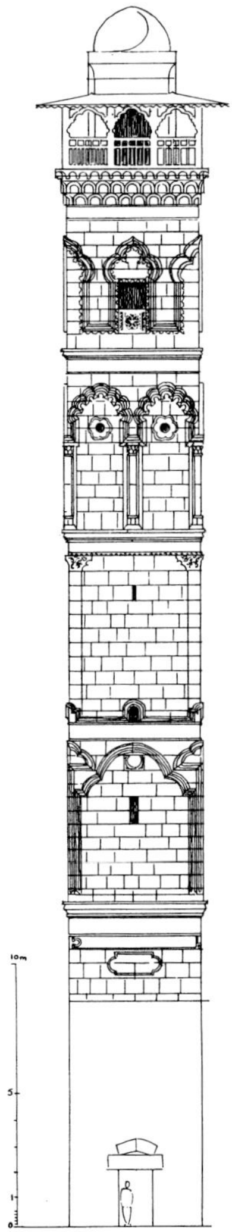

Das Minarett der Omayyaden-Moschee von Aleppo

Den großen omayyadischen Moscheen in Syrien ist gemeinsam, daß sie in oder über antiken bzw. christlichen Bauwerken errichtet wurden. Aleppo bildet hier keine Ausnahme: Ernst Herzfeld nahm an, daß die Christen das im Osten gelegene Atrium der Kathedrale zum Bau der neuen Moschee an die Moslems abtraten. Übrigens stammte diese Kathedrale aus dem späten 5. Jh. und war Helena, der Mutter Kaiser Konstantins geweiht (s. auch S. 203).

Bei der Kathedrale scheint die Rekonstruktion eines zweischaligen Zentralraumes einsichtig: In der **Medrese Halawiya** gegenüber dem Westeingang der Großen Moschee findet sich ein quadratischer Kuppelraum mit östlicher apsidialer Säulenstellung. Die Säulen aus Marmor mit den ebenso vorzüglich ausgebildeten wie erhaltenen korinthischen Kapitellen und die Kämpfergesimse der Eckpfeiler lösen sich deutlich aus dem moslemischen Bauwerk heraus. Die Anordnung der Stützen läßt sich zu einem Tetrakonchos vervollständigen; der erhaltene westliche Säulenkranz würde dann, zusammen mit drei weiteren, den zentralen Kuppelraum umschließen und die Innenstruktur zu der konzentrisch gebildeten Außenschale darstellen. Die Apsis mit langem Vorchorjoch und Synthronon ist im Osten zu lokalisieren. Das herausragende Ausstattungsstück der von Nur ad-Din gegründeten Medrese Halawiya ist der holzgeschnitzte Minbar, den eine Inschrift in das Jahr 1245 datiert.

Gläubige in der Omayyaden-Moschee von Aleppo

Zwischen Omayyaden-Moschee und Bab Antakiya

Die nachfolgend beschriebene Gruppe von moslemischen Bauten findet sich in jenem Teil der Aleppiner Altstadt, in der sich der hellenistisch-hippodamische Rasterplan (s. S. 246) mit seinen rechteckigen Insulae noch am deutlichsten in der Teilung der Wohnblocks erhalten hat.

Die **Bahramiya-Moschee** entstand 1574, finanziert von BAHRAM PASCHA, dem damaligen osmanischen Statthalter von Aleppo. Das schlanke, hohe Minarett ist allerdings ein Bau des ausgehenden 17. Jh., nachdem ein Erdbeben den Vorläufer ca. 1690 hatte einstürzen lassen. Die Bethalle des typisch türkischen Kuppelbaus besitzt einen besonders schönen, mit Arabesken geschmückten Marmor-Mihrab, vergleichbar dem der Medrese al-Firdaus (s. S. 259).

Das südlich angrenzende **Bimaristan Nuri,** das Hospital des Nur ad-Din also, wurde um die Mitte des 12. Jh. gegründet. Durch die Umwandlung in ein Wohnhaus und spätere Abbrucharbeiten ist die Struktur der Anlage nicht zu rekonstruieren. Als originaler Bestand hingegen erweisen sich die Portalnische mit ihrem klassischen Türgewände und dem Entlastungsbogen sowie die aus Holztafeln konstruierten Ornamentfelder der Türflügel. Das dreifach profilierte Ornamentband des Türgewändes bildet abwechselnd Halbkreise und Dreiecke. Die Klarheit und Schönheit dieser Form nimmt die großen Ornamente der frühen Ayyubiden-Zeit vorweg, wie sie etwa die Adiliya in Damaskus bietet (s. S. 149).

1124 konfiszierte ein Aleppiner Richter, IBN AL-KHASHAB, in Reaktion auf die Belagerung der Stadt durch die Kreuzritter vier christliche Kirchen. Eines dieser Monumente wurde in die erste Medrese Aleppos, die **Medrese al-Moqadamiya,** umgebaut. Inschriftlich ist für das Jahr 1168/69 eine Waqf gesichert, eine fromme Stiftung, die den Unterhalt einer hanafitischen Schule sicherte. Spätestens damals muß die religiöse Schule ihren Lehrbetrieb aufgenommen haben. Erhalten haben sich das Gebetshaus, einige Studentenkammern und ein Bogen mit zwei Schriftmedaillons.

Eines der interessantesten islamischen Monumente in Aleppo erscheint in seinem architektonischen Bestand wenig eindrucksvoll, die **Jami al-Tute** (›Maulbeerbaum-Moschee‹). Als ihr Vorläuferbau soll Mitte des 7. Jh. die erste Moschee nach der Eroberung Aleppos durch die Moslems gegründet worden sein. Was wir heute vor uns haben, geht immerhin auf das 12. Jh. zurück: Die kufische Inschrift der originalen Westfassade datiert den Bau in das Jahr 1150 und weist ihn somit NUR AD-DIN zu.

Dem Zugang zur Moschee sind zwei Pfeiler vorgelagert, die zusammen mit der Rückwand über Bogenöffnungen ein Kreuzgratgewölbe tragen. Rechts von der Eingangshalle befindet sich das Brunnenbecken. Die eher bescheidene Architektur wird akzentuiert durch die besonders schöpferische Dekoration des vorkragenden Gebälks, in dem – wie im 12. Jh. nicht ungewöhnlich – antike Schmuckelemente aufgegriffen wurden. Wie frei der moslemische Baukünstler aber die antike Form variierte, macht nicht nur die Verwendung der kufischen Schrift im Fries anschaulich, sondern auch die Projektion der Architravornamentik auf eine Schräge.

Kurz vor dem Bab Antakiya (s. u.) zweigt rechts eine Straße in das Viertel al-Aqaba ab, das allgemein als Siedlungsterrain des vorhellenistischen Haleb gilt (s. S. 245). Zu den Indizien gehört, da es an Ausgrabungen mangelt, ein hethitischer Inschriftenblock (14. Jh. v. Chr.), den man in einer Mauer der mamlukischen **Jami al-Qaiqan** verbaut fand. Zwei antike Basaltsäulen flankieren das Portal.

Stadtmauern und -tore

Die alte ayyubidische Stadtmauer von Aleppo umschrieb annähernd ein Viereck mit der Zitadelle im Mauerverband. Nach der Schleifung der Befestigungswerke durch die Mongolen unter HÜLAGÜ lag sie für 130 Jahre mehr oder minder in Ruinen; die Renovierungsarbeiten fanden ein abruptes Ende, als die Mongolen unter TIMUR im Jahr 1400 erneut Aleppo eroberten. Erst während des 15. Jh. wurde die Stadtmauer grundlegend wiederaufgebaut, wobei sie die neuen Stadtviertel im Osten der Zitadelle integrierte. Folglich verlor die ayyubidische Mauer in diesem Bereich (ebenso wie die Zitadelle) ihre Verteidungsfunktion; sie wurde abgerissen. Die erhaltenen östlichen Stadttore und Mauersegmente datieren in die Mamluken-Zeit.

Nur vier der elf Stadttore sind so gut erhalten, daß sie einen Besuch lohnen: aus der ayyubidischen Zeit, dem 13. Jh., das Bab Antakiya und das Bab Qinnasrin, aus der mamlukischen Bauphase des 15. Jh. das Bab al-Maqam und das Bab al-Hadid.

Alle Tordurchgänge sind zweifach abgewinkelt, so daß der Zugang innerhalb des Tores mehrfach zu verteidigen war und gleichzeitig große Angriffswaffen (Rammböcke) nicht zur Anwendung kommen konnten. Die einzige Ausnahme bildet das Bab al-Maqam mit einem geraden, von zwei Türmen flankierten Durchgang.

Das **Bab Antakiya,** das Tor über der Straße nach Antiochia nimmt historisch eine Schlüsselposition für Aleppo ein: 637 stürmten die Moslems eben hier die byzantinische Stadt; 962 wurde es von Kaiser Nikephoros II. Phokas bei seiner Besetzung Aleppos zerstört; ab 1245 errichtete der ayyubidische Statthalter Yusuf II. (reg. 1242–60), ein Enkel Zahir Ghazis, einen Nachfolgebau, der trotz mamlukischer Restaurierung (1390) bis heute die Grundstruktur der Anlage bestimmt. Nur das Obergeschoß mit den Gußerkern stammt aus der Mamluken-Zeit (15. Jh.). Das Tor ist eine Konstruktion aus zwei sechseckigen Bastionen, von denen aus der dazwischengelegene Zugang vortrefflich zu überwachen war.

Wir folgen nun der mittelalterlichen **Stadtmauer,** die sich zwischen Bab Antakiya und Bab Qinnasrin am besten erhalten hat. Es handelt sich um Partien, die 1402, also nach Timurs Eroberung der Stadt, unter dem mamlukischen Statthalter Duqmaq al-Mohammedi notdürftig, nach einem Besuch des Sultans Muayyad Sayf ad-Din (reg. 1412–21) ab 1417 umfassend wiederhergestellt wurden.

Was Entwurf und Erhaltungszustand betrifft, stellt das **Bab Qinnasrin** die eindrucksvollste Anlage der Stadtbefestigung dar. Die bossierten Quader mit Randschlag zeigen vorzügliche Steinbearbeitung. Der T-förmige, zweigeschossige Komplex geht auf Bauleistungen des 10. Jh. (Sayf ad-Dawla) zurück, stammt in seinem heutigen Bestand aber weitgehend aus spätayyubidischer Zeit. Die Mamluken-Sultane Muayyad Sayf ad-Din und Qansu al-Ghawri haben das Tor 1417 bzw. 1501 renovieren lassen.

Im Obergeschoß und in den Annexbauten waren eine Getreidemühle, Bäckereien, Wasser- und Öldepots installiert, die das Tor gleichsam zu einem autarken Fort machten; da auch die Zugänge zur Stadt hin verschlossen werden konnten, blieb die Anlage selbst nach einer Eroberung der Stadt verteidigungsfähig.

Zurück ins Zentrum der Altstadt

Das Krankenhaus **Bimaristan al-Arghun,** benannt nach einem mamlukischen Statthalter von Aleppo, ging 1354 durch Umbau aus einem privaten Palast hervor. Die tiefe Portalnische finden wir überkuppelt von einem dreizonigen Muqarnas-Gewölbe und einer steilen Muschelform. Der Türsturz ist durch ein querrechteckiges Feld mit einem sternförmigen Flechtbandornament in origineller Weise monumentalisiert. Die Ausgestaltung erinnert an das Türgewände des ayyubidischen Palastportals auf der Zitadelle. An die Portalnische schließt ein Vestibül an, von dem ein erster Untersuchungsraum abzweigt. Das Zentrum des Gesamtkomplexes bildet ein rechteckiger Hof mit zwei überkuppelten, zum Hof hin geöffneten Hallen an den Schmalseiten. Den kleinen Raumeinheiten an den Längsseiten sind Säulenarkaden vorgelagert. Drei weitere von Raumzellen umgebene Innenhöfe sind vom Haupthof aus zu erreichen. Sie dienten der Aufnahme und Behandlung von Geisteskranken. Auch Wirtschaftsgebäude gehörten zum Krankenhaus, so daß der Betrieb fast autark funktionierte.

Die mamlukische **as-Safahiya** wurde nach 1418 (vollendet 1425) als Moschee und Medrese errichtet. Das hohe Muqarnas-Portal zeigt den typischen Ablaq-Steinwechsel der Zeit, das oktogonale Minarett schönen Dekor, für den ein eigens hinzugezogener ägyptischer Steinmetz namens Mohammed al-Fil verantwortlich war.

Der Besuch der **Adiliya-Moschee,** die 1555 unter dem osmanischen Statthalter Mohammed Pascha entstand, bringt uns zurück ins Zentrum der Altstadt; wir sind hier nur noch knapp 150 m von der Großen Moschee entfernt. Unter den Mamluken war das Terrain ein Exerzierfeld und somit unbebaut. Wie die Khosrowiya (s. S. 255) kehrt auch die Adiliya mit ihrer mächtigen Moscheekuppel über den Betraum und Doppelarkaden vor dem Betsaal demonstrativ die Qualitäten osmanischer Sakralarchitektur heraus, und auch wenn die dekorativen Fayencen (über den Fenstern, am Mihrab) in einer lokalen Werkstatt entstanden, betonen sie das türkische Moment.

»Der Araber nennt seine Wohnung ›Maskan‹. […] Das Stammwort ist Sukun (Ruhe), und Maskan ist rein sprachlich ein Ort der Ruhe. Das ist auch an jedem Wohnhaus in Syrien ablesbar. Im starken Kontrast zwischen der heißen, trockenen und sandigen Umwelt, der die glatten, ungegliederten Außenmauern gegenüberstehen, und seinem Innenraum mit Wasserbrunnen, Blumen- und Obstgärten und der reichen Hof- und Raumarchitektur ist das arabische Haus ein Ort der Ruhe. Hier wohnt man von dem unverträglichen Klima der Außenwelt, ja sogar vom Gästeverkehr innerhalb seines Hauses getrennt und genießt das erwünschte ruhige Leben.«
Kamil Sinjab

Im Nordwesten der Zitadelle

Die Stadtviertel nordwestlich der Zitadelle zeichnen sich weniger durch herausragende Monumente als vielmehr durch ihre Atmosphäre und Traditionalität aus. Insbesondere im Viertel Judeida (Judeideh) haben sich Straßenzüge und Innenhofhäuser des 18., 17., ja sogar des 16. Jh. erhalten. Ihre Besichtigung erfordert Zeit und führt nicht immer zum Ziel, da die zumeist noch bewohnten Häuser oft nur zufällig geöffnet sind und die Residenten sich verständlicherweise reserviert zeigen gegenüber touristischer Neugier. Dennoch bleibt ein Gang über die Kopfsteinpflaster und durch die von Schwibbögen überspannten Gassen ein Erlebnis.

Das traditionelle Aleppiner Wohnhaus ist um einen Hof (manchmal auch mehrere Höfe) organisiert und wird in der Regel von einer Großfamilie bewohnt. Nach außen hin erscheinen die palastartigen Bauten als abweisend geschlossene, fensterlose Mauergevierte. In ihrem Inneren jedoch entfalten sie eine unerahnte Pracht mit schattenspendenden Bäumen und Springbrunnen, mit sommerkühlen Iwanen und Lauben, mit marmornen Bädern und opulenten Empfangsräumen, mit gemusterten Steinböden und aufschwingenden Gewölben. Wie im moslemischen Privatleben herrscht in der Privatarchitektur das Prinzip der Verschleierung: Die Schönheit verbirgt sich; nur der dazu Legitimierte darf sie schauen und genießen.

Judeida – das Wort bedeutet soviel wie kleines, neues Viertel – ist zugleich das traditionelle **Christenquartier** in Aleppo. Als sich der Fernhandel im 16. Jh. intensivierte (s. S. 250), ließen sich insbesondere armenische Christen in Aleppo nieder, und viele der christlich-orientalischen Bekenntnisse (s. S. 26f) besitzen bis heute Gotteshäuser im Viertel. Unser Besichtigungsgang beginnt, ausgehend vom Judeida-Platz, beim 50 m entfernten **Beit Ghazale,** einem großen Bau des 17. Jh., der heute als armenische Schule genutzt wird. Der überkuppelte Empfangsraum bietet prachtvolle hölzerne Intarsien; der Zentralhof besitzt einen Iwan und besonders schön ornamentierte Fensterrahmungen. Natürlich macht der Schulbetrieb einen Rundgang in den Unterrichtsstunden unmöglich.

Ohne Probleme zugänglich ist das **Beit (Dar) Ajiqbash,** da es vor zu einem Museum für traditionelle Volkskunst umgewidmet wurde. Eine im Europahandel reich gewordene Christenfamilie hatte sich

»Die orientalischen Christen schätzt man auf 30 000 Seelen unterschiedlicher Nationen und Religionen. Syrer, Griechen, Armenier und Maroniten wohnen sämtlich in der Vorstadt Judeida und haben alldort zwei Kirchen für die Armenier, eine für die Griechen, eine für die Syrer und eine für die Maroniten, in denen sie ohne Scheu frei-öffentlich mit Singen, Predigen, Beten, Eheschließungen und Kindertaufen ihren Gottesdienst verrichten können, jede Nation nach ihrer Religion. Glocken und Schlaguhren dürfen sie nicht halten, weil die Türken es nicht gestatten.«
Wolffgang Aigen, ca. 1663

Im Hof des Beit Ajiqbash

das Haus 1757 errichten lassen. Die zweigeschossige Hofarchitektur wird an einer Schmalseite von einem monumentalen Iwan beherrscht. Man beachte die vergoldete Holzdecke im Empfangsraum gegenüber diesem Iwan. Pflanzenornamente über den Fensteröffnungen verleihen dem Hof das dekorative Ambiente, das für die großen osmanischen Häuser in Aleppo charakteristisch ist und in das sich auch süßliche Einflüsse des Rokoko mischen. In den Hauptträumen werden Gegenstände der syrischen Volkskunst – Metallarbeiten, Waffen und Trachten – präsentiert.

An der Gasse, die am Beit Ajiqbash vorbeizieht, finden sich weitere **Kirchen:** Zuerst eine syrisch-katholische Kirche, jenseits eines Gassenabzweigs nach Norden dann die griechisch-orthodoxe Kirche, als dritte die Kirche der Armenier (frühes 18. Jh.; Ikonen des 15. Jh.). Geht man zurück bis zur nördlich abzweigenden Gasse und folgt dieser, erreicht man kurz vor einem Plätzchen die griechisch-katholische Kirche von 1849 und – am Platz rechts abzweigend – die Maroniten-Kirche von 1873 (mehrfach umgebaut bis 1923).

An der Kirche vorbei nun wieder östlich Richtung Judeida-Platz, aber gleich in die erste Gasse nach Norden abbiegen. Hier liegen zwei historische Hofhäuser – **Beit Basil** (rechts) und **Beit Balit** (links) – einander gegenüber. Beide stammen sie aus dem 18. Jh., beide zeigen sie noch Reste des alten Glanzes (bemalte Holzdecken, Stuckdekor im Stil des orientalischen Rokoko), und beide werden sie heute als Waisenhäuser genutzt. Den Iwan des römisch-katholischen Basil-Hauses hat man in diesem Zusammenhang zu einem kleinen Kirchenraum umgestaltet.

Am Ende der Gasse mit der Tilel-Straße nach rechts, dann scharf rechts abzweigen in die Sissi-Straße, die uns zurück zum Judeida-Platz führt. An der Straße liegen drei weitere große Bürgerhäuser:

Rechts zunächst das zweigeschossige **Beit Sayegh,** das ebenfalls als armenische Schule dient. Der Hof ist hier nur an drei Seiten umbaut: Im Norden liegt der große Winterwohnraum, im Süden der sommerliche Wohnbereich, wobei die hinteren Räume, darunter ein Brunnenraum mit Springbrunnen und kühlender Wandberieselung, dem Abendaufenthalt dienten. Leider ist der Komplex sehr verwohnt, der alte Dekor weithin verloren.

50 m weiter auf derselben Straßenseite residiert im **Beit Waqil** der griechisch-orthodoxe Bischof von Aleppo. Eine Holzdecke des Palastes ist übrigens im Islamischen Museum auf der Berliner Museumsinsel ausgestellt. Was ›vor Ort‹ an Dekor erhalten blieb, ist aber sehenswert genug, vor allem die prunkvollen Wandverkleidungen.

Noch eine dritte Armenier-Schule im Viertel, auf der Ostseite der Sissi-Straße gelegen, ist aus einem alten, bis vor 25 Jahren intakten Hofhaus hervorgegangen, dem **Beit Dallal** aus dem 17. Jh. Der einzige Eingang erschloß vom Nordwesten her durch einen Gang den großen, fast quadratischen Hof. Noch vor dem Hof zweigten vom Gang die beiden Trakte ab: Rechts ging es in die den Frauen vorbehaltenen Räume, die im Süden von einer Küche ergänzt wurden;

links in die etwas größeren Männerräume. Den Südteil des Hofes nahmen die Sommerräume ein, darunter der zentrale Iwan; den Ostteil drei weitere Räume, die am Sommervormittag im Schatten und am Winternachmittag in der Sonne lagen. Um den Springbrunnen im Zentrum des marmorgepflasterten Hofes gruppierten sich ursprünglich Gartenflächen mit Orangen- und Zitronenbäumchen. Erhalten haben sich Teile der reichen Wand- und Deckendekoration.

Beit Jumblat, ein großer Palast des 17. Jh., entstand als Sitz eines osmanischen Statthalters. Der große Hof besitzt auf der Nord- und Südseite zwei repräsentative, mit osmanischen Fayencen und Marmor geschmückte Iwane. Der heute als Regierungsschule benutzte Bau liegt auf halbem Weg zwischen Judeida und der Zitadelle im Stadtteil Bakhshita, dem ehemaligen **Judenquartier.** Das Schicksal der jüdischen Minderheit von Aleppo entspricht dem in Damaskus (s. S. 160), und die alte Synagoge des Viertels – ein Bau, der auf das 12. Jh. zurückgeht – liegt in Ruinen.

Das Nationalmuseum

Zum Abschluß eines Aleppo-Aufenthalts korrigiert das Museum (entstanden 1966), dessen Räumlichkeiten sich zweigeschossig um einen Innenhof gruppieren, mit seinen frühgeschichtlichen Funden den Eindruck von einer ganz und gar islamischen Stadt.

Beginnend mit dem Eingangstor des Museums: Die basaltdunklen Portalfiguren aus **Tell Halaf** sind Abgüsse der von OPPENHEIM (s. S. 116) nach Berlin verbrachten Originale, die im Bombenhagel des Zweiten Weltkriegs untergingen. Die Figurengruppe – fünf Fabeltiere, drei stehende Göttergestalten – dominierte das Eingangsportal

Die Fabeltiere, die einst das Portal des Palastes von Guzana (Tell Halaf) aus dem 9. Jh. v. Chr. bewachten (s. S. 53), rahmen heute den Eingang des Nationalmuseums von Aleppo.

eines Palastes aus dem 9. Jh. v. Chr. Die Darstellung der auf Löwen oder Stieren stehenden Gottheit gehört zum ikonographischen Grundrepertoire der altorientalischen Kunst.

Aus dem großen Foyer (steinzeitliche Funde, wechselnde Exponate aus neuen Grabungen) nun nach rechts zur Sektion **Tell Braq** (3500–3300 v. Chr.; s. S. 33). Die Idole, die der englische Archäologe Max Mallowan (übrigens Ehemann der Kriminalautorin Agatha Christie) während der 30er Jahre im sogenannten Augentempel barg, stehen am Beginn einer originär syrischen Kunst.

Die wasserspendende Göttin von Mari, eines der berühmtesten Kunstwerke aus dem frühen Syrien

Mari (Tell Hariri) ist u. a. vertreten mit alabasternen Beterfiguren (die anstelle des Dargestellten im ständigen Gebet vor der Gottheit verharren sollten), der gedrungenen Statuette des Königs Lamgi-Mari (um 2600 v. Chr.) im typischen Zottenrock, der schwarzen Diorit-Skulptur des bärtigen Statthalters Ischtup-Ilum (18. Jh. v. Chr.) aus dem Thronraum von Mari, dem Sitzbild eines die Arme verschränkenden Paares (3. Jt. v. Chr.; die Köpfe sind verloren), einem monumentalen Bronzelöwen (Anfang des 2. Jt. v. Chr.; das Gegenstück ist im Pariser Louvre ausgestellt) aus dem Dagan-Tempel, dem Alabasterhaupt eines Kriegers (ca. 1900 v. Chr.) und nicht zuletzt der sogenannten Wasserspendenden Göttin, einer fast lebensgroßen (142 cm hoch) Steinskulptur aus dem 18. Jh. v. Chr., die zum Besten gehört, was auf altsyrischem Boden entstand.

Die kleinere **Hama**-Sektion des Museums bietet Funde, welche die dänische Expedition unter Leitung von M. H. Ingholt zwischen 1931 und 1938 auf dem Zitadellenhügel von Hama(th) barg (s. S. 182), darunter stilisierte Sandsteinstatuen aus dem 4. Jt. v. Chr., die vergoldete Bronzeplastik eines Gottes (2. Jt. v. Chr.) und Löwendarstellungen, die ehedem wohl ein Portal flankierten.

Unter den Funden aus **Ugarit** (Ras Shamra) fallen die Goldschalen mit lebendigen Tier- und Jagddarstellungen in konzentrischen Friesen (14. Jh. v. Chr.; s. S. 47) auf. Beachtung verdient ferner cine kultische Axt (15. Jh. v. Chr.), aus deren ornamentierter Eisentülle – Eisen war damals ein seltenes, kostbares Material (s. S. 51) – zwei Löwenköpfe und die Kontur eines Eberschädels vorspringen. Die Ritzlinien sind mit eingehämmertem Gold gefüllt. Eine Stele, reliefiert mit den Darstellungen eines thronenden Gottes und eines ihn anbetenden Königs, demonstriert wiederum den ägyptischen Einfluß auf Ugarit. Natürlich sind auch die berühmten Tontafeln der Hafenstadt (s. S. 47) mit einigen Beispielen vertreten.

An der Rückseite des Museumsgebäudes nach links schwenkend gelangen wir kulturgeschichtlich aus dem spätbronzezeitlichen ins eisenzeitliche Syrien. Der erste Raum ist dem Leben und der Kunst des **Tell Halaf** im frühen 1. Jt. v. Chr. gewidmet. Um 900 v. Chr. trug er den Namen Guzana und war Hauptstadt des aramäischen Fürstentums Beit Bachjan. Ein König namens Kapara, Sohn des Khadianu, stattete das Portal seines Palastes mit jenen drohstarrenden Basaltgestalten aus, die wir am Museumseingang passiert haben, und ließ unter dem Eindruck assyrischer und hethitischer Monumentalkunst zur Verblendung der Backsteinwände einen Figurenfries schaffen, von dem Aleppo (als Replikat) mehrere Reliefplatten und Skulpturen mit der Darstellung von Göttern und Menschen, Fabelwesen und Tieren bewahrt. Die Bilderwelt vermittelt einen guten Einblick in die eklektizistische Mythologie der aramäischen Kleinstaaten (als Beispiele: die Sphinxskulptur mit Skorpionstachel oder eine figürliche Dreiergruppe, die die hethitische Flügelsonne hält).

Das östlich des Euphrat an der türkischen Grenze gelegene **Arslan Taş** (türk. ›Löwenstein‹), ausgegraben durch eine französische Expedition seit 1928, war im 9. und 8. Jh. v. Chr. unter dem Namen Chadatu eine Aramäer-Residenz und bezeugt erneut den Eklektizismus dieser Zentren: einerseits lebensgroße Götterstatuen und Basaltlöwen nach neuassyrischer Manier, andererseits Elfenbeinreliefs, die unverkennbar ägyptisches Formen- und Ideengut verarbeiten, etwa in der Darstellung von der Geburt des Gottes Horus. Die filigran geschnitzten Elfenbeine, die zur Verkleidung von Prunkmöbeln gehörten, sind wahrscheinlich in einer phönikisch-palästinischen Werkstatt entstanden und als Tributgaben eines abhängigen Fürsten nach Chadatu gelangt. Übrigens mußte das wertvolle Material nicht von weither eingeführt werden; um diese Zeit zogen noch einzelne Elefantenherden durch Syrien.

Aus einer weiteren Residenzstadt, **Tell Akhmar,** stammen eindrucksvolle Wandgemälde mit Darstellungen von Kriegern und Würdenträgern. Sie entstanden Mitte des 8. Jh. v. Chr., als der seit dem 5. Jt. v. Chr. besiedelte Hügel am Euphrat, 20 km südlich von Jerablus an der Grenze zur Türkei, Kar Salmanassar hieß und Sitz eines neuassyrischen Statthalters war. Der Stil ist entsprechend der politischen Situation und der Funktion der Fresken – sie zierten den Gouverneurspalast – ganz dem Stil Assurs verpflichtet.

Der letzte Großraum des Untergeschosses, mit dessen Passage wir, nochmals die Richtung wechselnd, zum Foyer zurückkehren, beherbergt Funde aus neueren Grabungen, z. B. denen in **Ain Dara** (Fragmente eines Basaltfrieses mit Göttern und vogelköpfigen Fabelwesen nach späthethitischer Art; 10. Jh.) und **Ebla** (Fragmente dreier Kultbecken mit Reliefdarstellungen, Goldschmuck, Tontafeln). Weitere Exponate stammen aus Habuba Kabira, Emar und Tell Qannas.

Im Obergeschoß sind Funde aus den ›Notgrabungen‹ am Euphrat zu sehen; sie waren durch die Schaffung des Assad-Stausees seit 1969 notwendig geworden (s. S. 318). Ein kursorischer Querschnitt durch die Kulturgeschichte des Landes bietet im folgenden Antikes, Byzantinisches und Arabisch-Islamisches – aber leider durchweg nur Zweitklassiges, abgesehen von einer wohlsortierten Münzsammlung, welche alle moslemischen Dynastien auf syrischem Boden mit ihren Prägungen zwischen dem 7. und 16. Jh. vorstellt.

Im Nebengebäude (Erdgeschoß) des Museums, dem Sitz der Verwaltung, sind spätrömisch-byzantinische Mosaiken aus dem Nordsyrischen Kalksteinmassiv zusammengetragen worden. Leider fehlt es seit Jahrzehnten an der Initiative, sie angemessen zu präsentieren.

Die Umgebung von Aleppo

Aleppo ist zuerst und vor allem Ausgangspunkt für den Besuch der berühmten **Toten Städte Nordsyriens,** darunter besonders prominent das Simeonskloster (s. S. 283f). Wir verweisen auf das folgende Kapitel, das wir dieser historisch wie kunsthistorisch einzigartigen ›Ruinenlandschaft‹ gewidmet haben, und beschränken uns an dieser Stelle auf die Präsentation zweier Stätten, die nicht zu diesem geschlossenen Bauensemble zählen.

Ain Dara

Wegweiser: Von Aleppo nordwärts auf Landstraße Nr. 217 Richtung Azaz/Afrin. Bei der Gabelung nach 46 km links; noch 14 km bis Afrin. Nach Passage dieses Ortes links (südwärts) durch das Flußtal bis zum Dorf Ain Dara (10 km). Rechts auf einer Piste (ca. 2 km) zum weithin sichtbaren Ruinenhügel. Die Anfahrt ist auch von Deir Seman (s. S. 289) her möglich: 19 km bis Ain Dara über die Straße nach Afrin.

Der Tell von Ain Dara beherrscht eine fruchtbare Flußebene. Bereits 1954 wurde hier von einem Hirten beim Stöbern in einem Fuchsbau ein monumentaler Basaltlöwe aufgedeckt. Die 1956 begonnenen Ausgrabungen brachten dann den Relieffries eines späthethitischen Tempels zu Tage, der in das 10./9. Jh. v. Chr. datiert. 1980 konnten die Ausgrabungen unter der Leitung von Ali Abou Assaf wieder aufgenommen werden. Inzwischen ist das Tempelareal vollständig freigelegt und ein – unschöner – Schutzbau errichtet worden. Das gewaltige Sockelgeschoß aus Basaltquadern mit Löwen- und Sphingenreliefs sowie die Tempelfront aus monumentalen Tierprotomen bilden ein einzigartiges Ensemble frühgeschichtlicher Kunst.

Der Tempel erhob sich auf einer künstlich erhöhten Terrasse der Akropolis ca. 20 m über der Ebene, in die sich nach Osten hin die umwallte Unterstadt erstreckte. Zweifellos handelte es sich um eine größere Residenzstadt, deren späthethitischer Name noch nicht eindeutig geklärt ist. Am wahrscheinlichsten ist Ain Dara identisch mit

Die monumentalen Fußabdrücke im Eingangbereich des Tempels von Ain Dara sollten die Präsenz der Gottheit bezeugen.

Sphingen-Relief von Ain Dara

Kinalua, einem Zentrum des Aramäer-Staates Beit Agusi. In der zweiten Hälfte des 8. Jh. v. Chr., wohl in Zusammenhang mit dem Vordringen der Assyrer nach Westen, wurde der Tempel zerstört, später wiederaufgebaut und schließlich überbaut. Vermutlich lag im 3. und 2. Jh. v. Chr. das hellenistische Städtchen Gindaros auf Tell Ain Dara. Vom 6. bis ins 16. Jh. n. Chr. wurde auf dem Tell ununterbrochen gesiedelt. So haben sich allein die kolossalen Fundamente und Sockelgeschosse des Tempelkomplexes erhalten.

Geweiht war das Heiligtum wahrscheinlich der Göttin Ischtar und dem Berggott Nordsyriens, deren Kulte sich eng miteinander verbunden zeigen. Der vorderasiatischen Mythologie gilt Ischtar als Geliebte des Berggottes. Zwar wurde nur ein einziges Relief mit der Darstellung der Göttin entdeckt, doch bestimmen ihre bekannten Attribute, Löwe und Sphinx, die Ikonographie des Tempels. Assaf spricht von einer architektonischen Verkörperung ihrer Aspekte. Auch die Symbole des Berggottes, Stiermenschen und adlerköpfige Menschen, finden sich in der Tempelplastik.

Der Tempel folgt in seiner Gliederung mit Portal, Vorcella, Hauptcella und umlaufenden Wandelgang dem syrischen Bautypus des Bit Hilani (s. S. 36). Eine ursprünglich 11 m breite Freitreppe führte vom mehrfarbig gepflasterten Vorhof zur Eingangsschwelle zwischen den beiden Tempelfassaden aus frontal dargestellten Löwen und Sphingen über dem reliefierten Orthostaten-Postament. Die drei übermenschlichen Fußabdrücke von fast 1 m Länge, eingemeißelt in Schwelle und Eingangsbereich, sollten wohl auf die Anwesenheit der Gottheit in der Cella verweisen. Die quergelagerte Vorcella wird von einem Basaltsockel umschlossen, der in einem Zierfries Flechtbandmuster zeigt. Zwei Löwen flankierten den Durchgang zur Hauptcella, die durch ein bühnenartiges Kultpodium abgeschlossen wurde. Um Haupt- und Vorcella führte ein Umgang mit Basaltfriesen, auf denen der thronende König, Würdenträger, Fabelwesen und Opferszenen dargestellt waren. Die bestkonservierten Friese befinden sich im Museum von Aleppo (s. S. 273); vieles aber ist noch *in situ* zu sehen. Besonders gut erhalten sind die Reliefs des äußeren Tempelpodiums (32 x 38 m): Löwen und Sphingen stehen sich jeweils gegenüber. Oberhalb des Tempels wurde nach dem ersten Fund von 1954 (s. o.) ein zweiter gewaltiger Basaltlöwe lokalisiert, der sich in vorzüglichem Zustand befindet (s. Abb. S. 53). Die beiden Tierstatuen standen zu beiden Seiten eines Torbaus.

Angesichts der längst nicht abgeschlossenen Bodenforschung (die Unterstadt ist z. B. archäologisch noch völlig unberührt) hält sich der syrische Ausgräber Ali ABU ASSAF mit Urteilen auffällig zurück. Die aufwendige Bauskulptur gerade der Außenmauern verleiht dem Tempel von Ain Dara aber einen besonderen Rang.

Kyrrhos (Cyrrhus)

Wegweiser: Ab Aleppo nordwärts auf Straße Nr. 217 Richtung Afrin/ Azaz. Bei der Gabelung nach 46 km rechts ab nach Azaz (noch 4 km). Von Azaz links (nordwestlich) abzweigen Richtung Kyrrhos; noch 28 km. Man erreicht die Stätte über die beiden römischen Brücken.

Im Vergleich zu Apameia oder Antiocheia blieb Kyrrhos stets ein Provinzzentrum. Dies verwundert, denn die Stadt lag an einer bedeutenden Handelsroute zwischen dem Mittelmeer und der Euphrat-Region. Sehr wahrscheinlich in der ersten Hälfte des 3. Jh. v. Chr. unter den Seleukiden gegründet, war Kyrrhos Mittelpunkt der Kyrrhestike genannten Landschaft zwischen Kommagene, Amanus-Gebirge und Euphrat. Münzrecht besaß Kyrrhos – auch das ein Zeichen der städtischen Schwäche – erst ab Mitte des 2. Jh. v. Chr. In den spätseleukidischen Thronwirren gelangte die Stadt Anfang des 1. Jh. v. Chr. an TIGRANES von Armenien, ehe sie mit dem Marsch des POMPEIUS 64 v. Chr. römisch wurde. Als Verwaltungszentrum und militärischer Stützpunkt (Quartier der Legio VI Ferrata im Jahr 18 n. Chr.) gewann sie im Konflikt zwischen Römern und Parthern an Bedeutung. Von Kyrrhos aus konnten die römischen Legionen ins Euphrat-Gebiet ebenso wie nach Kommagene und Armenien vorstoßen, so daß u. a. GERMANICUS und die Kaiser TRAJAN und CARACALLA hier Station machten. Mit der zunehmenden Bedeutung von Hierapolis (s. S. 319) verlor Kyrrhos seine Schlüsselposition. Dazu trugen auch zwei persische Invasionen Mitte des 3. Jh. bei.

Das Christentum hielt früh Einzug in Kyrrhos; seit 325 sind Bischöfe der Stadt bezeugt. Die legendären Heiligen KOSMAS und DAMIAN hatten in oder bei Kyrrhos einen Memorialbau, der so viele Pilger anzog, daß die Stadt den Beinamen Hagiopolis (›Heilige Stadt‹) erhielt. Der aus Antiocheia stammende THEODORET, ab 423 Bischof von Kyrrhos (s. S. 289), fand die Ortschaft freilich in heruntergekommenem Zustand vor: Offenbar lagen große Teile des Stadtgebiets verlassen oder wurden von christlichen Einsiedlern bewohnt. Die Restaurierungsmaßnahmen des Bischofs (öffentliche Bäder, ein Aquädukt, zwei Brücken) leiteten einen Wiederaufstieg ein, der sei-

Eine der beiden antiken Brücken vor Kyrrhos

nen Abschluß im 6. Jh. fand, als Kaiser JUSTINIAN (reg. 527–65) eine Garnison in die Stadt legte und die Stadtmauern erneuern ließ.

Danach Abstieg in die Vergessenheit: Ein Dreivierteljahrhundert nach der arabischen Inbesitznahme (637) wurde das Martyrion der Heiligen KOSMAS und DAMIAN für den Bau der Omayyaden-Moschee in Aleppo ›ausgeschlachtet‹. Die byzantinische Reconquista des 10. und 11. Jh. führte unter ANDRONIKOS DUKAS und ROMANOS III. zu Besetzung und Plünderung, nicht aber zu einem Wiederaufbau. Als Guris oder Qurus wird der alte Platz, damals zwischen Kleinarmeniern und Kreuzrittern umstritten, im 12. Jh. nochmals erwähnt, dann verstummen die Quellen.

Die Ruinen von Kyrrhos liegen etwa 70 km nördlich von Aleppo nahe der türkischen Grenze im Gebiet des Jebel al-Aqrad (›Kurdengebirge‹), also innerhalb des syrischen Kurden-Gebiets. Von Azaz kommend überquert die Straße die beiden kleinen Flüsse Afrin (antiker Name Oinoparas) und Sabun auf **zwei antiken Brücken,** die ins 2. Jh. n. Chr. datieren, aber mehrfach restauriert wurden, u. a. wohl im 5. Jh. durch Bischof THEODORET (s. o.). Die Fahrwegbreite der drei- bzw. fünfbögigen Brücken beträgt um 5 m.

Unmittelbar vor Erreichen des Ruinengeländes passieren wir die Südwestnekropole der Stadt (es gibt noch eine zweite Nekropole im Nordwesten). Vollständig erhalten ist hier ein sechseckiges **Mausoleum.** Das zweigeschossige Monument wird durch eine Pyramidenbekrönung und einen ›Dachknauf‹ aus Akanthus-Blättern abgeschlos-

Das Ruinengelände von Kyrrhos:
1 Nordtor
2 Weitarkaden-basilika
3 Säulenstraße
4 Theater
5 Zitadelle
6 Südtor
7 Mausoleum
8 zu den beiden antiken Brücken

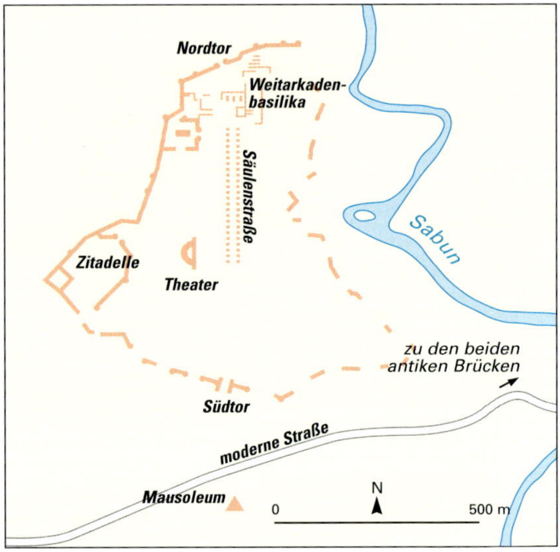

Der berühmteste Sohn des antiken Kyrrhos hieß Avidius Cassius. Um 125/130 n. Chr. geboren, durchlief er eine römische Beamtenkarriere, die ihn vom Unterbefehlshaber in den Parther-Kriegen zum Suffektkonsul, zum Legaten, zum Statthalter Syriens und um 171 schließlich sogar zum Kommandanten des Orients (Rector Totius Orientis) aufsteigen ließ. Anfang April 175 wurde er auf das falsche Gerücht hin, der seit 161 regierende Marc Aurel sei gestorben, von den syrischen Truppen handstreichartig zum Kaiser ausgerufen, doch konnte sich Avidius nur drei Monate und sechs Tage halten. Im Juli 161 wurde er von einem Rom-treuen Unteroffizier ermordet.

sen. Von der tonnengewölbten Grabkammer des Untergeschosses führt eine Treppe in den durch sechs Arkaden gebildeten Kuppelraum des Obergeschosses. Das Grabmal ist dem ›Baldachintypus‹ zuzuordnen, bei dem eine untere Grabkammer mit einer oberen Säulenstellung verbunden ist. Die Verbreitung dieses Typus in Nordsyrien fällt in das 2. und 3. Jh. n. Chr. Der gute Erhaltungszustand des Kyrrhos-Beispiels resultiert aus der späteren Nutzung (ab dem 14. Jh.) und Erhaltung als moslemischem Heiligtum.

Obwohl die **Stadtmauer** fast vollständig eingestürzt und überwachsen ist, kann ihr Verlauf doch genau im Gelände identifiziert werden. Der unregelmäßige Verlauf orientiert sich an der Geländestruktur, folgt also wohl der Linie des seleukidischen Walls. Im Osten bildet der Sabun-Fluß eine natürliche Grenze, nach Westen hin steigt das Gelände von 400 auf 520 m an. Diesem Anstieg folgt die Mauer, bis sie auf der Berghöhe eine **Zitadelle** mit innerem Zwinger bildet. Die äußere Anlage erinnert also an die hellenistischen Stadtpläne von Apameia oder Chalkis, doch fehlt es an systematischen Ausgrabungen.

Geradlinig durchzog in nordsüdlicher Richtung eine etwa 7 m breite basaltgepflasterte **Säulenstraße** das Stadtareal. Das hippodamische Raster der Wohnblöcke ist heute nicht mehr erkennbar, und es bleibt unklar, ob es eine zweite, kreuzende Straßenachse gab. Das ausgegrabene **Nordtor** zeigt eine einfache Pilastergliederung; das **Südtor** wurde jüngst in Teilen wiederaufgebaut.

Im Westen der Säulenstraße nutzt das **römische Theater** aus der zweiten Hälfte des 2. Jh. n. Chr. das ansteigende Gelände aus. Mit 115 m Durchmesser gehört es zu den größten in Syrien. Die Cavea ist bis zum ersten Diazoma erhalten. Über 14 Treppenaufgänge erreicht man die vorzüglich ausgeführten Sitzreihen. Auf der Nordseite bezieht das Bühnengebäude im Außenbau eine große Latrine ein.

Im Norden der Stadt schließt an die Westmauer ein fast quadratischer Mauerkomplex an, der in seinem Zentrum eine fast völlig zerstörte Basilika birgt. Nur unwesentlich besser erhalten ist die ehemals gewaltige Weitarkadenbasilika nahe dem Nordtor.

Das römische Theater von Kyrrhos

Die Toten Städte

Die Kalksteinmassive des Belos

Das in der Antike Belos oder Belus genannte nordsyrische Kalksteinmassiv besteht aus einer Reihe kleinerer Bergketten zwischen 400 und 900 m Höhe, die innerhalb eines weiten und unregelmäßigen, durch die antiken Städte Apameia, Antiocheia, Kyrrhos und Beroia (Aleppo) gebildeten Vierecks liegen. In diesen nordsyrischen Zentren, dazu auch in Chalkis (s. S. 208), lebte eine griechisch sprechende Oberschicht: Feudalherren, die seit dem frühen 2. Jh. n. Chr. das Hinterland kultivierten. Wie es scheint, waren Veteranen des römischen Heers die ersten, die im Belos ihre Ersparnisse investierten. Ausschlaggebend für den Aufschwung der Region war der Anbau von Oliven in Monokultur. Eine gut ausgebaute Infrastruktur sicherte den reibungslosen Export des Olivenöls. Der wirtschaftliche Aufschwung hatte eine intensive Bautätigkeit zur Folge. Zwar handelte es sich zumeist um kleinere Dörfer, die nur aus wenigen Dutzend Häusern und einer kleinen Kirche bestanden, doch wuchsen auch städtische Zentren heran, deren bedeutendste Kaprobarada (Brad) und Kapropera (Bara) waren.

Kennzeichnend für die Bauten im Belos sind die fast ausschließliche Verwendung des anstehenden Kalksteins und eine vorzügliche Quadertechnik ohne Mörtel. Mit den Eroberungen der Perser und Moslems zu Beginn des 7. Jh. brach die Handelseinheit des Mittelmeerbeckens und damit die vom Export abhängige und aus ihm heraus blühende Wirtschaft Nordsyriens zusammen (s. S. 82f), die meisten Dörfer und Städte wurden noch im gleichen Jahrhundert aufgegeben. »Es ist niemand mehr da«, schreibt der Syrer Bar Hebraeus 1283, »um sein Wasser an den Mauern abzuschlagen.«

Da aber selbst die einfachen Häuser aus dem widerstandsfähigen Kalkfels bestanden und das Eindringen des Islam keine Zerstörung der Bauwerke zur Folge hatte, stehen Archäologen, Historiker und Soziologen heute vor einer einzigartigen Situation: In einem Gebiet von etwa 150 x 30/40 km haben sich mindestens 820 Ruinenstätten und teilweise auch die römischen Hauptstraßen zwischen den Metropolen so vollständig erhalten, daß die Rekonstruktion einer ganzen dicht besiedelten antiken Landschaft möglich ist.

Bewohnt wurden die Dörfer und Kleinstädte von Grundbesitzern, Pächtern und besitzlosen Arbeitern; größere Olivenpressen nutzte man gemeinschaftlich. Der Feudalherr residierte zumeist in einer der Hauptstädte, war aber durch eine Landvilla präsent. Die Expansion der Siedlungen nahm in frühbyzantinischer Zeit deutlich zu, und zwischen dem 4. und frühen 7. Jh. erlebten die Landstädte ihre Blütezeit. Ladenstraßen und säulenumsäumte Marktplätze künden von regem Handel und Wandel, und zuweilen reichten die Mittel der Dörfer sogar zum Bau öffentlicher Bäder. Das Gemeinschaftshaus (Andron) war merkantiles wie administratives Zentrum der Dörfer. Bedeutender noch waren die Bauten im sakralen Bereich: Über 1200

Besonders sehenswert:
- Simeonskloster ☆☆
- Deir Seman
- Sitt ar-Rum
- Refade
- Mushabbaq ☆
- Burj Haidar
- Kharab Shams
- Römische Pflasterstraße
- Deir Breij
- Baqirha
- Bamuqqa
- Qalb Lhoze ☆
- Bara ☆
- Serjilla ☆
- Dana (Süd)
- Ruweiha

»Sieht man von den italisch-römischen Städten Herculaneum und Pompeji ab, die beim Ausbruch des Vesuvs am 24. August 79 verschüttet wurden, haben sich in der Region der Toten Städte Syriens die antiken Ruinen wohl am besten erhalten.«
Ignacio Peña

◁ *Blick auf die Basilika von Kharab Shams*

TÜRKEI
Karasu
Türkisch-syrische Grenze
Kyrrhos
Azaz
Afrin
Ain Dara
Barsuta
Brad
Jebel Seman
Afrin
Deir Seman
Kharab Shams
Basufan
Hayyan
Refade
Sitt ar-Rum
Burj Haidar
Qatura
Tagla
Jebel Sheikh Baraqat
Deir Tazza
Simkhar
Reyhanlı
Mushabbaq
Sheik Sleiman
Quweiq
Bab al-Hawa
Bamuqqa
Baqirka
Dana (Nord)
Harim
Bashmishli
Deir Breij
Aleppo
Römische Straße
Nahr al Asi (Orontes)
Jebel al-Ala
Jebel Barisha
Qualb Lhoze
Meëz
Jebel Duweili
Ebene von Chalkis
Qinnasrin
Chalkis
al-Funduq
Derqush
Idlib
Jebel Wastani
Jebel Zawiya
Madkh-Sümpfe
Tell Mardikh
Ebla
Riha
Urm al-Joz
Jebel Nabi Ayub
Maghara
Ihsem
SYRIEN
Jerade
Ruweiha
Dana (Süd)
Qastun
Bara
Baude
Serjilla
Shinshara
Maarrat an-Numan
Arra
Basqala
Huarte
Qalaat al-Mudiq
Apameia
Hama, Damaskus
N
0
15 km

Kirchen und Kapellen sind im nordsyrischen Kalksteinmassiv nachgewiesen; dazu kommen Klosteranlagen und Pilgerherbergen.

Die Anfänge der Sakralarchitektur sind in Qirqbize bei Qalb Lhoze zu beobachten, wo die Kirche des frühen 4. Jh. von den anliegenden Villen kaum zu unterscheiden ist. In der Folgezeit setzte sich die dreischiffige Basilika mit östlicher Apsis und Annexräumen durch. Obwohl die Hauptbauten in Antiocheia vollständig und in Apameia weitgehend zerstört sind, ist doch gesichert, daß entscheidende architektonische Impulse von diesen beiden Bischofsstädten ausgingen. So finden wir im Einflußbereich Antiocheias Arkaden über den Säulen, während in der Region von Apameia der Architrav dominiert. Entsprechend unterscheiden sich auch die Kapitellformen. Zweifellos haben Werkgruppen aus Antiocheia an den beiden Hauptbauten des 5. Jh. in Qalb Lhoze und Qalaat Seman gearbeitet, doch bildeten sich gleichzeitig lokale Traditionen aus, die so bedeutende Architekten wie Julianos und Markianos Kyris hervorbrachten. Neben den professionellen Architekten und Handwerkern beteiligten sich übrigens auch die Bewohner der Siedlungen selbst an den Bauaufgaben, da der Olivenanbau ihnen nur etwa vier bis fünf Monate Feldarbeit im Jahr abforderte.

◁ ***Das Gebiet der Toten Städte in den Kalksteinmassiven des syrischen Nordens***

Tote Städte im Nordmassiv

Das Nordmassiv des Belos ist identisch mit dem Jebel Seman, dem ›Simeonsberg‹. Der Säulenheilige, von dem noch ausführlich die Rede sein wird (s. u.), hat also einem ganzen Landstrich den Namen gegegeben. Die große Zahl der *villes mortes* läßt sich aus dem heutigen Zustand der Landschaft kaum erklären. Allenthalben treten nackte, unfruchtbare Kalkbänke zutage. »Nur in den da und dort eingestreuten Karstdepressionen wird noch Anbau betrieben« (Eugen Wirth). Doch lassen Untersuchungen von Hausschwellen und Straßenpflasterungen (s. S. 299) erkennen, daß vor eineinhalb Jahrtausenden dort, wo heute nur Feinerdeschleier den Fels bedecken, ein Lockerboden von einem halben Meter Stärke auflag.

Simeonskloster (Qalaat Seman) und Deir Seman

Das herausragende Monument in den Kalksteinmassiven Syriens ist das Pilgerheiligtum von Qalaat Seman (›Simeonsburg‹). Obwohl die architektonische Formensprache und die einzigartige Bauplastik in nordsyrischer Tradition stehen, richtet sich die Gesamtanlage doch an ganz spezifischen Anforderungen aus. Der Fixpunkt des gewaltigen Komplexes (3840 m^2) ist die Säule des Hl. Simeon, auf welcher der Stylit 30 Jahre seines Lebens verbrachte. Seine schon zu Lebzeiten magische Anziehungskraft setzte eine Pilgerbewegung in Gang,

Wegweiser: 37 km von Aleppo (Kreisel am Scientific College); zunächst 30 km Richtung Deir Tazza; dort am Ortsende rechts; noch 7 km.

Der von der Säule des Simeon verbliebene Rest im Oktogon von Qalaat Seman

die weit über die Grenzen des byzantinischen Weltreiches hinausgriff.

Nach drei unabhängig voneinander verfaßten Viten des 5. und 6. Jh. können wir SIMEONS Lebensweg folgendermaßen rekonstruieren: Geboren Ende des vierten nachchristlichen Jahrhunderts im Dorf Sis (Sisa) an der Grenze zwischen Syrien und Kilikien, wird ihm Jesu Bergpredigt, von der er in seiner Heimatkirche hört, zum Initialerlebnis. Der Hirtenjunge tritt in das Kloster des EUSEBONAS ein. Schon in den neun Jahren seines klösterlichen Lebens zeichnet sich SIMEON durch eine asketische Rigorosität aus, die ihn weit über seine Brüder erhebt. So nimmt er ausschließlich an Sonntagen Nahrung zu sich, obwohl das Kloster nur drei Fastentage in der Woche fordert. Auch umschnürt SIMEON sich monatelang mit scharfschneidigen Palmfaserstricken, die seinem ausgemergelten Körper entsetzliche Wunden zufügen – ihm selbst willkommene Zeichen der Todesverfallenheit allen Fleisches. Dreimal steigt der Asket während seiner Klosterzeit in das Erdreich hinunter, bringt in Gruben bzw. einem trockenen Brunnenschacht Monate und Jahre zu.

Nach Verlassen des Klosters nimmt SIMEON eine vierzigtägige Fastenzeit auf sich, an die der Entkräftete sofort eine Bergbesteigung anschließt. Auf dem Berg (Qalaat Seman) läßt er eine Umfriedung bauen, die er bis zu seinem Tode nicht mehr verläßt. Zunächst kettet er sich an einen Felsen an. Dann besteigt er nacheinander drei Säulen, jede höher als die vorige, um sich den immer zahlreicher herbeiströmenden Pilgern zu entziehen. Nach sieben Jahren schließlich erklimmt er jene letzte, fast 20 m hohe Säule, auf der er die 30 ihm noch verbleibenden Lebensjahre verbringt. Während dieser Zeit hält er jedes Jahr ein 40tägiges Fasten ein, das ihn jeweils an den Rand des Todes führt. Etwa 70jährig stirbt der Asket am 24. Juli 459.

Nun vermitteln die Lebensbeschreibungen zweifellos eine theologisch idealisierte Darstellung des Heiligen, doch bleiben die zentralen Aussagen für ein Verständnis entscheidend: Wir finden in den SIMEON-Viten ein Gedankengut, das in der Theologie eines ORIGINES und in der frühchristlichen Mönchsbewegung seit dem Ende des 3. Jh. verankert ist. Die Imitatio Christi, das Nachleben der Leidensgeschichte des Erlösers, als geistige Grundlage der Mönchsmystik und die Vorstellung einer stufenweisen Vervollkommnung mit dem härtesten Asketentum als höchster, da todesträchtigster, Lebensform vereinen sich in der Lebensverachtung SIMEONS.

Während klösterliche Weltabgewandtheit eine Entwicklung Ägyptens ist, wird das Eremiten- und Asketentum als radikale Steigerung mönchischer Lebensweise, kulminierend in der Gestalt des Hl. SIMEON, zu einer syrischen Besonderheit. Die Grundlagen der extremen Welt- und Körperverneinung sind nicht ganz einfach zu bestimmen. Zweifellos antworteten die frühen Asketen und Mönche aber auf die politische und gesellschaftliche Situation der Spätantike, kurzum: auf die spätrömische ›Dekadenz‹. Paradoxerweise zeigten sie sich dieser Dekadenz weltanschaulich zugleich verpflichtet. Geistige Grundlage der einen wie der anderen Haltung war die Gnosis, jenes Konglomerat spätantiker Lehren, die allesamt als ›Wissen‹ über das rationale Erfassen des Lebens in Raum und Zeit hinauszuweisen suchten. Die sinnenfrohen Exzesse eines ELAGABAL (s. S. 113) und die sinnenfeindlichen Exzesse eines SIMEON wurzeln in der gleichen Grundvoraussetzung: daß Lebens- und Leibespräsenz nur eine Scheinwelt konstituieren, daß sich alles, was letztlich zählt – Weisheit, persönliche Vollendung, Wiedergeburt –, hoch über der Alltäglichkeit gewöhnlichen Lebens entfaltet. Stufenweise soll die Seele, so das gnostische Credo, aus der ›Dunkelheit‹ der Materiewelt in die Lichtsphäre einer himmlischen Gemeinschaft mit der wahren Gottheit überführt werden. Dies kann kann auf orgiastisch-ekstatische oder asketische Weise geschehen.

Vor diesem gnostischen Hintergrund, der das erlösungsreligiöse Christentum ebenso durchtränkt wie andere orientalische Kulte (s. S. 72f), findet SIMEON durch den Aufstieg (= Säule) aus den irdischen Tiefen (= Erdloch) zum Himmel (= Säulenplattform) seine Identität in Gott. So ist die letzte Säule entsprechend der Trinität Gottes ausdrücklich aus drei Teilen gebildet. Sie markiert das kosmisches Zentrum, an dem SIMEON wesenhaft teilhat.

Schon zu Lebzeiten wurden dem Styliten Wundertaten zugeschrieben, und aus seinen Predigtworten hörte man Weissagungen heraus. Der Pilgerstrom riß auch nach seinem Tod nicht ab. Eine besondere Ausstrahlung hatte SIMEON gerade auf die Stammesver-

Die Pilgerstadt Deir Seman und das Simeonskloster

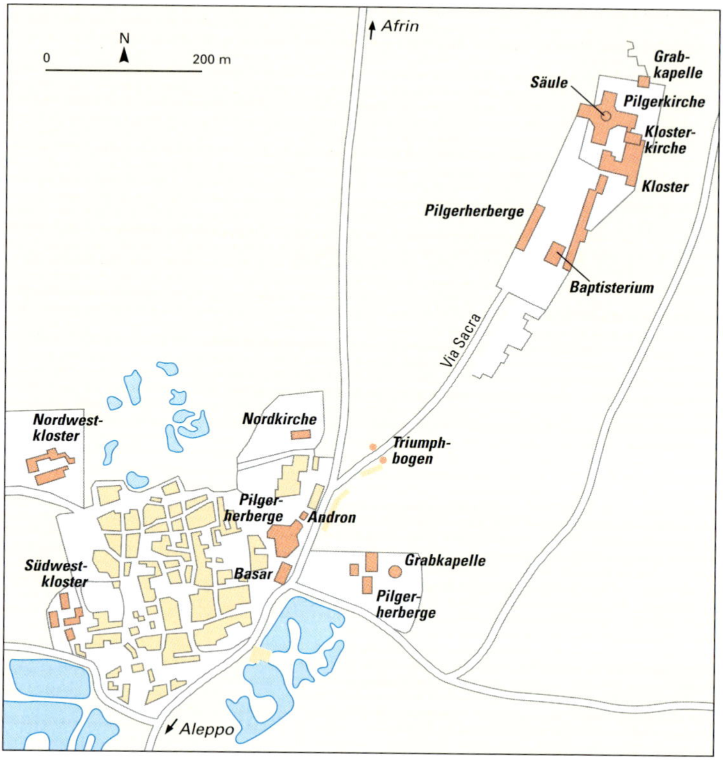

Daß die Wallfahrt zur Säule des Hl. Simeon nicht immer ganz tugendsam verlief, geht aus der Chronik Michaels des Syrers hervor: Er beklagt sich bitter über das Verhalten einer christlich-arabischen Sippe am Festtag des Heiligen im Jahr 638: »Statt zu fasten, Abstinenz zu halten und Psalmen zu singen, gaben sich diese Christen der Zügellosigkeit, dem Trunk, dem Tanz und anderen Formen ausschweifender Lustbarkeit hin.« Schon Simeon selbst hatte, wie Theodoret von Kyrrhos berichtet, gelegentlich durch Drohungen und indem er »die Hunde herbeirief« die Händel verfeindeter Sippen unter der Säule beendet.

bände in Syrien; bei der Christianisierung der Araber spielte sein Heiligtum eine besondere Rolle – gipfelte in der Säule doch ganz buchstäblich der altarabische Steinkultus (s. S. 178).

Das **Pilgerheiligtum von Qalaat Seman** begann am Triumphbogen auf der Westseite des Berges, unmittelbar hinter den Klostergebäuden und Pilgerherbergen von Deir Seman (s. S. 289). Von dort führte der Weg auf die Südseite des Bergrückens, wo sich Baptisterium und Taufkirche befinden (s. S. 288). Erst von dort aus gelangte der Pilger zu der gewaltigen, kreuzförmigen Anlage, die rings um die Säule errichtet worden war. Wir haben es also mit einem Prozessionsweg und den solchen *Viae Sacrae* inhärenten Prinzipien der Vorbereitung, Reinigung und erwartungsträchtigen Steigerung zu tun.

Die Form des Bauwerks orientierte sich an den gestellten Aufgaben: Die Säule mußte durch eine angemessene Architektur gefaßt, den Prozessionen der Pilger Rechnung getragen werden, für die Liturgiefeier war schließlich eine Kirche notwendig. Das primäre Anliegen blieb natürlich der Memorialbau, das zentrale Oktogon, das die **Säule** zum Mittelpunkt hatte. Die Säule selbst wurde schon bald nach dem Tod des Heiligen zu einer Reliquie, von der Pilger sich Stücke abzumeißeln pflegten. So ist sie heute auf einen narbigen Stumpf zusammengeschrumpft. Nach der Legende war die Vertiefung im Boden vor dem Säulenpostament die erste Grablege des Heiligen. Gegen den Widerstand der ansässigen (monophysitischen) Bevölkerung, die SIMEONS Sarkophag sogar zu entführen suchte, um ihn für die syrische Heimat zu sichern, wurden die sterblichen Überreste des Säulenstehers unter militärischer Bedeckung im Herbst 459 erst nach Antiocheia, später dann nach Konstantinopel überführt. Andererseits förderte Byzanz jedoch den lokalen Kult des Heiligen (der sich in glaubenspolitischen Fragen zurückgehalten hatte) und regte die Pilgerfahrt nach Syrien an.

Die hauptstädtische Strategie ging also dahin, SIMEONS Andenken für die Anliegen der byzantinische Orthodoxie nutzbar zu machen, um den christianisierten Arabern zu zeigen, daß SIMEON kein Monophysit, sondern ein rechtgläubiger Byzantiner gewesen sei. Auch die byzantinische Mitfinanzierung des Baus von Qalaat Seman, der unter Kaiser ZENO (reg. 474–91) entstand, ist als Versuch religionspolitischer Profilierung zu interpretieren.

»Die große kreuzförmige Kirche steht einzigartig da in der Architekturgeschichte und ist […] das erstaunlichste und bedeutsamste Denkmal zwischen den Bauten des römischen 2. Jahrhunderts und der großartigen Hagia Sophia aus der Zeit Justinians…«
H. C. Butler

Das **Oktogon** wird durch acht Eckpfeiler mit seitlich vorgestellten Säulen gebildet, die acht reich profilierte Bögen tragen. In den vier Himmelsrichtungen öffnen sich diese Bögen auf die Mittelschiffe der vier anschließenden dreischiffigen Säulenbasiliken. Damit stellte sich das Problem der Eckräume, in denen die Seitenschiffe zweier

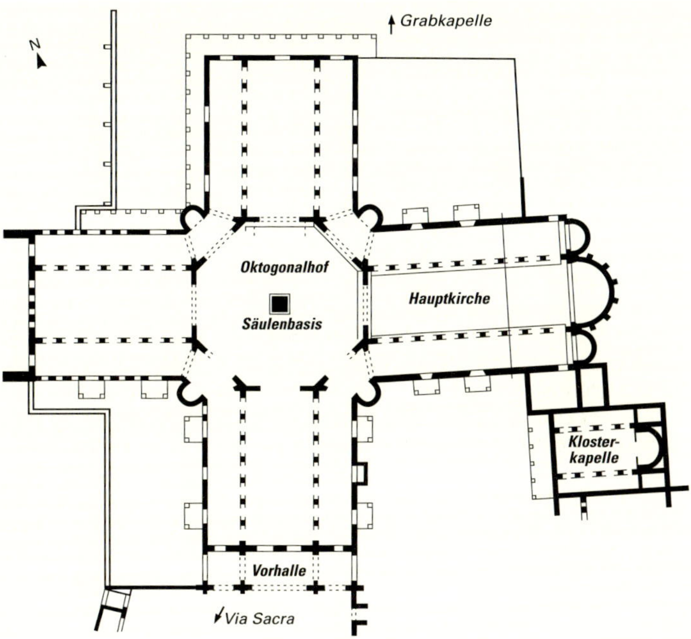

Die kreuzförmige Anlage des Pilgerheiligtums von Qalaat Seman. Vier Säulenbasiliken umfassen das Oktogon.

In der byzantinischen Reconquista des 10. Jh. wurde Qalaat Seman militärisch befestigt, jedoch 985 von den hamdanidischen und 1017 nochmals von fatimidischen Truppen erstürmt. Danach lag der Komplex verlassen. Die Reste der byzantinischen Wallmauer mit Turmfundamenten lassen sich im Norden des Hügelrückens erkennen. Dort, nördlich der Nordbasilika, erhob sich ursprünglich auch eine Grabkapelle über einer aus dem Felsen geschnittenen Höhle. »In den Nischen links vor dem Eingang wurden die Toten drei Tage lang aufgebahrt, dann vorläufig in den Wandsarkophagen im Innern der Kapelle beigesetzt. Erst Jahre später fanden sie ihre endgültige Ruhestätte in Kellergrüften«.
Hannes Frank

Basiliken aufeinandertrafen. Im Grundriß erkennen wir, daß diese Übergangsräume trapezförmig gebildet wurden, wobei die eigentlichen Mauerecken durch Ausnischungen aufgehoben sind. Im Innenraum wie im Außenbau hat man damit die architektonische Konfliktzone in überzeugender Weise bewältigt.

Von den **vier Basiliken** nimmt die östliche durch die größere Länge und die größere Zahl der Joche (neun gegenüber sieben) eine Sonderstellung ein. Sie ist durch die drei östlichen Apsiden, den Marmorfußboden und Reste einer Wandverkleidung als liturgisches Zentrum, als eigentliche Kirche hervorgehoben und weicht auch in ihrer Ausrichtung leicht nach Norden hin ab. Für den Bau der westlichen Basilika wurde eine Substruktion notwendig. Der südlichen Basilika ist eine prachtvolle dreitorige Halle vorgelagert, die den Fassadencharakter dieser Hauptzugangsseite betont: Das breite Mitteltor und die kleineren Nebentore erinnern an einen Triumphbogen.

Zweifellos bilden die einzelnen Baukörper des Simeon-Heiligtums eine architektonische Einheit. Unbestimmt ist allein die Überdachung des Oktogons, die in Hinblick auf einen geschlossenen Baukörper notwendig erscheint. Auch wenn wir durch eine Beschreibung des antiochenischen Rechtsgelehrten Evagrios (ca. 536–ca. 598; Verfasser einer Kirchengeschichte) erfahren, daß das Oktogon 560 unter freiem Himmel lag, dürfte es ursprünglich von einer Kuppel oder aber einer Holzdecke mit konischer Laterne überdacht gewesen sein. Während der Erdbeben von 526 und 528 (die in Antiocheia schwere Schäden brachten) mag diese Konstruktion eingestürzt sein, so daß Evagrios das Oktogon ungedeckt vorfand.

Beachtung verdient die Außendekoration des kreuzarmigen Komplexes. Die Türen und Fenster der Seitenschiffwände werden von Profilbändern gerahmt, die den Bogenformen der Fenster folgen. Die einzigartige Bauplastik ist vorzüglich erhalten an der Südfassade, im Oktogon und an der Ostapsis, wo der Dekor einen Höhepunkt erreicht (korinthische Säulen über Postamenten mit verkröpftem Gebälk – ein Architekturmotiv, das wir auch an der Basilika von Qalb Lhoze finden; s. S. 305).

Im Südosten der kreuzförmigen Anlage formierte sich das **Kloster** mit seinen zweigeschossigen Wohnbauten und vorgelagerten Säulenhallen um einen rechteckigen Hof. Eine dreischiffige kleine Basilika, die an die Ostbasilika anschloß, dürfte dem Klerus vorbehalten gewesen sein.

Das weiter im Süden des Bergrückens gelegene eindrucksvolle **Baptisterium** bildet einen oktogonalen Zentralraum und lag Seite an Seite mit der Taufkirche, einer kleinen Säulenbasilika (nur noch in Spuren vorhanden). Ein im Osten des Oktogons gelegener Seitenraum barg das Taufbecken, in das eine Treppe hinein- und eine zweite herausführte. Ganze Sippen und Dorfgemeinden ließen sich in einer einzigen Zeremonie taufen, indem sie das Taufbecken durchschritten. Der Priester nahm seinen Platz noch innerhalb des Oktogons ein. Dem Baptisterium-Komplex schlossen sich in zwei

Das Baptisterium von Qalaat Seman

Bauriegeln Pilgerherbergen an, nach Süden durchbrochen durch die Via Sacra, die mit dem (jüngst wiederaufgebauten) **Triumphbogen** das Terrain der Pilgerstadt Deir Seman erreichte.

Deir Seman, das antike Telanissos, liegt am nördlichen Rand der Ebene von Qatura (s. S. 291). In das Kloster der bescheidenen dörflichen Ansiedlung, die sich aus den Erträgen zweier naher Anbaugebiete erhielt, war Simeon im Jahr 412 eingetreten. Ber Bau des cruciformen Heiligtums auf dem Säulenhügel und die anwachsende Pilgerbewegung kam Telanissos zugute. Aus dem Weiler mit seinem Kloster entwickelte sich eine ausgedehnte Wallfahrerstadt, die ihre Funktion bis ins 12. Jh. behielt. Neben Wohnhäusern bestimmen daher Klosteranlagen und Pilgerherbergen das Bild der Ruinenstadt. Nach moslemischer Legende soll auch der Kalif Omar (reg. 717–20) hier bestattet sein.

»Jeder Weg gleicht einem Fluß, und um seine Stätte glaubt man ein brandendes Menschenmeer zu schauen, das die Ströme von allen Seiten in sich aufnimmt.«
Theodoret von Kyrrhos, 5. Jh.

Die großen Klosterkomplexe liegen im Nord- und Südwesten der Siedlung. Man nimmt an, daß das leider sehr zerstörte **nordwestliche Kloster** Ende des 5. Jh. an der Stelle des älteren, einfachen Telanissos-Klosters errichtet wurde, in dem Simeon Aufnahme fand. Einen besseren Erhaltungszustand zeigt das **Südwestkloster** vom Ende des 6. Jh. Nach der Konzeption der Anlage waren die beiden rechteckigen Gemeinschaftsgebäude von zweigeschossigen Portiken umgeben. Die relativ gut erhaltene Kapelle wurde in das südliche Gebäude integriert, die Wohnzellen der Brüder befanden sich in einem gesonderten Bau.

Die beiden großen **Herbergen,** die in die Jahre zwischen 470 und 490 datieren, folgen trotz aller Unterschiede einem Grundplan: Um einen unregelmäßigen Hof gruppieren sich die zumeist zweigeschossigen Bauten von unterschiedlicher Form und Größe. Daneben las-

Die Pilgerstadt - Telanissos (Deir Seman) umfaßte mehrere Klöster und Herbergen.

sen sich ein öffentlicher **Versammlungsraum** (Andron) und eine **Basarzeile** nachweisen. Interesse verdient eine **Grabkapelle,** die mit ihren Arkosolnischen hinter dem östlich gelegenen Pandocheion teilweise in den Fels geschlagen, teilweise aufgemauert war.

Etwa 100 m westlich des Triumphbogens, der den Aufweg zum Heiligtum überspannte (und wo die Pfade von den beiden Pilgerherbergen zusammenliefen), stehen die Ruinen der **Nordkirche** vom Ende des 6. Jh. Am besten erhalten zeigt sich die Westfassade. Die geradlinig ummantelte Apsis der nur dezent dekorierten Basilika wurde auf der Südseite von einem turmartigen Annex flankiert.

Brad

Wegweiser: Anfahrt von Aleppo nach Deir Seman; von dort nordwärts bis zum Weiler Bursata (nochmals 14 km); dann ostwärts auf einer Piste hinauf auf das Plateau von Brad.

Das griechische Kaper Barada (auch Kaprobarada) war einst Verwaltungszentrum des Jebel Seman. Die Landsiedlung des 2. Jh. lag günstig an der Nord-Süd-Traverse durch das Bergland auf 490 m Höhe und wuchs im 4. Jh., als die Ölproduktion gesteigert werden konnte, mit einem nördlichen Villenviertel zusammen. Ihre Blütezeit erlebte die Stadt im 6. Jh., als die Gehöfte, Villen, Werkstätten, Lagerhäuser und Ölpressen ein Areal von über 1 km^2 bedeckten. Der Ort besaß auch ein Bad und ein zweistöckiges Andron.

Ausdruck der großen Bedeutung von Brad war im Zentrum die (leider bis auf die Grundmauern abgetragene) **Kathedrale,** nach dem

Pilgerheiligtum des Simeon größtes Bauwerk im nördlichen Kalksteinmassiv. Die dreischiffige Säulenbasilika wurde an der Stelle eines antiken Tempels 399–402 unter dem Architekten JULIANOS erbaut, dem großen Gegenpol zu dem Priester MARKIANOS KYRIS (JULIANOS lehnte sich eng an spätantike Dekorformen an und verwendete häufig Spolien, MARKIANOS ging wesentlich ›freier‹ damit um). Daß die entwerfenden und die ausführenden Baumeister keinesfalls identisch sein mußten, bezeugt eine Inschrift auf einem Gewölbeschlußstein der Kathedrale. Da heißt es: »Eusebios, der Sohn des Domnos, erbaute diesen Bogen«.

Einen wesentlich besseren Erhaltungszustand zeigt im Nordosten der Kathedrale die auf 561 datierte **Weitarkadenbasilika** mit kreuzförmigen Pfeilern, deren Seitenschiffwände einschließlich des Fenstergadens noch aufrecht stehen.

Die aus einem Raum gebildete **Südkirche** gehört zu den größten Vertretern des Hallenkirchentypus und stammt ebenso wie die Gebäude einer **Klosteranlage** (Qasr genannt) auf einer Anhöhe im Südwesten des Ortes aus dem 6. Jh. Zum Kloster gehörten eine relativ gut erhaltene Saalkirche und eine Pilgerherberge, dazu ein Turm.

Ein monumentales, gut erhaltenes **Mausoleum** aus der Frühzeit von Brad (2./3. Jh.) gliedert sich in einen quadratischen Sockel mit abschließendem Gesims, eine Bogenkonstruktion über vier gedrungenen Eckpfeilern und eine pyramidale Dachbekrönung. In den Scheiteln der profilierten Bögen finden sich Büsten. Etwa 100 m östlich des Mausoleums, am Nordsaum der heutigen Siedlung, liegen die Ruinen römischer **Thermen** aus dem 2. oder 3. Jh.

Die Ebene von Qatura

Die fruchtbare Ebene südwestlich von Qalaat Seman wurde bereits in spätrömischer Zeit besiedelt. **Taqla** (Höhe: 510 m) war eine Ansiedlung kleiner Bauern; entsprechend sind die Wohnbauten nur von mittlerer Größe und Ausführung. Das herausragende Monument stellt die typisch ländliche Säulenbasilika des 5. Jh. dar, deren Westfassade vollständig aufrecht steht. Eine Säulenvorhalle führte auf der Südseite bis zu dem angefügten Baptisterium. Die Annexbauten der Apsis sind als Sakristei und Martyrion (im Süden) zu interpretieren.

Wegweiser: Vom Simeonskloster bzw. Deir Seman reichlich 1 km südwärts nach Taqla; von dort 1 km westwärts nach Qatura. Von Qatura wiederum 1,5 km westwärts nach Zarzita (mit Möglichkeit des Aufstiegs zum Jebel Sheikh Baraqat) und knapp 3 km nordwärts (über Sitt ar-Rum) nach Refade.

Die älteste datierte Grabinschrift aus **Qatura** weist in das Jahr 122 n. Chr. Gut erhalten ist im Süden des heutigen Dorfes (Höhe: 490 m) das kreuzförmige, unterirdische Grabmal des AEMILIUS REGINUS von 195, das wie das in Sermada (s. S. 300) von zwei Monumentalsäulen bekrönt wird. Der jung Verstorbene – er wurde nur 21 oder 22 Jahre alt – war fünf Jahre im Militärdienst und als ›Attaché‹ dem Statthalter von Syrien unterstellt. Weitere Gräber, zwischen 122 und 250 n. Chr. datierend, finden sich in einer Felsflanke südwestlich des Dorfs. Ross BURNS urteilt: »Die Skulpturen erscheinen gemessen an

Römische Grabreliefs bei Qatura

der Kunst des klassischen Grabmals stilistisch grob, zugleich lassen sie palmyrenische Einflüsse erkennen, wobei die Stilisierung freilich zurücktritt und orientalische Schmuckelemente ganz fehlen«. Insgesamt erinnern die Grabmale, darunter am Weg nach Zarzita das inschriftlich ausgewiesene Reliefgrab eines verdienten Legionärs namens Titus Flavius Julianus, an die kilikische Sepulkralkunst in den Schluchten nahe dem heute türkischen Silifke.

Auf dem 870 m hohen **Jebel Sheikh Baraqat** (antiker Name Koryphaios), der die Qatura-Ebene im Süden überragt und sie von der Dana-Ebene trennt (s. S. 298), haben sich auf einer quadratischen Felsterrasse die Fundamente eines römischen Tempels aus dem Jahr 170 n. Chr. erhalten. Offenbar wurde hier Zeus Madbachos gemeinsam mit einer Lokalgottheit namens Selamanes verehrt. Inschriften nennen die lokalen Autoritäten, die den Bau des Heiligtums finanzierten, wobei griechische Namen (z. B. Zenas, Diogenes) neben lateinischen (z. B. Claudius Aemilius) stehen. Der steile Aufstieg zum Tempel könnte in **Zarzita** (Höhe: 550 m) beginnen, einer weiteren Toten Stadt 1,5 km westlich von Qatura an der Westseite des Jebel (Kirche aus dem 6. Jh., Herberge, zweistöckiger Turm).

Weder Qatura (s. o.) noch Refade (s. u.) besaßen eine Kirche, doch liegt auf dem Weg zwischen beiden die Klosteranlage von **Sitt ar-Rum** mit einer einschiffigen Saalkirche aus dem 4. Jh., die durch klare, schmucklose Ausführung besticht. Für eine frühe Besiedlung spricht ein eigentümliches Grabdenkmal aus dem Jahr 152 n. Chr. Durch eine griechische Inschrift ist es »Eisidotos, Sohn des Ptolemaios« zugewiesen. Die zwei hochragenden monolithen Pfeiler zeigen klassische Schlichtheit und dürften der Tradition von Antiocheia erwachsen sein. Das zugehörige Hypogäum, ein aus dem Grundgestein herausgearbeitetes Familiengrab einige Meter nördlich der

Monolithen, bot 15 Sarkophagen Platz, darunter im ersten Arkosol auch dem des Eisidotos.

Bei **Refade** (Höhe: 510 m) handelt es sich um eine besonders malerische »Siedlung von Großgrundbesitzern« (Georges Tchalenko), die sich hier, an der Westflanke der Qatura-Ebene, im 5. und 6. Jh. n. Chr. monumentale Prachtvillen errichten ließen. Durch eine Inschrift von August 489 kennen wir mit Kosmas einen dieser Landnoblen namentlich. Auch eine christlich-apotropäische Inschrift auf dem Türsturz eines anderen Hauses (von 516/17) verdient Beachtung: »Jesus von Nazareth, den Maria geboren hat, der Sohn Gottes, hat hier seine Wohnstatt. Alles Böse möge draußen bleiben.« Eine weitere Inschrift (»Ein Gott nur und Christus«) scheint auf die christologischen Auseinandersetzungen zwischen Monophysiten und Orthodoxen (s. S. 83f) Bezug zu nehmen.

Der 8 oder 9 m hohe Turm (6. Jh.) im Südwesten von Refade mit seinen Latrinen wird in seiner Funktion (Wachtturm, Stylitenturm) unterschiedlich gedeutet, doch war der nomadische Druck auf die Kalksteinmassive des syrischen Nordens nie sonderlich groß. Die Autoren halten die Turmbauten der Toten Städte (s. S. 300; 305) für Reklusentürme, die zwischen der offeneren klösterlichen Gemeinschaft und dem strengen Stylitendasein vermittelten.

Im westlichen Jebel Seman

Die Grundstruktur des heutigen Weilers **Sheikh Suleiman** geht auf eine spätantike Siedlung zurück. Im Norden ist ein monumentaler Reklusenturm erhalten (s. o.). Zur Marienkirche aus dem 5. Jh. gehörten zweigeschossige Annexbauten im Westen, die als Pilgerherberge zu deuten sind. Im steingepflasterten Atrium der Kirche mit vier Säulen und reichem Bauschmuck fanden nach dem Urteil des spanischen Franziskaners Ignacio Peña »kranke Pilger einen Schlafplatz«. Ihre Gesundheit sollte von der Heiligkeit der Marienkirche profitieren. Die Ostpartie des Sakralbaus mit abgeschranktem Altarbereich zeigt eine gerade ummantelte Apsis, das Mittelschiff gliederten sechs Säulenarkaden.

Wegweiser: Von Aleppo wie zum Simeonskloster Richtung Deir Tazza; nach 22,5 km (ab Scientific College) rechts (nordwärts) ab auf eine Piste nach Sheikh Suleiman; noch 3 km bis dorthin. Weiter auf Fahrspuren nordwärts bis zu einer Zwischenhöhe; von dort zu Fuß nach Simkhar (2,5 km).

Der aus dem 6. Jh. stammenden Nordkirche von Sheikh Suleiman war ein schlichtes Baptisterium angefügt. Es wird darin deutlich, daß die Taufhäuser, denen im 4. und 5. Jh. architektonisch noch größte Beachtung geschenkt wurde (s. S. 288), inzwischen beiläufig geworden waren. Der Grund: Nordsyrien war weitgehend christianisiert und mußte nicht mehr, auch nicht mit architektonischem Prunk, um die Christianisierung der lokalen Bevölkerung werben.

Die eindrucksvollen Ruinen von **Simkhar,** in einer natürlichen, wasserführenden Talmulde zwischen unwirtlichem Kalkgestein gelegene Landhäuser aus dem 2.–7. Jh., wurden bis heute nicht wiederbesiedelt. Das hat für den Besucher den Nachteil, daß keine Anfahrtstraße existiert und ein längerer Fußmarsch unumgänglich ist.

Die Säulenbasilika von Mushabbaq

Im Süden der Ansiedlung befindet sich ein großer Villenkomplex mit einer monumentalen Grabanlage, deren Grabkammer wie auch der weite Vorhof aus dem Felsen geschnitten sind. Die Ortskirche, eine Säulenbasilika des 4. Jh., ist fast vollständig eingestürzt. Das erhaltene Bema nimmt die volle Breite des Mittelschiffs ein. Von der Apsis erreichte man über einen Annexraum eine südliche Taufkapelle aus dem 6. Jh., die reiche Bauornamentik aufweist. Die Profilrahmen von Tür und Fenstern schließt ein Wellenornament ab.

Wegweiser: Zurück nach Sheikh Suleiman und auf die Landstraße nach Deir Tazza. In Richtung dieses Ortes über 3 km, dann links ab auf einer Piste zur bereits sichtbaren Kirche von Mushabbaq. Zurück auf die Landstraße. Nun westwärts 5 km bis Deir Tazza, dann nordwärts über Taqla (nochmals 3 km) nach Deir Seman (nochmals 1 km; s. S. 289).

In der dreischiffigen Säulenbasilika von **Mushabbaq** aus der zweiten Hälfte des 5. Jh. haben wir den besterhaltenen Sakralbau Nordsyriens vor uns; die Kirche erhebt sich völlig isoliert in einer unbebauten Landschaft und dürfte ein Wallfahrtsziel gewesen sein. »Man müßte nur die heruntergefallenen Giebelsteine wiedereinsetzen und die Holzdächer erneuern, und man hätte ein funktionsfähiges Gotteshaus zurückgewonnen« (H. C. Butler).

Die 18,5 m lange und 13,8 m breite, ursprünglich bis 13 m hohe Basilika zeigt einen konventionellen Bautypus: Die Apsis zwischen den beiden turmartigen Annexräumen ist geradlinig ummantelt; die Westfassade besitzt ein dekoriertes Mittelportal und Fensteröffnungen in zwei Reihen. Auch die Mittelschiffswände sind stark durchlichtet: Jeweils neun Rundbogenfenster öffnen sich über den sechs hohen Säulenarkaden. Insgesamt besaß die Kirche 40 Fenster! Uneinheitlich sind die Kapitelle der relativ hohen (4,5 m) Säulen; insgesamt treten acht verschiedene Kapitellformen auf. Dieser unbeschwerte Dekorwechsel widerspricht zwar dem klassischen Architekturideal, ist aber nicht untypisch für das nordsyrische Kalksteinmassiv. Eigentümlich für Nordsyrien ist auch die Proportionierung von Arkaden- und Wandhöhe, die sich wie 1:1,7 verhalten (ungewöhnlich hohe und weite Arkaden!). Sie betonen innerhalb des Gesamtraums das Mittelschiff und schenken ihm Licht.

Wegweiser: Bei Deir Seman einbiegen auf die am Simeonkloster vorbeiziehende, zunächst nordwärts, dann nordöstlich verlaufende Straße, die nach 30 km den Ort Hayyan und damit die Landstraße Nr. 217 erreicht. An dieser Straße liegen die Toten Städte Basufan, Burj Haidar und Kharab Shams; im Abzweig über Pisten oder auf Fußmärschen sind zusätzlich Qafr Lab, Burjke, Fafertin, Surqanya, Batuta, Qafr Antin, Qafr Nabu, Qalaat Qalota und Qalota erreichbar (genauere Hinweise im Text).

Unsere Besichtigungsfahrt entlang der Straße von Deir Seman nach Hayyan beginnt gleich mit einer Abschweifung. Nach 4 km geht es rechts ab und südostwärts auf einer guten Piste zum 1,5 km entfernten **Burjke.** Die kleine, zu einem Kloster gehörende Kirche aus dem 6. Jh. hatte den dekorierten und gerahmten Haupteingang auf der Südseite. Zwischen den fünf Bogenfenstern zieht sich ein asymmetrisches Wellen-Mäander-Band hin. Die Kirche gehört zu den ersten überhaupt mit einem Okulus, dem in Westeuropa später so beliebten kleinen Rundfenster, in der Apsis. Zum Kloster gehörte auch ein heute noch über 10 m hoch anstehender Reklusenturm.

2 km südöstlich von Burjke erreicht die Piste das heute von Kurden bewohnte **Fafertin**, das die älteste inschriftlich datierte Kirche in Nordsyrien besitzt: eine – allerdings sehr ruinierte – Säulenbasilika von 372. Sehenswerter ist die Wallfahrtskirche von **Surqaniya,** ein Saalbau mit rechteckiger, schräg überdachter Apsis. Die Bogenfenster an den Seiten der bis zum Dachansatz erhaltenen Kirche sind, ähnlich wie in Burjke (s. o.), mit einem unregelmäßigen Wellen-Mäander-Band dekorativ verbunden. Zur Kirche gehörte auch eine kleine, wohlerhaltene Herberge aus gutem Blockmauerwerk.

Das Ensemble von Surqaniya, zu dem noch weitere Ruinen (u. a. die einer Kirche des 4. Jh.) gehören, liegt etwa 500 m westlich vom Ortseingang Fafertin jenseits einer Höhe. Man geht etwa 10 Min. Übrigens kann man von Surqaniya in einem Fußmarsch von reichlich 2 km nach Südosten auch Simkhar erreichen (s. S. 293).

Wer weitere 30 oder 40 Min. Fußweg nicht scheut, könnte südwestlich die Ruinen von **Batuta** mit zwei Kirchen (4. und 6. Jh.) sowie, nochmals 30 Min. nach Süden, **Qafr Antin** mit seiner Landkirche (5. Jh.) besuchen.

Die erste Tote Stadt direkt an der Hayyan-Straße ist nach etwa 5 km (von Deir Seman) **Basufan.** Die nur in geringen Teilen der Chorpartie erhaltene Säulenbasilika des Hl. Phokas entstand nach Ausweis einer syrischen Inschrift in den Jahren 491/492. Es handelte sich um einen besonders stattlichen, 24 m langen und über 15 m breiten Sakralbau. Die zwischen den beiden Annexräumen gelegene Apsis ist wie in Qalaat Seman im Außenbau durch vorgestellte Säulen in zwei Geschossen gegliedert. Auch in anderen dekorativen Details (›windbewegte‹ Akanthusblätter der korinthischen Kapitelle) ist der Einfluß des nahen Hauptmartyrions zu erkennen, und Tchalenko vermutet sogar, daß dort wie hier dieselben Künstler am Werk waren. Eine zweite, ebenfalls sehr ruinierte Kirche weiter westlich wird von Butler in den Anfang des 6. Jh. datiert.

Sehr viel besser, nämlich in voller Mauerhöhe erhalten ist die kleine Kirche von **Qafr Lab,** die man auf einer Wanderung (knapp 2 km von Basufan) nach Osten erreicht. Die Westfassade bietet attraktive, in einer Volute endende Dekorrahmen um das Portal und die beiden zentralen Rundbogenfenster. »Das Motiv diente Jahrhunderte später als Prototyp arabischer Türornamentik« (Ignacio Peña). Die Funktion der eigentümlichen Nische im Innern der Apsis war die eines Tabernakels. Nach der Feier der Eucharistie wurde hier hinter einer Holztür die Hostie aufbewahrt.

Etwa 3 km nach Basufan passiert die Straße **Burj Haidar.** Das antike Kaprokera – diese Name ist für das Jahr 298 bezeugt – war eine bescheidene Siedlung, besaß aber mehrere Kirchenbauten. Die Säulenarkaden (dorische Kapitelle) der westlichen Basilika aus dem 4. Jh. stehen auf einem Acker noch vollständig aufrecht, dagegen ist der Außenbau der dreischiffigen Anlage fast vollständig abgetragen. Im Südannex der Apsis wurde im 5. Jh. ein Martyrion eingerichtet.

Knapp 100 m nördlich der Westbasilika sieht man die Fundamente eines Turms; am Westsaum der heutigen Siedlung die Ruine eines öffentlichen Gebäudes (Andron oder Herberge). Im Osten, nördlich der Straße, fällt eine einschiffige, reich dekorierte Kapelle des 5. oder 6. Jh. auf, im Außenbau bis einschließlich der umlaufenden Fensterzone erhalten. Sie gehörte zu einer – stark zerstörten – Basilika und war mit einem Klerikerquartier verbunden.

Wer gut zu Fuß ist, kann in Begleitung eines ortskundigen Führers von Burj Haidar aus nordwärts nach Qafr Nabu (2,5 km), von dort südöstlich zur Höhe von Qalaat Qalota (nochmals 2,5 km) bzw. Qalota und von dort südwestlich zurück nach Burj Haidar wandern (3 km). Die insgesamt etwa vier- oder fünfstündige Tour ist lohnend.

Arkaden der Säulenbasilika von Kharab Shams

Qafr Nabu liegt südlich eines Kalksteinriegels, der die Landschaft vom Brad-Plateau (s. o.) trennt. Die Siedlung, die bereits im 2. und 3. Jh. blühte, als sich lokale Baumeister wie die Brüder Antoninos und Sopatros in Kaprobarada bewährten, besaß einst – wir folgen Ignacio Peña – 75 Wohnhäuser; das Ackerland, das in der Zeit der spätrömischen Tetrarchie durch Grenzsteine markiert wurde, eine Fläche von 600 ha. Die einfachen Wohnhäuser dokumentieren jenen bäuerlichen Grundtypus, der sich im 1. und 2. Jh. n. Chr. herausbildete und noch nicht von der Villenarchitektur beeinflußt war. Wir haben ihn bereits in Qatura und Brad kennengelernt. Die in der Regel ost-westlich orientierten, eingeschossigen Bauten waren aufgeführt in unregelmäßigem Polygonalmauerwerk, besaßen nur einen Eingang an der südlichen Schmalseite und schlossen fast ausnahmslos mit einem Flachdach ab. »Gab es ein zweites Geschoß, hatte es einen von Steinpfeilern gestützten Laufgang« (Ignacio Peña).

Seit 224 besaß Qafr Nabu einen Tempel unbekannter Dedikation. Zu der ihn ersetzenden, in Ruinen liegenden Basilika gehörte auch eine Pilgerherberge, erbaut 504/505. Das ehedem besonders stattliche Gebäude von 40 x 15 m war durch eine Zwischenmauer in ein Frauen- und ein Männerquartier gegliedert.

Die Säulenbasilika von Burj Haidar

Auch auf dem Hügel von Qalota erhob sich zunächst ein Tempel oder ein Höhenheiligtum, das einer Inschrift zufolge den Gottheiten des Himmels geweiht war. Im 5. Jh. haben Christen den Bau unter Benutzung des älteren Mauerwerks durch eine Basilika mit Taufkapelle im Innern ersetzt. Später diente der Kegelhügel als arabische Fliehburg; daher der heutige Name **Qalaat Qalota.**

Qalota, eine Ansiedlung mit großzügigen Wohnhäusern aus dem 4. und 5. Jh. auf der Ostseite des Hügels, besitzt zwei Kirchen aus dem 5. und 6. Jh. Die östliche Säulenbasilika (492) besaß im südlich der Apsis gelegenen Annexraum ein Martyrion. Die Mauern stehen noch bis zum Dachansatz der Seitenschiffe, und über der Apsis ragt – einsturzbedroht – eine durchfensterte Giebelwand empor.

Die sehenswerte Säulenbasilika von **Kharab Shams** (s. Abb. S. 280), 10 km westlich von Hayyan (ca. 400 m nördlich der Straße), entspricht dem Bautypus von Fafertin (372) und Mushabbaq (spätes 5. Jh.). Kurios wirkt ihr heutiger Zustand. Nach einem Erdbeben sind die Seitenschiffe vollständig eingestürzt, so daß die Mittelschiffsarkaden freistehen. Den fünf Arkaden entsprechen jeweils zehn Fenster im Obergaden. Siebenfach durchfenstert ist die einschließlich des Giebelfeldes erhaltene Westfassade. Im Zentrum des Mittelschiffs befindet sich ein Bema. Die einheitliche Gestaltung der exakt auf die Arkaden bezogenen Fenster spricht für eine Datierung der Basilika noch ins 4. Jh.

Auf der Höhe über der Siedlung zeigt eine einschiffige Kapelle aus dem 6. Jh., einst vielleicht einem klösterlichen Komplex zugehörig, unterschiedliche Kapitellformen. Auch diese Kirche besaß ein Bema.

Tote Städte im Zentralmassiv

War das nördliche Kalksteinmassiv mehr oder minder identisch mit dem Jebel Seman, so gliedert sich das zentrale Kalksteinareal in vier Gebirgszüge: Jebel Barisha, Jebel al-Ala, Jebel Duweili und – ganz im Süden und parallel zum Orontes – Jebel Wastani. Dazwischen liegen im Westen die fruchtbaren Ebenen von Dana und Sermada. Daß wir wiederum nur ausgewählte Tote Städte vorstellen können, versteht sich von selbst: Allein im Jebel Barisha bestanden im 6. Jh. 61 Dörfer oder Weiler, im Jebel al-Ala 53 Siedlungen, von denen sich mehr oder minder ausgeprägte Spuren erhalten haben.

Die Ebenen von Dana und Sermada

Wegweiser: Von Aleppo in Richtung der türkischen Grenzstation bei Bab al-Hawa; nach 23 km wird die Ortschaft Urm as-Sughra passiert; hier weiter nach Westen Richtung Bab al-Hawa, bis der moderne Teer nach 17 km ein Steigestück der römischen Hauptstraße berührt. Weiter Richtung Bab al-Hawa, aber schon nach 1 km rechts (nordwärts) abzweigen nach Dana (noch 1 km). Von Dana auf einer Piste (5 km) ostwärts nach Deir Turmanin, westwärts nach Tell Ade.

Die Ebene von Dana wurde im Norden, Süden und Westen von drei ›heidnischen‹ Tempeln, die sich über den bedeutendsten Anhöhen erhoben, wie durch ein großes Dreieck eingefaßt. Über den dem Zeus Madbachos und dem Selamanes gewidmeten Tempel auf Jebel Sheikh Baraqat, der den Übergang zur Ebene von Qatura markiert, haben wir schon gesprochen (s. S. 292). Die Höhe von **Burj Baqirha** war von einem Tempel des Zeus Bomos besetzt (inschriftlich auf 161 n. Chr. datiert). Erhalten hat sich dort ein Fragment der mit Pilastern gegliederten Cella; von den vier Säulen des Prostylos steht nur noch eine vollständig aufrecht. Der dritte Tempel, später in ein Kloster umgewandelt, erhob sich auf dem **Jebel Srir** und war dem Zeus Turbarachos geweiht. Eine Inschrift nennt den Namen Kaiser Trajans, so daß der Tempel bereits 116/117 entstanden sein könnte. Bei dem seltsamen Ausdruck Turbarachos handelt es sich um die Gräzisierung eines syrischen Begriffs, denn bis heute heißt der Berg Tur Barako, d. h. Gesegneter Berg. Der griechisch-römische Zeus-Jupiter wurde also im 2. Jh. ›Herr‹ eines älteren Höhenheiligtums.

So wie die römischen Tempel des Belos ältere Traditionen aufnahmen, so folgten die römischen Straßen Trassierungen, die sich bis ins 2. Jt. v. Chr. zurückverfolgen lassen. Da sich hier seit alters eine nord-südliche und eine west-östliche Wegachse schnitten, zogen schon ägyptische und assyrische Truppen durch die Ebene von Dana, und hier liegt auch der »Blutacker«, den 1191 die Niederlage der Kreuzritter gegen die Zengiden hinterließ.

Unterhalb des Dorfes Tell al-Kharama hat sich eine 900 m lange Strecke der 6 m breiten **römischen Pflasterstraße** erhalten, entstanden im 2. Jh. n. Chr., wahrscheinlich in der Zeit Kaiser Marc Aurels (reg. 161–180). Am 5. März 363 zog Kaiser Julian in seinem Marsch gegen das Sassaniden-Reich an der Spitze einer Fußtruppe von 24 000 Mann auf dem Weg zum Euphrat über genau dieses Wegstück, das Antiocheia mit Chalkis und Beroia/Aleppo verband. Vollbefestigte Straßen waren (im Gegensatz zur unbefestigten wie auch

Der Tempel des Zeus Bomos auf der Höhe von Burj Baqirha

zu der nur mit Bordsteinen befestigten Erdstraße) die ›Autobahnen‹ des Römischen Reiches und wurden im Schnellverkehr von einachsigen Wagen mit zwei oder vier Zugpferden befahren. »Um den Pferdehufen einen besseren Halt zu geben, war die Oberfläche der Straßenpflasterung aufgerauht worden. Den felsigen Untergrund hat man zunächst grob geebnet; danach wurde ein Feinplanum aufgebracht, bestehend aus Steinbruch in einem Mörtelbett. Darauf kamen dann die Steinblöcke der Deckschicht, meist in den Abmessungen von 60 cm Höhe, 125 cm Länge und 80 cm Breite« (Horst Klengel). Der Gegensatz von zeitgenössischen Bauvorschriften, nach denen der Straßenkörper ein wenig *unter* dem Bodenniveau liegen sollte, und dem heutigen Bild der Pflasterstraße, die ca. 50 cm *darüber* liegt, bezeugt die dramatische Abschwemmung von Bodenkrume seit der Antike.

»… der wohl weltweit besterhaltene Abschnitt einer römischen Straße.«
Ignacio Peña

Dana war und ist die bedeutendste Siedlung der gleichnamigen Ebene; auch in der Antike hieß der Ort bereits so. Das markanteste erhaltene Monument ist am Nordende der modernen Siedlung ein Grabdenkmal des 2. Jh.: Über einem quadratischen Sockelgeschoß erhebt sich auf vier ionischen Säulen eine pyramidale Dachbekrönung. Unmittelbar daneben ist eine abgedeckte römerzeitliche Zisterne aus dem gewachsenen Fels geschlagen.

Der selten besuchte Klosterkomplex von **Deir Turmanin** vom Beginn des 6. Jh. liegt im Nordosten der Ebene von Dana. Von der monumentalen Säulenbasilika ist bis auf einen Fensterbogen vom Langschiff so gut wie nichts erhalten.Die baugeschichtliche Bedeutung der Basilika (wie auch der von Qalb Lhoze, s. S. 305) ist nicht zuletzt in den beiden gedrungenen Türmen – Taubentürme nannte man sie im frühchristlichen Syrien – zu sehen, welche die Westfassade flankierten. Im Syrien des 6. Jh. wurde damit jene architektonische Idee formuliert, die in den Westwerken der romanischen Kunst Europas im 10. und 11. Jh. zur Vollendung finden sollte.

Das »Große Kloster« (wie es in Schriftzeugnissen genannt wird) von **Tell Ade,** Turmanin gegenüber auf der anderen, der westlichen Seite der Dana-Ebene am Gebirgssaum gelegen, besaß in der ersten Hälfte des 5. Jh. um die 150 Mönche, die sich auf kulturgeschichtliche Studien konzentrierten. »Dieses Kloster ist ein Zentrum für Bibelausleger, Leser, Forscher, Gelehrte, Doktoren, Seher und Philosophen«, heißt es in einem syrischen Manuskript. Bemerkenswerterweise überdauerte Tell Ade den Arabersturm des 7. Jh.; bis ins Jahr 962 hat das monophysitische Großkloster bestanden.

Wegweiser: Von Tell Ade über Dana zur Bab al-Hawa-Straße und auf ihr westwärts (1 km) bis zu einem Doppelabzweig; zunächst rechts Richtung Bab al-Hawa bis Qasr al-Banat, dann zurück und halbrechts nach Sermada (nicht südwärts nach Idlib). Von Sermada weiter westwärts; nach 4 km sieht man 500 m rechts der Straße das Kloster von Breij. Ein Abstecher beim nächsten Abzweig (bis dort 2 km) nach Süden erschließt Meëz (6 km).

Im Grenzbereich zwischen Syrien und der Türkei, wiederum an der Straße, die einst wie heute Antiocheia/Antakya mit Beroia/Aleppo verbindet, liegen nahe Bab al-Hawa die Ruinen von **Qasr al-Banat,** einem monumentalen Klosterkomplex mit der letzten der von Markianos Kyris erbauten Kirchen (nach 420 n. Chr.). Dort ließ sich der Priester-Architekt auch beisetzen. Die entsprechende griechische Inschrift lautet: »Christus schütze Kyris, den Baumeister. Er errichtete die Basilika in Erfüllung eines Gelöbnisses. Das Grab, das seinen Leichnam birgt, liegt unter dem Bogen«. Neben der 26 m langen Basilika gehörten noch eine Herberge im Nordwesten, ein Torbau mit Portikus im Westen, Konventsgebäude im Norden und nicht zuletzt ein ehedem 23 m hoher, sechsgeschossiger Reklusenturm im Innenhof zu dem ummauerten monastischen Komplex.

Vom antiken Verkehrswesen kündet noch ein weiteres Monument ca. 2 km südöstlich von Qasr al-Banat direkt an der Straße. Es ist die ansehnliche Ruine einer in Stein erbauten großen *mutatio,* einer jener römischen und byzantinischen Wegestationen, in denen die Reisenden für die Nacht unterkommen konnten und Reit- und Zugtiere gewechselt wurden. Natürlich gehörten auch geräumige Zisternen – sie sind aus dem Fels geschlagen – zu dieser wichtigen Station halbwegs zwischen Antiocheia und Chalkis.

Die Besiedlung von **Sermada** reicht wie in Dana (oder auch in Meëz; s. u.) bis in die frühgeschichtliche Zeit zurück. Die antike Stadt ist so gut wie vollständig zerstört. Das interessanteste Monument erhebt sich über der ausgedehnten Nekropole: zwei 16 m hohe Säulen, kilometerweit sichtbar, die ein zwischen 132 und 141 entstandenes römisches Grabmal markieren.

Die dreiteilige Klosteranlage von **Deir Breij** aus der zweiten Hälfte des 6. Jh. liegt am Nordwestrand der Ebene von Sermada, am

Das Kloster von Deir Breij am Nordwesthang der Ebene von Sermada

Fuß des Jebel Barisha. Etwa 30 Mönche lebten hier; das lebensnotwendige Wasser spendete ihnen eine Zisterne, die 317 m^3 Wasser faßte. In der Ebene war das Terrain der Mönchsgemeinschaft durch Feldmauern markiert; zwischen den Kalksteinbuckeln wurden zudem Ölbäume gezogen. Entsprechend gehörte eine große Ölpresse zu den Besitztümern von Deir Breij. Der hervorragend erhaltene dreigeschossige Klosterkomplex – geweiht dem Hl. Daniel – ist bis zum ersten Geschoß aus dem anstehenden Kalkfels geschnitten, wobei die gewonnenen Steinquader für den Bau der Obergeschosse verwendet wurden. In der Krypta wurde das Grab eines – namentlich unbekannten – Mönches verehrt, erhellt von einem Ewigen Licht.

Ein Abstecher führt aus der Sermada-Ebene nach Süden. Wir folgen dabei einer antiken (aber nicht gepflasterten) Straßenroute, die Kyrrhos (s. S. 276) mit Apameia (s. S. 194) verband und u. a. Dana berührte. Bald ist **Qafr Derian** erreicht, das einst drei Kirchen besaß. Eine davon – im Osten der Siedlung – gehörte zum Kloster des Säulenstehers Mar Yonan, der Simeon (s. S. 284) nacheiferte. Yonans (Jonas') Säule erhob sich 8,7 m hoch innerhalb eines umfriedeten Gevierts, dessen prominentester Bau eine zweigeschossige Kapelle mit eigentümlichem Balkonvorbau über Pfeilern war. Nach seinem Tod gaben die Klosterbrüder dem Styliten in einem Grab vor dem Nordfuß seiner Säule die letzte Ruhe.

Zwischen dem 2. und 7. Jh. war **Meëz,** 3 km südlich Qafr Derian in einer kleinen Ebene mit rotem, fruchtbarem Boden gelegen, ein dörfliches Zentrum, das zwar höchstens 300 Einwohner zählte, jedoch als einziges im Belos ein hippodamisches Stadtgefüge mit rechteckigen Insulae besaß (während in den Nachbardörfern das pragmatische Prinzip baulicher Agglomeration mit gewundenen Durchgangswegen und Sackgassen vorherrschte). Zur vorchristlichen Siedlung gehörten ein Wasserreservoir von 30 x 50 m (aus dem die Thermen von Meëz gespeist wurden), ein Andron/Versammlungsraum (129) und ein Tempel (157 n. Chr.). Aus Inschriften sind die Namen der Stifter bekannt: eine römische Veteranenwitwe namens Settia Secunda trug zur Finanzierung des Androns bei, das hier im Zentrum statt wie sonst am Ortssaum liegt, während hellenisierte Syrer wie Mikkalos (syrischer Name Zaruga) und Philon, Sohn des Zabdahadad, sich für den Tempelbau engagierten.

Kurz nach 470 begann eine in Qalb Lhoze tätige Werkgruppe aus der Schule des Markianos Kyris mit dem Bau der Säulenbasilika von Meëz. Diese Werkstatt zeichnete sich durch eine intensive Auseinandersetzung mit antiken Bauformen aus, was sich etwa in dem aus Spolien errichteten Sockel der Kirche zeigt. Die herrliche Ostseite der Kirche ist besonders eindrucksvoll. Das Baptisterium und die anderen Anbauten innerhalb des weiten Temenos datieren ins 6. Jh.

Am Jebel Barisha

Wegweiser: Anfahrt von Aleppo zur Sermada-Ebene, nach dem Meëz-Abzweig jedoch weiter nach Westen und nach 4 km nordwärts abzweigen über Babuta nach Baqirha (4 km). Ca. 2 km weiter nördlich liegt Dar Qita, knapp 3 km weiter westlich Babisqa, 15 Min. Fußweg weiter Baude. Zurück zum Abzweig und 1 km westwärts nach Bashmishli. Von dort zu Fuß nach Bamuqqa (10 Min.) und zurück. Von Basmishli zurück zur Dreiergabel. Nun aber südwärts abzweigen und nach 2 km Landstraße rechts abbiegen auf eine Piste nach Dehes (1 km).

Babuta besitzt ein Baptisterium, ist aber vor allem für ein römisches Giebelgrab des 2. Jh. n. Chr. bekannt. Der klassische Schnitt der Anlage deutet darauf hin, daß hier ein römischer Kolonist seine letzte Ruhe fand.

Die Ruinen von **Baqirha,** die in die Zeit zwischen dem 2. und 6. Jh. datieren, liegen an der Nordseite des Jebel Barisha in Sichtweite zu Dar Qita (s. u.). Oberhalb der Siedlung besetzt der schon erwähnte Tempel des Zeus Bomos eine Höhe (s. S. 298). Der Aufstieg lohnt sich. Die wirtschaftliche Bedeutung der stadtähnlichen Siedlung beruhte in der Hauptsache auf der Herstellung von Olivenöl für den Export. Im Osten stehen von der Säulenbasilika (546) die Westfassade mit vorgelagerter Säulenhalle und die Chorpartie noch aufrecht. Alle Fenster sind von profilierten Simsbändern gerahmt, die Apsis ist rechteckig ausgebildet. Interesse verdienen einmal mehr (s. S. 259) die ›windbewegten‹ Akanthus-Kapitelle. Weniger gut erhalten hat sich die zweite Basilika im Westen der Stadt, die Anfang des 5. Jh. unter dem Einfluß von Markianos Kyris entstand und mitsamt ihrem reich dekorierten, nahezu quadratischem Baptisterium (von 501) wohl zu einem klösterlichen Komplex gehörte. Das Baptisterium besaß ursprünglich eine Dachpyramide.

Dar Qita war direkt an der Straße Antiocheia – Chalkis (s. S. 298) gelegen und gehörte mit Baude und Babisqa zu den Wirtschaftszentren im Jebel Barisha, über die der Export von Olivenöl und Wein ebenso wie der Import von Gebrauchsgütern abgewickelt wurden. Heute sind alle diese Orte verlassen und nur noch zu Fuß erreichbar. Dar Qita wurde bereits im 1. Jh. n. Chr. gegründet, erhielt 355 einen Markt, erlebte seine Blütezeit aber erst im 5. und 6. Jh., als auch die

Die Säulenbasilika von Baqirha

drei bedeutenden Kirchen entstanden: Die den Heiligen Paul und Moses geweihte Säulenbasilika von 418 ist das Werk des Markianos Kyris. Die beiden anderen, zerstörten Säulenbasiliken (von 537 und ca. 551) waren dem Hl. Sergios bzw. der Heiligen Dreifaltigkeit geweiht. Des weiteren besaß Dar Qita zwei Baptisterien (datiert 515 und 567; das eine war für die Pfarrgemeinde, das andere für Pilger bestimmt) sowie ein Andron und mehrere Herbergen und Ölpressen. In ihrer Blütezeit bedeckte die Siedlung ein Areal von 300 x 350 m.

Babisqa, ein Wirtschaftszentrum im Jebel Barisha, 30 Min. östlich von Dar Qita gelegen, besaß neben zwei Basiliken, deren östliche zwischen 390 und 407 von Markianos Kyris errichtet wurde, auch eine monumentale Thermenanlage (5. oder 6. Jh.). Zu dem umfangreichen Komplex, der von zwei Quellen gespeist wurde, gehörten, wie die Rekonstruktion zeigt, neben den beiden Bädern drei größere Peristylhöfe, ein Baptisterium mit herrlich dekoriertem Portal und ein Versammlungsraum (Andron) sowie eine 33 m lange Herberge von 547, deren Untergeschoß (hinter den 14 Pfeilern, welche die Galerie tragen) fünf Räume besaß und als Lagerhaus diente. Die zweite Basilika von Babisqa ist allein durch ihre Datierung erwähnenswert. Dem Hl. Sergios geweiht, entstand sie 609/610, also vier Jahre vor der Perser-Invasion. Es handelt sich um den letzten Sakralbau im Belos, dessen wirtschaftlicher Zusammenbruch mit der moslemischen Eroberung in den 30er Jahren des 7. Jh. besiegelt war und zu dramatischer Entvölkerung führte (s. S. 82f; 281).

Der amerikanische Archäologe H. C. Butler, einer der großen Forschungspioniere im Belos, hat hervorgehoben, daß keine zweite Stadt in Nordsyrien so unmißverständlich ihren kommerziellen Charakter zeige wie **Baude.** Besser noch als im nahen Babisqa haben sich die Ladenreihen mit ihren zweigeschossigen Portiken und den eingestellten Schrankenplatten erhalten. Hinter den Vorhallen befanden sich die Geschäfts- und Lagerräume, »im Obergeschoß lebten, zumindest zu bestimmten Zeiten, z. B. während der Olivenernte oder wenn ländliche Märkte und Heiligenfeste stattfanden, die Ortsansässigen« (Ignacio Peña) – ehe sie, nachdem Kaufherren oder Erntearbeiter sie verlassen hatten, wieder nach unten zogen.

Das bedeutendste Bauwerk von **Bashmishli** stellt die nur durch zwei oblonge Pfeiler gegliederte Weitarkadenbasilika vom Ende des 6. Jh. im Norden der modernen Siedlung dar. Das zeitgleiche Baptisterium besitzt eine Apside, die an den Mihrab einer Moschee erinnert. Die Ruinen der spätantiken Hausbauten sind in das moderne Dorf integriert.

»Besonders das Frühjahr macht den Besuch [von Bamuqqa] zu einem Erlebnis: innerhalb eines üppigen Kornfeldes liegt dort ein kleiner dunkler Hain, in welchem wiederum eine römische ›Villa‹ [...] liegt.«
Rüdiger Gograefe

Die Ruinen von **Bamuqqa** besetzen etwa 500 m nordwestlich von Bashmishli einen 590 m hohen Hügel, der die fruchtbaren Ebenen von Antiocheia überblickt. Ignacio Peña rekonstruiert die Siedlungsanfänge folgendermaßen: »In den ersten Jahrzehnten des 2. Jh. ließ sich hier ein römischer Kolonist als erster Siedler auf jungfräulichem Boden nieder. Seinen Namen kennen wir nicht. Dieser unternehmungslustige Mann entschloß sich, sein Vermögen zu investieren und den Platz bäuerlich zu nutzen. Er setzte den Pflug an, grenzte das ihm gehörende Land ab und errichtete sich im Zentrum seines Anwesens ein solides Steinhaus, das fast unversehrt erhalten ist. Dann pflasterte er den Hof, legte die notwendigen Außenbauten an, dazu eine Olivenpresse und eine Zisterne für den häuslichen Gebrauch. Schließlich baute er sich und seiner Familie ein prachtvolles Hypogäum als letzte Ruhestatt.« Die Landarbeiter des Grundherrn, in dem wir einen Armeeveteranen vermuten dürfen, wohnten in Baracken nordöstlich der Villa. Aus dieser Arbeitersiedlung entwickelte sich im 6. Jh. ein Weiler von 16 stattlichen Steinbauten, der sogar über ein Gemeinschaftshaus (Andron) und zwei kleine Kirchen verfügte.

Dehes liegt ca. 2 km südöstlich von Bashmishli (jenseits der Teerstraße nach Harim) auf ca. 600 m Höhe am Nordrand ausgedehnter Olivenkulturen. Dem entsprechen die Reste von 40 (!) Ölpressen, die einst zum spätantiken Dorf gehörten. Die große Siedlung reicht, wie Ausgrabungen jüngst ergaben, bis in spätseleukidische Zeit zurück, blühte in der Römerzeit auf und zählte im 6. Jh. um 500 Einwohner. Erst im 10. Jh. wurde Dehes verlassen. Im Nordosten und Westen finden sich zwei Basiliken des 6. Jh. Die nördliche (mit Bema) besitzt an ihrer Südostecke einen vorzüglich erhaltenen, reich dekorierten Taufraum mit quadratischem Becken an der Ostseite; eine Inschrift weist dieses Baptisterium einem Baumeister namens Yohannan zu. Von der westlichen Basilika steht die Nordwand noch fast vollständig aufrecht. Beide Kirchen besaßen rechteckige Apsiden. Südöstlich der Hauptruinen, knapp 1 km entfernt, gehörten zu einem Klosterbezirk eine weitere Säulenbasilika sowie ein Reklusenturm und eine Pilgerherberge.

Der Jebel al-Ala

Nach einer byzantinischen und fränkischen Besatzungszeit liegt die Burg von **Harim,** die über die Hauptstraße Aleppo – Antiocheia wachte, heute weitgehend zerstört. Seit der Eroberung des NUR AD-DIN war sie in arabischem Besitz. Unter ZAHIR GHAZI von Aleppo erfolgte Ende des 12. Jh. ein umfangreicher Ausbau. Der Mauerring umschreibt einen Halbkreis, an dessen Ostseite eine Zitadelle in der Form eines Rechtecks gelegen ist. Der natürliche Hang wird von einem Steinpflaster ummantelt, an das sich ein umlaufender Graben nach dem Vorbild von Aleppo anschließt.

Wegweiser: Zur Anfahrt von Aleppo bis Basmishli im Jebel Barisha s. S. 302. Anschließend jedoch 6 km weiter westwärts bis zu einer T-Gabel; hier südwärts nach Harim. Halblinks halten nach Benabil (3 km) und weiter nach Qirqbize (3 km) und Qalb Lhoze (1 km); am Ostrand des Jebel al-Ala (zur Linken die Ebene von Serf) südwärts nach Behyo (5 km) und bald nach der Ortsausfahrt westwärts nach Beshendlaya.

Außer einem römischen Grabmal (2. Jh.) mit ursprünglich zwei Säulen (eine steht noch aufrecht) ist in **Benabil,** das heute von Drusen bewohnt wird, eine zweigeschossige Villenfassade erhalten, die mit einer Galerie den vorgelagerten Hof beherrschte. Das römisch-byzantinische Andron der Siedlung, errichtet aus guten Quadern, ist mit kleineren und schlechter behauenen Quadern zu einem modernen Wohnhaus aufgestockt worden.

Der kleinen Ansiedlung **Qirqbize** auf einem Ausläufer des Jebel al-Ala kommt eine besondere Bedeutung zu, da eine der Villen aus dem 3. Jh. kurz vor 313 in eine Hauskirche umgebaut wurde – es handelt sich um den frühesten datierten Sakralbau Syriens. Sukzessive wurde der ungegliederte rechteckige Saal von 15,7 x 6,4 m durch die Planierung einer östlichen Bodenerhebung, den Einbau eines Triumphbogens und das Hinzufügen von Bema und Martyrion zu einem Sakralraum komplettiert, in dem etwa 50 Menschen Platz fanden. Der Südseite mit zwei Portalen ist ein Hof mit Zisterne vorgelagert. Die Architektur unterscheidet sich lediglich durch die liturgischen Einrichtungen von der östlich gelegenen Villa.

Die Basilika von **Qalb Lhoze** – der Name bedeutet soviel wie ›Herz der Mandel‹ – gehört zu den besterhaltenen und schönsten Sakralbauten der frühchristlichen Zeit. In der Entwicklung der byzantinischen Architektur Syriens nimmt die Kirche, entstanden vor 469, eine Schlüsselposition ein, da in ihr die Bautraditionen des Kalksteinmassivs und der Hauptstädte zusammengeführt und die in der Folge maßgeblichen Neuerungen erstmals verwirklicht wurden. Bei Qalb Lhoze, auf 680 m Höhe in einem Drusen-Dorf gelegen, handelt es sich nicht um eine Stadtkirche. Die wenigen anliegenden spätantiken Wohnbauten sind in Abhängigkeit von der Basilika zu sehen, nicht umgekehrt. Erst im 6. Jh. stieg die Bevölkerungszahl – nach der Schätzung von Ignacio PEÑA – auf etwa 250 Seelen. Der Siedlungskern lag ca. 20 Min. südwestlich der Kirche tiefer am

Die Basilika von Qalb Lhoze, einer der bedeutendsten Sakralbauten frühchristlicher Zeit, entstand Mitte des 5. Jh.

Hügel; dort hat man auch zwei Dutzend Olivenmühlen gefunden, aus denen die örtliche Bauernschaft ihre Gewinne schöpfte.

Möglicherweise machten die Pilger, die zum Hl. SIMEON strebten, in Qalb Lhoze Station, doch dürfte die Kirche eine eigene Reliquie besessen haben. Die west-östlich orientierte, dreischiffige Basilika zeichnet sich durch eine ebenso differenzierte wie monumentale Formgebung aus. Dem eigentlichen Westabschluß des Kirchenraumes ist ein Baukörper vorgelagert, der aus zwei Ecktürmen und einer Halle mit weiter Bogenöffnung im Westen besteht. In den dreigeschossigen Türmen führten Treppenaufgänge zu den Emporen über der Vorhalle und den beiden Seitenschiffen. Auch von dort aus konnten die Gläubigen an der Liturgie teilhaben. Für das Westwerk von Qalb Lhoze gilt nach wie vor die Bemerkung des französischen Grafen Melchior DE VOGÜÉ: »Unmöglich ist zu verkennen, daß in diesem Gebäude all die Elemente ihren Ursprung haben, welche den Vorbau der romanischen Kirchen bilden«.

Außer durch das Westportal war der Kirchenraum durch zwei nördliche und zwei südliche Seitentüren zu erreichen. Das Bema nahm fast die volle Breite des Mittelschiffs ein, weswegen sich die Besucher vorwiegend in den Seitenschiffen aufhalten mußten. Um den Sichtkontakt zur Apsis zu erhalten, sind die Arkaden der Mittelschiffwände weit gespannt und lagern auf oblongen Pfeilern, die nicht wie Säulen in ihren Proportionen festliegen. Außergewöhnlich reich ist die Belichtung des Raumes durch jeweils neun Fenster in den Seitenschiffen und elf auf jeder Seite des Mittelschiffs.

Auffällig ist die Gestaltung der Chorpartie: Die dreifach durchfensterte Apsis springt aus dem rechteckigen Baukörper vor. Die beiden

Annexbauten liegen zu Seiten eines Vorchorjoches, das nicht zur eigentlichen Apsis gehört. Die Hervorhebung der architektonischen Form der Apsis im Außenbau wird noch betont durch eine ursprünglich zweigeschossige Säulengliederung, wie wir sie von der Ostapsis des Pilgerheiligtums in Qalaat Seman kennen (s. S. 288). Die Fensteröffnungen der Apsis wie auch die der Seitenschiffe und westlichen Ecktürme sind durch mehrfach profilierte Gesimsbänder verbunden, die gleichzeitig als Fensterrahmen fungieren. Im Westen setzen sich die Ornamentbänder sogar über den Mauerwinkel hinaus fort. Die Eingänge der Seitenschiffe waren außen geschützt durch kleine, gegiebelte oder gewölbte Vorbauten.

Die Tote Stadt **Behyo,** in einem steinigen Gebiet ohne guten Ackerboden gelegen, war ein spätes Zentrum der Olivenölproduktion. Erst im 5. Jh. machte der »Boom bei den Olivenpreisen« (Ross Burns) die Erschließung dieser abgelegenen Stätte profitabel. Im Umkreis von Kirche, Villen und Landhäusern des 5. Jh. entstanden später weitere Bauernhöfe, schließlich im Südwesten auch Arbeiterwohnungen von ganz unterschiedlicher Größe und Ausstattung: 37 Behausungen auf einem Areal von etwa 150 m Durchmesser.

Bei der in jüngster Zeit stark zerstörten Kirche aus der Mitte des 5. Jh. handelt es sich um eine dreischiffige Säulenbasilika mit rechteckigem Chorabschluß und Annexen, darunter ein Martyrion (südlich). Das Mittelschiff wurde von einem aufwendigen hufeisenförmigen Bema geprägt. Der westlich vorgelagerte Portikus verband den südlich gelegenen Perstylhof mit Zisterne und anliegendem Wohnbau auch im Außenbau mit der Kirche.

Nordöstlich finden sich die wenigen Baureste einer Weitarkadenbasilika des 6. Jh. Ihr Sakralraum entspricht in der Grundstruktur den Kirchen von Bamuqqa und Bashmishli (s. S. 304).

Im Weiler **Beshendlaya** hat sich ein römisches Hypogäum des 2. Jh. erhalten. Der Grabinhaber ist durch eine Inschrift als Tiberius Claudius Sosandros ausgewiesen – wahrscheinlich ein Veteran des römischen Heers. Auch die Frau des Sosandros (namens Claudia Kiparos) liegt hier bestattet. Geweiht wurde das Grab mit seiner reich geschmückten Minifassade im April des Jahres 134.

Jebel Duweili und Jebel Wastani

Nichts könnte die Abgelegenheit dieser beiden Gebirgszüge besser charakterisieren als der Umstand, daß im Jebel Wastani erst in den 80er Jahren mit **Kharab Sultan** eine bedeutende byzantinische Siedlung (mit sehr gut erhaltener Säulenbasilika) und auf dem Hügel **Musheirife** in 717 m Höhe einer der besterhaltenen römischen Tempel Nordsyriens neu entdeckt wurden – übrigens ein Bau des 4. Jh., der in dem kurzen Interregnum Kaiser Julians (reg. 361–63) als letztes paganes Heiligtum in Syrien entstand. Wer sich in dieser einsamen Gegend östlich der Grenze zur Türkei näher umsehen will –

einen Besuch lohnen z. B. **Qafr Tiqab** und **Turin** –, muß nicht nur ein geländegängiges Fahrzeug, sondern auch eine gehörige Portion Entdeckergeist mitbringen, die Fachliteratur (Tchalenko, Mattern, Peña) zu Rate ziehen und bereit sein, sich auf mehrere Tage in den bescheidenen Hotels von Salqin und Derqush einzubequemen.

Tote Städte im Südmassiv

Nord-südlich streichende Bergzüge, die bis auf 939 m (Nabi Ayub) aufsteigen, bestimmen die Geologie des Jebel Zawiya (auch bekannt als Jebel Riha). Hier, im südlichen Kalksteinmassiv liegen einige der eindrucksvollsten Toten Städte Nordsyriens. Man kann sie auch von Maarrat an-Numan (s. S. 205) her bei der Anfahrt von Hama nach Aleppo besuchen oder die Besichtigung einiger ausgewählter Stätten mit der Fahrt von Aleppo nach Ladiqiya verbinden.

Bara

Wegweiser: Von Aleppo auf der Damaskus-Autobahn bis zur Ausfahrt Saraqeb (55 km). Nach dem Abzweig auf guter Straße Richtung Ladiqiya über die Kleinstadt ar-Riha (24 km) bis zum 6 km von Riha entfernten Urm al-Joz (mit einem christlichen Säulen-Felsgrab des 5. Jh.). Dort südwärts auf eine Landstraße Richtung Qafr Nabil abbiegen. Noch 14 km bis Bara.

Das 3 x 2 km große Ruinengelände von Bara – heute al-Qafr genannt – zeugt von der Bedeutung der antiken Stadt Kapropera, der größten Ansiedlung im Jebel Zawiya, die aus einem kleinen Ort des 4. Jh. (nicht zuletzt dank einer nie versiegenden Quelle) im Laufe des 5. Jh. zu einem stadtähnlichen Zentrum der nordsyrischen Olivenöl- und Weinproduktion heranwuchs und Weiler wie Mujeleya und Bitirsa

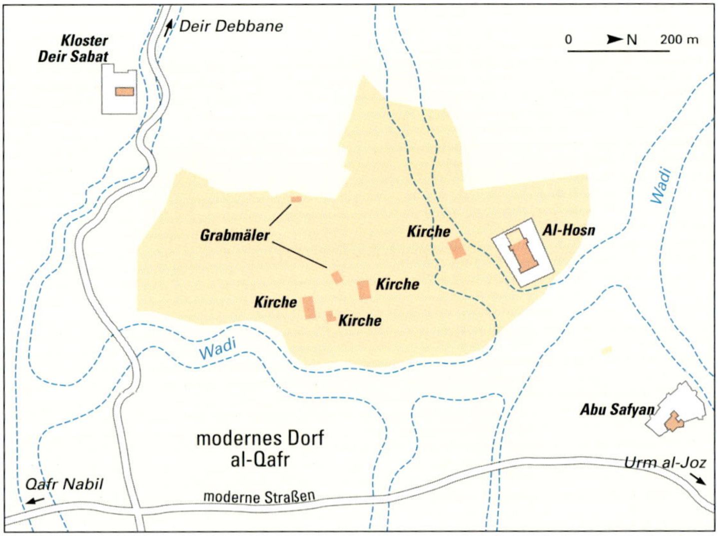

Die kleine Grabpyramide von Bara

(s. u.) kommerziell einbezog. In einer Inschrift auf dem Türsturz seines Hauses dankt einer der christlichen Siedler Gott dafür, daß Korn, Wein und Öl in Frieden geerntet werden konnten. Unzählige, teils monumentale Olivenpressen verweisen auf den einst fast industriellen Charakter der Öl-Produktion; die Ruinen von fünf Kirchen im Ort und von sechs Klöstern im Umkreis zeugen von der tiefen Gläubigkeit, die Kapropera im 5. und 6. Jh. prägte. Alles in allem ist die Bedeutung des Ortes, zu der auch seine zentrale Lage im Wege-

Das Gelände ist unübersichtlich und durch Baumgruppen und Feldmauern zergliedert. Am besten beginnt man die Besichtigung von Süden her, wo ein Teersträßchen – es folgt einer 563 gepflasterten Trasse – zur Klosteranlage von Deir Sabat führt, und bewegt sich von dort nordwärts zu den Grabdenkmälern, dann östlich ins spätantike Ortszentrum und schließlich wieder nördlich über die al-Hosn genannte Kirche nach Qalaat Abu Safyan.

system des Jebel Zawiya beitrug, am ehesten mit der von Brad (s. S. 310) im nördlichen Kalksteinmassiv zu vergleichen.

Die gut erhaltenen Baureste von **Deir Sabat,** einer Klosteranlage aus dem 6. Jh., zeigen frappierende Ähnlichkeit mit den Bauwerken von Dana-Süd und Shinshara (s. u.). Um einen rechteckigen Saal sind Gänge und Räume angeordnet. Ein quadratischer Raum an der Ostseite diente als Oratorium. Einschließlich der Annexbauten wird die Klosteranlage von einer weiten Mauer umschlossen. Die an größere Villenkomplexe erinnernde Tendenz, das Klosterleben nach innen hin auf den Hauptraum zu konzentrieren, ist bezeichnend für die Region von Apameia, während im Gebiet von Antiocheia der gesonderte Kirchenraum einen festen Bestandteil der Klöster bildete, die sich insgesamt mehr nach außen hin orientierten.

Ein weiteres Kloster, Deir Debbane (100 m westlich Deir Sabat) ist wesentlich schlechter erhalten und lohnt den Besuch kaum, noch weniger die übrigen vier Anlagen, so z. B. ad-Deir.

Bara hat **zwei Grabmäler** eines Bautypus bewahrt, der letztlich auf das spätpersisch-hellenistische Mausoleum von Halikarnassos zurückgeht; in Syrien wurde er in vielfältiger Weise weiterentwickelt. Diesen Typus charakterisiert die Verbindung eines im Grundriß quadratischen Raumkubus mit einer pyramidalen Dachform. Außer in Bara finden wir diese Grabform in Dana-Süd und Baude (s. u.), also im Einflußbereich von Apameia, in weiterem Sinne aber auch in Brad (s. S. 291), wo vier Säulen oder Pfeiler die pyramidale Bekrönung tragen. Die Grabpyramiden von Bara – Hauptsehenswürdigkeit der Stätte – konstituieren eine sepulkrale Spätform des 6. Jh., die auch für Baptisterien belegt ist (s. S. 302). Die Verbindung von Tod und Taufe ist christlich-symbolisch zu rekonstruieren; Lebensausgang wie Lebenseingang weisen in pyramidaler Zuspitzung gleichermaßen ins Transzendentale.

Das größere Grabdenkmal zeichnet sich durch seine Bauplastik aus: Drei umlaufende Gesimsbänder gliedern den Außenbau; die Ecken sind durch korinthische Pilaster gefaßt. Akanthusgerank schmückt den monumentalen Türsturz ebenso wie die beiden oberen Gesimsbänder. Jeweils über der Mitte der Tür- und Fensteröffnungen unterbrechen Kreuzmedaillons die Rankenfriese. Die Kreuze sollten apotropäisch, also unheilabwehrend, die Eingänge zum Innenraum schützen, wo sich fünf Sarkophage erhalten haben. Das wesentlich kleinere zweite Grabmal befindet sich in vorzüglichem Erhaltungszustand.

Die **Kirchen** von Bara liegen dagegen alle in Ruinen: die große Südkirche aus dem 5. Jh. ebenso wie die kleine Basilika aus dem 6. Jh. und die (sehr zerstörten) beiden Kirchen nördlich und nordwestlich des großen Pyramidengrabs.

Bei der fünften Kirche von Bara, der **al-Hosn** genannten Basilika am nördlichen Siedlungsrand, dürfte es sich um eine Pilgerkirche handeln. Dafür spricht schon der umgrenzte Temenos von ca. 100 x 60 m. Aber auch die ungewöhnliche Größe der – bis auf die Grundmauern zerstörten – Säulenbasilika deutet mit ihren ca. 50 x 35 m auf eine sakrale Sonderstellung hin.

Etwa einen halben Kilometer nordöstlich des Ortes erhebt sich die mittelalterlich-arabische Festung von **Abu Safyan,** bestehend aus einem Donjon und einer Umfassungsmauer mit zwei Eckverstärkungen. Die Mauer des Donjon ist 4–5 m dick, so daß die eingelagerten kreuzförmigen Räume in drei Geschossen nur von sehr geringer Größe sind. Ein Brunnenschacht befindet sich im Kellergeschoß.

Der Jebel Zawiya

Etwa 10 Min. von der neuzeitlichen Siedlung entfernt liegen die Gräber von **Maghara,** deren Qualität deutlich über provinzielles Kunstschaffen hinausweist (eine Datierung ins 2. Jh. ist hypothetisch). Eine breite Freitreppe führt hinab in die aus dem Fels gearbeitete, etwa 12 x 12 m große Halle mit Portikus, großartiger Kassettendecke und Nischen an den Seitenwänden, ein unterirdischer Gang zu einem weniger großen Grabkomplex des gleichen Typus. Ein weiteres Grabmonument besitzt eine gemauerte Vorhalle mit einem reich ornamentierten Architrav.

Sehr lohnend ist der Ausflug von Bara über **Baude** (nicht zu verwechseln mit Baude im Jebel Barisha; s. S. 304) nach Serjilla. Wichtigste Sehenswürdigkeit ist eines jener Grabdenkmäler mit Pyramidenkrone, die wir bereits in Bara kennengelernt haben. Das gut erhaltene Denkmal – ein Familiengrab – stammt aus dem 6. Jh.

Die in einer weiten Talmulde gelegene antike Siedlung **Serjilla** gehört wegen des außergewöhnlich guten Erhaltungszustands ihrer Profanbauten zu den eindrucksvollsten Ruinenstätten in Nordsyrien. Es lassen sich zwei Bauphasen unterscheiden. Die ältesten

Wegweiser: Anfahrt zunächst wie nach Bara (s. S. 308), jedoch bereits 6 km südlich beim Dorf Ihsem nordöstlich abbiegen nach Maghara. Zurück auf die Landstraße; noch 7 km bis Bara. Südlich von Bara links (ostwärts) abbiegen nach Baude (2 km) und Serjilla (2 km; von Serjilla Fußwanderung südwärts nach Shinshara möglich); dann zurück Richtung Bara und auf der Hauptstraße weiter südwärts nach Mujeleia, Bitirsa und Basqala (bis dort 5 km; Pistenabzweig ostwärts nach Shinshara; 3 km).

Rekonstruktion eines typischen Stadthauses im Jebel Zawiya, nach de Vogüé, 1865

Blick über Serjilla, die besterhaltene Tote Stadt im Jebel Zawiya

Häuser – sie liegen im Osten – entstanden bereits im 2. und 3. Jh. n. Chr. und konstituierten einen eher bescheidenen Siedlungsbezirk. Die im 4., 5. und 6. Jh. errichteten byzantinischen Bauten im Westen sind sehr viel stattlicher.

Ein Andron mit zweigeschossiger Säulenvorhalle aus dem 6. Jh., die vollständig erhaltenen Thermen von 473 und ein die beiden Gebäude verbindender Hof bildeten das Zentrum der spätantiken dörflichen Gemeinschaft. Die Thermen sind nahezu schmucklos, besaßen aber in ihrem Hauptsaal (8 x 15 m) auf der Nordseite einen Mosaikboden – H. C. Butler fand ihn 1899 noch intakt vor –, der nach Ausweis einer Inschrift von einem reichen Grundbesitzer namens Julianos und seiner Frau Domna gestiftet wurde. Der Versorgung des Bades diente eine vorgelagerte Zisterne, die bei einem Grundriß von ca. 16 x 13 m und einer Tiefe von ca. 5 m um 100 000 l Wasser faßte. Das Andron – Butler nannte es »das Café« – von Serjilla baut sich zweigeschossig über einem fast quadratischen Grundriß mit schmucklosen Wänden auf. Im Erdgeschoß befanden sich Stallungen, im Obergeschoß der Versammlungsraum, in dem um den Großhandelspreis von Öl und Wein geschachert wurde und Gemeindetreffen stattfanden.

Die kleine dreischiffige Basilika von 372 (umgebaut und um eine Grabkapelle erweitert im 5./6. Jh.) östlich auf der anderen Seite der Talmulde ist weitgehend eingestürzt. Unter den monumentalen Wohnbauten der Siedlung sticht ca. 50 m nördlich der Kirche eine zweigeschossige Villenanlage aus dem 4. oder 5. Jh. hervor. Bei einem Rundgang durch die Ruinen erschließt sich das Leben vor eineinhalb Jahrtausenden gerade in den kleinen, unscheinbaren Details, seien es Futtertröge oder ausgetretene Türschwellen.

Nur 20 Min. südlich von Bara gelegen, ist **Mujeleia** zunächst wohl unabhängig entstanden; möglicherweise ist der Weiler sogar älter als die größere Nachbarstätte. Im 5. Jh. richtete sich die Siedlung dann als eine Art ›Vorstadt‹ auf Zulieferungen nach Kapropera ein. Von der dreischiffigen Säulenbasilika steht noch die nördliche Seitenschiffwand. Im Süden der stark zerstörten Siedlung finden sich die Reste einer kleinen, polygonalen Kirche mit zentraler Säulenstellung aus dem 6. Jh. Die Ortschaft besaß in ihrem Zentrum eine – offenbar öffentliche – Thermenanlage. Zur ausgedehnten Nekropole gehörten mehrere Sarkophage. Ca. 600 m südlich von Mujeleia liegen die Ruinen von bedeutenden Villenkomplexen, dazu einer Kirche und eines Klosters. Der Platz wird heute Bitirsa genannt.

Die Hügelsiedlung von **Shinshara** (bekannt auch als Khirbet Hass), besteht aus gut erhaltenen reichen Villen, zu denen häufig gewaltige Zisternen gehörten. Ignacio Peña hat für einen dieser in den Fels gemeißelten Speicher ein Fassungsvermögen von 150 000 l errechnet, ausreichend, um einer siebenköpfigen Familie (die als Durchschnittsgröße für die spätantike Familie in Syrien angesetzt wird) das ganze Jahr über tagtäglich 58 l Wasser pro Person zu spenden. Im Norden der Stadt liegt eine dreischiffige Kirche, im Süden, etwas außerhalb, ein monastischer Komplex des 6. Jh., der architektonisch dem Typus der Bara-Klöster folgt (s. S. 309). Erwähnung verdient noch ein prächtiges, inschriftlich auf 367 datiertes Hypogäum.

Das moderne Dorf **Dana** an der Ostseite des Jebel Zawiya wird in Unterscheidung von der gleichnamigen Siedlung im zentralen Kalksteinmassiv (s. S. 299) als Dana (Süd) bezeichnet. Hauptsehenswürdigkeit ist ein vorzüglich erhaltenes Grabmonument mit Dachpyramide und Säulenvorhalle, die ›windbewegte‹ korinthische Kapitelle bietet. Inschriftlich auf 324 n. Chr. datiert, geht das Denkmal den Gräbern von Bara um zwei Jahrhunderte voraus. Über dem nahen Hypogäum der Olympiana aus dem 5. Jh., das der Verblichenen der Gatte Koinos errichtet hat, erhob sich auf knapp 4 m hohen Säulen mit ionischen Kapitellen ein Steinbaldachin.

Ca. 500 m nördlich (Feldweg) überrascht die ursprünglich dreigeschossige Klosteranlage Qasr al-Banat durch die Intaktheit der beiden Untergeschosse. Wie in Bara wird der Hauptsaal an der Ostseite durch ein quadratisches Oratorium mit steinernem Dachgiebel ergänzt. Man beachte das kreuzförmige Fenster im Pediment. Auf der Südseite erhebt sich eine zweistöckige Pfeilervorhalle.

Die beeindruckenden Gutshöfe von **Jerade,** unmittelbar neben einem modernen Dorf gelegen, vermitteln das Bild einer prosperierenden nordsyrischen Stadt des 5./6. Jh. Ursprünglich war die Siedlung von einer Schutzmauer umgeben – sie stand vielleicht unter dem Druck nomadischer Gruppen vom Westsaum der Wüsten-

Wegweiser: Von Basqala 10 km ostwärts nach Maarrat an-Numan (s. S. 205), dort dann die Straße nach Aleppo einschlagen, aber schon nach 4 km links, also westlich nach Dana (Süd) abzweigen. Von Dana zurück zur Aleppo-Straße und nochmals 2 km nordwärts bis Babila. Dort ein zweites Mal links/westwärts abzweigen nach Jerade (3 km) und Ruweiha (3 km) und weiter (3 km) bis zur Verbindungsstraße von Maarrat an-Numan nach Riha, die bei Benine erreicht wird. Etwas nördlich links abzweigen auf eine Piste nach Deir Sumbul (ist in 30 Min. zu Fuß auch von Serjilla her zu erreichen); von Deir Sumbul zu Fuß nach Dalloza (30 Min. westwärts). Zurück zur Riha-Straße und weiter nordwärts, nach 4 km dann links abzweigen nach Friqia. Von dort zurück zur Riha-Straße und Rückfahrt über Saraqeb (s. S. 308) nach Aleppo.

Die Tote Stadt Jerade beeindruckt bis heute durch gut erhaltene Hofhäuser.

steppe. So bleibt hier unklar, ob es sich bei dem hochragenden Turm mit Außenaborten um einen Reklusen- oder einen Wehrturm handelt. Von der Säulenbasilika des 5. Jh., ausgestattet mit Bema, haben sich außer der Westfassade noch die nördlichen Annexbauten erhalten. Bei den Villen handelt es sich meist um Hofhäuser, umgeben von einem hohen Wall, der Intimität und Sicherheit gab. Ornamentierte Stürze verleihen den massiven Steintüren Eleganz.

Die spätantike Siedlung **Ruweiha** war ein bedeutender Marktplatz im Osten des Jebel Zawiya; gleich zwei Agorae, gesäumt von Läden, Lagerhäusern und Säulenarkaden, zeugen ebenso davon wie stattliche Villen. Bereits nach der Mitte des 4. Jh. entstand als erste Kirche die Südbasilika. Im 6. Jh. gründete ein Großgrundbesitzer namens Bissos im Norden der Stadt einen monumentalen Sakralbau mit weitgefaßter Temenosmauer. Die durch Neubesiedlung größtenteils abgetragene bzw. verbaute Weitarkadenbasilika mit nur vier kreuzförmigen Pfeilern stellte den bei weitem größten Sakralbau im Jebel Zawiya dar, doppelt so groß wie die Kathedrale von Brad (s. S. 290). Wie in Qalb Lhoze (s. S. 305) umfaßte das Westwerk der Kirche zwei ›präromanische‹ Turmbauten.

Im Süden und Norden der ruinierten Pfeilerbasilika finden sich zwei Mausoleen. Unter dem Bau mit Steinkuppel und Säuleneingang fand der Kirchenstifter Bissos selbst seine letzte Ruhe. Eine Inschrift bekräftigt seine christliche Zuversicht: »Ich lebte ehrenwert, ich starb ehrenwert, ich ruhe ehrenwert.« Fassade und Vorhalle wurden zuletzt leider durch einen Ziegenstall aus Bruchstein ersetzt. Als Distylos *in antis* war das 150 oder 200 Jahre ältere Tempelgrab im Südosten von Ruweiha ausgeführt, das auf 384 datiert.

Wie in Shinshara stehen in **Deir Sumbul,** reichlich eine halbe Stunde Fußweg nördlich von Serjilla, monumentale Villenkomplexe.

Kreuze auf dem einen oder anderen Türsturz weisen die Bewohner als Christen aus, und eine griechische Inschrift bekräftigt ihre fromme Erwartung, daß »unter diesem Zeichen alle Gläubigen siegreich sind«. An einer Hausfront ist sogar das Motiv des Lamm Gottes *(agnus Dei)* in den Stein graviert. Architektonisch ist ein zweigeschossiges, noch bis zum Dachansatz aufrecht stehendes Haus des 6. Jh. besonders eindrucksvoll. Deutlich schlechter erhalten hat sich die dreischiffige Basilika mit sechseckigem Baptisterium.

Drei gut erhaltene Landhäuser lohnen den Fußmarsch von Deir Sumbul zum einsamen **Dalloza.** Auf den Türstürzen weisen griechische Inschriften wie »Oh Herr, schütze dieses Haus und alle, die darin leben. Amen« und – unter einem Akanthus-Fries – »Wenn Gott für uns ist, wer kann dann gegen uns sein?« die Bewohner als Christen aus.

Friqia (auch Friqaia) verdient vor allem wegen seiner Grabmäler Interesse. Überdies sind noch die Ruinen von Villen sowie in einem modernen Wohnhaus ein spätantikes Mosaik mit umfangreicher griechischer Inschrift erhalten, das auf Juli 511 datiert und einst den Boden einer Pilgerherberge bedeckte. Außerhalb des Dorfes liegt ein mit figürlichen Darstellungen ausgestattetes Felsgrab aus dem 2./3. Jh. An der Stirnseite des tonnengewölbten Vorraums befindet sich die Porträtbüste eines Bärtigen, dem von einer Viktoria ein Siegeskranz gereicht wird, an den Wänden des Vorraumes sieht man verschiedene fast lebensgroße Reliefs (darunter links Hermes und Athena) und auf dem Türsturz zur Grabkammer Sol und Luna.

Der tonnenüberwölbte, weitgehend verschüttete Vorraum des zweiten, noch innerhalb der modernen Siedlung gelegenen Grabmals zeigt rechts die auf einer Kline gelagerten Verstorbenen und auf der linken Seite eine Reihe von Büsten. Zu Seiten des Arkosolgrabes mit Sarkophag sind Porträts zu erkennen, auf einem Fries oberhalb der Klinendarstellung ein Prozessionszug zu einem Opferaltar.

Ruweiha war ein bedeutender Marktort im Osten des Jebel Zawiya.

Am Euphrat

Der Euphrat – Grenze und Verbindung

Besonders sehenswert:
Qalaat Jaber
Resafa ☆☆
Raqqa ☆
Halabiya (Zenobia)
Dura-Europos ☆
Mari

Im Zentralteil des Fruchtbaren Halbmond, im Dreieck zwischen Euphrat, Khabur und türkischer Grenze, setzte sich die Neolithische Revolution durch (s. S. 30f), entstanden erste Stadtstaaten auf syrischem Boden. Mari (Tell Hariri) ist das berühmteste Beispiel, aber auch das nun im Assad-See versunkene Emar (Meskene) war eine bedeutende Karawanenstation. Zweifellos gehörte Nordsyrien zu den am dichtesten besiedelten Gebieten der Frühgeschichte. Darauf verweisen bis heute die zahllosen Siedlungshügel, die sich insbesondere an den Ufern der Flußläufe konzentrieren. Wirtschaftliche Basis dieser Landschaft war – und ist – der intensive Anbau von Getreide, das bereits in frühgeschichtlicher Zeit exportiert wurde.

Der Euphrat – al-Furat heißt er auf arabisch –, ist 2760 km lang und damit der längste Strom Vorderasiens. Er knüpft ein Kulturband zwischen den osttürkischen Gebieten, wo er aus der Vereinigung zweier Quellflüsse (Karasu und Muradsu) entsteht, mit dem Tafelland Nordsyriens, das er nach dem Taurus-Durchbruch auf etwa 200 m Höhe durchfließt, und dem irakischen Tiefland, wo er sich zuletzt mit dem Tigris vereinigt und in den Flußmarschen des Schatt al-Arab den Persischen Golf erreicht. Auf syrischem Boden mäandriert er in einer Talaue, die als Stromoase Siedlung und Feldbau begünstigte. Schon die Römer nutzten sie und hoben mit Schaufelrädern, wie sie bis heute am Orontes in Betrieb sind (s. S. 183), das Euphrat-Wasser auf die Terrassen entlang des Stromes.

Der Bibel (1. Mose 2,14) gilt der Euphrat als einer der vier Flüsse, die vom Garten Eden ausgehen; zugleich bildet er die Nordostgrenze des Abraham verheißenen Landes (1. Mose, 15,18). Diese Grenzfunktion tritt in römischer Zeit hervor, als der Euphrat das Reichsgebiet vom parthischen Einflußbereich trennte, und in der frühbyzantinischen, als er Teil der sassanidisch-oströmischen Grenzziehung war. Starke Befestigungsanlagen künden davon. In islamischer Zeit war der Euphrat eher Verkehrs- als Grenzlinie zwischen Syrien und dem Irak. Der irakische Einfluß hat nicht nur in der typischen, in mesopotamischer Tradition stehenden Ziegelarchitektur Niederschlag gefunden (s. S. 334f), sondern auch im Dialekt des Arabischen, der am Euphrat gesprochen wird.

»Noch im Mittelalter wird von einem ausgedehnten Baumwollanbau im Khabourtal und einem regen Baumwollexport nach Mosul berichtet. Dann jedoch reißt unter dem übermächtigen Druck der Nomaden die Kontinuität seßhafter Siedlung und Landwirtschaft ab« (Eugen Wirth). Erst unter dem französischen Mandat begann die Wiederbesiedlung, seit etwa 1950 hat sie an Tempo gewonnen, und nach dem Bau des Euphrat-Staudamms – auch am Khabur werden gegenwärtig Staudämme aufgerichtet – beginnt sich allmählich die Kontur eines wieder fruchtbaren syrischen Nordostens abzuzeichnen, der an die vor- und frühgeschichtliche Blütezeit anknüpft.

◁ *Blick über ein Mauerstück von Qalaat Jaber auf den Assad-Stausee*

Im Umfeld des Assad-Stausees

Der Assad-Stausee

Versuche zu einer Flußregulierung des Euphrat hat es bereits zur Zeit ALEXANDERS gegeben. Man suchte damals die Überschwemmungen abzufangen, die Syrien und Mesopotamien Jahr für Jahr nach der Schneeschmelze im Taurus (März bis Mai) heimsuchten. Auch erste Kanalverbindungen zwischen Euphrat und Tigris entstanden.

In ein neues Stadium trat die Beherrschung des Euphrat mit dem Bau des Assad-Staudamms ab 1969. Das Wasser des Stroms sollte die landwirtschaftlich nutzbaren Flächen in den östlichen Wüstengebieten um ein Vielfaches erweitern; gleichzeitig wollte Syrien durch die Elektrizitätsgewinnung zum Selbstversorger werden. Seit dem Bauabschluß (1973) staut der 2,5 km lange und 60 m hohe Damm 11,6 Mrd. m^3 Wasser auf, und seit 1978 die letzte Turbine in Betrieb ging, deckt der hydroenergetische Komplex fast 60 % des syrischen Energiebedarfs. Dennoch haben sich die Hoffnungen des Landes nicht ganz erfüllt. Der Bau eines weiteren großen Euphrat-Staudamms in der Osttürkei hat Syriens Autarkie-Pläne durchkreuzt, denn die Türkei kann die Wasserzufuhr nun vom Oberlauf des Euphrat her einschränken und dadurch politischen Druck auf Syrien ausüben. ASSAD reagierte darauf mit der Unterstützung der gegen Ankara kämpfenden Kurdischen Arbeiterpartei (PKK). In gleicher Weise hängen die Spannungen zwischen Syrien und dem Irak damit zusammen, daß ASSAD vermittels des nach ihm benannten Stausees den Wasserfluß des Euphrat in den Irak kontrolliert.

Reste der römischen Kommandantur von Barbalissos am Assad-Stausee. In der Geschichte des frühen Christentums spielte Barbalissos als Sterbeort des Soldatenheiligen Bacchos eine Rolle, der hier um das Jahr 305 im Zuge der Christenverfolgungen ausgepeitscht wurde, aber noch unter den tödlichen Hieben standhaft im Glauben blieb (s. auch S. 323).

Der Auffüllung des heute 60 km langen Stausees fielen zahlreiche prähistorische Denkmäler zum Opfer. In einer großen Rettungsaktion wurden mit Hilfe von archäologischen Instituten und Mitteln der UNESCO die größten Siedlungshügel sondiert und zum Teil ergraben. Von herausragender Bedeutung war die Spatenforschung von Habuba Kabira (s. S. 33) und Emar (s. S. 45) bei Meskene, zweier Stätten, die in das vierte vorchristliche Jahrtausend datieren.

Manbij und Qalaat Najim

Wegweiser: Auf der neuen Jezira-Schnellstraße von Aleppo nach Nordosten über al-Bab bis Manbij (88 km); nach weiteren 17 km auf der Autobahn rechts (südöstlich) abzweigen nach Qalaat Najim; noch 3 km Landstraße.

Als der Mekka-Pilger IBN JUBAIR Syrien Ende des 12. Jh. bereiste, war er bezaubert von **Manbij.** Entdeckungsreisenden wie der Engländerin Gertrude BELL stellte sich der Ort Anfang des 20. Jh. dagegen als eine trostlose Ansiedlung von Lehmhütten dar. Die Nomadisierung war über Manbij hinweggerollt, und auch wenn inmitten der wogenden Kornfelder des Umlands inzwischen eine prosperierende Kleinstadt wiederentstanden ist, ist Manbij vornehmlich als Station auf dem Weg zur Festung Qalaat Najim erwähnenswert.

Dabei war der Platz unter dem Namen Hierapolis eine bedeutende seleukidische und römische Stadt – eine ›heilige Stadt‹, weil sie ein bedeutendes Kultzentrum besaß, das bereits in persischer Zeit, als der Ort unter Herrschaft einer Lokaldynastie stand und Bambike hieß, von Wallfahrern besucht wurde. Man verehrte hier – STRABON und vor allem LUKIAN berichten davon – die Dea Syria, die von einem Löwenrudel umgebene Große Göttin, die wesensverwandte Züge mit Astarte/Atargatis, aber auch mit Kybele besitzt. Ihr Begleitgott Hadad (als Herr der Stiere Repräsentant männlicher Zeugungskraft) hat später einige seiner Eigenschaften an Adonis und Attis, dazu an Dionysos abgegeben – Eigenschaften, die er selbst aus den älteren spätbronzezeitlichen Kulten Syriens empfangen hatte (s. S. 48).

Nach dem strengen Gesetz des genius loci mußte ein Ort der Ausschweifungen wie Hierapolis/Manbij den Mantel christlicher Frömmigkeit, den er im 4./5. Jh. aufnahm, besonders eng um sich ziehen. So verwundert es nicht, daß der byzantinische Kaiser Heraklios, als er nach militärischen Erfolgen (622–628 n. Chr.) die Sassaniden zur Rückgabe des Heiligen Kreuzes (s. S. 203) nötigte, gerade diesen Ort zur Übergabe der Reliquie bestimmte.

Der Altar der Großen Göttin erhob sich inmitten eines Heiligen Teichs (der als Einsenkung noch heute im Stadtpark von Manbij zu erkennen ist). Vom ihrem Tempel weiß LUKIAN im 2. Jh. n. Chr. zu berichten, daß Wohlgerüche ihn durchzogen. Die Fruchtbarkeitskulte der Dea Syria waren exzessiv: Sie schlossen ekstatische Tänze ebenso ein wie Seeprozessionen und Baumverbrennungen, den Phallus-Kult ebenso wie die rituelle Kastration und Tempelprostitution, gelegentlich sogar Menschenopfer.

Qalaat Najim beherrschte den Euphrat an jener Stelle, an der die bedeutende Handelsstraße zwischen Aleppo und Harran den Fluß querte. Natürlich hat ein solcher Platz eine lange Vergangenheit. Nicht auszuschließen, aber bisher noch unbeweisbar, daß der Euphrat hier schon in frühgeschichtlicher Zeit durch eine Station gesichert war. Spätestens in der Blütezeit von Bambike/Hierapolis (s. o.) geschah dies aber, und seit römischer Zeit trug der nun befestigte Platz den Namen Caeciliana. In Caeciliana sammelten sich die römischen Truppen, wenn sie gegen Parther und Sassaniden zogen.

Mit der erhaltenen Burg hat es eine andere Bewandtnis: Ein arabischer Stammessitz des späten 9. Jh. wurde unter Nur ad-Din verstärkt und erhielt unter Zahir Ghazi zu Beginn des 13. Jh. eine neue, erweiterte Gestalt. Gegen diese Ayyubiden-Burg brandeten die mongolischen Heerwellen des 13. und ausgehenden 14. Jh. an. »Die letzten schweren Schäden wurden dem Bauwerk 1820 zugefügt, als sich hier ein Beduinenstamm verschanzte, um gegen die Osmanen zu kämpfen« (Ernst Schönmann).

Ebenso wie andere moslemische Burgen am Euphrat (s. u.) nutzt Qalaat Najim einen natürlichen Felskegel, dessen steile Höhe durch die Anlage von umlaufenden Mauern und eines Glacis (auf der Stromseite) verstärkt wurde. Der von Türmen flankierte, zweifach abgewinkelte und überwölbte Toraufgang (die Inschriftenplatte über dem Eingang feiert die Bauanstrengungen Zahir Ghazis) führt u. a. zu einer kleinen Residenz, die wie in Aleppo einen rechteckigen Hof mit anliegenden Iwanen zum Zentrum hat. Über dem Tor erhebt sich die bescheidene Moschee. Der zentrale Donjon wird von weitläufigen Gewölbegängen und Hallen unterschiedlicher Funktion umgeben; das vorzügliche Mauerwerk besteht aus Quadern.

Etwa 2 km südlich der Festung liegt ein alter **moslemischer Friedhof** mit mittelalterlichem Kuppelgrab und Moschee.

Das Minarett von Meskene

Wegweiser: Das wiederaufgebaute Dorf Meskene liegt 90 km östlich von Aleppo; vor der Polizeistation im Ort rechts abzweigen auf eine Piste, die nach Nordosten führt; noch 3,8 km durch die Wüstensteppe bis zum Minarett. Meskene kann auch von Manbij über Khafsa/Jebel Aruda angefahren werden (22 km von Meskene).

Meskene hat eine lange Geschichte und trug viele Namen. In frühgeschichtlicher Zeit hieß der Platz Emar (s. S. 45) und war eine bedeutende Handelsstation am Euphrat. Bei Notgrabungen vor der Flutung des Assad-Stausees in den Jahren 1973–76 kamen drei bronzezeitliche Tempel und ein Palast zutage, außerdem 300 Tontafeln mit hethitischer und akkadischer Schrift. Aus Emar ging unter den Seleukiden die antike Stadt Barbalissos hervor, ein bis in byzantinische Zeit bedeutender, den Kreuzrittern als Balis bekannter Verkehrsknotenpunkt und Garnisonsort zwischen Mesopotamien und Aleppo. Mit Ausnahme einiger byzantinischer Befestigungsmauern aus der Zeit Justinians (reg. 527–565) sind alle historischen Reste im Wasser des Assad-Stausees versunken.

Das **ayyubidische Minarett,** das zur mittelalterlichen Moschee von Meskene gehörte, entging dem Mongolen-Sturm des Jahres 1400 – und auch den Fluten des Euphrat. Denn als besterhaltenes Monument des alten Meskene (ca. 4 km entfernt entstand Neu-Meskene) wurde es ans Südufer versetzt und dadurch gerettet. Das gerade in seiner Schlichtheit eindrucksvolle Monument besteht vollständig aus Ziegelsteinen, so wie es für Syriens Euphrat-Region charakteristisch ist (s. S. 335). Über einem Quadratsockel erhebt sich der oktogonale Schaft mit innerem Treppenaufgang (99 Stufen) sowie umlaufenden Schriftbändern und Ornamentfriesen. Zwei der vier Schriftbänder werden durch die Setzung der Ziegelsteine gebildet.

Qalaat Jaber

Der Bergkegel, auf dem sich diese arabische Burg erhebt, ragt heute als Halbinsel aus dem Wasser des Assad-Stausees. Ehedem war der steile Festungshügel wie die Zitadelle von Aleppo durch einen Wassergraben und einen Verteidigungsgürtel umschlossen. Qalaat Jaber unterscheidet sich von allen anderen arabischen Burgen in Syrien durch die fast ausschließliche Verwendung von Ziegeln und steht damit in mesopotamischer Tradition. Restaurierungsarbeiten des syrischen Antikendienstes haben die verbliebenen Mauern des malerisch über dem Stausee gelegenen Burgbergs gesichert.

Wegweiser: Von der Retortenstadt ath-Thawra (›die Revolution‹), erbaut für umgesiedelte Bauern und die am Staudamm beschäftigten Arbeiter, fährt man über die Staumauer-Straße auf die Euphrat-Nordseite; nach 3 km dann links abbiegen Richtung Stausee nach Qalaat Jaber; noch 7 km Landstraße.

Das monumentale Festungswerk (dem eine byzantinische Burg namens Dasauron vorausging) entstammt dem späten 10. oder frühen 11. Jh., wurde vom Stamm der Beni Nmeir gehalten, fiel 1087 an die Seldschuken und konnte in der Kreuzfahrerzeit kurzfristig (wohl 1103) vom fränkischen Fürstentum Edessa erobert werden. Wie der Geschichtsschreiber Ibn al-Athir berichtet, unternahmen die Franken vom Burghügel aus Raubzüge in die islamische Umgebung und stahlen den Bauern das Vieh. Imad ad-Din Zengi (reg. 1127–1146), der als Fürst von Aleppo die Dynastie der Zengiden begründete und am 23. Dezember 1144 Graf Joscelin II. Edessa entriß, wandte sich nach seinem großen Sieg auch gegen die verbliebenen fränkischen Stützpunkte, fiel aber 1146 vor Qalaat Jaber durch die Hand eines fränkischen Eunuchen. Unter Zengis Sohn Nur ad-Din (reg. 1146–1174) entstand ab 1168 das heutige Festungswerk, dessen Mauern 1260 von den Mongolen genommen, um 1330 aber unter Tinqiz, dem Mamluken-Statthalter in Damaskus, restauriert wurden. Den letzten Schlag versetzten Timurs Mongolen der Anlage in dem für Syrien so schrecklichen Jahr 1400.

Der doppelte **Befestigungswall,** ursprünglich durch 35 Türme und Steinböschungen verstärkt, umfing eine ovale Fläche von ca. 240 x 160 m. Die Ziegelsteine bildeten an den Turmfassaden nach syro-mesopotamischer Art geometrische Ornamentfelder. Eine aus dem Fels gearbeitete Torrampe führt ins Burginnere. Das Areal wird von dem runden **Ziegelminarett** einer zerstörten Moschee beherrscht; es erinnert an die berühmteren Beispiele des Bautyps in Meskene und Raqqa (s. S. 335) und dürfte ein Werk des 12. Jh. sein. Erhalten sind weiterhin die Ruinen einer **Residenz** mit Badeanlage.

Ein **Museum** bewahrt die aus dem Stausee-Gebiet geretteten Skulpturen der römischen Grabkammer von Anab as-Safina; ein Restaurant, an Feier- und Freitagen rege von islamischen Picknickern aus ath-Thawra und Raqqa besucht, bietet gute Fischgerichte, schreibt aber auch stolze Rechnungen.

Das Ziegelminarett von Meskene aus dem 13. Jh.

Auf schlechtem Asphalt und steiniger Piste lassen sich auf der Nordseite des Euphrat-Staudamms die Ausgrabungsstätten von **Halawa** (ca. 44 km von Qalaat Jaber; Mosaikenfunde römischer Zeit im Museum von Raqqa), **Tell Sheikh Hassan** (7 km nördlich von

Halawa) und **Munbaqa** (3 km nördlich von Tell Sheikh Hassan) erreichen. Der letzte Platz ist seit 1988 als Ekallate identifiziert, ein wichtiges Handelzentrum des 3. und 2. Jt. v. Chr. Der schwierige und langwierige Besuch der Stätten setzt ein besonderes archäologisches Interesse voraus.

Sura

2 km südöstlich des Dorfes al-Mansura zwischen Euphrat-Straße und Fluß; al-Mansura liegt 20 km östlich von ath-Thawra, 26 km westlich von Raqqa.

Plinius d. Ä. erwähnt Sura in seiner »Naturgeschichte« (5, 87) nur beiläufig als den Ort, an dem sich der Euphrat ostwärts wendet, doch war der Platz offenbar schon im späteren 1. Jh. n. Chr. befestigt. Hier erreichte die Straße von Palmyra den Euphrat und verband sich mit der alten Flußroute zwischen Nordsyrien und Mesopotamien. Als die Sassaniden 252 den Euphrat hinauf zogen, war Sura der vierte Platz, den sie eroberten. Später wurde die Feste zum Endpunkt der Strata Diokletiana ausgebaut (s. S. 387), und vielleicht schon im 3., spätestens aber im 4. Jh. lagen hier die römischen Sodaten der Legio XVI Flavia Firma in Garnison. Nachdem Chosroes I. die Festung im 6. Jh. geplündert hatte, ließ Kaiser Justinian sie wiederaufbauen. Mit der arabischen Eroberung wurde Sura bedeutungslos.

Fast alles, was die kärglichen, noch von keines Archäologen Spaten berührten Ruinen in der flachen Wüstensteppe dem heutigen Besucher darbieten, ist geprägt von militärischer Funktion: die trapezförmige, eher in Luftaufnahmen als im Gelände sich abzeichnende Außenmauer (mit vorgelagertem Graben) wie auch das quadratische Kastell mit vorspringenden Ecktürmen und vier Halbtürmen auf jeder Seite des Gevierts, an dem der Euphrat in seinem älteren Stromverlauf unmittelbar vorbeizog. Die versunkenen Bauten im Areal nordwestlich des Kastells dürften dagegen Zeugnisse sein für die schleichende spätantike Auflösung des Sura-Soldatentums in ein sich zivilisierendes (Wehr-)Bauerntum.

Resafa

Wegweiser: Von Raqqa 26 km in Richtung Aleppo bis zum Örtchen al-Mansura (s. o.); von dort nochmals ca. 30 km auf einer Landstraße südwärts; die Straße endet vor dem Nordtor.

Mit seinem Bericht über die Baumaßnahmen des byzantinischen Kaisers Justinian (reg. 527–565) hat der Hofschriftsteller Prokop von Caesarea ein Werk von unschätzbarem Quellenwert geschaffen, das auch über den Ausbau der Befestigungswerke im Osten des Reiches berichtet: Durch die Übergriffe der sassanidischen Heere in der ersten Hälfte des 6. Jh. v. Chr. war die Sicherheit der reichen syrischen Provinzen gefährdet. Ein System von militärischen Posten, größeren Forts und befestigten Städten in Mesopotamien, der Provinz Osrhoëne und am Euphrat sollte ein Vordringen der östlichen Großmacht verhindern; in diesem Zusammenhang wurde auch die Euphrat-Feste Sura (s. o.) gestärkt. Mit Resafa hatte es freilich eine eigene Bewandtnis: Der Ort war nicht erst seit spätantiker Zeit besiedelt, sondern wird unter dem Namen Rasappa bereits in neu-assyrischen Texten des 9. Jh. erwähnt, dazu als Rezef zweimal im Alten Testament (2. Könige, 19,12; Jesaja 37,12). Mit anderen Stätten gilt Rezef der Bibel als Beispiel dafür, daß Frömmigkeit, wenn sie sich dem falschen Gott zuwendet, nicht vor dem Untergang schützt.

Als Grund für die Ummauerung der Stadt führt Prokop weniger die Grenzlage des Ortes (der schon im 1. Jh. n. Chr. einen römischen Militärposten besaß und seit dem Ende des 3. Jh. ein kleines Kastell mit einer Kamelreitertruppe) als vielmehr den großen Reichtum der dortigen Kirche an. Es handelt sich dabei um die Grabeskirche des Soldatenheiligen Sergios, der unter Kaiser Maximian (reg. 285–310) entweder 297 oder 305 vor den Mauern des spätantiken Kastells enthauptet wurde. Die Verehrung des Märtyrers machte Resafa zu einem im ganzen Mittelmeerraum bekannten Pilgerzentrum. Bereits Anfang des 4. Jh. entstand auf dem Friedhof von Resafa ein erster Gedenkbau, der im späten 4. Jh. durch ein Martyrion innerhalb des byzantinischen Kastells ersetzt wurde. 454 wurde die Stadt durch den Patriarchen von Antiocheia zum Bistum erhoben, Anfang des 6. Jh. war sie, nun Sergiopolis genannt, bereits Sitz eines Metropoliten. Der Sergios-Kult verbreitete sich zunächst in Nordsyrien und Obermesopotamien, danach über das ganze byzantinische Reich bis Konstantinopel, Rom und Ravenna.

Ausschlaggebend für den Reichtum der Stadt war neben der Bedeutung als Pilgerzentrum die Lage zwischen Sura und Palmyra.

Sergios war Leiter einer jungen Armeeinheit (schola gentilium), *aus der sich die kaiserliche Palastwache rekrutierte, sein Gefährte Bacchos stellvertretender Leiter. Als Christen verdächtigt, wurden beide ihres militärischen Rangs und ganz buchstäblich auch ihres Waffengewands beraubt. Man steckte sie in Frauenkleider und ließ sie so durch die Stadt paradieren. Danach schickte der Kaiser die beiden Christen in den Orient, wo Bacchos im Kastron von Barbalissos durch Auspeitschung hingerichtet wurde (s. S. 318). Den Sergios ließ man mit Nägeln in den Schuhen, die ihm die Fußsohlen zerfetzten, meilenweit neben einem Triumphwagen herlaufen und danach vor dem Kastron von Resafa – natürlich in Anwesenheit und zur Abschreckung der ganzen Truppe – enthaupten.*

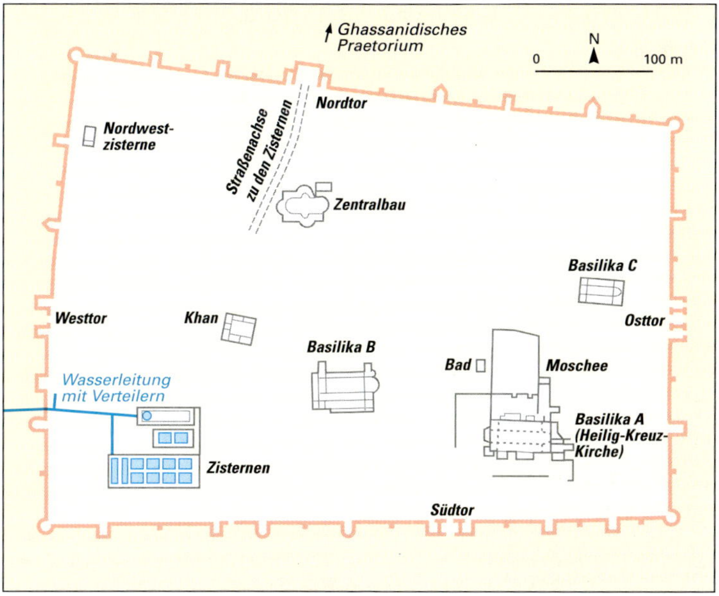

Das Ruinengelände von Resafa

»Späterhin aber wurde das erwähnte Heiligtum durch Schenkung von Kostbarkeiten reich und Gegenstand allgemeiner Bewunderung. Mit Rücksicht darauf wandte Kaiser Justinian der Angelegenheit sogleich seine Fürsorge zu: Er umgab den Platz mit einer außerordentlich starken Mauer und verschaffte durch Anlage von Speichern den Einwohnern Wasser in Fülle. Dazu fügte er noch Häuser, Wandelhallen und die sonstigen Bauten, was eben gewöhnlich einer Stadt zum Schmuck dient. Auch eine Besatzung zur Verteidigung der Ringmauer im Notfall legte er dorthin.«

Prokop, 6. Jh.

Die Forschungen zum römischen Grenzverlauf haben eine Hauptachse ermittelt, die sogenannte Strata Diokletiana, die als Wegverbindung und Limes von Sura südwärts über Resafa, Palmyra und Dmeir nach Damaskus und weiter nach Bosra verlief (s. S. 387). Der Streckenverlauf verdeutlicht die Bedeutung Resafas als militärpolitische Gelenkstelle am ›Euphrat-Knie‹, das daher ein Stützpunkt der arabischen Ghassaniden wurde, die innerhalb der jahrhundertelangen byzantinisch-sassanidischen Konfrontation zu Föderaten von Konstantinopel aufstiegen (s. S. 80f). Aber auch die justinianischen Steinmauern konnten schließlich den Attacken Chosroes II. nicht standhalten, der die Festungsstadt 616 einnahm und plünderte.

Nach der Eroberung Resafas durch die Moslems im Jahr 636 erlebte die Stadt unter den Omayyaden in der ersten Hälfte des 8. Jh. eine zweite Blütezeit. Der Kalif Hisham (reg. 724–743) gründete südlich der justinianischen Stadt eine Residenz, um die sich bald die Villen omayyadischer Würdenträger scharten. Da fast alle Bauten dieser ›Gründerzeit‹ aus luftgetrockneten Lehmziegeln errichtet wurden, haben sich nur geringe Spuren erhalten, so auch von dem ehemals berühmten Palast des Kalifen, einer quadratischen Anlage von 77 x 72 m Seitenlänge. Das Grab Hishams,der sich in Resafa hatte bestatten lassen, war schon 750 von den siegreichen Abbasiden-Truppen zerstört worden. Noch während des 8. Jh. unterbrach zudem ein Erdbeben die Stadtentwicklung. Die Basilika A (Heilig-Kreuz-Kirche, später Martyrion-Kirche des Hl. Sergios; s. u.), durch umfangreiche Restaurierungen wiederhergestellt, blieb jedoch bis ins 13. Jh. ein Pilgerzentrum.

Nach den Mongolenstürmen des 13. Jh. lag die alte Wallfahrerstadt dann verlassen; möglicherweise hat Sultan Baibars (reg. 1260–1277) die verbliebenen Bewohner nach Hama umgesiedelt. »Seit 1283 wird Resafa in der schriftlichen Überlieferung nicht mehr

erwähnt« (Horst KLENGEL). So mußte das alte Pilgerzentrum, die alte Festungsstadt regelrecht wiederentdeckt worden. Englische Kaufleute aus Aleppo, welche die syrische Wüste erkundeten und bis nach Palmyra vorstießen, berichteten 1691 von einem unbewohnten Ruinengelände südlich von Sura. Eine systematische Erforschung der Großbauten Resafas begann 1952 unter dem deutschen Archäologen Johannes KOLLWITZ. Die Ausgrabungen dauern fort, seit 1975 unter Leitung von Thilo ULBERT.

Schon aus weiter Entfernung nimmt der Reisende die durchschnittlich 15 m hohen **Stadtmauern** von Resafa in der flachen, unfruchtbaren Wüstensteppe als dunklen Streifen wahr. Die von PROKOP erwähnte Umfassungsmauer bildet ein unregelmäßiges, trapezoides Rechteck. Die Nordmauer ist 536 m, die Westmauer 411 m, die Ostmauer 350 m, die Südmauer 549 m lang. Es ergibt sich eine Gesamtseitenlänge von über 1,8 km, ein umschlossenes Stadtareal von ca. 21 ha. Auf jeder Seite führt ein monumentales Tor mit Ecktürmen ins Stadtgebiet. West- und Osttor liegen sich fast gegenüber, so daß eine entsprechende Straßenachse anzunehmen ist. Anders verhält es sich mit Nord- und Südtor.

50 im Grundriß unterschiedlich gestaltete **Türme** verstärkten den durchschnittlich 3 m starken Mauerzug auf der Feldseite. An den Ecken stehen Rundtürme, ansonsten wechseln in unregelmäßigen Abständen große und kleine Türme von rechteckigem Grundriß (teilweise mit Mauerzuspitzung). Als Baumaterial findet ausschließlich der örtlich anstehende glasige und spröde Gipsstein Verwendung. Die Dekoration der Stadtmauer beschränkt sich auf eine Lisenengliederung mit verkröpftem Gebälk an den vier Ecktürmen und Westtortürmen.

Die einheitliche Bauweise und der durchgehende Mauerverband lassen keinen Zweifel daran, daß die Mauer nach einem Gesamtplan

Sandsturm über Resafa

in einem Zug errichtet wurde. Jene Regelmäßigkeit des Grundrisses, wie wir sie aus den römischen Lagern kennen, ist hier offensichtlich aber nicht beabsichtigt: Keines der Tore (auch nicht die axial zugeordneten im Westen und Osten) liegt in der Seitenmitte, die Turmformen ebenso wie die Abstände zwischen ihnen sind uneinheitlich, der Verlauf der Straßen im Stadtgebiet ist in keinem Fall geradlinig. Achsensymmetrie und Regelmäßigkeit treten zurück zugunsten einer anpassungsleichten und variationsfreudigen Architektur, die wie in Palmyra (s. S. 364) ein Bindeglied zu sein scheint zwischen der antiken und der orientalischen Stadt.

Einzigartig ist die Ausstattung des **Nordtores,** das die wichtige Verbindung zum Euphrat schuf. Es bildet einen rechtwinkligen Vorhof durch dreigeschossige seitliche Türme, die Kurtinenmauer und eine weiter ausgreifende Ummauerung mit mittlerem Durchgang in der Art eines Zwingers. Drei Tordurchgänge, deren mittlerer (für den Wagenverkehr bestimmter) herausgehoben ist, öffnen sich zur Stadt. Dieser Torwand war eine Bogenarchitektur vorgeblendet, die aus korinthischen Säulen auf Postamenten und einem Bogenfries besteht. Das Dekorationssystem setzt sich seitlich in einer Pilastergliederung mit verkröpftem Architrav an den Erdgeschossen der Türme fort. Die vorzügliche Ausführung verweist auf den repräsentativen Charakter dieses Stadttores, das Thilo Ulbert als »eines der letzten Zeugnisse spätantiker Torarchitektur« bezeichnet hat.

Das **Stadtareal** präsentiert sich als Kraterlandschaft, aus der die großen Sakralbauten herausragen. Die seltsame Bodenstruktur resultiert nicht aus Raubgrabungen oder Bombenabwürfen, sondern aus der mittelalterlichen Bebauung mit den in Mittel- und Nordsyrien üblichen ›Bienenkorbhäusern‹, die aufgrund des leichten Baumaterials einstürzten. Kleine Teilstücke der byzantinischen Stadt hat man westlich des Zentralbaus (s. u.) und südlich des Nordtores freigelegt. Andere wurden, so Thilo Ulbert, nach Sondagen vorerst bewußt »unter der konservierenden Erde« belassen, darunter das Forum und zahlreiche Portiken. Die am Nordtor beginnende **Hauptstraße,** als Ladenstraße ausgebaut, blieb bis ins 12. Jh. in Gebrauch.

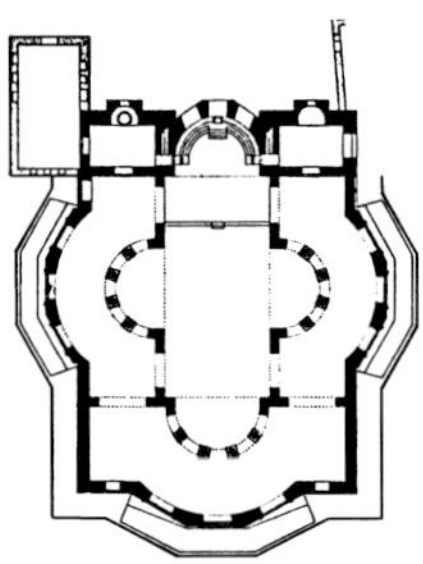

Grundriß des Zentralbaus von Resafa

Der west-östlich orientierte sogenannte **Zentralbau** an der Hauptstraße, dessen Ostpartie noch zweigeschossig aufrecht steht, kann fast vollständig rekonstruiert werden. Das Gestaltungsprinzip des Gesamtraumes besteht in der Verbindung eines äußeren Wandsystems mit einer konzentrisch dazu verlaufenden inneren Stützengliederung. Die Durchdringung von Langhausbau und Zentralbau ist hier überzeugend verwirklicht worden. Die Ausstattung war äußerst aufwendig: Die aufgefundenen Säulenschäfte sind aus einem roten Stein gearbeitet, Kapitelle und Kämpfer rot eingefärbt. Klammerlöcher und Inkrustationsreste verweisen auf eine Wandverkleidung bis zur Kapitellzone. Die reiche Dekoration entspricht dem kirchlichen Rang der Anlage. Hinweise darauf finden wir in der Ostpartie mit dreifach durchfensterter Apsis und dreigeschossigen Annexbauten. Im Apsisrund der Altarraumes ist ein Synthronon mit mittle-

Der Zentralbau von Resafa, wahrscheinlich die Kathedralkirche der Stadt

rem Bischofsthron eingebaut, der nördliche Seitenraum diente möglicherweise als Baptisterium. In der Nordostecke des Umgangs befanden sich die Sarkophage von Bischöfen. Auch der Bautypus läßt eine Interpretation als Bischofs- und Metropolitenkirche zu (die Vierkonchenanlagen von Bosra, Apameia und Aleppo [Medrese Halawiya] sind alle Kathedralkirchen). Nach Kollwitz stammt die Kirche aus den 20er Jahren des 6. Jh., entstand also kurz nach den kühnen Zentralbauten von Bosra und Ezraa (s. S. 401; 410).

Folgen wir dem Straßenverlauf in südlicher Richtung, so stoßen wir auf einen verschütteten rechteckigen Gebäudekomplex. An der Straßenseite liegt ein überwölbter Tordurchgang, der bis zum frühbyzantinischen Straßenniveau ausgegraben wurde. Er führt in einen Innenhof, den auf drei Seiten insgesamt sechs gleich große Räume umgeben. Die dem Zugang gegenüberliegende östliche Hofseite wird durch eine Mauer aus dem örtlichen Gipsstein abgeschlossen. Die Gewölbe der nördlichen Räume und des Tordurchgangs sind in rotgebrannten Ziegeln ausgeführt, was insofern wichtig erscheint, als in Resafa die Ziegelarchitektur ansonsten nur in den Thermen (s. u.) zur Anwendung kommt. Auch das später hinzugefügte, heute verfallene Obergeschoß war eine Ziegelarchitektur. Walter Karnapp hat dem Bauwerk die Funktion eines städtischen **Khans** zugewiesen, einer Kombination aus Warenlager und Unterkunft. Zweifellos betteten sich im Khan von Resafa auch die zahlreichen Pilger, welche die Stadt des heiligen Sergios besuchten.

Im Südwesten der Stadt beeindrucken jene drei gewaltigen **Zisternen,** die Prokop Kaiser Justinian zuschreibt – doch ließ der Ghassanide Numan sie zwischen 604 und 616 instandsetzen. Die in den Fels

»Man legte den Mauerring im 6. Jh. so an, daß ein Teil des zu umschließenden Hanggeländes die tiefste Stelle der Talsohle miteinbezog. In diesem flachen Wadi sammeln sich zeitweise vor der Stadtmauer die Wasser der Winter- und Frühjahrsregen in Form eines in Richtung zum Euphrat hin strömenden bescheidenen Flusses. Durch Aufschüttung eines Dammes konnte das Wasser aufgestaut werden, bis es die Höhe eines Überlaufbeckens erreicht hatte. In diesem Becken fand ein erstes Absetzen des Schlammes statt, ehe das Wasser durch sechs sehr kleine Öffnungen (Gefahr des Eindringens von Feinden auf diesem Wege!) unter der Stadtmauer durchfloß, um auf der Innenseite von einem begehbaren Kanal (Reinigungsmöglichkeit) aufgenommen zu werden. Ein oberirdisch durch Tetrapylon markierter Kreuzungspunkt regelte die Verteilung des Wassers…«
Thilo Ulbert

geschlagenen Räume werden von Ziegelgewölben überspannt, die eine Verdunstung und Verschmutzung des Wassers verhinderten. Die Entnahmestelle befand sich jeweils am Gewölbescheitel. Treppen ermöglichten den Zugang ins Innere, wo die Ausgräber Sand-Absetzbecken fanden. Die größte Zisterne, 65 m lang und 22 m breit, faßte in ihren beiden durch mächtige Pfeiler getrennten Kammern 14 600 m^3 Wasser. Die Wasserspeicher von Resafa konnten in der Trockenzeit bis zu 6000 Menschen versorgen.

Nach der Abtragung ihres Gemäuers unter den Omayyaden sind von der sogenannten **Basilika B,** östlich von Khan und Zisternen gelegen, allein Reste der Ostpartie und der Südwestecke stehengeblieben. Man rekonstruiert das Bauwerk folgendermaßen: Eine dreischiffige Säulenbasilika mit fünfteiligem Chorabschluß im Norden wurde in einer zweiten Bauphase durch eine südliche und westliche offene Halle erweitert. Die Bauplastik dieser Erweiterung gehört in die gleiche Zeit wie die Dekoration des Nordtores, ist also justinianisch. Nördlich der dreifach durchfensterten, gegenüber dem Mittelschiff stark eingezogenen Apsis liegt ein Dreiapsidenraum mit mittlerer Kuppel. Die ursprünglich kostbare Ausstattung mit Opus Sectile-Boden und Glasmosaiken sowie ein Reliquiensarkophag in der Ostapsis weisen diesem Raum die Funktion einer Märtyrerkapelle zu. Man geht heute davon aus, daß sich der Sarkophag des Hl. Sergios im 6. Jh. zunächst in dieser Basilika befand, ehe er in die größte Kirche der Stadt, die Basilika A, überführt wurde.

Der sicherlich besterhaltene (Mauerhöhe bis 15 m) und eindrucksvollste Sakralbau Resafas ist mit Grundmaßen von 31 x 20 m die sogenannte **Basilika A,** auch **Große Basilika** genannt. Traditionell galt sie als die Märtyrer-Kirche des Sergios. Eine griechische Marmorinschrift, die 1977 gefunden wurde, berichtet nun aber folgendes: »Abramios, durch die Barmherzigkeit Gottes Bischof von Sergiopolis, erbaute [diese Kirche] zur Verehrung des Heiligen Kreuzes, damit er der Barmherzigkeit Gottes gewürdigt werde. Es ist dies geschehen im Monat Artemisios in der 7. Indikation, im Jahr 870.« Der Jahreszahl liegt die seleukidische Ära zugrunde, so daß sich für die Einweihung der Kirche der Mai des Jahres 559 n. Chr. ergibt. Zugleich wird deutlich, daß die Kirche erbaut wurde, um eine der vielen Splitter vom Kreuz Jesu zu bergen, die als Reliquien in hoher Verehrung standen (s. S. 203).

Bald darauf aber wurde der Sarkophag des Hl. Sergios aus Basilika B in die Große Basilika überführt und in der nördlichen Kapelle neben der Apsis aufgestellt. »Zeitgenössische Quellen sprechen von der wertvollen Ausstattung dieses aus Gold und Silber gefertigten Schreins« (Thilo Ulbert), der unter einem Marmor-Ciborium stand. Die Pilger näherten sich dem Martyrion auf einem abgeschrankten Weg, »wobei die bunte Fensterverglasung des mosaikgeschmückten Raums im Verein mit den brennenden kostbaren Öllampen über dem Sarkophag aus Edelmetall den Pilger in die mystische Stimmung des heiligen Ortes einstimmten. Er trat von der Rückseite her an den Sar-

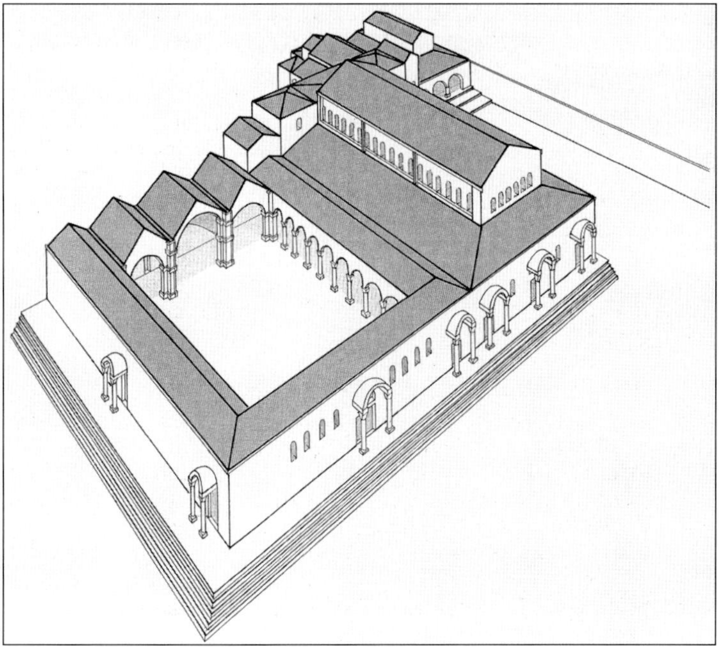

Perspektische Rekonstruktion der Großen Basilika von Resafa

Die Schar der Wallfahrer teilte sich in zwei Gruppen. Da waren einerseits die arabischen Christen der näheren und weiteren Umgebung: Bauern, Nomaden oder Beduinen, die dem Lokalheiligen ihre schlichten Votivgaben (Armreifen, Fingerringe, Ohrringe aus Kupfer oder Knochen; in großer Zahl unter dem Martyrion aufgefunden) darbrachten; andererseits nahmen die Wallfahrer Europas bei ihrem Weg ins Heilige Land ab dem 6. Jh. Sergiopolis in ihr frommes Besichtigungsprogramm auf. Bevor sie sich nach langen Wüstenmärschen Stätten wie Maalula und Sednaya näherten, legten sie am Schrein des Soldatenheiligen kostbare Votive nieder und zeigten sich durch Spenden für Kost und Nächtigung erkenntlich. So mancher dieser abendländischen Pilger hat sich im Vorraum zum Martyrion in Graffiti (Gebete, Anrufungen des Heiligen oder auch bloß Einritzung des eigenen Namens) verewigt.

kophag heran und nahm dort in der Regel eine kleine Flasche mit Öl in Empfang, das Mönche aus einem rotmarmornen Becken schöpften. Hier stoßen wir [...] auf einen dem christlichen Orient vorbehaltenen Brauch. Jeder Reliquiensarkophag [...] besaß am Deckel eine Einfüllöffnung und unten eine Ausflußöffnung für Öl, das die eigentliche Reliquie im Innern berührte und dadurch heilbringende Wirkung erlangt hatte« (ders.). Die Pilger füllten das ›Sergius-Öl‹ in Glasfläschchen und trugen es als Amulett davon.

Die Heilig-Kreuz-Kirche von 559 gehört zum Bautypus der Weitarkadenbasilika, dessen Besonderheit darin liegt, daß anstelle von vielgliedrigen Säulenreihen wenige Pfeiler mit weiten Bögen das Mittelschiff von den Seitenschiffen trennen (s. S. 85f). Der älteren Vermutung, der weitarkadische Bautypus sei Mitte des 6. Jh. in Resafa statisch noch nicht ausgereift gewesen und habe deshalb immer wieder umgebaut und verstärkt werden müssen, haben die Ausgräber neue Erkenntnisse entgegengesetzt: Tief unter der Heilig-Kreuz-Kirche verläuft ein Dolinengraben. Er führt nur gelegentlich Wasser, das dann aber das tragende Gipsgestein auflöst. Erdbeben mögen die Basis der Kirche zusätzlich erschüttert haben. Jedenfalls blieb der Erstbau, obwohl statisch einwandfrei errichtet, nicht stabil. Schon bei einer oberflächlichen Betrachtung der Mittelschiffswände erkennen wir eine zweite Bauphase: In die Weitarkaden wurden nachträglich (80er Jahre des 6. Jh.) Säulenarkaden mit Füllmauerwerk einge-

Blick in die Säulenarkaden der Großen Basilika von Resafa

stellt; zuletzt wurden Stützwälle an den Außenwänden notwendig, welche die Kirche wie ein Korsett umfingen.

Die Annexräume zu Seiten der durchfensterten Apsis liegen in der Flucht der Seitenschiffe. Der nordöstliche Apsidenraum beherbergte das Martyrion des Hl. Sergios (s. o.). Der südöstliche Annexbau war mit einem Mosaikfußboden ausgestattet, der lebensgroße Tiere in einer Landschaft mit Zypressen und Granatapfelbäumen zeigte und so einmal mehr die vorderasiatische Paradiesthematik bemühte (s. S. 145). Weitere kostbare Ausstattungsstücke, aber auch die Themenverwandtschaft mit einer Taufkapelle des jordanischen Madaba lassen hier ein besonders großzügiges Baptisterium vermuten. Die frühchristliche Tendenz geht ja dahin, sich im Schutze von Heiligengebein taufen und sich *ad sanctos* bestatten zu lassen.

Erhalten haben sich auch die liturgischen Einrichtungen der Kirche: das Synthronon mit Bischofssitz, die Einlassungen der Chorschranken und insbesondere das fast die ganze Mittelschiffsbreite einnehmende erhöhte ›syrische Bema‹, das besterhaltene seiner Art, das einen inneren, dem Klerus vorbehaltenen Raum mit Tischaltar durch Vorhänge abschloß und den ›gewöhnlichen‹ Gläubigen allein die Seitenschiffe zur Begehung beließ.

Ein großflächiger Peristylhof breitet sich im Norden der Kirche aus. »Es besteht kaum ein Zweifel darüber, daß wir in diesem Komplex einen monumentalen Zeremonienhof sehen dürfen, welcher der Versammlung der frommen Besucher diente, und in dem etwa am

Todestag des Sergios am 6. Oktober alljährlich sein Sarkophag, in feierlicher Prozession aus dem inneren Martyrion herausgetragen, [...] zur vorübergehenden Aufstellung kam. Hier fand dann vor den Augen einer großen Menschenmenge das Zeremoniell der Märtyrerverehrung statt« (Thilo Ulbert).

Als der Islam Resafa gewann, nahm er, wie erwähnt, außerhalb der Festungsstadt luxuriöses Quartier (s. S. 324). Es konnte jedoch nicht ausbleiben, daß er dem fortdauernden Sergios-Kult auch *intra muros* ein Gebäude der neuen, triumphalen Religion entgegensetzte. Während dazu sonst das Kultterrain der älteren Religion übernommen wurde (s. S. 141f), errichteten die Moslems ihre **Moschee** in Resafa unmittelbar nördlich der Großen Basilika mit dem Sergios-Schrein, und zwar unter Verwendung von Spoliender damals schon aufgegebenen Basilika B. Ganz offenbar wünschten sie die Heiligkeit des Pilgerzentrums (dessen Verehrung sie angesichts der örtlichen Sergios-Frömmigkeit akzeptieren mußten) dem Islam zuzuführen, als sie den Nordperistyl des Pilgerhofs zum Südschiff einer dreischiffigen Moschee machten, die in ihrem Grundriß dem Modell der nur wenig früheren Omayyaden-Moschee in Damaskus folgte. Zwei Durchgänge, die vom gestutzten Pilgerhof in die Moschee führten, bezeugen das Miteinander von Christen und Moslems.

Noch ein kurzer Blick auf **Basilika C,** die in etwa dem Nordtor gegenüberliegt: Die dreischiffige, ursprünglich kostbar ausgestattete Säulenbasilika ist heute eine Bodenruine, erkennbar nur im Grundriß. Wie Basilika B wurde die Kirche als Steinbruch benutzt.

Außerhalb der Stadtfeste, etwa 100 m nördlich des Nordtors, hat sich im Wüstensand ein eigentümliches Bauwerk mit gedrungenen Proportionen erhalten: das **Praetorium** des Ghassaniden al-Mundhir (Almundarus, s. S. 115). Da die Ghassaniden keine Bürger (*cives*) des oströmischen Reiches, sondern Verbündete (*foederati*) waren, durfte ihr Fürst nicht innerhalb der Mauern von Sergiopolis bauen. Er wird die Nähe der geheiligten, gerade von den christlichen Arabern geschätzten Sergios-Stadt aber bewußt gesucht haben. Das Praetorium war al-Mundhirs nördliches Hauptquartier im Kampf gegen die Perser und diente ihm zugleich als repräsentative Audienzhalle für Verhandlungen mit den Scheichs regionaler Araberstämme wie den in Inschriften mehrfach erwähnten Bahra. Denn auch die Befriedung der unruhigen Halb- und Vollnomaden gehörte zu den Aufgaben der Ghassaniden. Der rechteckige Grundriß des Baus wird durch vier kreuzförmige Pfeiler so aufgeteilt, daß sich acht Raumkompartimente um einen großen, quadratischen Mittelhof gruppieren. Eine nach Osten ausgerichtete Apsis mit zwei Nebenräumen markiert den Thronsitz. In der Apsis findet sich eine griechische Inschrift, welche das gute Geschick des Bauherrn beschwört.

Der Besuch der nahezu vollständig abgetragenen **omayyadischen Residenz** im Süden lohnt nicht; eher schon ein Gang nach Südwesten zu einer **befestigten spätantiken Anlage** von ca. 100 x 60 m Außenmaß mit einem Bad aus dem 6. Jh.

Raqqa und Umgebung

Wegweiser: 195 km östlich von Aleppo; auf der Nordseite des mittleren Euphrat nahe der Balikh-Mündung.

Noch 1883 berichtete Eduard Sachau von seiner Reise nach Syrien und Mesopotamien: »Das Euphrattal hat keine Dörfer, sondern nur Zeltniederlassungen, fast bis in die Breite von Aleppo hinauf, wo die ersten Dörfer aus Lehmhütten auftreten.« In Raqqa traf er etwa 100 Seelen an, die sich teils in Hütten, teils in Zelten im Schutz der abbasidischen Stadtmauer (s. u.) niedergelassen hatten. Der historische Hintergrund: Schon Anfang des 15. Jh., nach den Mongolen-Einfällen, endete die Kontinuität der Stadtentwicklung und Landwirtschaft in den Bewässerungsoasen an Euphrat und Khabur (ein jüngst ausgegrabenes Beispiel dafür ist die Stadtlage Tell Tuneynir). Die beiderseits von Wüstensteppe gesäumten Flußlandschaften mit ihren landwirtschaftlichen Nutzgebieten waren danach nicht mehr vor den Überfällen der vordringenden Nomaden zu schützen. Daß diese vordrangen, hing letztlich wiederum mit den sich seit etwa 500 n. Chr. verschlechternden klimatischen Bedingungen im Vorderen Orient zusammen, als die Arabische Halbinsel Wüste wurde.

Erst nach der Befriedung der Nomadenstämme während der französischen Mandatszeit und dem Ausbau der Infrastruktur konnte im 20. Jh. eine umfangreiche Wiederbesiedlung des alten Kulturlandes verwirklicht werden. Bis 1949 schritt die Ansiedlung von Nomadenstämmen in den Flußniederungen nur zaghaft voran. Als dann vorwiegend Kaufleute aus Aleppo ihr Geld in moderne Bewässerungssysteme am Euphrat investierten, stieg die Anbaufläche gerade für Baumwolle in den 50er Jahren sprunghaft, nämlich allein zwischen 1949 und 1962 auf mehr als das Tausendfache (160 000 ha) an.

Als Umschlagplatz landwirtschaftlicher Erzeugnisse und Verwaltungszentrum entwickelte sich Raqqa – seit 1960 Provinzkapitale – neben Deir az-Zor (s. S. 340) zur bedeutendsten syrischen Stadt im Euphrat-Gebiet. Entsprechend steil kurvte in den statistischen Graphiken die Einwohnerzahl empor: Waren es 1945 noch 4500, 1968 20 000, 1980 knapp 100 000 Einwohner, so spricht die letzte Volksschätzung von etwa 320 000 Menschen in Raqqa und Umgebung. Gesichtslose Stadtviertel wurden aus dem Boden gestampft; inzwischen ist das abbasidische Stadtareal bei weitem überschritten.

Tell Bia, der im Osten der Stadt auf einer Flußterrasse im Winkel zwischen Euphrat und Balikh gelegene Altsiedlungshügel, läßt sich mit Tuttul identifizieren, einer wichtigen Handelsstadt und Festung im Mari-Reich. Die Bodenforschung hat hier unter Leitung von Eva Strommenger u. a. einen altbabylonischen Palast freigelegt, der dem Statthalter von Tuttul als Residenz diente. Das Bauwerk, ausgestattet mit einem Prunksaal von 10 x 24 m, erscheint wie eine kleinere Kopie des berühmten Palastes von Mari (s. S. 351f). Die Grundmauern eines Tempels und von Wohnhäusern, dazu Partien eines 6,4 m starken Stadtwalls aus der Zeit um 2300 v. Chr., vervollständigen den bisherigen Grabungsbefund.

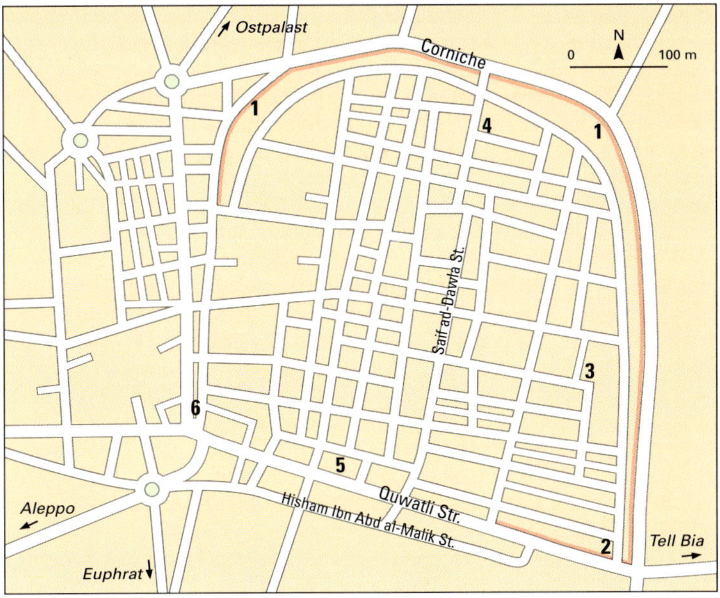

Orientierungsskizze Raqqa:
1 Stadtmauer
2 Baghdad-Tor
3 Qasr al-Banat
4 Freitagsmoschee
5 Museum
6 Uhrturm

In frühhellenistischer Zeit gründete entweder SELEUKOS I. oder einer seiner dynastischen Nachfolger (SELEUKOS II. KALLINIKOS) südlich des frühgeschichtlichen Tells die Stadt Nikephorion, die bis in spätrömische Zeit als wichtiges Handelszentrum Bestand hatte und durch Kaiser JUSTINIAN neu befestigt wurde. JUSTINIANS berühmter General und Heermeister des Ostens BELISAR (ca. 505–565) wurde 531 bei Nikephorion (das unter den Römern Callinicum hieß) von den Sassaniden geschlagen.

Nach der arabischen Eroberung im Jahr 639 – sie verlief im wesentlichen gewaltlos – hieß die Stadt Raqqa (›Niederung‹). Der Omayyaden-Kalif HISHAM (reg. 724–743; s. S. 90) habe sich, so mittelalterliche Quellen, auf der gegenüberliegenden Seite des Euphrat zwei Paläste zwischen Wasserkanälen erbauen lassen. Vor den Mücken, die im Sommer aufschwärmten, flüchtete er sich nach Resafa und in seine Wüstenresidenzen (s. S. 389; 392).

Nach dem Transfer des Kalifats von Damaskus nach Baghdad erlebte Raqqa dann eine Periode größten Glanzes. 772 schickte der Abbaside MANSUR (reg. 754–775) seinen Thronfolger MAHDI (reg. 775–785) hierher, um eine neue Stadt erbauen zu lassen. Denn während das übrige Syrien den Abbasiden als altes, ›widerständiges‹ Kronland der Omayyaden verhaßt blieb, schätzten sie die untere Euphrat-Region als ihr ureigenes Terrain.

In Raqqa entstand etwa 1 km westlich der byzantinisch-omayyadischen Stadt auf jungfräulichem Boden eine gewaltige, hufeisenförmige Stadtanlage – ein geometrischer wie machtpolitischer Abglanz

Angeblich von Saladin persönlich angeregt, wurde Raqqa zur Produktionsstätte einer in der ganzen islamischen Welt beliebten Keramik, der sogenannten Raqqa-Ware, die auf türkisfarbenem oder braunem Scherben, zumeist glasiert, kalligraphischen und arabesken Dekor, gelegentlich aber auch figürliche Motive bot.

der kreisförmigen Idealstadt Baghdad (s. S. 95). Arabische Quellen berichten, daß die spätantike Stadt zunächst mit der ar-Rafiqa (›der Begleiter‹; nämlich von Raqqa) genannten Neugründung verbunden wurde, später aber verfiel und im 10. Jh. bereits aufgegeben war. Für zwölf Jahre avancierte Rafiqa, eigentlich eher als Verwaltungszentrum der Jezira und als Vorposten gegen Byzanz konzipiert, sogar zum Verwaltungszentrum des abbasidischen Weltreiches – als sich nämlich der große Harun ar-Rashid zwischen 796 und 808 hier niederließ. Mit dem Bau der neuen Hauptstadt Samarra im Zweistromland (nördlich von Baghdad) endete ar-Rafiqas erste Blütezeit.

Eine zweite Hochphase erlebte die Stadt, nach dem Zerfall des Abbasiden-Reiches wieder Raqqa genannt, zwischen 1150 und 1250 unter der Herrschaft der Zengiden und Ayyubiden. Davon spricht der arabische Geograph al-Idrisi (ca. 1100–1165), wenn er Raqqa als »Handelszentrum und schöne Stadt« mit vielen »Suqs, Großhandlungen und Werkstätten« bezeichnet. Die Zengiden, die ja aus Obermesopotamien (Mossul) stammten, hatten traditionell enge Bande zur Jezira. Unter ihnen avancierte die Stadt erneut zu einem kulturellen Zentrum. Der Mongolen-Einfall versetzte Raqqa 1258 einen schrecklichen Schlag, von dem die Stadt sich nicht mehr erholte. Da Baghdad, auf das Raqqa so lange Zeit wirtschaftlich ausgerichtet war, von den Mongolen ebenfalls verheert wurde, fehlte es an Initiative zu einem Neubeginn. Die alte Pracht blieb in Trümmern liegen, und 1321 fand Abu al-Fida die altverdiente Stadt verlassen vor.

Die **Stadtanlage** von Raqqa gehört einem nach-omayyadischen Kulturkreis an, dessen Zentrum in Mesopotamien zu suchen ist. Mit dem Bau der kreisrunden Stadt Baghdad durch den abbasidische Kalif al-Mansur 762 betteten sich die islamischen Weltherrschaftspläne in kosmische Symbolik. Im Zentrum des Erdkreises (die Erde wurde noch als Scheibe gedacht) lag das kreisförmige Baghdad, dessen Wohnviertel, angeordnet in Keilen zum Zentrum hin, allen ethnischen Gruppen der moslemischen Welt eine Heimstatt bot; im Inneren des ethnisch gegliederten Stadtkreises wiederum erhob sich inmitten eines riesigen Zentralhofs der Palast des Kalifen.

Da die Rundstadt von Baghdad spurlos unterging, ist die hufeisenförmig gebildete **Stadtmauer** von Raqqa, erbaut 772 und 4,5 km lang, ein einzigartiges archäologisches Monument für die Beurteilung der abbasidischen Stadtplanung in ihrem Wunsch nach repräsentativer Machtentfaltung. Die flußseitige, gerade Strecke am Euphrat ist allerdings gänzlich abgetragen. An der Südwest- und Südostecke des Walls waren Bastionen angefügt, und halbrunde Türme, insgesamt 100 an der Zahl, verstärkten die Mauer in Abständen von jeweils 35 m. Die Lehmziegelmauer war vollständig bis zu einer Höhe von 20 m mit gebrannten Ziegeln verschalt. Inzwischen sind weite Partien der Backsteinverkleidungen bis etwa 5 m Höhe wiederhergestellt, um den Bestand zu sichern. Die Verwendung von Ziegeln, die im deutlichen Gegensatz zur Verwendung des Hausteins in der omayyadischen Architektur steht, entspricht dem mesopota-

Die Ziegelarchitektur des Baghdad-Tors von Raqqa

misch-iranischen Ursprung der Architektur von Raqqa und des Euphrat-Gebiets.

Sogar die ornamentalen Nischenformen des sogenannten **Baghdad-Tors** werden durch Ziegelsteine gebildet. Nischen alternieren mit Halbsäulen, auf denen Blendbögen in Palmettenform aufsetzen. Ernst HERZFELD datierte diesen Architekturfries in die Zeit HARUN AR-RASHIDS und verglich die Ornamente mit denen von Samarra; nach neueren Forschungen (Robert HILLENBRAND) entstand das Stadttor mit seinem Spitzbogen-Durchgang, ein älteres abbasidisches Bab al-Baghdad ersetzend, jedoch wohl unter NUR AD-DIN, also im 12. Jh.

Dagegen stellt das etwa 95 x 110 m große Mauergeviert der **Freitagsmoschee** definitiv einen abbasidischen Repräsentationsbau dar. AL-MANSUR ließ ihn 772 errichten. Die wehrhafte Umfassungsmauer mit ihren ursprünglich 11 Türmen zeigt die gleiche Bautechnik wie die Stadtmauer: Um einen Lehmziegelkern war zweiseitig eine Backsteinverschalung gelegt. Von der ehemals überdachten Gebetshalle hat sich allein die Hofseite erhalten. 15 spitz zulaufende Torbögen entsprachen den drei heute vollständig abgetragenen Breitschiffarkaden. Der fast quadratische Hof war auf seinen drei weiteren Seiten von zweischiffigen Hallen umgeben. Beachtung verdient die Gliederung der Hofseite. Den spitzbögigen Tordurchgängen sind unterschiedliche Bogenformen paarweise so vorgeblendet, daß der Wandrhythmus zentriert wird. Die Kapitelle der eingestellten Ecksäulen bestehen aus Stuck. Nach einer Inschrift wurde die Hoffront der Moschee 1166 unter NUR AD-DIN restauriert.

Diese Spätdatierung gilt auch für das knapp 25 m hohe **Ziegelminarett.** Der runde Schaft auf einem quadratischen, sieben Lagen hohen Hausteinsockel wird allein durch schießschartenartige Fensterschächte mit pfeilartiger Bekrönung gegliedert.

Das bedeutendste Monument der Zengiden- und Ayyubiden-Zeit ist – abgesehen vom Baghdad-Tor – eine kreuzförmige Vier-Iwan-

Ziegelminarett und Umfassungsmauer der abbasidischen Freitagsmoschee von Raqqa

Anlage, das **Qasr al-Banat** (›Mädchenschloß‹). Der in einheitlicher Technik errichtete Residenzbau aus Backstein erhält seine Grundstruktur durch einen gepflasterten Hof, an dessen vier Seiten jeweils offene Hallen gelegen sind. Die nördliche Halle ist dadurch besonders betont, daß sie einen dreischiffigen Vorhof in voller Breite des zentralen Hofes besitzt. Das Gewölbe des Nordiwan wurde als spitz zulaufende Tonne rekonstruiert. Dieser Repräsentationsraum ist axial auf die Eingangshalle ausgerichtet. Alle weiteren Räume sind unregelmäßig und asymmetrisch angeordnet, was den Vergleich mit der ayyubidischen Residenz auf der Zitadelle in Aleppo nahelegt (s. S. 254). In der Kombination von Vier-Iwan-Anlage und dreifacher Unterteilung des Hauptiwans sieht der syrische Archäologe Kassem Toueir eine Verschmelzung von mesopotamisch-persischer mit syrisch-omayyadischer Bautradition und folgert daraus eine Datierung in das 12. Jh.

Nördlich der ummauerten Stadt ließ der Kalif Harun ar-Rashid zwischen 796 und 808 ein **Palastareal** mit Villen, Repräsentationsbauten und Gärten anlegen, das sich über eine Fläche von etwa 5 x 4 km erstreckte und auch den Qasr as-Salam genannten Herrscherpalast einschloß. In Raqqa war eine Elite von Bauleuten und Kunsthandwerkern aus Mesopotamien tätig, die jedoch nach zwölf Jahren für den Aufbau der neuen Residenz in Samarra, 100 km nördlich von Baghdad, abgezogen wurde. Erst unter Harun ar-Rashids Nachfolger Mamun wurde nach 813 noch einmal im Palastviertel gebaut.

Zwar hat die geradezu explosionsartige Ausdehnung des modernen Raqqa, der weder Bebauungspläne noch kulturelle Schutzmaßnahmen Grenzen setzten, in den letzten zwei Jahrzehnten die alten Reste weithin zerstört, durch Grabungen konnten aber wenigstens zwei Paläste in ihrem Grundbestand gesichert werden.

Auf einem dreiseitig von Gebäuden begrenzten Platz wurde im Viertel Tell Abyad der sogenannte **Ostpalast** freigelegt und umfassend restauriert. Die etwa 70 x 40 m große Anlage besteht aus einer dreiteiligen Repräsentationshalle, die sich über Terrassen auf ihrer Südseite zu einem auf den Euphrat ausgerichteten Vorhof, auf ihrer Nordseite zu einem Innenhof mit Wirtschaftsbauten öffnet. Die Lehmziegelmauern waren bis 1,50 m Höhe erhalten, die durch Backsteine verstärkten Türgewände mit Stuckfriesen dekoriert. Neben Fragmenten der Stuckarbeiten (im Museum von Raqqa) wurden abbasidische Münzen gefunden, die unter Harun ar-Rashid in Raqqa geprägt worden waren. Zur Konservierung der Baureste hat man die Mauern einheitlich auf eine Höhe von 2 m hochgezogen und durch einen Verputz aus weißem Kalkmörtel verkleidet.

Das **Museum** von Raqqa, das u. a. Keramik und Stuckschnitzereien aus dem abbasidischen Palast bietet, hat seinen Schwerpunkt in Funden der Frühgeschichte. Natürlich sind die im Assad-See untergegangenen Stätten vertreten, dazu finden sich Bodenfunde z. B. aus Tell Halawa (s. S. 321) und Munbaqa/Ekallate (Alabasteridole), aber auch aus Hammam at-Turkam am Balikh (ca. 15 km vor der türkischen Grenze), das von den französischen Ausgräbern mit dem frühgeschichtlichen Zalpa identifiziert wird. Der nahe Tell Bia (s. S. 39) ist mit Töpferware und Figurinen vertreten, denen sich einige seltsame Tonmodelle zugesellen. Sie geben die Leber von Opfertieren wieder, die man zuerst in Mari, dann auch in Ugarit und Ekallate zur Zukunftsschau benutzte.

»Sind die Weissagungsmodelle anfangs noch mit Hinweisen auf die Besonderheiten der Opferleber und und die daraus gezogenen Schlüsse beschriftet, werden sie in der weiteren Entwicklung der Kunst unbeschriftet gelassen, da davon auszugehen ist, daß die eingeweihten Personen sie lesen wie ein offenes Buch.«
Hannes Frank

Heraqla

Im Gegensatz zum Palastareal des Harun ist diese Ruinenstätte, 8 km westlich von Raqqa, vom Bauboom der letzten 20 Jahre verschont geblieben. Kassem Toueir vermutet, daß es sich um ein Denkmal handelt, das 801 von Harun ar-Rashid aus Anlaß seines Sieges über den byzantinischen Kaiser Nikephoros in der Schlacht von Heraklion (Kleinasien) errichtet wurde. Eine fast quadratische Terrasse von etwa 103 m Seitenlänge aus Hausteinen und mit einer Verschalung aus sorgfältig gearbeiteten weißen Kalksteinquadern bildete das monumentale Zentrum der Anlage. Große Iwane öffneten sich an den Seitenmitten nach außen hin. Zwischen diesen Hallen und quadratischen Ecktürmen führten Treppen auf die obere Plattform. Dieser Repräsentationsbau stand inmitten eines Mauerringes von 500 m Durchmesser mit vier Toren in den Hauptrichtungen.

Wegweiser: Von der Corniche as-Sur (im Nordwesten von Raqqa) Richtung Tell Abyad, nach 2 km links ab auf eine Landstraße. Noch 5 km bis Heraqla.

Wenn dieses Monument tatsächlich ein Siegesdenkmal darstellt, hätten wir einen weiteren vorzüglichen Beweis für die These Oleg Grabars: Die Architektur wird den Abbasiden zu einem Symbol der universalen Herrschaft und gewinnt Denkmalcharakter. So ließe sich denn auch die ungewöhnliche Verarbeitung von Steinquadern (u. a. byzantinische Spolien) erklären.

Halabiya (Zenobia) und Zalabiya

Wegweiser: 100 km östlich von Raqqa auf der Südseite des Euphrat (66 km von Deir az-Zor). Man fährt bis zur Ortschaft Tibni; von dort noch 8 km auf einer Stichstraße nach Nordwesten bis Halabiya. – Zalabiya liegt 2–3 km entfernt schräg gegenüber auf der anderen Euphrat-Seite, ist aber (da weder Fähren noch Boote verkehren) nur mit langem Umweg über Deir az-Zor (66+55 km) zu erreichen.

Um 270 gründete ZENOBIA (s. S. 121) eine nach ihr benannte Stadt, um den Euphrat zu kontrollieren, der hier durch die heute al-Khanuqa (›Würger‹) genannten Hügel kurvt. Angeblich ließ sich der Euphrat in den heißen Sommermonaten nahebei furten. So würde sich auch der Bau der Zwillingsfeste Zalabiya (s. u.) erklären.

Als die Römer die Herrin von Palmyra 273 entmachteten, behielten sie die Stromfeste, und Kaiser DIOKLETIAN verstärkte sie sogar noch einmal im Zuge des östlichen Limes-Ausbaus. Zeitweise war Zeniobia, das heutige Halabiya, sogar Bischofssitz. Die Grabtürme und Felsgräber, ca. 1 km nördlich der Stadt am Euphrat, sind Zeugnisse der spätrömischen Stadt und durch die Bestattungspraxis in Palmyra (s. S. 382) beeinflußt. In byzantinischer Zeit waren die Befestigungswälle nach den – vergeblichen – Angriffen des Sassaniden CHOSROES I. (540) so sehr mitgenommen, daß JUSTINIAN (reg. 527–565) umfangreiche Restaurierungen vornehmen ließ. Das eindrucksvolle Bild der heutigen Ruinenstadt geht auf seine Baumaßnahmen zurück. Wir erinnern uns an den gleichzeitigen kaiserlichen Neuaufbau des heute als Resafa bekannten Sergiopolis (s. S. 322). Bereits im August 610 wurde Zenobia jedoch durch den Sassaniden CHOSROES II. zerstört und verlor jede Bedeutung.

Aufschlüsse über die 12 ha Grund umfassende **Stadtanlage** gibt uns zunächst der Bericht PROKOPS. Die Stadt lag in unmittelbarer Nähe zum Euphrat, und wegen der daraus resultierenden Hochwassergefahr ließ JUSTINIAN die Ummauerung an der Flußseite durch einen gewaltigen Schutzwall verstärken. Weiter schildert PROKOP den Bau einer Zitadelle, eines Militärlagers sowie die Anlage von Kirchen, Bädern und Wandelhallen. Mit dem Bau der ›Grenzstadt aus der Retorte‹ beauftragte JUSTINIAN zwei hauptstädtische Architekten, den gleichnamigen Neffen des ISIDOR von Milet (dieser berühmt durch die zweite Kuppelkonstruktion der Hagia Sophia in Konstantinopel) und JOHANNES von Byzanz.

»Kaiser Justinian baute Zenobia vollständig wieder auf und füllte es mit Einwohnern, stationierte dort eine Garnison und machte die Stadt zu einem Bollwerk des römischen Imperiums und einem Grenzposten gegen die Perser.«
Prokop, 6. Jh.

In vorzüglicher Weise wurde die ein Dreieck umschreibende **Stadtmauer** der Geländesituation angepaßt. Die am Fluß gelegene Ostseite, ursprünglich 385 m lang, ist weitgehend zerstört, während sich die zum Hügelgipfel hinaufführenden Süd- und Nordseiten (550 m bzw. 350 m lang) fast vollständig erhalten haben. Der 3 m tiefe Mauerzug besteht aus einem Schalenmauerwerk aus Gipsstein und einer stark mit Basaltbruchstein durchsetzten Kernmasse.

Die **Türme** der Nord- und Südmauer sind alle mit dem gleichen Material und in der gleichen Technik aufgebaut und folgen mit geringen Abweichungen einem einheitlichen Typus, der sich dadurch auszeichnet, daß er die Mauerkurtine durchschneidet und auf der Feld- wie auf der Stadtseite vorspringt. Auf der Stadtseite diente der Turm als aufwendiges Treppenhaus, von dem aus die äußeren Räume im ersten und zweiten Geschoß zu erreichen waren. Die Schießscharten dieser Räume ermöglichten die Verteidigung des Mauerverlaufs.

Den Toren gewährten zusammengerückte Türme ausreichenden Flankenschutz.

Die **Zitadelle** markiert den höchsten Punkt des spitzwinkligen Festungsdreiecks. Sie hat Dach und Stockwerkböden eingebüßt, ist ansonsten aber eindrucksvoll erhalten, wenn auch nicht in der justinianischen ›Originalfassung‹. Arabische Stämme, die sich später hier einquartierten, haben Veränderungen vorgenommen.

Das sogenannte **Praetorium** monumentalisiert in seiner Struktur die Türme der Festung. Wie eine Bastion besetzt es die Nordmauer wenig unterhalb der Hügelspitze mit der Zitadelle. Die auf der dreigeschossigen Feldseite gelegenen Räume sind über ein Treppenhaus von der Stadtseite her zu erreichen. Durch zwei Pfeiler wird das Mittelgeschoß in sechs quadratische, kreuzgratgewölbte Räume unterteilt, Die flachen Gewölbe aus Ziegelmauerwerk ruhen auf jeweils vier massiven Gurtbögen, die an den Wandseiten große Nischen bilden. Der schmucklose Bau beeindruckt durch seine monumentale und nüchterne Ausführung.

Die Bauwerke innerhalb der Stadtmauer sind wesentlich schlechter erhalten. Aus dem Gelände ragen lediglich die Ruinen der **beiden Basiliken** hervor. Beide sind aus Gipssteinquadern errichtet. Ihr Typus ist nicht konstantinopolitanisch, sondern orientiert sich an den Vorbildern von Resafa/Sergiopolis. Wahrscheinlich wurden sie auch von anderen Baumeistern als denen der Stadtmauer errichtet.

Die Anlage einer **Säulenstraße** zwischen Süd- und Nordtor, das **Forum** und die am Hafen gelegenen **Bäder** neben einer **Palaestra** sind durch Sondagen der französischen Ausgräber zwar gesichert, im Gelände aber kaum mehr auszumachen. Jedenfalls bezeugen sie, daß auch dem Innern des Stadtareals ein einheitlicher Plan zugrunde lag. Alle öffentlichen Gebäude waren an den in römischer Manier fast rechtwinklig kreuzenden Straßenachsen angeordnet.

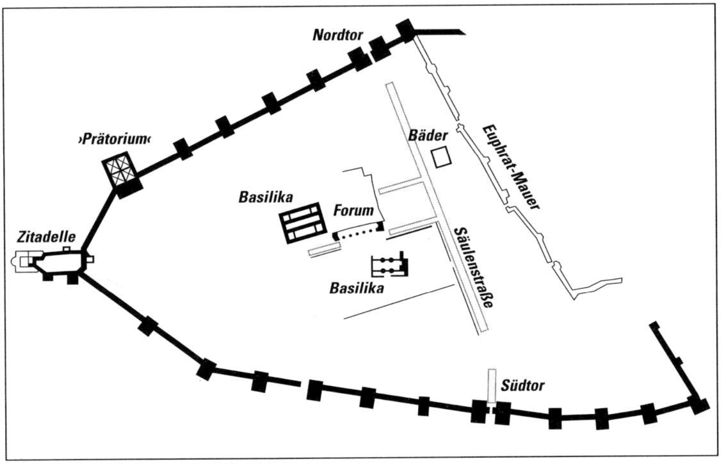

Das Ruinengelände von Halabiya (Zenobia)

Die bergseitigen Züge der Stadtmauer von Zenobia sind ausgezeichnet erhalten.

Die zwei- bis dreigeschossigen **Grabtürme** vor der Stadt sind aus Bruchsteinen mit sehr viel Kalkmörtel und Sandbeimischung errichtet. Um den zentralen Mauerkern, in dem sich die Grabkammern befinden, führte eine Treppe in die oberen Geschosse. Beachtung verdient die Außengliederung durch vorgeblendete Halbsäulen, Pilaster oder Nischen. Da und dort kann man noch die Reste von Putzschichten an den Pilastern erkennen. Sie weisen darauf hin, daß die Türme ursprünglich vollständig verkleidet waren. Während sich die Hauptgruppe mit drei Türmen ca. 1 km nördlich von Halabiya findet, erhebt sich der bemerkenswerteste Grabbau, ein dreigeschossiger Turm mit Lisenen und Nischen im Anklang an die Palastfassade der sassanidischen Hauptstadt Ktesiphon, im Süden der Stadt.

Zalabiya, die byzantinische Schwesterfestung auf der nördlichen Euphrat-Seite, ist sehr viel schlechter erhalten als Halabiya. Von der Befestigungsmauer ist der westliche Teil mitsamt dem Plateaurand abgebrochen, denn die Anlage liegt oberhalb der Flußaue auf dem sich östlich anschließenden Wüstenplateau. Die zwischen 2,20 und 2,40 m starke Kurtinenmauer wird im Wechsel durch quadratische und rechteckige Türme gegliedert.

Deir az-Zor

Wegweiser: 325 km von Aleppo an der Euphrat-Straße

Der Suq von Deir az-Zor ist zwar eine schachbrettartige Kunstschöpfung, doch lebt der Basar am frühen Vormittag farbenprächtig auf. Dann kommen zahlreiche Halbnomaden aus der angrenzenden

Trockensteppe in die Stadt. Da sie von der Weidewirtschaft leben (Schafe, Ziegen), bestimmt neben dem Klima – Deir az-Zor gilt als die heißeste Stadt Syriens – auch der Versorgungsrhythmus der Tiere ihre Zeiteinteilung. Bereits um 10 Uhr beginnen sich die Suqs wieder zu leeren. Langschläfrige Touristen kommen nicht auf ihre Kosten.

Historisches oder gar Kunsthistorisches hat die Stadt südlich des Euphrat nicht zu bieten – bis auf ein **Museum** mit einer Auswahl von Altorientalia, geborgen aus den Grabungsstätten der Umgebung; dazu gesellen sich, museal etwa gleichgewichtig, islamische Exponate. Herausragendes ist außer einigen assyrischen Reliefs nicht darunter. Das hängt mit der syrischen Kulturpolitik zusammen, alles, was Rang und Attraktion hat, auf Aleppo und Damaskus zu ziehen.

Zweifellos hat Deir az-Zor bereits in der Vor- und Frühgeschichte Syriens als Wegestation am Euphrat bestanden, aus dem historischen Dunkel erhob der Ort sich aber erst 1860, als die osmanische Türkei ihn zur Zollstation bestimmte. Und gleich sank er wieder hinunter in barbarisches Dunkel, denn hier errichteten die Türken nach 1915 eines ihrer berüchtigten Konzentrationslager für die christlichen Armenier. Historische Fotos zeigen ans Kreuz geschlagene armenische Frauen vor der Stadt. Kaum einer erinnert sich heute noch jenes Völkermords, dem diese Fotos Ausdruck verleihen und der den Holocaust der Nazis gewissermaßen vorwegnahm. Adolf HITLER allerdings wußte um die ›erfolgreichen‹ türkischen Vernichtungsmaßnahmen, als er, im Ausblick auf seine Judenpolitik in Polen, auf Geschichtsvergessenheit setzte: »Wer redet heute noch von der Vernichtung der Armenier?« Reden wir also davon – und interpretieren wir die von französischen Pionieren während der Mandatarzeit errichtete, für Pkw jedoch gesperrte **Hängebrücke** über den Strom, das Wahrzeichen von Deir az-Zor, als Symbol des Übergangs in eine neue, weniger blutige Zeit.

Wie der gesamte Euphrat-Bereich hat Deir az-Zor seit 1950 außerordentliche Wachstumsraten zu verzeichnen, ökonomisch wie demographisch. Die syrische Textilindustrie hat hier einen ihrer wichtigsten Standorte genommen und verfügt seit 1976 auch über einen Eisenbahnanschluß, auf dem die Güterzüge westwärts nach Aleppo rumpeln. Heute leben fast 200 000 Einwohner in der flach liegenden, insgesamt unattraktiven und staubigen Stadt, die aber angesichts der schlechten Infrastruktur am Euphrat fast unausweichlich zum touristischen Quartier wird.

Zweifellos zählt Nordmesopotamien zu den am dichtesten besiedelten Gebieten der Frühgeschichte. Darauf verweisen die vielen Siedlungshügel, die sich um die Wasserschlagader des Khabur in der nördlichen Jezira (s. S. 14) gruppieren. Der heutige Syrien-Reisende sei freilich gewarnt: Weltberühmte Stätten wie Tell Halaf oder Tell Braq (s. S. 32; 33) sind nur noch Lehmhügel. Eine gewisse Ausnahme bildet der Tell Tuneynir 20 km südöstlich von Hassaka am linken Khabur-Ufer, da die Ausgrabungen hier nicht nur vorgeschichtlichen Lehm, sondern substantielle Bauten einer islamischen Siedlung zu Tage gebracht haben, die zwischen dem 7. und 13. Jh. blühte, im ersten Mongolensturm aber unterging.

Qalaat ar-Rahba

Die Burg von Qalaat ar-Rahba erhebt sich am Rande des Euphrat-Tales auf 245 m Höhe über einem natürlichen Felskegel, folgt also dem Modell von Qalaat Jaber (s. S. 321). Bei der Anfahrt vom Dorf Mayadin her erinnert die Burgsilhouette in der Tat an ein »Märchenschloß« (Ross BURNS). Ist man aufgestiegen, verflüchtigt sich dieser

Wegweiser: Von Deir az-Zor Richtung Abu Kemal; bei dem Dorf Mayadin rechts ab zur Burg (zuletzt Piste)

Die bizarre Silhouette der Araberburg Qalaat ar-Rahba aus dem 12. Jh.

Eindruck zwar, doch genießt man nun die weite Aussicht über Euphrat und Wüste, allerdings auch auf die Ölfelder der Umgebung.

In ihrer bis heute erhaltenen fünfseitigen Form (von ca. 250 x 100 m Grundfläche) geht die **Burg** auf Nur ad-Dins Baumaßnahmen zurück. Ein Onkel des Zengiden-Herrschers soll ihren Aufbau persönlich überwacht haben. Die Burg datiert also in die späte Mitte des 12. Jh., und immerhin hatte sie über zwei Jahrhunderte Bestand. Denn die Mamluken hielten an ar-Rahba fest, und wir wissen, daß Sultan Baibars aus seiner Heimat Ägypten einen Burgherrn an den Euphrat entsandte. Nach den Mongolenstürmen wurde die Burg aufgegeben, wohl 1401. Die rechteckigen Turmbauten und Mauern bestehen aus bossierten Quadersteinen, die aus Basalt geschlagen sind. Im Gegensatz zu den mannschaftsschwächeren Kreuzritterfestungen sind sie dem bei den Arabern beliebten Typus der – hier fünfeckigen – Zentralburg zuzuordnen. Und so finden sich im inneren Pentagon der Burg auch zahlreiche, gelegentlich ornamental gesetzte Ziegel in der Tradition der mesopotamischen Architektur.

Das nahe Dorf **Mayadin** (ca. 3 km) soll auf eine abbasidische Gründung des 9. Jh. zurückgehen, die zunächst den Hügel über dem Dorf besetzte. Frühislamische Siedlungsspuren hat das französisch-syrische Archäologenteam aber auch am flußseitigen Fuß des Burghügels gefunden.

17 km südöstlich von Mayadin erhebt sich bei dem Dorf **Ashera** (das Terqa der Frühgeschichte) über dem Abbruch des westlichen

Wüstenplateaus das achteckige Minarett eines ansonsten zerstörten Heiligtums, das dem Imam Ali geweiht war. Die Außenwände des aus luftgetrockneten Ziegeln aufgerichteten Turms werden durch zweifach gestufte Nischen in mehreren Geschossen gegliedert. Die genaue Zeitstellung des Bauwerks ist unsicher, typologisch liegt eine Datierung ins 12. Jh. nahe.

Dura-Europos (as-Salihiya)

Wegweiser: 93 km von Deir az-Zor auf der Euphrat-Straße in Richtung Abu Kemal, dann abzweigen nach links (Schild) zu dem bereits sichtbaren Ruinenfeld über dem Euphrat.

Dura-Europos war ein wichtiger Stützpunkt an der umstrittenen syrisch-mesopotamischen Demarkationslinie, dem Euphrat. Die natürliche Grenzlage bestimmte den einzigartigen Charakter einer Stadtkultur, welche die Durchdringung von Orient und Okzident seit der Hellenisierung Vorderasiens anschaulich macht und den kulturellen und religiösen Pluralismus der ersten drei nachchristlichen Jahrhunderte widerspiegelt. Nicht in aufwendigen Monumentalbauten, sondern in der Vollständigkeit der antiken Stadtkultur liegt die besondere Bedeutung dieser Grabungsstätte. Auch wenn vieles noch unter einer zwischen 0,5 und 2 m hohen Schuttschicht begraben liegt, konnte allein in Dura-Europos, dem »Pompeiji der Syrischen Wüste« (Michael Rostovtzeff), der hellenistische Stadtplan durch den archäologischen Befund gesichert werden. Dies war ausschlaggebend für die Beurteilung der hypothetischen Pläne der Seleukiden-Städte Apameia, Laodikeia oder Beroia/Aleppo. Die aufgefundenen Wandmalereien und Kultreliefs gaben die entscheidenden Impulse für die Bestimmung einer genuin parthischen Kunst, und nach der Entdeckung einer Hauskirche und einer Synagoge stellte sich die Geschichte der frühchristlichen, aber auch der jüdischen Ikonographie in neuem Licht dar.

Die Wandmalereien befinden sich heute in verschiedenen Museen, so daß man die religionsgeschichtliche Bedeutung der Stadt am Ort nur noch bedingt nachempfinden kann, zumal die ergrabenen Gebäudekomplexe wenig eindrucksvoll sind. Erhalten haben sich, sieht man von Stadtmauern, Neuer Zitadelle und Palmyra-Tor ab, durchweg nur die Bodenlagen der Bauten, »herausgekratzt aus dem Wüstensand«, wie Ross Burns treffend formuliert. Nur die Stadtmauer, die schlecht in ein Museum paßt, ist im Mauerwerk so gut erhalten, daß sie eine Vorstellung vom ursprünglichen Zustand der Festungsstadt zu vermitteln vermag.

Wo heute Dura-Europos liegt, reicht das westliche Wüstenplateau bis an den Flußlauf heran und bildet dort einen Steilhang, der im Norden und Süden von zwei tiefen Einschnitten begrenzt wird, so daß ein natürliches, dreiseitig geschütztes Areal entsteht, das nur von Westen her leicht zugänglich ist. Hier gründete Seleukos I. irgendwann zwischen 300 und 280 v. Chr. (durch seinen General Nicanor) eine hellenistische Festung, die nach seinem Geburtsort

Europos in Makedonien benannt wurde. Die vor-hellenistische Geschichte lebt in dem Namen Dura fort, der auf das assyrische Wort *duru* (›Mauer‹) zurückgeht und im Zusammenhang eines Ortsnamens (z. B. Dur Scharrukin) soviel wie Festung bedeutet.

Der **hellenistische Stadtplan** zeigt die gleichen Merkmale wie auch die seleukidischen Gründungen in Antiocheia, Apameia oder Laodiceia: – Ein regelmäßiges Straßenraster ist an den Seiten einer breiteren Hauptachse angelegt. – Die hier nur 30 x 60 m großen Insulae grenzen wie in Antiocheia und Beroia/Aleppo mit ihren Schmalseiten an die Hauptstraße. – Die Stadtmauer orientiert sich an der Geländestruktur und verläuft nur an der Westflanke geradlinig, um die Verteidigung an der offenen Landseite zu erleichtern. – Auf einem natürlichen, von der Stadt isolierten Felsplateau am Euphrat erhebt sich die Zitadelle, die als fester Bestandteil aller seleukidischen Gründungen die Macht der Dynastie repräsentiert.

Als die mesopotamische Metropole Seleukeia am Tigris 128 v. Chr. an die Parther fiel und der ganze Osten des Seleukiden-Reichs verloren ging, wurde wenig später, wahrscheinlich um 113 v. Chr., auch Europos parthisch. Als parthische Grenzfeste behauptet sich die Stadt, in der das griechische nur sehr langsam vom semitischen

Planskizze von Dura Europos

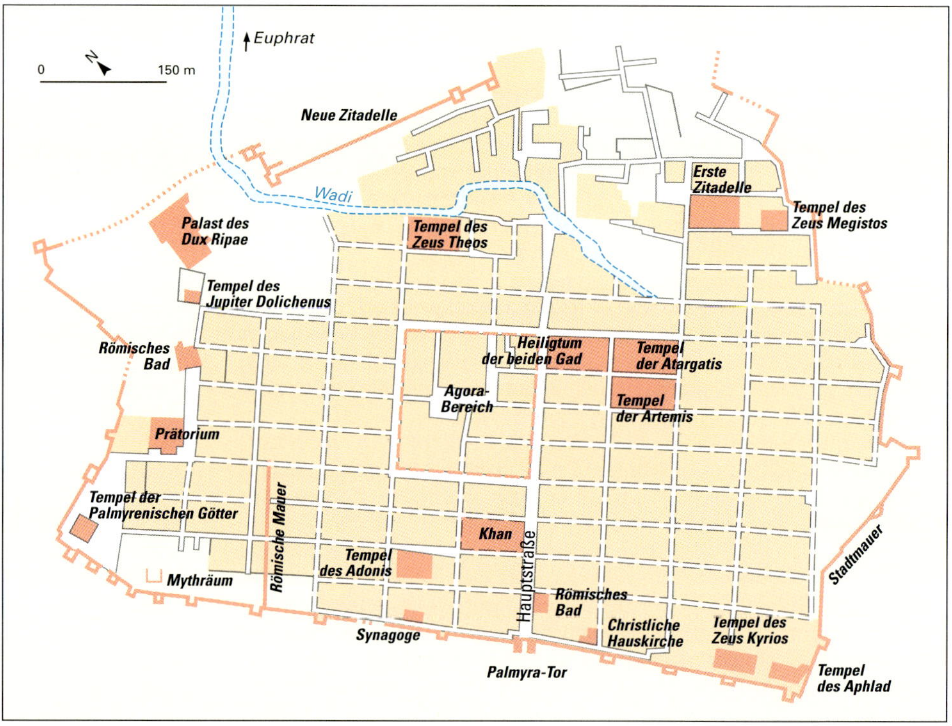

Bevölkerungselement überlagert wurde, bis 163 n. Chr. – auch gegen das römische Imperium. Die ethnisch-militärischen Verschiebungen werden im Wechsel von griechischen, parthischen und lateinischen Inschriften faßbar, zu denen im 3. Jh. noch palmyrenische Schriftdokumente kommen. Mit der Friedenspolitik des AUGUSTUS wuchs die Stadt seit der Zeitenwende zu einem bedeutenden Handelsplatz heran. Der hellenistische Stadtplan blieb dabei die Grundstruktur aller Baumaßnahmen. So wurde die Agora mit Basarstraßen überbaut, und an die Stelle der hellenistischen Tempel traten Hofheiligtümer. Zudem entstanden neue Bauwerke, die zwar mesopotamische Tradition bezeugen, sich jedoch alle dem Stadtraster einpaßten. Übrigens haben die Ausgrabungen deutlich gemacht, daß das Schlüsselproblem der Stadtorganisation die **Wasserversorgung** war. Nicht große Zisternen wie in Resafa (s. S. 327), sondern Hauszisternen dienten als Speicherbecken, die durch aufwendige Kanalisationssysteme versorgt wurden.

Trotz der parthischen Eroberung bestanden in Dura-Europos die hellenistische Stadtverwaltung ebenso wie die griechische Sprache zunächst weiter. Die Dynastie der Arsakiden tolerierte also das Stadtrecht, und Dura-Europos verhielt sich seinerseits loyal gegenüber den Parthern und akzeptierte sie als Nachfolger der Seleukiden. Erst mit dem Bau des Atargatis-Tempels 50 v. Chr. und der Umgestaltung des Artemis-Heiligtums wurde das hellenistische Stadtbild durchgreifend orientalisiert.

Mit der römischen Expansionspolitik unter Kaiser TRAJAN wurden Teile Mesopotamiens kurzfristig dem römischen Reich angeschlossen und die Parther 115 n. Chr. auch aus Dura-Europos verdrängt. Schon TRAJANS Nachfolger HADRIAN aber gab die Stadt den Asiaten zurück. Erst in den Parther-Kriegen der Jahre 162–165 konnte LUCIUS VERUS (der sich mit Kaiser MARC AUREL die Regierungsgeschäfte teilte) die Stadt nach einer Entscheidungsschlacht vor ihren Toren endgültig einnehmen. Die unbedeutende Garnisonsstadt gewann zunächst unter den severischen Kaisern (s. S. 119), die sie 211 zur Kolonie erhoben, dann aber insbesondere infolge der sassanidischen Machtergreifung in Mesopotamien 227 an militärischer Bedeutung. Als Brückenkopf westlich des Limes erhielt sie ein Militärlager, ein Amphitheater und Bäder. Der Kommandeur der Garnison trug den Titel Dux Ripae (›Herr des Flußufers‹) und hatte seine Residenz im Nordosten der Stadt. Mit den neu stationierten Soldaten, die sich um eine palmyrenische Kohorte (Cohors XX Palmyrenorum) scharten, gelangten auch neue Kultbauten nach Dura-Europos, so ein Mithräum und ein Tempel des Jupiter Dolichenus. Aus dieser Spätphase stammen auch die Synagoge (245) und die Hauskirche (232). Zusammen mit anderen Gebäudekomplexen in Stadtmauernähe wurden diese Sakralbauten zur Verstärkung der Mauer gegen die Sassaniden-Angriffe durch eine etwa 12 m breite Aufschüttung mit Schutt und Ziegeln gefüllt; so blieben sie erhalten. Trotz all solcher Verteidigungsmühen konnte SCHAHPUR I. die Stadt 256 nehmen. Die persischen Truppen drangen im Südwesten ein, wo sie einen Turm der Stadtmauer unterminiert hatten. Statt Dura-Europos zur sassanidischen Feste aufzubauen, ließ der Perserkönig die Einwohner aussiedeln. Zwar zogen palmyrenische Araber um das Jahr 270 noch einmal kurz in Dura-Europos ein; seitdem aber liegt die alte Stadt verlassen. Schon Kaiser JULIAN fand, als er 363 den Euphrat entlang gegen Ktesiphon zog, nur noch »Reste von dem, was zuvor eine Stadt war« (AMMIANUS MARCELLINUS).

»Ich erinnere mich noch gut, wie die Schmutzschicht, welche die Rückwand bedeckte, unterschnitten wurde, herabfiel und eine höchst eindrucksvolle Folge von Malereien freigab! Ganze Szenen, Figuren und Gegenstände boten sich ganz plötzlich dem Blick dar, und die Sonne ließ ihre Farben herrlich aufleuchten.«
Clark Hopkins über die Freilegung der Synagoge 1932

1700 Jahre später begann sich die Archäologie für sie zu interessieren. Zwischen 1928 und 1937 konnte ein französisch-amerikanisches Team die Stätte gründlich erforschen. Die Entdeckung der jüdischen Synagoge mit ihren Bildregistern (heute im Nationalmuseum von Damaskus; s. S. 136) und der Hauskirche mit ihren christlichen Malereien (heute in der Gallery of Fine Arts der Yale University, New Haven) erregte weltweites Aufsehen. 1986/87 wurden nach 50jähriger Unterbrechung wieder Grabungen in Dura-Europos aufgenommen.

Schon von weitem erkennt man bei der Anfahrt in Richtung Euphrat die gut erhaltene westliche **Stadtmauer,** einen mehr oder minder geradlinig verlaufenden Mauerzug aus Gipssteinquadern, in regelmäßigen Abständen verstärkt durch quadratische Türme. Ca. 3 m stark, datiert der Wall noch in hellenistische Zeit, doch wurde er bis zur sassanidischen Eroberung mehrfach erneuert und verstärkt.

Noch vor Dura passiert die Piste die Reste eines **römischen Triumphbogens,** errichtet während TRAJANS Orient-Feldzug zwischen 115 und 117 n. Chr. Nordwestlich vor dem Tor schlummern, noch von keinem Spaten angestochen, die Reste einer Nekropole.

Das monumentale, zweistöckige Haupttor im Westen, bekannt als **Palmyra-Tor,** bildete zwischen zwei gewaltigen Turmbauten, die über dem Torbogen miteinander verbunden waren, einen schmalen, langen und zweifach eingeschnürten Durchgang. Im Erdgeschoß des nördlichen, besser erhaltenen Turmes befand sich u. a. ein Heiligtum der Stadtgöttin, der Tyche, die den Schutz der Verteidigungsanlagen gewährleisten sollte. Unsicher ist die Datierung des Torkomplexes, der eine Fläche von ca. 22 x 23 m umschließt. Clark HOPKINS nimmt an, daß er in der Zeit der parthischen Dominanz um 17/16 v. Chr. entstand.

Nach Durchqueren des Stadttores gelangen wir in ein unübersichtliches, 73 ha umfassendes **Ruinengelände.** Fast alle Bauwerke sind aus dem örtlichen Gipsstein errichtet, der oft in unbehauenem Zustand in Mörtellagen eine Art Gußmaucrwcrk bildet, das verputzt wurde. An das Stadttor schließt sich die **Hauptstraße** (der Decumanus) von Dura-Europos an, dem wir in Richtung Euphrat folgen, so wie dies bereits vor über 2000 Jahren die Karawanen taten, die zum Wadi vor dem Euphrat zogen, wo ihre Tränken und die Hauptspeicher lagen. Anfangs, nur etwas über 6 m breit, weitet die Straße sich später bis zur 14,3 m Breite aus. Rechts sind die Spuren eines **römischen Bades** zu erkennen (gebrannte Ziegel), links nahm einst ein Khan, ein großes **Warenlager,** eine ganze Insula des hellenistischen Stadtplanes ein.

Das urbane und zugleich topographische Zentrum der seleukidischen Stadt war die unmittelbar an der Hauptstraße gelegene **Agora.** Sie beanspruchte zunächst vier, später sogar acht Insulae, ist aber nach der parthischen Überbauung (s. o.) kaum noch als Platzanlage zu identifizieren. Einen besseren Erhaltungszustand zeigt der Komplex des **Artemis-Tempels** rechts der Hauptstraße. Der Pariser Louvre besitzt eine Statue der als Aphrodite aufgefaßten Göttin, geborgen während der Grabungen in den 30er Jahren. Ein hellenistischer Vorgängerbau wurde zwischen 40 und 33 v. Chr. durch einen parthischen Hoftempel ersetzt. Eingangshalle, Altar und dreiteilige Cella bilden den Kern der Anlage, die später größere Annexbauten erhielt, u. a. einen theaterähnlichen Raum, in dem in römischer Zeit der Stadtrat tagte. Aus Inschriften geht hervor, daß die Bevölkerung Duras die griechische Artemis mit der orientalischen Nanaia und den Apoll mit dem mesopotamischen Hadad gleichsetzte.

In der östlich anschließenden Insula, deren eine Hälfte ein Priesterhaus einnahm, wurde 31/32 n. Chr. der **Tempel der Atargatis** nach einem ähnlichen Plan errichtet. Die ausschweifenden Praktiken, mit denen Atargatis als Dea Syria verehrt wurde (s. S. 319), hatten also auch in Dura-Europos eine Kultstatt. Nördlich des Atargatis-Tempels lag das **Heiligtum der beiden Gad,** errichtet Mitte des 2. Jh. n. Chr. Hier wurden Gottheiten verehrt, die in den Kreis des palmyrenischen Baal Schamin gehören (s. S. 378). Erhalten hat sich eine Wandgliederung mit Nischen.

Noch zwei weitere Tempelruinen verdienen Erwähnung: Nördlich der Tempeltrias erhob sich, knapp 200 m entfernt, der **Tempel des Zeus Theos,** ein Bau des Jahres 114 n. Chr., ausgestattet mit Wandmalereien (abgetragen); und östlich, wiederum ca. 200 m vom Gad-Tempel entfernt, nahe der Ersten Zitadelle (s. u.) der **Tempel des Zeus Megistos,** der Ende des 1. Jh. v. Chr. in einem hellenistisch-parthischen Stil entstand, im heutigen (eher kärglichen) Bestand aber auf 169 n. Chr. datiert.

Wenig erhalten blieb, trotz jüngster Restaurierungen, auch von der **Ersten Zitadelle,** die in exponierter Lage nördlich des Zeus-Megistos-Tempels über dem Steilhang des zum Euphrat hin abfallenden Wadi thronte. Man deutet das Peristylhaus als Palast des Strategen

Haupteingang von Dura-Europos war das sogenannte Palmyra-Tor.

Blick von der Zitadelle von Dura-Europos auf den Euphrat

von Dura-Europos. Als Stratege galt in hellenistischer wie in parthischer Zeit der von der Dynastie eingesetzte Statthalter.

Die stark befestigte **Neue Zitadelle** war durch das Wadi und den Steilhang über dem Euphrat-Tal nach innen und außen geschützt. Der Abbruch des Plateaus über dem Strom riß schon in römischer Zeit Teile des starken Mauerwerks in die Tiefe. Geblieben ist die ca. 300 m lange Westseite mit drei ursprünglich über 20 m hohen Türmen. Wurden die Baureste auf dem Zitadellenhügel bis vor kurzem noch als parthisches Palastareal gedeutet, so ergaben die jüngsten Ausgrabungen, daß die ›Neue‹ Zitadelle bereits im frühen 2. Jh. v. Chr. unter den Seleukiden entstanden ist. Ihr Verhältnis zur Ersten Zitadelle dürfte das eines militärischen zu einem zivilen Herrschaftszentrum gewesen sein. Interessant erscheint, daß schon die Seleukiden im eingestürzten Nordtrakt der Neuen Zitadelle nach orientalischem Vorbild eine Monumentalarchitektur mit drei Iwanen errichteten, wie man sie aus Hatra und Ktesiphon kennt. Einzigartig ist der Blick von der Höhe auf die Flußoase des Euphrat-Tales.

Der Nordteil der Stadt wurde in römischer Zeit durch eine Ziegelmauer vom übrigen Stadtareal abgetrennt und zur Garnison mit Kasernen, Prätorium, Bädern und auch einem kleinen Amphitheater ausgebaut. Eine solche ›Einnistung‹ in ein älteres Stadtgelände ist ungewöhnlich; üblicherweise setzte das römische Militär sich außerhalb der Mauern fest, so etwa in Bosra (s. S. 409). Spuren haben sich allein von den **Bädern** und dem **Prätorium** erhalten, das im Nordwesten direkt der Stadtmauer angebaut war.

Der **Palast des Dux Ripae,** von der Neuen Zitadelle durch das Nordteil des Wadis getrennt, gruppierte sich um einen Säulenhof, an dessen Südseite ein zweiter Hof und an dessen Nordseite eine Terrassenarchitektur mit Arkaden über dem Euphrat anschlossen. Wir erwähnten schon (s. o.), daß er nach 227 n. Chr. entstanden ist.

Beim **Tempel des Jupiter Dolichenus,** dem aus der Mitte des 1. Jh. n. Chr. stammenden sogenannten **Tempel der Palmyrenischen Götter** (auch als Baal-Tempel bekannt), im äußersten Nordwesten und dem etwas weiter südlich gelegenen, um 210 innerhalb einer an den Stadtwall gelehnten Hausarchitektur entstandenen **Mithräum** handelt es sich sämtlich um Kulträume der in Dura stationierten römischen Soldaten. Gerade der Wiedergeburtsgott Mithras, eine persische Kultgestalt, war im Heer sehr beliebt. Die Spuren der drei Bauten sind spärlich, und natürlich ist *in situ* auch nichts mehr zu sehen von den Malereien im Baal-Tempel (s. Abb. S. 72), die unter der palmyrenischen Göttertrias einen Heeresgottesdienst darstellten. Immerhin kann man hier noch die Vorhalle mit vier Säulenstümpfen erkennen, die über einen Zwischenraum in die 8,6 x 4,3 m messende Cella geleitete.

In unmittelbarer Nähe zur westlichen Stadtmauer sind weiterhin gelegen: die **Synagoge** und der **Tempel des Adonis** (beide nördlich des Stadttors) sowie die **christliche Kirche** und der **Tempel des Zeus Kyrios** (südlich), zu denen noch ein **Tempel des Aphlad** im äußersten Südwinkel der Stadt hinzukommt. Sie dokumentieren die Vielfalt der spätantiken Konfessionen in der Stadt zwischen Orient und Okzident, bieten vor Ort aber nichts Sehenswertes mehr.

Die um 232/233 datierende Hauskirche besaß einen Nebenraum, dessen Wandmalereien (abgetragen) neu- und alttestamentliche Themen zeigen: einen schaftragenden Hirten und seine Herde an einer Quelle, darunter Adam und Eva am Baum der Erkenntnis. An der Nordwand fanden sich die Heilung des Gichtbrüchigen und Petri Meerwandel, darunter die Frauen am Grabe. Die Deutung der sieben Frauen auf der Ostseite blieb unklar. Die Südwand zeigte die Samariterin am Brunnen sowie David und Goliath.

Mari

An einem der ersten Augusttage des Jahres 1933 betrat ein Beduine das Büro des in Abu Kemal stationierten französischen Leutnants Cabane und wollte wissen, was »mit dem Mann« geschehen solle, den man gefunden habe. Der Franzose stutzte, fragte nach und begann zu verstehen: Bei der Suche nach einem Grabstein hatten Stammesgenossen auf dem etwa 12 km nordwestlich gelegenen Tell Hariri eine monumentale Statue entdeckt. Cabane begab sich unverzüglich dorthin, ließ sich zu dem »Mann« führen und stand beeindruckt vor dem etwa 300 kg schweren Torso einer Beterstatue mit gefalteten Händen, angetan mit einem Zottenrock aus Wollschleifen. Eine Keilschrift auf der Schulter des kopflosen Beters verhieß nähere Aufklärung. Cabane informierte seine vorgesetzte Dienststelle, schließlich tauchte die Notiz des Leutnants über seine erstaunliche Entdeckung in Paris auf und fand dort ihren Weg in die Hände des verantwortlichen Kurators der Orientalia im Louvre. Der hieß René Dussaud und griff am 30. Oktober 1933 zum Telefon (s. S. 119), um

Wegweiser: 117 km von Deir az-Zor (24 km vom Abzweig nach Dura-Europos) links von der Euphrat-Straße Richtung Strom abzweigen.

einen gewissen André Parrot auf die Reise nach Syrien zu schicken. Seither haben die Ausgrabungen unter Parrot (bis 1974; 1978 wieder aufgenommen von J. C. Margueron) ein Palastarchiv von ca. 25 000 Tontafeln, Bauwerke von enormer Größe und Kunstgegenstände von faszinierender Schönheit ans Tageslicht gebracht. Die Funde legen Zeugnis davon ab, daß Mari nicht nur ein Handelszentrum war, sondern auch eine Hochburg der Kunst (s. S. 37).

Bald nachdem sich die ersten Stadtstaaten in Mesopotamien formiert hatten, wuchs auch Mari am mittleren Euphrat zu einem bedeutenden urbanen Zentrum heran. Sechs Herrscher aus Mari werden sogar in den sumerischen Königslisten erwähnt. Der Kontakt mit der sumerischen Kultur im Zweistromland äußerte sich in der Übernahme der sumerischen Keilschrift und in der Übereinstimmung der lokalen Kunstproduktion mit der Mesopotamiens. Die Sonderstellung Maris basierte auf der außerordentlichen Bedeutung im Handelsnetz zwischen den Rohstoffgebieten in Westsyrien, Anatolien und dem nördlichen Gebirgsland sowie den Metropolen in Südmesopotamien.

»Bronze erweist sich in diesen kriegerischen Zeiten als geeignetes Material für Waffen, und so wird der Handel mit den Bronzebestandteilen Kupfer und Zinn immer wichtiger. Auch hier profitiert Mari von seiner Mittellage an einer der wichtigsten Handelsrouten der Region: Hauptlieferant für Kupfer ist Zypern […], während der Zinn größtenteils aus dem Norden des Iran stammt. Der Hof von Mari wird einer der ersten Rohstoffspekulanten, indem er – wie Lagerlisten beweisen – Zinn hortet und so den Markt kontrollieren kann.«
Hannes Frank

Ein ausgeklügeltes Bewässerungszentrum versorgte die Stadt und ermöglichte Landwirtschaft am Saum der Wüstensteppe; jüngste Forschungen haben sogar einen 120 km langen Kanal zwischen Khabur und Euphrat ermittelt, der einerseits der Schiffahrt, andererseits aber auch der Wasserversorgung des Umlands von Mari diente. Als Knotenpunkt der wichtigsten Handelsrouten kontrollierte Mari ein sehr begehrtes Territorium, und so verwundert es wenig, daß die Stadt bis zu ihrer endgültigen Zerstörung (Mitte 18. Jh. v. Chr.) durch Hammurabi immer wieder das Ziel von Eroberungszügen war.

Es waren die westsemitischen Amurru, vordringende Nomadenstämme aus den syrischen Wüstengebieten (s. S. 38), welche die politische Struktur des Vorderen Orients im ausgehenden 3. Jt. v. Chr. grundlegend wandelten. In Mari begründeten sie eine Dynastie, die die Stadt zu ihrer höchsten Blüte führte. In Zimri-Lims Regierungszeit entstand der berühmte Königspalast von Mari, der schon zu Lebzeiten des Herrschers als Weltwunder gepriesen wurde. Der Bau ist vor dem Hintergrund der damaligen wirtschaftlichen Situation Maris zu sehen: Zimri-Lim beherrschte ein Gebiet vom Unterlauf des Balikh und Khabur bis weit in den heutigen Irak hinein, Gesandtschaften aus den entferntesten Gebieten begegneten sich im Palast von Mari, der zugleich Verwaltungs-, Herrschafts- und Handelszentrum war. Abrupt bricht diese zweite Periode des Glanzes ab, als Hammurabi von Babylon die Stadt Mitte des 18. Jh. zerstörte. Der Palast des Zimri-Lim ging in Flammen auf.

Der Tell Hariri ist mit nur 14,5 m Höhe ein besonders flacher Siedlungshügel. Er bildet annähernd ein Oval, das sich von Nordwest nach Südost über 1,2 km erstreckt. Man muß es offen sagen, daß viele Besucher, die der klangvolle Name angezogen hat und die nun hochragende Mauern und Denkmäler erwarten, enttäuscht bleiben, zumal wenn die Mittagshitze über der Stätte liegt. Noch trüber aller-

Der Palast von Mari:
1 Palasteingang
2 Hof hinter dem Eingangsbereich
3 Versorgungstrakt mit Palastküche
4 Gästetrakt
5 Baderäume
6 Treppe zum königlichem Harem im Obergeschoß
7 Königlicher Wohnbereich
8 Schatzkammer
9 Großer Hof
10 Palasthof (›Palmenhof‹) mit Wandmalereien
11 Wohnbereich
12 Verwaltungsbereich, Handelsregistratur, Werkstätten
13 Heiligtum
14 Heiligtum (der Ischtar?) mit Wandmalereien
15 Empfangssaal mit Herrschersitz
16 zweiter, sakraler Thronsaal mit Malereien (s. S. 41)
17 Speicher
18 Wirtschaftsbereich

dings mutet das Gelände im Winterregen an; dann sieht man den Zahn der Zeit den Lehmmauern zusetzen. Überdies ist zwar fast ein dreiviertel Jahrhundert in Mari gegraben worden, aber kaum mehr als ein Zehntel des alten Baubestands sind aufgedeckt. Doch: Wer nicht zuviel erwartet, wird auch nicht enttäuscht.

Das eigentliche Zentrum des Ruinengeländes und auch der Ausgrabungen ist der in etwa quadratische **Palast des Zimri-Lim,** der ursprünglich durch Lehmwehrmauern umschlossen war. Die Baugeschichte der additiv gebauten, uneinheitlichen Anlage, die zuletzt auf 2,5 ha etwa 275 Räume umfaßte, reicht bis in die frühdynastische Zeit (Palastheiligtum) zurück. Obwohl der Besucher das Areal von Westen erreicht, soll die Beschreibung im Nordosten am **Palasttor** beginnen.

Wie die Tempel und die Häuser ist auch der Palastbezirk um zentrale Höfe angelegt. Den querrechteckigen Osthof erreicht man vom Tor her über **drei Vorräume,** deren Türen markant gegeneinander versetzt sind. Die Wachen konnten so ein unbefugtes Eindringen leichter verhindern. Der letzte Vorraum, eine querrechteckige Halle, wird als Audienzsaal für die ›gewöhnlichen Sterblichen‹ gedeutet, die hier mit ihren Anliegen von Palastoffiziellen abgefertigt wurden. Östlich des Eingangsbereichs gruppierte sich um die Palastküche ein **Versorgungstrakt.**

Im Süden öffnete sich der Audienzsaal zum **Osthof,** in dessen Zentrum sich ursprünglich ein Wasserreservoir befand. Vom Osthof wiederum konnte man im Süden ein **Heiligtum** betreten, das vielleicht der Göttin Ischtar geweiht war (so die heute bevorzugte Deutung; André Parrot sah in dem hochrechteckigen Raum einen Audienzsaal). Zwei andere Pforten führten vom Hof nach Süden hin in einen **Sakralbezirk.**

Um vom Osthof den eigentlichen, annähernd quadratischen **Palasthof** (›Palmenhof‹) im Westen zu erreichen, mußte der Besucher einem Korridor um die nordöstliche Hofecke folgen. Die Südseite des Palasthofs war u. a. mit den vielfarbigen Malereien der berühmten ›Investiturszene‹ (s. Abb. S. 121), also mit Opferhandlungen des Königs geziert (heute im Louvre, Paris). Dieser Südseite, hinter der sich das eigentliche Königsareal befand, stand der Besucher nach seinem Hinaustritt gegenüber. Ehrfurchtgebietende 45 m trennten ihn von der anderen Seite, wo der Herrscher residierte, und entrückten diesen damit gleichsam in eine andere Sphäre.

Überschritt der Privilegierte den Hof, öffnete sich ihm auf der anderen Seitenmitte das Portal zu einem quergelagerten Saal (Fundort der ›Wassergöttin‹; s. Abb. S. 272). Dies dürfte der **Thronsaal** gewesen sein, ein Postament an der südlichen Rückwand, angeordnet in der Achse des Tordurchgangs, wird den Herrschersitz getragen haben. Doch ist offenbar zu differenzieren: Im ›Saal der Wassergöttin‹ wurden Besucher, Gäste, Bittsteller etc. empfangen, denen gegenüber der König von Mari als Herr zu thronen wünschte. Eigentlicher **Raum des Herrschers** war ein zweiter querrechteckiger

Lehmwände des Königspalastes von Mari

Saal im Süden des Thronraums, dessen Dimensionen von 25 x 11 m bei einer Höhe von mindestens 12 m in der Tat königlich erscheinen. Hier, auf der westlichen Schmalseite hatte das Oberhaupt von Mari einen zweiten, intimeren Thronsitz; hier wurden auch sakrale Handlungen vollzogen. Um den Repräsentationshof waren Depots, Wirtschaftsgebäude, Werkstätten und natürlich Wohnungen, im Norden nahe dem Gästetrakt auch ein Bad angeordnet.

Als Baumaterial der monumentalen und z. T. zweigeschossigen Räumlichkeiten kamen vorwiegend Lehmziegel, daneben auch Backsteine zur Anwendung. Beachtlich ist der gute Erhaltungszustand des Palasthofes und der Thronsäle, die durch ein modernes Schutzdach vor weiterem Verfall gesichert sind. Natürlich befinden sich die erwähnten Skulpturen und Malereien heute in Museen.

Dagegen bieten die Tempel von Mari dem heutigen Besucher wenig. Die religiöse Hauptgruppe liegt östlich des Palastes und umfaßt, südlich einer **Hochterrasse** (ca. 2000 v. Chr.), die von der Forschung hypothetisch als Stumpf eines Zikkurats angesehen wird, **Heiligtümer der Götter Dagan und Schamasch,** dazu den **Tempel des Ninni-Zaza** (1800 v. Chr.). Auf der Westseite des Palastes erhob sich im vor-sargonischen Quartier der Stadt der noch im 3. Jt. v. Chr. entstandene **Ischtar-Tempel.**

Baghuz

Am Rande des östlichen Wüstenplateaus, unmittelbar oberhalb der fruchtbaren Euphrat-Aue, in etwa gegenüber von Abu Kemal, erheben sich die Grabtürme von Baghuz. Die unter palmyrenischem Einfluß entstandenen Bauten bildeten ursprünglich eine größere Gruppe, doch haben sich nur zwei Türme gut erhalten; von drei anderen lassen sich die Grundmauern erkennen. Aus Gipsstein in Mörtelpackung errichtet, steigen sie über einem quadratischen Sockel auf, in den die Grabschächte eingelassen sind. Die äußere Wandgliederung zeigt Halbsäulenvorlagen zwischen Eckpilastern; das Mauerwerk war verputzt.

Wegweiser: Von Mari/Tell Hariri zurück zur Euphrat-Straße und auf ihr weiter südöstlich; nach 7 km (knapp 4 km vor Abu Kemal) links abbiegen und über die Euphrat-Brücke. Auf der anderen Seite zu Fuß (auf kaum befahrbaren Wegen) noch ca. 1 km nach Osten zu den schon sichtbaren Türmen.

Ungeklärt ist die Funktion der Treppenaufgänge, die die Türme oberhalb des Sockels vollständig ausfüllen. Möglich erscheint eine Dachterrasse in Zusammenhang mit dem Totenkult, doch sind die Türme gerade im oberen Bereich zerstört. Eindeutig handelt es sich um eine einfachere Ausformung des palmyrenischen Grabturms, der in mehreren Geschossen Grabschächte besitzt (s. S. 382f).

Palmyra und die Wüste

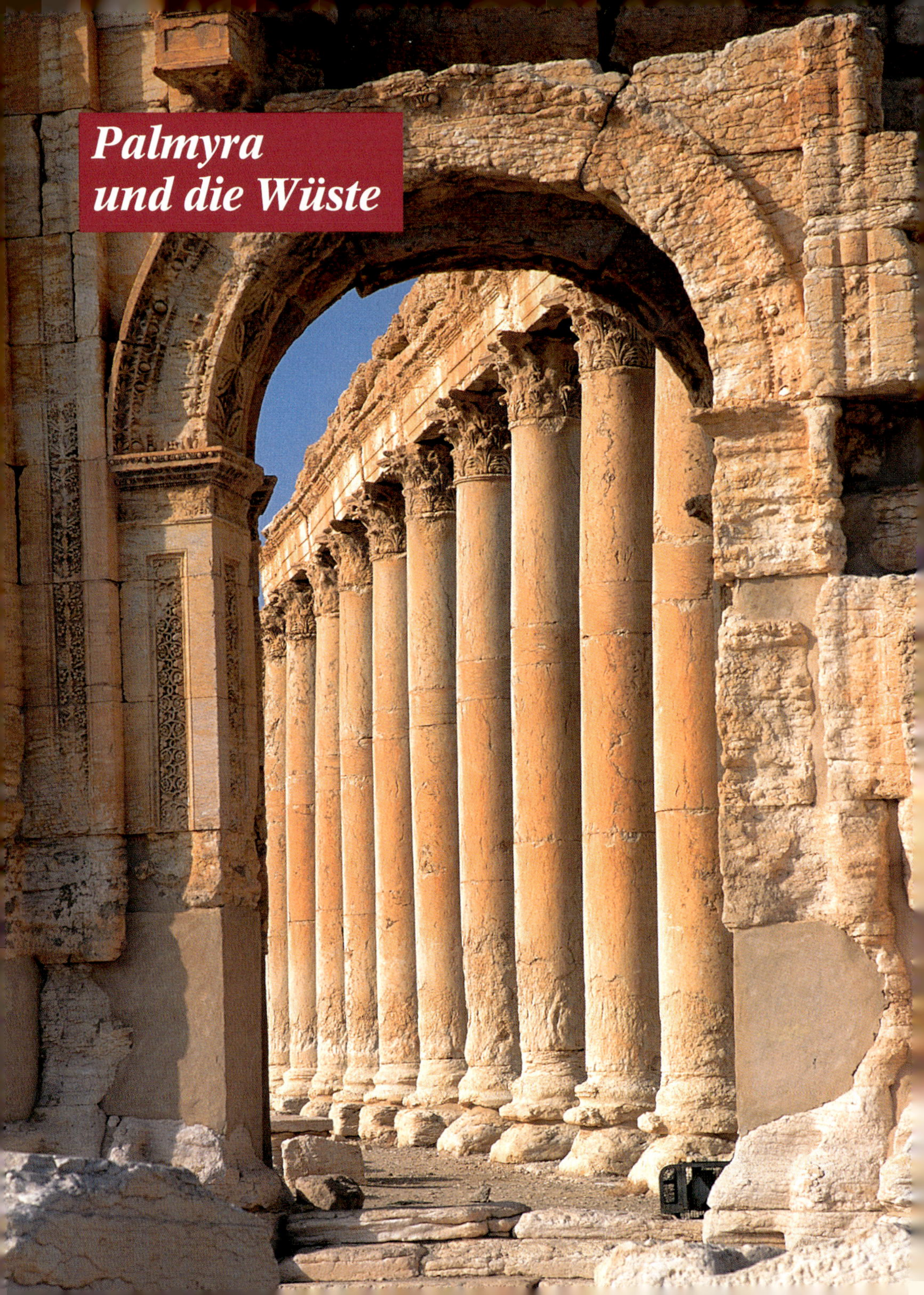

Palmyra

Besonders sehenswert:
Baal-Tempel ☆☆
Große Säulenstraße ☆☆
Bogentor ☆
Nabu-Heiligtum
Theater
Agora
Baal-Schamin-Tempel ☆
Diokletianslager
Qalaat Ibn Maan
Nekropolen (Tal der Gräber) ☆☆
Archäologisches Museum ☆

Qasr al-Heir ash-Sharqi ☆
Harbaqa-Damm

Den Arabern waren die grandiosen Ruinen von Palmyra, das sie unter dem Namen Tadmor kannten, seit je suspekt. Unerklärliche Bauleistungen der Antike pflegen sie entweder den Pharaonen oder dem Israel DAVIDS und SALOMONS zuzuschreiben. So z. B. im jordanischen Petra, wo die gewaltigen Felsgräber nach einer Erklärung verlangten, so aber auch in Palmyra, der gemeinsam mit Petra wohl eindrucksvollsten Altmetropole des Vorderen Orients. »Eine alte Stadt mit wunderbaren Gebäuden«, nennt YAQUBI Palmyra im 9. Jh., und er fährt fort: »Der Mehrzahl der staunenswerten Überreste wird nachgesagt, daß sie unter dem Propheten Salomon, dem Sohn Davids, erbaut wurden.« So kolportiert es auch MUQADDASI im ausgehenden 10. Jh., und so wiederholt es YAQUT um 1225: Jinns, dämonische Geister, hätten die Säulen im Auftrag SALOMONS errichtet. Als ›aufgeklärter‹ islamischer Geschichtsschreiber will YAQUT an die Gründungsmythe aber nicht recht glauben. Traditioneller urteilte da jener Emir von Qatar, der Palmyra 1960 besuchte und nicht davon abzubringen war, »daß solch gewaltige Konstruktionen nicht von Menschenhand stammen können«.

Mehr als 350 Jahre sind die Ruinen der Wüstenstadt Palmyra im Westen bekannt, einer der großen Orient-Pioniere, der Italiener Pietro DELLA VALLE, hat sie bereits um 1620 für Europa wiederentdeckt. Aber ›entdeckt‹ wurde Palmyra immer aufs neue, weil man DELLA VALLES Bericht so wenig kannte wie den des Franzosen Jean Baptiste TAVERNIER (1630) und weil auch die Schilderung des William HALIFAX, Kaplan der englischen Faktorei in Aleppo, der die Wüstenstadt 1691 gemeinsam mit zwei Kaufleuten besucht hatte, in ihrer beiläufigen Veröffentlichung nicht wahrgenommen wurde. Noch im März 1751 tat ein englischer Adliger namens James DAWKINS, als er begleitet von seinem Sekretär Robert WOOD anreiste, als sei er der erste Europäer in Palmyra. Allerdings verdanken wir jenem Sekretär WOOD die erste selbständige Publikation über die Ruinenstadt (»The Ruins of Palmyra«, London 1753; s. Abb S. 75). Für den französischen Aufklärer und Revolutionär Constantin François DE VOLNEY wiederum wurde Palmyra, das er 1787 besucht hatte, zum Ausgangspunkt seines bedeutenden geschichtsphilosophischen Werks »Die Ruinen oder Betrachtungen über die Revolutionen der Reiche« (1791), das bald in den Jakobinerklubs Europas kursierte.

Die Strohhütten, über die DE VOLNEY schreibt (s. S. 356), bezeichnen einen zivilisatorischen Abstieg, der sich wie am Euphrat (s. S. 317) nach den Mongolen-Einfällen unter dem Druck des Beduinentums vollzog. Möglicherweise siedelte schon im 8. und 9. Jh. ein Teil der Bevölkerung in das neugegründete Raqqa um (s. S. 333). Dabei waren die natürlichen Voraussetzungen in Tadmor günstig: Stets stand der Oase hinreichend Wasser zur Verfügung. Gleichwohl war ihre Bevölkerung 1875 auf 800 Einwohner abgesunken, die vor

◁ Seitenbogen des Tors der großen Säulenstraße von Palmyra

»Nach einem dreitägigen Marsche durch dürre Wüsten entdeckte ich plötzlich, nachdem ich durch ein Tal von Grotten und Grabmälern gekommen war, beim Ausgange in die Ebene den erstaunenswürdigsten Anblick von Ruinen. Sie bestanden aus einer unzähligen Menge prächtiger, aufrecht stehender Säulen, die sich, gleich den Alleen vor unsern Tiergärten, so weit das Auge reichen kann in symmetrischen Reihen hinzogen. Unter diesen Säulen standen große Gebäude, zum Teil ganz, zum Teil halb verfallen. Von allen Seiten war die Erde mit Überresten von Gesimsen, Pfeilern, Balken und viereckigen Säulen, alle von weißem Marmor und von auserlesener Arbeit, bedeckt. Nachdem ich drei Viertelstunden lang zwischen diesen Ruinen gegangen war, kam ich an ein großes Gebäude, das vormals ein der Sonne gewidmeter Tempel war. Ich suchte Gastfreiheit bei armen arabischen Bauern, die ihre Strohhütten am Eingange des Tempels aufgeschlagen hatten…«
Constantin François de Volney, Übersetzung von Georg Forster, 1792

allem von der Viehhaltung und vom Salzhandel, erst in zweiter Linie von den Erträgen der Bewässerungsgärten lebten. Schuld daran trugen – wir folgen Eugen Wirth – die in der Nachbarschaft streifenden Beduinenstämme, an welche die Oasenbewohner Schutzgeld (*chuwe*) abführen mußten und die dennoch Sommer für Sommer, wenn sie ihre Tiere zu den Bewässerungskanälen führten, die Kulturen auf den Feldern zertrampelten. Die Furcht der bäuerlichen ›Palmyrener‹ vor den Beduinen war so groß, daß sie ihre Lehmhütten bevorzugt im ummauerten Bereich des Baal-Tempels errichteten. Dies änderte sich langsam in der Zeit des französischen Mandats, aber noch 1970 gab es außer dem traditionsreichen »Zenobia« lediglich ein einziges weiteres Hotel in Tadmor.

Heute vermittelt die Oasenstadt in der syrischen Wüste (ca. 45 000 Ew.) dem Besucher, angefahren auf einer guten Asphaltstraße, nichts mehr von solcher Ärmlichkeit, verwehrt ihm aber auch den Eindruck, Reisepionier am ›Ende der Welt‹ zu sein. Dennoch bleibt ein Gang durch Palmyra ein Erlebnis, denn zu entdecken gibt es vieles. Dazu muß man nicht, wie de Volney 1787, hoch über den Ruinen im Mondlicht sitzen und in »frommer Andacht« oder »tiefer Träumerei« dem Geschick des Menschengeschlechts nachsinnen. Indessen: Auch darin kann man es dem Franzosen gleichtun (s. S. 386). Der schroffe Gegensatz von Wüstenödnis und Ruinenpracht regt nach wie vor die Phantasie an; man sollte sich freilich die Zeit nehmen (einen ganzen Tag, besser zwei), sie einmal spielen zu lassen.

Geschichtlicher Überblick

Höhlen am Jebel Muntar in der Nähe Palmyras wurden schon während des Paläolithikums von Jägern bewohnt, und bereits für das Neolithikum ist eine Ansiedlung anzunehmen. »Die auffallend wenig salzhaltige Quelle Efqa mit ihrem schwefelhaltigen Wasser war für die frühe Besiedlung der Oase entscheidend« (Kazimierz Michalowski). Keramik der Bronzezeit belegt die Siedlungskontinuität.

Historisch faßbar wird der Platz um 1950 v. Chr.: In einer der Tontafeln von Kültepe, einer assyrischen Handelskolonie in Zentralanatolien, wird sie als Stützpunkt des Handelsverkehrs mit der Tigris-Metropole genannt. Wenn nicht schon im Neolithikum, so zogen spätestens damals Eselskarawanen, die aus unbekannten Gründen die Hauptroute am Euphrat mieden, durch die syrische Wüstensteppe. Auch im Mari-Archiv (s. S. 39f) wird die Oase im 18. Jh. v. Chr. auf zwei Täfelchen erwähnt. In den genannten Dokumenten heißt das spätere Palmyra jeweils Tadmor, und wie so oft im arabischen Raum hat sich dieser semitische Name in nach-antiker Zeit wieder durchgesetzt; nach neueren Forschungen (Jean Starcky/Michal Gawlikowski) bedeutet er soviel wie Wachposten. Wahrscheinlich spielte Tadmor nach der Domestizierung des Kamels (s. S.

51) in den aramäischen Handelsverbindungen und Bevölkerungsverschiebungen eine immer bedeutendere Rolle.

Trotz solcher Einzeleinsichten: Die älteste Geschichte Palmyras bleibt nahezu unbekannt, und auch aus seleukidischer Zeit fehlen Nachrichten, die den Rang der Oasenstadt genauer bezeichnen würden. Die früheste erhaltene Inschrift, gefunden in der Stätte selbst (unter dem Baal-Tempel), datiert auf 44 v. Chr. In ihr ist von Priestern des Baal der Rede, und Kazimierz Michalowski, der langjährige Leiter der polnischen Ausgrabungen in Palmyra, folgert: »Es haben sich also bereits in späthellenistischer Zeit monumentale Bauwerke in Palmyra befunden, und aus dieser Epoche stammen auch die ältesten Grabtürme…«

Unter dem Druck, den Rom auf das späte Seleukiden-Reich ausübte, erlangte Palmyra faktische Unabhängigkeit. »Die neue Stadt, wie sie sich im 1. Jh. v. Chr. formt, erscheint ausschließlich zum Osten ausgerichtet« (Henri Seyrig). Zur Zeit der direkten Kontaktaufnahme mit den Römern ist Palmyra ein bedeutendes Handelszentrum von verlockendem Wohlstand. Appians Schilderung eines Plünderungsversuchs durch die Truppen des Antonius im Jahr 41 v. Chr. läßt daran keinen Zweifel. Die Plünderung scheiterte, denn Antonius fand die Stadt verlassen vor; die Bewohner hatten ihr Hab und Gut in Sicherheit gebracht und warteten jenseits des Euphrat auf den Abzug des Römers. Gewarnt wurden sie wahrscheinlich durch Sendboten der arabischen Dynastie der Samsigeramiden im 160 km entfernten Homs (s. S. 178), zu der enge Beziehungen bestanden.

Appian beschreibt deutlich die Grenzsituation der Oasenstadt zwischen den beiden Großmächten (Rom und Parthien), erwähnt, daß Palmyra (Stadt der Palmen), wie es nun genannt wurde, nicht in die Provincia Syria eingegliedert worden war, und verweist auf die wirtschaftlichen Beziehungen mit dem Osten, die bis Persien und Indien reichten (und eine Kooperation mit den Parthern voraussetzten). Diese Grenzsituation wird zum Ausgangspunkt des wirtschaftlichen und politischen Aufstiegs der Stadt. Die diplomatischen Verbindungen Palmyras mit dem Osten waren unersetzlich für Rom, dessen Dauerkonflikt mit den Parthern sich anbahnte. In gewissem Sinne spielt Palmyra die Rolle der europäischen Schweiz im 19. und 20. Jh., denn bei andauernder Feindschaft fanden die Großmächte hier neutralen Boden vor, den sie zu Kontakt und Fernhandel benötigten.

Zuerst nachweisen läßt sich die Anwesenheit von Römern in Palmyra unter Kaiser Tiberius (reg. 14–37 n. Chr.). Die diplomatische Erfahrung Palmyras nutzte Germanicus, Adoptivsohn des Augustus und Vater des Caligula, schon 18 n. Chr. aus, als er einen Palmyrener namens Alexandros als Gesandten an den Persischen Golf schickte. Übrigens wurden um eben diese Zeit, nämlich zwischen 17 und 19 n. Chr., die Säulenhallen des Baal-Tempels errichtet, der einen arabischen Gott mit römischen Baustrukturen ehrt. Ein wichtiges Dokument für die Beziehungen zwischen Rom und Palmyra während des 1. Jh., ein Edikt des Mucianus, Statthalter von Syrien

Die Efqa-Quelle (beim Hotel Cham Palace) entspringt einer Höhlung am Fuß des Hügels Umm al-Bilqis und schüttet pro Sekunde 60 l schwefelhaltiges, jedoch durchaus genießbares Wasser aus – genug für Mensch, Tier und Garten in Palmyra. Die Efqa ist übrigens nicht die einzige, wenn auch die reichste Quelle im Stadtgebiet. Wasseradern in der Nähe der Diokletiansthermen und im Nordosten des Diokletianslagers trugen ebenfalls zur Versorgung bei.

»Palmyra ist eine Stadt, die berühmt ist wegen ihrer Lage, wegen des Reichtums ihres Bodens und für ihre angenehmen Quellen; ihre Felder sind auf allen Seiten von einem weiten Sandgürtel umgeben. Durch die Natur schon immer von der umliegenden Welt getrennt, bestimmt die Stadt ihr Schicksal zwischen den beiden großen Imperien der Römer und Parther.«
Plinius d. Ä., 1. Jh. n. Chr.

»Der Reichtum Palmyras und seine schnelle Entwicklung in römischer Zeit stützten sich vor allem auf den Handel. Palmyra, das für die Karawanen auf halbem Wege vom Persischen Golf zu den Mittelmeerhäfen lag, entwickelte sich zum großen Umschlagplatz. Die aus dem Süden kommenden Karawanen tauschten hier ihre im Norden gefragten Waren aus Indien, China und Arabien gegen Produkte aus Griechenland, Rom und den Ländern des Imperiums. Dieses Verfahren war sowohl für die Händler als auch für die Karawanenführer vorteilhaft […]. Vor allem jedoch bereicherten sich an diesem Handel die Bürger Palmyras und ihre städtische Verwaltung. Im Jahr 137 beschloß der Senat von Palmyra die Herausgabe eines Dekrets über Abgaben, die für importierte Waren an die Stadt zu entrichten waren. Die fünf Meter lange Stele, auf der der berühmte ›palmyrenische Tarif‹ in mehr als 400 Textzeilen eingemeißelt ist, wurde im Jahr 1881 von dem russischen Reisenden Lasarew entdeckt …«
Kazimierz Michalowski

zwischen 67 und 69 n. Chr., nimmt auf das palmyrenische Fiskalgesetz Bezug und dokumentiert damit den Einfluß Roms auf den palmyrenischen Senat, ohne jedoch das Verhältnis zwischen ihnen genauer zu charakterisieren.

Als die Karawanenstadt unter Kaiser Trajan im Jahr 106 n. Chr. zum Vasallen Roms wurde, begann nur vordergründig ein Aufstieg, der sich in der Ausstattung der Stadt äußerte, aber kurz darauf dadurch begrenzt wurde, daß Trajan die römische Ostgrenze bis nach Mesopotamien vorzuschieben vermochte. Palmyras Machtposition basierte aber auf einem Gleichgewicht der großpolitischen Kräfte. Nur dann war die Stadt als Umschlagplatz und Vermittler unentbehrlich. Ein dauerhaft römisches Mesopotamien hätte die Oase im Verbund des Imperiums auf die Rolle eines mittleren Handelszentrums zurechtgestutzt.Insofern wurde das Scheitern Trajans im Zweistromland zu einem Segen für Palmyra, und insofern auch hatte der Besuch Hadrians im Jahr 129 n. Chr. eine solche Bedeutung, daß die Stadt sich dem Kaiser zu Ehren in »Tadmor Hadriana« umbenannte, die Bürger sich als »Hadrianoi Palmyrenoi« bezeichneten. Denn auch wenn Hadrian die Oase nicht aus dem römischen Machtbereich entließ, besaß er die Klugheit, nach der Aufgabe der mesopotamischen Provinzen Palmyra die Rechte einer freien Stadt einzuräumen. Damit fungierte die Oase erneut – und mit zunehmendem Erfolg – als Grenzstadt in kontrollierter Selbständigkeit.

Spätestens Mitte des 2. Jh. war in Palmyra eine römische Garnison, die Ala I Ulpia Singularium, stationiert; eine Nachfolgetruppe (Ala Herculiana) legte 167 n. Chr. unter ihrem Präfekten C. Vibius Celer einen Exerzierplatz bei Palmyra an. Umgekehrt kämpften palmyrenische Soldaten, insbesondere Bogenschützen, von Dakien bis Numidien im römischen Heer. Auch in Dura-Europos lagen sie in Quartier (s. S. 345). Übrigens hatte schon Trajan in Palmyra Truppen ausgehoben: die Ala Ulpia Dromedariorum Palmyrenorum, eine als Flügeltruppe eingesetzte schnelle Kamelkavallerie. Die Parther-Kriege von 162–166 stärkten das militärische Element in Palmyra, und die römischen Verwaltungsbande verdichteten sich nach der Eingliederung der ›Palmenstadt‹ in die neue Provinz Syria Phoenike. »Die Tünche der römischen Kultur drang jedoch nur oberflächlich in eine Gesellschaft ein, die im Grunde eine tribale und merkantile war, nicht aber – all dem Geld zum Trotz, das in öffentliche Projekte floß – eine urbane und aristokratische« (Ross Burns).

Dies läßt sich durch vier Statuen für einen gewissen Soados belegen, der sich im Osten Verdienste um Palmyras Karawanen erworben hatte. Einen solchen Mann ehrte die Oasenstadt natürlich nach Kräften; ebenso im Jahr 199 n. Chr. einen gewissen Ogelos, der nach einer Inschrift »durch seine zahlreichen Züge gegen die Nomaden stets die Sicherheit der Kaufleute und der von ihm geführten Karawanen gewährleistete«. Mehrfach werden auch Großhändler hervorgehoben, welche sich um die Intensivierung der Handelsbeziehungen auf der Seiden- oder der Weihrauchstraße bemüht hatten.

Das sogenannte Hadrianstor an der Kolonnadenstraße von Palmyra

Dies läßt sich aber auch belegen durch die palmyrenische Schrift, deren erste drei Beispiele 1691 William HALIFAX kopierte (s. S. 355). Die Entzifferung gelang 1753 dem französischen Gelehrten Jean Jacques BARTHÉLEMY. Die palmyrenische Schrift ist eine Abart der aramäischen und geht auf die phönikische Schrift des 14. Jh. v. Chr. (s. S. 48) zurück. Während im Handelsverkehr die griechische (später auch die lateinische) Schrift gepflegt wurde, blieb stadtintern das alte Reichsaramäisch (s. S. 59) in seiner palmyrenischen Dialektform maßgebend.

Mit dem Einfluß des syrischen Priesterhauses von Emesa/Homs auf den Kaiserthron zu Beginn des 3. Jh. wuchs auch die Macht von Palmyra, formal durch den Empfang des Ius Italicum unter Kaiser Caracalla, dann durch die Anerkennung als Colonia (212), was gleichbedeutend mit Steuerfreiheit war. Ideologisch übte Syrien seit Iulia Domna (s. S. 113) eine starke Wirkung auf Rom aus, die in der Regierungszeit Elagabals (s. S. 113) kulminierte. Auch Palmyra stieg damit im Ansehen Roms. Fast gleichzeitig mit dem Avancement des syrischen Kaiserhauses erwuchs dem römischen Reich in den Sassaniden aber ein überragender Gegner im Osten, der nach dem Untergang des Parther-Reiches den Kampf mit dem Westen forciert aufnahm. Die Auseinandersetzung der Großmächte führte Palmyra zum politischen Triumph – der freilich ein kurzfristiger bleiben mußte.

Der Vorstoß der Sassaniden unterbrach die für Palmyra so wichtigen Handelswege zum Persischen Golf. Erfolglos strebte die Karawanenstadt ein Bündnis mit Schahpur I. an, der aber größere Pläne verfolgte und den Römern 260 bei Edessa eine vernichtende Niederlage beibrachte. Dabei geriet Kaiser Valerian in Gefangenschaft; entweder im selben oder im nächsten Jahr wurde er in Ktesiphon ermordet. Die Schwäche Roms ließ das Schlimmste für Palmyra befürchten. Vom Osten her drohte nun das, was knapp eineinhalb Jahrhunderte zuvor vom Westen her unter Trajan versucht worden war: Palmyras kommerzielle Eigenständigkeit (die politische spielte immer nur eine Sekundärrolle) lief Gefahr, durch Eingliederung in ein Großreich entscheidend reduziert zu werden.

Alles auf eine Karte setzend, griff Fürst Odaenathus von Palmyra die sassanidischen Truppen auf ihrem siegestrunkenen Rückzug an den Tigris unvermutet an und schlug sie entscheidend. Dieser Odaenathus entstammte einer arabischen Familie, die in der Zeit des Septimius Severus das Bürgerrecht erhalten hatte und irgendwann nach 227 (Sturz der Parther, Machtwechsel in Mesopotamien, Beginn der palmyrenischen Krisenzeit) die politische Führung in Palmyra übernahm, das bislang vordergründig von einem Edlenrat mit zwei Archonten (Strategen) an der Spitze, hintergründig von einer Kaufmannsoligarchie beherrscht wurde.

Zunächst hatte der neue ›starke Mann‹ in Palmyra sich (so wie sein Vater Hairanes) eng an Rom gelehnt, dessen vorderorientalische Legionen er ab 256, als Kaiser Valerian ihn zum Statthalter von Syria Phoenike erhob, sogar befehligt haben dürfte. Das palmyrenische Heer, das er nach persischem Vorbild durch Panzerreiter verstärkte, wurde aber spätestens nach dem Schlag gegen die Sassaniden zu einem innenpolitischen Machtfaktor in den usurpatorischen Kämpfen um den von Gallienus besetzten Kaiserthron, in denen Odaenathus im Herbst 261 zugunsten des Kaisers eingriff, als er den Kronprätendenten Quietus in Emesa ermorden ließ. Daraufhin erhielt der palmyrenische Fürst als Dux Romanorum das Oberkommando über alle römischen Truppen im Orient. In der Folge wurde das Verhältnis seiner Machtbefugnis von Roms Gnaden und eigener

Spätrömische Prachtentfaltung am Ovalplatz vor dem ›Damaskus-Tor‹; Rekonstruktionszeichnung von Iain Browning.

Machtvollkommenheit zu Palmyras Gunsten – wie sie ODAENATHS Selbstbezeichnung als Rex Regum signalisiert, anknüpfend an die altpersische Herrschertitulatur König der Könige – zwar immer undurchsichtiger, doch ließ sich ODAENATH nie zu offener Unbotmäßigkeit gegenüber der Großmacht hinreißen.

Um die Niederlage Roms zu rächen, zugleich aber auch, um die Handelswege Palmyras wiederherzustellen, wandte ODAENATHUS sich nun gegen Osten. Nach siegreichen Schlachten bei Nisibis und Carrhae blieb die Belagerung von Ktesiphon (266/267), der sassanidischen Hauptstadt am Tigris, allerdings erfolglos. Als der Fürst irgendwann zwischen August 267 und April 268 (in Emesa? in Kappadokien?) mitsamt seinem Sohn HERODIANUS ermordet wurde (von seinem gleichnamigen Neffen? von einem Soldaten seiner Streitmacht?), war er auf dem Wege nach Nord-Kleinasien, um die Goten aus Herakleia Pontike zu vertreiben. Der Anlaß der Bluttat ist unklar, die Vermutung, ZENOBIA, die Gattin des Fürsten (s. u.), habe das Attentat veranlaßt, nicht zu beweisen. Möglicherweise ließ Kaiser GALLIENUS den ihm zu mächtig gewordenen ODAENATH beseitigen.

Die bislang latente Autonomiepolitik Palmyras wurde nach seinem Tod zugespitzt durch seine Frau ZENOBIA, die für VABALLATHUS, den unmündigen Sohn des ODAENATHUS (und formellen Herrscher), die Regierungsgeschäfte übernahm. Wie sich bald zeigen sollte, besaß ZENOBIA zwar viele Fähigkeiten, nicht aber politisches Fingerspitzengefühl. Anfangs freilich durfte sich die machthungrige Fürstin auf der Gewinnerstraße wähnen. Während Kaiser CLAUDIUS II. (reg.

268–270) durch den Goten-Einfall gebunden war (Schlacht bei Naissus, 269), eroberte ZENOBIAS General ZABDAS – sein Feldzug führte über Bosra (s. S. 404) – Teile Ägyptens, und kurz darauf konnte ZENOBIA neben Syrien sogar Kleinasien bis hinauf nach Ankara gewinnen. Wenn die Fürstin nach diesem militärischen Triumph zwischen Ende 270 und März/April 271 im ägyptischen Alexandreia wie auch in Antiocheia Münzen mit Porträts von AURELIAN (auf dem Avers) und VABALLATH (auf dem Revers) prägen ließ, mutet das wie ein programmatisches Friedensangebot an Rom an: Im Vorderen Orient werde künftig zwar Palmyra den Ton angeben, doch akzeptiere dieses Palmyra den neuen Kaiser AURELIAN (CLAUDIUS II. GOTHICUS war im September 270 in Sirmium an der Pest gestorben) als ersten Mann im Großreich Rom. Eine gewiß kühne, aber auch naive Politik, die Roms Bereitschaft überschätzte, Territorialverluste zu akzeptieren. Anfang 272 startete AURELIAN (reg. 270–275) seinen Feldzug gegen Palmyra. Als Antwort darauf prägten ZENOBIA und VABALLATH nun eigene Münzen und steigerten dabei ihre Titulatur (Augusta bzw. Augustus). Nacheinander schlug AURELIAN die Palmyrener am Taurus, vor Antiocheia und vor Emesa. 272 fiel Palmyra selbst. Zunächst blieb die Stadt unbehelligt, nach einem Aufstandsversuch wurde sie aber im August 273 zerstört und geplündert; auch der Tempelschatz ging verloren. ZENOBIA geriet bei dem Versuch, sich über den Euphrat zu den Sassaniden zu flüchten, in die Gefangenschaft römischer Truppen. Über ihr weiteres Schicksal herrscht Unklarheit: Hat die Gefangene auf dem Weg nach Rom den Tod gefunden, indem sie alle Nahrungsaufnahme verweigerte? Oder traf sie wohlbehalten in der Ewigen Stadt ein und wurde von AURELIAN in seinem Triumphzug Ende 273 – gefesselt und geschmückt zugleich – durch Rom geführt? Beides wird in den Quellen behauptet. In Tivoli bei Rom soll ZENOBIA ihr Leben beschlossen haben.

Christuskopf; Malerei aus der Kirche des Baal-Tempels.

Nach der Zerstörungen und Massakern des Jahres 273 versank die Oasenstadt in Provinzialität. Zum neuen Fernhandelszentrum im Vorderen Orient avancierte das nordsyrische Nisibis. Schon Kaiser AURELIAN dürfte indessen dauerhaft Militär in Palmyra stationiert haben, um die Handelssicherheit zu wahren. Kaiser DIOKLETIAN (reg. 284–305) verschaffte Palmyra knapp vor der Jahrhundertwende nochmals einen Aufschwung als Militärlager an der Strata Diokletiana (s. S. 387) und stationierte hier die Legio I Illyricorum. Die Bauten der Nekropolen dienten den Soldaten damals als Steinbruch, wenn sie Neues errichteten. Mit dem Abriß von Grabtürmen hatte allerdings schon ZENOBIA begonnen, um mit den Blöcken die Befestigungswerke der Stadt gegen AURELIAN zu verstärken. Innerhalb der Stadtmauern Palmyras fanden immerhin noch sporadische Restaurierungsversuche statt. Das letzte Zeugnis stammt aus dem Jahr 328: Ein kaiserlicher Kurator namens FLAVIUS DIOGENES verzeichnete damals die Erneuerung eines Hallendachs der Großen Kolonnade.

Eine von Michal GAWLIKOWSKI jüngst ergrabene **frühchristliche Kirche** aus der ersten Hälfte des 4. Jh. korrespondiert mit der Anwesenheit des palmyrenischen Bischof MARINOS 325 auf dem Konzil von Nicaea. Wahrscheinlich hat MARINOS in eben dieser Kirche die Messe gelesen. Zwei weitere christliche Gotteshäuser der Oasenstadt, beides Säulenbasiliken, dürften ins 6. Jh. datieren. Ferner wurde in der Cella des Baal-Tempels zu einem unbekanntem Zeitpunkt (5., 6. oder 7. Jh.) eine mit Fresken ausgestattete Kirche eingerichtet, die spätestens 728 aufgegeben war und entweder damals oder im 12. Jh. einer Moschee Platz machen mußte. Bekannt geworden ist ein Christuskopf unter den Fresken ihrer Westwand. Die jugendliche Typologie unterscheidet ihn deutlich von dem wenig später im byzantinischen Reich kanonisierten Christusbild.

Kaiser JUSTINIAN (reg. 527–565) erneuerte nicht nur die Befestigungswerke, sondern auch die Kirchen der Stadt (die dem monophysitischen Christentum anhing), doch Palmyras Kraft zur Selbständigkeit war längst gebrochen. Zwar wachte der Dux von Emesa mit seiner Garnison über Palmyra, doch der alte städtische Glanz verblich immer mehr: Die breite Via Praetoria wurde zur Basarstraße verengt, und um den Tetapylon entstand eine Art Hüttensiedlung. Grabsteine bezeugen, daß man in Palmyra um diese Zeit des Griechischen kaum noch mächtig war, ja, daß die Bevölkerung »nahezu aus Analphabeten bestand« (Michal GAWLIKOWSKI).

Nach seinem legendären Wüstenmarsch vom Irak her nahm der islamische Feldherr KHALID IBN AL-WALID, ausgesandt vom ersten Kalifen ABU BAKR, die Oase Anfang des Jahres 634. Obwohl die Omayyaden nahebei bedeutende Wüstenschlösser errichteten (s. S. 387f), war Palmyra für sie nur unter dem Aspekt der Materialverwertung interessant. Langsam verödete die Oasenstadt. Zuletzt doch eingemeindet in ein Großreich, war ihre merkantile Funktion erheblich eingeschränkt. Militärische Bedeutung erlangte Palmyra, nun längst wieder Tadmor oder Tadmur genannt, in der mittelalterlichen Kampfzeit, als ein Seldschuken-Emir die Propyläen des Baal-Tempels 1132/33 zur Zitadelle ausbauen ließ.

Zu den letzten historischen Bauten im Bereich von Palmyra gehört Qalaat Ibn Maan. Die Burg erhebt sich ca. 150 m über der Wüstenebene, also ca. 550 m über dem Meeresspiegel, und ist in der heutigen Gestalt ein Bau des 17. Jh. Der Serail nahe dem Baal-Tempel wiederum dürfte um 1872 entstanden sein, als zur Kontrolle der Beduinen osmanische Kavallerie in Palmyra stationiert wurde.

Zur palmyrenischen Kultur

Die antike Kultur Palmyras dokumentiert einen Kunstkreis, der seine Eigenart zunächst im hellenisierten Orient ausbildete und sich dann im Spannungsfeld zwischen Parthern und Römern behauptete. Dabei beschränkt sich der westliche Einfluß im wesentlichen auf die **Architektur,** während Skulptur und Malerei, aber auch Religion und Kultus, die Schrift nicht zu vergessen (s. S. 359), deutlich östliche Wurzeln verraten.

Der Stadtplan von Palmyra wird beherrscht von der gewaltigen Anlage des Baal-Tempels, dem Diokletianslager und der beide Monumente verbindenden Säulenstraße. Diese typisch syrische Achse unterscheidet sich in Palmyra durch das mehrfache deutliche

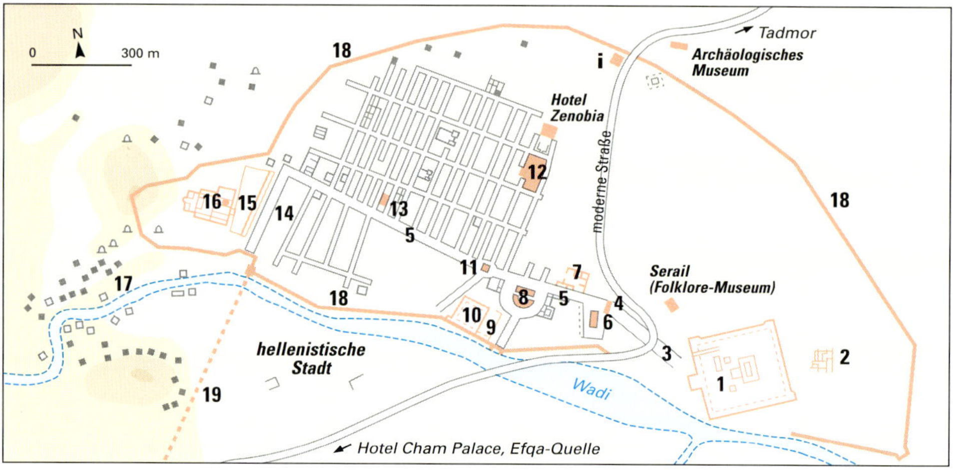

Das Stadtgelände von Palmyra:
1 Baal-Tempel
2 Patrizier-Häuser
3 Via Sacra
4 Bogentor
5 Große Säulenstraße
6 Tempel des Nabu
7 Diokletiansthermen
8 Theater
9 Tarif-Hof
10 Agora
11 Tetrapylon
12 Tempel des Baal Schamin
13 Frühchristliche Kirche
14 Transversal-kolonnade
15 Diokletianslager
16 Tempel der Allat
17 Westnekropole
18 Stadtmauer
19 Ältere Stadtmauer

Abknicken von anderen Beispielen. Die sehr unterschiedliche Ausrichtung von Stadtteilen und Tempeln, die sich in diesem unruhigen Verlauf ausdrückt, finden wir weder in den hellenistischen Gründungen noch in den römischen Stadtplänen von Damaskus oder Aleppo dokumentiert. Man kann sagen, daß die Palmyrener zwar Neuheiten der westlichen Architektur und Stadtplanung aufgenommen haben, ohne aber der Gesamtkonzeption zu folgen. Die Stadtanlage von Palmyra ist also weder hellenistisch noch römisch noch parthisch, obwohl zweifellos Elemente auftreten, die das hellenistisch-römische Vorbild voraussetzen (z. B. Agora und Theater, die das öffentliche Zentrum der Stadt bilden). Das Charakteristische des Stadtplans stellt jedoch seine Flexibilität dar, die es erlaubte, das geometrische Konzept zu variieren.

In den Tempelanlagen begegnen wir einem ähnlichen Phänomen: Dort werden die hellenistisch-römischen Bautypen zwar formell übernommen, aber soweit umgestaltet (Treppenaufgänge zum Dach, das als Kultplattform dient; Entrückung der Gottesbilder in Tabernakel), daß sie dem lokalen Kultus entsprechen. Erstaunlich bleibt dennoch, daß gerade die Sakralarchitektur in so auffälliger Weise westliche Bautypen rezipiert, da das palmyrische Pantheon doch dem vorderorientalischen Kreis zugehört und mit Göttern wie der Atargatis, dem Karawanengott Arsu oder den göttlichen Brüdern Aglibol (Mond) und Malakbel (Sonne) ganz und gar unwestlich ist. Selbst die griechisch benannten Gottheiten Palmyras sind östlichen Ursprungs. Geistiger Inhalt und materielle Form entstammen also verschiedenen Kulturräumen. Die unverbindliche Diskrepanz überwunden zu haben erscheint uns als Leistung der Palmyrener.

Eine architektonische Besonderheit Palmyras stellen die Grabtürme der West- und der Südwestnekropole dar. Vergleichsbeispiele finden wir nur am Euphrat, so in Zenobia oder Baghuz (s. S. 340;

353). Der Grabturmtypus entsteht zu Beginn des 1. Jh. n. Chr. und wird spätestens 130, also kurz nach dem Besuch Kaiser HADRIANS, durch Tempelgräber und Hypogäen abgelöst.

Ein Urteil über die **Plastik und Dekorationskunst** Palmyras führt mitten in die kulturhistorische Problematik des bis heute nicht klar zu bestimmenden Verhältnisses von griechischen, griechisch-hellenistischen, iranischen, iranisch-hellenistischen und nicht zuletzt römischen und parthischen Anteilen. Die facettenreiche wissenschaftliche Diskussion, seit Jahrzehnten engagiert geführt, kann hier nicht näher referiert werden. Ohne Herkunftszuweisungen zu versuchen, seien nur einige, jedem Besucher des Museums von Palmyra auffällige Eigenheiten der palmyrenischen Kunst genannt.

Palmyrenisches Gottesrelief

Nicht jedoch ohne die Vorbemerkung, daß ihr ein »obsessiver Formalismus« (Ross BURNS) zugrundeliegt. Die Formgesetze, die in der Architektur mit so leichter Hand variiert werden (s. o.), erscheinen als geradezu unantastbar in der palmyrenischen Plastik, die sich in ihren drei antiken Jahrhunderten nur in der Endphase ein wenig verändert. Solche Intransigenz legt die Schlußfolgerung nahe, daß wir dem weltanschaulichen Zentrum palmyrenischer Kultur hier sehr viel näher sind als bei einer Betrachtung der Baukunst.

Die kulturellen Antriebe und Tiefengesetze von Palmyras vorderorientalischer Lebens- und Jenseitsauffassung dokumentieren sich im Verzicht auf das, was man antiken Realismus nennt; erst in der späten Grabskulptur Palmyras (mit ihrer latent psychologisierenden Tendenz) wird diese Grundlinie verlassen; ansonsten aber herrscht, ganz buchstäblich, Verkleidung vor, denn es gibt kaum ein palmyrenisches Bildnis, in dem die Dargestellten die ortsübliche orientalische Tracht tragen, vielmehr lassen die toten Palmyrener sich als ›Römer‹ oder ›Parther‹ ins Bild setzen, und zwar stets frontal. Gegen alle lebendige Bewegung oder sogar Szenik (wie wir sie aus der griechisch-römischen Kultur kennen) wird jeder Abgebildete so zu einem Repräsentanten seiner selbst. Wir kennen diesen Darstellungsmodus aus Fotografien des 19. und frühen 20. Jh., wo die Abgelichteten eine ihrem Alltag nicht entsprechende Kleidung angelegt haben (Hochzeitskleidung etwa) und in dem Versuch, die Individualität in sozialer Bedeutung aufzulösen, ein ›Repräsentationsgesicht‹ zur Schau tragen. Interessant ist in diesem Zusammenhang die im Zeitengang zwar abnehmende, aber auch in späten palmyrenischen Beispielen immer noch erkennbare übermäßige Hervorhebung der Augen, die (seit Tell Braq vielleicht syrisches Charakteristikum; s. S. 33; 37) das ›Heilige Gespräch‹ zwischen Irdischen und Überirdischen signalisieren dürften. Wir vermuten, daß gerade die Verkleidungs- und Stilisierungstendenzen palmyrenischer Selbstdarstellung das Auge zum ausdrucksstarken Gegenfaktor in der sonstigen Abkehr von Individualität bestimmt haben.

Das 1961 begründete Museum von Palmyra, zwischen dem Ruinengelände und dem modernen Tadmor gelegen, würdigt die kulturhistorische Bedeutung Palmyras anhand seiner bildnerischen Schätze. Der Reichtum an lokalen Funden (gut beschriftet; daher an dieser Stelle keine weiteren Erläuterungen) ist bestrickend; es dominieren religiöse und sepulkrale Skulptur.

Auffällig ist ferner die Neigung Palmyras zur Ornamentalisierung der Fläche. Sie dürfte das Bemühen dokumentieren, Darstellungsformen zu entwickeln, die für Rom wie den Iran verträglich waren.

Der Tempel des Baal

»... das größte und edelste Bollwerk Palmyras – der riesenhafte Sonnentempel, umgeben von den hohen goldgelben Mauern seiner Hallen, die mit korinthischen Pfeilern vornehm eingeteilt sind und zu deren Umwandlung man mehr als einen Kilometer nötig hat.«
Theodor Wiegand, 1917

Eine Inschrift beweist, daß die Bauarbeiten spätestens 32 n. Chr. abgeschlossen waren; andere Inschriften datieren weiter zurück. Es ergibt sich eine Bauzeit von 17/19 bis 32 n. Chr. Genau datiert ist die Einweihung des Tempels: Sie fand am 6. Nisan (April) des Jahres 32 statt, dem Tag des babylonischen Akitu-Festes, jener Neujahrsfeier, die an die Taten Marduk-Baals am Weltenbeginn erinnert. Um das Jahr 80 begann ein grundlegender Umbau des Tempels. Die Säulenhalle des ersten Tempels stand noch auf einem siebenstufigen Unterbau, der nun nach römischem Vorbild zum Podium umgestaltet wurde. Die Projektänderung schloß eine Absenkung des Hofniveaus und die Konstruktion des heute erhaltenen Temenos ein.

Die Verwirklichung des neuen Gesamtplanes umfaßte einen langen Zeitraum. Die drei niedrigen Hallen im Norden, Osten und Süden wurden zwischen 80 und 120, die monumentale Westhalle und die Propyläen erst gegen Mitte des 2. Jh. fertiggestellt. In allen Baumaßnahmen waltete die Tendenz zu einer einheitlichen Raumgestaltung.

In frühchristlicher Zeit wurde die Tempelcella in eine Kirche umgewandelt, 1276 richteten die moslemischen Bewohner Tadmors eine Moschee im Tempel ein. Bis in die Zeit des französischen Mandats beherbergte der Tempelbezirk das Dorf Tadmor, 1929 wurde er geräumt und erhielt seinen heutigen musealen Charakter.

Der auf einem annähernd quadratischen Postament von 205 x 210 m Seitenlänge angelegte Tempelbezirk war allseitig von einer mehr als 11 m hohen **Temenos-Mauer** mit abschließendem Gebälk umge-

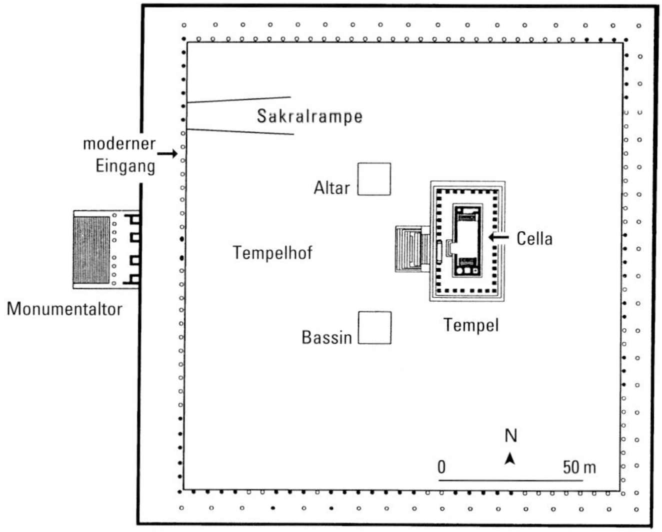

Der Baal-Tempel von Palmyra, Grundriß

Ansicht des Baal-Tempels von Palmyra

ben und öffnete sich nur nach Westen durch ein monumentales dreitoriges **Propylon,** das 1132/33 (Inschrift) von einem Seldschuken-Emir zu einer Befestigung ausgebaut wurde. Beidseitig waren die umlaufenden Wände in regelmäßigen Abständen durch korinthische Pilaster im Wechsel mit übergiebelten Fensteröffnungen gegliedert (gut erhaltene Wandpartien im Nordwesten und Südosten; der Unterschied zwischen originalem Mauerwerk und späteren Ausbesserungen ist deutlich erkennbar). Keine Fenster, aber eine größere Höhe hat die Westwand.

Diese Sonderheit der Westseite korrespondiert mit der Innengestaltung des Hofes, der auf seinen vier Seiten von flachgedeckten **Säulenhallen** eingefaßt wurde, die unmittelbar an die Temenos-Mauer anschließen. Wo West- und Nordportikus zusammentreffen, führte ursprünglich eine Wendeltreppe (Stufenreste) auf die Dächer. Im Gegensatz zu den zweischiffigen Hallen im Norden, Süden und Osten präsentiert sich die Westhalle einschiffig, dennoch fast von gleicher Breite und größerer Höhe. Sie ist mit einer einschiffigen Stoa (Wandelhalle) zu vergleichen, die zusammen mit dem Propylon eine Art quergelagerte Eingangshalle bildet. Entsprechend nimmt die Säulenstellung Bezug auf das breitere Mittelportal des Propylons: Eine Säulenstellung ist ausgelassen. Dadurch eröffnete sich dem antiken Besucher nach dem Treppenaufgang des 35 m breiten Propylons ein Durchblick bis in die eigentliche Tempelcella, das Propylon wurde also exakt auf den Eingang des Tempels ausgerichtet. Da nun das Portal der Tempelcella augenfällig nach Süden verschoben ist und sich der Tempel dennoch in der Hofmitte befindet, muß auch das Propylon nach Süden versetzt sein. Die Orientierung der Westhalle auf den Zugang zur Cella weist darauf hin, daß der Peristyl-Hof nach dem Tempelbau entstand.

Nur Spuren haben sich erhalten von einem **Rampengang** nördlich des modernen Eingangs, auf dem die Opfertiere unter der Umfassungsmauer hindurch zum Altar geführt wurden, ebenso vom sakralen **Waschungsbecken** weiter südlich.

Der **Podiumtempel** ist über eine monumentale Freitreppe (1932 rekonstruiert) zugänglich, die in ein Portal mündet, das die westliche Säulenhalle durchbricht und hinführt zum eigentlichen Eingangstor. Gerade durch diesen Zugang an der Längsseite unterscheidet sich der Baal-Tempel vom Pseudodipteros des HERMOGENES in Magnesia am Mäander, dem ›Idealtempel‹ des Hellenismus. Im Grundriß ist die Verwandtschaft der beiden Tempel jedoch offensichtlich.

Die längsrechteckige **Cella** ist in weitem Abstand von einer Säulenhalle umgeben, welche die eingeplante innere Säulenstellung wie in Magnesia ausspart. Auch in der Säulenzahl – 15 auf der Längsseite, acht auf der Schmalseite – stimmen die beiden Tempel überein, und im Baal-Tempel ist genau so wie im Artemis-Tempel von Magnesia der mittlere Säulenabstand der Schmalseiten deutlich ausgeweitet. Obwohl die Schmalseiten in Palmyra keine Zugänge haben und

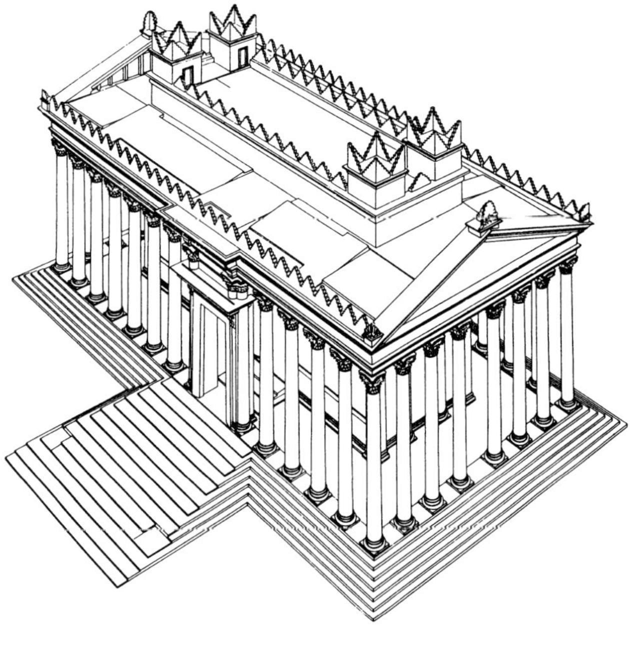

Der Podiumtempel des Baal-Heiligtums, Rekonstruktion

die Rückseiten der beiden Kultnischen bilden, erinnern die vorgelegten Halbsäulen mit ionischen Kapitellen an die Säulenstellungen der Anten von Magnesia. Im übrigen war die Säulenordnung korinthisch. »Das heutige Aussehen der Kapitellkelche [...] erweckt den Eindruck, als wären sie nie vollendet worden. In Wirklichkeit waren die Kapitelle jedoch einst mit bronzenen geschmiedeten Akanthusblättern versehen. [...]. Dieser herrliche Bronzeschmuck ist verschwunden.« (K. Michalowski).

Der **Zugang zur Cella** des Baal-Tempels ist an der westlichen Langseite eingerichtet und reich dekoriert. Dabei dominiert, wie auch sonst in Palmyra, Pflanzenornamentik (stilisierte Weinranken). Der Eingang nimmt Bezug auf die Innenraumstruktur, die durch die abwinkelnde Achse in mesopotamischer Tradition steht. Wir kennen das Prinzip aus dem assyrischen Raum mit seinen Knickachsentempeln, die ebenfalls vom Besucher eine Richtungsänderung verlangten und auf diese Weise weltliche und göttliche Sphäre schieden. Als weitere Besonderheit ist die Cella von einer flachen **Terrasse,** zu verstehen als liturgische Plattform, überdacht, an deren Ecken sich quadratische Türmchen erheben. Die Cella erscheint also auch in der Dachkonstruktion als selbständiger Architekturkörper. Ein weiteres typisches Detail syrischer Sakralarchitektur stellen die gestuften Zinnenbekrönungen (Merlonen) dar.

Die Standbilder der Götter hatten ihren Platz in Thalamos genannten Kultnischen, mehrere Meter über dem Cella-Boden an der nördlichen wie der südlichen Schmalseite. Mit seiner monolithen Decke, die den Kosmos darstellt, beansprucht der **nördliche Thalamos** eine Eigenwirklichkeit, die selbst dem Betrachter im Heiligtum weit entrückt scheint. Dennoch ist der Kultnische in das Gliederungsschema der Wand integriert. Die Wandöffnung erhält durch die Profilrahmung und den abschließenden Sturz mit seitlichen Konsolen den Charakter einer Fenster- oder Türöffnung, auf die der Giebel der vorgeblendeten Gebälkzone bezogen ist. Die Flächengliederung assoziiert also eine Tempelarchitektur, die sich trotz ihrer komplexen Raumgestaltung dem Betrachter doch nur als Bild offenbart.

Im **südlichen Thalamos** können wir das gleiche Phänomen in leicht veränderter Form beobachten. Der Wand ist das Schema einer viersäuligen Tempelfassade mit Giebel vorgeblendet, in deren Zentrum sich die über einen breiten Treppenaufgang erreichbare Kultnische mit eigener Rahmengliederung befindet. Seitlich des Thalamos, der die ›Lagerstätte‹ des Gottes Baal enthielt, führten zwei **Treppenaufgänge** zur Tempelterrasse hinauf. (Ein dritter Treppenaufgang befindet sich rechts vom nördlichen Thalamos.)

Entscheidender noch als durch die ›syrischen‹ Treppenaufgänge (s. S. 79) unterscheidet sich diese Innenraumgestaltung vom griechischen Vorbild durch ihre andere Gottesauffassung. Während das zumeist monumentale Standbild im griechischen Tempel die Cella beherrscht und der ausgerichtete Raum als Gotteshaus empfunden wird, ist die Präsenz der syrischen Götter einer entfernten kosmischen Räumlichkeit verhaftet und weder in materieller Größe noch physischer Nähe erfahrbar. So vermissen wir auch die einheitliche Ausrichtung der ganzen Architektur auf das Kultbild.

Welchen Göttern war nun der Große Tempel von Palmyra geweiht? Wir erfahren es in den **Reliefs des Baal-Tempels.** An der Peristyldecke zwischen Rampe und Eingang zur Cella befand sich das quadratische Relief mit der Darstellung von Yarhibol, Aglibol und einer weiblichen Gottheit in griechischer Gewandung, möglicherweise Astarte oder Allat (die Sturzblöcke liegen heute in der Nähe des Eingangs). In der Mitte ist Yarhibol durch den Strahlennimbus als Sonnengott charakterisiert. Er trägt eine Rüstung, Schwert und Lanze. Aglibol, ebenfalls in militärischem Panzer, erscheint durch die Sichelform über seinem Haupt als Mondgott. Die seitlichen Tragebalken zeigen querrechteckige Relieffelder, welche die Priesterschaft und die Götterwelt zum Thema haben. Ein wichtiges Motiv ist die Opfergabe, durch die Priesterschaft dargebracht in Anwesenheit der Götter, darunter wieder Aglibol. Die Rückseite dieses Tragebalkens schildert den Kampf eines schlangenleibigen Drachens mit einem Gott auf einem Streitwagen und einem zweiten auf einem Pferd in Anwesenheit sechs weiterer Gottheiten. Die beiden rechten Figuren bilden eine weibliche Gottheit und den nackten Herakles ab. Sehr ausgefallen wirkt die Prozession eines Pferdes und eines Kameles in Begleitung verschleierter Frauen und einer Versammlung von vier Männern.

Baal bedeutet soviel wie Herr, Besitzer. Einen einheitlichen Baal-Kult gab es in Syrien ebensowenig wie eine homogene Vorstellung von dem Gott. Baal mußte also durch einen zweiten Begriff ergänzt werden, der sich entweder auf den Ort der Verehrung oder auf eine Eigenschaft des Gottes bezog. So existierten der Baal von Emesa, der Baal von Damaskus oder der Baal von Palmyra. Nachweisbar ist der Baal-Kult in Palmyra seit 44 v. Chr., also seit späthellenistischer Zeit, und einige Mauerblöcke im heutigen Baal-Tempel stammen aus einem nicht mehr rekonstruierbaren Vorläuferbau für den Gott.

Wahrscheinlich geht die palmyrenische **Baal-Verehrung** bis ins zweite vorchristliche Jahrtausend zurück, als die aramäische Bevölkerung der Oase ihren Gott Bol (eine semitische Namensform für Baal) dem babylonischen Gott Marduk-Baal (Bel) anglich. Das Wort Bol besteht fort in den Götternamen der beiden Begleiter Baals, Aglibol und Yarhibol. Baal ist ein bartloser Gott. Er trägt eine Rüstung und parthische Pluderhosen. In allen aufgefundenen Darstellungen Palmyras erscheint er zwischen Yarhibol und Aglibol, zwischen Sonne und Mond also. Im Deckenrelief des Nordthalamos beherrscht er das Zentrum, umgeben von sechs Planeten und – in einem äußeren Ring – den Tierkreiszeichen. Der astrologische Aspekt verdeutlicht die kosmische Natur des Gottes, für den Sonne, Mond und planetarische Aspekte nur Erscheinungsweisen sind.

Eine eigene Priesterschaft seit der Mitte des 1. Jh. v. Chr. bezeugt einen organisierten Kult, der in einigen Aspekten anhand architektonischer Besonderheiten rekonstruiert werden kann. Die Spuren von unterschiedlichen Gebäuden im Westen des Tempelhofes, also zwischen Eingang und Cella, geben Auskunft über die Opferzeremonien. Wie schon erwähnt, führte im Nordwesten des Hofes ein Gang unter der Westhalle in den Hof, um die Opfertiere nicht durch das monumentale Propylon treiben zu müssen. Die Schlachtung der Tiere oblag den Priestern, die eine charakteristische Kopfbedeckung, den sogenannten *modius*, trugen, »als Zeichen des Ranges manchmal mit einem Lorbeergewinde versehen, das vorn von einer bronzenen Klammer zusammengehalten wurde, oft mit einer kleinen Büste im Medaillon« (Kazimierz Michalowski). Diese Büste zeigte den jeweiligen vom Priester bedienten Gott, und man kann sich gut vorstellen, wie in Palmyra all die Gottesdiener beim Gang über die Straßen ihre Insignien zur Schau stellten. Westlich des Opferaltars wurden Spuren eines Festsaals entdeckt, der kultischen Opfermahlen diente. Außer der Priesterschaft durften an diesen Kultmahlen, »bei denen Brot, Fleisch und offenbar auch gemischter Wein ausgeteilt wurde« (Andreas Schmidt-Colinet), nur Privilegierte teilnehmen, an die als Berechtigungsausweis eine *tessera* ausgegeben wurde, eine Marke aus gebranntem Ton mit göttlichen Symbolen und Gebetsformeln.

Für den weiteren Gang der Kulthandlung von Bedeutung war nicht zuletzt der Südthalamos in der Cella. Unabhängig von seiner Funktion als Gotteslager besaß er, wie Jean Starcky dargestellt hat, einen zeremoniellen Charakter. Die breite Freitreppe und die beiden Treppenaufgänge zur Terrasse dürfen als Prozessionsweg angesehen werden, wobei die Dachterrasse selbst zum Kultplatz avancierte, zum Erscheinungsort der Gottheit, die mit Weihrauch umwölkt wurde, während im Tempelhof Jubelgesänge aufklangen.

Im Umfeld des Baal-Tempels

Östlich des Baal-Tempels wurden die Fundamente zweier **Patrizier-Häuser** des frühen 3. Jh. n. Chr. aufgedeckt. Erbaut also noch vor der Zeit der Zenobia, entstanden sie im Vertrauen auf die Sicherheit der Pax Romana außerhalb der Stadtmauern. Die Mosaiken, die zutage kamen, wurden abgetragen und befinden sich heute in den Museen von Palmyra (so die Darstellung von Achilles auf Skyros) und Damaskus (Darstellung der Kassiopeia).

Östlich der modernen, in die Oasenstadt hineinkurvenden Straße wurde im April 1992 ein kleines **Folklore-Museum** eröffnet. In osmanischer Zeit Sitz des örtlichen Machthabers und Karawanserei zugleich, wird das Gebäude Serail (›Palast‹) genannt. Die Exponate dokumentieren mit Trachten und Gerätschaften das traditionelle Alltagsleben in der Oase.

Säulenstraße und Stadtzentrum

Die Kolonnadenstraße durchquert das Stadtareal nicht geradlinig, sondern in drei deutlich geschiedenen Abschnitten, die voneinander abwinkeln und jeweils durch Torbauten getrennt sind. Während die historische Trassierung der Säulenstraße sukzessive von Westen nach Osten fortschritt, folgen wir ihr nun in umgekehrter Richtung, zunächst vom Baal-Tempel zum Bogentor. Dieser erste Abschnitt hatte sicherlich auch sakrale Bedeutung als Via Sacra und war mit ca. 40 m Breite bei einer Tiefe von je 6,7 m der begleitenden Portiken besonders großzügig gestaltet.

Auf der linken Seite markieren vier korinthische Monumentalsäulen auf quadratischen Postamenten die Front eines 9,2 m breiten **Prachtbrunnens,** der jedoch nur noch in den Fundamenten mit der rückwärtigen Apsis zu erkennen ist. Ca. 25 m weiter wurde auf derselben Straßenseite ein gepflasterter **Bankettsaal** (11 x 6,8 m) ermittelt, dessen Eingang von zwei Säulen flankiert war. »Eine Plattform im Innern der Anlage diente vermutlich der Aufstellung von Statuen« (Adnan Bounni). Der Saal wie auch der Brunnen, der Wasser für Waschungen bot, unterstreicht den religiösen Charakter dieses Straßenteils, das auf den Besuch des Baal-Tempels einstimmte.

Das den sakralen Straßenabschnitt beschließende **Prachttor** glich durch seinen dreieckigen Grundriß geschickt den Winkel (30°) zwischen den Straßenpartien aus; der Straßenknick wurde auf beiden Seiten des Bogens nicht wahrgenommen. Der hohe Mittelbogen und die seitlichen, niedrigen Torbögen entsprechen der Hauptstraße mit ihren Säulengängen. Von besonderer Qualität sind die erhaltenen Ornamentfelder der Torgewände und Bogenlaibungen. Übrigens ist die geläufige Bezeichnung des eindrucksvollen Baus als Hadrianstor irreführend; das Bogentor entstand erst unter Kaiser Septimius Severus (reg. 193–211), also in der Blütezeit Palmyras.

Südwestlich des Bogentors, unmittelbar an die Kolonnadenstraße anschließend, liegt der **Tempel des Nabu.** Die Zuweisung an den mesopotamischen Gott der Weisheit und Schriftkunst (den das Alte Testament als Nebo kennt; Jesaja 46, 1) ist durch Weihinschriften für den »guten und belohnenden Gott« gesichert. In Auswertung des

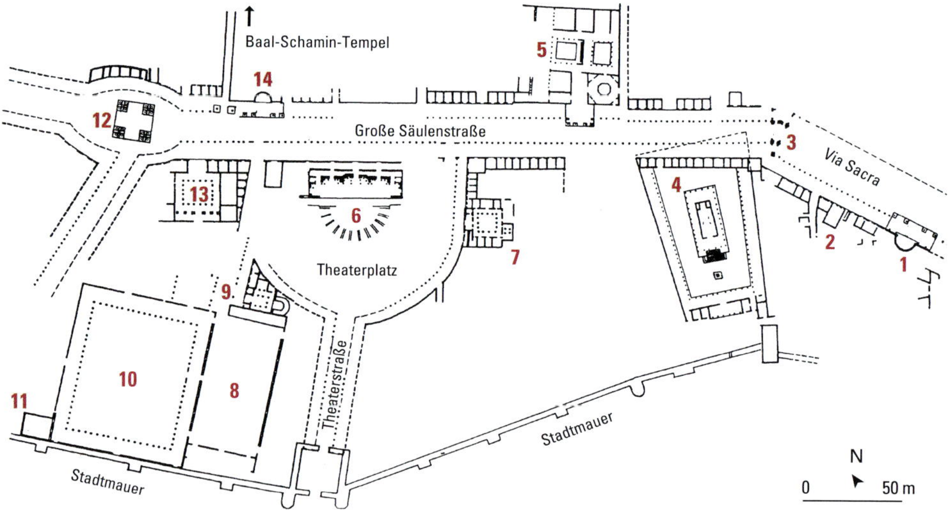

Das Stadtzentrum von Palmyra mit dem Zentralbereich der großen Säulenstraße:
1 Nymphäum
2 Bankettsaal
3 Bogentor
4 Tempel des Nabu
5 Diokletiansthermen
6 Theater
7 Peristylhaus
8 Tarifhof
9 Senatsgebäude (?)
10 Agora
11 Bankettsaal
12 Tetrapylon
13 Kaysereion
14 Nymphäum

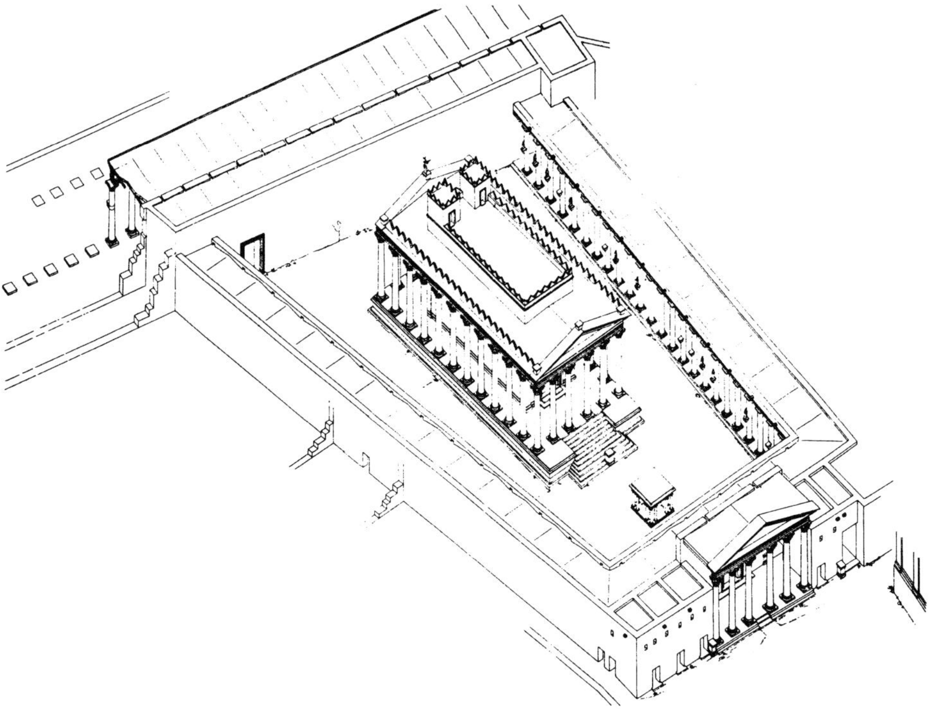

Der Tempel des Nabu, Rekonstruktion

archäologischen Befunds (Grabungen ab 1963) und der Textquellen datiert Adnan Bounni, der ehemalige Leiter des syrischen Antikendienstes, die Anlage in das letzte Viertel des 1. Jh. n. Chr. Umgestaltende Bauarbeiten zogen sich allerdings bis in das 3. Jh. n. Chr. hin.

Der trapezförmige, sich nach Norden hin verbreiternde Tempelhof war im Süden durch ein Säulen-Propylon zugänglich, mit der Säulenstraße im Norden verband ihn ein schmaler Eingang. Während im Westen, Süden und Norden Hallen mit Säulen dorischer Ordnung den Tempelhof einfaßten, bildete die Rückwand der Ladenstraße seinen nördlichen Abschluß. Die monumentale Säulenstraße versehrte den älteren Tempelbezirk.

Im Zentrum des Hofes erhob sich – nur in den Grundmauern erhalten – der korinthische Peripteros (32 Säulen) über einem 2,15 m hohen Podium von etwa 20 x 9 m Fläche, das im Süden durch zwei Mauerzungen erweitert wurde, zwischen denen eine Freitreppe zur Cella hinaufführte. Das Kultbild des Gottes besetzte einen Tabernakel (Thalamos) im Hintergrund der Cella. Wie im Baal-Tempel (s. S. 371) war das Dach als Kultplattform gestaltet und mit Zinnen geschmückt. »Über den Schmalseiten des Tempels erhoben sich dekorative Scheingiebel« (Adnan Bounni).

Beachtung verdient zwischen südlicher Säulenhalle und Tempel in der Achse Propylon – Cella ein (restaurierter) quadratischer Bau mit zwölf korinthischen Säulchen um einen Mauerkern, an dessen Oberkante Reliefs mit frontal dargestellten Gottheiten angebracht waren. Offenbar handelt es sich hier um einen prunkvoll gestalteten Altar. Er mag sich aus der babylonischen Funktion des Nabu als »Schreiber der Schicksalstafeln« (Manfred LURKER) erklären. Als solcher war Nabu auch Orakelgott und wurde mit dem kleinasiatisch-griechischen Apollon gleichgesetzt, der ja ebenfalls Gott der Weissagung war. Wahrscheinlich fanden am Altar des Nabu von Palmyra neben Opferhandlungen Orakelrituale statt.

»Frei und leicht steht alles in Palmyra, und die Landschaft könnte einem Claude Lorraine entsprechen. Weithin und ohne Grenzen können sich die Hallenstraßen, gewölbten Prachtportale, Theater, Tempel und Paläste ausdehnen.«
Theodor Wiegand, 1917

Hinter dem Bogentor (s. Abb. S. 354) eröffnet sich dem Besucher ein grandioser Blick auf die weitgehend erhaltenen Säulenreihen bis hin zum Tetrapylon, der das nächste Abwinkeln der Straße markiert. Die Geschlossenheit des Straßensegmentes (11 m breit, links und rechts von 7 m tiefen Portiken flankiert) erinnert an römische Platzanlagen. Die Konsolen an den Säulenfronten trugen ursprünglich Standbilder palmyrenischer Würdenträger (s. S. 376) und steigerten die Prachtentfaltung städtischer Kultur ins Unvergleichliche. Zweifellos handelt es sich hier um eine Sternstunde des Städtebaus!

Aus der rechten Säulenhalle ragt ca. 100 m jenseits des Bogentors ein viersäuliges Propylon vor, das den Zugang zu einer Badeanlage, den sogenannten **Diokletiansthermen,** bildet. Die vier roten Säulen (eine steht seit der Antike aufrecht) sind aus Granit und insofern möglicherweise ägyptische Importstücke – ein Hinweis auf die ehemals kostbare Ausstattung dieser Thermenanlage, die schon gegen Ende des 2. Jh. n. Chr. entstand, aber erst Ende des 3. Jh. ihre letzte, nur noch in Spuren sichtbare Form erhielt. Eine Inschrift in griechischer Sprache nennt den Namen SOSIANOS HIEROKLES, der unter DIOKLETIAN (reg. 284–305) Statthalter in Syrien war. Die syrischen Ausgrabungen ab 1959 haben den Grundriß der großzügigen Anlage von 85 x 51 m freigelegt: Es handelt sich um einen typisch römischen Komplex mit Kalt-, Lau- und Warmwasserbad (Hypokausten-Heizung), dazu Umkleideräumen, einer Palaestra (Sporthof) und einer Piscina (Freibad). Eine ca. 100 m nordwestlich entspringende Quelle (mit trinkbarem Wasser) versorgte die Anlage.

Südlich des zweiten Abschnitts der Säulenstraße liegt das öffentliche Zentrum Palmyras, dessen Kern Theater und Agora bilden. Zwei Torbögen in der Säulenhalle markieren die Eckpunkte des **Theaters,** dessen Szenenrückwand parallel zur Halle der Säulenstraße verlief. Durch einen der beiden seitlichen Zugänge erreicht man die Orchestra, jenen halbkreisförmigen Freiraum, an den hinter einer Brüstung die Sitzreihen des unteren Ranges anschließen (restauriert). Die Cavea ist halbkreisförmig gebildet sowie durch die seitlichen Eingänge und den Bühnenbereich geradlinig abgeschlossen. Als Substruktion für die Sitzreihen diente auf der Rückseite des Theaters ein halbrunder Portikus als Umgang. Gespielt wurde auf dem Prosce-

Blick über die Orchestra auf die – teilweise rekonstruierte – Scenae Frons des römischen Theaters von Palmyra

nium, das höher liegt als die Orchestra und eigene seitliche Zugänge für die Schauspieler hatte, die vor der Scenae Frons agierten. Das Bühnenhaus geht nur wenig in die Tiefe und besaß auch nicht die sonst üblichen Räume für die Darsteller. Es ist durch drei Nischen gegliedert, deren mittlere eine weitgeschwungene Exedra bildet. Diese zeichnet sich durch einen viersäuligen Giebelbaldachin aus (1991 restauriert). Die durch insgesamt fünf Eingänge gebrochenen Wandflächen sind durch Säulenstellungen bereichert.

Wie die anderen syrischen Theater datiert der Bau von Palmyra nicht vor das 2. Jh. n. Chr.. Inwieweit das Theater auch politische Funktionen als Ort größerer Zusammenkünfte übernahm, ist nicht zu beantworten. Auf jeden Fall liegt das sogenannte Senatsgebäude mit kümmerlichen Ausmaßen in unmittelbarer Nähe (s. u.).

Um das Theater formierte sich ein hufeisenförmiger Platz mit angrenzendem Portikus. Bis zu seiner Freilegung zwischen 1959 und 1962 lag dieser weitläufige Bereich (104 m breit, 82 m tief) unter 5 m hohen Sandmassen verschüttet. Wahrscheinlich ist der **Theaterplatz,** wie man ihn nennt, »sowohl von den Besuchern des Theaters benutzt worden als auch von den Karawanenhändlern, die ihre Handelsgüter auf der Agora umschlugen« (Adnan Bounni). Im Süden verließ die sogenannte **Theaterstraße** mit ihren Kolonnaden den Platz nach Südwesten, wahrscheinlich durch ein Prunktor.

Bei den Ausgrabungen (Khaled al-Asad) am Theaterplatz wurde in den 70er Jahren ca. 40 m östlich des Theaterbaus ein stattliches

Peristylhaus von 34 x 30 m Grundfläche aufgedeckt. Die 15 gepflasterten Räume, die sich um den Zentralhof mit seinem korinthischen Säulenkranz gruppierten, waren nur in den untersten Lagen aus Stein, darüber aus Lehmziegelmauerwerk aufgeführt.

Im Nordwesten des Theaterplatzes bzw. der Theaterstraße erreichen wir zwei monumentale, hoch ummauerte Platzanlagen, die durch Türen und Fenster miteinander verbunden und zeitgleich entstanden sind. Der erste Hof ist als **Tarif-Hof** bekannt, denn hier fand der russische Reisende Abamalek LAZAREW 1881, unmittelbar vor dem Haupteingang, einen hochrechteckigen Steinblock, auf dem am 18. April des Jahres 137 n. Chr. die – übrigens maßvollen – Zolltarife Palmyras verzeichnet wurden. Damit ist auch die Funktion des ungepflasterten, 75,5 x 37,5 m messenden Platzes bestimmt: Es wird sich um den Sammel- und Umschlaghof für die Karawanenleute gehandelt haben, die hier mitsamt ihren Kamelen Station machten. Große Portale im Süden und im Norden, wo das mutmaßliche **Senatsgebäude** mit seinem Peristylhof und seiner von Bänken umgebenen Apsiskammer unmittelbar anschließt, ermöglichten den Zugang. Trotz der rein merkantilen Funktion des Platzes waren die etwa 10 m hohen Innenwände dekorativ mit Pilastern gegliedert.

Der zweite, größere (75 m x 48 m) Hof war auf seinen vier Seiten von Säulenhallen umgeben. Die meisten, wenn nicht alle Säulen besaßen einst Konsolen, auf denen die Statuen von Karawanenführern (Südseite), von Heerführern (Westseite), von hohen Beamten (Nordseite) und von Mitgliedern des severischen Kaiserhauses (Ostseite) standen. Im nördlichen Teil erfrischten zwei Fontänen die Luft. »Ein niedriges Podest zeigt die Stelle an, von der bei Versammlungen die Redner zur Menge sprachen« (Horst KLENGEL). Durch Pilaster gegliederte Mauern bildeten die Rückwände der Säulenhallen; weitere Räume schlossen sich nicht an. Das verwundert zunächst, da die Funktion der Platzanlage als **Agora** gesichert ist. Wir wissen jedoch, daß Palmyras Säulenstraßen auch Ladenstraßen waren und insofern die Funktion eines Basars übernahmen. Die Agora hingegen diente als Wochenmarkt für die städtische Bevölkerung, dazu für Bürgerversammlungen. Wie der Karawanenhof lag sie am Stadtrand, war also für die Stämme des Umlands problemlos zugänglich.

An der Südwestecke des Hofes war in einem kleinen Annexbau der sogenannte **Bankettsaal** mit Kultnische und Altar an der Rückwand eingerichtet. Auf Klinen (Bänken) entlang der Wände gebettet, nahmen die Gäste hier rituelle Opfermahle ein.

Nördlich der Agora streicht eine weitere Säulenstraße zum 1963 wiederaufgerichteten **Tetrapylon,** der nach dem Triumphtor eine zweite ›Gelenkstelle‹ der Hauptachse Palmyras markiert; der Richtungswechsel betrug hier 10°. Das Tetrapylon ist cinc Konstruktion aus vier quadratischen Postamenten, die jeweils vier Rosengranitsäulen (aus dem ägyptischen Assuan) mit einem gemeinsamen Architrav trugen. Eine der Säulen ist original, die übrigen wurden aus eingefärbtem Zement rekonstruiert – und beginnen schon wieder zu bröckeln. Auf den Postamenten standen ursprünglich Statuen, der Mittelteil des Tores war stets offen. Wir kennen solche Bauten in Syrien u. a. aus Philippopolis (s. S. 420) und Ladiqiya (s. S. 215).

Nochmals einige Schritte auf der Säulenstraße zurück Richtung Theater bzw. Bogentor bringen uns zum mutmaßlichen **Kaysereion** auf der Rechten. Die Identifizierung des großzügig bemessenen und mit einem geräumigen Peristylhof ausgestatteten Baus beruht allein auf einigen Inschriftensockeln, auf denen u. a. ein »autocrator Caesar divus« verzeichnet wird, doch sprechen die Lage im Kern der Stadt und die Datierung der erhaltenen Ruinen in severische Zeit für die Hypothese, es könne sich um einen Ehrenbau für die römischen Kaiser gehandelt haben. (In islamischer Zeit wurde der Bau übrigens zur Moschee umgewidmet.) Interessanterweise standen in unmittelbarer Nähe, auf den Konsolen der siebten und sechsten Säule vor dem Tetrapylon, ursprünglich Statuen des Odaenathus (mit intakter Inschrift) und der Zenobia (mit Namensrasur).

Schräg gegenüber diesen Statuen wurden in den Jahren 1963/64 die Fundamente eines weiteren **Nymphäums** freigelegt: »ein Apsidialbau mit Statuennischen und vorgelagerten Treppenstufen, über die das Wasser in Kaskaden in ein halbkreisförmiges Becken floß« (Adnan Bounni). Vor dem Becken erhoben sich auf einer Pflasterplattform vier monumentale Säulen. Der Grundriß ähnelt also dem des Nymphäums im Sakralbereich der Säulenstraße (s. S. 372). Die Datierung des Prachtbrunnens ist unsicher, das späte 2. Jh. am wahrscheinlichsten.

Unmittelbar westlich des Nymphäums streicht eine schmale, nur 3,70 m breite Straße zum Baal-Schamin-Tempel (s. u.). Sie gehört zum rechtwinkligen Straßenraster der Stadt, entstand noch im 1. Jh. n. Chr. und erschloß den kleinen, gleichaltrigen **Altar des Aschad,** einer Lokalgottheit bzw. eines Naturgeistes.

Der Tetrapylon markiert den zweiten Abschnitt der großen Säulenstraße.

Baal-Schamin war ein Gott phönikischen Ursprungs, der als ›Herr des Himmels‹, als Beherrscher von Sonne und Mond ähnlich wie Baal eine höchste Gottheit verkörperte. »Die Seleukiden stellten ihn auf ihren Münzen dar, wie er auf der Stirn mit einem Halbmond geschmückt ist und in der Hand eine Sonne mit sieben Strahlen trägt« (Manfred LURKER). Auf einem Türsturz (heute im Museum Palmyra) seines palmyrenischen Tempels überspannt der hohe Gott in Gestalt eines Adlers mit seinen ausgebreiteten Schwingen die Büsten von Aglibol und Malakbel (Mond und Sonne), zwei Gottheiten aus dem Umfeld des Baal (s. auch S. 370).

Der uneinheitliche Komplex des **Baal-Schamin-Tempels** hat eine komplizierte Baugeschichte. Ein einfaches orientalisches Hofheiligtum aus dem Jahr 17. n. Chr., gestiftet von dem Mitglied eines nahe Palmyra schweifenden Stammes, bezog bereits eine Grabanlage ein, die in das zweite vorchristliche Jahrhundert zurückdatiert (und außerhalb der seleukidischen ›Stadt‹ gelegen haben muß). Die halb unterirdische Grabanlage gliedert sich übrigens in einen schmalen Mittelgang und Grabschächte an den Gangseiten.

Der Tempel des Baal Schamin an einer Nebengasse der Säulenstraße

Um 60 n. Chr. erfuhr die Hofanlage des ersten Tempels eine fundamentale Neuordnung. Den nordöstlichen Teil des Hofes formierte man im Jahr 67 durch vier umlaufende Säulenhallen zu einer selbständigen Raumeinheit. Der südwestliche Teil wurde in hadrianischer Zeit neugestaltet. Ein zweiter Peristylhof und der das Gelände heute dominierende Tempel waren spätestens 150 fertiggestellt. Restaurierungen reichten bis in die Zeit des ODAENATHUS.

Damit konstituierte sich ein dreigeteilter Komplex mit zwei unterschiedlich großen Höfen, zwischen denen sich – 1954–1956 von einer Schweizer Mission unter Paul COLLART restauriert – über einem flachen, einstufigen Unterbau die durch korinthische Pilaster gegliederte und nach Osten geöffnete Cella mit einer sechssäuligen Vorhalle erhebt. Axialsymmetrisch zum Eingang der Cella war an deren Rückseite eine Kult-Exedra eingezogen, die durch die seitlich ausgesparten Räume der Dreiteilung des Thalamos im Baal-Tempel, aber auch in Tempeln des Hauran (s. S. 419) entspricht.

Vermutlich Anfang des 5. Jh. wurde bei einer kurzzeitigen Umwandlung der Cella in eine christliche Kirche ein Eingang auf der Westseite eröffnet, das Tempelinnere seines eleganten Architekturdekors beraubt und ein Chor unter dem Pronaos geschaffen. Der Schweizer Wiederaufbau hat die Spuren dieser Umwandlung zugunsten einer Rekonstruktion des ›heidnischen‹ Monuments verwischt.

Zurück zum Tetrapylon. Leicht in nördlicher Richtung abgewinkelt, setzt sich die Säulenstraße von dort noch über etwa einen halben Kilometer fort. Die spätere byzantinische und insbesondere omayyadische Bebauung dieses dritten Teils der Hauptstraße, der historisch der erste war und in die erste Hälfte des 2. Jh. n. Chr. datiert, verweist auf den schleichenden Funktionsverlust der städtischen Achse; wir haben ihn auch in Apameia oder Damaskus beobachtet. Dieser dritte Straßenteil ist aber auch deshalb der unspektakulärste der berühmten Palmyrener Kolonnaden, weil sich die Archäologie bisher am wenigsten um ihn bemüht hat. Die Freilegung des frühesten christlichen Bethauses von Palmyra (s. S. 362) durch das polnische Zentrum für Mittelmeer-Archäologie ist ein Indiz dafür, daß selbst hier, in einem Wohnviertel, noch bedeutende Bauten zu erschließen sind. Wer die Zeit hat, sollte sie sich nehmen, um über die eine oder andere der (vor allem nordwärts ausgeprägten) Abzweigstraßen zu schlendern.

Kurz bevor die nordwestliche Abschlußmauer der Stadt erreicht ist, entläßt die Säulenstraße nach links die sogenannte Transversalkolonnade (2. Jh. n. Chr.). Als Blickfang dieses urbanistischen Fixpunktes dient die sechssäulige Fassade eines **Grabtempels.** Über einer unterirdischen Gruft erhebt sich dieser Bau in der Form eines kleinen Tempels mit einfacher Cella und Säulenvorhalle (intakt seit der Antike). Beachtung verdienen die Weinrankenfriese der Eckpilaster. Die mit Beton wiederaufgebaute Cella war ursprünglich auf drei Seiten mit Grabschächten ausgestattet.

Diokletianslager und Allat-Heiligtum

Am Fuße des Hügels al-Husseyniya liegt im äußersten Westen der antiken Stadt das sogenannte Diokletianslager. Großflächig integriert die diokletianische Stadtmauer, deren Verlauf auch heute noch am Hügel erkennbar ist, das ansteigende Gelände ins Stadtareal. Innerhalb des unregelmäßigen Mauerzugs breitet sich eine achsen-

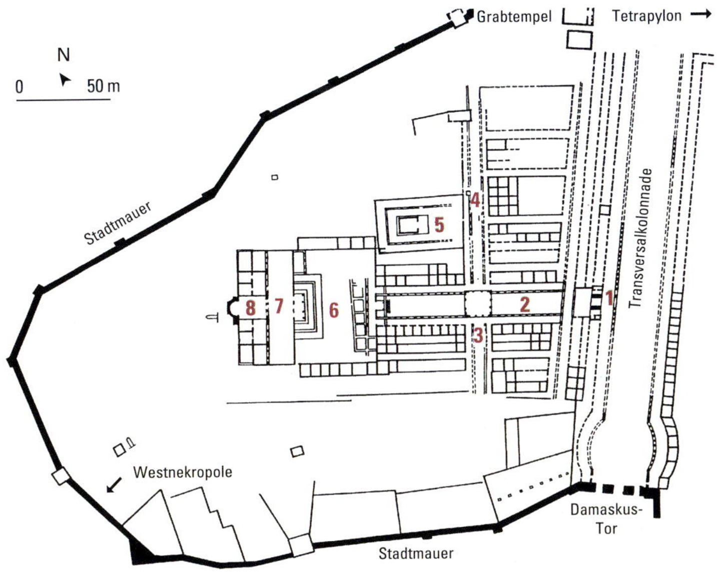

Grundriß des Diokletianslagers:
1 Porta Praetoria
2 Via Praetoria
3 Via Principalis
4 Ehrensäule des Shallamalat
5 Allat-Tempel
6 Paradeplatz
7 Principia
8 Fahnenheiligtum

symmetrisch ausgerichtete Anlage aus. Aus Inschriften wissen wir, daß sie auf das Wirken jenes Statthalters SOSIANOS HIEROKLES zurückgeht, den wir schon als Renovator der Diokletiansbäder kennengelernt haben (s. S. 374).

Man erreicht den spätantiken Komplex von der ca. 230 m langen **Transversalkolonnade** (auch ›Damaszener Straße) aus, die zu Beginn des 2. Jh. n. Chr. als städtische Verbindung des von Emesa (Homs) kommenden und zum Euphrat weiterführenden Karawanenweges entstand. In der ovalen Ausbuchtung vor dem dreigliedrigen **Stadttor** (›Damaskus-Tor‹) sammelten sich die Karawanen, ehe sie in die Stadt ein- oder auszogen (s. Abb. S. 361.

Die frühe Geschichte des Terrains ist trotz aller archäologischen Bemühung noch nicht vollständig geklärt. Sicher ist nur, daß das Quartier bereits im 1. Jh. v. Chr. besiedelt war. Aber wie steht es mit der Vermutung, hier habe, bevor die römischen Soldaten sich festsetzten, der Palast von ODAENATH und ZENOBIA gelegen? Der große Reichtum der Ornamentik auf den militärisch genutzten Baugliedern ist untypisch für ein Legionärslager und läßt sich vielleicht diesem mutmaßlichen Herrschaftssitz zuordnen.

Ein **Festungstor** (Porta Praetoria) mit drei Bogendurchgängen führte von der nordwestlichen Säulenhalle der Transversalstraße auf die ca. 100 m lange Hauptstraße des Lagers, die **Via Praetoria.** Zusammen mit einer sie rechtwinklig schneidenden zweiten Säulenstraße (Via Principalis) bildete sie das Kreuzgerüst des Lagerareals mit seinen Kasernenblöcken.

Schwenkt man am Schnittpunkt der beiden Hauptstraßen, einst markiert durch einen Tetrapylon oder *groma* (wie die Römer solche Bauten nach dem Visiergerät der Feldvermesser nannten), nach rechts auf die Via Principalis ein, gelangt man nach ca. 50 m vor den Eingang zum **Allat-Heiligtum** (links).

Das Heiligtum entstand schon um 50 v. Chr. (es ist damit das älteste bekannte in Palmyra) und wurde von einem gewissen MATTANAI gestiftet. Dieser MATTANAI gehörte zu demselben antiken aramäisch-arabischen Stamm wie der Stifter des Baal-Schamin-Tempels. Damals lag das Allat-Heiligtum, ein kleiner Breitbau aus Bruchsteinmauerwerk, außerhalb der hellenistischen Siedlung.

Der Eingang zum säulengesäumten Temenos, der den ersten Schrein umgab, wurde von einem drohenden Monumentallöwen mit aufgerissenen Fängen bewacht (heute im Museum von Palmyra). Übrigens schlägt der Löwe nicht, wie man auf den ersten Blick vermuten könnte, die vor ihm kauernde Antilope, sondern schützt sie. So jedenfalls ergibt es sich aus einer Inschrift auf dem Lauf der Antilope; danach »sollte Allat diejenigen segnen, die kein Blut in ihrem Heiligtum vergössen« (Michal GAWLIKOWSKI).

Die Allat (al-Lat) ist als Göttin im arabischen Raum seit dem 4. Jh. v. Chr. in frühnordarabischen Inschriften nachweisbar. Bis zum Sieg des Islam blühte ihr Kult in Arabien – im 1.– 3. Jh. n. Chr. vor allem in Syrien und Mesopotamien, im 6. und 7. Jh. in Zentralarabien, wo

Neuere Forschungen haben erwiesen, daß die hellenistische Stadtmauer auch die südlich vom Wadi gelegenen Gärten sowie die wichtige Efqa-Quelle schützte. Im Norden kann sie den Bereich des Baal-Schamin-Tempels nicht überschritten haben. Diese Mauer bestand aus ungebrannten Ziegeln.

Anfang des ersten nachchristlichen Jahrhunderts weitete sich das Stadtareal dann im Westen und Norden aus, eine zweite Mauer wurde errichtet, die auch die Höhen in das Befestigungssystem integrierte. Diese Mauer sollte nicht allein das Stadtareal schützen, sondern auch die Gärten und den größten Teil der Nekropolen.

Die bis heute markante Befestigung, die an der Nordseite des Wadis verläuft, das Westviertel einfaßt und auch den Baal-Tempel ins Stadtareal integriert, ist diokletianischen Ursprungs, stammt also von etwa 300 n. Chr., und wurde in justinianischer Zeit durch Torbauten verstärkt.

Aufgang zur Principia und zum Fahnenheiligtum

in Taif ihr Haupttheiligtum stand. Auch in Mekka, dem Kultzentrum der arabischen Stämme, wurde die Göttin verehrt.

Vielfältig sind die Erscheinungsformen der Allat. Aus dem nahezu unbearbeiteten altarabischen Steinidol (Betyl), durch das sie zunächst repräsentiert wurde, gingen nach der Hellenisierung Syro-Arabiens anthropomorphe Darstellungstypen hervor: Entsprechend ihrer Rolle als Kriegs-, Rache und Schutzgottheit einerseits, als Mutter- und Fruchtbarkeitsgottheit andererseits wurde die Allat nun mit Göttinnen wie Athena, Nemesis (seltener) und Atargatis identifiziert. Mal gehören zu ihrer Ikonographie Lanze und Helm (Athena-Typus), mal thront sie, von Löwen flankiert, als Herrin der Fruchtbarkeit.

Die Verehrung der Göttin war in Palmyra so traditionalistisch, daß auch ein Nachfolgebau aus der zweiten Hälfte des 2. Jh. n. Chr., gestiftet von Taimarsu (»vielleicht einem Nacherben des ersten Bauherrn«; Michal Gawlikowski), den alten Schrein der Allat mitsamt ihrem Altar als Kern bewahrte und ihn mit neuer Architektur ummantelte. Der Neubau, dessen Reste wir heute vorfinden, bestand aus einer einfachen, durch Pilaster gegliederten Cella mit sechssäuliger Vorhalle korinthischer Ordnung, neben der sich die **Ehrensäule** eines vornehmen Palmyreners namens Schalamallat erhebt (bekannt auch durch sein Hypogäum in der Westnekropole). Die Allat-Darstellung dieses neuen Tempels war in Marmor nach einem griechischen Original aus dem Phidias-Kreis des 5. Jh. v. Chr. ausgeführt (heute im Museum von Palmyra) und stand seinerzeit unter einem Vier-Säulen-Baldachin. Das Heiligtum wurde von den römischen Mannschaften der Ersten Illyrischen Legion (s. S. 362) und ihren Offizieren für so ehrenwert gehalten, daß es im Lagerverbund unangetastet blieb.

Odaenath und Zenobia nannten ihren Sohn und designierten Thronfolger in Palmyra Vaballath. Der Name bedeutet soviel wie ›Geschenk der Allat‹ und bezeugt die Hochschätzung der Göttin in der Oasenstadt.

Zurück zum Straßenkreuz und von dort auf der **Via Praetoria** (deren Säulen übrigens allesamt aus älteren Bauten stammen), über knapp 50 m weiter nach Nordwesten, wo sich, auf die Hauptachse der Anlage bezogen, die Principia mit dem Fahnenheiligtum in einer letzten architektonischen Steigerung anschloß. Hinter einem nur in Grundmauern erhaltenen Tor erreichen wir das sogenannte **Forum,** einen Paradeplatz, der durch Reihen von kleinen Räumen (wohl Depots) eingefaßt wurde. Bevor das Diokletianslager entstand, hatte dieser Platz eine sakrale Funktion. Gefunden wurden hier zahlreiche Altäre, die dem »Namenlosen Gott« geweiht waren.

Eine monumentale Freitreppe erschloß die 60 m breite **Principia,** den Sitz des militärischen Oberkommandos, erbaut über einer massiven Erdaufschüttung. Genauer gesagt, gelangte man zunächst zu vier monumentalen Säulen (eine davon steht noch aufrecht) vor einem dreifach gestuften Portal, das einen querrechteckigen Saal erschloß, angelegt in voller Breite der Architektur, aber nur 12 m tief. Hier pflegten sich die römischen Offiziere zu versammeln, während in den zehn Nebenräumen die Verwaltungsbüros der Kommandantur, vielleicht auch Offizierskasinos, untergebracht waren.

In der Achse des Portals (und der Via Praetoria) öffnete sich ein Apsidensaal: das sogenannte **Fahnenheiligtum.** Es barg das ›Allerheiligste‹ des Diokletianslagers: die adlergeschmückten Standarten der Legion, deren Verlust einer militärischen Entehrung gleichgekommen wäre.

Die Nekropolen Palmyras

»Die über 150 noch heute sichtbaren Grabbauten Palmyras bilden, wenn auch häufig nur als zusammengestürzte Trümmerhaufen in der Ruinenlandschaft, den größten zusammenhängenden Nekropolenkomplex hellenistisch-römischer Zeit im gesamten Vorderen Orient.«
Khaled al-Asad/ Andreas Schmidt-Colinet

Die Entwicklung der palmyrenischen Grabarchitektur gewinnt – nach dem singulären Grab unter dem Baal-Schamin-Tempel (s. S. 378) aus dem 2. Jh. v. Chr – um die Zeitenwende klares Profil. Das erste datierte Grab entstand 9 v. Chr., das letzte 253 n. Chr.

Zunächst baute man **Grabtürme.** Dieser Typus, dessen letztes datiertes Beispiel aus dem Jahr 128 n. Chr. stammt, besitzt keine westlichen Vorbilder. Seine Verbreitung im Euphrat-Gebiet von Zenobia (s. S. 340) bis Baghuz/Abu Kemal (s. S. 353) läßt vermuten, daß er eine originär ostsyrische Architekturform darstellt, die weder mit den Meghazilen in Amrit (s. S. 227) noch mit den Feueraltären in Persien etwas zu tun hat. Möglicherweise ist Palmyra der ›Geburtsort‹ des Grabturms.

Hypogäen sind – auch in der zeitlichen Folge – der zweite bedeutsame palmyrenische Grabtyp. Das erste datierte Beispiel stammt aus dem Jahr 81 n. Chr. In der Anfangsphase wurden die unterirdischen Grabbauten noch mit Türmen kombiniert (wobei Leichname gelegentlich zunächst unter Grund lagen und dann in die Hochetagen des Turms überführt wurden), im 2. Jh. beginnen sie zu dominieren. Dabei setzt sich eine Standardisierung mit Innenperistyl, Nische in der Achse, Loculi an den Seiten und Vorhalle durch.

Mit dem Typus des **Grabtempels** gewinnt Mitte des 2. Jh. n. Chr. in Palmyra westliche Tradition an Boden. Wie es scheint, hat Kaiser HADRIANS Besuch in Palmyra (129 n. Chr.) einerseits die Tradition des Turmgrabs enden lassen, andererseits den Bau von Grabtempeln gefördert. Berühmtestes Beispiel ist das bereits 1947 ergrabene und restaurierte Grab des Marona. Zwar unterscheidet die Innenraumgestaltung mit umlaufenden Stollengräbern sich nicht von der der Grabtürme und Hypogäen, doch wendet sich die Architektur nun nach außen, verläßt die ›Kultur des Hohlraums‹, die in den Formen der jeweils nach innen gerichteten Haus- bzw. Grabarchitektur so charakteristisch ist für den Vorderen Orient (und den Islam).

Palmyra besitzt drei Friedhöfe: die Westnekropole (›Tal der Gräber‹) umfaßt alle bedeutenden Grabtürme. Einen guten Blick auf das kahle, abweisende Terrain um das Wadi al-Qubur erhält man vom Hügel al-Husseyniya oberhalb des Diokletianslagers (s. S. 379). Sehenswert sind aber auch die Südwest- und die erst in den 50er Jahren erschlossene Südostnekropole.

Die meisten der intakten Gräber Palmyras sind zur Sicherung des Baubestands und der Skulpturen bzw. Malereien geschlossen. In der Saison organisiert das Museum von Palmyra viermal täglich zwischen 8.30 und 14 Uhr Rundgänge zu den wichtigsten Anlagen; nach Absprache und gegen Gebühr sind auch individuelle Touren unter Führung eines Wächters möglich.

Westnekropole (Tal der Gräber)

Zu den herausragenden Bauwerken im Tal der Gräber zählen:
– der ca. 10 m hohe **Grabturm des Kithot** aus dem Jahr 40 n. Chr. mit dem Relief eines Totenmahls in einer Nische der Ostfassade (knapp 200 m vom Damaskus-Tor);
– das **Hausgrab des Eilami,** ca. 50 m vom Kithot-Turm am Fuß des Hügels Umm al-Qais;
– das ursprünglich fünf, heute noch vier Stockwerke hohe **Turmgrab des Yambliqu** von 83 n. Chr. am Fuß des Hügels Umm al-Bilqis, der erste Haustein-Bau seiner Art, restauriert zwischen 1973 und 1976 vom Syrischen Antikendienst; 200 Bestattungen hatten in den Schiebestollen Platz;
– das vierstöckige **Turmgrab des Elabel** von 103 n. Chr., dessen restaurierter Erdgeschoßraum durch eine monumentale korinthische Pilasterordnung gegliedert wird; in den Zwischenräumen öffnen sich die ehedem verschlossenen Grabschächte. Die Schmalseite des Raumes ist in zwei Geschosse aufgeteilt. Zwei Reihen von Büsten haben sich ober- und unterhalb des trennenden Gesimses erhalten. Die über einem weit vorkragenden Kranzgesims angelegte Kassettendecke trägt in ihrer Mitte vier weitere Bildnisse, an denen sich die ursprüngliche farbige Fassung der Sandsteindekoration gut erkennen läßt. Über eine seitlich im Mauerverband angelegte Treppe erreichte man die weiteren Geschosse des Grabturmes.

Vom Elabel-Grab führt, vorbei an den Resten des **Yarhai-Hypogäums** (das im Damaszener Nationalmuseum originaltreu wiederaufgebaut ist; s. S. 136), eine Piste nach Osten zurück zur modernen Anfahrtstraße, die nach knapp 2 km in der Nähe der Efqa-Quelle (s. S. 356) erreicht wird.

Wer noch weiter südwestwärts durch das Totental geht, erreicht (ca. 200 m vom Elabel-Turm) links das eingestürzte **Atenatan-Grab**

Blick auf die Grabtürme der Westnekropole

von 9. v. Chr. (das älteste Turmgrab Palmyras), 50 m weiter ebenfalls links das **Qasr al-Abiyad** genannte Tempelgrab und – ihm gegenüber auf der anderen Wadi-Seite – **Grab Nr. 36** (ca. 20 x 20 m), das ab 1981 vom Deutschen Archäologischen Institut untersucht wurde und inzwischen in seinem Untergeschoß restauriert ist. Anhand der vollständig erhaltenen Bauteile war eine zeichnerische Rekonstruktion des ganzen Baus möglich. Das mit aufwendiger Bauornamentik aus einerseits westlich-römischen, andererseits orientalisch-parthischen Elementen geschmückte Tempelgrab entstand zwischen 210 und 220 n. Chr. und wurde zum letzten Ruheplatz eines bedeutenden palmyrenischen, wahrscheinlich aus Persien stammenden Politikers.

Südwestnekropole

Auch die Südwestnekropole, die ca. 100 m südlich des Hotels Cham Palace beginnt, besaß etliche Turmgräber; sie haben sich aber nur noch in Schaftresten erhalten. Besondere Beachtung verdient diese Nekropole durch Malereien in mehreren Gräbern.

Das berühmte **Hypogäum der drei Brüder** – sie waren der Inschrift am Eingang zufolge die Bauherren und hießen Sadai, Male und Namai – hat den Grundriß eines auf den Kopf gestellten T. Seitlich der breiten, überwölbten Gänge sind die Schächte für die ehemals verkleideten Schiebegräber installiert. Insgesamt fanden 325 Tote Platz in dem ausgedehnten Bau, der Mitte des 2. Jh. n. Chr. entstand und bis ins Jahr 259 belegt wurde.

Den Hauptraum teilt ein Gurtbogen in zwei Raumabschnitte, deren zweiter vollständig ausgemalt und vorzüglich erhalten ist. Das Ensemble beginnt mit zwei Pilastern und einem Gurtbogen, die das vordere Ende der Raumeinheit markieren. An den Frontseiten der Pilaster sind zwei ganzfigurige Frauengestalten so dargestellt, daß sie sich im Raum gegenüberstehen; die Seitenflächen schmücken Weinrankenfriese. Die Vorderseiten der anschließenden Mauersegmente zwischen den Grabschächten weisen ein einheitliches Dekorationssystem auf. Über einem Bildfeld mit einer Tierszene und einer Marmorinkrustation steht eine geflügelte Frauengestalt auf einer Kugel, ihre emporgehobenen Hände halten ein Bildnis auf einem Rundschild. Diese Wandzone endet mit einem umlaufenden Mäanderfries und einem vorgeblendeten Gesims auf Konsolen. Das anschließende Tonnengewölbe mit einer rein geometrischen Dekoration von Sechsecken imitiert eine Kassettendecke. Im Scheitelpunkt des Gewölbes unterbricht ein Rundmedaillon die einheitliche Dekoration. Es zeigt den von Zeus (in Gestalt des Adlers) entführten Ganymed. Die rückwärtige Schildwand gibt die Szene ›Achilleus bei Lykomedes‹ wieder. Sie handelt von der Entdeckung des als Mädchen verkleideten Achill durch Odysseus unter den Töchtern des Lykomedes, des Königs der Ägäis-Insel Skyros.

Überblicken wir den Gesamtraum, so wird deutlich, daß das aufgemalte Dekorationssystem eine architektonische Struktur imitiert. Die geflügelten Wesen, ikonographisch als Viktorien zu deuten, übernehmen die Funktion von Stützen. Das zeigt sich gerade im Vergleich mit den aufgemalten Säulen der ersten Wandsegmente. Auf den beiden Pilastern und in den Rundmedaillons sind die Verstorbenen abgebildet. Durch die Frontaldarstellung auf dem Clipeus dem historischen Zeitlauf enthoben, erscheinen sie in ewiger Verklärung. Der Aufstieg in die himmlischen Sphären wird durch die ›Entführung Ganymeds‹ im Zenit des Gewölbes verbildlicht.

Die Seitenräume des Hypogäums zeigen die für Palmyra typische Ausstattung mit Grabschächten und Klinensarkophagen. Bei letzteren nimmt die Deckplatte die Form einer Lagerstätte für den oder die Verstorbenen an. Dargestellt ist das Totenmahl mit Familienangehörigen, durch das Lebende und Verstorbene vereint bleiben.

Etwa 150 m nordwestlich liegt das **Grab des Atenatan,** wiederum ein Hypogäum, das 98 n. Chr. erbaut, im Jahr 229 aber von einem gewissen Maqqai um ein Triklinium ergänzt wurde, in dem ein Klinensarkophag mit einer Darstellung des Stifters steht.

Das **Hairan-Hypogäum** von (106/107) und das sogenannte **Dionysos-Hypogäum** aus dem späteren 2. Jh., westlich und südlich des Atenatan-Grabes, bieten gut erhaltene Fresken.

»Hier, sagte ich zu mir selbst, hier blühte ehemals eine begüterte Stadt; hier war der Sitz eines mächtigen Reichs. [...] Und was bleibt jetzt von dieser mächtigen Stadt? – ein trauriges Skelett! Was bleibt von einem großen Gebiet? – ein dunkles, leeres Andenken! Auf das lärmende Gewühl, das sich in diesen Hallen drängte, ist Todesstille gefolgt. Schweigen des Grabes ist an die Stelle des Gemurmels auf den öffentlichen Plätzen getreten. Der blühende Wohlstand einer Handelsstadt hat sich in schreckliche Armut verwandelt. Die Paläste der Könige sind der Wohnplatz wilder Tiere geworden; Herden weiden auf der Schwelle des Tempels, und unreine Tiere bewohnen das Heiligtum der Götter. Ach, welcher Glanz ist verdunkelt! – welche Arbeiten sind vernichtet! – Gehen so die Werke der Menschen zugrunde? Verschwinden so Reiche und Nationen?«

Constantin François de Volney, 1791

Südost-Nekropole

Beim Verlegen einer Erdöl-Pipeline stießen Arbeiter der Iraq Oil Company 1957 im Südosten der antiken Stadt zufällig auf sieben unterirdische Gräber, von denen heute zwei zu besichtigen sind. Beide geben sie, angefangen mit den steinernen Grabtüren bis hin zu den Verschlußplatten der Schiebegräber mit den Porträtbüsten der Verstorbenen, einen hervorragenden Eindruck vom Originalzustand palmyrenischer Hypogäen des 1. und 2. Jh. n. Chr.: das **Grab des Artaban** (zweite Hälfte des 2. Jh. n. Chr., ausgelegt für 230 Bestattungen) ebenso wie das **Grab des Breiki** (Anfang des 2. Jh. n. Chr.), das in seiner Architektur dem Yarhai-Hypogäum ähnelt (s. S. 136).

Qalaat Ibn Maan

Diese arabische Burg ist der Blickfang Palmyras; markant zeigt sie beim Blick durch die Kolonnaden ihr Gemäuer (s. Titelbild). Bauherr war – wahrscheinlich auf Grundmauern einer Seldschuken-Feste des 12. Jh. – der drusische Emir Fakhr ad-Din II. (reg. 1590–1635) aus dem im Libanon mächtigen Geschlecht der Maan. Fakhr ad-Din suchte in osmanischer Zeit seine Herrschaftssphäre vom Libanon-Gebirge bis in die Syrische Wüste und an die Grenzen Anatoliens auszubreiten. Dies entsprach zwar nur der Vernachlässigung der Region durch die Osmanen (s. S. 107), mißfiel jedoch der Hohen Pforte in Istanbul, zumal der Emir offenbar mit den Florentiner Medici in Verhandlungen stand, »die von einer Rückeroberung Jerusalems träumten, bei der Fakhraddin eine entscheidende Rolle zugedacht war« (Gernot Rotter). So ging es denn nicht gut aus mit dem kühnen Libanesen; Ende 1635 wurde er in Istanbul hingerichtet.

Daß die Zentralburg mit ihrem etwa kreisförmigem, durch sieben Türme verstärkten Grundriß keine größere historische Bedeutung besitzt, daß ihre Gemäuer (trotz jüngster Restaurationen des syrischen Antikendienstes) bröckeln – all das tut wenig zur Sache, wenn man einmal die (moderne Metall-)Brücke über den tiefen Burggraben überquert hat und im milden Abendlicht die unvergleichliche Sicht über die Ruinen genießt. Noch einmal sei (in der Randspalte) der Comte De Volney zitiert, der 1787 eben hier geschichtsschwere Überlegungen anstellte.

Wüstenforts und Wüstenschlösser

In der Zeit seiner größten Ausdehnung (unter Kaiser Septimius Severus; reg. 193–211 n. Chr.) reichte das Imperium Romanum von Schottland bis zum Roten Meer, von Marokko bis zum Kaukasus. Die besonders prekäre Ostgrenze des spätrömischen Reiches zog sich über mehr als 1200 km durch Wüste und Wüstensteppe, heute irakisches, syrisches und jordanisches Territorium. Ein Hauptteil des starken Festungsgürtels lag in der Syrischen Wüste. Besondere Bedeutung gewann die Strata Diokletiana zwischen Sura am Euphrat und Damaskus bzw. dem Hauran. Palmyra war das Oasenzentrum dieser Strata. Auf der ›Straße der Festungen‹ (auch ›Straße der Khane‹) haben sich gerade zwischen Palmyra und Damaskus die Reste verschiedener spätrömischer **Wüstenforts** erhalten. Das Erlebnis der Wüstensteppe mit ihren Schwarzen Zelten und Schafnomaden wiegt die Spärlichkeit der Ruinen durchaus auf.

Derjenige, den es tiefer in die Syrische Wüste zieht, benötigt dazu ein geländegängiges Fahrzeug und ortskundige Begleiter. Wir können hier nur Hinweise und Anregungen geben.

Da die Inbesitznahme des spätantiken Syrien durch die Omayyaden sich schrittweise und auf der Grundlage von Verträgen unter Tolerierung bestehender Eigentumsverhältnisse vollzog, verwundert es wenig, daß die antiken Stadtzentren, die Seehäfen wie auch die intensiv genutzten mittelsyrischen Ackerbauebenen nur begrenzt von den Moslems besetzt wurden. In den weniger dicht besiedelten Wüstensteppen Syriens und Jordaniens hingegen engagierten sich die neuen Herren: Zwischen 685 und 750 gründeten sie dort mehr als zwei Dutzend **Wüstenschlösser,** die im Besitz einer vom Kalifat abhängigen Aristokratie waren (s. S. 94). Inmitten großer landwirtschaftlicher Güter gelegen, boten sie alle Annehmlichkeiten städtischen Lebens, etwa Badeanlagen und aufwendige Innenausstattung.

Die Straße der Festungen

Die Folge spätantiker Stationen, die sich südlich des Jebel Rawaq hinzieht, gehörte ursprünglich zur Strata Diokletiana, jener Straße und Festungskette, die den Euphrat (Sura; s. S. 322) mit Damaskus verband, hat aber markantere Spuren (zumindest klar erkennbare

Der wohlerhaltene Wüstenbau von Qasr al-Heir ash-Sharqi

Grundmauern) hinterlassen als die entsprechenden Oasenstationen im Nordteil der Strata, von denen wir drei (Araq, Sukhna, at-Tayiba) bei der Anfahrt nach Qasr al-Heir ash-Sharqi beiläufig wahrnehmen (s. S. 389).

Zunächst ist **Qasr al-Hallabat,** 32 km südwestlich von Palmyra, zu nennen, eine quadratische Anlage (ca. 47 x 47 m) mit vier runden Ecktürmen (von 7,7 m Durchmesser), ausgeführt aus unregelmäßigen Quadersteinen. Die Mauern selbst sind zweigliedrig und 3,5 m stark. Dcr alte Name des spätantiken Forts ist Veriaraca; stationiert war hier eine Flügeltruppe des spätrömischen Heers, die Ala Nova Diokletiana.

Auch **Qasr al-Qattar** (41 x 41 m), die nächste Station südwestlich an der Strata Diokletiana, läßt sich aus dem Staatshandbuch »Notitia Dignitatum« namentlich bestimmen. Sie hieß entweder Carneia oder Cunna und war Basis der Ala Prima Francorum.

Basiri war die nächste Station an der Strata Diokletiana. Reste des spätantiken Forts sind dort heute nicht mehr zu erkennen. Anders in **Qasr Aneyba,** wo das ca. 48 x 39 m messende spätrömische Fort statt der sonst runden Ecktürme quadratische bietet. Oneuatha hieß die Station; hier lag die Cohors V Pacata Alamanorum in Garnison.

Der wohl eindrucksvollste Militärstützpunkt an der Strata Diokletiana ist **Qasr al-Manqura,** ein Befestigungswerk von 90 x 90 m, das in der Mitte der spätantiken Verbindungslinie (120 km von Palmyra, 120 km vor Damaskus) plaziert war und entweder Vallis Alba oder

Vallis Albana hieß. Hier war die Cohors I Iulia Lectorum stationiert. Bemerkenswert ist das System der Wasserversorgung mit gewaltigem Reservoir. Über **Dmeir (Thelsae),** die nächste Station vor Damaskus, haben wir schon an anderer Stelle gesprochen (s. S. 170).

Qasr al-Heir ash-Sharqi

Von allen anderen Wüstenpalästen allein durch seine gigantischen Bemessungen unterschieden, besteht das östliche Qasr al-Heir (›Schloß mit Wildgehege‹) aus drei Komplexen: Bei dem größten handelt es sich im wesentlichen um eine 16 km lange Umfassungsmauer aus Stein und Lehmziegeln, bei den beiden anderen um zwei unregelmäßige Vierecke von ca. 70 bzw. 160 m Seitenlänge, die mit einem Khan und einer Stadt gleichzusetzen sind.

Wegweiser: Von Palmyra nach Nordosten Richtung Deir az-Zor. Man befindet sich, die moderne Straße befahrend, in etwa auf der Nordtrasse der Strata Diokletiana. Nach 31 km wird die Oase Araq passiert, nach 68 km ist die Oase Sukhna erreicht, die einst ein römisches Fort besaß. Nun entweder nordwärts auf einer Piste zur Oase at-Tayiba (das antike Oresa; 31 km) und von dort (ausgeschildert) auf Wegspuren ca. 15 km östlich zum Wüstenschloß. Alternativ: nach as-Suhkna noch 3 km auf der Asphaltstraße verbleiben und dann links auf eine Piste nach Qasr al-Heir abzweigen. So oder so: Für den letzten Teil der Anfahrt sollte ein ortskundiger Führer hinzugezogen werden.

Der Platz für diese Anlage, die der Kalif Hisham vor 729 erbauen ließ, war natürlich nicht willkürlich gewählt. Zum einen nahm Qasr al-Heir eine wichtige strategische und verkehrstechnische Position zwischen den westlichen Zentren der nordöstlichen Jezira und Mesopotamien ein, denn nach dem Zusammenbruch des spätantiken Wirtschaftsgefüges der Mittelmeerwelt (s. S. 82f) orientierten sich die Moslems nach Osten. Zum anderen spielte der Ort eine wichtige Rolle in der Beziehung zwischen Nomaden und Seßhaften, da viele Stämme aus der Zeit der arabischen Eroberung das Steppengebiet als Lebensraum vorzogen. Wie es scheint, erschütterten bald nach 700 eine Reihe blutiger Stammeskonflikte die Wüstensteppe; ein zivilisatorisches Zentrum sollte sie befrieden. Die Wasservorräte des ca. 30 km nordwestlich gelegenen al-Qom mit seinen sehr ergiebigen Quellen erlaubten, durch unterirdische Kanäle herangeleitet, eine Bewässerung der einst weitläufigen Gärten und Felder von Qasr al-Heir, die durch jene weite Umfassungsmauer geschützt wurden.

Am besten erhalten ist die 12 m hohe und 2 m starke Ummauerung des **kleinen Mauergevierts,** verstärkt durch runde Ecktürme und jeweils zwei halbrunde Turmbauten an den Seiten. Die vorzügliche Steinquaderarchitektur (Kalkstein) besitzt einen oberen Mauerabschluß in Ziegelbauweise. Auf der Westseite sind die Halbtürme so weit zusammengerückt, daß sie den Toreingang flankieren. Eine Architekturdekoration, bestehend aus Blendnischen zwischen je zwei gedrehten Säulen, verbindet die beiden Türme über der Torwand und verleiht dem Portal unter einem halbkreisförmigen Bogen einheitliche Struktur. Hoch über dem Eingang befindet sich ein Gußerker, der zur Verteidigung des Tores beitragen sollte.

Das Zentrum der Anlage bildet ein steingepflasterter, einst von einer Säulenhalle umgebener, unregelmäßiger Hof. Die meisten Säulenbasen und -schäfte stammen von einem älteren Bauwerk, die stark beschädigten Kapitelle erfuhren durch eine Stuckauflage eine Neugestaltung. Die Säulenhalle war 28 tonnengewölbten, durch Zwischenwände jeweils zweigeteilten Räumen von ca. 12 m Tiefe vorgelagert. Die amerikanische Expedition unter Oleg Grabar, die Qasr al-Heir (Ost) zwischen 1964 und 1972 untersuchte, vermutet, daß es ein zweites Geschoß gab. Die Bauarbeiten setzten sich auch nach dem Untergang der Omayyaden-Dynastie unter den Abbasiden fort. Umbauten sind bis in das 10. Jh. hinein zu beobachten, und nachweislich war das Geviert noch in ayyubidischer und mamlukischer Zeit besiedelt. Problematisch ist die funktionale Bestimmung des Komplexes. Gegen eine Interpretation als Palast spricht die Gestaltung der einfachen und gleichmäßigen Innenräume ebenso wie der Mangel an Baudekoration. Der Wehrcharakter, den diese Anlage zweifellos besitzt, scheint nicht ausschließlich seine Funktion zu bestimmen. Die Aufteilung des Innenraumes steht eher in der Tradition der Karawansereien.

Dem **großen Mauergeviert** 40 m weiter westlich liegt ein ähnlicher Plan wie dem kleineren zugrunde: Die Ummauerung mit insgesamt 28 Türmen umfaßt einen Innenhof mit zentraler Zisterne und Säulenumgang; vier Tore in den Seitenmitten führten auf axial ausgerichtete Straßen, die die Anlage in vier Quartiere unterteilten. Das Südostviertel zeigt ›offiziellen‹ Charakter. Seinen Eckraum nimmt eine Moschee ein. Bestehend aus einem Vorhof mit umlaufender Säulenhalle und Zisterne sowie dreischiffigem Gebetssaal mit mittlerem Transept, folgt sie dem Typus der frühislamischen Zeit. Durch eine Pforte war sie auch von außerhalb des Gevierts direkt zugänglich. Nach Westen hin schloß sich ihr ein Bau an, dessen Räume sich um einen Säulenhof gruppieren. Oleg Grabar nimmt hier das Verwaltungszentrum an. Auf der Nordseite der Moschee brachten die Grabungen eine kleine Badeanlage und eine Olivenpresse ans Licht.

Das Südostviertel spricht für ein groß dimensioniertes omayyadisches Bauvorhaben: die Konstruktion einer ganzen Wüstenstadt, vergleichbar dem fast gleichzeitigen Ela, der frühmittelalterlichen Vorläufersiedlung des südjordanischen Aqaba am Roten Meer. Wie dort, so blieb auch die wirtschaftliche und militärische Bedeutung der Qasr-Stadt in nach-omayyadischer Zeit erhalten, denn in der großen Ummauerung konnte eine Siedlungskontinuität unter den Abbasiden nachgewiesen werden. Erst zu Beginn des 14. Jh., wohl im Zusammenhang mit den Mongolen-Einfällen, gaben die Bewohner das städtische Zentrum auf. Dennoch wurde auch dieser Komplex nie in der angestrebten Weise fertiggestellt.

Sollte das quadratische **Minarett** zwischen großen und kleinem Mauergeviert gleichaltrig mit Khan und Stadt sein, hätten wir das drittälteste Minarett des Islam überhaupt vor uns. Wahrscheinlich gehörte es zu der Moschee in der Südostecke der Stadt und hatte die Aufgabe, die Bewohner oder Gäste beider Siedlungsbereiche zum Gebet zu rufen.

▷ *Nomadenfamilie in der Wüste westlich von Palmyra*

Das riesige Gelände innerhalb der ca. 16 km langen und etwa 4 m hohen Umfassungsmauer (von der sich vor allem im Süden, weit vor dem Qasr, Strecken erhalten haben) war durch künstliche Bewässerung in eine fruchtbare Gartenlandschaft verwandelt worden, welche die Ernährung einer militärischen Besatzung sicherte und darüber hinaus Überschüsse für den Handel mit den Beduinen erbrachte. Die Hauptkanäle verliefen parallel zu den Außenmauern. Zweifellos handelte es sich dabei um die größte Bauaufgabe in Qasr al-Heir (Ost), die den Materialaufwand für das Stadtareal und den Khan noch bei weitem übertraf. Durch offene Schächte in regelmäßigen Abständen konnte die vorzüglich gearbeitete Wasserleitung gereinigt und kontrolliert werden.

Qasr al-Heir al-Gharbi und Harbaqa

Wegweiser: Von Palmyra auf der Schnellstraße Richtung Damaskus, nach 83 km nach Homs abbiegen; nach 10 km Pistenabzweig nach Süden zum Harbaqa-Damm (noch knapp 2 km); nach weiteren 20 km rechts ab zu den Qasr-Ruinen.

Die Geschichte der Stätte reicht bis ins 1. Jh. n. Chr. zurück, als die Palmyrener hier eine Station/Siedlung auf der Wüstenroute nach Emesa errichteten; als Heliaramia ist sie auf der »Peutingertafel« verzeichnet. Nach der Revolte von 273 (s. S. 362) wurde sie aufgegeben, doch bezog wenig später, im 4. und 5. Jh., eine kleine römische Garnison hier Quartier, um den Wüstenverkehr zu sichern. Unter den monophysitisch-christlichen Ghassaniden entstand Mitte des 6. Jh. ein Kloster, genannt Halioram; König Aretas selbst besuchte es nach Ausweis zweier Inschriften im Jahr 870 der Seleukidischen Ära, was dem Jahr 558/559 n. Chr. entspricht. Als die Omayyaden sich zum Bau eines Wüstenschlosses entschlossen, das der Jagd wie auch den Kontakten zu den Beduinen dienen sollte, wählten sie den Platz

wegen seiner durch Zufluß vom Harbaqa-Damm her gesicherten Wasserversorgung (s. u.) und bezogen zugleich Zisternen und einen Turm des Ghassaniden-Klosters in den Plan ein.

Die von Daniel SCHLUMBERGER zwischen 1936 und 1938 untersuchte und freigelegte omayyadische Anlage, ab 727/728 unter dem Kalifen HISHAM entstanden, war wie das 200 km weiter östlich gelegene Qasr al-Heir (Ost) äußerst aufwendig konzipiert. Heute ist der Besuch indessen eher enttäuschend: Zum schlechten Erhaltungszustand des ›Westlichen Schlosses mit Wildgehege‹ (= Qasr al-Heir al-Gharbi), um das sich schäbige moderne Bauten scharen, kommt noch der Verlust der herrlichen Bauplastik und Wandmalerei, die ebenso wie das einzigartige Eingangstor ins Nationalmuseum von Damaskus überführt wurden (s. S. 135).

An Ort und Stelle zeichnen sich nur noch die Grundmauern des Palastes ab – ein Mauerviereck von ca. 70 x 70 m mit innerem Säulenhof. Der prominenteste Bauteil ist zugleich der älteste: Der **Turm** im Nordwesten, der sich über einem Grundriß von 15,6 x 12,5 m erhebt, gehört zur ghassanidischen Klosteranlage des 6. Jh. Die von SCHLUMBERGER freigelegten Ruinen eines Khans (1 km nördlich), eines Wasserreservoirs, einer Badeanlage und der umgebenden Gärten (die 1000 x 440 m Grund umfaßten) liegen längst wieder unter Verwehungen von Wüstensand.

Die Wasserversorgung von Heliaramia, Halioram und Qasr al-Heir war durch das gewaltige, sehr sehenswerte **Stauwerk von Harbaqa**

Der Harbaqa-Damm auf einem historischen Luftbild von 1930

gesichert, das aus römischer Zeit (1. Jh. n. Chr.) stammt. Eine geradlinig geführte Mauer von 345 m Länge, 20 m Höhe und 18 m Basisstärke, deren innerer Gußmauerkern durch große Quadersteine verschalt ist, staute einen See von bis zu 1550 x 800 m Ausdehnung auf und sperrt auch heute noch das Wadi al-Barada.

Huwarin

Wegweiser: Die Siedlung, Station an der Phosphat-Eisenbahn, ist über die Schnellstraße von Damaskus nach Qaryatein inzwischen problemlos zu erreichen. Vom aufstrebenden, durch zehn Quellen gut versorgten Qaryatein (einst eine omayyadische Niederlassung) noch 10 km bis Huwarin.

Mehr noch als Qasr al-Heir al-Gharbi verkörpert Huwarin (Hawarin) spätantike Kontinuität. Evaria hieß die antike Siedlung an diesem Platz; wie Heliaramia (s. S. 391) war sie eine Gründung von Palmyra, wohlsituiert im Wegenetz zwischen der Oasenstadt und Damaskus und wichtig für den Fernhandel mit Seide. Von diesem ersten Evaria künden heute nur noch Spolien; ihre gewaltigen Maße verweisen auf einen monumentalen Tempelbezirk.

In byzantinischer Zeit blühte Evaria zu einer Kirchenstadt auf. Nach dem Bericht des Johannes von Ephesos (›Kirchengeschichte‹) spielte sie eine bedeutende Rolle bei der Gefangennahme des ghassanidischen Fürsten Alamundarus (s. S. 115). Ein gewisser Magnus, Großhändler und hochrangiger Politiker in der Diözese Oriens, konspirierte 580 mit dem byzantinischen Kaiserhaus, und lud den Ghassaniden, mit dem er seit vielen Jahren befreundet war, zur Einweihung einer Kirche nach Evaria ein, um ihn während des Gastmahls von bereitstehenden Truppen binden zu lassen.

Jene Kirche, die in Anwesenheit al-Mundhirs eingeweiht werden sollte, hat sich, freilich ruiniert, im Norden des heutigen Huwarin erhalten. Es handelt sich um eine dreischiffige **Basilika.** Die Arkaden des Mittelschiffes ruhten auf Pfeilern. Imposant wirken die gewaltigen, auf eine Seitenkante gestellten Säulenbasen, die den unteren Bereich der Außenmauern bilden. Die attischen Basen sind nach innen gewandt, während die glatten Unterseiten außen als riesige Quadersteine erscheinen.

Magnus während des Banketts zu Alamundarus: »Wenn Du nicht freiwillig mitkommst, werde ich Dich in Ketten legen lassen, auf einen Esel setzen und so nach Konstantinopel schicken.«
Johannes von Ephesos

Aus den byzantinischen Quellen wissen wir, daß Magnus seine Geburtsstadt Evaria im 6. Jh. mit einem Mauerring umgab und selbst in einem befestigten Herrensitz residierte. Möglich, daß der kubische Baublock im Zentrum der heutigen Siedlung der Rest dieser Residenz ist. Die ungegliederten, hohen Außenwände öffnen sich nur im Süden und Norden durch zwei Tore; der Innenraum wird im Westen und Osten durch jeweils zwei vorspringende Mauersegmente in sechs Seitenräume und einen Mittelhof geteilt.

Im Osten des Forts erhebt sich die Chorpartie einer zweiten dreischiffigen christlichen **Basilika.** Ihre dreifach durchfensterte Apsis mit hufeisenförmigem Grund- und Aufriß war zwischen den seitlichen Annexräumen geradlinig verkleidet. Eindrucksvoll sind die in der Apsiskalotte eingesetzten korinthischen Kapitelle, die einem antiken Vorgängerbau entstammen.

Der Hauran

Eine Landschaft in Basalt

Besonders sehenswert:
Ezraa
Bosra ☆☆
Qanawat
Shahba ☆
Shaqqa

Zentrum des Hauran – die Bedeutung des Namens ist unentschlüsselt – ist der Jebel ad-Druz (auch Jebel al-Arab oder Jebel Hauran genannt). Bis 1803 m steigen seine Höhen auf. Umgeben ist dieser Gebirgskern, ein »weitgespannter, schildförmiger Basaltdom« (Eugen Wirth), u. a. von der Basaltwüste el-Lejja im Nordwesten (antiker Name Trachonitis; Heimat des römischen Kaisers Philippus Arabs; s. S. 420), dem fruchtbaren Tafelland von Bosra und Salkhad im Süden (antiker Name Auranitis) und der Region nördlich von Deraa (antiker Name Batanaea). Der Südbereich des Hauran – vom Landschaftscharakter her Wüstensteppe – gehört heute zum Territorium Jordaniens; nach Westen gehen Hauran/Batanaea in die Golan-Höhen über, die Gaulanitis der Antike. In weiten Teilen bestimmen die düsteren Töne älterer Basaltdecken und jüngerer Lavaergüsse das Bild der Hauran-Landschaften.

In Auranitis und Batanaea wurde schon früh gesiedelt. Das biblische Land Baschan, das mit diesen Landstrichen gleichzusetzen ist, war für seine Rinderherden berühmt (Amos 4,1), die Baschan-Region Argob für ihre vielen Städte, befestigt »durch hohe Mauern, Torflügel und Torbalken« (5. Mose 3,4). Unter Ramses II. (13. Jh. v. Chr.) gehörte die Region zu Ägypten, der Assyrer Salmanassar III. (s. S. 118) durchzog sie 841, und Tiglatpilesar III. gliederte 742 eine Provinz namens Hauranu in sein assyrisches Reich ein. In persischer Zeit bildete die südsyrische Landschaft zusammen mit den Golan-Höhen einen geschlossenen Verwaltungsbereich. Nach dem Alexander-Zug waren Auranitis und Batanaea zwischen Ptolemäern und Seleukiden umstritten, und gegen Ende des 2. Jh. v. Chr. sehen wir sie kurzzeitig als Teil des arabischen Kleinreichs der Ituräer (s. S. 63). Noch ein anderes arabisches Volk, die Nabatäer, faßte Fuß im Hauran. Spätestens zwischen ca. 84 und 72 v. Chr., als Aretas III. Herrscher von Damaskus war, kontrollierte der Karawanenstaat das südliche Syrien und mit ihm den Nordteil der legendären Weihrauchstraße. Die Beständigkeit der Nabatäer in der Region wird durch die letzte erhaltene Inschrift des Volkes aus dem Jahr 328 n. Chr. bezeugt; sie stammt aus dem Flecken an-Namara nordöstlich des Jebel ad-Druz. Unter den Römern gehörte die basaltdunkle Landschaft zur Provincia Syria, ab dem 22. März 106 n. Chr. zur neugeschaffenen Provincia Arabia.

In der römischen Kaiserzeit gewann Südsyrien jenes zivilisatorische Profil, dessen Spuren wir bis heute mit Bewunderung wahrnehmen. Die dicht besiedelte Provinz fuhr damals Jahr für Jahr reiche Getreideernten in die Scheuern, Rinder und rassige Pferde (sie kamen in Damaskus und Philadelphia/Amman auf den Markt) standen in den ausgedehnten Stallungen der Landvillen, und blühende Landstädte wie Bosra und Philippopolis, Kanatha und Sakkaia schmückten sich mit spätrömischer Repräsentationsarchitektur. Die

◁ *Im ›Freilichtmuseum‹ Bosra legt eine Einwohnerin Fladenbrot zum Abkühlen auf einen Säulenstumpf.*

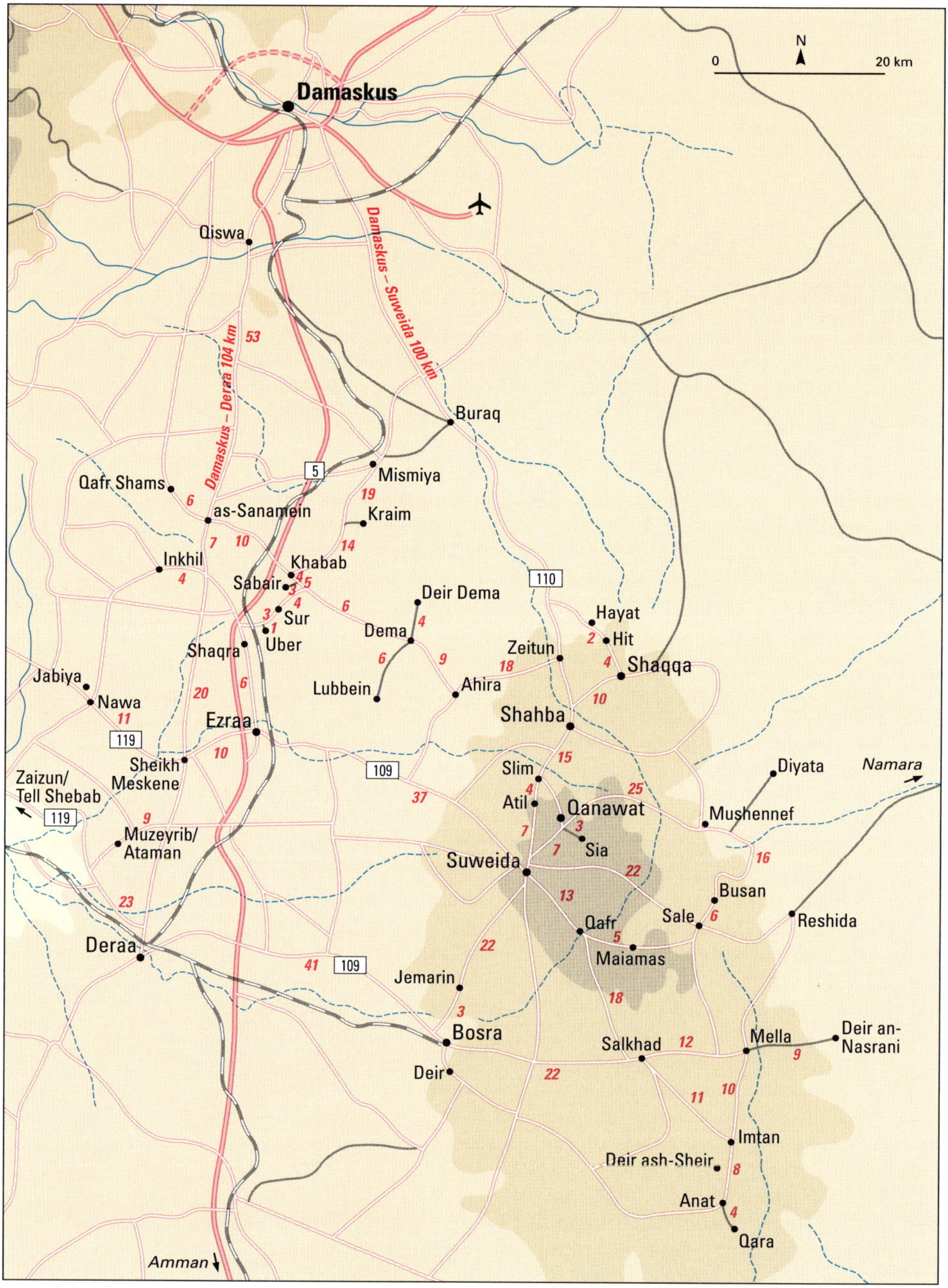

Damaskus
0
N
20 km
Qiswa
Damaskus – Suweida 100 km
Damaskus – Deraa 104 km
53
Buraq
5
Mismiya
Qafr Shams
6
as-Sanamein
19
Kraim
7
10
14
Inkhil
4
Khabab
Sabair
4
5
3
4
6
Deir Dema
110
Hayat
3
Sur
1
4
Dema
2
Hit
Shaqra
Uber
Zeitun
4
Shaqqa
6
9
18
Jabiya
Lubbein
Ahira
Nawa
20
6
10
11
Ezraa
Shahba
119
10
15
Sheikh Meskene
109
Slim
Diyata
Namara
Zaizun/ Tell Shebab
37
4
25
119
Atil
Qanawat
Mushennef
9
3
Muzeyrib/ Ataman
7
7
Sia
16
Suweida
22
Busan
23
13
Sale
6
Reshida
Qafr
Deraa
5
22
Maiamas
41
109
Jemarin
18
3
Bosra
Salkhad
12
Mella
Deir an-Nasrani
9
Deir
22
11
10
Imtan
Deir ash-Sheir
8
Anat
4
Qara
Amman

fast ausschließliche Verwendung von Basalt als Baumaterial sorgte für eine nachhaltige Stabilität der antiken Bauwerke.

◁ Die Ortschaften und das Wegenetz des Hauran

Entsprechend prominent sind bis heute römische, aber auch nabatäische Traditionen geblieben. »Noch heute holen die Bewohner der dortigen Dörfer ihr Wasser aus den römischen [...] Zisternen und Stauteichen; noch heute stehen die meisten Dörfer Südsyriens auf den Trümmern der antiken Siedlungen, und die Häuser sind aus den Steinen der römischen Häuser errichtet, soweit nicht die Ruinen einfach zu Wohnungen umgebaut wurden...« (Eugen WIRTH).

Der spätantike Hauran blieb trotz seiner städtischen Zentren primär stets eine ländlich-dörfliche Region. Beim Besuch der Dörfer, gerade der seit einem Jahrtausend verlassenen, sind im spätantiken Baubestand die orientalischen Zeichen unverkennbar. Einen rational gerasterten Bebauungsplan à la HIPPODAMOS kannte das hauranische Dorf nicht. »Häuser wurden ohne vorhergehende Planung, einzeln oder in Gruppen, errichtet. Das hatte ein wirres Netz aus breiteren und engeren, oft blind endenden Straßen zur Folge.« Jean-Marie DENTZER, von dem die zitierten Zeilen stammen, verkennt jedoch, daß die »Wirrnis« durchaus System hat – freilich eines, das sich jenseits okzidentaler Regelbaupläne in der strikten Trennung von öffentlichem und privatem Bereich entfaltet.

Daß die Christianisierung des Hauran ungleichmäßig voranschritt, bezeugt ein Dorf wie Diyata oder auch ein altes Kultzentrum wie Sia. Hier wie dort entstand niemals eine Kirche. Man sollte sich also nicht täuschen lassen durch die große Zahl von annähernd 110 nachgewiesenen Hauran-Gotteshäusern, beginnend mit der Sergios-Kirche in Hit (ca. 325) und endend mit der Elias-Kirche in Orman (668). Die Sakralbauten des zu einem frühen Zeitpunkt christlich gewordenen Bosra sind keine ›Leitfossilien‹ für den Hauran insgesamt, und nicht ohne Grund kreuzten der ›heidnische‹ Kaiser JULIAN und Bischof TITUS von Bosra noch im 4. Jh. die Klinge im Glaubensstreit.

»Oh Sultan der Drusen, Du Ruhm Deines Volkes: Aus dem Mut sind Deine Männer geboren, stets bereit, die Schlacht zu wagen...« So wurde im Hauran Sultan al-Atrash (oben) besungen, der 1925 den Kampf gegen die französischen Truppen führte.

Während der Westsaum des Hauran mit Dörfern wie Deraa und Nawa aufgrund guter Getreideerträge in frühislamischer Zeit ein wichtiges Siedlungsgebiet blieb, wurden zahlreiche Dörfer des Jebel ad-Druz (z. B. Diyata) und der Lejja (z. B. Kraim) im 7. und 8. Jh. aufgegeben. Sieht man von den moslemischen Theaterbefestigungen und Moscheen in Bosra und dem eigentümlichen ayyubidischen Minarett in Salkhad ab, fehlen monumentale Bauleistungen des mittelalterlichen Islam, und auch große Dörfer wie Qanawat und Shahba werden von den moslemischen Geographen und Historikern der Zeit keiner Beschreibung gewürdigt.

Unter den Osmanen, beginnend 1685, wurde der Hauran, vor allem die Gegend um Suweida, in mehreren Wellen von Drusen-Stämmen aus dem Libanon besiedelt, und im 18. Jh. gewannen die als besonders freiheitsliebend geltenden Drusen (s. S. 26) sogar eine Art Halbautonomie. Auch nach der Errichtung der französischen Kolonialherrschaft blieb der drusisch beherrschte Hauran formell autonomes Gebiet; doch besetzten französische Truppen bis 1946 das Bergland, als es sich unter dem Großscheich AL-ATRASH 1920, dann wieder im syrischen Volksbefreiungskrieg (1925–27) als Widerstandsnest profilierte. Militärisches Zentrum des drusischen Aufstands war damals die Zitadelle von Salkhad (s. S. 412), geistiges Zentrum der Ort Qanawat.

Der ein halbes Jahrhundert alte Plan, den Hauran im Abzweig von der Hejaz-Trasse durch Schienen mit Haifa an der Mittelmeerküste zu verbinden, hätte der Region größte wirtschaftliche Vorteile gebracht, war aber angesichts des politischen Dissenses zwischen Israel und der arabischen Welt zum Scheitern verurteilt.

Der westliche Saum des Hauran

Zwischen Sanamein und Deraa

Wegweiser: s. Karte und die Texthinweise.

Der auf das Jahr 191/192 n. Chr. datierte Podiumtempel im Westen des Städtchens **Sanamein** (›die beiden Götzen‹) ist von modernen Betonbauten eingeschlossen. Das ruinierte Bauwerk wird als Tychaion gedeutet, war also wohl der Stadtgöttin zugeeignet, und besitzt eine Weihinschrift des Kaisers COMMODUS (reg. 180–192).

Treppenaufgang und viersäulige Vorhalle erschließen eine fast quadratische Cella. Anten, wie wir sie von den Tempeln in Atil und Slim kennen (s. S. 418f), fehlen in Sanamein. Die innere Rückwand der Cella gliedert sich in eine mittlere Apsis und Seitenräume, deren rechter als Aufgang zum Tempeldach diente. Über Säulen auf Postamenten verläuft, den Apsisbogen einbeziehend, eine Gebälkzone an der Innenwand des Tempels. Das bestimmende Ornament ist wie in Slim ein Mäanderfries. Die Apsiskalotte zeigt die Form einer mächtigen Muschel. Zu Seiten der Apsis öffnen sich Türen zu den Eckräumen. Schlicht wirkt der Außenbau, der nur durch Eckpilaster akzentuiert war.

Schmuckfenster im Tempel von as-Sanamein

Noch einige Worte zur Geschichte des Orts. Aere hieß er in der Antike. Unter dem Islam sank seine Bedeutung, bis nach der osmanischen Eroberung SELIM I. hier, 17 Stunden Marsch von Damaskus/Midan entfernt, ein erstes Pilgerfort an der Route nach Medina errichtete. Es hatte allerdings nicht die Bedeutung des sieben Marschstunden entfernten Muzeyrib, wo sich der Zug der syrischen Wallfahrer endgültig formierte (s. S. 399). Heute ist Sanamein ein modernes Mittelstädtchen von etwa 12 000 Einwohnern.

Qafr Shams, eine Altsiedlung nordwestlich von Sanamein – die Orte waren durch eine antike Straße verbunden –, besitzt mehrere großzügige byzantinische Hausanlagen (eine davon mit ursprünglich zweigeschossigen Säulenstellungen). Christliche Inschriften und Embleme, in einem Fall auch eine Menora als Ausweis jüdischer Hausbewohner sind in die Türstürze graviert.

Der Hügel von **al-Jabiya,** nordwestlich bei der Ortschaft Nawa gelegen, war der ›Hochsitz‹ der Ghassaniden (s. S. 80f); um das Jahr 520 hatte ihr König JABALA hier Quartier genommen. Von Jabiya zogen die ghassanidischen Krieger Ende des 6. Jh. gegen Bosra, um die Rüstung und die Insignien ihres Königs AL-MUNDHIR zurückzugewinnen (s. S. 115). Heute hütet syrisches Militär den historischen Platz am Saum des israelisch besetzten Golan; nur mit Sondergenehmigung (Anfrage beim Tourismus-Ministerium in Damaskus) ist der von Bauresten übersäte Hügel zugänglich.

Im Weiler **Inkhil,** südwestlich von Sanamein, hat sich, in ein Bauernhaus verbaut, die Fassade einer römerzeitlichen Villa erhalten, der sogenannte Palais. Dem Dekor der Nischen wurden später als Zeichen der Christianisierung einige krude Kreuze hinzugefügt.

Südlich von Sheikh Meskene zweigt eine Straße westwärts ab zum Dorf **Muzeyrib,** das in osmanischer Zeit, vor der Anlage der Hejaz-Bahn, Bedeutung besaß als Sammelplatz der Pilgerkarawane vor ihrem Aufbruch zum 26 Tagesmärsche entfernten Medina (s. S. 160). Ein quadratisches Fort (südlich des Dorfes in Spuren erhalten) bot den Notablen unter den Mekka-Wallfahrern Schutz. Die konischen Zelte der einfachen Pilger besetzten die Ebene um den kleinen See (der heute ein beliebtes Ausflugsziel ist und von Tret- und Ruderbooten befahren wird). Nach dem Aufbruch der Gläubigen wurden die Leinwandbehausungen abgebrochen und von schnellen Kamelen zum nächsten geplanten Quartier transportiert.

Deraa und Umgebung

Wegweiser: 100 km von Damaskus auf der alten Straße.

Das Alte Testament (u. a. Josua 12,4) kennt den altbesiedelten Platz Deraa, heute Grenzstadt zwischen Syrien und Jordanien, unter dem Namen Edreï als Residenz des von MOSES besiegten Königs OG von Baschan. Wenig wissen wir vom antiken Adraha, das nach dem Zug ALEXANDERS d. Gr. hellenisiert wurde und den Nabatäern als Handelsstation diente. Weingärten und Olivenhaine bescherten eine bescheidene Behaglichkeit, bereichert noch durch Handelsgewinne. Die Reste eines Theaters und von Thermen bezeugen den antiken Reichtum. Durch Inschriften ist gesichert, daß die Stadt zwischen ca. 260 und 275 in Erwartung persischer Angriffe stark befestigt wurde. Die lokale Legende, ca. 20 m unter dem heutigen Bodenniveau sei in einem weitverzweigten Höhlensystem eine ganze unterirdische Stadt mit Straßen, Plätzen, Wohnräumen, Zisternen und Belüftungsanlagen zu finden, dürfte als Erinnerung an byzantinische Katakomben zu deuten sein, wie wir sie aus Emesa/Homs (s. S. 180) kennen.

Bereits 634 öffnete sich die Stadt, damals Adraa oder Adrya genannt, dem Islam. Von moslemischen Reisenden des Mittelalters mehrfach positiv hervorgehoben als ›Hauptstadt‹ der Landschaft al-Bataniya (Batanaea) und von YAQUT (ca. 1179–1229) wegen der vielen Gelehrten gerühmt, die sie hervorbrachte, ist Deraa heute eine

Blick in den Gebetssaal der Omari-Moschee von Deraa

eher reizlose Provinzstadt – und dies, obwohl ihre Lage als Station an der Hejaz-Bahn wie auch an der Schnellstraße zwischen Damaskus und Amman ihr in jüngerer Zeit Impulse gaben.

Hauptsehenswürdigkeit ist die mit vielen antiken Spolien (Säulen, Kapitelle) erbaute **Omari-Moschee** an der Omar Ibn al-Khattab-Straße im Süden der Stadt. Im Grundriß folgt das archaisch wirkende Bauwerk der Omayyaden-Moschee von Damaskus, und es ist durchaus möglich, daß es sich um eine frühislamische Gründung handelt. Eine Inschrift im Hof berichtet von Anbau einer Säulenlaube (Riwaq) im Jahr 1253, also in ayyubidischer Zeit, liefert damit aber nur ein Datum *post quem*. Gegenüber der Moschee haben Ausgrabungen seit 1994 ein **römisches Theater** erschlossen. Freigelegt waren 1997 die Zugänge zur Orchestra.

Einc Straßc führt von Dcraa über 23 km zu den landschaftlich grandiosen **Zaizun-Wasserfällen** (Shallalat Zaizun) von kleinen Nebenflüssen des Yarmuk (im Westen bzw. Südwesten des Dorfes Muzeyrib gelegen und auch von dort zu erreichen; s. o.). Irgendwann in hellenistischer Zeit haben Griechen die von der Hochebene eindrucksvoll zum Yarmuk hinunterstürzenden Wasser dem berühmten Styx-Fall in Arkadien gleichgesetzt.

Bei der Rückfahrt kann man nach ca. 4 km abzweigen zur Burgruine **Tell Shebab** mit Glacis-Resten. Der ›Burggraben‹ ist allerdings eine moderne Bauleistung; hier zieht die aufgegebene Bahntrasse von Deraa nach Haifa entlang (s. S. 398). Am Ende der Zufahrtstraße, knapp 2 km nach Shebab, sieht man rechts des Felsvorsprungs weitere ›stygische Wasserfälle‹ hinunter ins Wadi Khaled stürzen – allerdings nur im wasserreichen frühen Frühjahr oder im Winter –, wo sie **spätantike Wassermühlen** antrieben, noch erhalten in ihren Grundmauern und Partien der Aquädukte.

Ezraa und die Stätten der Lejja

Das heutige Ezraa ist eine eher unscheinbare Kleinstadt, ihr industrielles Herz ein Zementwerk. Zorava hieß der Ort in spätrömisch-frühbyzantinischer Zeit; wie Sanamein war er eher ein Dorf als eine Stadt. Allerdings wurde der Platz im 3. Jh. ehrenhaft in den Rang einer Metrokomia erhoben. Die konzeptuell an der Kathedrale von Bosra (s. S. 409) orientierte **Georgskirche** (Kanise al-Khidr) von Ezraa ist das besterhaltene christliche Bauwerk in Südsyrien. Im Jahr 515 gestiftet von einem Verwaltungsbeamten namens Diomedes, war sie eine von ursprünglich vier Kirchen des dörflichen Bischofssitzes, die nach Ausweis der Inschriften allesamt von Laien oder »den Einwohnern von Zorava« finanziert wurden. Solche Laien- bzw. Volksstiftungen sind selten im Osten des christlichen Weltreichs. Moderne Bauleistung sind nur die Kuppel und Mauersegmente des Innengevierts. Ansonsten blieb der ursprüngliche Zentralraum so, wie er 515 vollendet wurde. Der Grundriß verdeutlicht, daß zwei Baukörper zusammengefügt wurden, der quadratische Zentralraum und die östliche, vierteilige Chorpartie.

Wegweiser: 43 km von Deraa; 12 km von Sheikh Meskene; 74 km von Bosra. Zu den Dörfern der Lejja s. Text.

Drei Türen im Westen und jeweils eine im Norden und Süden führten in einen oktogonalen Raum, der dem äußeren Quadrat eingeschrieben ist (in die diagonalen Eckpartien sind große Nischen eingelassen). Das äußere Oktogon umfaßt ein inneres, gebildet aus Pfeilern, welche die acht Ecken markieren; darüber ist eine Kuppel ohne Tambour zu rekonstruieren – bei der Fensterzone unter der modernen Kuppel handelt es sich somit um einen nachträglichen, nicht authentischen Einbau. Im Umgang des Oktogons erhält der Besucher Einblick in jene eindrucksvolle Steinbaukonstruktion, die so typisch für den an Bauholz armen Hauran ist: Auf beidseitig weit vorspringenden Kragsteinen liegen die monumentalen Balken aus Basaltstein auf. Über den östlich an den Zentralraum anschließenden querrechteckigen Raum erreicht man die hufeisenförmig gebildete Apsis mit Synthronon sowie den linken Annexraum. Die Apsis ist außen trapezförmig ummantelt. An Bauschmuck finden sich lediglich einige wenige geometrische Figuren und Ranken an den Balkendecken und den Kämpfern. Die Inschrift auf dem Türsturz des Westportals impliziert, daß die Kirche am Ort eines heidnischen Tempels entstand, der zerstört und abgetragen wurde. Südlich der Georgskirche finden sich übrigens die Ruinen einer mit Spolien errichteten **Moschee.** Die Idee des sakralen Triumphes dokumentiert sich auch hier.

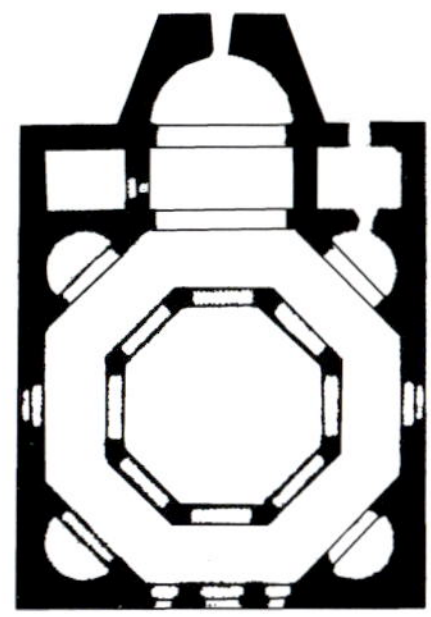

Grundriß der Georgskirche von Ezraa

»Was einmal eine Heimstätte von Dämonen war, ist nun ein Haus Gottes geworden. Wo einst Götzenbilder verehrt wurden, singen nun Engelchöre…«
Aus der Inschrift über dem Westportal der Georgskirche

Im Jahr 512 wurde keine 200 m von der Georgskirche eine **Kirche des Propheten Elias** errichtet. Auch hier bildet ein fast quadratisches Mauergeviert die Grundform der Anlage. Durch die Einfügung zweier rechteckiger Räume zu Seiten des Westportals und die weit ausgreifende Chorpartie im Osten erhält der Sakralbau jedoch einen kreuzförmigen Grundriß, über dessen Vierung ein Kuppelbau zu

Sowohl die Georgs- als auch die Eliaskirche werden bis heute von Ezraas Christen genutzt: erstere von der griechisch-orthodoxen, letztere von der griechisch-katholischen Gemeinde.

rekonstruieren ist. An seiner Stelle deckt heute eine Holzkonstruktion die Kirche. Sehr gut erhalten haben sich die Süd- und Westfassade – hervorragende Beispiele für die ausgezeichnete Quadertechnik der syrischen Spätantike. Rundfenster zwischen schräg eingebundenen Quadern bilden jeweils das Zentrum der einfachen Wandgliederungen.

Nur selten besucht wird das Martyrion im Flecken **Shaqra** 6 km nördlich von Ezraa. Der ruinierte Bau aus dem 6. Jh. – sein Ostteil ist verlorengegangen – hat ein überkuppeltes Quadrat zum Zentrum.

Neben anderen, weniger gut erhaltenen antiken Bauresten bietet Shaqra einen beachtenswerten Grabturm. Über einem quadratischen Grundplan erheben sich vier Eckpfeiler, die miteinander durch Bögen verbunden sind und zwei Geschosse aufnehmen. Im Hauran gab es zwar viele Wehrtürme, mit denen sich die spätantiken Dörfer gegen die befürchteten persischen Angriffe oder Beduinenüberfälle zu sichern suchten (s. S. 415), als Sepulkralform stellt der Turm jedoch einen Einzelfall dar.

Der Weiler **Uber,** ca. 2 km nördlich von Shaqra – die Straßen sind hier wie im folgenden schlecht –, besaß eine byzantinische Klosteranlage, der Weiler **Sur,** ca. 4 km von Uber nach Nordwesten, die auf 458 datierende Kirche des Hl. Leontios, der Weiler **Sabair** byzantinische Wohnhäuser. In allen Fällen sind die – teils verbauten – Reste nicht sonderlich imposant.

Wer sich noch tiefer hineinwagen will in die abweisende Lejja – zumindest ist die unwirtliche, ca. 900 km² große Steinwüste nicht mehr, wie noch bis zur Mitte des 20. Jh., ein Schlupfwinkel von Straßenräubern –, zweigt nördlich von Sur nach Osten ab in Richtung auf das Dorf **Dema** (spätantike Hausfassade mit Weinranken-Türgewände) als Durchgangsstation zum 4 km nördlich davon gelegenen **Deir Dema,** einer aus einer Klosteranlage hervorgegangenen frühbyzantinischen Siedlung, deren stille Ruinen man nicht unbeeindruckt verläßt. Südlich von Dema besitzt das Dorf **Lubbein** eine auf 417 datierte Kirche, verbaut in ein Wohnhaus. Südöstlich von Dema birgt der Weiler **Ahira** die Ruinen eines spätrömischen Tempels, der an der Straße lag, die von Suweida nordwestlich Richtung Damaskus strich. Das letzte Dorf im äußersten Norden der Lejja, ebenfalls an dieser Straße, war **al-Mismiya,** das antike Phaena, wo den Reisenden eine ländliche Badeanlage zur Verfügung stand.

Bosra

Wegweiser: 142 km von Damaskus über Deraa, 125 km über Suweida.

Heute hat Bosra (in der Antike Bostra) seinen historischen Vorrang im Hauran verloren. Abseits der Schnellstraße von Damaskus nach Amman auf ca. 850 m Höhe am Rande der fruchtbaren Nuqra-Ebene gelegen, steht es im Schatten der Provinzhauptstadt Suweida (s. S.

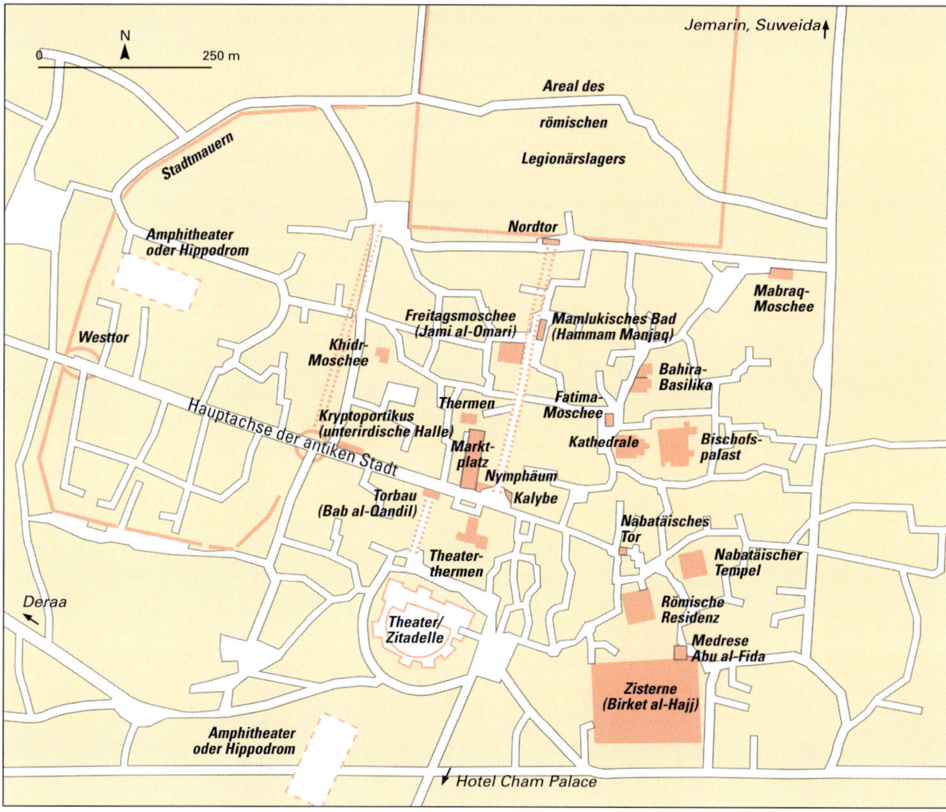

Übersichtsplan von Bosra

413). Der faszinierende Ruinenbestand aus römischer und moslemischer Zeit, von der UNESCO zum Weltkulturerbe gekürt, erinnert freilich daran, daß Bosra einst das bedeutendste städtische Zentrum im großsyrischen Raum südlich von Damaskus war.

Dreierlei führte zum Aufstieg der Stadt: die auch in trockenen Sommern ausreichende Versorgung mit Trinkwasser (Brunnen, Zisternen, in der Nähe die beiden Wadis Zaydi und Butm); die Lage inmitten eines weiten Getreideanbaugebietes, das in römischer und byzantinischer Zeit eine der Kornkammern Syriens war; schließlich die verkehrstechnische Vorzugsstellung am Treffpunkt von fünf römischen Straßen – zwei Straßen sicherten die Verbindung mit Damaskus, nach Westen führte ein Handelsweg über den See Tiberias zum Mittelmeer, und nach Süden wie Südosten ließ Kaiser TRAJAN ab 106 n. Chr. Straßen bis zum Roten Meer/Aqaba (Via Nova Traiana) und Richtung Persischer Golf/Gerrha bauen.

Die Geschichte der Stadt begann indes lange vor der römischen Blütezeit. Eine fürstliche Stadt namens Busruna ist bereits in den ägyptischen Amarna-Briefen (Mitte des 14. Jh. v. Chr.) erwähnt; dem entspricht der archäologische Befund einer spätbronzezeitlichen Siedlung. Bosra war ein Stützpunkt des arabischen Nabatäer-Reiches, das von seiner Hauptstadt Petra aus seinen Einfluß zeitweise bis nach Damaskus ausdehnen konnte (s. S. 63). Erst 106 v. Chr., also 170 Jahre nach dem Syrien-Feldzug des POMPEIUS, wurde Bosra durch den römischen Feldherrn CORNELIUS PALMA erobert und unter dem Namen Nova Traiana Bostra Hauptstadt der neugegründeten Provincia Arabia sowie Garnisonsort der III. Legio Cyrenaica.

Mit dem Beginn der neuen Ära (die sich auch in einer neuen Zeitrechnung niederschlug) prägte die Stadt eigene Münzen und entfaltete eine rege Bautätigkeit. Kaiser HADRIAN dürfte sie im Jahr 130 kurz besucht haben. Weiteren Aufschwung erlebte Bosra unter SEPTIMIUS SEVERUS (reg. 193–211) sowie den syrischen Kaisern SEVERUS ALEXANDER (reg. 222–235) und PHILIPPUS ARABS (reg. 244–249), als es den Rang einer Colonia bzw. einer Metropolis erhielt und um die 80 000 Einwohner zählte. Im Zuge der sassanidischen Offensive unter SCHAHPUR I. wurde bei Bosra im Jahr 259 eine Schlacht geschlagen, und ein Jahrzehnt später zerstörten die Truppen der palmyrenischen Königin ZENOBIA (s. S. 362) bei ihrem Marsch nach Süden den lokalen Tempel des Zeus Hammon, das »Symbol der Stadt und der dort stationierten Legion« (Glen Warren BOWERSOCK).

Nicht minder bedeutend war die Rolle, die Bosra mit dem Aufkommen des Christentums spielte. Bei der biblischen Nachricht, daß PAULUS aus Damaskus nach Arabien floh (s. S. 159), wird man weniger an die Tiefen der Arabischen Halbinsel als an die Gegend um das ›arabische‹ Bosra denken, in der für das erste Jahrhundert judenchristliche Gemeinden (Nawa, Sheikh Meskene, Sur) nachgewiesen sind. Schon im 3. Jh. war die Stadt Bischofssitz. Bei seinem Bosra-Aufenthalt 214/215 belehrte der Kirchenvater ORIGINES (ca. 185 – ca. 254) BERYLLOS, den ersten namentlich bekannten Bischof der Stadt, in Glaubensfragen. Spätestens 300 war Bosra Sitz eines Metropoliten. Im 4. Jh. lebte und wirkte als bedeutender christlicher Kleriker ein Bischof TITUS in der Stadt; 363 nahm er an der Synode von Antiocheia teil. TITUS' Hauptwerk ist eine vierbändige, vollständig in syrischer Übersetzung erhaltene Polemik gegen den Manichäismus. Eine Hauptaufgabe der frühen Kirche bestand ab dem 4. Jh. darin, die in das Reich eindringenden arabischen Nomadenstämme zu christianisieren. Offenbar auch deshalb ließ Kaiser JUSTINIAN die Stadt 539/540 mit zahlreichen Bauten, darunter ein Aquädukt und eine Kirche des Hl. HIOB, ausstatten. Die Glaubenskämpfe zwischen Monophysiten und griechischer Orthodoxie führten Ende des 6. Jh. zu einer Belagerung Bosras durch die Ghassaniden (s. S. 81), die nach der Gefangennahme und Verbannung ihres (monophysitischen) Führers AL-MUNDHIR (582 nach Sizilien; s. S. 115) die in Bosra verwahrten Königsinsignien zurückgewinnen wollten.

Als Marktplatz für die Wüstengebiete im Grenzbereich zwischen Seßhaften und Nomaden wie auch als überregionales Karawanenzentrum war Bosra, das Wein und Weizen exportierte, zugleich ein Umschlagplatz religiöser Ideen. Der junge Mohammed, so will es die von Ibn Ishaq wiedergegebene Legende, soll hier, als er mit einer Karawane aus Mekka in Bosra Station machte, von dem nestorianischen Mönch Bahira als Prophet erkannt worden sein (s. S. 409).

Auch nach der arabischen Eroberung durch KHALID IBN AL-WALID (634) blieb Bosra die bedeutendste städtische Siedlung im Hauran;

Cavea und Bühnenbau des Theaters von Bosra

der alte Glanz verblaßte freilich. Die im 11. Jh. um das römische Theater errichtete arabische Festung wurde 1147 und 1151 vergeblich von den Kreuzrittern unter Balduin III., König von Jerusalem, belagert, doch hinterließ der Mongolen-Einfall von 1260 die ›Theaterburg‹ (s. u.) als Ruine. In mamlukischer Zeit fungierte Bosra als provinzielles Verwaltungszentrum, und bereits unter Sultan Baibars wurde die Festung 1261 wiederhergestellt und erweitert. Die Bedeutung der Stadt als Pilgerstation auf dem Wege von Damaskus nach Mekka (s. S. 160) ging verloren, als sich die Hauptverkehrsroute durch den Bau der Hejaz-Bahn (s. S. 138) nach Westen verlagerte.

Die fast ausschließliche Verwendung des schwarzen Basaltgesteins seit nabatäischer und römischer Zeit verleiht den Bauwerken Bosras einen düsteren, aber doch einzigartigen Charakter. Die sehenswerten Monumente gehören fast ausschließlich in die römische und islamische Zeit, doch weist die unregelmäßige Anlage des Stadtplanes darauf hin, daß sich die Römer älteren, also nabatäischen Gegebenheiten anpaßten: Erstens kreuzen sich die Säulenstraßen nicht im rechten Winkel, und zweitens führen die Säulenstraßen von der Hauptstraße immer nur in eine Richtung, entweder nach Norden oder, wie zum Theater, nach Süden.

Es empfiehlt sich, den Rundgang durch das weitläufige Stadtareal am **Theater** zu beginnen. Es ist ein besonderes Erlebnis, innerhalb eines mächtigen mittelalterlichen Bollwerks das römische Theater zu entdecken, eines der besterhaltenen antiken Monumente im ganzen

Bosra ist ein großes Freilichtmuseum. Sehr zweifelhaft aber, ob es ein wirkliches, ein totes Museum werden sollte. Siedelte man die Einwohner, wie geplant, in vorstädtische Neubauviertel aus, ginge das bemerkenswerte Miteinander von antiken Quadermauern und Fernsehantennen verloren, kurzum: jene kulturgeschichtliche Balance, die den schwebenden Reiz der Stätte ausmacht.

Orient. Schon die Omayyaden nutzten das Bauwerk, da es in der Stadt am leichtesten zu verteidigen war, als Festung. Bis auf ein Portal vermauerten sie einfach die Zugänge zur Orchestra, zur Cavea und zum Bühnenhaus. Ende des 11. Jh. verstärkten die Seldschuken die Nordostecke des Theaters durch Türme, die dann in die umfangreichen Baumaßnahmen der Ayyubiden zwischen 1211 und 1251, und in die der Mamluken nach 1261 integriert wurden.

Heute umfassen neun Rechtecktürme von unterschiedlicher Größe die antike Theaterkonstruktion vollständig. Der vorgelagerte tiefe Graben kann nur an der Südostecke auf einer fünfbogigen Steinbrücke überquert werden, die zwischen Türmen zum zweifach abgewinkelten Monumentaltor führt. Das Mauerwerk – Buckelquader mit Randschlag – zeigt vorzügliche Qualität. Die Türme sind an ihrer Basis durch Glacis verstärkt und öffnen sich nur durch schmale Schießscharten und kleine quadratische Fenster in den Obergeschossen. Die heute noch begehbaren inneren Wehrgänge zu den Türmen führen rund um das Theater und dienten auch als Zugänge zu den mehrstöckigen Räumlichkeiten, die den Zuschauerraum bis in den dritten Rang vollständig verbaut hatten.

1947 begannen die Freilegungsarbeiten im Innenraum, 1970 wurden sie abgeschlossen. Unter der mittelalterlich-moslemischen Bebauung kam die fast unversehrte antike Anlage zutage, erhalten durch den über die Jahrhunderte eingedrungenen und abgelagerten Wüstenflugsand, und heute bestaunen wir in Bosra das neben Aspendos (Südtürkei) besterhaltene Theater der römischen Welt.

Es ergibt sich folgendes Bild: Um die monumentale Konstruktion der Zuschauerränge in dem ebenen Gelände zu entlasten, wurden die Orchestra und die ersten Ränge in den Erdboden eingetieft. Eine außen um die Cavea laufende Pfeilerhalle fungierte zugleich als Substruktion und Wandelgang. Die Cavea bildet einen Halbkreis, der durch die seitlichen Zugänge zur Orchestra und die darüber gelegenen Sitzreihen geradlinig erweitert ist. Der um 15 000 Besucher fassende Zuschauerraum, durch zwei horizontale Laufgänge in drei Ränge (von 14, 18 und 5 Reihen) unterteilt, endet in einer umlaufenden Säulenhalle dorischer Ordnung. Zum ersten Diazoma (Umgang) führen sechs, zum zweiten acht und zur bekrönenden Säulenhalle elf Treppen hinauf; so gelangte man zu den Sitzplätzen.

»Die Akustik ist exzellent. Eine Stimme im normalen Gesprächston ist überall im Theater zu hören.«
Ross Burns

Der Cavea-Halbkreis von 102 m wird durch das Bühnengebäude vollständig geschlossen. Das Proscenium, der eigentliche Aktionsraum der Schauspieler, nimmt die Breite des ersten Diazomas ein und ist rückwärtig und an den Seiten von einer dreigeschossigen Schauwand eingefaßt, aufwendig gegliedert durch Nischen, vorgeblendete Säulen und Gesimse. Erhalten haben sich das dahinterliegende Bühnenhaus und die Wandkonstruktion einschließlich der Nischen und Fenster. Sie vermitteln den Eindruck einer auch im Material variationsfreudigen Architekturdekoration.

Obwohl es schwer ist, ein vergleichbar gut erhaltenes römisches Theater zu benennen (s. o.), fehlen sichere Hinweise für seine Datierung. Eine nabatäische Inschrift, die eine frühe Zeitstellung nach der römischen Eroberung nahelegt, korrespondiert freilich mit der historischen Logik: Das Theater muß nach 106 n. Chr. und vor 259 n. Chr. entstanden sein, wahrscheinlich im späteren 2. Jh.

Unser Stadtrundgang nimmt diese Richtung: Von der Nordwest-Ecke des Theaters führt eine geräumte **Kolonnadenstraße** in nördlicher Richtung zur städtischen Hauptachse. Dabei passiert sie das Bab al-Qandil (›Lampentor‹) genannte dreibogige, bis 13 m hohe **Triumphtor,** das im frühen 3. Jh. zu Ehren der Legion III Cyrenaica und des römischen Arabien-Eroberers Cornelius Palma errichtet, in byzantinischer Zeit aber verändert wurde. Zur Nordseite hin sprangen aus der korinthischen Pilastergliederung der Hauptpfeiler Konsolen hervor, die ursprünglich Skulpturen trugen.

Das Pflaster der über 7 m breiten, annähernd ostwestlich verlaufenden **Hauptstraße,** die mit der Torpassage erreicht ist, stammt aus römischer Zeit, doch haben sich von den höher gelegenen seitlichen Portiken (über 5 m breit) nur noch Fragmente der ionischen Säulen erhalten.

Wir folgen der Straße zunächst nach links in Richtung Westtor und finden auf der rechten Seite in die Treppenstufen der Säulenhalle eingelassene Lichtschächte – 34 sind es insgesamt –, die auf einer Länge von 106 m eine **unterirdische Halle** beleuchteten. Der tonnengewölbte Kryptoportikus (4,10 m hoch und 4,65 m breit) war durch drei Zugänge (einer geöffnet) von Norden aus zu begehen und diente als Lagerraum für lokale landwirtschaftliche Produkte, die exportiert werden sollten. Am Ende des Portikus sind die geringen Spuren eines **Tetrapylons** zu erschließen, der im Zentrum eines kreisrunden Platzes stand.

200 m nördlich der unterirdischen Halle ist die **al-Khidr-Moschee** zu finden. Der mittelalterliche Bau von 1134, eine Stiftung des turkstämmigen Emirs Gumushtekin, besteht aus einem fast quadratischen (ca. 7 x 7 m) Raum mit Querbögen, die ein Dach aus Steinplatten tragen, wie es für den Hauran bis zurück in römische Zeit dokumentiert ist. Der quadratische Minarettschaft ist charakteristisch für alle Moscheen in Bosra (s. u.). Nahebei finden sich Ruinen eines antiken **Doppelhofhauses** und eines **Bades.**

Die Kolonnadenstraße endet am **Westtor,** lokal bekannt als Bab al-Hawa (›Tor des Windes‹), eine Konstruktion des 2. Jh. n. Chr. aus zwei quadratischen Turmbauten, die durch eine eintorige Triumphbogenarchitektur (im Scheitel 10,5 m hoch) verbunden waren.

Zurück über die Stadtachse nach Osten. Etwa 50 m nach Passage des Bab al-Qandil (s. o.) eröffnete ein achtsäuliger Portikus prunkvoll den Zugang zu den **Theaterthermen** (ausgegraben in den 90er Jahren), die sich in T-Form nach Süden entfalteten, beginnend mit einem überraschend großen ausgenischten Apodyterium (überwölbt von einer Schirmkuppel), dem ein schmalrechteckiges Frigidarium folgte. Das Tepidarium bildete den Achsenraum, dem sich westlich und östlich, den ›Oberstrich‹ des T vervollständigend, zwei geräu-

Eine französisch-syrische Mission hat 1990 200 m südwestlich des Theaters die Spuren eines gewaltigen Bauwerks mit elliptischem Abschluß, möglicherweise ein Amphitheater (oder Hippodrom?) aus dem 2. oder 3. Jh. n. Chr., nachgewiesen, und nördlich des Westtors deuten ebenso karge Spuren auf die Existenz eines Hippodroms (oder Amphitheaters?) hin. Besichtigungsziele sind beide Großbauten nicht; ihr Terrain ist teils mit Häusern und Hütten bebaut, teils als Garten planiert.

Die Säulen des Nymphäums an der zentralen Straßenkreuzung des antiken Bosra, dahinter der Khan al-Dib

mige Caldarien anschlossen. Man kann sich gut vorstellen, wie die Legionäre nach ihren Wüsteneinsätzen hier zum Wasser drängten.

Auf der gegenüberliegenden Straßenseite bilden vier hohe (13 m) korinthische Säulen auf achteckigen Postamenten die Front eines schräg zur Straße errichteten **Nymphäums** aus dem 2. Jh. n. Chr., dessen rückwärtige Nischenarchitektur in Fundamenten erhalten ist.

Von der ähnlich strukturierten Nischenarchitektur des benachbarten **Kalybe-Heiligtums** blieben lediglich ein parallel zur Hauptstraße verlaufendes Wandsegment und eine Monumentalsäule einschließlich des aufliegenden Gebälks stehen, wobei die reiche Bauplastik der Gebälkzone auf die einst aufwendige Ausstattung des halb offenen, durch Statuen geschmückten Baus verweist.

Nymphäum und Heiligtum markieren die Kreuzung einer nach Norden streichenden Straße mit der Ost-West-Achse. Nordwestlich der Kreuzung lag der **Marktplatz** von Bosra, eine 70 x 20 m große hochrechteckige Hofanlage, die heute als Khan al-Dib bekannt ist.

Nach ca. 200 m auf dieser Nordstraße ist die **Jami al-Omari** erreicht, die Freitagsmoschee von Bosra. Die Anlage geht auf die Omayyaden zurück; eventuell hat der Kalif Yazid II. sie 720/721 errichten lassen zum Gedenken an seinen großen Vorläufer Omar, unter dem Syrien erobert wurde. Seine heutige Gestalt erhielt der auch Jami al-Arus (›Moschee der Braut‹) genannte Bau 1112/1113 unter einem seldschukischen Statthalter. In ayyubidischer Zeit wurde er nach Norden hin (einschließlich Minarett) erweitert.

Der ehemals offene Mittelhof der Moschee ist heute überdacht. Der südliche ältere Gebetssaal mit Qibla-Wand wird von zwei Säulenreihen mit korinthischen Kapitellen gegliedert, wobei zwei Bögen über Pfeilern den Transept in der Mittelachse überspannen. Von dem stuckierten Schriftflies der Wandverkleidung sind Fragmente zu Seiten des Mihrab erhalten. Die seitlichen Säulenhallen gehören bereits zum mittelalterlichen Neu- bzw. Erweiterungsbau.

Östlich der Moschee liegt auf der anderen Straßenseite eine mamlukische Badeanlage von 1372, das **Hammam Manjaq,** benannt nach einem Damaszener Statthalter der ägyptischen Dynastie. In den 80er Jahren wurde der Komplex unter Mitarbeit des Deutschen Archäologischen Instituts teilweise restauriert. Mit seinem eingestürzten, aber freigelegten Kuppelsaal – im Zentrum ein Wasserbecken – ist das Hammam das zeitlich letzte islamische Bauwerk von Rang in Bosra. Die insgesamt 11 Baderäume dienten nicht zuletzt der Versorgung durchreisender Mekka-Pilger. Neben dem Bad wurde 1993 ein – wenig interessantes – **Arabisches Museum** eröffnet.

Man kann nun, falls nicht im Sinne unseres Rundgangs bereits geschehen, die al-Khidr-Moschee 200 m weiter westlich besuchen oder aber nach dem Straßenknick in nördlicher Richtung die Reste des **Nordtors** aufsuchen, welches das Riesengeviert des **römischen Legionärslagers** erschloß, Quartier für 5000 Soldaten.

Nach Osten hin führt von der Höhe des Nordtors eine Straße zur **Mabraq-Moschee** aus dem Jahr 1136 (restauriert in den 80er Jahren wiederum unter deutscher Mitwirkung). Der vollständige Name des Bethauses, Jami Mabraq an-Naqa bedeutet soviel wie Moschee des niederknienden Kamels und verweist auf die Gründungslegende: Die erste handschriftliche Kopie des Koran soll auf dem Rücken einer Kamelstute aus Mekka nach Syrien transportiert und eben hier abgeladen worden sein. Den Platz, wo dies angeblich geschah, markiert der Mihrab der kleinen urtümlichen Moschee, die unter dem Emir Gumushtekin (s. o.) entstand. Die unmittelbar anschließende kreuzförmige Anlage, eine Medrese, gilt als das älteste Beispiel dieses Bautypus in Syrien.

Östlich der Mabraq-Moschee verläuft nordwärts die Straße nach Jemarin (s. u.). Wir schlagen jedoch einen anderen Weg ein: Etwa 20 m westlich des Bethauses zweigt links (südwestlich) eine Straße ab, die nach etwa 250 m zur **Bahira-Basilika** führt, einem paganen Profanbau des 3. Jh. n. Chr., der später christianisiert wurde. Die nüchterne Rechteckarchitektur aus vorzüglichem Quadermauerwerk besitzt hoch gelegene Fensteröffnungen an den Seitenwänden und über dem Triumphbogen, hinter welchem die Apsis mit einer Kalotte aus Ziegelmauerwerk ansetzt. Mit diesem Monument werden seit Ibn Ishaq (»Das Leben des Propheten«) der christlich-nestorianische Mönch Bahira und seine Begegnung mit dem jungen Mohammed in Verbindung gebracht (s. S. 404).

Das Stadtzentrum der byzantinischen Zeit finden wir 100 m südlich der Bahira-Basilika. **Kathedrale** und **Bischofspalast** bildeten einen geschlossenen Bezirk, der zu den bedeutendsten Anlagen seiner Art in Syrien zählte. Um so bedauerlicher, daß das bischöfliche Palais heute vollständig und die Kathedrale, die den Märtyrern Sergios und Bacchos (s. S. 323), dazu dem Leontios geweiht war, mit Ausnahme des Chors und der Westmauer weitgehend abgetragen ist. Anhand der wenigen erhaltenen Bauteile läßt sich die Bedeutung der auf 512/513 datierten Kirche aber durchaus rekonstruieren. Bereits die Nischengliederung der Außenwände bezeugt seinen repräsentativen Charakter. Der Grundriß wurde durch den Zentralbaugedanken bestimmt. Einem äußeren Quadrat war ein Kreis eingeschrieben. An den Berührungspunkten von Kreis und Quadrat befanden sich die Türen; die Leerräume der Ecken wurden von Nischen erschlossen. Diesem Raum von über 36 m Durchmesser war ein Quadrat aus Eckpfeilern mit Exedren aus Säulen eingestellt.

Knapp 50 m westlich der Kathedralruine wird die **Fatima-Moschee,** ein Bau des 13. Jh. mit sechs Bögen (drei noch original) von einem 14 m hohen Minarett überragt, das auf 1306 datiert.

Nun südwärts, bis die ost-westliche Hauptstraße wieder erreicht ist. Gleich links erhebt sich ein monumentaler, sehr gut erhaltener Bogen, bekannt als **Nabatäisches Tor.** Der tonnengewölbte, tiefe Durchgang ruht auf zwei Pfeilerbauten, die ihrerseits im ersten Geschoß durch Quertonnen unterteilt sind. Die rundum laufende, zweigeschossige Wandgliederung beginnt über einem einfachen Sockel. Im Erdgeschoß rahmen an den Frontseiten jeweils zwei vorgelegte Halbsäulen zwischen Eckpilastern die zentralen Wandnischen, im zweiten Geschoß sind es Lisenen, die jeweils drei Nischen einfassen. Diesem Geschoß entsprechen zwei Räume zu Seiten des Torbogens. Über einer Gebälkzone ist möglicherweise eine dreieckige Giebelbekrönung zu rekonstruieren. Dieser monumentale Repräsentationsbau ist auch in Syrien einzigartig. Die Hörnerkapitelle im Erdgeschoß auf der Ostseite des Tores verweisen auf den nabatäischen Ursprung der Architektur. Auf der Westseite entsprachen ihnen ursprünglich korinthisierende Kapitelle römischer Tradition. Der Unterschied in den Formen dokumentiert die spezifische Besiedlung der Stadt: Östlich des Tores lag das Nabatäerviertel mit seinem Tempel (s. u.), westlich begann das römische Bosra.

Östlich des Nabatäer-Tores finden sich weitere Hörnerkapitelle in einen monumentalen Architekturkomplex verbaut. Die Ausgrabungen der französischen Archäologen um Jean-Marie Dentzer haben gezeigt, daß es sich sehr wahrscheinlich um einen **nabatäischen Tempel** handelt, der in christlicher Zeit zerstört und von einer (ebenfalls zerstörten) Kirche überbaut wurde. Der dem Dushara geweihte Tempel war das Hauptgebäude des Nabatäer-Viertels in Bosra.

Im Südosten des nabatäischen Tores führt ein Sträßchen zu den Ruinen eines **Residentialbaus** römischer Zeit. Auf drei Seiten umgaben Wohntrakte in zwei Geschossen einen rechteckigen Hof. Im Süden befand sich ein Repräsentationssaal, bestehend aus einem quadratischen Zentralraum, zwei seitlichen Apsidensälen und einem

Das Nabatäische Tor von Bosra in der Rekonstruktion von H.C. Butler

Rechteckraum, die zusammen die Form eines Kleeblattes bildeten. Man vermutet in dem palastartigen Bau von 33 x 50 m die Residenz des römischen Statthalters der 106 begründeten Provincia Arabia.

Südlich des Palastes stoßen wir auf die größte unter den offenen **Zisternen** von Bosra. Ursprünglich 8 m tief, liegt das 155 x 122 m große Becken, eine Anlage römischer Zeit, heute bis auf die Wintermonate trocken. Pilaster gliedern die Seitenwände in regelmäßigen Abständen. Der moderne Name Birket al-Hajj (›Zisterne der Pilgerfahrt‹) verweist auf die spätere Funktion als Wasserreservoir für die Karawanen nach Mekka, die dem Bericht Ibn Battutas zufolge in Bosra vier Tage Station zu machen pflegten.

Am Nordrand der Zisterne erhebt sich die ayyubidische **Medrese Abu al-Fida,** auch Medrese ad-Dabagha (›Schule der Färber‹) genannt. Der 1225/26 gegründete Bau (restauriert Mitte der 80er Jahre) steht mit seinem kreuzförmigen Grundriß – vier unterschiedlich große Iwane sind um einen gemeinsamen Hof angelegt – in zentralasiatisch-iranischer Tradition. Der Hauptiwan mit dem Gebetssaal wird allerdings von zwei Schwibbögen überspannt und folgt damit der Gewölbetechnik des Hauran.

Die Umgebung von Bosra

Wegweiser: siehe die Karte auf S. 396 und die Hinweise im Text. Achtung, die Straßen sind teilweise schlecht!

An der Straße Bosra–Suweida verdienen, 3 km nördlich von Bosra, in bzw. bei dem Flecken **Jemarin,** die Reste einer byzantinischen Villa (links der Straße) und die Ruine einer antiken Brücke (am Dorfausgang) Beachtung. Von der bedeutenden spätantiken Villa, in neuzeitliche Bebauung integriert, sind Teile der Fassade erhalten, die ursprünglich zwei Türme besaß. Die Quadertechnik mit schräg ge-

»Noch vor etwa zwanzig Jahren sah man Familien in antiken Häusern praktisch auf antikem Niveau bequem leben, wie z. B. in der Villa von Jemarin.«
Jean-Marie Dentzer

setzten Steinen zu Seiten des obersten Rundfensters erinnert an die der Elias-Kirche in Ezraa (s. S. 401) und bezeugt die Verbindung von Profan- und Sakralarchitektur in Syrien. Die frühen Kirchen haben sich ja aus dem Hausverbund heraus entwickelt (s. S. 305).

Reichlich 20 km in östlicher Richtung sind es von Bosra bis zur Kleinstadt **Salkhad,** die bereits im Alten Testament (5. Mose 3,10; Josua 12,5 und 13,11; 1. Chronik 5,11) als Ortschaft im Reich König Ogs genannt wird. Nach Mosis Eroberung markierte Salcha, so der damalige Name, den äußersten Osten des israelischen Machtbereichs. In hellenistisch-römischer Zeit gehörte der ca. 1200 m hoch gelegene Platz, zeitweilig Triakome genannt, zum nabatäischen Handelsimperium. Das byzantinische Salkhad war für seine fruchtbaren Weingärten berühmt, die nach dem Zeugnis Abu al-Fidas (s. S. 183) auch nach der Islamisierung Syriens noch gehegt wurden, als Ort und Umland zum Stammesgebiet der Beni Hillal zählten. Andererseits beklagt der Historiker: »Es gibt kein Wasser außer dem, was in den Zisternen und Becken in der Regenzeit gesammelt wird«. Einer der mittelalterlichen Verbindungswege von Syrien in den Irak, genannt ›der Damm‹, führte von Salkhad nach Baghdad; zehn Tagesmärsche benötigten die Lastkamele für die Wüstenstrecke.

Es war die Zitadelle, ein natürlicher Vulkanhügel, die Salkhad begünstigte und zu dauerhafter Besiedlung führte. Offenbar wurde der nomadische Druck aus der syrischen Wüste auf die Siedlungsräume weiter westlich hier bereits in römischer Zeit aufgefangen. Im Kampf gegen die Kreuzritter spielte die Feste ebenso eine Rolle wie im Kampf der Drusen gegen die französischen Besatzer, und bis heute ist sie militärische Sperrzone geblieben. Die unübersehbaren Breschen in den Außenmauern wurden übrigens bei der französischen Bombardierung im Jahr 1927 geschlagen.

Das einsam gelegene, stark zerstörte Kloster Deir an-Nasrani

Eine bislang wenig beachtete Sehenswürdigkeit islamischer Zeit ist das freistehende, ›geköpfte‹ ayyubidische Minarett im Nordosten von Salkhad (am Bushof), das sich auf hexagonalem Grundriß erhebt und, in angenehmem Kontrast zum sonstigen Basaltdunkel, rötlich-helle Kalksteintöne bietet. Die Zone der Fensternischen ist – ästhetisch unglücklich – in einen ornamental umbänderten zweilagigen Fries eingezogen. Bauherr war AL-MUAZZAM ISA IBN AL-ADIL ABI BAKR, Baudatum ist das Jahr 630 der Hejra, was dem Jahr 1232/33 christlicher Zeitrechnung entspricht. Offenbar ist das Salkhad-Minarett, das ursprünglich zu einer Freitagsmoschee gehörte, das steinerne, ›syrische‹ Gegenstück zu den zylindrischen oder oktogonalen ›irakischen‹ Ziegelminaretten am Euphrat (s. S. 320; 335).

Empfohlen sei eine halbtägige Rundfahrt durch die Wüstensteppe in die selten besuchten dörflichen Flecken süd/östlich von Salkhad, auch, weil man dabei einen Einblick in das harte halbnomadische Leben im Saumbereich der Wüstensteppe erhält.

Mella ist nach 12 km der erste Name östlich von Salkhad. Die Sehenswürdigkeit des Weilers: ein ruinierter mehrgeschossiger byzantinischer Wohn- und Wehrturm. Man vermutet in diesen Türmen, die auch an anderen Plätzen des Hauran nachweisbar sind (s. S. 415), lokale Schutzbauten gegen die über Jahrhunderte drohenden sassanidischen oder lakhmidischen Überfälle.

9 km weiter östlich liegt **Deir an-Nasrani.** Das namengebende ›Christenkloster‹ (Kloster der Nazarener) ist zwar stark zerstört, doch beeindruckt die großartige Lage des um einen Hof gruppierten Baukomplexes mit Kirche. Der antike Name – Monasterion – ist inschriftlich bezeugt.

Zurück nach Mella und südwärts nach **Imtan** (10 km), wo sich an der alten Römerstraße eine Säule mit römischem Adler erhalten hat. Die Dorfhäuser bergen Spolien spätrömisch-byzantinischer Zeit; die kärglichen Reste einer Kirche datieren auf das Jahr 530.

Wer von Imtan noch weiter nach Süden fährt (hin und zurück knapp 30 km), findet in **Deir ash-Sheir** (westlich der Straße) die Ruinen einer byzantinischen Klosteranlage, in **al-Anat** (byzantinischer Name Ananata) verbaute byzantinische Häuser und in **al-Qara** ein spätantikes Ruinenfeld. Ansonsten von Imtan entlang der Trasse der Römerstraße zurück nach Salkhad und Bosra.

Die Stätten des Jebel ad-Druz

Suweida

Das 1100 m hoch gelegene Suweida ist Provinzhauptstadt und die größte Ansiedlung im Hauran (knapp 30 000 Ew.). Alfred RENZ spricht treffend von einer »recht unschönen Kleinstadt«. Der städtischen Expansion und dem Bau einer osmanischen Kaserne fielen

Wegweiser: 100 km von Damaskus; 25 km von Bosra.

seit dem 18. Jh. fast alle bedeutenden historischen Denkmäler zum Opfer, darunter ein bedeutender nabatäischer Tempel und das Mausoleum des Nabatäers HAMRATH, ein gewaltiges Grabmonument mit vorgelegten dorischen Halbsäulen, Triglyphenfries und jenen typischen skulpturalen Schildapplikationen, die etwa aus Gerasa (Temenos-Mauer unterhalb des Zeus-Tempels) bekannt sind.

Die Geschichte der spätestens unter Kaiser COMMODUS (reg. 180–192 n. Chr.) zur Stadt avancierten Siedlung war nicht unbedeutend: Als Handelsstützpunkt der Nabatäer besaß sie seit dem 1. Jh. v. Chr. einen Tempel ihres Hauptgottes Dushara (s. S. 410), der sich den arabischen Gläubigen anikonisch präsentierte als ein ›Herr im Stein‹. Der Steingott wurde mit dem griechischen Dionysos gleichgesetzt. So erklärt sich auch der griechische Name von Suweida: Dionysias – und er erscheint treffend genug, wenn man daran denkt, daß die Stadt des Weingottes in antiker wie in spätantiker Zeit ein Weinbauzentrum war und sich sogar ein Theater leisten konnte. Die seit 1685, verstärkt seit 1711 einwandernden Drusen aus dem Libanon bevorzugten das Gebiet von Suweida, in dem die Mehrzahl der insgesamt etwa 120 drusischen Dörfer des Hauran liegt (s. u.).

Basaltporträt aus römischer Zeit im Museum von Suweida

Sehenswert in Suweida ist allein das **Provinzmuseum** (rechts der Ausfallstraße Richtung Qanawat) mit einer Sammlung der für den Hauran typischen Basaltplastik und einigen qualitätvollen Mosaiken der römischen Kaiserzeit. Wir heben die große, quadratische Darstellung der von Nymphen begleiteten Artemis im Bade hervor, die den Jäger Aktaion mit einer Handbewegung abwehrt – und ihn, so der Mythos, kurz darauf in einen Hirsch verwandeln wird (aus Shahba/Philippopolis, 3. Jh. n. Chr.). Ein anderes Mosaik, wiederum aus Philippopolis, aber dem 4. Jh. angehörend, zeigt die goldgeschmückte Venus bei der Morgentoilette, umschwebt von Eroten, die eine Tuchgirlande halten, und umgeben von zwei Meereskentauren – denn die Göttin präsentiert sich hier nach der Ikonographie der Aphrodite Anadyomene als ozeanische Herrscherin vor dem Hintergrund einer mächtigen Muschel. Interesse verdient ferner die lebendige Bankettszene aus dem ersten Viertel des 4. Jh., die 1925 in Shahba/Philippopolis zutage kam: Drei Paare ruhen speisend auf Klinen; ein Sklave reicht ihnen zu. Musivische Darstellungen der Meeresgöttin Thetys und der Erdgöttin Gaia bereichern die Kollektion und erweisen den Nahen Osten einmal mehr als eine Schatzkammer spätantiker Mosaikkunst.

Die Dörfer des ›Drusenbergs‹

Wegweiser: siehe Karte auf S. 396. Achtung, die Straßen sind teilweise schlecht!

Eine weitere ›Entdeckungsfahrt‹ in den unbekannten Hauran führt von Suweida nach Osten bis nach Diyata und endet in Qanawat (das man von Suweida aus auf der ansteigenden Direktroute nach nur 10 Min. Fahrt erreicht). Ein geländegängiger Wagen gibt die nötige Sicherheit; einen Tag sollte man für die Tour veranschlagen.

Die Straße Richtung Salkhad führt südöstlich in die Ortschaft **al-Qafr** (in der eine inschriftlich datierte Kirche von 391 und eine erst 652, also schon nach der islamischen Eroberung errichtete Kirche des Hl. GEORG bestanden). Weiter zum 5 km östlich gelegenen **Maiamas,** das in römischer Zeit zwei Tempel besaß, die später, wohl im 4. Jh., zu einer christlichen Basilika zusammengeschlossen wurden. Noch weiter östlich liegt Sale, das man von Suweida über die Höhen des Drusen-Gebirges auch direkt, entlang der Trasse einer Altstraße anfahren kann. (Auf dieser Direktroute links der Straße monumentale **Turmbauten** des 4. oder 5. Jh., durch Treppenaufgänge erschlossen. Maurice SARTRE sieht in ihnen Verteidigungswerke gegen den offensiv operierenden Sassaniden SCHAHPUR II., doch könnte es sich auch um Wehranlagen gegen die gefürchteten Angriffe beduinischer Stämme handeln, die in immer neuen Wellen aus Zentralarabien durch das Wadi Sirhan gegen den Hauran drängten.)

Im Ortsnamen Maiamas verbirgt sich wohl ein Gottesname: Maiumas war ein Gott phönikischer Tradition, dessen Kult nicht nur im spätantiken Nahen Osten, sondern etwa auch in der italischen Hafenstadt Ostia Anhänger besaß. Nördlich des jordanischen Gerasa (Jerash) beging man das Fest des Maiumas beim Wasserreservoir Birketein mit rituell-orgiastischen Feiern.

In **Sale** (dem antiken Salamanestha) wie im nördlich gelegen **Busan** fallen spätantike Spolien und Hausruinen in neuen Bauverbänden auf. Sale besitzt zudem einen wiederaufgebauten römischen Brunnen, Busan den Rest eines römischen Tempels. Die sehr zerstörte Elias-Kirche von Sale ist inschriftlich auf das Jahr 547 datiert.

Bemerkenswerter ist die auf 40/41 n. Chr. datierte Tempelruine von **Mushennef** (dem antiken Nela) mit ihrem reichen Bauschmuck. Der windschiefe Sakralbau (bis vor kurzem noch bewohnt) erhob sich in einem Temenos neben einem künstlich angelegten Teich und wurde nach Ausweis einer Inschrift 171 n. Chr., also unter Kaiser MARC AUREL, umgebaut oder erweitert.

Das abgelegene, nur über schlechte Straßen zu erreichende **Diyata** an den Ostausläufern des Jebel ad-Druz ist ein gut erhaltenes spätantikes Dorf – und interessanterweise eines, das (nach Ausweis der Keramik) zwar zwischen dem 2. und 6. Jh. durchgehend bewohnt, aber offenbar nie christianisiert wurde. Es findet sich inmitten der charakteristischen Hofhäuser keine Kirche oder Kapelle, keine christliche Inschrift, ja nicht einmal ein Kreuzzeichen. Diyata

Die vulkanische Hügellandschaft um den ›Drusenberg‹

gehörte zu den am weitesten vorgeschobenen Posten der Kulturland-Gewinnung in byzantinischer Zeit. Das Dorf lebte von den Niederschlägen der winterlichen Regenzeit, die in einem dann Wasser führenden Wadi südlich des Ortes gesammelt wurden. Am nördlichen Dorfrand bestand seit etwa 300 n. Chr. ein Limes-Kastell.

Qanawat

Wegweiser: 30 km von Bosra; 5 km von Suweida.

Qanawat, das antike Kanatha liegt nordöstlich von Suweida auf ca. 1200 m Höhe am Wadi al-Ghar und zählt etwa 2500 Einwohner – fast ausschließlich Drusen. Auch wenn das Wadi im Hochsommer kein Wasser führt – reißend sind die Fluten jedoch nach der Schneeschmelze –, läßt der Wasserreichtum eine Besiedlung seit frühgeschichtlicher Zeit vermuten. Als Kenat kennt die Bibel die Ortschaft (4. Mose 32,42; 1. Chronik 2,23), als Qanota taucht sie in aramäischen Texten auf. Nach der römischen Eroberung gehörte Kanatha als östlichste Siedlung zur Dekapolis, einem Städtebund in Südsyrien, dem auch Gerasa, Gadara oder Philadelphia/Amman angehörten (s. S. 68). Flavius Josephus erzählt im »Jüdischen Krieg« (I, 19,2) von einer Niederlage des Herodes Agrippa gegen die bei der Stadt zusammengeströmten Nabatäer. Wie sehr dem judäischen Dynasten die Bergbevölkerung mißbehagte, belegt ein Inschriftenfragment, in dem Herodes die Bewohner der Hauran-Höhen auffordert, ihren »Tierzustand« aufzugeben und ein zivilisiertes Leben zu führen. Nach den Eroberungen Trajans kam Kanatha zur Provincia Arabia. Trajans Legat Cornelius Palma ließ die Wasserversorgung um- und ausbauen. Der Aufschwung des Ortes steigerte sich noch unter Septimius Severus, als die Stadt Septimia Canatha hieß. Bischofssitz im 4. und 5. Jh. – bezeugt ist die Präsenz von Kanathas Kirchenvertretern auf den Konzilien von Chalkedon und Konstantinopel –, fiel die Ortschaft nach der islamischen Eroberung (erst 637) in Bedeutungslosigkeit, bis sie im 18. Jh. zum Sitz des drusischen Großscheichs avancierte, der auch heute noch – in Abstimmung mit der geistlichen Leitung in Beirut – die Geschicke der Religionsgemeinschaft (s. S. 26) bestimmt. Übrigens bedeutet der heutige Ortsname, in arabischer Angleichung aus dem antiken Kanatha und mit Blick auf die wichtige Wasserwirtschaft gebildet, soviel wie ›Kanäle‹.

Das eindrucksvollste Monument von Qanawat stellt das sogenannte **Serail** im Osten, dem höchsten Teil der Kleinstadt, dar. Die auf den ersten Blick verwirrende Anlage ist so aufzuschlüsseln, daß

Auf einem Türsturz des Serail von Qanawat erscheint zwischen Weinranken und -trauben ein christliches Kreuz.

Einer der christlich ornamentierten Sarkophage des Serail von Qanawat

zwei nord-südlich orientierte Bauwerke durch zwei jüngere, west-östlich gerichtete überbaut wurden (die ihrerseits wieder von neuzeitlichen Mauern durchzogen sind).

Von Westen, also von der Ortschaft kommend, gelangen wir zu einer vorzüglich erhaltenen, zweigeschossigen Fassade aus isodomisch gesetzten Steinquadern. Ein Bogenfenster ist im Obergeschoß von kleineren rechteckigen Fensteröffnungen flankiert. Drei rechteckige Portale, deren mittleres sich bis zum Gesims hinaufzieht, waren über eine breite Freitreppe zu erreichen. Die Türgewände sind durch umlaufende Profilleisten aus dem Mauerverband herausgehoben und von Weinrankenfriesen geschmückt. Es fällt auf, daß die Weinranken des Mittelportals viel plastischer gebildet sind als die der Seitenportale, die gleichförmig und starr das Rahmenfeld füllen. Sehr flach und unvollständig ist im Zentrum des Mittelportal-Sturzes ein Kreuz ausgearbeitet, wohingegen die Christusmonogramme auf den Seitenportalen in den Rankenverlauf integriert wurden. Vermutlich erhielt das Mittelportal also erst nachträglich eine christliche Interpretation. Jean-Paul Sodini hat gezeigt, daß dieses Gebäude ein prostyler Tempel aus der antoninischen Kaiserzeit (2. Hälfte des 2. Jh.) war. Die Apsis wurde an der Südseite des Tempels im 3. Jh. eingebaut, als auch der Peristylhof entstand. In christlicher Zeit (5. Jh.) erhielten diese Bauwerke eine west-östliche Orientierung.

Betreten wir den westlichen Raum, so finden wir auf der rechten Seite die höher gelegene Apsis mit drei Ausnischungen und seitlichen Annexräumen, deren rechter nach syrischer Manier (s. S. 79) als Treppenaufgang dient. In der rechen Apsis haben sich Reste geometrischer Wandmalereien erhalten. Der östlich anschließende Peristylhof – die einfachen Säulen mit Plattenkapitellen erheben sich auf hohen Basen – führt im Süden auf eine dreitorige Fassade zu, die aufgrund ihrer einzigartigen Bauplastik ins 2. Jh. datiert werden kann:

Das Gewände des Mittelportals wird von einer Akanthusranke überzogen, die in ihrer detaillierten Ausführung die Härte des Basaltsteines zu überwinden scheint.

Festzuhalten ist, daß die Nordwand des paganen Monuments in den Bau der christlichen Kirche als nördlicher Zugang einbezogen wurde. »Im Norden entstand ein von Säulenhallen umgebenes Atrium, im Süden eine dreischiffige Basilika mit südlicher Apsis« (Jean-Marie Dentzer). Leider ist der Südteil der Anlage, der auf Fotografien des 19. Jh. noch sichtbar ist, inzwischen verschwunden. Nach einer Inschrift des Bischofs Kassios Epidoros flankierten hier quadratische Zwillingstürme – sogenannte Taubentürme, mit Bezug auf den Heiligen Geist in seiner Taubenerscheinung – über den Annexen die zentrale, vorspringende Apsis.

Erhalten hat sich unmittelbar hinter der östlichen Exedra der Basilika eine tiefer gelegene, nur von außen zu begehende rechteckige Grabkammer mit drei christlichen Sarkophagen in überwölbten Wandnischen, zu denen Stufen hinaufführen. Die Ornamentik an Sarkophagen und Bauteilen – Weinranken mit Trauben und Griechische Kreuze – stimmt mit der in der Westbasilika überein.

Ca. 100 m südwestlich des Serails waren parallel verlaufende Bogenreihen ursprünglich mit Steinplatten gedeckt und bildeten so eine **Terrasse,** die eine Zisternenanlage bedeckte. Unweit finden sich östlich noch Podium und östliche Ante eines 1909 abgetragenen Prostylos von vier Säulen – Reste eines **Tempels** von 15 x 30 m aus der zweiten Hälfte des 2. Jh., der dem Zeus geweiht war.

In Richtung Norden und Nordwesten fällt das Gelände vom Serail aus zum Flußlauf/Wadi al-Ghar hin ab. Auf der gegenüberliegenden Seite erhebt sich ein runder, mehrgeschossiger **Grabbau.** Im Tal selbst lehnt sich ein kleines (46 m Durchmesser) Theater oder **Odeion** mit neun Sitzreihen an den nördlichen Steilhang, errichtet aus der Stiftung (1000 Denare) eines gewissen Marcus Ulpius Lysias mit qualitätvollen Quadern. Unmittelbar am Flußbett steht das sogenannte **Nymphäum,** ein rechteckiger kleiner Quaderbau mit Nischen und einer Brunnenanlage in der Mitte.

An der Straße von Qanawat nach Suweida, also südlich der antiken Stadt und ihrer Mauern, erhob sich einst in aussichtsreicher Lage mit Blick über den westlichen Hauran bis zum Hermon-Gebirge ein **Tempel des Helios** (wohl aus der zweiten Hälfte des 2. Jh. n. Chr.). Es ist bekannt, daß in der Anbetung des Helios der ältere syrische Kultus des Baal-Schamin (s. S. 378) fortlebte. Die ursprünglich sechs mal acht korinthischen Säulen auf quadratischen, hohen Postamenten umgaben eine heute abgetragene Cella; zwischen der Eingangswand zur Cella und den vier mittleren Säulen der Ostseite standen vier weitere Säulen auf achteckigen Postamen ten. Sieben korinthische Säulen stehen heute noch aufrecht. Das mit einem weit ausladenden Fuß- und Obergesims versehene Tempelpodium wird nur an der Ostseite durch eine Zugangstreppe unterbrochen und hat eine den Säulen entsprechende Lisenengliederung.

Tempelstätten bei Qanawat

Wegweiser: siehe Karte auf S. 396 und die Hinweise im Text.

Am Serail von Qanawat vorbei führt eine geteerte Straße nach Südosten zum Höhenheiligtum von **Sia** oder Si, wie der Platz heute heißt (nach 3 km vor einem Wasserbassin rechts steil bergan). Leider hat der Komplex großen Schaden genommen, als die osmanischen Truppen in Suweida eine Kaserne errichteten und dazu nicht nur den örtlichen Nabatäer-Tempel als Steinbruch benutzten. In jüngster Zeit wurde er zudem durch Vandalismus zerstört, so daß ein Besuch kaum mehr lohnt.

Sia war ein altes, dem Gotte Baal Schamin (s. S. 378) geweihtes Höhenheiligtum, das für die Nomaden der Region seit je eine besondere Bedeutung besaß. Eine *Via Sacra* führte zum Tempel, der ganz im Westen des heiligen Komplexes innerhalb eines Temenos lag. Die eigentliche, nahezu quadratische Cella wurde von einem weiteren Mauergeviert und von Stufenbänken umgeben. Sie dienten den Gläubigen als Klinen bei den Kulthandlungen. Das auf die Bedingungen des Kultes abgestimmte Areal folgt Traditionen, wie wir sie aus dem Nabatäer-Reich kennen: Auch die einsame Berglage und der Ausbau mit Höfen erinnert an das nabatäische Kultzentrum von Khirbet at-Tannur über dem jordanischen Wadi al-Hesa.

Der Tempelbezirk, dessen erste Bauphase 33 v. Chr. ansetzt, gewann wachsende Bedeutung seit TRAJANS Arabien-Annexion im Jahr 106 n. Chr. und wurde, wie an den später errichteten Tempelvorhöfen abzulesen ist, im 2. Jh. n. Chr. weiter gepflegt, im 3. Jh. aber zerstört, wahrscheinlich im Zusammenhang der fortschreitenden Christianisierung Syriens.

Im Dorf **Atil,** dem antiken Athela, finden wir die Ruinen zweier weitgehend baugleicher Tempel. Sie stammen aus der Blütezeit des Hauran, die nach TRAJANS Provinzreform (106 n. Chr.) begann und bis Anfang/Mitte des 3. Jh. währte.

Im 151 n. Chr. – also zur Zeit des Kaisers ANTONINUS PIUS – errichteten Nordtempel mit fast 12 m breiter Fassade blieb die Unterteilung der Cella durch einen Querbogen erhalten. Das Podium ist zwischen den Anten über eine Treppe in der Achse des Cella-Portals zu begehen, die Wandfelder zwischen Anten und Portal werden von jeweils zwei übereinanderliegenden Nischen ausgefüllt. Die unteren Rechtecknischen zeigen Mäanderfries-Rahmungen, die oberen, halbrunden, werden von Muscheln bekrönt und von einem umlaufenden Ornamentwulst eingefaßt. Den mehrfach profilierten Türrahmen umgibt ein Rankenfries. Der Tempel liegt nahe dem Dorfplatz.

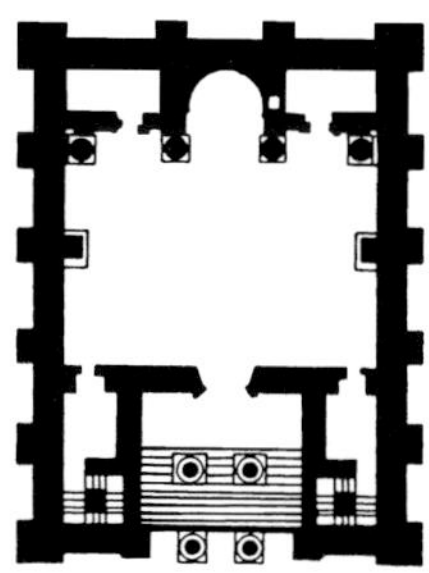

Grundriß des Tempels von Slim

Der 200 oder 300 m entfernte Südtempel entstand erst 211 n. Chr., also zur Zeit Kaiser CARACALLAS. Seine gut erhaltene Fassade ist ebenfalls reich dekoriert (Ranken, Muscheln, Mäander).

Aufwendiger und größer als die Tempel von Atil (s. o.), dafür aber schlechter erhalten (nur Podium und Nordecke) ist der Tempel von **Slim,** dem Neapolis der Antike. Der Bau dürfte aus späthellenistisch/augusteischer Zeit stammen, datiert also noch vor der Zeitenwende. Die Cella besaß auf ihrer Westseite eine Mittelnische mit zwei seitlichen, breitrechteckigen Annexräumen. Anten und Säulen der Vorhalle standen auf einem gemeinsamen Podium mit vorgelagertem mittleren Treppenaufgang. Der Dreiecksgiebel war in seinem oberen Teil durch eine horizontale Attika überschnitten, so daß die Fassade einer dreidimensionalen Umsetzung nabatäischer Grabarchitektur entsprach, wie man sie aus Petra kennt. Diese Durchdringung von römischer und nabatäischer Architektur spiegelt die politische Situation des Hauran in augusteischer Zeit wider.

Shahba (Philippopolis)

Wegweiser: 26 km von Suweida auf der Straße über Atil und Slim; 75 km von Damaskus.

Die Bedeutung der antiken Stadt Philippopolis hängt auf das engste zusammen mit ihrem Gründer, dem römischen Kaiser Philippus Arabs. Als Gardepräfekt entscheidend am Sieg des römischen Heeres über die Sassaniden (243 bei Carrhae und Nisibis) beteiligt, konnte sich der arabische Fürstensohn 244 gegen Gordian III. durchsetzen und bis 249 das römische Imperium regieren. Im Jahr seiner Machtergreifung gründete er seine Geburtsstadt im Hauran neu, verlieh ihr das Ius coloniae und eine eigene Zeitrechnung. Daß die Stadt, die Mitte des 3. Jh. um 40 000 Einwohner besaß, über ihren Gründer hinaus bestehen blieb, beweisen ihre Funktion als Bischofssitz und auch die großartigen Mosaiken aus dem 4. Jh., die ikonographisch noch ganz in antiker Tradition verharren.

Das felsige Gelände von Shahba/Philippopolis – das Drusenstädtchen von 7500 Einwohnern liegt auf etwa 1050 m Höhe – fällt leicht von Westen nach Osten hin ab. Der geometrische Stadtplan mit hippodamischen Insulae zeigt sich nach dem Vorbild des römischen Lagers (s. S. 76) als ein unregelmäßiges Viereck von durchschnittlich 900 m Seitenlänge, das von zwei sich rechtwinklig und axial schneidenden, einst 11 m breiten **Kolonnadenstraßen** geradlinig durchquert wird. Wo heute ein Verkehrskreisel mit einer monumentalen Kaffeekanne geziert ist, markierte einst ein **Tetrapylon** die Kreuzung. Das Basaltpflaster hat sich teilweise noch erhalten, und der Verlauf der antiken Straßen ist bis heute gut nachvollziehbar.

Den beiden Hauptstraßen entsprechen in der Stadtmauer vier große **Tore** – am besten erhalten das Südtor, das noch vor zwei Jahrzehnten von modernem Verkehr durchflossen wurde –, die alle nach demselben Plan gebaut sind: Zwei aus dem Mauerverband polygonal vorspringende Turmbauten flankieren die drei Durchgänge (4,6 bzw. 2,8 m hoch). Die Pilaster zu Seiten der rechteckigen Toröffnungen trugen Hörnerkapitelle; der Bogen über dem breiten Mittelportal trat im Außenbau nicht in Erscheinung. Die Verwendung des nabatäischen Hörnerkapitells an einem Bauwerk von 244 n. Chr. beweist die Tradierung lokalen Formenguts.

Folgen wir von der Tetrapylon-Kreuzung der Trasse der nach Westen aufsteigenden antiken Straße, gelangen wir nach 100 m in das öffentliche Zentrum von Philippopolis, dessen Bauten sich um eine große Platzanlage gruppierten. Rechts der Straße führt eine Freitreppe zu einer Reihe von Säulenstümpfen auf Postamenten hinauf. Dabei handelt es sich um die Vorhalle eines vollständig abgetragenen **Tempels.**

Weiter oberhalb mündet die Straße auf eine Treppe und einen tonnenüberwölbten Gang, der die seitlichen Bautrakte im zweiten Geschoß über die Straße hinweg zu verbinden hatte. Von der überwölbten Straße zweigt nach rechts ein Gang zu einem **Peristylhof** ab, von dem noch zwei ionische Säulen mit Architrav *in situ* stehen. Wesentlich besser erhalten ist das **Philippeion,** das sich mit seiner Nischenarchitektur nach Osten hin auf den Platz öffnet. Bestimmend ist der repräsentative Charakter des monumentalen Bauwerks, das den Ruhm des PHILIPPUS ARABS und seiner Familie feiern sollte.

Über einer Freitreppe in voller Breite der Anlage öffnete sich der zentrale Apsidenraum zwischen symmetrisch angeordneten Nischen, schräg verlaufenden Wandteilen mit Monumentaltoren und seitlichen Mauerabschlüssen. Trotz ihrer ungewöhnlichen Breite ist die Architektur streng zentriert und konsequent auf die Hauptapsis hin ausgerichtet. Die Monumentaltore zu Seiten der Apsis führten zu weiteren Apsidenräumen, deren nördlicher erhalten blieb. Dort bemerkt man zur Linken den Ansatz eines Treppenaufgangs. Das natürliche Gefälle wird durch Substruktionen unterhalb der Freitreppe ausgeglichen. Das Philippeion besaß ein Skulpturenpro-

Zum Gesamtkomplex des Philippeions von Shahba gehört der gut erhaltene Bau eines Heroons oder Familienheiligtums.

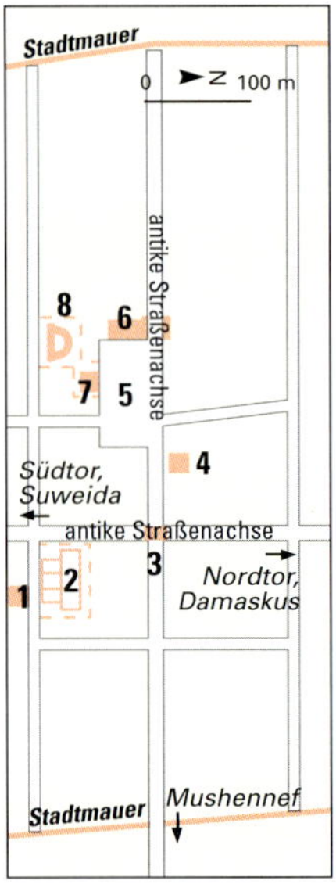

Das Zentrum von Shahba/Philippopolis:
1 Mosaikenmuseum
2 Thermen
3 Schnittpunkt der antiken Säulenstraßen
4 Reste einer Tempelvorhalle
5 Platzanlage
6 Philippeion
7 Familienheiligtum
8 Theater

gramm, in dessen Zentrum eine Kolossalstatue des Kaisers zu rekonstruieren ist. Die Position des Monuments im Stadtareal entspricht der des Capitols in der römischen Stadt und dokumentiert insofern die enge Verbindung von Herrscherkult und religiöser Tradition.

Im Süden der Platzanlage steht auf einem Sockel ein gut erhaltener rechteckiger Bau aus sauber gearbeiteten Hausteinen, der bis auf die Eckpilaster ungegliedert ist. Die Interpretation des Bauwerkes als **Familienheiligtum** oder Heroon entspricht seiner Lage neben dem dominierenden Philippeion. Die Dedikationsinschrift an Kaiser Marc Aurel und seinen Sohn Commodus wurde erst im 20. Jh. über dem Türsturz eingebaut. Der breite, später vermauerte Türdurchgang führt in einen Raum, dessen Wände jeweils durch drei tiefe Nischen unterteilt sind. Von der südlichen Nische der Westwand steigt eine Treppe zum Dach des Gebäudes empor. Die Weihinschrift nennt den vergöttlichten Vater des Philippus, den während der Regierungszeit seines Sohnes verstorbenen Iulius Marinus.

Bei dem unmittelbar südwestlich gelegenen, in seinem unteren Rang gut erhaltenen **Theater** fällt auf, daß es nicht in das Stadtraster eingebunden ist: In seiner Anordnung nimmt es weder Bezug auf das Heroon noch auf die Hauptstraßen oder auf die Platzsituation. Seine Bedeutung im Stadtplan ergibt sich allein aus der unmittelbaren Nähe zu den wichtigsten Bauwerken. Auffällig auch, daß das Theater, dessen Grundstruktur dem von Bosra folgt (s. S. 405), nur bescheidene Ausmaße zeigt. Sein Bau entspricht also eher realen Bedürfnissen als prunkvoll-kaiserlicher Selbstdarstellung. Das qualitätvolle Monument ist nach griechischer Art in einen Hang so eingebunden, daß man die oberen Ränge im Norden von außen über Zugänge erreichen kann. Die halbkreisförmige Cavea wurde durch einen horizontalen Umgang in zwei Abschnitte geteilt, die durch drei Treppenaufgänge im unteren und fünf weitere im oberen Rang zu begehen sind. Die zweigeschossige Bühnenwand und das Proscenium zeichnen sich durch nüchterne Gestaltung aus. Drei Bogentore und kleine Nischen gliedern die Bühnenwand.

Die **Thermen** der Stadt liegen östlich der nord-südlich verlaufenden Säulenstraße am Endpunkt einer in Resten erhaltenen **Wasserleitung,** die aus südöstlicher Richtung in die ›Philippsstadt‹ führte. Die Mauern der Badeanlage bestehen aus vulkanischem Tuff, die Gewölbe aus Backstein. Von Westen gelangt der Besucher in eine Folge von drei gleichgebildeten, untereinander durch hohe Bogentore verbundenen rechteckigen Sälen – ein zentrales Frigidarium mit seitlichen Apodyterien. Von den drei Eingangsälen aus waren die beiden im Norden anschließenden Kuppelräume mit 9 m Durchmesser zu erreichen. Diese Heißbadesäle dienten auch als Verbindungsräume zu einem nördlichen Saal, dem Tepidarium (Lauwarmbad) mit zwei sich gegenüberliegenden Apsiden.

Ganz besonderes Interesse verdient, den Thermen gegenüber, das kleine **Museum** von Shahba. Es wurde über einem spätrömischen Haus errichtet, so daß sich die dort gefundenen Mosaiken noch *in*

Orpheus greift, umgeben von vielerlei Getier, in die Seiten seiner Kithara; spätrömische Mosaikdarstellung aus Shahba.

situ befinden. Die belgische Archäologin Janine Balty datiert sie in das erste und zweite Viertel des 4. Jh. n. Chr.

Wir sehen den Orpheus, der eine phrygische Mütze trägt und in die Saiten seiner Kithara greift. Dem Mythos zufolge schlug sein begnadetes Spiel und sein bezaubernder Gesang alles Waldgetier in den Bann, aber auch Fische und sogar die Pflanzen selbst (»die Bäume wandern auf ihn zu«, Herbert Hunger). – Wir sehen die Heilige Hochzeit von Ariadne und Dionysos, die nach dem Mythos auf der Kykladen-Insel Naxos stattfand. Das Mosaik zeigt die beiden Protagonisten inmitten einer hellen Bordüre, in deren Ranken- und Blattwerk mi Trauben sich Putti und Tiere mischen. Ariadne, die von Theseus verlassene Minos-Tochter, ist reich geschmückt, der Vegetationsgott mit umkränztem Haupt hält seinen Thyrsos-Stab. Zu Füßen des Dionysos zeigt der Halbgott Herakles seinen muskulösen Oberkörper. – Wir sehen die Meeresgöttin Thetys, Mutter des Achilles. Zwar ist das Motiv für Antiocheia und Kilikien vielfach bezeugt, selten hat man jedoch ein markanteres Porträt gesehen als im küstenfernen Shahba, wo das ausdrucksvolle Antlitz und das medusenhafte Haargesträhn der Göttin in einer bewegten Bordüre mit bootfahrenden Putti steht. – Wir sehen schließlich das mythologische Duo Aphrodite und Ares. Die spannungsvolle Komposition zwischen dem speergestützten Kriegsgott und der einladend winkenden Liebesgöttin hat einen Ehebruch zum Hintergrund: Aphrodite, vermählt mit dem hinkenden Schmiedegott Hephaistos, bevorzugt den kraftvollen Ares – und wird von ihm Mutter des Eros.

Der speergestützte Kriegsgott Ares; spätrömisches Mosaik aus Shahba.

Die Thematik der Philippopolis-Mosaiken ist uneinheitlich, ein Programm mit philosophischem Hintergrund nicht zu erkennen. Offenbar verfügte der spätantike Nahe Osten über ein längst standardisiertes Repertoire von Bildmotiven. Der ebenso traditions- wie repräsentationsbewußte Stil der Shahba-Mosaiken zeichnet sich aus durch das Bemühen um eine plastische und natürliche Wiedergabe von Mensch und Tier.

Der nordöstliche Hauran

Shaqqa, das antike Sakkaia – zeitweise auch Maximianopolis genannt –, war als Verwaltungszentrum des nordöstlichen Hauran eine bedeutende Stadt, die eine eigene Zeitrechnung, einen Tempel, einen Palast und – zufolge einer Inschrift – auch ein Theater besaß; für die christliche Zeit sind eine Basilika (hervorgegangen aus dem Tempel), eine dem Hl. Georg gewidmete Kapelle aus dem Jahr 549 und ein Kloster bezeugt. Die meisten (spät)antiken Monumente sind heute teils zerstört, teils in neuzeitliche Häuser verbaut. 1865 hat der Comte de Vogüé die Monumente von Shaqqa in einer umfangreichen Serie von Ansichten und Plänen aufgenommen, die heute als Basis für eine Beschreibung der hervorragenden Bauwerke dienen.

Der Palastkomplex, im östlichen Zentrum der heutigen Stadt gelegen, diente in römischer Zeit als Verwaltungssitz. Das Mittelportal der dreitorigen Fassade trägt einen reich dekorierten Türsturz, entlastet durch einen Rundbogen, der auch den Zug des Gesimses bestimmt: Über dem Mittelportal schwingt es in hoher Kurvatur aus.

Hinter der quadratischen Eingangshalle öffnete sich ein von breiten Bögen überspannter Saal, der an seiner Ostseite vollständig verbaut wurde (möglicherweise hängt diese Planänderung mit der Nutzung als christliche Kirche zusammen). Parallel zu diesem Gebäudeteil verläuft ein langgestreckter Raum aus zehn quergelagerten Bögen in regelmäßigen Abständen. Im Norden dieser Anlage ist ein Hof mit umliegenden Hausfassaden zu rekonstruieren.

Schräg gegenüber dem Palast repräsentiert die Basilika von Shaqqa, aus einem Tempel hervorgegangen, einen im Hauran verbreiteten paganen Bautypus, wie wir ihn auch aus Hit (s. u.) kennen. Zwei Pfeilerreihen gliederten den im Grundriß rechteckigen Raum in drei Schiffe. Weite Bögen über dem Mittelschiff verbanden die sich jeweils gegenüberliegenden Pfeiler. Die schmalen Seitenschiffe erreichten in zwei Geschossen die Höhe der Mittelschiffsbögen, so daß die Steinbalken über den quergelagerten ›Bogenwänden‹ den Raum geradlinig schlossen. Der linke Flügel der Fassade ist noch erhalten und bezeugt die einst reiche Ausstattung. Zwischen Seitentür und Mittelportal bietet eine Nischendekoration ionische Halbsäulen und einen syrischem Giebel.

Vollständig erhalten ist ein kleiner antiker Zentralraum, der in einen größeren Hauskomplex einbezogen wurde und heute als religiöser Versammlungsplatz der Drusen dient (Führer notwendig). Vier Säulen auf Postamenten in den Ecken des quadratischen Raumes tragen vier Rundbögen, die in den Mauerverband der

Wände einbezogen sind. Über den Bogenscheiteln bilden Kragsteine ein von drei breiten Steinbalken überdachtes Quadrat. Das Zentrum der Decke schmückt ein Ehrenkranz.

Im Osten der Stadt ragt im Verbund eines Bauernhauses der Turm eines Klosters auf, unmittelbar neben der fast gänzlich zerstörten, dreischiffigen Kirche gelegen.

Nur 4 km auf einer schmalen Teerstraße sind es von Shaqqa zum nordwestlichen **Hit,** einem Weiler, der die Reste von zwei dreischiffigen Basiliken bewahrt. Eine davon ist auf das Jahr 354 datiert und dem Hl. Sergios (s. S. 323) geweiht.

Das Dörfchen **Hayat,** zwei Kilometer nordwestlich von Hit, besitzt eines der ganz seltenen inschriftlich datierten Denkmäler hauranischer Wohnarchitektur: Es ist das Haus des Flavios Seos aus dem Jahr 578. Das Atrium ist noch intakt.

Bei der Anfahrt nach Hayat fällt eine große, zum Teil verbaute spätantike Nischenarchitektur auf, errichtet aus bossierten Quadern, wahrscheinlich ein Heiligtum.

Ein Heiligtum besitzt auch der Ort **Umm az-Zeytun** (›Mutter der Oliven‹) am Ostrand der Lejja und an der Landstraße, die von Shaqqa aus vorbei an Militäranlagen über al-Mismiya (s. S. 402) zurück nach Damaskus führt.

Turm des Klosters von Shaqqa; Stich nach de Vogüé, 1865.

Glossar der Fachbegriffe

Tempelfront; links und rechts die vorspringenden Anten

Akanthus

Abbasiden islamische Dynastie (750–1258) mit Reichszentrum in Baghdad/Samarra

Ablaq schwarz-weißer Steinwechsel im aufgehenden Mauerwerk

Achämeniden altpersisches Königshaus (um 700–330 v. Chr.); der A. Kyros II. (reg. 559–539 v. Chr.) gründete ein Weltreich, das sich zwischen Indien und Ägypten erstreckte

Adyton (griech.: das Unzugängliche), Allerheiligstes, Raum des Kultbildes im (griechischen) Tempel

Ädikula (lat.: kleines Haus), Nische von geringer Tiefe, die von Säulen, Pfeilern oder ↑ Pilastern gerahmt, von ↑ Gebälk und Giebel bekrönt wird

Ain (arab.) Quelle

Agora (neugriech.: Markt), Markt- und Versammlungsplatz griechischer Städte, als Staatsagora politisches Zentrum

Akanthus mittelmeerische Distel mit großen, gezackten, an den Rändern leicht eingerollten Blättern; in stilisierter Form verbreitetes Dekorationselement in der Baukunst

Akropolis (griech.: Hochstadt), hochgelegener, befestigter Teil griechischer Städte

Akroterien (griech.: höchste Teile), bekrönende Elemente auf der Spitze und an den Ecken eines Giebels

alluvial angeschwemmt, abgelagert; alle erdgeschichtlichen Ablagerungen seit Ende der letzten Eiszeit

Amarna-Briefe 1887 in Amarna, der Königsstadt Amenophis' IV. (Echnaton) in Mittelägypten, entdeckte Tontafeln in babylonischer Keilschrift mit Schreiben vorderasiatischer Fürsten des 15. und 14. Jh. v. Chr. an Amenophis III. und IV.

Amoriter (akkadisch: Amurru) semitisches Volk, das um 2000 v. Chr. aus dem nordsyrischen Raum nach Mesopotamien vordrang

Andron öffentliches, meist zweigeschossiges Gebäude in Nordsyrien, das die Funktionen von Stadt- und Markthalle verband

anikonisch auf bildlich-figürliche Darstellung verzichtend

Antentempel Tempel, dessen Längsmauern vorgezogen sind (Anten); in die Vorhalle sind im allgemeinen zwei Säulen eingestellt

antoninisch der Zeit der römischen Kaiser Antoninus Pius (reg. 138–161) und Marc Aurel (reg. 161–180) angehörend

Apodyterium Auskleideraum in römischen ↑ Thermen

apokryph nicht zum Kanon der heiligen Schriften gehörend; im weiteren Sinne: zweifelhaft, unecht

apotropäisch Unheil abwehrend

Apsis, apsidial halbrunder, rechteckiger oder vieleckiger Nebenraum, als steigender Abschluß einem übergeordneten Hauptraum angebaut, zu dem er sich meist in voller Breite öffnet; in der christlichen Baukunst östlicher Abschluß einer Kirche

Aramäisch Sprache und Schrift des Volkes der Aramäer, das zu Beginn des letzten vorchristlichen Jahrtausends aus der syro-arabischen Wüste nach Vorderasien eindrang; in verschiedenen Dialektformen verbreitet

Architrav den Oberbau tragender Hauptbalken über Säulen und Pfeilern

Archivolte ↑ profilierter oder dekorierter Bogen

Arkade Bogenstellung über Säulen oder Pfeilern, meist in fortlaufender Reihung

Arkadien, arkadisch Landschaft der Peloponnes; in der hellenistischen und römischen Dichtung zum Inbegriff guter ländlicher Sitte, stillen Friedens und eines sorgenfreien dichterischen Lebens idealisiert

Arkosolium, Arkosol aus dem Fels geschlagenes Wandgrab, bei dem sich über dem von einer Platte geschlossenen Grabtrog eine Bogennische wölbt

Atabeg (türk.: Prinzenvater) Titel von Provinzgouverneuren und militärischen Befehlshabern im ↑ seldschukischen Vorderen Orient

Atrium von Säulen getragener Innenhof des römischen Wohnhauses mit zentraler Öffnung im säulengestützten Dach; in der christlichen Baukunst der von Säulenhallen umgebene westliche Vorhof einer Kirche

Attika niedriges Geschoß oder freistehende Aufmauerung über dem abschließenden Gesims eines Gebäudes

attische Basis schlichte Form der ↑ ionischen Säulenbasis, bestehend aus einer ↑ Hohlkehle zwischen zwei Wülsten

Auditorium Zuschauerraum des römischen Theaters, ↑ Cavea

Augustus (lat.: der Erhabene), Ehrenname des römischen Kaisers seit 27 v. Chr.; seit Hadrian (reg. 117–138) der regierende Kaiser im Unterschied zu seinem designierten Nachfolger bzw. untergeordneten Mitregenten, seit Diokletians Reichsreform (293) herrschten zwei Augusti mit je einem Caesar

Auranitis antike Bezeichnung für das fruchtbare Tafelland um die Stadt Bosra in Südsyrien

Ayyubiden ägyptisch-syrisches Herrschergeschlecht im 12. und 13. Jh., begründet vom späteren Sultan Saladin

Bab (arab.) Tor, Stadttor

Baptisterium kirchliches Bauwerk bei einer Hauptkirche; bestimmt zum Vollzug der Taufe

Basilika längsgerichtetes, drei- und mehrschiffiges Bauwerk, dessen höheres und breiteres Mittelschiff durch Fenster in den von Säulen oder Pfeilern getragenen oberen Mauerstreifen eigene Beleuchtung erhält; in der römischen Architektur Markt- und Gerichtshalle (›Allzweckbau‹), in der christlichen Baukunst früh bevorzugter Kirchentyp

Aufriß einer fünfschiffigen Basilika

Basrelief Relief von nur geringer räumlicher Tiefe

Batanäa antike Bezeichnung der Landschaft bei der südsyrischen Stadt Deraa, westlich und nördlich der ↑ Auranitis

Beit (arab.: Haus) in sich geschlossene Wohneinheit eines großen frühislamischen Hauses oder Palastes

Bema (griech.: Stufe, Tritt), erhöhter, im Osten meist halbrunder Raumteil im Mittelschiff einer Kirche für Altar und Priesterschaft

Bergfried Hauptturm einer Burg als Beobachtungsstand und letzte Zufluchtsstätte bei Belagerungen, nicht zum dauernden Wohnen eingerichtet

Bit Hilani altorientalische Palastform, im 1. Jt. v. Chr. in Anatolien und Syrien verbreitet: von Stützen getragene, durchbrochene Eingangsfront mit Nebenräumen und Türmen an den Seiten, dahinter der Hauptinnenraum und Anbauten

Blendnische zur Schmückung oder Auflockerung der Mauerfläche eingezogene Nische

bossiert bezeichnet einen Werkstein oder Quader, der an der Vorderseite nur grob behauen ist

Bouleuterion Gebäude des Stadtrats (Boule) in griechisch-römischen Städten

bukolisch (von griech.: bukolos = Rinderhirt), ländlich-idyllisch

Caldarium Warmbad in römischen ↑ Thermen
Cardo nord-südlich verlaufende Hauptstraße römischer Städte und Lager (↑ Decumanus)
Castrum Standlager römischer Truppen
Cavea halbkreisförmig angelegter, in Stufen ansteigender Zuschauerraum römischer Theater
Cella fensterloser Hauptraum für den Kult in einem antiken Tempel
Chaldäer (babylon.-assyr.: Kaldajin) Bezeichnung für die Neu-Babylonier, die zwischen 625 und 539 v. Chr. über ein vorderorientalisches Großreich herrschten und sich in der Astrologie hervortaten; das spätere Altertum verstand unter C.n sternenkundige Wahrsager
chalkedonische Theologie orthodoxe kirchengeschichtliche Richtung, die 451 auf dem Konzil von Chalkedon gegen den ↑ Monophysitismus mit der Auffassung obsiegte, der inkarnierte Jesus habe zwei Naturen, eine göttliche und eine menschliche, besessen
Chalkolithikum Kupfersteinzeit, ca. 5./4. Jt. v. Chr.; Übergangsphase vom ausschließlichen Gebrauch von Steinwerkzeugen zu Geräten aus Metall (Kupfer, Bronze)
Chor Raum für die Geistlichkeit (↑ Apsis mit Annexbauten) im christlichen Sakralbau; Hochaltarraum
Ciborium (griech.: Fruchtgehäuse) Baldachin aus festem Material, meist über Säulen und Pfeilern errichtet
cruciform kreuzförmig

Dea Syria Form der ↑ Großen Göttin, im Vorderen Orient ekstatisch und häufig mit Blutopfern verehrt (s. S. 319)
Decumanus ost-westlich verlaufende Hauptstraße römischer Städte und Lager (↑ Cardo)
Dekapolis vom römischen Feldherrn Pompeius ins Leben gerufener Städtebund, dessen Mitglieder bei kommunaler Selbstverwaltung der Provinz Syrien zugeordnet waren
Derwisch Mitglied eines mystischen islamischen Ordens
Dhikr mystisch-ekstatische Übung von ↑ Derwischen, die sich durch rhythmische, stetige Wiederholung von Bewegungen und Gebetsformeln in Trance versetzen
Diadochen (griech.: Nachfolger), die Feldherrn Alexanders d. Gr., die nach dessen Tod (323 v. Chr.) sein Reich unter sich aufteilten
Diözese seit der Verwaltungsreform Diokletians (293 n. Chr.) der Provinz übergeordnete Verwaltungseinheit, seit dem 4. Jh. auch Verwaltungseinheit der frühchristlichen Kirche
Dipteros antiker Tempel mit doppeltem Säulenumgang
Distylos in antis Zwischen die Mauerzungen (Anten) einer antiken Fassade eingestelltes Säulenpaar
domestisch häuslich, Haus und Privatleben betreffend
Donjon wehrhafter Hauptturm mittelalterlicher Burgen, der als Wohnstatt eingerichtet war
Dreikonchenbau Baukörper mit drei zumeist halbrunden ↑ Apsiden, die nach drei Richtungen weisen, so daß sich im Grundriß die Form eines regelmäßigen Kleeblatts ergibt

Eklektizismus, Eklektik Kunst (oder kulturelle Haltung), die aus bereits vorhandenen Stilformen schöpft, deren Leistung allein in der geregelten oder phantasievollen Zusammensetzung überkommener Elemente besteht

Emir arabischer Titel von Fürsten und Befehlshabern

Emporium Freihandelsplatz in oder nahe einer antiken Stadt zur Abwicklung von Fern- und Transithandel, Handelsstation

ephemere Pflanzen schnell verblühende, ›eintägige‹ Pflanzen

Epigraph, epigraphisch Aufschrift, Inschrift, inschriftlich

Epitaph Grabschrift, auch: Erinnerungsmal für einen Verstorbenen

Eroten (auch: Putten) kleine Liebesgötter, Kinder mit Flügeln; ein beliebtes Motiv in der antiken Wandmalerei und Mosaikkunst

Eselsbogen gotische Bogenform, bei der die Bogenschenkel im unteren Teil konvex, im oberen Teil konkav geschwungen sind; auch: Eselsrücken oder Sattelbogen genannt

Exedra halbkreisförmige Erweiterung an Säulengängen öffentlicher Plätze und in Gebäuden der Antike

Fatimiden schiitisch-ismailitische islamische Dynastie (909–1171) mit politischem und kulturellem Zentrum in Kairo; größte Machtentfaltung zwischen 973 und 1021

Fayence Tonware, die nach dem Brennen mit einer Blei- oder Zinnglasur überzogen und noch in feuchtem Zustand mit sog. Scharffeuerfarben bemalt wird; beim zweiten Brand verschmilzt die Glasur mit der Farbe zu einer glänzenden Schicht

Forum meist längsrechteckiger Hauptplatz römischer Städte, Marktplatz und Versammlungsort

Fresko Wandmalerei, bei der mit Kalkwasser angerührte Farben auf noch feuchtem Kalkverputz aufgetragen werden; Farben und Verputz sind nach dem Trocknen unauflöslich miteinander verbunden

Fries schmückender oder gliedernder waagerechter Mauerstreifen mit ornamentalen oder figürlichen Darstellungen

Frigidarium Kaltwasserbad in römischen ↑ Thermen

Frons Scenae ↑ Scenae Frons

Fruchtbarer Halbmond von Gaza am Mittelmeer bis zum Fuß des Zagros-Gebirges (Iran) halbkreisförmig die Syro-arabische Wüste umgrenzender landwirtschaftlich nutzbarer Regensteppenstreifen

Gebälk oberer Teil einer Säulenordnung, bestehend aus ↑ Architrav, Fries und Kranzgesims

Genius loci der ›Geist des Ortes‹, die fortdauernde Aura insbesondere religiöser Stätten

Gesims ein die Wand horizontal gliederndes, zumeist vorspringendes Bauelement

gesprengter Giebel Giebel, der nicht geschlossen ist, so daß nur zwei Seitenteile oder ein Mittelteil mit zwei abgetrennten Seitenteilen bleiben

Gewände Einschnittfläche (Laibung) von Fenstern und Portalen

Ghassaniden christianisierte arabische Volksgruppe, die – in einem Lehensverhältnis zu den byzantinischen Kaisern stehend – um das 6. Jh. die Herrschaft über Teile Syriens, Palästinas und des Ostjordanlandes ausübte und die Wüstengrenze gegen ↑ Sassaniden und ↑ Lakhmiden verteidigte

Glacis schräge Erdaufschüttung (zuweilen mit Hangpflaster) vor der äußeren Festungsmauer; auch Talus genannt

Gnosis (griech.: Erkenntnis, Wissen) Sammelbezeichnung für erlösungsreligiöse Strömungen im antiken Vorderen Orient, die eine Rückführung des befleckten Einzelnen in die verlorene Teilhabe an der göttlichen Lichtwelt versprechen

Aufbau des Gebälks

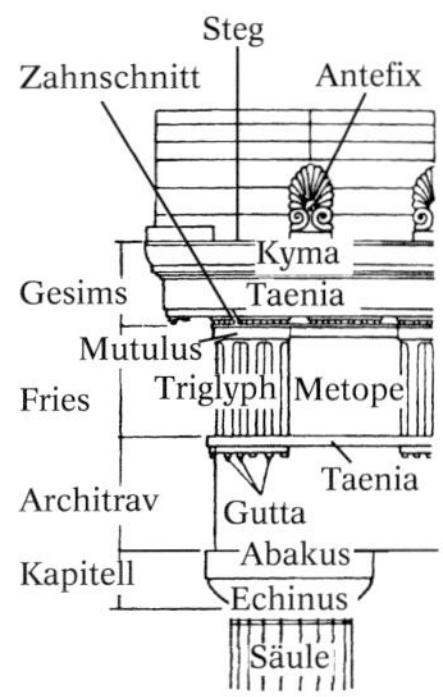

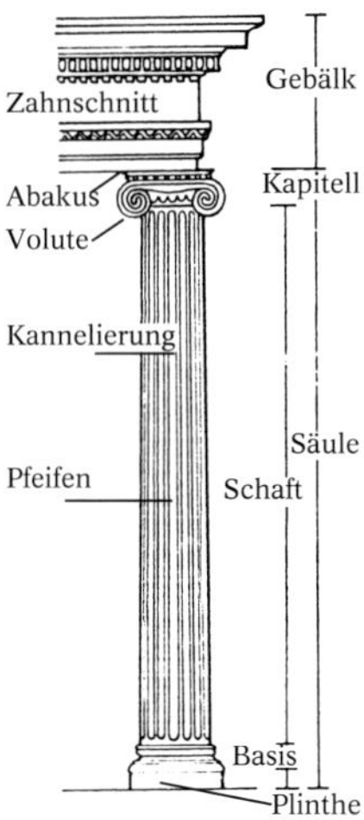

Ionische Säulenordnung

Graffiti Ritz- oder Kratzinschriften, meist einfach-spontane Kritzeleien an Felsen oder Bauwerken

Griechisches Kreuz im Gegensatz zum Lateinischen Kreuz (mit längerem Standbalken) ein Kreuz mit gleich langen Armen

Große Göttin religiöse Urform weiblicher Fruchtbarkeit; aus der Gestalt der G. G. gingen Göttinnen der Frühgeschichte wie Atargatis, die Dea Syria oder Kybele hervor

Gurtbogen Verstärkungsbogen quer zur Hauptrichtung des Gewölbes

Hadith in kanonischen Sammlungen zusammengetragene Aussprüche und Lebensvorbildlichkeiten des Propheten Mohammed

Hängezapfen hängender Knauf am Schnittpunkt der Gewölberippen; auch Abhängling genannt

Hallenkirche Kirche, deren Schiffe von gleicher oder annähernd gleicher Höhe sind, so daß die Belichtung einzig durch die Seitenschiffe erfolgt; in Syrien meist einschiffig

Hamdaniden arabische Dynastie (905–1004) in Obermesopotamien und Nordsyrien mit Herrschaftssitz (ab 945) in Aleppo

Hammam ›Türkisches Bad‹, dessen architektonische Typologie den großen antiken ↑ Thermen folgt

Haramlik Privatbereich in syrisch-islamischen Wohnhäusern, der im Gegensatz zum ↑ Salamlik, allein der Familie bzw. den Frauen vorbehalten ist

Haschemiten arabische Dynastie in Jordanien, ehemals auch im Irak; stellte seit dem 10. Jh. das religiöse Oberhaupt (Scherif) von Mekka

Hejra Flucht Mohammeds von Mekka nach Medina im Jahr 622

heraldisch in der Art von Darstellungen auf Wappenschildern, z. B in symmetrischer Gegenüberstellung

Hexagon Sechseck

hippodamischer Stadtplan nach dem Baumeister Hippodamos von Milet (5. Jh. v. Chr.) benannter strenger Rasterplan griechischer Städte, der in den hellenistischen Städten Syriens durch eine Kolonnadenstraße, in den römischen Städten durch ein (abgeschwächtes) Achsenkreuz (↑ Cardo; ↑ Decumanus) strukturiert wird

Hippodrom antike Pferderennbahn, mehrspurige Bahn mit Wende an der einen und geradem Abschluß an der anderen Seite

Hurriter altorientalisches Volk, das Ende des 3. Jt. v. Chr. aus der Gebirgsrandzone Syro-Mesopotamiens nach Süden vordrang und Mitte des 2. Jt. in Syrien kulturbildend war

Hypogäum mehrräumiger unterirdischer Grabbau

Hypokausten System der römischen Fußbodenheizung, bei der Warmluft durch Hohlräume und Kanäle, gebildet durch niedere Ziegelpfeiler, geführt wird

Ikonographie Beschreibung und Erklärung von Bildinhalten und deren Entstehung, ›Bildsprache‹

Ikhshididen islamische Dynastie türkischer Herkunft, die 935–969 in Ägypten und Syrien, seit 940 auch im westarabischen Hejaz herrschte

Ikonoklasmus ›Bildersturm‹; die in der Regel religiös motivierte Ablehnung figürlicher Bildnerei

Imam Vorbeter in der Moschee; im ↑ schiitischen Islam die Nachfolger Alis

Inkrustierung die Verkleidung von Wänden und Fassaden mit verschiedenfarbigen Blendsteinen in geometrisch-ornamentalem Dekor

Insula (lat.: Insel) von Straßen eingeschlossener Wohnblock in einer antiken Stadt

Intarsie Holzeinlegearbeit
Interkolumnium Abstand von Säulenachse zu Säulenachse innerhalb einer Kolonnade
ionisch schlanke antike Säulenordnung, typisch das ↑ Volutenkapitell
isodomisch Mauerwerk, bei dem die Quader in gleichhohen Reihen verlegt sind
Iwan in der orientalischen Baukunst gewölbte Halle, die sich mit großem Bogen zu einem Innenhof öffnet; gebräuchlich in der Palastarchitektur der ↑ Sassaniden, von islamischen Baumeistern übernommen

Janitscharen Elitetruppe der osmanischen Infanterie seit dem 14. Jh.; eingesetzt vor allem zur militärischen Sicherung in den nichttürkischen Provinzen
Jebel (arab.) Berg, Bergkette
Joch Gewölbeabschnitt in Längsrichtung eines Baus; auch der diesem Gewölbefeld entsprechende Raumteil

Kaaba (arab.: Würfel) Zentralheiligtum des Islam im Hof der Großen Moschee von Mekka
Kadi gelehrter Richter als moslemische Entscheidungsinstanz
Kämpfer Architekturelement zwischen Kapitell und aufliegendem Bauteil
Kalybe im antiken Syrien ein offenes, mit Statuen geschmücktes Heiligtum
Kannelierung Ausstattung von Säulen-, Pfeiler- und ↑ Pilasterschäften mit durchgehenden senkrechten, konkaven Rillen
Kasematten Kammern innerhalb einer Festungsmauer
Kastell römisches Fort, Wehrbau vor allem an den Grenzen des römischen Reiches
Kenotaph Grabdenkmal für einen Toten, der an anderer Stelle beigesetzt ist
Khan türkisch-mongolischer Fürstentitel
Khan Karawanserei, Herberge für Handelskarawanen, wo Personal, Tiere und Waren einen geschützten Lagerplatz fanden; in Städten wie Damaskus und Aleppo Großlager der Kaufleute
Kline Liegebank in den Speiseräumen der Antike (↑ Triklinium)
Kolonnade Säulenreihe mit geradem ↑ Gebälk als repräsentative Rahmung von Platzanlagen und Straßen
Kolumbarium spätrömisch-frühchristliche, meist unterirdische Begräbnisstätte mit Nischenreihen zur Aufnahme von Aschenurnen
Konche halbrunde Nische mit Halbkuppel
Konsole vorspringendes Tragelement als Auflager von Balken, Bogen u. a. oder als Träger von Büsten und Figuren
Koran die Heilige Schrift des Islam, unterteilt in 114 Abschnitte (Suren); nach der moslemischen Überlieferung das Wort Gottes, das durch die Vermittlung des Engels Gabriel an den Propheten Mohammed erging
korinthisch sehr schlanke antike Säulenordnung mit Blätterkapitellen (↑ Akanthus)
Kuros Jünglingsstatue der griechischen Antike
Kragstein aus der Wand vortretender Stein, der eine Last tragen kann
Kreuzgewölbe Gewölbeform, die aus der Durchdringung zweier gleich hoher ↑ Tonnengewölbe entsteht, wobei sich einander überkreuzende Grate bilden
Kufi nach der irakischen Stadt Kufa benannte eckige Monumentalform der arabischen Schrift

»Der Iwan ist ein auf drei Seiten geschlossener und mit einer Tonne überwölbter Raum, dessen vierte Seite sich in voller Breite und Höhe auf den davorliegenden Hof oder eine Halle öffnet.«
Michael Meinecke

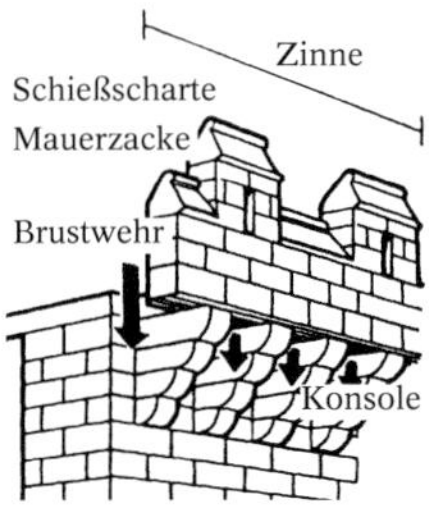

Pechnasen (Maschikuli) einer Wehrmauer

Klassischer Mäander

Kurtine Wall zwischen zwei Bastionen einer Festung

Lakhmiden nordarabischer Stamm mit Zentrum in Hira am Euphrat, von den ↑ Sassaniden seit dem 3. Jh. n. Chr. zur Verteidigung der Grenze gegen Byzanz herangezogen (↑ Ghassaniden)

Latifundien große ländliche Liegenschaften, bewirtschaftet durch Verwalter oder Pächter

Legat Gesandter des römischen Senats, in der Kaiserzeit auch Unterfeldherr, Statthalter

Levante (ital.: Morgenland), Länder um das östliche Mittelmeer bis zum Euphrat und Nil, besonders die Küstengebiete Südkleinasiens, Syriens und Palästinas

Limes befestigte Grenzlinie des römischen Reichs zur Abwehr vordringender Fremdvölker; als Limes Arabicus die Grenzbefestigungen am Saum Wüstenarabiens

Lisene schwach profilierte vertikale Mauerverstärkung, zugleich Wandgliederung

Loculus, Loculi Bestattungsnische(n) in großen Grabanlagen

Mäander fortlaufendes antikes Ornament mit wiederholter rechtwinkliger Richtungsänderung

Mamluken kasernierte Militärsklaven türkischer oder ↑ tscherkessischer Herkunft, die unter den ↑ Ayyubiden in Ägypten und Syrien Kriegsdienst leisteten und in den folgenden Jahrhunderten bis zur osmanischen Eroberung (1261–1516) eine streng hierarchische Herrschaft über diese Gebiete ausübten

Manichäismus spätantike, strikt dualistische Weltreligion, gestiftet von Mani (ca. 215–275 n. Chr.); der M. strebt in ↑ gnostischer Tradition die Erlösung des Einzelnen aus der Weltfinsternis zum göttlichen Licht an

Maqam heiliger Ort im Volksislam; häufig Gedenkstätte bei einem Heiligengrab

Maqsura Ehrenloge des Kalifen in einer Moschee

Martyrion christlicher Gedenkbau oder Schrein über dem Grab oder dem Sterbeplatz eines Märtyrers oder Heiligen

Maschikuli Ausgußöffnung für Pech und heißes Öl im Boden vorspringender Wehrgänge einer Burg, manchmal auch als ›Pechnasen‹ in glatte Mauern über Toren eingezogen

Maßwerk gotisches Bauornament, zunächst nur zur Fenstergliederung, dann auch zur ornamentalen Aufteilung von Wandflächen genutzt

Medrese theologische Lehranstalt des Islam mit Wohn- und Beträumen

Metope Feld im ↑ Fries antiker Tempel, in römischer Zeit häufig als Scheibe ausgeführt

Mihrab Gebetsnische einer Moschee, nach Mekka gerichtet

Minar, Minarett Moscheeturm für den Gebetsruf, bezeugt seit frühislamischer Zeit

Minbar Predigtkanzel in einer Moschee (s. Abb. S. 162)

Mitanni die staatstragende Oberschicht des nordsyrischen ↑ Hurri-Reichs Mitte des 2. Jt. v. Chr., auch Bezeichnung für die Hurriter selbst

Mithräum Heiligtum des iranisch-römischen Mysteriengottes Mithras, der am 25. Dezember von einer Jungfrau geboren wurde

monastisch mönchisch, ein Kloster betreffend

Monolatrie Verehrung einer einzigen Gottheit

monolith aus einem einzigen Felsblock gefertigt bzw. bestehend

Monophysitismus in Syrien besonders volkstümliche Strömung des Christentums, die von der einen, nämlich göttlichen Natur Jesu ausging und u. a. den Glauben der ↑ Ghassaniden prägte

Muqarnas Dekor, konkave, wabenartige Einnischungen über Portalen oder in Gewölben islamischer Bauwerke; in Syrien seit der ↑ Ayyubiden-Zeit gebräuchlich

Nabatäer arabisches Volk, das seit dem 4. Jh. v. Chr. den Nordteil der Weihrauchstraße kontrollierte

Naos Raum für das Götterbild im griechischen Tempel

Narthex westliche Vorhalle der altchristlichen ↑ Basilika

Naura hölzernes Schöpfrad, seit antiker Zeit an syrischen Flüssen in Benutzung, um Wasser auf die Felder zu heben; auch Noria genannt

Nekropole ›Gräberstadt‹; antiker Friedhof, meist nahe einer Stadt

Neolithikum Jungsteinzeit; prähistorische Phase, in der unter wirtschaftlich-technisch-sozialen Umwälzungen größten Ausmaßes (›neolithische Revolution‹), der Übergang von nomadischer zu seßhafter Lebensweise erfolgt

Nymphäum Quellheiligtum; besonders in römischer Zeit repräsentative Brunnenanlage einer Stadt

Obelisk in der Grundfläche quadratischer, sehr schlanker pyramidaler monolithischer Steinpfeiler

Obergaden Fensterzone in der Mittelschiffswand der ↑ Basilika

oblong längsrechteckig

Odeum, Odeion kleines überdachtes Bauwerk in der Art eines römischen Theaters, meist für musikalische Aufführungen benutzt

Oktogon Gebäude mit achteckigem Grundriß

Omayyaden erste islamische Dynastie (661-750), deren Kalifen und Prinzen bevorzugt in Syrien (Reichshauptstadt Damaskus) und Jordanien residierten, z. B. in Wüstenschlössern

Omphalos (griech.: Nabel, Buckel) Steindenkmal, prähellenisches Steindenkmal, symbolischer ›Erdnabel‹

Oratorium Betstätte, Betsaal; auch Teil eines Sakralbaus, gewidmet dem stillen Gebet

Orchestra runder, später halbrunder Platz des Chores im griechisch-römischen Theater, zwischen ↑ Cavea und Bühne plaziert

Orthostat aufrecht stehende monumentale Steinplatte zur Verblendung des Mauerwerks, teilweise figürlich geschmückt

Osmanen türkische Dynastie ab dem späten 13. Jh., deren Sultane zwischen 1516 und 1918 von Istanbul aus Anatolien, den Balkan und den Nahen Osten, zeitweise auch Nordafrika bis Algerien und weite Teile der Arabischen Halbinsel beherrschten

Ossuarium Beinhaus, Begräbnisstätte; im übertragenen Sinne auch hausartige Urne

Outremer (altfranz.: jenseits des Meeres), Kreuzfahrername für das Heilige Land, konkret: das Königreich Jerusalem und die umliegenden ↑ levantinischen Fürstentümer

pagan heidnisch

Paläolithikum Altsteinzeit, Periode der Vorgeschichte, die mit der Herstellung der ersten Steinwerkzeuge beginnt

Palaestra Sportkampfstätte der Antike, vor allem für Ringkämpfe und gymnastische Übungen

Palas Herrenhaus der mittelalterlichen Burg mit Festsaal

Pandocheion Pilgerherberge in den Toten Städten Nordsyriens (auch: Xenodocheion, ›Fremdenherberge‹)

Mihrab der Suleimaniya in Damaskus

Münzporträt des nabatäischen Königs Malichus I.

Parados seitlicher Zugang zur ↑ Orchestra im antiken Theater
Parther Steppenvolk, das um 250 v. Chr. in den Nordiran eindrang und als Nutznießer des Niedergangs der ↑ Seleukiden ein Reich zwischen Euphrat und Indus errichtete; östliche Gegenmacht Roms, im 3. Jh. n. Chr. von den ↑ Sassaniden abgelöst
Pastophorien die Räume seitlich der Mittelschiffapsis frühchristlicher ↑ Basiliken
Patriarchat die größte Verwaltungseinheit der altchristlichen Kirche; ihr stand ein Patriarch vor: etwa Rom, Konstantinopel, Alexandria, Jerusalem
Pediment Giebel, Giebelfeld
Pendentif Wandfläche in sphärisch gewölbter Dreiecksform, leitet von einem quadratischen Grundriß zum Fußkreis einer Kuppel über
Peribolos antiker Tempelhof, häufig durch eine hohe Mauer eingefaßt
Peripteros Tempel, dessen ↑ Cella von einer Säulenreihe umstanden ist
Peristylhof Säulenhof eines griechisch-römischen Hauses oder einer frühchristlichen Kirche
Phönikien antiker Name des schmalen Landstrichs an der mittleren syrischen Mittelmeerküste (in etwa identisch mit dem heutigen Libanon); die Phönikier erlangten als Seefahrer/Händler Bedeutung
Phylarch Stammesherrscher, Oberhaupt christianisierter Araberstämme (↑ Ghassaniden) frühbyzantinischer Zeit
Pilaster flache, pfeilerartige Wandvorlage mit Basis und Kapitell
Planum eingeebnete Fläche für den antiken Straßenbau
Polis selbständiger griechischer Stadtstaat mit Eigenverwaltung
Polstermauerwerk Mauerwerk aus ↑ bossierten, gebuckelten Steinen oder Quadern
Portikus von Säulen getragener Vorbau vor der Hauptfront eines Gebäudes, zumeist von einem Giebel bekrönt
Praetorium Haus des römischen Praetors, eines hohen Zivilbeamten; hervorgehobener Verwaltungsbau
Profilierung die Linierung, Unterteilung und Begrenzung von Bauteilen
Pronaos Vorhalle von ↑ Cella bzw. ↑ Naos eines Tempels
Propylon, Propyläen monumentale Tor- und Treppenanlage eines geschlossenen Tempelbezirks oder Heiligtums
Proscenium der ↑ Scenae Frons vorgelagerte Bühne im antiken Theater
Prostylos antiker Tempel mit vorgelagerter Säulenhalle
Protomen skulptierte Konsole an Stützgliedern und Fassaden
Pseudodipteros Tempel mit einfachem Säulenkranz, der aber die gleiche Entfernung zur ↑ Cella hat wie die äußere Säulenstellung des ↑ Dipteros
Ptolemäer nach dem Leibwächter und Feldherrn Alexanders d. Gr., Ptolemaios I. Soter, benannte hellenistische Dynastie, die 323 bis 40 v. Chr. über Ägypten herrschte

Qala (arab.: Festung) Kastell, Fort, Burg; in syrischen Ortsnamen häufig in der Form Qalaat
Qasr (arab.: Burg), Burganlage, von der heutigen Bevölkerung oft zur Bezeichnung eines jeden monumentalen antiken Bauwerks benutzt
Qibla-Wand die Wand einer Moschee, an der sich der ↑ Mihrab befindet; sie gibt die Richtung nach Mekka an
Qubba (arab.: Kuppel) Volksbezeichnung für das ›Bienenkorbhaus‹ in Nordsyrien

Rechtsschulen aus der Verbindung von ↑ Koran- und ↑ Hadith-Lehren hervorgegangene, unter den ↑ Abbasiden im späten 8 Jh. kodifizierte Interpretationslinien islamischen Rechts; im ↑ sunnitischen Syrien ist vor allem die hanafitische und hanbalitische Rechtsauffassung verbreitet

Rekluse (lat.: Eingeschlossener) Mönch, der außerhalb der klösterlichen Gemeinschaft in Zurückgezogenheit lebt, z. B. in einem Turm

Rezeß Rücksprung eines Gebäudes, einer Mauer

Ringmauer Umfassungsmauer einer mittelalterlichen Burg, auch ringförmig verlaufende Stadtmauer

Risalit ein in ganzer Höhe des Baus vor dessen Flucht tretender Bauteil zur Fassadengliederung

Riwaq Säulengang, Arkaden im Hof moslemischer Bürgerhäuser

safaitisch altnordarabische Schrift (und Nomadenkultur) des 2.–6. Jh. n. Chr. vor allem in der Syro-arabischen Steinwüste

Salamlik den Männern vorbehaltener Besuchertrakt des islamischen Hauses im Gegensatz zum familiär-fraulichen ↑ Haramlik

Samarra-Ware qualitätvolle Keramik ↑ abbasidischer Zeit, benannt nach der Residenzstadt im heutigen Irak (nördlich Baghdad)

Sanktuarium Raum des Allerheiligsten, Heiligtum, Schrein, Altarraum

Sassaniden persische Dynastie, welche 224 n. Chr. die ↑ Parther ablöste und der stärkste östliche Konkurrent des römischen Reiches wurde; die S. gingen im 7. Jh. im ›Arabersturm‹ unter

Satrapie altpersischer Verwaltungsbezirk; vom frühen Hellenismus übernommen

Scenae frons reich gegliederte, mehrgeschossige Rückwand oder Bühnenkulisse des römischen Theaters (s. Abb. S. 375; 405)

Schakkanakku Titel mesopotamischer Statthalter im frühgeschichtlichen Syrien

Scheibenmetopen-Triglyphen-Fries Fries am ↑ Gebälk antiker Tempel, bei dem ↑ Triglyphen mit scheibenförmig reliefierten Schmuckplatten wechseln

Schiff der Innenraum von Langbauten, vor allem Kirchen, bei mehrschiffigen Anlagen sind das Mittelschiff und die Seitenschiffe durch Säulen und/ oder Pfeiler voneinander getrennt

Schildwall hohe Schutzmauer einer Burg an der Stelle, wo das Gelände über das Bauniveau der Burg ansteigt

Schiiten eine der beiden Hauptkonfessionen des Islam, die allein die Nachkommen aus der Ehe Fatimas, der jüngsten Tochter des Propheten, mit Ali als rechtmäßige Führer der Gemeinschaft der Gläubigen anerkennt (↑ Sunniten)

Schwibbogen waagerechter Bogen zur Übertragung des Horizontalschubs zwischen zwei Gebäuden, meist über engen Gassen

Seldschuken nach ihrem Anführer Seldschuk benanntes türkisches Volk und Herrschergeschlecht, das im 11. Jh. ein vorderasiatisches Großreich errichtete

Seleukiden hellenistische Dynastie, benannt nach dem General Alexanders d. Gr., Seleukos I. Nikator; beherrschte im 3. und 2. Jh. v. Chr. ein orientalisches Großreich mit Schwerpunkt Kleinasien, Syrien, Mesopotamien

Septuaginta Übersetzung des Alten Testaments ins alexandrinische Griechisch

Bema mit Synthronon

sepulkral mit dem Grabkult zusammenhängend
Serapeum Heiligtum des ägyptischen Gottes Serapis
Sharia islamisches Recht
Spolie wiederverwendetes Werkstück aus älteren Bauten
Stele aufrecht stehender, meist reliefierter und häufig mit einer Inschrift versehener Gedenkstein
Stichkappe Gewölbeteil (z. B. über Fenstern), der quer zur Bauachse in das Hauptgewölbe eingeschnitten ist
Strata Diokletiana Verteidigungslinie des spätrömischen Reichs, die quer durch die syrische Wüstensteppe von Resafa über Palmyra nach Damaskus verlief
Stratum Siedlungsschicht, kulturgeschichtlich definiertes Niveau einer archäologischen Grabung
Sturz waagerechter oberer Abschluß von Tür- oder Fensteröffnung
Stylit frühchristlicher Asket, der auf einer kleinen Plattform über einer Säule lebte; Säulensteher
Stylobat oberste Stufe des Tempelunterbaus, auf der die Säulen errichtet werden
Substruktion Unterwölbung eines Gebäudes auf unsicherem Baugrund oder zur Erweiterung der Baufläche an Abhängen; im weiteren Sinne: aufgemauertes Fundament
Sunniten Hauptkonfession des Islam (ca. 92 % aller Moslems), die im Gegensatz zu den ↑ Schiiten die Omayyaden-Kalifen und deren Nachfolger als rechtmäßige Führer des Islam anerkennen
Suq Marktgasse der islamisch-orientalischen Stadt; auch Bezeichnung für den islamischen Markt insgesamt
Synkretismus Verquickung verschiedener philosophischer Lehren, Kulte, Religionen, Kunststile (↑ Eklektizismus)
Synode griechische Bezeichnung für eine Kirchenversammlung
Synthronon Sitzbank der frühchristlichen Geistlichen im Halbkreis der ↑ Apsis oder zu Seiten des ↑ Bema

Tabula ansata Inschriftenrahmen in Form einer längsrechteckigen, zu beiden Seiten mit ›Henkeln‹ versehenen Tafel
Talus ↑ Glacis
Tambour zylinder- oder kreisförmiger, durchfensterter Unterbau einer Kuppel
Tanzimat Reformgesetze im osmanischen Reich ab 1839
Tell (arab.: Hügel), Ruinenhügel, durch Übereinanderschichtung der Trümmer und Hinterlassenschaften langbewohnter Siedlungen entstanden, vor allem dort, wo Lehmziegel das bevorzugte Baumaterial waren
Tekke (türk.), ↑ Derwischkloster
Temenos umfriedeter heiliger Bezirk um einen Tempel oder einen Kultplatz
Tepidarium Lauwarmbad römischer ↑ Thermen
Tessera Mosaiksteinchen
Tetrapylon monumentaler vierseitiger Torbau mit Öffnungen an jeder Seite, meist an den zentralen Straßenkreuzungen antiker Städte
Tetrarchie durch Vierteilung entstandenes Herrschaftsgebiet; hier: das durch zwei ↑ Augusti und zwei Caesares gelenkte römische Reich nach der Reform des Diokletian (293 n. Chr.)
Thalamos Kammer innerhalb der ↑ Cella des syrischen Tempels, in der man die Kultstatue der Gottheit barg
Thermen römische Badeanlage mit verschiedenen zweckbestimmten Räumlichkeiten wie ↑ Apodyterium, ↑ Caldarium, ↑ Frigidarium, ↑ Tepidarium

Tonnengewölbe Gewölbe mit längs einer Achse gleichbleibendem Querschnitt

Trachonitis antike Landschaftsbezeichnung für die Basaltwüste el-Lejja in Südsyrien, nordwestlich des Hauran-Gebirges

Transept Querhaus; quer zum Langhaus verlaufender Bauteil einer Basilika; längs zum Breitraum verlaufender Bauteil einer Moschee

Transversalbogen quer zur Längsachse eines Raumes verlaufender Bogen

Travée französische Bezeichnung für das ↑ Joch oder ein in sich geschlossenes Fassadenfeld

Triklinium Speiseraum der Antike, der an drei Seiten von Bänken umgeben ist, auf denen die Gäste beim Mahle ruhten

Triumphbogen ein- oder dreitoriger römischer Ehrenbogen; Bogen, der das Mittelschiff vom Chor einer Kirche trennt

Triumvir Mitglied des geheimen Dreibunds, zu dem sich Caesar, Pompeius und Crassus 60/59 v. Chr. zusammenschlossen

Trompe Trichternische in Form eines halben Hohlkegels mit nach unten gekehrter Öffnung, häufig zur architektonischen Überleitung eines quadratischen Grundrisses in eine Kuppel benutzt

Tscherkessen moslemische Volksgruppe im Kaukasus, Flüchtlinge aus dem Zarenreich; seit 1878 von den ↑ Osmanen als Wehrbauern (gegen die Beduinen) angesiedelt

Turanismus politische Bewegung zur Vereinigung aller Turkvölker, entstanden im 19. Jh.

Turba islamisches Mausoleum; türkisch Türbe

Tychaion antiker Tempel, der Schicksals- und Stadtgöttin Göttin Tyche geweiht

Tympanon Giebelfeld eines antiken Tempels

Verkröpfung Vorziehen des ↑ Gebälks oder ↑ Gesimses über einem vorkragenden Bauteil

Vestarium Umkleideraum in den römischen ↑ Thermen

Via Nova Traiana römische Bezeichnung einer Fernstraße zwischen Damaskus und dem Golf von Aqaba nach ihrem Ausbau und ihrer Befestigung im frühen 2. Jh. n. Chr.

Via sacra wörtlich: ›heilige Straße‹; antiker Prozessionsweg

Vier-Iwan-Halle traditionelles Schema der Baukunst von ↑ Parthern und ↑ Sassaniden, bei dem vier überwölbte Hallen (↑ Iwane) sich an den vier Seiten eines Zentralraums öffnen; von der islamischen Architektur übernommen

Vierung der bei der architektonischen Durchdringung von Lang- und Querschiff einer Kirche entstehende Raumteil

Vignette rahmende Verzierung, schmückendes Bildfeld

Volute spiraliges oder schneckenförmiges Bauornament

Vomitorium innere, überwölbte Gänge eines römischen Theaters, die zur ↑ Cavea führten

Wadi Flußbett in der Wüste, führt nur nach Regenfällen kurzzeitig Wasser

Zawiya Komplex von islamischen Sakralbauten, Klosteranlage

Zengiden strenggläubige islamische Dynastie des 12. Jh., deren Herrschaftsgebiet sich für kurze Zeit aus dem Irak bis nach Ägypten erstreckte

Zwickel Teilgewölbe, das zu einer Kuppel überleitet

Zwinger Bereich zwischen Vor- und Hauptmauer einer Burg

Tonnengewölbe

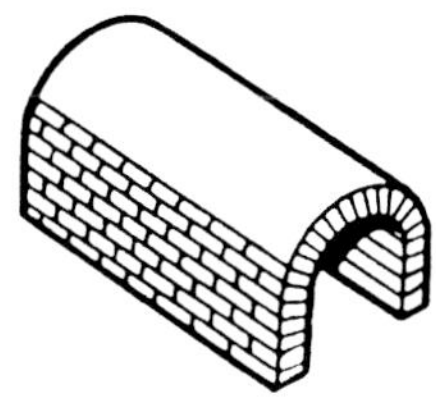

Literaturhinweise

An einem ›Kreuzweg der Welten‹ gelegen, erfordert Syrien eine Bibliographie von Ausmaßen, die sich hier unmöglich dokumentieren lassen. Fachzeitschriften wie ›Damaszener Mitteilungen‹, ›Berytus‹, ›Syria‹ oder ›Annales Archéologiques de Syrie‹, die ›Annales Archéologiques Arabes Syriennes‹ nicht zu vergessen, informieren über neue Ausgrabungen und neue kunsthistorische Bewertungen.

Gut recherchierte Basisinformationen, die im Einzelfall aber überholt sein können, bieten altverdiente Nachschlagewerke wie das ›Reallexikon der Assyriologie‹, das ›Reallexikon für Antike und Christentum‹ oder das ›Reallexikon zur Byzantinischen Kunst‹, zu denen sich in neuerer Zeit das ›Oxford Dictionary of Byzantium‹ und die ›Oxford Encyclopedia of Archaeology in the Near East‹ hinzugesellt haben. Daß das überragende Lexikonwerk der ›Classischen Altertumswissenschaften‹ von Pauly und Wissowa die historischen Abrisse fundiert, versteht sich von selbst. Für die islamische Zeit war maßgebend die ›Encyclopaedia of Islam‹ in ihrer Neufassung und – soweit die Stichworte nicht weitertrugen – in der Altfassung.

Die Bibel zitieren wir nach der Einheitsübersetzung, den Koran nach der Übersetzung von Rudi Paret, wobei wir stets auch die Übersetzung von Max Henning zu Rate gezogen haben.

Aus der langen Liste konsultierter Publikationen heben wir nur solche Werke hervor, denen wir Zitate, Kartenvorlagen oder Abbildungen verdanken.

Aigen, Wolffgang: Sieben Jahre in Aleppo (1656–1663). Wien 1980

Bahnassi, Afif: Die Kunst des Alten Syrien. Leipzig 1987

Bahnassi, Afif: The Great Umayyad Mosque of Damascus. Damaskus 1989

Balty, Jean Ch.: Guide d'Apamée. Brüssel 1981

Barthel, Günter/Stock, Kristina (Hrsg.): Lexikon Arabische Welt. Darmstadt 1994

Boase, Thomas S. R.: Castles and Churches of the Crusading Kingdom. London–New York–Toronto 1967

Brentjes, Burchard: Völker beiderseits des Jordans. Leipzig 1979

Brentjes, Burchard: Steppenreiter und Handelsherren. Die Kunst der Partherzeit in Vorderasien. Leipzig 1990

Browning, Iain: Palmyra. London 1973

Burns, Ross: Monuments of Syria. London–New York 1994

Butler, H. C. et al.: Syria. Publications of the Princeton University Archaeological Expeditions to Syria in 1904–1905 and 1909. Section A & B. Princeton 1907–1920

Butler, H. C.: Early Churches in Syria (1920). Ausgabe Amsterdam 1969

Chenevière, Alain: Syrien. Wiege der Kultur. München 1996

Dentzer, Jean-Marie/Orthmann, Winfried (Hrsg.): Archéologie et histoire de la Syrie. Saarbrücken 1989

Deschamps, Paul: Les châteaux des croisées en Terre Sainte. Le Crac des Chevaliers. Paris 1934 (2 Bde)

DETTMANN, Klaus: Damaskus. Eine orientalische Stadt zwischen Tradition und Moderne. 1968

DOLLHOPF, Helmut/PLETICHA, Heinrich: Syrien. Würzburg 1993

EGLI, Ernst: Sinan. Zürich–Stuttgart 1976

ERBSTÖSSER, Martin: Die Kreuzzüge. Ausgabe Gütersloh 1981

EYDOUX, Henri-Paul: Les châteaux de soleil. Paris 1982

FINSTER, Barbara: Die Mosaiken der Umayyadenmoschee von Damaskus. Wiesbaden 1972

FRANK, Hannes: Syrien. Schauplatz der Geschichte. Bonn 1989

FRANZ, Heinrich Gerhard: Palast, Moschee und Wüstenschloß. Das Werden der islamischen Kunst. Graz 1984

GARNETT, David (Hrsg.): Selected Letters of T. E. Lawrence. London 1952

GAUBE, Heinz/WIRTH, Eugen: Aleppo. Historische und geographische Beiträge. Wiesbaden 1984

GOGRÄFE, Rüdiger/OBERMEIER, Klaus: Syrien. München 1995

GRABAR, Oleg: Die Entstehung der islamischen Kunst. Köln 1977

GRAINGER, John D.: The Cities of Seleukid Syria. Oxford 1990

HALM, Heinz: Die Schia. Darmstadt 1988

HENNIG, Kurt (Hrsg.): Jerusalemer Bibellexikon. Neuhausen–Stuttgart 1990

IBN DSCHUBAIR: Tagebuch eines Mekka-Pilgers. Stuttgart 1985

IBN ISHAQ: Das Leben des Propheten. Tübingen 1976

KALTER, Johannes et al.(Hrsg.): Syrien. Mosaik eines Kulturraums. Stuttgart 1991 (Katalog)

KENNEDY, David/RILEY, Derrick: Rome's Desert Frontier from the Air. Austin (Texas) 1990

KINET, Dirk: Ugarit. Geschichte und Kultur einer Stadt in der Umwelt des Alten Testaments. Stuttgart 1981

KLENGEL, Horst: Geschichte und Kultur Altsyriens. Ausgabe Wien 1980

KLENGEL, Horst: Syrien zwischen Alexander und Mohammed (1986). Ausgabe Wien 1987

KOHLMEYER, Kai/STROMMENGER, Eva (Hrsg.): Land des Baal. Syrien – Forum der Völker und Kulturen. Mainz 1982 (Katalog)

KREISSIG, Heinz: Geschichte des Hellenismus. Berlin 1982

LAWRENCE, T. E.: Crusader Castles (1936). Ausgabe London 1986

LIETZMANN, H.: Das Leben des Heiligen Symeon Stylites. Leipzig 1908

LUDWIG, Klemens: Bedrohte Völker. Ein Lexikon nationaler und religiöser Minderheiten. München 1985

MAALOUF, Amin: Der heilige Krieg der Barbaren. Die Kreuzzüge aus der Sicht der Araber. München 1996

MATTERN, Joseph: Villes Mortes de Haute Syrie. Beirut 1944

MEINECKE, Michael: Die mamlukische Architektur in Ägypten und Syrien. Glückstadt 1992 (2 Bde)

MICHALOWSKI, Kazimierz: Palmyra. Wien–München o. J. (ca. 1969)

MOORTGAT, Anton: Babylon und Assur. Ausgabe Köln 1984

NAGEL, Tilman: Timur der Eroberer. München 1993

NASER-E-KHOSROU: Safarname. Ein Reisebericht aus dem Orient des 11. Jh. München 1993

PEÑA, Ignacio: The Christian Art of Byzantine Syria. Madrid 1996

PETTINATO, Giovanni: The Archives of Ebla. An Empire Inscribed in Clay. New York 1979

REDEN, Sibylle von: Ugarit und seine Welt. Bergisch Gladbach 1992
RENZ, Alfred: Syrien. München 1988
RÖMER, Willem H. Ph.: Frauenbriefe über Religion, Politik und Privatleben in Mari. Neukirchen–Vluyn 1971
ROTTER, Gernot: Syrien. Nürnberg ²1996
RUNCIMAN, Steven: Geschichte der Kreuzzüge (1950-54). Ausgabe München 1983
RUPPRECHTSBERGER, Erwin M. (Hrsg.): Syrien. Von den Aposteln zu den Kalifen. Linz 1993 (Katalog)
SACHAU, Eduard: Reise in Syrien und Mesopotamien. Leipzig 1883
SACK, Dorothée: Damaskus. Mainz 1989
SARRE, Friedrich, HERZFELD, Ernst: Archäologische Reise im Euphrat- und Tigris-Gebiet. Berlin 1920 (2 Bde)
SAUVAGET, Jean: Les monuments historiques de Damas. Beirut 1932
SCHECK, Frank Rainer: Jordanien. Köln 1997
SCHLUMBERGER, Daniel: Der hellenisierte Orient. Baden-Baden 1969
SCHMIDT-COLINET, ANDREAS (Hrsg.): Palmyra. Kulturbegegnung im Grenzbereich. Mainz 1995
SCHMITT, Hatto H./VOGT, Ernst (Hrsg.): Kleines Wörterbuch des Hellenismus. Wiesbaden 1988
SCHNEIDER, Carl: Kulturgeschichte des Hellenismus. München 1967 (2 Bde)
SCHÖNMANN, Ernst: Syrien. Kronshagen 1996
SINJAB, Kamil: Das arabische Wohnhaus des 17. bis 19. Jh. in Syrien. Aachen 1965
SITARZ, Eugen: Kulturen am Rande der Bibel. Stuttgart 1983
SMAIL, R. C.: The Crusaders in Syria and the Holy Land. London 1973
STRANGE, Guy Le (Hrsg.): Palestine under the Moslems. A Description of Syria and the Holy Land. Ausgabe Beirut 1965
STROHMAIER, Gotthard: Denker im Reich der Kalifen. Köln 1979
STROMMENGER, Eva: Fünf Jahrtausende Mesopotamien. München 1962
STROMMENGER, Eva: Habuba Kabira. Eine Stadt vor 5000 Jahren. Mainz 1980
TCHALENKO, Georges: Villages antiques de la Syrie du Nord. Paris 1953/1958 (3 Bde)
ULBERT, Thilo: Die Basilika des Heiligen Kreuzes in Resafe-Sergiopolis. Mainz 1986
VOGÜÉ, Comte Melchior de: Syrie Centrale. Architecture civile et religieuse. Paris 1865 (2 Bde)
VOLNEY, Constantin François de: Die Ruinen oder Betrachtungen über die Revolutionen der Reiche. Ausgabe Frankfurt a. M. 1977
WAGNER, Jörg: Syrien. Erbe einer antiken Kulturlandschaft. Dortmund 1996
WEISS, Walter M.: Syrien – mit Ausflug in den Libanon. Köln 1998
WIRTH, Eugen: Syrien. Eine geographische Landeskunde. Darmstadt 1971
WULZINGER, Karl/WATZINGER, Carl: Damaskus. Die antike Stadt. Berlin 1921
WULZINGER, Karl/WATZINGER, Carl: Damaskus. Die islamische Stadt. Berlin 1924
ZÖLLNER, Walter: Geschichte der Kreuzzüge. Berlin 1979

Praktische Reise-Informationen

Hinweise für die Reiseplanung

Informationen für unterwegs

Bitte schreiben Sie uns, wenn sich etwas geändert hat!

Alle in diesem Buch enthaltenen Angaben wurden von den Autoren nach bestem Wissen erstellt und von ihnen und dem Verlag mit größtmöglicher Sorgfalt überprüft. Gleichwohl sind inhaltliche Fehler nicht vollständig auszuschließen. Daher erfolgen die Angaben ohne jegliche Verpflichtung oder Garantie des Verlages oder des Autors. Wir bitten dafür um Verständnis und werden Korrekturhinweise gerne aufgreifen:
DUMONT Buchverlag, Postfach 10 10 45, 50450 Köln;
E-Mail: reise@dumontverlag.de

Hinweise für die Reiseplanung

Auskunft

In Deutschland, Österreich und der Schweiz gibt es gegenwärtig kein syrisches **Fremdenverkehrsamt.** Auskunft über Formalitäten erteilen die Syrische Botschaft bzw. die Generalkonsulate (s. S. 443).

Das **Tourismusministerium** in Damaskus beantwortet (gefaxte) Anfragen mit der Zusendung von Prospekten:
Ministry of Tourism
P.O. Box 3763,
Fax 00963/2 24 26 36

Die Büros von **Syrian Air** bemühen sich zwar um Kooperation, ersetzen aber keine touristische Informationszentrale:
– 80 333 München, Pacellistr. 2, Tel. 089/22 20 67; Fax 29 69 16
– 60 329 Frankfurt, Düsseldorfer Str. 4, Tel. 069/25 10 07; Fax 23 67 94

Reisepapiere

Voraussetzung für die Einreise ist ein noch mindestens 6 Monate gültiger Paß (ohne israelischen Stempel!). Bei Pauschalreisen kümmert sich der Veranstalter um die Visumbeschaffung. Individualreisende fordern die Unterlagen bei den diplomatischen Vertretungen Syriens an (auch telefonisch) und reichen ihren Paß mit dem ausgefüllten Visumantrag, zwei Paßfotos und der Bankanweisung (Kopie) über die bezahlte Gebühr dort ein. Bearbeitungsdauer: eine Woche; die Gebühr für das einfache Touristenvisum beträgt 35 DM (1998), das Mehrfachvisum (für einen Libanon-Abstecher) ist etwas teurer. Es ist ein frankierter Rückumschlag beizufügen.

An den Grenzen selbst werden keine Visa ausgestellt, auch nicht auf dem Flughafen! Schwierig, wenn nicht unmöglich ist auch die Beschaffung eines Visums in Anrainerstaaten wie der Türkei und Jordanien.

Das Visum ist zwar drei Monate gültig (ab dem Tag der Ausstellung), muß aber im Land am 14. oder 15. Tag verlängert werden. Zuständig sind die Immigrationsbüros (8.30–13.30 Uhr), die sich in jeder syrischen Großstadt finden (3–5 Paßfotos erforderlich). Den Paß mit Verlängerungsstempel (-marke) erhält man meist erst am nächsten Tag zurück. Am besten erledigt man die langwierige Prozedur in Damaskus (Sharia Felastin, westlich der Baramqe-Busstation neben dem SANA-Büro) oder in Aleppo (nördlich der Zitadelle an der Ecke Sharia al-Qawaqibi/ Sharia Hawl al-Qala).

Kraftfahrzeugpapiere
Erforderlich sind ein gültiger Internationaler Führerschein und ein Internationaler Fahrzeugschein. An der Grenze muß zusätzlich eine ›vorläufige Importgenehmigung‹ erworben werden (ca. 35 US-$), die 4 Wochen gültig ist und um 2 Wochen verlängert werden kann (ca. 50 US-$). Da die grüne Versicherungskarte

in Syrien nicht gilt, ist an der Grenze bei der Syrian Insurance Company eine Haftpflichtversicherung abzuschließen (ca. 35 US-$), gültig für 28 Tage. Dieselfahrzeuge dürfen nicht eingeführt werden.

Diplomatische Vertretungen

...für Deutschland
Botschaft der Arabischen Republik Syrien
Andreas-Hermes-Str. 5
53175 Bonn
✆ 0228/81 99 20, Fax 81 99 2-99
...für Österreich
Generalkonsulat der Arabischen Republik Syrien
Kärntnerring 4
A-1015 Wien
✆ 0222/504 28 30,
Fax 505 83 81
...für die Schweiz
Generalkonsulat der Arabischen Republik Syrien
Rue de Lausanne 72
CH-1202 Genf
✆ 022/732 65 58, Fax 738 42 75

Reisezeit

Am besten besucht man Syrien zwischen Ende März und Ende Mai oder aber zwischen Ende September und Anfang November. Die günstigste Reisezeit ist der frühe Frühling, wenn sich die Wüstensteppe grün und blütenreich zeigt. Rauscht im März oder April einmal Regen herab, so entschädigt dafür anschließend um so klarere Sicht.

Zwar kann man die mittelmeerischen Regionen, die Toten Städte und Mittelsyrien auch im Sommer bereisen (es muß nicht gerade der August sein!), am Euphrat, in der Wüste um Palmyra wie auch im Hauran wird es dann jedoch strapaziös: Tagsüber ist die Bewegungsfreiheit bei über 40° C deutlich eingeschränkt; der allgegenwärtige Staub verhindert Fernsichten.

Klarer wird es im Herbst, doch wirkt die Landschaft jetzt ausgebrannt. Im Winter kann es tagelang regnen (in Hochlagen auch schneien); hat man aber Glück, erlebt man in frühlingshaftem Sonnenschein die klarsten Tage überhaupt und ist selbst in Palmyra so gut wie allein unterwegs.

Gesundheitsvorsorge

Impfungen sind für Syrien nicht vorgeschrieben. Eine Prophylaxe gegen Typhus/Paratyphus ist aber ebenso in Erwägung zu ziehen wie eine Vorbeugung gegen Hepatitis und Tetanus. Moskitonetze sind in den Frühjahrs- und Sommermonaten noch der beste Schutz gegen Mücken und Malaria – und gewähren zudem ungestörte Nachtruhe selbst im Euphrat-Tal (Haken, Schnüre, Sicherheitsnadeln mitnehmen, um die Netze in der Unterkunft befestigen zu können). Die Malaria-Prophylaxe mit Arzneien (z. B. Resochin, Fansidar) ist gesundheitlich nicht unbedenklich und auch nicht vollständig sicher, da resistente Stämme inzwischen auch in Syrien auftreten.

In die Reiseapotheke gehören Wundpflaster, Mullbinde, etwas Watte, eine kleine Schere, Pinzette, Fieberthermometer, antibiotische Salbe, Salbe gegen Insektenstiche, Sonnenschutzcreme, Schmerz- und Durchfallmittel, dazu natürlich Kosmetikartikel, nicht zu vergessen eine Rolle Toilettenpapier. Ohropax hilft gegen Lärmbelästigung.

Apotheken *(saidaliya)* gibt es in allen syrischen Kleinstädten; nur in Dörfern werden Sie kein Glück haben. Die Preise für gängige Erkältungs- und Durchfallmittel sind niedriger als in Westeuropa. Dennoch: Spezialarzneien sollten Sie in jedem Fall in der Reiseapotheke mitführen.

Devisenvorschriften

Ausländische Währungen (nicht aber Syrische Pfund!) können in unbegrenzter Höhe eingeführt werden. Am besten nimmt man US-Dollar mit; sie werden fast überall akzeptiert. First-Class-Hotels müssen ohnehin in US-$ bezahlt werden (s. S. 454), ebenso Flugtickets. Euroschecks werden nicht eingelöst, wohl aber Reiseschecks wie American Express.

Zollvorschriften

Eingeführt werden dürfen 1 l Spirituosen oder 2 l Wein, 200 Zigaretten (oder 50 Zigarren oder 200 g Tabak), dazu Parfüm zum Eigenverbrauch. Wer mehr als eine Foto- bzw. Videokamera (oder Laptop bzw. Handy) nach Syrien mitbringt, sollte dies vorsichtshalber bei der Einreise in den Paß eintragen lassen. Zeitschriften mit un- oder leichtbekleideten Damen oder Herren auf dem Titelbild werden bei der Einreise zuweilen beschlagnahmt. Israelisches Schrifttum im Gepäck ruft den syrischen Geheimdienst auf den Plan.

Anreise

Mit dem Flugzeug: Die Abflughäfen im deutschsprachigen Raum sind Frankfurt, München, Berlin, Wien und Zürich; Ankunft nach knapp viereinhalb Stunden Flug in Damaskus oder Aleppo. Neben Lufthansa, Austrian Airlines, Swissair und Syrian Arab Airlines (kurz: Syrian Air) fliegen zahlreiche weitere Fluglinien Syrien an. Die billigsten Tickets bieten zyprische und balkanische Linien (ab ca. 500 DM für Hin- und Rückflug in der Last-Minute-Offerte).

Der Flughafen von Damaskus liegt ca. 35 km östlich vom Zentrum. Taxis, zu buchen am Transtour-Schalter, fahren zu einem Festpreis in 30–40 Min. die Damaszener Hotels an. Am Transtour-Schalter kann auch ein Leihwagen mit oder ohne Fahrer gebucht werden. Bei der Benutzung der Zubringerbusse von Syrian Air muß man das Flugticket dieser Linie vorweisen. Zwischen 6 und 24 Uhr verkehrt alle 30 Min. zudem ein Stadtbus in die Innenstadt (Shuqri al-Quwatly-Straße; 45 Min. Fahrt).

Über Land: Es ist möglich, die gesamte Strecke nach Aleppo oder Damaskus mit der **Eisenbahn** zurückzulegen: von München mit dem Istanbul-Expreß in die Bosporus-Metropole (Ankunft: Bahnhof Sirkeçi auf der europäischen Seite); von der asiatischen Seite (Bahnhof Haydarpaşa) mit dem Toros Expresi in etwa 36 Stunden via Ankara, Kayseri und Fevzipaşa über die syrische Grenze (Grenzstation: Meydanekbez) nach Aleppo.

Etwas schneller ist die **Busfahrt:** von München nach Istanbul (Topkapı-Busstation) und von dort täglich Busverbindung durch Zentralanatolien nach Antakya und weiter über die Grenze (Station: Bab al-Hawa) nach Aleppo und Damaskus.

Mit dem **Auto** muß man für die annähernd 3500 Straßenkilometer von Frankfurt über den Balkan nach Damaskus mindestens fünf Tage veranschlagen.

Direkte **Fährverbindungen** nach Syrien bestehen nicht. Man kann aber von Italien (Ancona, Brindisi) mit dem Schiff nach Zypern (Larnaca) übersetzen, von dort wiederum 3 x in der Woche nach Junia im Libanon.

Falls die Visa vorhanden sind, kann die Reise mit einem Jordanien- oder Libanon-Besuch kombiniert werden. Damaskus ist per Sammeltaxi und durch die jordanischen JETT-Busse (2 x tgl.) mit Amman verbunden, mit Beirut 1 x tgl. per Bus, mehrfach tgl. mit Servicetaxis.

Informationen für unterwegs

Verkehrsmittel

Das **Flugzeug** spielt im innersyrischen Verkehr nur eine geringe Rolle, obwohl die Preise im Europa-Vergleich recht günstig sind. Täglich besteht nur zwischen Aleppo und Damaskus eine Verbindung, ansonsten kann man von Damaskus 1–2 x wöchentlich nach Qamishli im Khabur-Dreieck, nach Ladiqiya am Mittelmeer und nach Deir az-Zor am Euphrat fliegen. Zubringerbusse verkehren vom Innenstadt-Terminal (Straße des 29. Mai) der Syrian Air in Damaskus zum Flughafen.

Die preiswerte **Eisenbahn** fährt (mit Waggons aus der Ex-DDR) von Damaskus über Hama und Homs nach Aleppo (ca. 6 Std.); von Damaskus über Homs und Tartus nach Ladiqiya (ca. 6 Std.); von Damaskus nach Deraa (ca. 2 Std.); saisonal von Damaskus nach Zabadani im oberen Barada-Tal; von Aleppo nach Ladiqiya (ca. 3 Std.); von Aleppo über Raqqa und Deir az-Zor nach Qamishli (ca. 7 Std.). Reservierung unter Vorlage des Reisepasses einen Tag im voraus. Für Nachtfahrten stehen auch Schlaf- bzw. Liegewagen zur Verfügung. Die Waggons der Ersten Klasse sind klimatisiert. An den Bahnhöfen werden gelegentlich Gepäckkontrollen vorgenommen. Der berühmte Hejaz-Bahnhof in Damaskus (s. S. 138) dient nur dem Fahrkartenverkauf; die Züge fahren außerhalb vom Bahnhof Khaddam ab. Überhaupt liegen die Bahnhöfe meist weitab von den Stadtzentren.

Syrien verfügt über ein gut ausgebautes Netz von **Asphalt-**

straßen, zu denen sich im Küstengebirge, im Kalksteinmassiv und im Hauran Teersträßchen und Pisten gesellen. Busse, Kleinbusse und Servicetaxis erschließen fast jede Ortschaft (aber nicht jede kunsthistorische Sehenswürdigkeit!). Will man dieses System nutzen, muß man abseits der Hauptstrecken allerdings viel Zeit mitbringen, denn zu kleineren Ortschaften verkehren oft nur ein oder zwei Kleinbusse pro Tag.

Der Abfahrtplatz der gepflegten, häufig auch klimatisierten **Busse** der Staatsfirma Karnak ist in Damaskus der Baramqe-Bushof, 15 Min. entfernt vom Merje-Platz. Vorbuchung (einen Tag im voraus unter Vorlage des Reisepasses) ist ratsam. Zu moderaten Preisen (50 Straßenkilometer ca. 1 DM) fährt Karnak auf der mittelsyrischen Strecke Homs (1,5 Std.), Hama (2,5 Std.) und Aleppo (5,5 Std.) an, nach Süden hin Deraa (1,5 Std.), nach Osten hin Palmyra (3 Std.). Von touristischer Bedeutung sind ferner die Verbindungen nach Tartus (3,5 Std.) und Ladiqiya (5 Std.). Die Busse sind einheitlich orange-weiß lackiert.

Weniger zuverlässig sind die außerordentlich billigen Regionalbusse. Für fehlende Fensterscheiben entschädigt hier die Authentizität syrischen Volkslebens. Und Zeit muß man haben, denn die Busse fahren mit unendlich vielen Stopps. Abfahrtplätze in Damaskus sind für Fahrten nach Norden und zur Mittelmeerküste das Halab-Terminal, für Fahrten nach Süden das Terminal am Yarmuk-Platz beim Bab Musalla.

Kleinbusse, die sog. *Micros*, verbinden Syriens kleinere Orte mit der jeweils nächstgrößeren Stadt. Die Halteplätze sind meist verstreut und müssen erfragt werden. In den Hauran (Deraa, Suweida, Bosra) fährt man von Damaskus aus am Yarmuk-Platz (Bab Musalla) ab; nach Maalula von einem kleinen Bushof nahe dem Abbasiden-Platz, nach Zabadani und Bludan vom Rand des großen Baramqe-Bushofs. Feste Abfahrszeiten gibt es nicht; gestartet wird, sobald der Micro voll genug ist.

Auf den Hauptstrecken (z. B. Damaskus – Aleppo oder Aleppo – Ladiqiya verkehren auch **Servicetaxis:** Wer die Vorbuchung der Karnak-Busse umgehen möchte, findet an verschiedenen Halteplätzen, meist im Stadtzentrum oder nahe den Bushöfen, Großraum-Limousinen, die starten, sobald sich fünf Passagiere für die Tour eingefunden haben. Üblicherweise dauert das nicht lange. Der Fahrpreis ist um etwa die Hälfte höher als bei Karnak, die Fahrtdauer etwas geringer.

Taxis sind billig und Tag und Nacht im Einsatz. Ist ein Taxameter vorhanden, so wird der Fahrer ihn in der Regel auch einschalten; falls er es nicht tut, sollten Sie darauf drängen. Gibt es keinen Taxameter, muß der Fahrpreis im voraus ausgehandelt werden. Faustregel: für 5 km umgerechnet etwa 2 DM.

Leihwagen

Bei Preisen von ca. 100 DM pro Einzeltag (als Selbstfahrer) oder 140 DM pro Tag (mit Fahrer) ein relativ teures Vergnügen, aber unumgänglich, wenn man als Individualreisender viele Sehenswürdigkeiten besuchen will. Bucht man für längere Zeit, werden jedoch erhebliche Rabatte und eine unbeschränkte Kilometerpauschale eingeräumt. Eine ganze Woche mit Fahrer kostet etwa DM 750, ohne Fahrer etwa DM 500.

Empfehlenswerte Autoverleiher sind die Firmen Europcar, Transtour (ein Associé von Europcar) und Marmou, im weiteren auch Safar und Orient Tours; als Autotyp kann der robuste, auch auf Pisten gängige Volvo empfohlen werden. Auf jeden Fall sollten Sie den Leihwagen in der Saison (Frühjahr) zwei oder drei Tage im voraus buchen. Benötigt wird ein Internationaler Führerschein, eine Kreditkarte erleichtert die Abrechnung.

Auf den beiden syrischen Autobahnen und auf Überlandstraßen beträgt die Höchstgeschwindigkeit 100 km/h, in Städten 50 km/h, zuweilen auch nur 35 km/h. Bei der Passage von Dörfern sollte besonders vorsichtig gefahren werden; immer wieder kreuzen Menschen und Tiere unachtsam die Straße. Bei einem Unfall sofort die nächste Polizeistation aufsuchen!

Bleifreies Benzin gibt es in Syrien nicht, der Liter Superbenzin *(mumtaz)* kostet knapp 1 DM. Das Tankstellennetz ist entlang den Hauptstrecken ausreichend. Bei Touren in den Wüstengebieten und in der Jezira sollte man allerdings einen gefüllten Reservekanister mitführen.

Die Beschilderung der Hauptstrecken läßt nichts zu wünschen übrig. Wer etwas entlegenere Orte und historische Monumente aufsuchen möchte, muß allerdings auf die Informationen der Bevölkerung zurückgreifen. Viele neuere Straßen sind nicht in den Karten verzeichnet und auch nicht ausgeschildert.

Reise- und Besichtigungsvorschlag

Eine gründliche kunsthistorische Besichtigung Syriens erfordert mit dem Leihwagen zwischen vier und fünf Wochen, mit öffentlichen Verkehrsmitteln sogar sieben bis acht Wochen. Wenn zwei Wochen zur Verfügung stehen, läßt sich aber immerhin ein erster Gesamteindruck vom kulturhistorischen Reichtum des Landes gewinnen.

Syrien in vier Wochen

Für die Damaskus-Besichtigung sollten Sie mindestens zwei oder sogar drei volle Tage veranschlagen; für die Umgebung der Hauptstadt nochmals ein bis zwei Tage. Den Hauran, der nur wenige Hotels besitzt, könnten Sie von Damaskus aus besichtigen, die Hin- und Rückfahrt kostet allerdings jeden Tag um die drei Stunden Zeit. Die Hauran-Highlights ließen sich auf diese Weise in zwei Tagen bewältigen, wollen Sie jedoch, wie es zu empfehlen ist, auch kleinere Stätten besuchen und die attraktive Landschaft genießen, werden es schnell vier Tage.

Mittelsyrien entlang der Damaskus-Aleppo-Autobahn ist mitsamt den Abstechern nach Hosn Soleiman und Apameia wie auch dem Besuch von Qasr Ibn Wardan in vier bis fünf Tagen zu bereisen. Die Besichtigung von Aleppo erfordert zwei volle Tage. Wer sich die Toten Städte nicht nur in zwei, drei Stichproben ansehen will, ist aufgrund der schlechten Straßen und notwendiger Fußmärsche vier oder fünf Tage unterwegs.

Für die Besichtigung der wichtigsten Burgen und Stätten des Küstengebiets sind vier Tage einzuplanen. Die langen Fahrstrecken am Euphrat kosten ihre Zeit; für den Besuch der bedeutenden Stätten sollten Sie drei oder vier Tage veranschlagen. Das herrliche Palmyra ist keine Stätte für den Geschwindschritt, und für den Besuch anderer Wüstenstationen ist aufgrund schwieriger Anfahrten genügend Zeit ein zukalkulieren.

In der Summe kommt man mit An- und Abflug sowie der notwendigen Visumverlängerung auf die erwähnten vier Wochen (wohlgemerkt: nur wenn Sie ohne ›Reibungsverluste‹ durch Wartezeiten auf öffentliche Verkehrsmittel reisen).

Syrien in zwei Wochen

Schwieriger, da selektiver, ist die Reiseplanung für eine Zwei-Wochen-Reise:
1. Tag: Anflug nach Damaskus und erste Orientierung; Buchung Leihwagen für den 3. Tag (Quartier: Damaskus)
2. Tag: Besichtigung von Damaskus: Suqs, Omayyaden-Moschee, Bimaristan Nuri, Zahiriya-Medrese, Saladin-Mausoleum, Süleyman-Tekkiye, Nationalmuseum (Quartier: Damaskus)
3. Tag: Maalula, Sednaya, Krak des Chevaliers, Safita (Quartier: Homs)
4. Tag: Hama, Hosn Soleiman, Apameia, Qasr Ibn Wardan (Quartier: Hama)
5. Tag: Amrit, Tartus, Qalaat Marqab, Ugarit (Quartier: Ladiqiya)
6. Tag: Qalaat Saladin; Aleppo: Zitadelle, Suqs, Khane, Omayyaden-Moschee (Quartier: Aleppo)
7. Tag: Aleppo: Medrese al-Firdaus, Nationalmuseum; Qalaat Seman, Kyrrhos (Quartier: Aleppo)
8. Tag: Mushabbaq, Deir Breij, Qalb Lhoze, Bara, Serjilla (Quartier: Aleppo)
9. Tag: Resafa, Raqqa, Halabiya (Quartier: Raqqa)
10. Tag: Dura-Europos, Mari; Palmyra (Quartier: Palmyra)
11. Tag: Palmyra; Qasr al-Heir ash-Sharqi (Quartier: Palmyra)
12. Tag: Dmeir, Deraa, Ezraa, Bosra (Quartier: Bosra)
13. Tag: Suweida-Museum; Qanawat, Shahba, Shaqqa (Quartier: Damaskus)
14. Tag: Damaskus: Midan, Vorort as-Salihiya; Vorbereitung der Abreise (Quartier: Damaskus)
15. Tag: Rückflug

Weiter- und Rückreise

Ist ein Visum vorhanden, können sie von Syrien aus problemlos in die Anrainerstaaten **Jordanien** und **Libanon** reisen (s. auch S. 445). Aufgrund der politischen Situation ist ein Besuch des **Irak** für den ›Normaltouristen‹ gegenwärtig nicht möglich. Die Golan-Höhen, der Grenzbereich nach Israel, sind bereits seit 1967 militärisches Sperrgebiet.

Wollen Sie **Israel** besuchen, müssen Sie zunächst nach Jordanien reisen; von Amman erreichen Sie Jerusalem mit dem Servicetaxi oder dem JETT-Bus binnen 3 oder 4 Stunden. Für den Übergang in die **Türkei** bedarf es hingegen nicht einmal eines Visums; beliebteste Grenzstation ist Bab al-Hawa, ca. eine Autostunde entfernt von Aleppo und von dort regelmäßig mit Servicetaxis und Bussen angefahren.

Beim **Abflug** von den Internationalen Flughäfen Damaskus und Aleppo ist eine Flughafentaxe von 200 S£ zu entrichten. Antiquitäten dürfen nicht bzw. nur mit Genehmigung der Antikenverwaltung ausgeführt werden.

Unterkunft

Syriens Touristenzentren sind insgesamt gut ausgestattet mit Hotels aller Kategorien. Das Nordsyrische Kalksteinmassiv und der Hauran (der in Bosra inzwischen aber ein Luxus-Hotel besitzt; s. S. 451) können von den Metropolen Aleppo und Damaskus aus besucht werden. Unbefriedigend bleibt die Situation am Euphrat; dort fehlen ansprechende Hotels der Mittelklasse.

Die Übernachtungspreise für Hotels der gehobenen und Luxus-Kategorie entsprechen denen in Westeuropa. Mittelklassehäuser berechnen zwischen 25 und 60 US-$ pro Nacht für das Doppelzimmer, Vier- und Fünfsterne-Hotels zwischen 80 und 250 US-$. Die Rechnungen sind in Dollar, also nicht in der Landeswährung zu begleichen. Die am besten geführten De-Luxe-Häuser sind die der staatlichen Cham-Kette.

Mit den Hotels der unteren Kategorien findet ein deutlicher Preissprung statt, denn nun bewegt sich auch der Tourist auf innersyrischem Kostenniveau und zahlt in S£. Vom Mehrbettzimmer (Bett für 4 DM pro Nacht) bis zur ›Fast-Mittelklasse‹ (DZ mit Bad und Toilette: ca. 35 DM) reicht die Palette. In den Hotels der unteren Kategorien wird der Reisepaß in der Regel über Nacht einbehalten, es sei denn, man zahlt im voraus. Manche dieser Häuser können übrigens durchaus komfortabler sein als ältere Luxus-Hotels.

Bei den folgenden Empfehlungen sollte man beachten, daß preiswertere Unterkünfte sich schnell ändern können: Ein Hotel, das als Neubau positiv auffiel, mag ein Jahr darauf bereits abgewohnt sein. Preise sind nur zur Orientierung angegeben.

Damaskus

*Damaskus Cham Palace******, Maysalun-St., ✆ 223 23 00. Zentral gelegen, mit gutem Dreh-Restaurant *(Etoile d'Or)*, das schöne Aussicht bietet. Das DZ ist mit 200 US-$ teuer genug, aber immer noch billiger als bei der Luxus-Konkurrenz von *Sheraton* und *Meridien*, die weiter außerhalb (dafür freilich im Grünen) liegen.
*New Omayyad*****, al-Brazil-St. 4, ✆ 221 77 00. Älteres Haus nahe dem Cham Palace, 1993 renoviert. DZ: 110 US-$.
*Orient Palace****, nahe Hejaz-Bahnhof, ✆ 221 15 10. Ebenfalls

ein älteres, renoviertes Haus aus der Kolonialzeit; gut geführte Mittelklasse. DZ 50 US-$. Günstige Lage zur Altstadt.

*Sultan****, nahe Hejaz-Bahnhof, ✆ 221 69 10. Etwas spartanischer, aber auch etwas billiger als das *Orient Palace.*

*Alaa Tower I*** (arab.: *Burj Ala),* zwischen Merje-Platz und Thawra-St., ✆ 222 54 23. Gutes Preis-Leistungsverhältnis, sehr günstige Lage zur Altstadt. Man zahlt in S£. Noch drei weitere Hotels gleichen Namens *(A.T. II, III, IV)* in der Nähe.

Billighotels im Umkreis des Merje-Platzes: Obwohl die Häuser nicht klassifiziert sind, wird meist Bezahlung in US-$ erwartet. Trifft man abends ein, sind die Zimmer häufig schon von iranischen Pilgern belegt. Akzeptabel etwa das *Salam* (in einer Gasse, die kurz vor der Suleimaniya von der M. Barudy-St. nach Westen abgeht) und das *L'Oasis* in der ruhigen Halbuni St. (nördlich der Gleisanlagen des Hejaz-Bahnhofs).

Zwischen Damaskus und Aleppo

Homs

*Safir*****, ✆ 031/41 26 00 Die beste Adresse in der Stadt, Garten, Swimmingpool, gutes Restaurant. DZ: 140 US-$.

*Basman Grand****, südlich der Quwatli-St. DZ.: 25 US-$.

Billighotels im Umfeld der Quwatli-St.: Von Rucksackreisenden wird das *an-Nasr al-Jadid* (DZ: 350 S£) empfohlen.

Hama

*Apamea Cham Palace******, gegenüber der Nuri-Moschee auf der anderen Orontes-Seite, ✆ 033/22 75 30. Das bei weitem beste Haus zwischen Damaskus und Aleppo. Gutes, aber teures Restaurant. DZ: 150 US-$.

*Noria****, Quwatli-St., sehr zentrale Lage. DZ: 30 US-$.

Billighotels an oder im Umfeld der Quwatli-St.: Das *Cairo* und das *Riad* (DZ mit Bad in beiden Häusern ca. S£ 600) gelten als sauber und angenehm.

Aleppo

*Shahba Cham******, Damaskus-St., ca. 3 km westlich der Zitadelle, ✆ 21 52 72. Bestes Hotel von Aleppo mit Aussichtsrestaurant *La Citadelle*. DZ: 200 US-$.

*Amir Palace*****, Mutanabbi-St., ✆ 21 48 00. Günstige Lage zwischen Nationalmuseum und Antakiya-Tor. Gutes Restaurant mit Stadtblick. DZ: 140 US-$.

*Tourism (Siyaha)****, Jabri-St., ✆ 21 01 56. Ordentliches Mittelklassehaus im Norden des Hotelviertels. DZ: 50 US-$.

*Ramsis****, Baron-St., ✆ 21 67 00. Beim legendären, jedoch völlig heruntergekommenen Hotel *Baron* von 1909 (in dessen Bar man sich ja einmal setzen kann). Preise entsprechen dem *Hotel Tourism*. Etwas billigere Mittelklasse *(Granada, Ambassador)* in nächster Nähe.

Billighotels im Umkreis des Uhrturms: wie in Damaskus meist früh von Pilgern ausgebucht und ungepflegt.

Küstenregion

Ladiqiya

*Cote d'Azur de Sham******, ✆ 22 63 30. Strandhotel und beste Adresse der Stadt, leider ungünstig weit im Norden gelegen. DZ: 160 US-$.

*Riviera****, ✆ 22 18 03, DZ: 60 US-$. Günstige Mittelklasse bieten das *Riyad* und *Harun*.

Billighotels an der Ramadan-St. und am Shohada-Platz: Unter Rucksackreisenden beliebt ist das *Ramitha* nahe dem Hafen.

Tartus

*Shahin****, Ahmed al-Azawi-St., ✆ 22 20 05, Fax. 22 71 33, relativ neues Mittelklassehotel, die beste Adresse. DZ: 50 US-$. Das *Grand Hotel* (✆ 22 54 75) ist genauso teurer, aber verwohnter.

Billighotels im Viertel um den Uhrturm: Empfohlen wird das *Omaya*.

Safita

*Cham******, ✆ 52 59 80, luxuriöseste Unterkunft im Küstengebirge; schöne Lage. DZ: 200 US-$.

Mittelklasse bietet das *Burj Safita*. Tip: Die Hotels im Küstengebirge (in Dreykish das *Qasr Siyaha*, beim Georgskloster das *Wadi* und das *Riyad*) sind eine ruhige Abwechslung zum Hotelgetriebe der Städte.

Am Euphrat

Raqqa

*Karnak****, ✆ 23 22 65, das einzige akzeptable, jedoch überteuerte Mittelklassehotel in der ›schmutzigsten Stadt Syriens‹, etwas außerhalb des Zentrums gelegen. Mit Terrassenrestaurant. DZ: 55 US-$.

Billighotels rings um den Uhrturm: schlechtes Preis-Leistung-Verhältnis, keine Empfehlung.

Deir az-Zor

*Furat Cham Palace******, ✆ 22 54 18 und 22 51 26, weitab vom Stadtzentrum, aber direkt am Euphrat gelegen. Swimmingpool. DZ: 210 US-$.

*Mari****, ✆ 22 43 40, mäßige Qualität, schlechter Service. DZ: 45 US-$.

*Raghdan***, ›gehobenes Billighotel‹ an einem Nebenarm des Euphrat hinter der Karnak-Busstation. DZ: 25 US-$

Palmyra (Tadmor)

*Palmyra Cham Palace******

Südlich der Anfahrtstraße, ca. 2 km vor Tadmor, ✆ 23 00 96. Luxuriös, aber nicht sonderlich stilvoll, in der Saison meist von Reisegruppen ausgebucht. DZ: 220 US-$. Ein Plus ist der direkte Zugang zur Efqa-Quelle.

*Zenobia****, westlich der Anfahrtstraße, ca. 500 m vor Tadmor, ✆ 22 01 07. Der Hotel-›Klassiker‹ von Palmyra, ein Bau vom Ende der Mandatszeit, auf dessen Terrasse unzählige Berühmtheiten (z. B. Agatha Christie) mit Blick auf die Ruinen ihr Palmyra-Erlebnis ausklingen ließen. DZ: 70 US-$. Unbedingt vorbuchen!

Häuser der untersten Mittelklasse und Billighotels in Tadmor an und im Umfeld der Hauptstraße; zu erwähnen auch das *Tower* nahe dem Archäologischen Museum. Die Hotelbesitzer bestehen trotz fehlender Klassifikation zuweilen auf einer Bezahlung in US-$.

Hauran-Gebiet

*Bosra Cham Palace******, Bosra, ✆ 79 04 88, im Süden der Stadt, luxuriös, doch etwas zu teuer. DZ: 200 US-$.

Hotels der unteren Mittelklasse in **Deraa** *(ar-Riyada as-Siyaha;* östlich des Postamts) und in **Suweida** *(Nadi al-Rimaya;* gegenüber dem Museum).

Nützliche Informationen von A bis Z

Alkohol

Wird in allen Vier- oder Fünf-Sterne-Hotels ausgeschenkt, dazu in den gehobenen Restaurants und manchen Volkslokalen, sofern der Besitzer Christ und nicht Moslem ist. Insgesamt ist die Alkohol-Akzeptanz in der Küstenregion (starker christlicher Bevölkerungsanteil) höher als in der Euphrat-Region.

Das einheimische Bier (z. B. die Damaszener Marke Barada) ist durchaus genießbar, nicht aber der Wein, der entweder ins Liebliche oder ins Essighafte geht. Die Syrer selbst – nur Männer trinken in der Öffentlichkeit – sprechen gern dem hochprozentigen Anisschnaps *(Araq)* zu, der (wie der türkische Raki) mit etwas Wasser versetzt wird und dann milchig wird. West-Alkoholika sind in den Bars der Spitzenhotels erhältlich, aber ziemlich teuer.

Diplomatische Vertretungen

Deutsche Botschaft
Damaskus
Postfach 2237
Ibrahim-Hanano-St. 53
✆ 332 38 00, Fax 332 38 12

Deutsches Konsulat
Aleppo
Postfach 495
Straße an der Central Bank
✆ 22 15 64, 21 32 43
Fax 21 32 43

Österreichische Botschaft
Damaskus, Mezze
Farabi-St. 152a
Immeuble Mohammed Naim
✆ 611 98 38, Fax 611 67 34

Österreichisches Konsulat
Aleppo
Baron St. (gegenüber der Central Bank), Immeuble Peres Jesuites, Postfach 521
✆ 21 40 70

Schweizer Botschaft
Damaskus, Abu Rumana
al-Mehdi ben Baraqa St. 26
Immeuble Chora, Postfach 234
✆ 331 18 70, Fax 332 11 37

Einladungen

Es gehört zur syrischen Höflichkeit, dem Gast, ist man mit ihm einmal ins Gespräch geraten, die Einladung zu einem Besuch in Haus und Heim auszusprechen. Und es sollte zur Höflichkeit des Syrien-Touristen gehören, eine solche Einladung freundlich mit irgendwelchen Ausflüchten abzulehnen. Denn eben das erwartet der Einladende, der nur symbolisch seine Gastfreundschaft zu zeigen wünschte!

Elektrizität

220 Volt Wechselstrom, Schuko-Stecker passen nicht. Leider sind Stromausfälle häufig, manchmal nur für Minuten, zuweilen aber auch für viele Stunden.

Fastenmonat

Im islamischen Monat Ramadan ist der gläubige Moslem zum Fasten zwischen Sonnenauf- und -untergang verpflichtet. In dieser Zeit sind ihm Essen, Trinken und Rauchen untersagt. Der gesamte Lebensrhythmus gerät dadurch ins Schwanken: Restaurants und viele Lebensmittelgeschäfte halten tagsüber geschlossen, die Verkehrszeiten der Ämter sind eingeschränkt, und auch der Tourismus ist in vieler Hinsicht betroffen. Abends, nach dem Fastenbrechen, blüht das Leben dann auf, füllen sich die Restaurants und bilden sich lange Schlangen vor den Grillstuben. Daten der beiden nächsten Fastenmonate: 16. 12. 1998–15. 1. 1999 und 4. 12. 1999–2. 1. 2000.

Feste und Feiertage

Entsprechend der Zweiteilung des syrischen Kalenders in eine ›moderne‹, westliche und eine traditionell-islamische Zeitrechnung gliedern sich syrische Feiertage in einen amtlichen und einen religiösen Sektor.

Staatliche Feiertage

1. Januar Neujahr
8. März Tag der Revolution und Unabhängigkeit
17. April Tag der Unabhängigkeit von der französischen Kolonialmacht
1. Mai Tag der Arbeit
6. Mai Tag der ›Märtyrer‹
6. Oktober Beginn des Oktoberkriegs gegen Israel
16. November Tag der ›Korrekturbewegung‹ (der Machtübernahme durch Hafiz al-Assad im Jahr 1970)

Christliche Feiertage

März/April Ostern
25. Dezember Weihnachten
Es gibt zudem eine ganze Reihe von örtlichen Heiligenfesten, die von den syrischen Christen begangen werden, z. B. in Maalula (s. S. 174). Für den Touristen sind Verkehrs- und Unterkunftprobleme die Folge.

Moslemische Feiertage

Das Fest des Fastenbrechens *(Idh al-Fitr)*, das den Fastenmonat Ramadan (s. o.) abschließt, dauert drei Tage. Alle Behörden und Banken sind geschlossen, die Busse und Bahnen aufgrund innersyrischer Familienbesuche häufig ausgebucht, die Einkaufsmöglichkeiten stark eingeschränkt – eine schwierige Zeitspanne für den Touristen. Das gilt auch für das viertägige Opferfest *(Idh al-Adha)*, das in den nächsten Jahren in den Tourismus-intensiven März fällt.

Weitere moslemische Feiertage sind das Neujahrsfest (17. 4. 1999; 6. 4. 2000), sowie das Geburtsfest des Propheten Mohammed, das Ende Juni 1999 und Mitte Juni 2000 stattfinden wird.

Festivals

Zu den Kulturfestivals, die Syrien seit einigen Jahren organisiert, gehören ein Folklorefest in Palmyra (im April), ein Blumenfest in Damaskus (Mai oder Juni), ein Musikfestival in Ladiqiya (August), ein Erntefest in Aleppo (September) und ein Theater- und Filmfestival in Damaskus (November). Die genauen Daten, die

Jahr für Jahr neu festgelegt werden, erfragen Sie im Informationsbüro von Damaskus.

Fotografieren

Zweierlei ist zu beachten: Auf keinen Fall militärische Objekte und in Sperrzonen fotografieren, auch nicht Polizeiposten oder Bahnhöfe; auf keinen Fall ohne persönliche Erlaubnis (die nur von einer Frau eingeholt werden kann!) Frauen fotografieren! Auch in religiösen Belangen ist Zurückhaltung geboten.

In Museen ist das Fotografieren mit Blitzlicht oder Stativ zumeist untersagt oder es ist eine Gebühr für die Kamera zu entrichten (S£ 500).

Frauen allein unterwegs

Frauenemanzipation und -freizügigkeit lassen sich nicht durch demonstrative Entblößungsakte europäischer Touristinnen in den Orient übertragen. Die einheimischen Frauen zeigen sich beim Anblick von Miniröcken eher unangenehm berührt, und die einheimischen Männer sehen ihre Vorurteile von der Laszivität des Westens bestätigt. Kurzum: Die Konfrontation ist unergiebig.

Mit Dezenz und Zurückhaltung (keine körperbetonte Kleidung – Knie und Schultern sollten stets bedeckt sein –, kein Augenkontakt mit Männern) ist ein Syrien-Besuch im Frauen-Alleingang problemlos zu bewältigen, zuweilen sogar mit Vorteilen: In den Mehrbettzimmern werden Sie meist allein nächtigen, in den Bussen erhalten Sie stets einen Sitzplatz.

Geld und Geldwechsel

Landeswährung ist das Lira genannte Syrische Pfund (S£; auch das Kürzel LS für Lira Suriya kursiert). Ein Pfund (eine Lira) hat 100 Piaster. Im Umlauf sind Münzen zu 25, 50 und 100 Piaster (= 1 S£) und Banknoten zu 1, 5, 10, 25, 50, 100 und 500 S£.

Bargeld und Reiseschecks (s. S. 444) einwechseln können Sie an den Grenzübergängen, auf den Flughäfen von Damaskus und Aleppo, bei allen Banken mit dem Schild ›Exchange‹ und an den Rezeptionen der Viel-Sterne-Hotels, die gelegentlich eine Gebühr erheben.

Mit den Wechselkursen ist es ein Kreuz, denn es gibt ihrer gleich drei. Erstens den Kurs von 11,25 S£ für den US-$, der in den besseren Hotels veranschlagt wird (s. S. 449). Achten Sie dort darauf, Ihren Verzehr und Getränke unmittelbar in S£ zu bezahlen! Werden diese Posten auf die Hotelrechnung geschlagen, wird es fast viermal so teuer. Der offizielle Kurs der Banken und Wechselstuben liegt bei S£ 42 für den US-$. Und drittens wird beim Bezahlen von Flugtickets eine Rate von 40 S£ für den US-$ zugrundegelegt.

Gesundheit

Fünf Vorsorgeregeln: Waschen Sie Obst, das ungeschält verzehrt wird, gründlich! Verzichten Sie auf Speiseeis, rohe Salate und eingelegtes Gemüse! Trinken Sie kein Brunnen- oder Zisternenwasser! Trinken Sie bei hohen Temperaturen eisgekühlte Getränke nur schluckweise! Bevorzugen Sie nach längeren Stromausfällen frisch Gebratenes! Suppen sind die gefährlichsten Bakterienträger.

Und schließlich: Der Wechsel zwischen heißen Außentemperaturen und kühlen, klimatisierten Luxus-Hotels oder -Restaurants fördert Erkältungen, unter denen Syrien-Reisende sehr viel häufiger leiden als unter dem als ›Rache der Omayyaden‹ bekannten Durchfall. Bei Darmstörungen heißt das bewährte Rezept: Abwarten und Tee trinken. Steht gleich die nächste Busfahrt an, müssen Sie auf den ›Stillsteller‹ Imodium vertrauen.

Bei ernsteren gesundheitlichen Problemen sollten Sie sich von Ihrer Botschaft oder Ihrem Konsulat (s. S. 452) beraten lassen. Man wird Ihnen englisch- oder deutschsprachige Ärzte nennen, vornehmlich in Damaskus und Aleppo. Beide Metropolen besitzen auch qualifizierte Kliniken. Übrigens wird das Arzthonorar sofort nach Behandlung erhoben. Lassen Sie sich für Ihre Abrechnung mit der Versicherung eine detaillierte Aufstellung der Leistungen aushändigen (in Englisch).

Handeln

Supermärkte und selbst der Basar, wenn es um die Gegenstände des täglichen Bedarfs geht, haben Fixpreise. Lediglich dort, wo kunsthandwerkliche Einzelstücke und ›Altertümchen‹ zum Kauf stehen, beginnt die orientalische Kunst des Handelns. Wollen Sie sie erfolgreich bestehen, ist viel Geduld die Voraussetzung. Grundregeln: Niemals allzu großes Interesse zeigen; niemals ein Erstgebot abgeben; niemals auf eine Preisforderung unmittelbar mit einem Gegengebot reagieren! Die Handelskunst besteht – leichter gesagt als getan – in einer gleichbleibend freundlichen Distanz und kann sich über Stunden, ja mehrere Tage hinziehen.

Informationsbüros

Gibt es in Damaskus, Homs, Hama, Aleppo, Ladiqiya, Tartus, Deir az-Zor, Palmyra, Deraa und Suweida, dazu an den Internationalen Flughäfen von Damaskus und Aleppo. Teils sind die Büros nur vormittags geöffnet. Das Informationsmaterial, das ausgegeben wird, ist allerdings spärlich (und häufig vergriffen).

Kalender

Das moslemische Jahr ist als Mondjahr (mit Monaten von 29 und 30 Tagen) nur 354 Tage lang, also um 1/33 kürzer als unser Jahr. Die islamische Zeitrechnung beginnt mit der Hejra, der Übersiedlung des Propheten Mohammed von Mekka nach Medina im Jahr 622. Aus diesen Faktoren ergibt sich die Umrechnung moslemischer in christliche Jahreszahlen. Man dividiert die moslemische Jahreszahl durch

33, subtrahiert das Ergebnis von der moslemischen Jahreszahl, addiert 622 zu diesem zweiten Ergebnis und erhält die Jahreszahl unseres gregorianischen Kalenders. Beispiel:
1419 : 33 = 43
1419 – 43 = 1377
1377 + 622 = 1999.

Zwar rechnet man in Syrien offiziell und amtlich nach christlichem Kalender, doch ist das Volksleben bestimmt von der moslemischen Jahresrechnung; dem entspricht, daß der Freitag der Wochenruhetag ist.

Karten

Noch am verläßlichsten ist die Syrien-Karte von Freytag & Berndt im Maßstab 1: 800 000, die auch Stadtpläne von Damaskus und Aleppo bietet. Viele kleine Straßen im Kalksteinmassiv oder im Küstengebirge fehlen jedoch und geplante, aber noch längst nicht gebaute Autobahnen sind markant eingetragen.

Moscheebesuch

Auch Nicht-Moslems ist der Besuch einer Moschee gestattet. Am besten läßt man sich aber von einem einheimischen Moslem begleiten, der bei etwaigen Unmutsäußerungen der Gläubigen – auch in Syrien gibt es fundamentalistische Tendenzen – als Fürsprecher auftreten kann. Vor dem Eingang müssen die Schuhe abgelegt werden; reputierliche Kleidung ist erforderlich (keine Shorts, keine bloßen Arme); das Kopfhaar sollte bedeckt sein (Kopftuch, Mütze). Verzichten Sie während der Gebetszeiten darauf zu fotografieren, und führen Sie keine lauten Gespräche! Auch sollten Sie nie zwischen einem Betenden und der Qibla-Wand hindurchgehen; nach Volksauffassung ist das Gebet damit ungültig.

Notfall

Polizei (in allen Städten): ✆ 93
Rettungsdienst: ✆ 90

Öffnungszeiten

Syrischer Wochenruhetag ist der Freitag. Das moslemische ›Wochenende‹ beginnt am Donnerstagnachmittag. Christliche Geschäftsleute halten ihre Läden am Sonntag geschlossen.

Staatliche Stellen sind im allgemeinen von 8/9–13/14 Uhr geöffnet, Banken meist nur bis 12.30 Uhr, Büros von 9–19 Uhr, wobei eine längere Mittagspause eingelegt wird. Geschäfte (auch im Basar) stehen üblicherweise in den hellen Stunden offen, wobei es jeweils vom Besitzer abhängt, wann er schließt.

Museen und Kulturdenkmäler sind Mo–So in der Regel 9–17/18, im Winter bis 16/17 Uhr geöffnet; Ruhetag ist der Dienstag. Eintrittsgebühr: zumeist 200 S£.

Post

In den 70er Jahren galt es noch als Ereignis, wenn eine Postkarte aus Syrien tatsächlich in Westeuropa eintraf. Heute kann man sich auf die syrische Post verlassen, sollte aber nicht unbedingt Wertgegenstände versenden. Am besten geben Sie Karten und Briefe direkt am Postschalter und per Luftpost auf. Von Damaskus und Aleppo nach Europa sind Briefe und Karten etwa eine Woche unterwegs, in der Provinz aufgegebene Sendungen brauchen bis zu 14 Tage. Ein Luftpostbrief kostet umgerechnet knapp 1 DM, eine mit Air Mail versandte Postkarte etwa 25 Pfennig.

Presse

In Damaskus und Aleppo ist die englischsprachige Tageszeitung *Syrian Times* erhältlich (mit der interessanten Rubrik »What's on today« und aktuellen Adressen), in den Luxushotels finden Sie eine kleine Auswahl ausländischer Zeitungen *(Le Monde, International Tribune)*, die natürlich stets einige Tage alt sind. Mit Verspätung taucht zuweilen auch *Der Spiegel* auf.

Reiselektüre

Empfehlenswert sind die als Taschenbuch erhältlichen Werke des aus Maalula stammenden, heute in Deutschland lebenden Rafik Schami (»Der Fliegenmelker«, »Erzähler der Nacht« oder »Eine Hand voller Sterne«): ein phantasiereicher, poetischer Erzähler.

Zwischen Historie und Fiktion schwankende, literarisch jedoch beeindruckende Einsichten in die nahöstliche Kolonialzeit bietet zudem der legendäre T. E. Lawrence (s. S. 114) in seinem Wüstenepos »Die Sieben Säulen der Weisheit« (ebenfalls als Taschenbuch erhältlich).

Sigrid Hunkes bahnbrechendes Buch »Allahs Sonne über dem Abendland«, eine Darstellung des in Europa nachwirkenden arabischen Erbes, relativiert den gängigen Eurozentrismus und ist ein Reisebegleit-Sachbuch, in dem man immer wieder staunend schmökert.

Restaurants

Es gibt Zehntausende kleiner Imbißstuben im Land, die gegenüber den besseren Restaurants keineswegs zweite Wahl sein müssen. Sie essen hier sehr preiswert und gar nicht schlecht, freilich häufig im Stehen. Zudem herrscht ein ständiges Kommen und Gehen.

Das Grundangebot umfaßt *Farruj* (Brathähnchen), *Shawarma* (Geschnetzeltes vom Drehspieß), *Shish Kebab* (Spießchen mit Lamm- oder Rindfleischstückchen, aromatisiert durch Tomaten und Zwiebeln), *Kebab* (Hackfleischbällchen aus der Pfanne oder vom Spieß), *Felafel* (fritierte Bällchen aus Bohnenmus), *Kibbi* (fritierte Bällchen aus Weizenschrot und Hackfleisch, versetzt mit Erdnüssen), *Hummus* (Kirchererbsenbrei), *Ful* (Bohnenbrei; das ägyptische Nationalgericht), *Mutabbal* (Auberginenbrei), *Tabula* (Salat aus Weizenschrot mit Tomaten und Frühlingszwiebeln, dazu Minze und Petersilie). Eine beliebte Beispeise der Imbisse, gerade zu Fleischgerichten, ist *Laban* (Joghurt), in Schälchen serviert und zumeist mit Gurkenstückchen versetzt. Das populärste Billiggericht ist *Sfiha* (dünne Pizza wie das türkische Lahmacun). Alkoholische Getränke werden in den Imbißstuben übrigens nicht ausgeschenkt.

Die meisten der genannten Gerichte werden in den Restaurants der Mittel- und Luxusklasse als Vorspeisen *(Mezze)* serviert. Beliebte **Hauptgerichte** sind *Mansaf* (geschmortes Lammfleisch mit Joghurtsauce und Reis) oder *Maghluba* (Reis-Eintopf mit Lamm, Huhn und Gemüse). Überhaupt bestimmen Lamm und Huhn die syrische Speisekarte. Fisch, im Landesinnern selten und auch mit Vorsicht zu genießen, wird an der Küste und am Euphrat häufiger serviert. Alle Luxushotels bieten in ihren Restaurants zudem internationale Küche.

Die Syrer selbst sind besonders stolz auf ihre **Nachspeisen:** vom Milchreis, gespickt mit Rosinen, bis hin zu allerlei meist siruptriefender Teigleckerei. Nun ja. Solch frappante Süße mundet am ehesten noch mit ungesüßtem Kaffee *(kahwe murra)*.

Souvenirs

Zur reichen kunsthandwerklichen Produktion des Landes gehören an erster Stelle **Einlegearbeiten in Holz.** Besonders bekannt sind die Damaszener Kästchen. Auch wenn die geometrischen und ornamentalen Intarsien – farbige Edelhölzer, Elfenbein, Perlmutt – heute vielfach durch Plastik oder gepreßtes Knochenmehl ersetzt sind, bleiben die Schatullen eine Augenweide. Neben Kästchen und Kästen werden auch Koranständer, Tischchen und Saiteninstrumente als Intarsienarbeiten gefertigt.

Einlegearbeiten in Metall (Vasen, Schälchen, Tabletts) folgen dem gleichen Prinzip. In die Oberfläche eines weniger wertvollen Metalls werden geometrische und florale Muster graviert und diese dann mit Gold, Silber oder Kupfer aufgefüllt. Die Stücke können entsprechend kostspielig sein, zumal es sich sämtlich um historische Arbeiten handelt: Die von jüdischen Handwerkern getragene Tradition ist in Syrien ebenso erloschen wie die Kunst des Schwertfegens, die die Damaszener Klingen hervorbrachte.

Billiger sind einfache **Kupfer- und Messingarbeiten,** häufig ebenfalls graviert, jedoch ohne Edelmetalleinlagen. Im Basar werden vor allem Kaffeekannen, Mörser und Tabletts angeboten.

In der reichen Schmucktradition Syriens haben **Goldwaren** den früher dominierenden Silberschmuck zurückgedrängt. In den entsprechenden Quartieren der Damaszener und Aleppiner Suqs wird der Schmuck übrigens nach Gewicht verkauft.

Glaswaren, früher ebenfalls eine syrische Spezialität mit 2000jähriger Tradition, haben in den letzten Jahrzehnten an Qualität eingebüßt; man findet im Lande kaum noch Glasbläser. Ein Qualitätsverlust ist schließlich auch bei **Teppichen** zu beobachten. Am originellsten sind noch die von Halbnomaden gefertigten Kelims aus Ziegen- oder Kamelhaar.

Bei einem Gang durch die Suqs und Handwerksbasare ist noch sehr viel mehr zu entdecken: bunt lackierte Töpferware, Korbflechtwerk, Waffen (vor allem Säbel und Krummdolche), Wasserpfeifen, Ampeln mit farbigen Glasscheiben und Lederartikel. Berühmte Damaszener Stoffe sind der Damast, ein Seidengewebe mit eingewebten Mustern, und der Brokat, ein Seidengewebe mit eingewirkten Gold- oder Silberfäden. Aber auch hier sind die syrischen Traditionen fast zum Erliegen gekommen.

Sprache

Jüngere Leute sprechen inzwischen häufig englisch, ältere Leute aufgrund der Kolonialzeit noch französisch. Deutsch wird dagegen so gut wie nicht gesprochen. Um den syrischen Alltag zu bestehen, sollten Sie sich unbedingt die arabischen Zahlzeichen einprägen, dazu einige Grußformeln und Standardbegriffe für das Reisen im Land.

Zahlentabelle

٠	0	sifr
١	1	wached
٢	2	thnain
٣	3	thalathe
٤	4	erba
٥	5	chamse
٦	6	sitte
٧	7	saba
٨	8	thamanja
٩	9	tissa
١٠	10	aschera

Einige Grundvokabeln

Guten Tag, Hallo!	Marhaba!
Gegengruß	Ahleen!
Danke	Shuqran
Bitte (Antwort)	Afwan
Willkommen!	Ahlan wa sahlan!
Ja	aiwa
Nein	la
Entschuldigung!	Mutassif!
Macht nichts!	Malesh!
Heute	yom
Morgen	buqra
Ich heiße...	Ismi...
Ich bin...	Ana...
Deutschland	almaniya
Deutscher	almani
Deutsche	almaniya
Österreich	nemsa
Schweiz	swisra
Sprechen Sie Englisch?	Btehki inglizi?
Ich verstehe kein Arabisch!	Ma bifham arabi!
Gibt es?	Fi?
Es gibt nicht.	Ma fi.
Wer?	Min?
Wo?	Wen?
Wieviel?	Qaddesh?
Wieviel kostet das?	Adaish?
Wann?	Emta?
Okay	tamam
gut	qwaiyes
nicht gut	mu qwaiyes
möglich	mumqin
teuer	ghali
billig	rakhis
heiß	shob
kalt	bard
Arzt	duktur
Apotheke	saidaliya
Medikament	dawa
Krankenhaus	mustashfa
Ich bin krank.	Ana mardan.
Polizei	shurta, bolis
Unfall	hadis
Panne	banshar

Links	ash-shmal
Rechts	yamin
Geradeaus	dughri
Taxi	taksi
Hier halten!	Andaq!
Sammeltaxi	servis
Zug	tren
Bus	bas
Bahnhof	mahatta
Fahrkarte	tazqara
Flughafen	matar
Reisepaß	basbor
Tankstelle	kaziya
Volltanken!	Abbiha!
Werkstatt	warshe
Piste	darb
Landstraße	tariq
Hotel	funduq, utel
Zimmer	ghurfa
Bad	hammam
Toilette	tuvalet
Frei	fadi
Dusche	dush
Bett	takhet
Mit zwei Betten	bi takhten
Air Condition	qondishen
Telefon	telfon
Restaurant	matam
Frühstück	ftur
Mittagessen	ghada
Abendessen	asha
Speisekarte	lista
Rechnung	fatura
Tee	shay
Bier	bira
Limonade	gazoz
Zucker	sikkar
Essig	khal
Speiseöl	zeyt
Salz	milh
Pfeffer	filfil

Telefonieren

Ältere öffentliche Münztelefone sind nur für innersyrische Gespräche tauglich (und häufig defekt). Besser, Sie lassen sich von Ihrem Hotel oder einem Restaurant aus verbinden. Die Gebühren sind sehr niedrig; runden Sie den Betrag für die erwiesene Freundlichkeit nach oben auf.

Vorwahlnummern in Syrien: Damaskus: 011, Homs: 031, Hama: 033, Aleppo: 021, Ladiqiya: 041, Tartus: 043, Deir az-Zor: 051, Raqqa: 022, Palmyra: 034, Bosra: 015.

Auslandsgespräche führen Sie am besten von den großen Hotels aus, die eine Satellitenleitung haben. Meist kann man an der Rezeption telefonieren, auch ohne Gast zu sein (Bakschisch!). Preiswerter, aber auch zeitraubender führen Sie Ferngespräche vom Telefonamt aus, das es in allen größeren Städten gibt (die Zentrale in Damaskus ist rund um die Uhr geöffnet). Sie melden das Gespräch am Schalter an und warten auf eine Leitung.

Mit Telefonkarten (zu 500 und 1000 S£) kann man von speziellen Telefonzellen (nur vor Telefonämtern) im Selbstwählverkehr mit dem Ausland Verbindung bekommen.

Die Vorwahl für Deutschland 0049; für Österreich 0043; für die Schweiz 0041. Danach wählen Sie die Stadtvorwahl (ohne die erste Null) und schließlich die Nummer des Teilnehmers.

Nach Syrien wählt man den Landescode 00963, gefolgt von der Städtevorwahl (ohne erste Null) und der Anschlußnummer.

Toiletten

Nur in den Viel-Sterne-Hotels dürfen Sie europäischen Standard erwarten. Die traditionelle syrische Toilette besteht schlicht aus einem Loch im Fußboden und einem Wasserhahn. Vom Zustand der Abtritte in manchen Volksgaststätten ist nichts Gutes zu berichten. Nur soviel: Toilettenpapier gibt es nirgends (also sollte ein gewisser Vorrat stets mitgeführt werden).

Trinkgeld

Ein ›Bakschisch‹ wird überall erwartet: von Taxifahrern, Hotelpersonal, Kellnern, Schuhputzern, Gepäckträgern, und zwar auch dann, wenn die Bedienung nominell im Preis einbegriffen ist. Man rundet die Rechnung je nach Höhe um 5–10 % auf.

Zeitverschiebung

Mitteleuropäische Zeit plus eine Stunde. Da Syrien aber nicht synchron mit Europa auf Sommerzeit umstellt, können sich im Frühjahr und Herbst für einige Tage Differenzen ergeben.

Abbildungsnachweis

Baumgart, Wolfgang (Berlin): S. 15, 18, 19

Dollhopf, Helmut (Nürnberg): S. 20, 21, 23, 82, 131, 139, 146, 164, 172, 279, 294, 299, 301, 303, 306, 324, 327, 342, 394, 412

Eid, Hedda (München): S. 13, 14, 28, 118, 124, 134, 137, 141 oben, 161, 162, 168, 171, 180, 181, 184, 188, 195, 202, 209, 227, 238, 241, 271, 274, 275, 280, 284, 290, 292, 296, 297, 314, 315, 316, 330, 335, 347, 352, 365, 367, 375, 377, 378, 381, 384, 388, 391, 398, 400, 408, 414, 417, 422, 423

Eid, Hedda/laif (Köln): 200, 228, 253, 264

Kirchner, Martin/laif (Köln): Umschlagklappe vorn, S. 154, 175, 354

Krause, Axel/laif (Köln): S. 1, 26, 27, 47, 103, 112, 135, 141 unten, 145, 148, 150, 153, 156, 159, 177, 185, 186, 193, 210, 220, 224, 226, 244, 254, 258, 262, 269, 272, 277, 307, 312, 336, 359

Neumann, Anna/laif (Köln): Umschlagklappe hinten, S. 143, 183

Schönmann, Ernst (Wien): S. 25, 29

Tolle, Barbara (Tübingen): S. 34, 53, 318, 348

Wagner, Jörg (Tübingen): S. 16, 79, 169, 176, 218 unten, 289, 321

Westermann, Kurt-Michael (Hamburg): Titel, S. 191, 198, 235, 405, 415

Willeitner, Joachim (München): S. 212, 223, 338, 421

Alle übrigen Abbildungen nach der aufgeführten Literatur (s. S. 438f.) oder aus den Archiven der Autoren

Karten und Pläne: Berndtson & Berndtson Productions GmbH, Füstenfeldbruck für © DuMont Buchverlag Köln

Register

Personen, Völker, Dynastien, Orte und Landstriche

Umschlagvorderseite: Palmyra, Blick durch die Kolonnaden der großen Säulenstraße auf die Burg Qalaat Ibn Maan
Vordere Umschlaginnenklappe: Simeonskloster, Rest der Säule des Hl. Simeon im Oktogon des Pilgerzentrums
Vignette, S. 1: Nordsyrische Bäuerin
Hintere Umschlaginnenklappe: Knarzend drehen sich die Riesenräder von Hama und schaufeln Wasser aus dem Orontes
Umschlagrückseite: Portal der Omayyaden-Mosche von Aleppo (oben); Grundriß der Omayyaden-Moschee von Damaskus (Mitte); Orpheus-Mosaik aus Shahba, dem antiken Philippopolis (unten)

Über die Autoren: Frank Rainer Scheck, geboren 1948, und Johannes Odenthal, geboren 1956, sind spezialisiert auf die Kulturgeschichte des Orients und kennen Syrien seit über 20 Jahren. Von Frank Rainer Scheck erschien im DuMont Buchverlag u. a. der Kunstreiseführer »Jordanien«.

Die Deutsche Bibliothek – CIP-Einheitsaufnahme
Scheck, Frank Rainer:
Syrien: Hochkulturen zwischen Mittelmeer und Arabischer Wüste
Frank Rainer Scheck ; Johannes Odenthal. –
Köln: DuMont, 1998
(Kunst-Reiseführer)
ISBN 3-7701-3978-X

1. Auflage 1998

Redaktion und Satz: Hans E. Latzke Redaktionsbüro, Bielefeld
Druck: Rasch, Bramsche
Buchbinderische Verarbeitung: Bramscher Buchbinder Betriebe
ISBN 3-7701-3978-X